魏晋南北朝社会生活史

朱大渭 刘驰 梁满仓 陈勇 ● 著

中国古代社会生活史书系

中国社会科学出版社

图书在版编目(CIP)数据

魏晋南北朝社会生活史/朱大渭等著. —修订本. —北京：中国社会科学出版社,1998.6（2024.5重印）
（中国古代社会生活史书系）
ISBN 978-7-5004-2052-1

Ⅰ.①魏… Ⅱ.①朱… Ⅲ.①社会生活—生活史—中国—魏晋南北朝时代 Ⅳ.①D691.9

中国版本图书馆 CIP 数据核字（2017）第 058563 号

出 版 人	赵剑英
责任编辑	张小颐
责任校对	李　莉
责任印制	李寡寡

出　　版	中国社会科学出版社
社　　址	北京鼓楼西大街甲 158 号
邮　　编	100720
网　　址	http://www.csspw.cn
发 行 部	010-84083685
门 市 部	010-84029450
经　　销	新华书店及其他书店

印刷装订	北京君升印刷有限公司
版　　次	1998 年 6 月第 1 版
印　　次	2024 年 5 月第 6 次印刷

开　　本	710×1000　1/16
印　　张	25
字　　数	470 千字
定　　价	99.00 元

凡购买中国社会科学出版社图书，如有质量问题请与本社营销中心联系调换
电话:010-84083683
版权所有　侵权必究

目　录

第一章　绪论 ……………………………………………………（1）

　第一节　时代背景与社会生活 …………………………………（1）

　　一　封建王朝不断更迭 ………………………………………（1）

　　二　战乱对社会生活的影响 …………………………………（7）

　　三　开放融合型文化特征与社会生活 ………………………（13）

　第二节　阶级结构与社会生活 …………………………………（17）

　　一　阶级结构的框架 …………………………………………（17）

　　二　士族地主和庶民地主阶级 ………………………………（18）

　　三　少数民族酋帅阶级地位的升降变化 ……………………（21）

　　四　编户个体农民阶级 ………………………………………（24）

　　五　佃客和奴婢 ………………………………………………（26）

　　六　屯田户、军户、吏家、百工户和杂户阶级 ……………（28）

　第三节　宗族组织与社会生活 …………………………………（30）

　第四节　基层政权与社会生活 …………………………………（41）

第二章　衣冠服饰 ………………………………………………（50）

　第一节　冠冕帽帻巾 ……………………………………………（51）

　第二节　衮服、朝服与公服 ……………………………………（59）

　第三节　便服与戎装 ……………………………………………（64）

　第四节　妇女服饰 ………………………………………………（70）

　第五节　履屐屦靴袜 ……………………………………………（78）

第三章　饮食习俗 ………………………………………………（84）

　第一节　各阶层的饮食概况 ……………………………………（84）

　第二节　主食 ……………………………………………………（89）

　第三节　副食 ……………………………………………………（95）

　第四节　饮料与果类 ……………………………………………（101）

第四章　城市、宫苑与园宅 ……………………………………（110）
第一节　城市 ………………………………………………（110）
第二节　宫苑 ………………………………………………（116）
第三节　士族庄园 …………………………………………（124）
第四节　居民宅院及坞堡与寺院 …………………………（129）
第五节　居室布置 …………………………………………（135）

第五章　车船舆乘与交通 ………………………………………（144）
第一节　各政权的车舆卤簿制度 …………………………（145）
第二节　车舆辇乘 …………………………………………（151）
第三节　陆路交通 …………………………………………（162）
第四节　舟船与水路交通 …………………………………（168）

第六章　婚姻 ……………………………………………………（177）
第一节　婚礼 ………………………………………………（177）
第二节　婚俗 ………………………………………………（182）
❶早婚 …………………………………………………（182）
❷门第婚 ………………………………………………（185）
❸近亲婚 ………………………………………………（187）
❹异辈婚 ………………………………………………（188）
❺幼童婚 ………………………………………………（189）
❻财婚 …………………………………………………（190）
❼冥婚 …………………………………………………（191）
第三节　影响婚礼和婚俗的几个因素 ……………………（192）

第七章　丧葬 ……………………………………………………（198）
第一节　丧礼 ………………………………………………（198）
第二节　葬俗 ………………………………………………（204）
❶薄葬与厚葬 …………………………………………（204）
❷归乡葬 ………………………………………………（214）
❸合葬 …………………………………………………（215）
第三节　影响丧葬的几个因素 ……………………………（218）
❶政治、经济、道德与葬风的转变 …………………（219）
❷人口流动、乡地观念与还乡葬 ……………………（222）
❸婚姻、宗教、伦理与合葬 …………………………（223）

第八章　宗教信仰及鬼神崇拜 …………………………………（225）
第一节　佛教、道教的社会影响 …………………………（225）

第二节　方术与天意崇拜 …………………………………（229）
　　㊀借方术以通达天意 ………………………………（229）
　　㊁秘学之兴与天人进一步沟通 ……………………（237）
　　㊂对天意崇拜的几点认识 …………………………（245）

第三节　自然神崇拜 ……………………………………（247）
　　㊀山神崇拜 …………………………………………（247）
　　㊁水神崇拜 …………………………………………（249）
　　㊂植物、动物神崇拜 ………………………………（250）

第四节　人神、人鬼崇拜 ………………………………（254）
　　㊀被神化了的先人 …………………………………（254）
　　㊁被神化了的当时官吏 ……………………………（257）
　　㊂被神化了的民间普通人 …………………………（258）

第五节　鬼神崇拜与社会文化心态 ……………………（261）

第九章　节日 ……………………………………………（266）

第一节　一年中的几个重要节日 ………………………（266）
　　㊀元日 ………………………………………………（266）
　　㊁人日 ………………………………………………（269）
　　㊂正月十五 …………………………………………（269）
　　㊃正月晦日 …………………………………………（270）
　　㊄寒食节 ……………………………………………（272）
　　㊅三月三 ……………………………………………（273）
　　㊆五月五日 …………………………………………（275）
　　㊇七月七日 …………………………………………（276）
　　㊈九月九日 …………………………………………（277）
　　㊉腊日 ………………………………………………（278）
　　㊉㊀除夕 ……………………………………………（279）
　　㊉㊁社日 ……………………………………………（280）

第二节　节日与人们的文化心态 ………………………（282）

第十章　娱乐 ……………………………………………（289）

第一节　竞技活动 ………………………………………（289）
　　㊀樗蒱 ………………………………………………（290）
　　㊁弹棋 ………………………………………………（293）
　　㊂握槊 ………………………………………………（296）
　　㊃藏钩 ………………………………………………（296）

㊄ 戏射 …………………………………………………………………（298）
　　㊅ 投壶 …………………………………………………………………（299）
　　㊆ 击剑 …………………………………………………………………（301）
第二节　角智活动 ………………………………………………………………（302）
　　㊀ 围棋 …………………………………………………………………（302）
　　㊁ 象戏与四维 …………………………………………………………（307）
　　㊂ 猜谜 …………………………………………………………………（308）
第三节　自娱活动 ………………………………………………………………（310）
　　㊀ 田猎 …………………………………………………………………（310）
　　㊁ 游览山水 ……………………………………………………………（311）
　　㊂ 音乐欣赏 ……………………………………………………………（313）
　　㊃ 啸 ……………………………………………………………………（317）
　　㊄ 秋千 …………………………………………………………………（322）
第四节　其他娱乐 ………………………………………………………………（322）
　　㊀ 斗草 …………………………………………………………………（322）
　　㊁ 斗鸡 …………………………………………………………………（323）
　　㊂ 斗鸭 …………………………………………………………………（325）
　　㊃ 童戏 …………………………………………………………………（325）

第十一章　教育与医药 ……………………………………………………（328）
第一节　官学 ……………………………………………………………………（328）
第二节　私学 ……………………………………………………………………（336）
第三节　家学 ……………………………………………………………………（341）
第四节　教育的社会作用 ………………………………………………………（343）
第五节　医学的社会实践 ………………………………………………………（351）

第十二章　少数民族（匈奴、氐、羌、鲜卑）的社会生活 ……………（360）
第一节　服饰 ……………………………………………………………………（360）
　　㊀ 匈奴（附羯）………………………………………………………（360）
　　㊁ 氐、羌 ………………………………………………………………（362）
　　㊂ 鲜卑 …………………………………………………………………（363）
第二节　饮食 ……………………………………………………………………（367）
　　㊀ 匈奴 …………………………………………………………………（367）
　　㊁ 氐、羌 ………………………………………………………………（368）
　　㊂ 鲜卑 …………………………………………………………………（370）
第三节　语言文字 ………………………………………………………………（373）

- ● 匈奴（附羯） …………………………………………………（373）
- ● 氐羌 …………………………………………………………（374）
- ● 鲜卑 …………………………………………………………（375）

第四节　宗教 ……………………………………………………（378）
- ● 匈奴 …………………………………………………………（378）
- ● 氐羌 …………………………………………………………（378）
- ● 鲜卑 …………………………………………………………（378）

第五节　婚葬 ……………………………………………………（380）
- ● 匈奴（附羯） ………………………………………………（380）
- ● 氐羌 …………………………………………………………（381）
- ● 鲜卑 …………………………………………………………（382）

第六节　风俗 ……………………………………………………（385）
- ● 匈奴（附羯） ………………………………………………（385）
- ● 氐、羌 ………………………………………………………（386）
- ● 鲜卑 …………………………………………………………（387）

后记 …………………………………………………………………（389）

第一章

绪论

任何时代人们的社会生活,都离不开当时的时代背景、阶级结构、基层政权和社会组织等特定的历史条件,因为人们是以群体方式,生活在固定时代所形成的上述历史环境之中。因而我们首先必须讲清楚魏晋南北朝特定历史条件同人们社会生活的关系,这样才能窥见人们社会生活的全貌,并显示其固有的时代特征。

第一节 时代背景与社会生活

● **封建王朝不断更迭**

魏晋南北朝是长期分裂的时代,是战乱频繁的时代,也是封建王朝不断更迭的时代。这个时期,史家习惯于从建安年间(196—219年)算起,至隋开皇九年(589年)灭陈止,前后近400年。在这约4个世纪中,除西晋曾实现过短暂（约37年）统一外，全国长期处于分裂割据状态，先后共建立过35个大大小小的政权。各政权间或争夺势力范围，或欲实现全国的统一，群雄角逐，战乱不已，政治风云变幻多端，整个社会处于极度的动荡之中。其战争类别，既有阶级之间的较量，民族之间的战争，又有统治阶级内部的互相混战，杂错交织，难以缕述。大致说来，这个时期可分为三个阶段：自汉末战乱至西晋灭亡为第一阶段；自西晋灭亡经东晋十六国为第二阶段；自刘宋代晋和北魏统一北方至隋统一为第三阶段，也即历史上所谓的南北朝时期。在第二、三阶段中，全国处于南北对峙的政治形势，其间北方经历了三次分裂和统一，自西晋灭亡，南方则经历了东晋、宋、齐、梁、陈五个朝代；至隋灭陈后，全国才又实现了大一统的政治局面。

东汉末年，各种社会矛盾激化，结果在灵帝中平元年（184年）爆发了以黄巾军领袖张角为首的各族人民大起义，地方割据势力乘机而起。从中平六年（189年）董卓之乱开始，全国各地，特别是黄河流域的军阀之间展开了空前的大血战，其结果是形成了魏、蜀、吴三国鼎立的局面。后来魏灭蜀，司马氏代魏后于太康元年（280年）派兵灭吴。至此，自中平六年董卓之乱开始的全国大分裂局面，在延续了整整91年后，又重新归于统一。

东汉末年的军阀混战，是世族豪强地主势力发展的必然结果。他们拥有众多的奴婢、佃客和宗族，役使大量的贫苦农民，广占土地，四处贾贩，牟取暴利；有的还把持选举，世代为官，因而不仅有强大的经济实力，而且有举足轻重的政治实力。所以到了战争年代，他们之中大者跨州郡，中者婴城邑，小者聚阡陌，互相攻杀，战祸连年。在长期的军阀混战中，社会经济遭到严重破坏，只是随着三国的形成，社会经济才逐渐有所恢复，到西晋统一后，社会经济才有所发展。

但此景不长，全国很快又陷于社会大混乱。晋朝开国君主武帝司马炎死后，他的白痴儿子惠帝继位，外戚杨骏辅政。惠帝皇后贾南风勾结楚王玮杀死杨骏及其党羽。接着，她又令司马玮杀掉继杨骏辅政的汝南王亮和卫瓘。最后，她又处死司马玮，独擅朝政。赵王伦杀了贾后，迁惠帝为太上皇，自称皇帝。齐王冏、成都王颖、河间王颙、长沙王乂等纷纷起兵，展开了诸王之间的大混战。后来参加的还有东海王越和并州都督司马腾。这就是所谓的"八王之乱"。最后，司马越取得胜利，毒死惠帝，另立晋怀帝，混战方告结束。

八王之乱给社会造成了惨重的破坏，因此，在八王之乱后，南北各地相继爆发了流民起义。一些少数民族首领乘机起兵，建立政权。匈奴五部帅刘渊建国号汉，自称汉王，很快占领并州，直逼洛阳。永嘉四年（310年）刘渊死，其子刘聪继位。次年，刘聪派刘曜和王弥等率军攻下洛阳，俘虏了晋怀帝。接着，刘聪又派刘曜率军攻入关中，占领长安。西晋雍州刺史（治今陕西西安市西北）贾疋等拥立司马邺为帝（愍帝），夺回长安。建兴四年（316 年），刘曜再度攻下长安，俘虏了晋愍帝，西晋至此灭亡。汉军在洛阳和关中大肆烧杀抢掠，史称"永嘉之乱"。西晋灭亡后，由原来司马越派驻建邺（今南京）的琅邪王司马睿称帝，建立东晋（317 年）。南北分裂对峙的局面至此形成。

西晋的内乱和灭亡是士族门阀势力腐朽统治的必然结果。晋武帝即位后，按照古代的分封制，大封宗室 27 人为王，王国可以自选长吏，并按户数多少设置相应的军队。特别是宗王出镇督军，为八王之乱种下了祸根。西晋的高级官吏，都享有按品级占田荫客荫族的特权，即占有大量的土地和一定的人户而免除国家赋役。这种由皇室、贵族、官僚大地主构成的封建特权统治阶级，自始就显露出其贪残暴戾、淫虐纵恣的特性，而与人民处于严重的对立状态，其内讧和速亡是不可避免的。

西晋灭亡后，在北方进入了所谓五胡十六国时期。这个时期又可分为前后两个阶段。前期的地方政权计有：汉（匈奴）、前赵（匈奴）、后赵（羯）、冉魏（汉）、前燕（慕容鲜卑）、前秦（氐），另外还有巴蜀地区的成汉（巴賨）、西北地区的前凉（汉）和内蒙地区的代国（拓跋鲜卑）等。这些地方政权，除成汉亡于东晋外，其余兴亡情况如下：刘渊建立的汉国传三世而亡，刘曜夺权建立前赵，羯人石勒乘机建立后赵。后赵攻灭前赵，而亡于冉魏。冉魏为前燕所灭，前燕又亡于前秦。另外，前秦还灭了仇池杨氏（白马氏）、前凉和代国，曾一度统一了北方。

十六国前期，北方民族融合的初步发展，为前秦在北方的统一提供了广阔的社会基础。但是在前秦统治区中仍然不同程度地保留有部落制，并存在着严重的民族矛盾。苻坚无视这种民族斗争的形势，贸然进攻东晋，结果在淝水之战中招致大失败（398 年），前秦顷刻瓦解，北方又陷于分裂割据的状态。

前秦灭亡后，北方重新陷于分裂，进入五胡十六国后期。这期间的北方割据政权有：关东地区由慕容氏建立的后燕、西燕、南燕和由汉人冯跋建立的北燕，西燕为后燕所灭，而后燕则亡于北魏，南燕亡于东晋，北燕也亡于北魏。关中地区有后秦（羌族），其北面是匈奴铁弗部建立的大夏。后秦亡于东晋而大夏则据有其地，土谷浑灭大夏。陇西至河西走廊有：西秦（鲜卑和敕勒混成的乞伏部）、后凉（氐）、南凉（鲜卑秃发部）、北凉（卢水胡沮渠部）、西凉（汉）。后凉亡于后秦，南凉亡于西秦，西秦亡于大夏，西凉亡于北凉，北凉归降北魏。

北魏是由道武帝拓跋珪建立的，先居牛川（今呼和浩特东），后都平城（今大同）。自道武帝开始，经明元帝拓跋嗣，至太武帝拓跋焘太延五年（439 年），北魏完全统一了北方。在此前，东晋也为刘宋所代替,由此正式形成了南北朝对峙

齐高帝萧道成像

的局面。

十六国时期，前后共经历130余年。其间政权林立，战乱频仍，给各族人民带来了深重的创伤和灾难。但与此同时，北方社会也在混乱和苦难中走向新生。一方面，胡族的部落制在混战中趋于解体，或适应新的情况而不断有所调整；另一方面，西晋的士族门阀势力在战乱中受到重创，其势力大为削弱，不得不投靠胡族政权以自存。这样，有些胡族的部众和士族门阀的一部分依附人口都解脱出来，各少数民族封建化进程加深，民族融合进一步发展。北魏统一北方后，所有进入中原的胡族部落进一步解体，而汉族中的封建依附人口一部分也游离了出来，加上北方民族融合的基础扩大，这就为魏孝文帝的改革铺平了道路。太和九年（485年），北魏颁布了均田令，把北方在长期战乱中荒芜的土地分给贫民。次年，又在地方上推行三长制，五家立一邻长，五邻立一里长，五里立一党长。三长制和均田制相辅相成，不分民族成分而分土定居，统一成为国家编户，不仅有利于社会稳定，而且促进了社会经济的发展。在实行均田制以后，北方民户大增，经济实力也不断加强，从而奠定了北强南弱的基本格局。

但是，魏孝文帝的改革也有其消极的方面，这就是恢复和建立士族门阀等级制度。他不仅将以往汉族中的士家大族按姓氏划分出门第等级，而且在鲜卑拓跋族中也如法炮制，划分出门第高下，仕进和婚姻大致以门第为准。这就不仅人为地激化了北魏统治阶级和各族人民的矛盾，而且在统治阶级内部制造了分裂的因素，其结果便爆发了六镇起义。

六镇指的是沃野镇（今内蒙古五原西北）、怀朔镇（今内蒙古固阳西南）、武川镇（今内蒙古武川县西南）、抚冥镇（今武川县东北）、柔玄镇（今内蒙古兴和西北）、怀荒镇（今河北张家口北）。这是为了防御北方的柔然而设立的。原来北魏的族姓不分高下，官爵唯以武功为准，六镇鲜卑地位颇高，有军功将士也能跻身高位。实行士族制度后，他们的地位降低，连将领也落为寒门。加以北魏原都平城，依重六镇，孝文帝迁都洛阳后，重南轻北，六镇甚至成了发配罪犯的地方。各种社会矛盾集结在一起，孝明帝正光四年（523年）爆发了六镇起义。由此开始，各地的起义屡仆屡起，前后延续了八年之久，给北魏政权予以沉重的打击。世居秀容川（今山西朔州西北）的契胡首领尔朱荣乘机招兵买马，镇压起义，利用北魏皇室的矛盾，控制了北魏政权。后以高欢和宇文泰两人为首的怀朔和武川两大豪强集团兴起后，高欢势力消灭尔朱氏势力，从而使北魏分为东西魏。东魏为北齐所代替，西魏为北周所代替。在频繁的政治变动中，魏孝文帝建立的士族门阀制度迅速解体。北齐政治军事统治出现鲜卑化的趋向，乃是开历史倒车；而北周则由一批胡汉混血贵族进行统治，大量重用汉族士人，因而改革较有成效。因此，北周终于灭掉北齐，重新统一了北方。不久，北周府兵将领杨坚以外戚身份控制了政权，取代北周而建立隋朝。开皇九年（589年），隋文帝杨坚派大军一举灭陈，至此全国复归于统一。

南方最后一个小朝廷陈朝的灭亡，是不可避免的。东晋是以侨姓士族为主，取得吴姓士族的支持后建立的，因而自始就是士族门阀的统治。所谓侨姓士族，指的是北方南迁的士族，其政治势力远远超过吴姓士族。东晋朝廷中的军政大权，主要掌握在侨姓士族手中，他们在朝争权夺利，居官聚敛无度，在野则"求田问舍"。东晋在长达百余年的时间里，既缺乏有作为的皇帝，也很少有作为的将相。政权腐败不堪，朝廷内及中央和地方势力之间，矛盾重重。因此，朝中大权最后落入北府兵将领刘裕手中。刘裕终于废晋恭帝而自立（420年），建立了宋朝。刘宋武帝、文帝两代稍有作为，多有革新，但不可能从根本上消除士族门阀势力。因此，后经齐、梁两朝，虽起用寒人，南朝还是一步步衰落下去。到陈朝建立时，辖境只有江陵以东、长江以南的一隅之地了。所以，北周在灭北齐后，其实力远远超过了南方。陈朝的末代君主陈叔宝，在强敌压境下一筹莫展，沉湎酒色，不理政务，坐而待亡，最终当了俘虏。

纵观魏晋南北朝的历史，我们不难发现，这是中国封建政权最富于变化的年代。从三国到隋统一，先后共建立约35个封建政权。其主要原因：一是门阀政治；二是各少数民族入主中原。在35个政权中，由高门士族和各少数民族贵族建

陈武帝陈霸先像

立的共 26 个,占总政权数的 79%。从政治形势和民族融合发展变化看,两晋基本上是门阀政治,从刘宋开始士族走向衰落,到陈朝士族完全没落,南方豪强酋帅兴起,这是两晋南朝封建统治层的大变化。北方十六国前期民族矛盾十分严重,民族融合进入初期阶段,十六国后期民族融合有所发展,北魏统一后,民族融合进入全面发展阶段,在魏末各族人民大起义中,六镇地区各少数民族南下后在共同的起义斗争中,也促进了民族融合的进程。代北地区胡汉豪强酋帅兴起后,建立北齐、北周政权,民族融合才接近完成,最后由隋代周灭陈,全国复归统一。

这个时期也是我国历史上人口大流动、民族关系和阶级关系大变动的年代,十余个少数民族进入我国北方,其中有 1100 余万少数民族人口融入汉族。[①] 同时东汉末和西晋末北方两次大批人口流居江淮之南,其中仅永嘉之乱以后一段时间内北方人口流入淮河以南的便约有 50 余万人[②]。这样大规模的少数民族和汉人在全国范围内的大流徙,在我国历史上实属罕见。这对于我国中古政治、经济、文化、民族关系发展的影响是极其深远的。首先促使北方和南方阶级关系和民族关系的重新整合。民族关系重新整合的结果是形成了新汉族;阶级关系重新整合的

[①] 参考拙著《儒家民族观与十六国北朝民族融合及其历史影响》,载《中国史研究》2004 年第 2 期。

[②] 参阅童超《东晋南朝移民浪潮与土地开发》,载《历史研究》1988 年第四期。

结果是士族门阀的衰落,庶民和地方汉胡豪强酋帅的兴起。自此以后,门第高下基本上依官位而定,仕宦从法定上说,主要是靠才能了。

这个时期也是我国历史上又一个百家争鸣的年代。人口的大流动和民族关系的大变动带来了物质文化和精神文化的大交流。玄学、佛学、道教、儒学以至法家、名家相互争胜,又相互吸收,导致了文化上的繁荣。人们处在不断变化的社会环境和自然环境中,思想活跃,视野开阔,感情奔放,富于创新,勇于探索。各种科学技术、哲学、宗教、历史地理、文学艺术、音乐舞蹈、书法绘画、雕刻塑像,均有空前的发展,标志着这是一个政治社会和文化艺术开放型的时代。

● 战乱对社会生活的影响

由于封建政权更迭频繁,割据因素加重,民族关系复杂,因而又产生了长期战乱的特征。根据大略的统计,这个时期共发生较大规模的战争约500次(指战争双方兵力在万余人以上者)。除去农民战争之外,其他战争大体上可以分为三类:第一类是各派政治势力或割据政权之间的混战;第二类是一个政权内部统治阶级之间的战乱;第三类是各民族贵族之间的混战。这里,我们举一部分典型的战例,可以窥见战乱对人们社会生活影响的概貌。

从东汉中平六年(189年)董卓之乱开始,到曹操统一北方(215年),黄河流域战乱持续26年之久,其中最具破坏性的乃是董卓之乱。董卓凶暴残忍,其部率烧毁洛阳宫庙官府和民居,城内扫地殄尽,洛阳城外200里内无复人迹。[①] 董卓徙洛阳数百万人口去长安时,"步骑驱蹙,更相蹈藉,饥饿寇掠,积尸盈路"[②]。董卓死后,三辅民尚有数万户,卓将李催放兵劫掠,"强者回蔽,羸者相食,二三年间,关中无复人迹"[③]。东汉兴平元年(194年),关中兵乱后,大旱,"是时谷一斛五十万,人相食啖,白骨委积"[④]。关东诸将讨董卓起兵后,"众数十万,皆集荥阳及河内,诸将不能相一,纵兵抄掠,人民死者且半"[⑤]。曹操为报父仇,讨伐徐州牧陶谦,当时京师(洛阳)遭"董卓之乱,人民流移东出,多依彭城间"。操军"坑杀男女数万口于泗水,水为不流"。曹操又率军"从泗南攻取虑、睢陵、夏丘诸县,皆屠之,鸡犬亦尽,墟邑无复行人"[⑥]。在战乱中,生产遭到严重破坏,

---

① 《三国志·魏书》卷6,《董卓传》注引华峤《汉书》。
② 《后汉书》卷72,《董卓传》。
③ 同上。
④ 《后汉书》卷9,《孝献帝纪》。
⑤ 《三国志·魏书》卷15,《司马朗传》。
⑥ 《三国志·魏书》卷10,《荀彧传》注引《曹瞒传》。

粮食供应极端困难。如袁绍军人"仰食桑椹";袁术军人"取给蒲蠃"①;曹操军粮"颇杂以人脯"②。刘备军队"饥饿困败,吏士大小自相啖食"③。各军事集团以武力强征和劫掠,粮食供给尚且如此困难,人民群众的饥饿窘状便可想而知了。战乱促使社会危机加深,人民无法生存,必然离乡背井向外流亡。东汉末年仅见于记载的逃亡民户,先后共达300余万口。

人民大量死于战乱、流离、灾荒和疫疾,所谓"名都空而不居,百里绝而无民者,不可胜数"④。甚至造成"千里无人烟"、"白骨蔽平原"的悲惨景象。

西晋八王之乱,从元康元年(291年)贾后杀杨骏开始,到光熙元年(306年)十一月惠帝被毒死为止,前后持续达16年之久。战争初起才两月余,战乱死亡者已达10余万人。⑤ 当齐王冏等联兵讨伐赵王伦后,各王争权夺利,战乱不已。太安二年(303年)八月,河间王颙、成都王颖举兵讨伐长沙王乂,双方在洛阳激战两月余。长沙王乂前后破成都王颖军,"斩获六、七万人"⑥。河间王颙部将张方率精兵七八万攻入洛阳,"大掠,死者万计"⑦。晋廷"征男子十三以上皆从役。又发奴助兵……公私穷踧,米石万钱"⑧。张方从洛阳退还长安时,"军中乏食,杀人杂牛马肉食之"⑨。张方第二次攻入洛阳,"军人因妻略后宫,分争府藏。魏晋已来之积,扫地无遗矣"⑩。当晋惠帝被张方挟持入长安后,东海王司马越派祁弘等率鲜卑兵西迎天子时,入长安大掠,"杀二万余人,百官奔散,入山中拾橡实食之"⑪。史载:"自惠皇(惠帝)失政,难起萧墙,骨肉相残,黎元涂炭"⑫。又说:"兵革之后,百姓困苦,不闻振救。"⑬ 在长期战乱中,广大劳苦大众受害最深,田园荒废,生产凋敝,民不聊生。

八王之乱刚结束,各少数民族贵族反晋斗争接踵而来。在西晋末年战乱中,匈奴人刘渊建立了汉国。永嘉三年(309年),刘渊派刘景进攻洛阳时,与晋将王

---

① 《三国志·魏书》卷1,《武帝纪》注引《魏书》。
② 《三国志·魏书》卷14,《程昱传》注引《世语》。
③ 《三国志》卷32,《先主传》注引《英雄记》。
④ 《后汉书》卷49,《仲长统传》引《昌言·理乱篇》。
⑤ 《晋书》卷59,《赵王伦传》。
⑥ 《晋书》卷59,《长沙王乂传》。
⑦ 《通鉴》卷84,《晋纪》太安二年。
⑧ 《晋书》卷4,《惠帝纪》。
⑨ 《通鉴》卷85,《晋纪》永兴元年。
⑩ 《晋书》卷4,《惠帝纪》。
⑪ 同上。
⑫ 《晋书》卷59,《汝南王亮传·史臣曰》。
⑬ 《通鉴》卷84,《晋纪》太安元年。

堪战于延津（今河南汲县东古黄河上），"沉（百姓）男女三万人于河"①。羯人石勒发动起义后，攻城略地，杀略官兵。永嘉五年（311年）四月，石勒大败晋王衍兵，杀百官将士10余万人，"相践如山，无一人得免者"②。六月，汉将刘曜等破洛阳后，纵兵烧掠，宫殿官府化为灰烬，王公士民3万余人被杀。洛阳"饥甚，人相食，百官流亡者十八九"③。同年秋，汉兵围长安，晋南阳王模降汉。史称："关西饥馑，白骨蔽野，士民存者百无一二。"④ 永嘉六年（312年）夏，晋雍州刺史贾疋等围刘曜于长安数月，汉兵连败，驱掠长安男女8万余口，奔回平阳（今山西临汾西南）。同年冬，晋并州刺史刘琨为汉兵所败，向代公猗卢请兵，猗卢派部将卫雄等为先锋，同琨反攻晋阳，猗卢亲率大军20万继进。猗卢军与刘曜军大战于汾水，再战于蒙山（今太原市西南），刘曜军大败，伏尸数百里，山为之赤。⑤ 西晋建兴四年（316年）八月，刘曜军逼长安，内外断绝。长安"饥甚，米斗金二两，人相食，死者大半"⑥。不久，晋愍帝降于刘曜，西晋灭亡。

西晋八王之乱，以及继之而来的各少数民族贵族反晋斗争，长达30余年，其主战场在北方，使黄河流域的社会生产遭到空前严重的破坏，造成"千里无烟爨之气，华夏无冠带之人，自天地开辟，书籍所载，大乱之极，未有若兹者也"⑦。在长期战乱摧残下，最受苦的是下层群众，为躲避兵祸、饥荒和死亡的威胁，被迫四处流徙，形成了西晋末年长时期的流民大浪潮。据估计全国各地流徙总人数大约有30万户，150多万口，实际流徙人数要更多。人口的大量流徙，对于一个以农业生产为主的社会是一场巨大的灾难。史称："自永嘉丧乱，百姓流亡，中原萧条，千里无烟，饥寒流陨，相继沟壑。"⑧ 刘琨在上表中记他亲眼所见，说："目睹困乏，流移四散，十不存二，携老扶弱，不绝于路。"又说："及其在者鬻卖妻子，生相捐弃，死亡委危，白骨横野，哀呼之声，感伤和气。"⑨ 可见无论流亡或未流亡的民户，在战乱中同样在死亡线上挣扎，其生活痛苦至极。

十六国时期北方在一个多世纪里，陷入更加严重的分裂之中，不仅战乱不绝，而且还夹杂着民族仇杀，因而其破坏性尤剧。前后赵之间的战争，从东晋太宁二年（324年）至咸和四年（329年），持续6年有余。史称："二赵构隙，日相攻

---

① 《晋书》卷4，《惠帝纪》。
② 《通鉴》卷87，《晋纪》永嘉五年。
③ 《晋书》卷5，《孝怀帝纪》。
④ 《通鉴》卷87，《晋纪》永嘉五年；《晋书》卷60，《贾疋传》。
⑤ 《通鉴》卷88，《晋纪》永嘉六年。
⑥ 《晋书》卷5，《孝愍帝纪》。
⑦ 《晋书》卷82，《虞预传》。
⑧ 《晋书》卷109，《慕容皝载记》。
⑨ 《晋书》卷62，《刘琨传》。

掠，河东、弘农之间民不聊生。"① 两赵在长期攻战中，最大的战役有两次。太宁三年（325年）五月，后赵将石生屯洛阳，大掠河南。前赵中山王刘岳率大军克孟津、石梁二戍，"斩获五千余级，进围石生于金墉（魏、晋洛阳故城西北隅）"②。后赵中山公石虎率步骑4万入成皋关，与岳战于洛阳西，岳军大败。前赵主刘曜自将兵救岳，石虎率骑兵3万逆战，前赵兵大败，石虎先后坑其士卒1.6万余人。③ 咸和三年（328年）七月，后赵石虎率众4万自轵关西入击赵，河东地区50余县投降，遂攻蒲阪。刘曜自将中外精锐10万救蒲阪，两军战于高候，后赵军大败，"积尸二百余里，收其资仗亿计"④。刘曜进军围后赵将石生于洛阳。十一月，石勒命诸将会荥阳，自统步骑4万趣洛阳，十二月，两军在洛阳城西大战。刘曜10万大军在洛阳城西布阵，石虎率步骑3万自城北向西，攻前赵中军，石堪等各率精骑八千自城西向北，击前赵军前锋。石勒亲临前线指挥战斗，前赵兵大败，斩首5万余级，临阵活捉前赵主刘曜。咸和四年（329年）正月，前赵太子熙大惧，率百官奔上邽，关中大乱，后赵军进据长安。石虎乘胜与前赵刘胤大战于义渠，胤军大败，"枕尸千里"，不久前赵亡。

后赵末年的战乱和冉魏代赵的战争，被称为"赵魏乱中原"，前后达10年之久。后赵石虎即位后，穷兵黩武。东晋咸康八年（342年）十二月，后赵"敕河南四州具南伐之备，并、朔、秦、雍严西讨之资，青、冀、幽州为东征之计，皆三五发卒。诸州军造甲者五十余万人，船夫十七万人，为水所没、虎狼所食者三分居一"⑤。石虎欲南征，敕诸州兵悉集，并规定："征士五人出车一乘，牛二头，米五十斛，绢十匹，调不办者斩。"⑥ 民众"鬻子以供军需，犹不能给，自经于道者相望"⑦。永和三年（347年），沙门吴进向石虎说："胡运将衰，晋当复兴，宜苦役晋人以厌其气。"虎发邺城近郊男女16万人，车10万乘，运土筑华林苑及长墙于邺北，广袤数百里。当时"燃烛夜作，暴风大雨，死者数万人"⑧。永和五年（349年）石虎死，后赵发生内乱，"子孙争国，上下乖乱"。虎养孙汉人冉闵和李农等击败石冲后，"坑其士卒三万余人"⑨。当时后赵河北大乱，"遗民二十余万口渡河欲来归附（东晋），会（褚）裒（北伐）已还，威势不接，皆不能自拔，死

---

① 《通鉴》卷93，《晋纪》太宁二年。
② 《晋书》卷103，《刘曜载记》。
③ 同上。
④ 同上。
⑤ 《通鉴》卷99，《晋纪》咸康八年。
⑥ 《晋书》卷106，《石季龙载记》上。
⑦ 同上。
⑧ 《晋书》卷107，《石季龙载记》下。
⑨ 同上。

亡略尽"①。羯人3000人欲诛冉闵、李农，反为冉、李所诛，"横尸相枕，流血成渠"②。冉闵掌权后，为赢得汉族人民的支持，"宣令内外六夷，敢称兵仗者斩之"。又"令城内曰：'与官同心者住，不同心者各任所之'"③。冉闵命大开城门，"于是赵人（指汉人）百里内悉入城，胡羯去者填门"。冉闵知道羯人不为己用，下令杀羯人，"无贵贱男女少长皆斩之，死者二十余万"④。永和六年（350年），冉闵在消灭石赵政权后，即皇帝位，改元永兴，国号大魏。冉闵连败石琨于邯郸、张贺度等于苍亭，共斩首近4万人。后冉闵又攻石祇于襄国，为石琨、姚襄等少数民族首领战败，其部属被杀10万人。中原地区大乱，"盗贼蜂起，司、冀大饥，人相食"⑤。石赵时，"青、雍、幽、荆州徙户及诸氐、羌、胡、蛮数百余万，各还本土，道路交错，互相杀掠，且饥疫死亡，其能达者十有二三。诸夏纷乱，无复农者"⑥。

前秦统一后仅8年，北方又重新陷入了战乱时期。东晋太元八年（383年）冬，秦主苻坚淝水战败退回长安，鲜卑慕容部起兵反秦，先后围邺和长安一年多。史称："燕、秦相峙经年，幽冀大饥，人相食，邑落萧条。燕之军士多饿死，燕王垂禁民养蚕，以桑椹为军粮。"⑦ 慕容冲攻长安，"纵兵暴掠，关中士民流散，道路断绝，千里无烟"⑧。前秦时苻登（后为秦主）举兵征伐，"是时岁旱众饥，道馑相望，登每战杀贼，名为熟食，谓军人曰：'汝等朝战，暮便饱肉，何忧于饥！'士众从之，啖死人肉，辄饱健能斗"⑨。前秦末年的战乱，持续12年之久，前秦亡后北方政权林立，相互攻击，国无宁日。在河西走廊地区，后凉主吕光死后，"诸子竞寻干戈，德刑不恤，残暴是先，饥馑流亡，死者太半"⑩。后凉同北凉、南凉之间战争也相当激烈。后凉吕隆在位时（401—403年），北凉和南凉频来攻伐，后凉都城"姑臧（今甘肃武威）谷价踊贵，斗值钱五千文，人相食，饿死者十余万口。城门昼闭，樵采路绝，百姓请出城乞为夷虏奴婢者日有数百。吕隆"惧沮动人情，尽坑之，于是积尸盈于衢路"⑪。

在十六国130余年中，北方除少数几个政权统治时期外，战祸相寻，而且是

---

① 《晋书》卷93，《褚裒传》；《通鉴》卷98；《晋记》永和五年。
② 《晋书》卷107，《石季龙载记》下。
③ 同上。
④ 同上。
⑤ 《晋书》卷107，《石季龙载记》下附《冉闵传》。
⑥ 同上。
⑦ 《通鉴》卷106，《晋纪》太元十年。
⑧ 同上。
⑨ 《晋书》卷115，《苻登载记》。
⑩ 《晋书》卷122，《吕隆载记》。
⑪ 同上。

多民族参加的战乱，政治黑暗，在阶级的和民族的双重压迫下，人民群众成年累月生活在水深火热之中。只有到北魏统一北方（439年）之后，政治形势稳定，社会经济逐渐恢复，人民在战乱下的悲惨生活才开始有了转机。

南方地区自晋室南迁（317年）后，大小战乱一直没有停止过，其中以"侯景之乱"最具破坏力。侯景，羯族人，原是北魏六镇军人，后为东魏掌权者高欢大将，专制东魏河南多年。高欢死后，侯景于萧梁太清元年（547年）以所据河南之地降梁。梁武帝企图利用侯景力量向北拓地，不顾群臣的反对，派萧渊明率大军接援，并封赏侯景。渊明怯懦无能，为魏军大败后被俘，侯景也因战败，南逃至梁的寿春城（今安徽寿县）。侯景长期驻守东魏河南，与梁接壤，深知梁朝虚实。太清二年（548年），侯景勾结对梁武帝不满"幸国家有变"的萧正德，渡江攻破建康，进围台城。台城攻守战相持130余天。台城被围之初，城内男女10余万人，甲士2万多人，米40万斛。至城破时，战死及饥饿疾疫而死者十之八九，"横尸满路，不可瘗埋"①。城外百姓被驱使起土山攻城，"疲羸者因杀之以填山，号哭之声，响动天地"②。侯景放纵士卒掠夺民米及金帛子女，"至是米斛数十万，人相食者十五六"③。梁末繁华的建康城，有户28万，如以每户5口计，有140万人。经过侯景之乱，"道路隔绝，数月之间，人至相食，犹不免饿死，存者百无一二"。甚至连"贵戚、豪族皆自出采稆，填委沟壑，不可胜纪"④。直到陈都建康时，"中外人物不逮宋、齐之半"。可见建康城破坏之严重程度。

侯景之乱的战火，还蔓延至江浙和长江中游地区。南朝江浙"最为富庶"，"侯景之乱，掠金帛既尽，乃掠人而食之，或卖于北境，遗民殆尽矣"⑤。战乱使人们丧失了抵御灾荒的能力。大宝元年（555年），"江南大饥，江、扬弥甚，旱蝗相系，年谷不登，百姓流亡，死者涂地"⑥。此外，江南百姓为侯景"军人所掠，或自相卖鬻，漂流入国（指入魏境）者盖以数十万口"⑦。史称："于时千里绝烟，人迹罕见，白骨成聚如丘陇焉。"⑧ 江南经过侯景之乱，社会经济遭受严重破坏，继之而起的陈朝，统治区域缩小，其国力极度衰弱。

上述所举多民族参与的战争，给人民群众的生活带来极为深刻的影响。第一，参战双方消耗大量人力财力，必然会加重对人民的赋役剥削。当时前方一个战士

---

① 《通鉴》卷162，《梁纪》太清三年。
② 《梁书》卷56，《侯景传》。
③ 同上。
④ 《通鉴》卷162，《梁纪》太清三年。
⑤ 《通鉴》卷163，《梁纪》大宝元年。
⑥ 《南史》卷80，《侯景传》。
⑦ 《魏书》卷98，《岛夷萧衍传》。
⑧ 同上。

所需军粮和军用物资，后方大约要两个人力运输供应。这就是说，十万军队作战，要二十万人服运输苦役。其他如造甲、造船、造车、筑城和修路所役使的人力，还未计算在内。所以魏晋南北朝人民服役时限，比两汉和隋唐都要长，而且经常征妇女服役。第二，史称："自顷中州丧乱，连兵积年，或遇倾城之败，覆军之祸，坑师沈卒，往往而然，孤孙茕子，十室而九。"① 战争的直接后果便是杀人、死亡、伤残，作战双方死亡者主要是劳动群众，而且战士大多是壮劳动力，因而战争直接摧毁社会生产力中最重要的一部分。第三，大的持续时间较长的战争，使社会秩序混乱，有的军队烧杀抢掠，奸淫妇女，无恶不作，农民无法进行正常生产。第四，灾荒和疫疾常常伴随战争而来，在战乱中，政府无力接济灾民，贫苦群众更无抵御天灾的能力。所有这一切，使得在战乱中，城市被毁灭，田园被荒芜，广大人民群众被战死、饿死、病死，或被迫四处流散，大批劳动力和土地分离，使农业生产遭受严重破坏，粮食供应奇缺。军队用人肉作军粮，或将领鼓励战士勇敢作战，以俘虏充饥，这在历史上是罕见的现象。② 由此可以想见，人民群众大批死亡的惨状，以及幸存者生活的痛苦程度。

三 开放融合型文化特征与社会生活

魏晋南北朝开放融合型文化特征，是由于国内各民族大融合，中西文化交流频繁，以及自觉趋向型的文化心态等时代条件决定的。当时人们的思想较为开放，原先的封闭状态被打破了，首先是汉族对外来文化表现出了一种包容和吸取的积极精神，同时少数民族中的杰出人物也热衷于学习汉族先进文化。尤其在北中国表现得更为明显，无论政治制度、经济生活、礼仪风俗、学术思想等，都不是汉族单一型的，而是以汉族文化为主，对国内各少数民族和外来文化兼收并蓄，包罗宏富。从人们社会生活的角度看，早在东汉末年，西域文化便传入我国。史称汉灵帝"好胡服、胡帐、胡床、胡坐、胡饭、胡箜篌、胡笛、胡舞，京师贵戚皆竞为之"③。西晋泰始（265—274年）以后，"中国相尚用胡床貊槃，及为羌煮貊炙，贵人富室，必畜其器，吉享嘉会，皆以为先"。太康（280—289年）时期，人们普遍以胡人生产的毡"为绔头及带身、裤口"④，并相习成风。西晋灭亡以后，北方和长江上游先后由五胡建立起十四国政权（前凉、西凉、冉魏、北燕为汉人所建立）。当时民族融合还远未完成，匈奴、鲜卑、羯、氐、羌人大都保存着

---

① 《晋书》卷110，《慕容儁载记》。
② 《北齐书》卷20，《慕容俨传》记其守郢州时，受到梁军的围困，"城中食少……人有死者，即取其肉，火别分唊，唯留骸骨"。
③ 《续汉书》志第13，《五行志》1；《北堂书钞》卷145，《胡饭》。
④ 《晋书》卷27，《五行志》上；《北堂书钞》卷145，《羌煮》。

自己的语言、生活习俗和礼仪风俗。

语言是人们社会生活中交往的主要工具。西晋灭亡之后，北方语言较为混杂。十六国后赵石勒称赵王后，"制法令甚严，讳胡尤峻"。有醉胡乘马突入正东门（宫门之一），勒大怒，谓宫门小执法冯翥曰："夫人君为令，尚望威行天下，况宫阙之间乎！向驰马入门者是何人，而不弹白邪？"翥惶恐忘讳，对曰："向有醉胡乘马驰入，甚呵御之，而不可与语。"勒笑曰："胡人正自难与言（指汉胡言语不通）。"① 恕而不罪。石勒将与前赵刘曜战于洛阳，群臣皆以为不可。勒咨访沙门佛图澄。澄曰："相轮铃音云：'秀支替戾冈，仆谷劬秃当。'此羯语也。"秀支，军也。替戾冈，出也。仆谷，刘曜胡位也。劬秃当，捉也。佛图澄回答石勒的话译为汉语为："军出捉得刘曜。"② 可见十六国时期，在北方流行着少数民族语言。北魏初期，鲜卑语盛行。道武帝时（386—408 年），晁懿"言音类帝（道武帝）"，"以善北人语（指鲜卑语），为黄门侍郎"③。孝文帝改制以前，魏廷汉语和鲜卑语并行，改制以后虽禁鲜卑语，但仅限于 30 岁以下的人，而 30 岁以上的鲜卑人，并不要求立即改说汉语。更何况孝文帝改制后只有 4 年时间即死去，以后改制实际上处于流产状态，因而北方势必恢复汉语和鲜卑语并存状态。魏末于谨"解诸国语（懂多种少数民族语）"，孙搴"通鲜卑语"而被重用。④ 高欢行军，"每申令三军，常鲜卑语，（高）昂（汉人）若在列，则为华言"⑤。可见高欢的士兵既懂汉语，也晓鲜卑语。即便是在南方，东晋统辖区域内居住的蛮、俚、僚等少数民族，也是"鸟声禽呼，言语（与汉人）不同"⑥。东晋王导拜扬州刺史时，宾客数百人中有胡人，导特到胡人前用胡语褒誉胡人，"群胡同笑，四坐并欢"⑦。桓温南蛮参军郝隆在群僚诗会上云："㜲隅跃清池。"温问："㜲隅是何物？"答曰："蛮名鱼为㜲隅。"温曰："作诗何以作蛮语？"⑧ 可见南朝也有使用少数民族语言的现象。

再如胡服。十六国时和北魏前期，胡人多穿胡服，自不待论。孝文帝太和十九年（495 年）改制，明令禁穿胡服，改着汉人服饰。经过 4 年以后，太和二十三年（499 年）正月，孝文帝从邺城回到洛阳，犹"见车上妇人冠帽而着小襦袄（指鲜卑服饰）者"。孝文帝责问留守洛阳的任城王元澄："尚书何为不察？"澄对

---

① 《晋书》卷 105，《石勒载记》下。
② 《晋书》卷 95，《佛图澄传》。
③ 《北史》卷 89，《艺术上·晁崇传附弟懿传》。
④ 《周书》卷 15，《于谨传》；《北齐书》卷 24，《孙搴传》。
⑤ 《北齐书》卷 21，《高乾传附昂传》。
⑥ 《魏书》卷 96，《僭晋司马睿传》；《宋书》卷 92，《良吏·徐豁传》："俚民皆巢居鸟语。"
⑦ 参考余嘉锡《世说新语笺证》，第 176 页。
⑧ 《世说新语》下卷下，《排调第二十五》。

曰："著犹少于不著者。"① 足见当时还有不少人着鲜卑冠服者。

魏廷改胡服，从太和十九年（495年）"班赐冠服"开始，全部冠服的制定，"积六载乃成"②。此时孝文帝已病故，服饰改制并不彻底。萧梁大通二年（528年），陈庆之北伐，次年五月占领洛阳。陈庆之亲见洛阳"礼仪富盛，人物殷阜"，从而重视北朝文化。据说他回江南后，"羽仪服式，悉如魏法。江表士庶，竞相模楷，褒衣博带，被及秣陵（建康）"③。庆之子陈暄，也仰慕北朝文化，他曾"帽簪钉额，条布裹头，房袍通踝，胡靴至膝"④，使朝士哗然。陈庆之北伐离孝文帝改制已有30年，而北方鲜卑人仍多穿胡袍胡靴。

北周君臣"平时常服或杂胡制，而元旦朝贺，即服用摹拟礼经古制之衣冠"⑤。北齐文宣帝高洋（550—559年在位）曾"散发胡服，杂衣锦彩"⑥。东魏高欢部将羯人侯景，"与人论掩衣法为当左，为当右"？尚书敬显俊曰："孔子云：'微管仲，吾其被发左衽矣。'以此言之，右衽为是。"王纮反对说："国家龙飞朔野，雄步中原，五帝异仪，三王殊制，掩衣左右，何足是非。"⑦ 这次争论以掩衣左右皆可而结束，实际上反映了当时人认为胡服和汉服杂用均可的一种文化观念。我们在现存北朝壁画、画像石（砖）及陶俑等形象资料中所看到的一种服饰裤褶，既有右衽，也有左衽，正是当时现实生活的反映。⑧

隋代议定仪礼时指出，北魏天兴（398—403年）初，"撰朝飨仪，始制轩冕，未知古式，多违旧章"。孝文帝时，"讨论经籍，议改正之。唯备五辂，各依方色，其余车辇，犹未能具"。魏末孝明帝熙平（516—517年）时，侍中崔光等"采其议，大造车服"，"自斯以后，条章粗备"⑨。这里说明北魏礼仪车服改制，经历三个阶段，直至魏末，也只是"条章粗备"，当时政治腐败，不可能付诸实施。所以隋太常少卿裴政奏曰："后魏以来，制度咸阙。……舆辇衣冠，甚多迁怪。今皇隋革命，宪章前代，其魏、周辇辂不合制者，已敕有司尽令废除。"⑩ 隋内史令李德

---

① 《魏书》卷19中，《任城王澄传》。
② 《北史》卷90，《艺术下·蒋少游传》。
③ 《洛阳伽蓝记》卷2，《孝义里》条。
④ 严可均辑校《全陈文》卷9，徐陵《与顾记室书》。参考《魏书》卷75，《尔朱世隆传》。世隆本人及其仆从皆穿胡服。
⑤ 陈寅恪：《隋唐制度渊源略论稿》二，《礼仪》，第57页。
⑥ 《北齐书》卷4，《文宣纪》。
⑦ 《北齐书》卷25，《王纮传》。
⑧ 参考洛阳博物馆《洛阳北魏元邵墓》，见《考古》1973年第4期；山东省文物考古研究所《临淄北朝崔氏墓》，见《考古学报》1984年第2期；南京博物院《江苏丹阳胡桥南朝大墓及砖刻壁画》中也有穿着左衽裤褶的侍从，见《文物》1974年第2期。
⑨ 《隋书》卷10，《礼仪志》5。
⑩ 《隋书》卷12，《礼仪志》7。

林上奏也称："周、魏舆辇乖制，请皆废毁。"① 隋文帝从之。他们都认为北魏北周衣冠礼仪"多参胡制"，"舆辇衣冠，甚多迁怪"，即不符合汉族衣冠礼制。他们对孝文帝改制，弃而不谈，似乎透露出孝文帝改制虽曾大刀阔斧实行于一时，但他很快死去，收效甚微。十六国北朝胡服在中原地区流行，使秦汉以来汉族服饰主流由"上衣下裳"，逐渐向"上衣下裤"转变，并由北方向南方流传，隋唐以后，这种服饰便在汉族人民中得到普及。②

关于饮食。西晋以后五胡入主中原，同时西域文化传入了中国，因而带来了胡汉饮食文化的融合。《史记·匈奴传》称："匈奴之俗，人食畜肉，饮其汁，衣其皮。"北方各少数民族饮食大体同匈奴人一样，食肉饮奶酪为其基本特征。如鲜卑、敕勒、柔然和羌人中的一部分都属于这种饮食结构。魏晋以后，酥油同汉族茶饮相结合，成为酥茶或奶油茶。③ 奶酪、胡饼（芝麻烧饼）④、胡饭（卷面饼）⑤ 等少数民族饮食，东汉末年在中原地区传开后，经魏晋以后成为南北汉族人民喜爱的食品。⑥ 北魏神瑞二年（415年）秋，平城遭饥荒，群臣议欲迁都，崔浩反对说："至春草生，乳酪将出，兼有菜果，足接来秋，若得中熟，事则济矣。"⑦ 崔浩的献策被采纳，果然主要靠畜牧业生产度过了灾荒。北魏太武帝（424—451年在位）也曾说："国人（指鲜卑拓跋族）本着羊皮裤，何用锦帛？"⑧ 可见在北魏初年，牛羊肉和皮毛以及奶酪在人民生活中的重要性。但太武帝时俘宋将毛修之，"能为南人饮食……主进御膳"。这表明太武帝也喜爱南方汉族人的饮食。

南朝士族王肃太和十七年（493年）降魏后，开始"不食羊肉及酪浆等物，常饮鲫鱼羹，渴饮茗汁"，只经过数年以后，王肃在殿会上，"食羊肉酪浆甚多"。孝文帝感到奇怪，问肃曰："卿（食）中国之味也。羊肉何如鱼羹？茗饮何如酪浆？"王肃回答说："羊者是陆产之最，鱼者乃水族之长。所好不同，并各称珍。"⑨ 王肃所讲为汉胡饮食并重的观点。东晋王导喜吃奶酪⑩，王羲之爱吃胡

---

① 《隋书》卷10，《礼仪志》5。
② 参考吕一飞：《胡族习俗与隋唐风韵》第一章，《服饰》。
③ 《艺文类聚》卷72，《酪苏》条；《晋书》卷95，《艺术·单道开传》；《御览》卷867，《饮食·茗》条。
④ 《御览》卷860，《饮食部·饼》引王隐《晋书》。
⑤ 《齐民要术》卷9，《飧饭第八十六》；《通鉴》卷136，《齐纪》，永明九年胡三省注。
⑥ 参考吕一飞：《胡族习俗与隋唐风韵》第二章，《饮食》。
⑦ 《魏书》卷35，《崔浩传》。
⑧ 《通鉴》卷125，《宋纪》元嘉二十七年。
⑨ 范祥雍：《洛阳伽蓝记校注》卷3，《城南·正觉寺》条。
⑩ 《世说新语》下卷下，《排调第二十五》。

饼①，沈约被赐酥油②，合汉胡饮食为一体的酥茶和奶茶，成为北方各少数民族喜好的食品等等，都可以说明当时汉胡饮食文化交融的状况。

最能代表开放融合型生活习俗的，乃是汉人生活起居中坐姿的改变。我国自殷周跪坐习俗（双膝前跪，臀部坐在脚后跟上）形成后，成为儒家礼教文化的重要组成部分，并视箕坐（臀部坐地，两腿前伸）和垂脚高坐皆为不恭敬的傲慢行为，在正式礼仪场合最为忌讳。由于汉末以后，中西文化交流频繁，"胡床、胡坐"即垂脚坐胡床（折叠凳，俗称马扎子）和佛教徒垂脚坐"小床"（凳子前身）在汉人生活中传播；国内各民族大融合，少数民族箕坐对汉人的影响；加之玄学兴起，礼教动摇，促使汉人生活起居发生了巨大变化，即由原来殷周秦汉时汉人的跪坐礼俗，逐渐改变为垂脚高坐。这个变化过程大约从东汉末年开始，经魏晋至南北朝时，汉人不仅垂脚坐"胡床"比较普遍，也偶有坐高足小床（小凳前身）的，再经隋唐至五代，汉人垂脚坐凳、椅的生活习俗最后完成。自此以后，我国古代跪坐礼俗和低矮床、榻逐渐消失，并形成了我国人民丰富多彩的高足形床、椅、凳等居室文化。③

第二节　阶级结构与社会生活

魏晋南北朝时期由于士族制度的形成，封建依附关系的发展，少数民族的内迁和建立政权，使整个阶级结构发生了重大变化。其主要特点是阶级层次增多，统治阶级中形成了贵族特权阶层，被统治阶级中的相当部分对统治者的依附性加强和身份地位下降，奴隶制残余严重，从而使整个阶级关系复杂化。这里就当时阶级结构的框架，以及各个阶级的经济政治地位和社会生活特征，从总的概貌略作分析。

● 阶级结构的框架

按照阶级的定义，阶级的划分依据当时人们在社会生产关系中所占的地位，

---

① 《御览》卷 86，《饮食部·胡饼》引王隐《晋书》。
② 《艺文类聚》卷 72，《酪苏》。
③ 参考朱大渭：《中古汉人由跪坐到垂脚高坐》，见《中国史研究》1994 年第 4 期。

即对生产资料的占有情况，在社会生产组织中是支配者或被支配者，对劳动产品分配的形式，是占有别人的劳动，还是被别人占有劳动，以及由此而产生的在国家政治和文化生活中的地位。根据这个基本观点结合当时的历史实际，来分析这个时期的阶级结构，大体上可以分为三个等级，六个阶级，两大阶级营垒。

三个等级：皇室和高门士族属于贵族等级；寒门庶民地主、寺院地主、富商巨贾、个体编户农民、个体手工业者、金户、银户、盐户、滂民，属于良民等级；其余屯田户、佃客、部曲、军户、吏家、百工户、杂户、绫罗户、牧户、僧祇户、佛图户、奴婢均属贱口等级。少数民族酋帅和部落民，情况比较特殊，经济政治地位变化不定，主要看其是否建立政权以及与汉族融合的程度而定，要作具体分析，不能一概而论。

上述三个等级可以分为六个阶级：皇室和高门士族地主阶级；寒门庶民地主阶级（内含地方豪强、寺院地主、富商巨贾）；少数民族酋帅阶级；编户个体农民和个体手工业者、金户、银户、盐户阶级；屯田户、佃客、部曲、僧祇户、军户、吏家、百工户、杂户等阶级；佛图户和奴婢阶级。少数民族部落民无论在边远地区或进入内地，情况极为复杂，并处在不断分化中，似难单独成为一个阶级。在以上六个阶级中，前三者属于统治阶级营垒，后三者属于被统治阶级营垒。因而前三类也可叫统治阶级中的三个阶层，后三类也可叫被统治阶级中的三个阶层。

从等级和阶级的关系来看，贵族等级只有一个阶级，即皇室和高门士族地主阶级，当然皇室在享受封建特权上又优于士族地主。良民等级中有三个阶级，即寒门庶民地主阶级；少数民族酋帅阶级；编户个体农民和个体手工业者阶级。贱民等级中有两个阶级，即佃客、部曲、军户、吏家、百工户、杂户、牧户、僧祇户阶级；佛图户和奴婢阶级。

在统治阶级中，介于士族地主和少数民族酋帅阶级之间的寒门庶民地主不仅包含类别较多，情况比较复杂，其中极个别的既可上升为士族，也有的在遇上天灾人祸后下降为被统治者。在被统治阶级中，介于个体编户农民和奴婢之间的佃客、部曲、军户等阶级，也是类别较多，情况十分复杂。

二 士族地主和庶民地主阶级

士族地主高居于封建统治阶级的最上层，他们垄断了中央和地方官员的清要之职，占有广大土地，有免除赋役、荫庇亲属、收揽门生故吏、享受赐田、给客、给吏卒、恩赏钱财等种种经济和政治特权。由于其中有些特权是世袭的，因而高门士族便形成为垄断着经济、政治、军事、文化的一个具有稳定性的被认为是最高贵的特殊阶级。不管是原来的地方豪强,或是新兴地主和富商,在没有取得士族地位以前,都被排斥在这个阶级之外,被认为是寒门庶民,不能同士族一样享受各种封建特权。

在曹魏后期"给公卿以下租牛客户,数各有差"①,以及在孙吴给田复客制的基础上,西晋太康元年(280年),正式规定了百官依品级高低占田荫客荫族的特权,占田多者50顷,荫客50户(或15户),少者10顷,荫客1户,荫族多者9族,少者3世。② 这是在全国范围内正式承认士族地主占田荫客荫族的特权。占田荫客荫族制在国家法权上的反映,对于士族制度的形成具有划时代的意义。东晋再一次颁布给士族官僚佃客的制度,这种经济特权便被固定下来。既然有这些特权,士族官僚就可以上下其手,扩大其经济利益。同时,经济特权反过来又促使

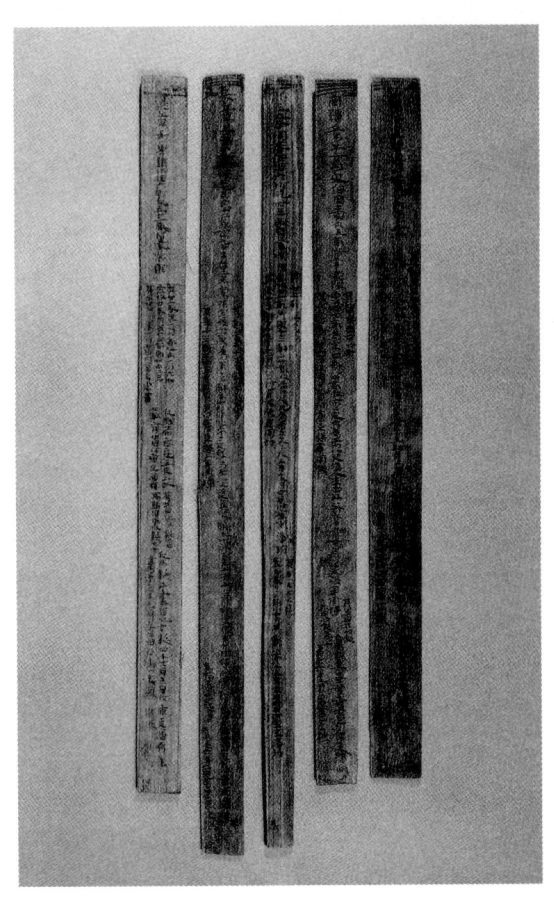

长沙走马楼三国吴纪年简牍

---

① 《晋书》卷93,《王珣传》。
② 《晋书》卷26,《食货志》。

士族地主在政治文化上特权的巩固，这便决定了士族特殊的贵族地位。

士族地主主要靠封建特权赐予土地和劳动力、俸禄、恩赏和政治暴力行为，以加强其经济势力的发展，并形成以家族血缘和地域关系为纽带的自给自足的士族地主经济集团。这个集团的最上层是士族，下面是门生故吏、妓妾歌童、宗族、家兵、部曲、佃客、奴婢和大批荫户。士族还通过政治特权，私自侵占国家公田，分割吏卒。由于上述种种原因，作为整个阶级来说，士族地主是反动腐朽的阶级。当时政治腐败，政权分裂，战乱频仍，人民生活痛苦，各族人民的起义斗争等等，在很大程度上都是由士族地主的反动统治造成的。

寒门庶民地主一般多为地方政权官吏的掾属，或不入流的佐吏，没有或很少能享受封建特权，主要靠自身经营生产，剥削佃客奴婢，或兼营工商业，以扩大其经济势力。其中地方豪强由于直接管理生产，积累了丰富的经营管理经验，经济势力十分活跃。一般地说，寒门庶民地主不是最高当权派，多数作各类浊官吏职，或根本不参与各级政权。有的虽然富豪，也不免受士族官僚的凌辱。因而他们比较接近人民，不像士族那样腐朽，大都主张改革时政，反对士族在经济政治上的垄断。

士族地主和寒门地主的区别界限，主要可以划分三条：第一，前者为上品、清官，后者为下品、浊官；第二，前者有荫客荫族和免除赋役的特权，后者极少有能享受封建特权的，特别是免役的特权绝对没有；第三，前者掌握着封建文化，多数家传经学、名教、玄学，只有北朝后期一部分有武功的士族例外。寒门地主一般缺少封建文化教养。士族地主非常重视婚、宦、望，因为这三者是士族保持其贵族地位的主要依据。

尽管寒门地主中一部分豪富之家，生活上相当豪奢，但就阶级整体而言，他们绝不能同皇室和高门相比。当时贵族阶层的生活，大致有三方面的特征：第一，奢侈无度。西晋贵族官僚有时日食三餐，饭菜要花1万或2万钱，还说"无下箸处"①。更有甚者，每餐饭菜就花去1万钱。②北魏皇室也是"一日食必数万钱为限"③。而且贵族官僚夸豪斗富，成为时风。如西晋石崇与王恺斗富，成为千古豪奢生活的典型。北魏后期"帝族王侯，外戚公主，擅山海之富，居川林之饶，争修园室，互相夸竞"④。河间王元琛"最为豪首，常与高阳王争衡"。元琛常语人曰：晋室石崇庶姓，犹如此豪富，"况我大魏天王，不为华侈"⑤？又

---

① 《晋书》卷33，《何曾传》。
② 《晋书》卷45，《任恺传》。
③ 《洛阳伽蓝记》卷3，《城南·高阳王寺》条。
④ 《洛阳伽蓝记》卷4，《城西·法云寺》条。
⑤ 同上。

说："不恨我不见石崇，恨石崇不见我。"① 权贵的奢侈享乐生活，乃是建筑在对下层群众的剥削基础之上的，他们越是挥霍无度，就意味着人民群众生活更加痛苦。

第二，沉湎声色。晋武帝虽统一了全国，但他是一个十分荒淫的君主，后妃宫女将近1万。后赵石季龙荒淫无道，一次便征发百姓女子20岁以下13岁以上3万多人，以充后宫。② 苻洪曾说：后赵君主"夺人妻女，十万盈宫"③。两晋十六国南北朝，无论汉、胡君主，后宫宫女动辄数千人。君主沉湎酒色，助长臣下的淫逸。当时王公贵戚争相聚妾蓄妓，或"妓妾盈房"，或"妓乐之妙，冠绝一时"④。贵族官僚妓妾达数十人者比比皆是，甚至有的上百人至数百人。东晋王国宝"后房妓妾以百数"⑤。刘宋沈攸之"后房服珠玉者数百人"⑥。梁代夏侯夔后房妓妾"亦有百数"⑦。北魏高阳王元雍有"妓女五百"⑧。皇室高门由好女色声乐，进而"男宠大兴，甚于女色，士大夫莫不尚之，天下咸相仿效"⑨。这是当时贵族生活的又一特征。

第三，崇尚风貌。魏晋玄学崇尚放达，因而两晋贵族子弟，相与为散发裸身之饮。宋齐时转而崇尚风貌。如宋孝武帝选侍中，不重"才识"，以"风貌"取人。晋末孟昶、孟颉兄弟"美风姿，时人谓之双珠"⑩。王景文"美风姿"，谢庄"美仪容"，故二人齐名。⑪ 褚彦回"美仪貌，善容止，俯仰进退，咸有风则"⑫。何戢"美容仪，动止与褚彦回相慕"⑬。朝野重风貌，于是达官贵人讲修饰。梁、陈时，贵族子弟"无不熏衣剃面，傅粉施朱"⑭。南北朝时，贵族高门男女修容普遍流行，实际上这是贵族腐朽没落在生活作风上的表现。

㈢ 少数民族酋帅阶级地位的升降变化

关于少数民族酋帅，两汉以来早已内迁部分，汉化较深，大多离散部落，同

---

① 《洛阳伽蓝记》卷4，《城西·法云寺》条。
② 《晋书》卷106，《石季龙载记》上。
③ 同上。
④ 《南史》卷31，《张瓌传》；《宋书》卷71，《徐湛之传》。
⑤ 《晋书》卷75，《王湛传附国宝传》。
⑥ 《南史》卷37，《沈庆之附攸之传》。
⑦ 《梁书》卷28，《夏侯夔传》。
⑧ 《洛阳伽蓝记》卷3，《城南·高阳王寺》条。
⑨ 《宋书》卷34，《五行志》5。
⑩ 《南史》卷19，《孟颉传》。
⑪ 《宋书》卷85，《王景文传》、《谢庄传》。
⑫ 《南史》卷28，《褚裕之附彦回传》。
⑬ 《南史》卷30，《何尚之传附戢传》。
⑭ 《颜氏家训》卷3，《勉学篇》。

于汉人编户齐民，属郡县统辖。酋帅中有的下降为编户农民，有的同于汉族寒门地主。内迁时间较晚，或正向内地迁徙的少数民族，大多开始步入奴隶社会，或逐渐向封建社会过渡，大部分保留了部落组织，又采取汉族封建剥削形式，因而在统治阶级中出现了少数民族酋帅阶级。从经济上讲，少数民族酋帅多是大畜牧主、大奴隶主、大封建主，有的几种生产类型相兼，剥削大量的牧子、奴婢、部曲，其生产方式一般比较落后。在政治上他们为本民族的单于、侯王、君长、大人、酋长，属于统治地位，而且这种地位大多是世袭的。在经济政治上，他们在本民族内是统治者，但又受汉族中央和地方封建政权的民族歧视和压迫。当其经济政治势力强大时，常有向汉族地区"略财据土"的野心。汉族中央和局部统一政权统治时期，少数民族酋帅有的被羁縻，授予官位和封爵。当他们与汉族融合加深，并加入汉族封建政权后，在经济上同于寒门地主，在政治上有的任地方官吏，但不能进入士族行列。

南方少数民族酋帅的经济政治地位比较单纯些。由于南朝地域日蹙，封建政权的魔爪伸向少数民族地区，各少数民族人民的反抗促使民族融合的进程加速。因此，侯景之乱后，大批少数民族酋帅加入陈政权，这是一个显著而重要的变化。

北方少数民族酋帅经济政治地位的升降变化，比较急剧和复杂。其地位的升降变化，给当时阶级斗争、民族斗争和民族融合带来一系列深刻的影响。他们同汉族统治者和人民之间的矛盾发展变化，是同其本身地位的升降变化紧密相关的。十六国时期，每当一个少数民族建立起政权或参与别的少数民族建立的政权后，其经济地位起了突变。他们在战乱中抢劫财物，俘掠人口，在原来的部落制基础上结合汉族封建制，建立以军事组织占有和役使劳动力的制度。在当时战乱、杀戮、疫疾、饥荒、人民逃亡的情况下，占有劳动力也就占有土地和财富。如刘聪"大定百官"，"置左右司隶，各领户二十余万，万户置一内史，凡内史四十三。单于左右辅各主六夷十万落，万落置一都尉"①。这里内史所领万户，都尉所领万落，一是主管汉户，一是主管"六夷"即少数民族。实际上，无论汉户和六夷均是军营领户的性质。如氐族苻洪代父为部落帅，"散千金，招延俊杰，戎、晋襁负归之，推为盟主"②。刘曜以洪为氐王。《通鉴》载苻洪说石虎徙关中豪杰及氐羌以实关东时说："诸氐皆洪家部曲，洪帅以从，谁敢违者？"③ 又如羌族酋帅姚弋仲，也是"戎、夏襁负随之者数万"④。弋仲所领与苻洪相同，包括汉族与其他少数民

---

① 《晋书》卷102，《刘聪载记》。
② 《御览》卷121，引《十六国春秋·前秦录》。
③ 《通鉴》卷95，《晋纪》咸和八年。
④ 《晋书》卷116，《姚弋仲传》。

族人民在内,所以被石虎封为持节十郡六夷大都督。

前燕"王公贵戚多占民为荫户,国之户口少于私家";"豪贵恣横,至使户口殚尽"①。这也是军营领户,所以仆射悦绾主张打击酋帅,"宜罢军封",并清出军封户20多万,未清出的自然不在少数。后燕少数民族酋帅同样有"军营封荫之户"②。胡三省注为:"盖诸军庇占以为部曲者。"十六国时期,各族酋帅所领汉族和少数民族劳动人手普遍扩大,他们所采取的剥削方式与汉族地主似有不同,乃是部落与部曲制相结合。即既要作战,又要服役,还要进行生产。这种军营领户具有政权和生产组织双重性质,其劳动产品大概除维持劳动者最低生活,以及作战开支外,全部被酋帅们所占有。它是介于奴隶制和封建制之间的一种特殊剥削形态③。

少数民族酋帅在经济和军事实力增长的同时,在政治上也进入贵族行列,但还不是士族。当他所依附的政权一旦垮台后,随着政治上退出贵族行列,经济特权也随之被削弱或取消。只有魏孝文帝改制以后,以鲜卑拓跋部贵族为主的一部分少数民族酋帅才进入士族行列,因而其经济政治地位也相应地趋于稳定。

当时少数民族大多处在奴隶社会初期,或由奴隶制向封建制转化,因而其贵族阶层一旦爬上皇位后,在生活上和政刑上带有原始野蛮落后的一面,悖礼乱伦,淫虐如禽兽,或者凶杀残忍。如前秦苻生乱政淫刑,"遣宫人与男子裸交于殿前"。或出游"遇兄与妹俱行者,逼令为非礼,不从,生怒杀之"。苻生"临朝辄怒,惟行杀戮",剥死囚面皮,令其歌舞,引群臣嬉乐。其酷刑"至于截胫、刳腹、拉胁、锯颈者动以千数"④。后赵主石虎子邃穷极荒淫,或夜入宫臣家,淫其妻妾。太子宣残杀其弟韬,并欲杀石虎后自立,虎用铁环穿宣额而锁之,生拔其发,抽其舌,断其手足,挖眼破腹,再以火燎。又杀宣妻妾党羽350多人,皆车裂节解,弃之漳水。石虎曾说:"吾欲以纯灰三斛洗吾腹,腹秽恶,故生凶子,儿年二十便欲杀公。"⑤ 北齐鲜卑化汉人高齐幼主高恒常滥杀无辜,"剥人面皮而视之",以为娱乐。又以犬马为仪同、郡君,以斗鸡为开府,所谓"加禄位于犬马"⑥。这些淫乱生活和凶残行为,使少数民族贵族掌握统治权后其落后野蛮面目暴露无遗。

---

① 《晋书》卷111,《慕容㫫载记》。
② 《晋书》卷124,《慕容宝载记》。
③ 参考唐长孺:《晋代北境各族"变乱"的性质及五胡政权在中国的统治》,见《魏晋南北朝史论丛》,三联书店1955年版。
④ 《晋书》卷112,《苻生载记》。
⑤ 《晋书》卷117,《石季龙载记》下。
⑥ 《北齐书》卷8,《后主纪》。

㈣编户个体农民阶级

编户个体农民是被压迫阶级中人数较多的一个阶级，均田制下的"授田"农民也属于这个阶级。其中大致有三个阶层：一种叫自耕农，有比较充足的土地和生产工具，主要靠自己经营生产为生，生活略好些；一种是半自耕农，多少有点土地和生产工具，还要靠出卖一部分劳力为生，生活不如自耕农好；还有一种是贫农，几乎毫无土地和生产工具，全靠出卖劳力艰难度日，生活极端贫困。由于战乱和赋役的严重摧残，使第一、二类不断地向第三类转化，所以贫苦农民在这个阶级中占大多数。

比如像长江下游"浙东五郡，丁税一千，乃有质卖妻儿，以充此限"①。会稽郡"山阴一县课户二万，其民资不满三千者，殆将居半……凡有资者多是士人复除。其极贫者，悉皆露户役民"②。浙东五郡农民出丁税一千，便弄得倾家荡产。山阴县贫苦农民全部家产不满三千钱的占课户的一半，可见农民多数贫困至极。长江上游的益州地区，有人指出："蜀中积弊，实非一朝，百家为村，不过数家有食，穷迫之人，什有八九。"③他们不仅鸡、猪养不起，床上没有布被，甑中没有麦饭，完全在死亡线上挣扎。

北方农民在十六国和北魏前期，生命财产毫无保障，所受痛苦更深。北魏实行均田制后，农民生活虽稍有好转，但均田制实施程度很有限。北魏后期辛雄指出："当今天下黔黎，久经寇贼，父死兄亡，子弟沦陷，流离艰危，十室而九，白骨不收，孤茕靡恤，财殚力尽，无以卒岁。"④

西魏北周继续推行均田制，从西魏大统十三年敦煌户籍残卷看，各户所受正田皆不足。如邓延天富一户，共四口人，一丁男，一丁妻，二黄年，课口二。按北周均田令，一夫一妇应授田140亩。邓延天富应授田46亩，而实际上只授26亩，20亩未授。北周赋税如以中年为基数，一夫一妇纳田赋2石5斗，麻乡布半匹，麻5斤。邓延天富交纳田赋3石5斗，布1匹，麻2斤。其授田数只相当于应授田的五分之一，而租税总额却超过国家规定数⑤。再加上各类徭役，官吏豪强的巧取豪夺，可以想见均田农民生活的困窘状况。

郡县编户农民中，有一类金户、银户、盐户、滂民。金户、银户、盐户专供

---

① 《南齐书》卷26，《王敬则传》引萧子良《启奏》。
② 《南齐书》卷46，《陆慧晓传附顾宪之传》。
③ 《南史》卷55，《邓元起传附罗研传》。
④ 《魏书》卷77，《辛雄传》。
⑤ 《敦煌资料》第一辑；[日]池田温：《中国古代籍账研究》。

淘金银和生产食盐①，滂民专供郡县杂役②。以受政府剥削。盐户还"常供州郡为兵"③。这些民户的身份地位，基本上同于个体农民。

封建国家政权的赋役、财源、兵源都主要靠农民，封建政权掌握编户农民的多寡，直接影响中央皇权的强弱。中央和地方封建政权经常清理民籍，以增加编户农民的数额。相反，各种封建势力却千方百计地把农民变为他们的各类依附农。因而农民同佃客、部曲、荫户、奴婢有密切的联系，前者可以说是后者的后备军，在少数情况下，后者也可变为前者。实际上，被压迫者的三个阶级，不像统治阶级中士族地主和寒门地主界限那样严格，可以相互转化。

封建政权和各类地主拼命争夺农民，因为农民是物质财富的主要生产者之一，谁掌握了他，谁就有了人力和财力。由于战乱繁多，人民辗转流徙，土地荒芜，从而使争夺劳动力胜过争夺土地。这个时期各级封建政权与士族、豪强、酋帅争夺农民的斗争，乃是主要社会问题之一。封建国家通过基层政权和户籍编制，还利用家族血缘纽带关系对农民进行严格的控制。

国家政权掌握农民越多，反映国家实力越强。如北魏均田后约30余年，户口剧增，总户口数比西晋全国统一后的户口数高出一倍，即有户近500万，有口3232万余④。北魏后期户口数同南朝刘宋大明八年（464年）户94万余，口546万余相比⑤，户多406万余，口多2686.7万余。也就是说，当时北方国家领民户数，为南朝人口最多时国家领民户数的5倍多，口数为南方口数的4.7倍多（领民户中主要是农民）。这就基本上形成了北强南弱，最后由北方封建国家政权统一南方的政治局面。

魏晋南北朝时期，由于长期分裂和战乱，朝代更迭频繁，加上高门士族及其各类依附人口不服役，不纳赋，因而贫苦农民的赋役负担特别严重。他们被压榨得"饥肉略尽"，"骨髓俱罄"⑥。农民为了逃避赋役，有的"斩断手足，以避徭役"⑦；或"鳏居不愿娶，生子每不敢举"⑧。更多的农民采取逃亡斗争，有的逃向深山海际，有的逃入寺院为僧尼，有的投靠士族豪强，或者成为流民。东晋咸安（371—372年）以后，17年内民户逃亡十分之三⑨。梁代农民逃

---

① 《魏书》卷57，《崔挺传附游传》；卷110，《食货志》。
② 《南齐书》卷41，《周颙传》。
③ 《魏书》卷57，《崔挺传附游传》。
④ 《魏书》卷106，《地形志》上。
⑤ 《宋书》卷35—38，《州郡志》。
⑥ 《魏书》卷98，《岛夷萧衍传》。
⑦ 《南齐书》卷40，《竟陵王子良传》。
⑧ 《宋书》卷82，《周朗传》。
⑨ 《晋书》卷69，《刘隗传附波传》。

亡最为严重，史称："天下户口，几亡其半。"① 十六国北朝各政权清查荫户，共括出16万余户，750万余口。由此可知，北方农民逃亡同样严重。当时农民普遍逃亡，表明其生计极端困苦，因为农民安土重迁，他们只有在生活实在无法维持时才会逃亡。实际上，农民离乡背井后，等待他们的是同样悲惨的命运。

五 佃客和奴婢

佃客和奴婢是当时封建地主经济的主要劳动生产者。曹魏的屯田制（地租剥削）和后期的给客制，孙吴的屯田制和复客制，西晋的荫客制，东晋的给客制，寺院地主的僧祇户，刘宋给官员吏户（官员对吏户的剥削同于佃客），以及免奴为客，免奴为部曲客女等等，都表明封建生产方式的主要剥削形态是佃客制。特别是西晋荫客制是在全国区域内实行的，说明佃客制生产带有普遍的性质。佃客制生产比较稳定，而且在不断扩大，如东晋给客限额比西晋荫客数就大大增加了。② 实际上，如三国麋竺"有童客万人"③。魏末太原（今山西太原市西南）诸郡士族豪强招募"匈奴人为客，多者数千"④。东晋京口大士族刁逵有奴、客数千人。⑤ 北魏张烈"家产畜殖，童、客甚多"⑥。魏末"诸主帅"假充募兵，"虚受征官。身不赴陈，惟遣奴、客充数而已"⑦。既言"诸主帅"，以"奴、客"冒充募兵，可见北方客也普遍存在，而且数量不少。

为什么直接记载佃客生产分配情况的资料较少呢？可能主要因为当时人把佃客和奴婢混同起来，二者皆为贱口的缘故。如吴国陈表所受赐复客二百家，表称他们为"僮仆"⑧。《宋书·王弘传》的资料最为典型。该传所载诸人议论士人犯法是否应罪及奴、客时，几乎全部人把奴、客的地位等同看待，有的称"奴、客"，有的称"仆隶"，有的称"奴仆"，有的称"私贱"⑨。北朝颜之推指出，东晋南朝士族豪强多用"僮仆"种田⑩，他所指的"僮仆"，显然也应包括佃客在内。

当时奴婢数量确实相当多，这同少数民族内迁建立政权和长期战乱有关。

---

① 《南史》卷70，《郭祖深传》。
② 《晋书》卷26，《食货志》；《隋书》卷24，《食货志》。
③ 《三国志·蜀书》卷8，《麋竺传》。
④ 《晋书》卷93，《王恂传》。
⑤ 《晋书》卷69，《刁协传附逵传》。
⑥ 《魏书》卷76，《张烈传》。
⑦ 《魏书》卷77，《高崇传附谦之传》。
⑧ 《三国志·吴书》卷10，《陈武传附表传》。
⑨ 《宋书》卷42，《王弘传》。
⑩ 《颜氏家训》卷4，《涉务篇》。

奴隶制残余北朝比南朝严重，所以北朝后期大量地放免奴婢。有足够的材料证明，奴婢主要用于农业生产。如西晋初年，晋廷以邺奚官奴婢代田兵种稻。① 李重把土地和奴婢的两种数额联系起来。② 南朝王僧达"奴仆十余，粗有田入，岁时是课，足继朝昏"③。北魏咸阳王元禧，"田业盐铁遍于远近，臣吏僮隶，相继经营"④。北朝均田制奴婢被授予土地，并要交纳赋税。这些都充分表明，大量的奴婢用于农业生产。但奴隶制生产是一种残余形态，所以奴婢数量虽多，通过免奴为客，免奴为兵，免奴为良，奴婢身份地位在不断地发生变化。这是因为封建制生产方式起主导作用，"因而它的关系也支配着其他一切关系的地位和影响"⑤。

佃客和奴婢究竟如何进行生产分配呢？佃客主要是一家一户，耕种士族和寒门地主的小块土地，一般纳对半开的分成制地租，即所谓"量分"⑥。佃客对主人人身依附性很强，世代相袭，既可以赐给，也可以转让。佃客要变为自由民，必须经过皇帝下诏放免，或主人特予释放，自己赎免等手续⑦。总之，佃客属于"私贱"，其身份地位很低，仅高于奴婢。

奴婢主要是集体在主人土地上进行生产，劳动产品除维持其最低生活费用外，全部被主人榨取。奴婢人身完全为主人所占有，其身份地位与佃客虽同属贱口，实际上比佃客要低，像牛马羊一样，被当作主人的"私产"⑧，主人可以将奴婢作为财产买卖。晋律：奴婢逃亡，或反抗主人，要受到各种严刑，直至处死⑨。奴婢居于所有被压迫阶级的最下层，其生活最为痛苦。

部曲是士族豪强依附人口中一个成分复杂和变化不定的阶层，其主要部分属于私兵，主要职责为作战戍守，有的也参加生产。南北朝后期，部曲似与佃客逐渐合流。一般荫户有的同于佃客，也有的不同于佃客。士族豪强的荫户，其数量是相当巨大的。完全失去土地的荫户，必然变成佃客。北朝前期的荫户向主人纳"倍于公赋"的地租，显然也接近佃客了。也有部分荫户有自己的小块土地和生产工具，他们不大可能是佃客。这个时期中央政权和地方官吏常常进行括户，括出的荫户有时数量很多，当政府安置他们时并没有给予土地种子口粮的记载，显然

---

① 《晋书》卷26，《食货志》。
② 《晋书》卷46《李重传》。
③ 《宋书》卷75，《王僧达传》。
④ 《魏书》卷21上，《咸阳王禧传》。
⑤ 《马克思恩格斯选集》卷2，第109页。
⑥ 《隋书》卷24，《食货志》。
⑦ 《晋书》卷98，《王敦传》。
⑧ 《晋书》卷46，《李重传》。
⑨ 《晋书》卷30，《刑法志》；《御览》卷648，《刑法部》引《晋令》。

这类人户有自己的小块土地和生产工具。大概以家族血缘关系或地域原因就近依附于士族豪强，他们不同于佃客，否则政府难于安置。像范长生是大地主兼宗教主，由于宗教和战乱的原因，有1000多户人家依附他，被称为"部曲"。李雄建国后下令，其依附人口"不豫军征，租税一入其家"①。这里的"军征"和"租税"，显然是指封建政权的赋役。范长生剥削这些荫户的办法，很可能像封建政权剥削个体农民的赋役一样，至少其中有小块土地的一部分荫户是如此。一般非佃客荫户受剥削的情况，大概也属于这类性质。

(六) 屯田户、军户、吏家、百工户和杂户阶级

由于长期分裂割据，战乱不已，政局动荡不安，人民大量逃亡流徙，再加之当时各类封建势力和少数民族酋帅争夺劳动力，因而国家郡县编户农民大量减少。封建政权为了保证赋役剥削的来源，因而强行把一部分人户变为由封建政权专门机构直接控制的各类卑贱者。他们大部分由个体农民阶级转化而来，有的是由被征服者或各类"罪犯"充任。

屯田户，又称屯田客，曹魏和孙吴时期数量较多。以后两晋南北朝都继续存在，只是生产和分配形式有的有所变化，同时总数量有所减少。屯田户像私家佃客一样，被严密固定在国家土地上，不能随便转移。所纳地租形式，屯田户与国家政权各占的比例，有对半开，有四六开，有三七开，甚至还有二八开的②。国家政权可以将屯田客赐给贵族官僚，变为私家佃客。

三国政权各有军户，军户数目相当多。以曹魏为例，曹丕一次欲徙冀州军户10万户实河南，因有人反对，后徙5万户。江东军户仅吴国留下的便有23万户。刘宋时沈庆之伐蛮，前后共俘蛮人20余万，"并移京邑，以为营户"③。营户也就是军户。北魏六镇兵民多是军户，起义死亡流散之外，还有20余万。到北周武帝时，还"移并州军人四万户于关中"④。军户经济政治地位低于编户个体农民，贵族官僚可以分割军户成为私属。有的军户为政府耕种公田，缴纳地租。有的军户本人从军，家属种田，向封建国家交纳赋税。吏家乃是军户中的一种，不过他们是以服杂役和耕种政府公田为主要职务。

百工户是一种有专门手工技巧的人户。孙吴时"科（交趾）郡上手工千余人

---

① 《晋书》卷121,《李雄载记》。
② 《晋书》卷41,《傅玄传》；卷109,《慕容皝载记》。
③ 《宋书》卷77,《沈庆之传》。
④ 《周书》卷6,《武帝纪》下。

送建业"①。西晋平吴后下诏："百姓及百工复二十年。"② 百工与百姓平列，可见其数量不少。东晋封建统治者的残酷压榨，造成"百工医寺，死亡绝后，家户空尽，差代无所"③。北魏天兴元年（398年），徙山东六州"百工伎巧十万余口，以充京师"④。太平真君七年（446年）三月，"徙长安城工巧二千家于京师"⑤。北齐天保（550—559年）时，"发丁匠三十余万营三台于邺下"⑥。百工户本人大多在官府手工作场或某项营建工程长期服役，家属可以制造手工业品出卖，如有土地耕种，要向政府纳赋。其他如杂户、绫罗户、牧户等其身份地位，大致与百工户相同。

这个阶级的共同特点是：第一，专门为封建政权和官吏服各种专役。如屯田户专为封建政府种田，向国家政权缴纳高额地租；军户专服兵役；吏家专服各种杂役；百工户专服各种手工劳役。当然，封建政权为了扩大服役范围，有时并不严格遵守这种规定。如军户一般除服兵役外，还有种田、修建水利工程、运输、修房、造船、修道、伐木、酿酒、饲养牛马、种树等各种杂役。东晋"兵士若役，生男多不养"⑦。北魏军户"苦役百端"，"穷其力，薄其衣，用其工，节其食，绵冬历夏，加之疾苦，死于沟渎者十七八焉"⑧。北魏景明时（500—503年），尚书令高肇奏称，凉州军户200家不堪军府的压榨，被迫成为僧祇户后，在寺院地主的残酷剥削下，"致使呼嗟之怨，盈于行道，弃子伤身，自缢溺死，五十余人"⑨。第二，以户为单位，各有专门户籍，世代相袭，父兄死亡，子弟替代，按规定只能实行同类婚。他们对国家政权的依附关系很紧，非经封建王朝的特殊放免，均不能成为郡县编户百姓。这种紧密的依附关系决定其遭受的剥削额极重。如刘宋时始兴郡"大田，武吏年满十六，便课米六十斛，十五以下至十三皆课米三十斛。一户之内随丁多少，悉皆输米"。沉重的地租剥削，迫使吏家"或乃断截肢体，产子不养，户口岁减，实此之由"⑩。第三，这个阶级同属贱口等级。西晋时"士卒厮贱"、"奴卒厮役"⑪。北魏时军户同百工同属"厮养"、"厮贱"。晋代规定：

---

① 《三国志》卷48，《三嗣主传》。
② 《晋书》卷3，《武帝纪》。
③ 《晋书》卷80，《王羲之传》。
④ 《魏书》卷2，《太祖纪》。
⑤ 《魏书》卷4，《世祖纪》。
⑥ 《北齐书》卷4，《文宣记》。
⑦ 《晋书》卷42，《王濬传》。
⑧ 《魏书》卷69，《袁翻传》。
⑨ 《魏书》卷114，《释老志》。
⑩ 《宋书》卷92，《徐豁传》。
⑪ 《晋书》卷54，《陆云传》；卷59，《赵王伦传》。

"士卒、百工履色无过绿青白。"① 绿青色为卑贱人户和奴婢穿着。可见当时军户吏家百工乃是同一阶级，而身份非常卑贱。他们异常痛苦的生活，同其卑贱身份是紧密相关的。

第三节 宗族组织与社会生活

在我国封建制时代，家族作为一种社会组织，一直在延续发展。只是各个时期由于时代条件不同，宗族作为一种社会势力，或盛或衰，因而起的社会作用也不尽相同。魏晋南北朝由于长期分裂战乱，少数民族入主中原，因而引起空前的北方人民向南方或边远地区大迁徙。在战乱和迁徙的苦难生活中，人们经常受到死亡的威胁，求生存的强烈欲望，唤起他们认识到只有组织起来，发挥集体力量，才有可能战胜天灾人祸，从而求得生存。作为社会组织最理想的纽带，便是同宗血缘关系，因而这个时期宗族组织兴盛起来。同时在北方少数民族豪帅统治区域内，汉人为反对阶级和民族的双重压迫，迁徙到外地的人民，无论在经济上、政治上要建立新的立脚点，都需要共同应付与当地土著民户之间的各种矛盾，这些因素也助长宗族势力的发展。魏晋之际士族制度形成后，维护士族政治特权的九品中正制，以及维护士族经济特权的占田荫户制，其中特别是有世袭特权的荫亲属"多者九族，少者三世"② 等，促进士族宗族势力发展到顶峰。在当时宗族结构整体看，可分为皇室宗族、士族宗族、寒门庶民宗族三种类型，前两类属于特权宗族。皇室宗族政治经济权势，固然比士族宗族要优越，但那时皇朝不断更替，大多数为短命皇朝，皇室宗族兴盛期较短暂，而且有的皇室宗族内部为争夺皇位互相残杀，加之旧皇室宗族大多遭到新王朝统治者的大量诛除，而且皇室宗族在每一个朝代只有一个，而士族宗族则遍布全国各重要州郡。皇室宗族在政治权势上的不断交替及其单一性，决定其在整个宗族结构中的作用不能同士族宗族相比。寒门宗族由于无封建政治经济特权，大多不掌握封建文化，缺乏政治权势，其组织结构又较为松散，因而寒门宗族在宗族结构中更劣于士族宗族。无论士族宗族

---

① 《御览》卷 697，《刑法部》引《晋令》。
② 《晋书》卷 26，《食货志》。

和寒门宗族都有贫富之分，不过前者因有封建特权，其贫富分化不像后者那样突出。士族宗族内部组织性和凝聚力以及宗族的群体意识，都比寒门宗族要强得多，而且其群体文化素质高，甚至皇室宗族在这方面都大为逊色。因而当时士族宗族在宗族结构中处于特殊地位，支配和影响其他宗族。尽管各类宗族对其成员的社会生活都起着各种作用，但士族的特殊地位使其宗族的社会作用显得更全面更显著。但士族有一个形成发展和衰落过程，在这个过程中，士族宗族在各个阶段所起的社会作用也不尽相同，所以我们只能将各类宗族与人们社会生活的关系综合起来进行考察，这样可以窥见当时整个宗族体系对人们社会生活各个方面产生的影响，从而揭示当时人们社会生活一个侧面的特征。应当指出，当时各类宗族势力虽遍布全国各地，但也还有不属于宗族势力的人群，如被压迫阶级中的奴婢、部曲、佃客、军户、吏家及各类杂户，他们属于贱口，没有资格也不可能组织宗族。就是一般平民百姓，除一部分组织寒门宗族外，一部分则依附于另一个大的宗族集团，或者单家独户过日子，他们一旦遭遇战乱和饥荒，便有可能成为牺牲品。

首先，我们举一些典型事例，可以看出魏晋南北朝宗族势力的强大。曹丕在《典论·自序》中曾说："四海既困中平之政……于是大兴义兵，名豪大侠，富室强宗，飘扬云会，万里相赴。"① 可见在汉末军阀混战中，宗族势力已初见端倪。曹操在逐鹿中原时，李典率宗族和部曲三千家至邺（今河北临漳西南），以投靠曹操。② 两晋之际，江南周𤣱率宗族家兵"三定江南（指平定石冰封云、陈敏、钱𤣱之乱），开略王业"。𤣱"宗族强盛，人情所归，（晋）元帝疑惮之。"③ 𤣱子勰欲起宗族家兵废执政王导、刁协，因周扎反对未成。晋元帝以"周氏奕世豪望，吴人所宗，故不穷治，托之如旧"④。刘宋初年，华山（今陕西华县）蓝田人康穆"举乡族三千余家，入襄阳之岘南"。刘宋政权专"置华山郡蓝田县，寄居襄阳"⑤。康穆子元抚、世子元隆并为宗族所推，相继为华山太守。北魏前期为适应北方长期战乱组成的以宗族乡里为基本群众的坞堡自卫组织，以宗主督护制为地方基层政权，宗主为族长和地方官吏双重职务，其下属群众也为宗族成员及国家属民双重身份。尽管宗主统属人户不会全是宗族成员，但"宗主"作为基层政权首领，它反映北方宗族势力的强大和普遍性。北魏中期，相州（今河南安阳北）广平人李波"宗族强盛，残掠生民"。相州刺史薛道㯹亲往征讨，波"率其宗族拒

---

① 《三国志·魏书》卷2，《文帝纪》注引《典论·自叙》。
② 《三国志·魏书》卷18，《李典传》。
③ 《晋书》卷58，《周处传附𤣱传》。
④ 同上。
⑤ 《梁书》卷18，《康绚传》。

战,大破剿军,遂为逋逃之薮,公私成患"①。北魏末年,河南(治今洛阳东北)太守赵郡(今河北赵县)李显甫,"集诸李数千家于殷州西山,开李鱼川方五六十里居之,显甫为其宗主。显甫卒,子元忠继之"②。葛荣起义,"元忠率宗党作垒以自保"③。《关东风俗传》称:"(北齐)文宣之代,政令严猛,羊、毕诸豪,颇被徙逐。至若瀛(治今河北河间)、冀(治今河北冀州)诸州,清河(属相州)张、宋,并州王氏,濮阳(属济州)侯族,诸如此辈,一宗近万室,烟火连接,比屋而居。献武初在冀部,大族蝟起应之。侯景之反河南,侯氏几为大患,有同刘元海、石勒之众也。"④ 这些宗族势力,动辄数千家,甚至上"万室",他们或以家族为基本群众组织地方政权,族首任地方长官;或组成宗族军队,平定地方叛乱;或干预朝政,不从王命,连朝廷和州郡长官也不能不畏惧他们。这类大宗族在政治军事上的作用,恐怕在其他朝代是少有的,它必然给这个时期人们的社会生活以多方面的影响。

当时士族宗族,常称冠族、冠冕之族、势族、名族、右族、华族、大姓、大族、著姓、旧姓、高姓、盛门、盛族、强宗。无特权阶层的寒门宗族,则常称豪族、豪门、寒门、寒族、寒宗、鄙族、陋族等等。那时个人和家庭的命运,总是同其所属的宗族紧密相连。曹魏陈群年幼时,祖父陈寔谓宗人曰:"此儿必兴吾宗。"⑤ 吴国诸葛恪以山越扩建军队,其父叹道:"(恪)将大赤吾族也。"⑥《晋书·王敦传》言"门宗"、"门户"凡五处,敦上疏自谦说:"臣门户特受荣任。"王导遗敦兄含书曰:"兄立身率素,见信明于门宗";"导门户小大受国厚恩"。敦临危嘱其部下说:"我死之后……保全门户,此计之上也。"王含军败,敦怒曰:"我兄老辈耳,门户衰矣。"东晋范汪少孤贫,王澄见而奇之,曰:"兴范族者,必是子也。"⑦ 刘宋时沈正弱冠州辟从事。宗人光禄大夫沈演之称之曰:"此宗中千里驹也。"⑧ 南齐刘怀珍年少时,其伯父刘奉伯说:"此儿方兴吾宗。"⑨ 北朝梁彦光少时,其父谓所亲曰:"此儿有风骨,当兴吾宗。"⑩ 此处所谓"兴吾宗"者,指宗内有人进入仕途,掌握较高的政治权力,则全宗受益。所谓"灭吾族"或

---

① 《魏书》卷53,《李安世传》。
② 《北史》卷33,《李灵传附显甫传》。
③ 同上。
④ 《通典》卷3,《食货》3,《乡党》。
⑤ 《三国志·魏书》卷22,《陈群传》。
⑥ 《三国志·吴书》卷19,《诸葛恪传》。
⑦ 《晋书》卷75,《范汪传》。
⑧ 《宋书》卷100,《自序传》。
⑨ 《南齐书》卷26,《刘怀珍传》。
⑩ 《北史》卷86,《梁彦光传》。

"赤吾族"者，指族内若有人犯法，则宗族连坐受累。

魏晋承汉末注重乡论遗风，宗族作为强有力的社会组织，其舆论自然在社会上发生重要作用。宗族成员中凡出类拔萃的人物，大多事先出于家族乡里的褒誉，晋武帝曾问侍中周浚："卿宗中后生，称谁为可？"答曰："臣叔子恢，称重臣宗；从父子馥称清臣宗。"① 此两人武帝并召用。刘毅"孝弟著于邦族"②。李重"早孤，与群弟居；以友善著称，弱冠为本国中正"③。孔沈"与魏顗、虞球、虞存、谢奉并为四族之俊"④。温峤"少以弟悌称于邦族"⑤。刘耽"少有行检，以义尚流称，为宗族所推"⑥。蔡谟"少好学，博涉书记，为邦族所敬"⑦。祖逖以慷慨散财，"乡党宗族以是重之"⑧。宗族品誉族人的力量，最典型的要算三国时吴国的朱才。朱才年少"未留时于乡党"，故为清议所讽。朱才叹曰："（我）谓跨马蹈敌，当身履锋，足以扬名，不知乡党复追迹其举措。"⑨ 当时一个人的成名和宦途，往往同宗族的评价和荐举不可分，宗族内的操行标准最重的在于"孝"、"悌"二事。当时，"个人与乡里与宗族不可分割，仕宦之始在乡里，进身之途在操行"⑩。这里所谓"乡里"当然包括宗族在内，至于"操行"则主要指宗族内的孝、悌品行。当时许多政界名人，都是靠宗族乡里的好评，或由中正评品，或由官僚征召而步入仕途的。

宗族作为一种社会组织，宗族成员必定有共同遵守的族规。当时宗族操行最重孝、悌二事，那么宗族的族规必定符合这种精神。西晋泰始四年（268年）六月下诏："士庶……有不孝敬于父母，不长悌于族党，悖礼弃常，不率法令者，纠而罪之。"⑪ 北魏太和十一年（487年）十月，下诏教导人民："父慈、子孝、兄友、弟顺、夫和、妻柔。不率长教者，具以名闻。"⑫ 这两道诏书都在说明宗族内父子、兄弟、夫妇、长幼之间行为的准则，这是通过法令的形式维护宗族成员的团结，以及宗族整体的荣誉和利益。在当时人看来，族与族内分子之间，不能分开，他们有共同的族规，共同的意志，共同的利益，共同的行动，从而使宗族成

---

① 《晋书》卷61，《周浚传》。
② 《晋书》卷45，《刘毅传》。
③ 《晋书》卷46，《李重传》。
④ 《晋书》卷78，《孔愉传附孔沈传》。
⑤ 《晋书》卷67，《温峤传》。
⑥ 《晋书》卷61，《刘乔附耽传》。
⑦ 《晋书》卷77，《蔡谟传》。
⑧ 《晋书》卷62，《祖逖传》。
⑨ 《三国志·吴书》卷11，《朱治传附才传》。
⑩ 唐长孺：《南北朝君父先后论》，见《魏晋南北朝史论拾遗》。
⑪ 《晋书》卷3，《武帝纪》。
⑫ 《魏书》卷7，《高祖纪》下。

员之间形成一个整体。在政治形势安定时，宗族组织的作用不明显，在战乱分裂时期，社会秩序大乱，宗族势力的作用便充分显示出来。

从汉末到北魏统一北方，中原地区长期分裂战乱（其间西晋统一只维持了11年便发生八王之乱），人民为避战乱灾荒向南方或边远地区流徙，流民集团大多是以宗族为核心所组成。如汉末大乱，汝南（今河南平舆县北）人许靖率宗族先徙到会稽（今浙江绍兴），后又从会稽远徙交州（今广州）。靖坐岸边，"先载附从，疏亲悉发，乃从后去，当时见者莫不叹息"①。袁徽与尚书令荀彧书云："（许靖）英才伟士，智略足以计事。自流宕以来，与群士相随，每有患急，常先人后己，与九族中外同其饥寒。"② 右北平（今河北丰润东南）无终人田畴"率举宗族他附从数百人……遂入徐无山中，营深险平敞地而居，躬耕以养父母，百姓归之，数年间至五千余家"。田畴为法令约束，"又别为婚姻嫁娶之礼，兴举学校讲授之业"③。曹操特上表说："田畴率宗人避乱于无终山……耕而后食，人民化从，咸共资奉。"④ 西晋八王之乱时，颍川（今河南许昌东）人庾衮"乃率其同族及庶姓保于禹山"。他制订共同遵守的法令："均劳逸，通有无，缮完器备，量力任能，物应其宜……上下有礼，少长有仪，将顺其美，匡救其恶。"衮以身作则，"劳则先之，逸则后之，言必行之，行必安之。是以宗族乡党，莫不崇仰。"⑤ 西晋末年兵乱，高平（今山东巨野南）人郗鉴"复分所得，以恤宗族及乡曲孤老，赖而全济者甚多……遂共推为主，举千余家俱避难于鲁之峄山"。晋元帝以鉴为兖州刺史，镇邹山。时中原大乱，"日寻干戈，外无救援，百姓饥馑，或掘野鼠蛰燕而食之，终无叛者，三年间，众至数万"⑥。范阳（治今河北涿州）人祖逖，轻财重义，"及京师大乱，逖率亲党数百家避地淮泗"⑦。逖营救同行老疾，故少长都拥护他，被推为"行主"。东晋时益州（治今四川成都）范贲、萧敬相继作乱，巴西（治今四川阆中）人谯秀"避难岩渠，乡里宗族依凭之者以百数。秀年八十，众人欲代之负担，秀曰：'各有老弱，当先营护'"⑧。直到刘宋元嘉十九年（442年），青（治今山东益都）、兖（治今山东郓城西）二州旧民，冀州（治今河北高邑西南）新附，二万家，流移到宋魏边界处，仍然"聚族而居"，可见这些流民都

---

① 《三国志·蜀书》卷8，《许靖传》。
② 同上。
③ 《三国志·魏书》卷11，《田畴传》。
④ 《三国志·魏书》卷11；《田畴传》注引《先贤行状》。
⑤ 《晋书》卷88，《庾衮传》。
⑥ 《晋书》卷67，《郗鉴传》。
⑦ 《晋书》卷62，《祖逖传》。
⑧ 《晋书》卷94，《隐逸谯秀传》。

是聚族流徙到新的地区。① 当时人民为避战乱，采取宗族集团方式流徙，才有可能到达新地区以求得生存。从许靖流移到交州后给曹操书中，所言在流移途中绝粮、瘟疫、遇寇乱同行人丧生等险境②，以及田畴、庾衮等在新地区的生产、生活、防贼等组织建设措施，可以窥见家族组织在人民流徙中所发挥的巨大作用。

在长期战乱时期，政治和军事斗争是紧密结合的。因而当时宗族组织与军事斗争关系最为密切。曹操初起兵，河南（治今洛阳东北）中牟人任峻"收宗族及宾客家兵数百人"，从操征伐。③ 建安初年，许褚"勇力绝人……聚少年及宗族数千家，共坚壁以御寇"。后从曹操征伐。④ 建安五年（200年），曹操与袁绍相持于官渡，在此紧急关头，李典率宗族部曲1.3万余人，参加曹操军事集团，并"输谷帛供（曹）军"。典献忠诚说："爵宠过厚，诚宜举宗陈力。"⑤ 河内（治今河南武陟西南）人常林依河间太守陈延壁，被贼围困60余日，林"率其宗族，为之策谋"，"卒全堡壁"⑥。建安十六年（211年），马超败于渭南，攻陇上诸郡，凉州（治今甘肃张家川回族自治县）参军事杨阜率"宗族子弟胜兵者千余人，使从弟岳于城上作偃月营，与超接战"。在战斗中，杨阜"身被五创，宗族昆弟死者七人"⑦。孙坚起兵，其季弟孙静"纠合乡曲及宗室五六百人以为保障，众咸附焉"⑧。东晋王敦叛乱，王含、沈充等攻逼京城，虞潭"遂于本县（会稽余姚）招合宗人及郡中大姓，共起义军，众以万数"⑨。会沈充等失败，潭乃罢兵。苏峻反叛，王师失利，贼将张健等破浙东，顾众参军范明"率宗族五百人，合诸军，凡四千人"，击破贼军。⑩ 东晋末孙恩起义，沈庆之未冠，"随乡族"镇压起义。⑪ 北魏太平真君六年（445年），酒泉公郝温反于杏城（今陕西铜川北），杀守将王幡。县令盖鲜率宗族讨温。⑫ 北魏末年，葛荣起义，赵郡李氏宗族"作垒自保"，并连破义军。⑬ 西魏敦煌人令狐整，为西土冠冕，宇文泰立为瓜州（治今甘肃敦煌县西）义首，整"以国难未宁，常愿举宗效力，遂率乡亲二千余人入朝，随军征

---

① 《宋书》卷64，《何承天传》。
② 《三国志·蜀书》卷8，《许靖传》。
③ 《三国志·魏书》卷16，《任峻传》。
④ 《三国志·魏书》卷18，《许褚传》。
⑤ 《三国志·魏书》卷18，《李典传》。
⑥ 《三国志·魏书》卷23，《常林传》。
⑦ 《三国志·魏书》卷25，《杨阜传》。
⑧ 《三国志·吴书》卷6，《宗室·孙静传》。
⑨ 《晋书》卷76，《虞潭传》。
⑩ 《晋书》卷76，《顾众传》。
⑪ 《宋书》卷77，《沈庆之传》。
⑫ 《魏书》卷4，《世祖纪》下。
⑬ 《北史》卷33，《李灵附元忠传》。

讨……宗人二百户，并列属籍"①。魏孝武帝西迁时，河阴（治今洛阳东北）人段永不及从。大统初年，永结宗人，潜归西魏，以后率宗人随宇文泰征讨。② 这些宗族首领率领宗族军队投靠某一政治军事集团，所谓"举宗效力"，或维护地方官吏的统治，或筑坞自保，成为一方霸主，最后皆以武功为自己开辟了政治道路，宗人也因之而得利。

当时宗族军事集团，也常起兵叛乱。汉末贺齐守剡县长，县吏斯从为奸，齐斩从。斯从"族党遂相纠合，众六千余人，举兵攻县"。贺齐率吏民击破之。③ 汉末鄱阳（治今江西波阳东北）民宗族大盛，在战乱中"别立宗部，阻兵守界"，不受上级"所遣长吏"。鄱阳海昏上缭壁，"有五六千家相聚结，作宗伍，唯输租布与郡耳，召发一人遂不可得"④。这些"宗部"、"宗伍"发生武装叛乱，便称为"宗贼"。⑤ 建安十六年（211年）吴郡（治今江苏苏州）"余杭民郎稚合宗起贼，复数千人"。贺齐出讨，"即复破稚"⑥。刘宋景平元年（423年）富阳县（今浙江富阳）孙氏"聚合"门宗，谋为逆乱，其支党在永兴县（今浙江萧山市），"潜相影响"⑦。孙法亮、孙道庆等攻陷富阳、永兴等县。贼党转盛，进攻会稽郡（治今浙江绍兴）首府山阴。会稽太守褚淡之率兵经过激烈战斗，才将叛乱平定下去。刘宋为了消除贼党后患，迁孙氏宗族"数百家于彭城（今江苏徐州）、寿阳（今安徽寿县）、青州诸处"⑧。东晋末，北方河东（治今山西永济东）大族薛氏，同姓三千家，薛广为"宗豪"。刘裕北伐后秦，以广为上党（治今山西黎城南）太守。北魏太平真君六年（445年），盖吴起义后，薛广子薛安都与宗人薛永宗起事响应。七年（446年），魏主拓跋焘亲征盖吴，"围薛永宗营垒。永宗出战，大败，六军乘之，永宗众溃。永宗男女无少长赴汾水死"⑨。又说：拓跋焘"自率众击永宗，灭其族"⑩。薛安都率宗人投降刘宋。薛氏宗族在战斗中由于血缘关系，宗族凝聚力很强，所以表现出一种同仇敌忾的精神。北魏末年，冀州人"张孟都、张洪建、马潘、崔独怜、张叔绪、崔丑、张天宜、崔思哲等八家，皆屯保林野，不臣王命，州郡号曰八王"⑪。冀州张、崔二姓，素为名家大族，这八家土皇帝，居

---

① 《北史》卷67，《令狐整传》。
② 《北史》卷67，《段永传》。
③ 《三国志·吴书》卷15，《贺齐传》。
④ 《三国志·吴书》卷4，《太史慈传》注引《江表传》。
⑤ 《三国志·魏书》卷6，《刘表传》注引司马彪《战略》。
⑥ 《三国志·吴书》卷15，《贺齐传》。
⑦ 《宋书》卷52，《褚叔度传》。
⑧ 同上。
⑨ 《魏书》卷4，《世祖纪》下。
⑩ 《宋书》卷88，《薛安都传》。
⑪ 《魏书》卷18，《临淮王谭传附孚传》。

然敢于抗拒王命，州郡皆不能治，足见其宗族势力之强大。这些"叛乱"的宗族军事力量大多遭到封建政权的镇压，或被残酷屠杀，或被迁徙到边远地区，其宗族势力无疑受到沉重打击。

以上各类宗族集团所进行的军事斗争中，有的维护南北统一政权（包括属局部统一的地方政权），也有的属于反对南北统一政权的"叛乱"。这表明当时南北政权处理宗族的政策如果得当，则宗族势力为其所用；如处理不当，则宗族势力成为在政治上的一种不安定因素。

在宗族成员之间，最重要的要算经济生活上的"通财"关系，而这种关系是包括多方面的：或由富宗分钱谷给贫宗，以解决生活困难；或由宗族官僚分俸禄给宗族成员；或分土地给贫宗耕种；或收葬孤宗死亡者；或出资财为本宗培养人才。汉末战乱，"时岁大饥，人相食，（司马）朗收恤家族，教训诸弟，不为衰世解业"①。任峻在饥荒之际，收恤"中外贫宗，周急继乏，信义见称"②。荀彧和荀攸"并贵重，皆谦冲节俭，禄赐散之宗族知旧，家无余财"③。国渊"迁太仆，居列卿位，布衣蔬食，禄赐散之旧故宗族，以恭俭自守"④。田畴被赐"车马谷帛，皆散之宗族知旧"⑤。毛玠"赏赐以赈施贫族，家无所余"⑥。王朗"虽流移穷困，朝不保夕，而收恤亲旧，分多割少，行义甚著"⑦。温恢父恕为太守，"内足于财"。恢曰："世方乱，安以富为？一朝散尽，振施家族，州里高之。"⑧ 以上诸人皆为曹魏集团官吏。蜀国许靖"收恤亲里，经纪赈赡……与九族中外同其饥寒"⑨。张裔"抚恤故旧，赈赡衰宗，行义甚至"⑩。吴国全琮"经过钱唐（家乡），修祭坟墓……请全邑人平生知旧和宗族六亲，施散惠与，千有余万，本土以为荣"⑪。西晋魏舒为司徒，"禄赐散之九族，家无余财"⑫。羊祜"立身清俭，禄俸所资，皆以赡给九族"⑬。氾胜敦煌人，"散家财五十万，以施宗族"⑭。东晋纪

---

① 《三国志·魏书》卷15，《司马朗传》。
② 《三国志·魏书》卷16，《任峻传》。
③ 《三国志·魏书》卷10，《荀彧荀攸传》。
④ 《三国志·魏书》卷11，《国渊传》。
⑤ 同上。
⑥ 《三国志·魏书》卷12，《毛玠传》。
⑦ 《三国志·魏书》卷13，《王朗传》。
⑧ 《三国志·魏书》卷15，《温恢传》。
⑨ 《三国志·蜀书》卷8，《许靖传》。
⑩ 《三国志·蜀书》卷11，《张裔传》。
⑪ 《三国志·吴书》卷15，《全琮传》注引《江表传》。
⑫ 《晋书》卷41，《魏舒传》。
⑬ 《晋书》卷31，《羊祜传》。
⑭ 《晋书》卷94，《隐逸·氾胜传》。

詹"家富于财，年又稚幼，乃请族人共居，委以资产，情若至亲，世以此异焉"①。吴隐之"孝友过人，禄均九族"。他迁中领军后，"每月初得禄，裁留身粮，其余悉分振亲族"②。宣城（治今安徽宣城）边洪一家凶亡，"其宗族往收殡亡者"③。南朝刘宋时刘怀慎迁护军将军，"禄赐班于宗族，家无余财"④。南齐崔慰祖"家财千万，慰祖散与家族"⑤。北周唐瑾"好施舍，家无余财，所得禄赐，常散之宗族，其尤贫乏者，又割膏腴田宅以振之。所留遗子孙者，并挠埆之地，朝野以此称之"⑥。唐瑾不仅将俸禄分给宗族，还把富饶土地分给贫宗耕种，这种经济关系更深了一层。当时由于宗族组织兴盛，家族成员数世同居共财，为世所重。西晋氾毓"奕世儒素，敦睦九族。客居青州（治今山东淄博东北），逮毓七世，时人号其家，儿无常母，衣无常主"⑦。这是指氾氏宗族七世共居通财，母辈有共同抚养儿辈的义务，宗族间人有衣同穿，有饭同吃。南朝刘宋元嘉初年，西阳郡（治今湖北黄冈东）董阳"五世同财，为乡邑所美"⑧。萧齐建元三年（481年），义兴郡（治今江苏宜兴）陈玄子四世170口同居共财。武陵郡（治今湖南常德）邵荣兴、文献叔八世同居，并共衣食，"诏表门闾，蠲调役"⑨。北魏末博陵（治今河北安平县）安平人李几，"七世共居同财，家有二十二房，一百九十八口，长幼济济，风礼著闻，至于作役，卑幼竞集"⑩。当时长期分裂战乱，通过由富宗救济"贫宗"、"衰宗"的各种经济措施，甚至合宗"通财"，或数宗合为一宗，"通财合计"⑪，就能维护宗族成员的生存，以应付复杂严峻的形势。这既是宗族组织血缘凝聚力在经济上的反映，同时它又反过来增强宗族组织的团结和集体意识。曹魏王昶在诫子书中曾指出："及其用财先九族，其施舍务周急。"⑫ 这种宗族内部救困扶危的时代风尚，深受封建朝廷和世人的尊崇。

富宗为贫宗培养人才，也多有记载。蜀汉主刘备年少时求学于卢植，同宗刘

---

① 《晋书》卷70，《应詹传》。
② 《晋书》卷90，《廉吏·吴隐之传》。
③ 《晋书》卷95，《韩友传》。
④ 《宋书》卷45，《刘怀慎传》。
⑤ 《南齐书》卷52，《崔慰祖传》。
⑥ 《北史》卷67，《唐瑾传》。
⑦ 《晋书》卷91，《氾毓传》。原文"母"作"父"。按《晋书斠注》及《文选·奏弹刘整》皆注引王隐《晋书》"父"作"母"，当是。
⑧ 《宋书》卷91，《孝义·许昭先传》。
⑨ 《南齐书》卷55，《孝义·封延伯传》。
⑩ 《北史》卷85，《节义·李几传》。
⑪ 《三国志·魏书》卷23，《赵俨传》。
⑫ 《三国志·魏书》卷27，《王昶传》。

元起资助他，并说："吾宗中有此儿，非常人也。"① 费祎"少孤，依族父伯仁"。费伯仁携费祎游学入蜀，学以成才，后任蜀汉大将军录尚书事。② 吴国薛综"少依族人，避地交州，从刘熙学"③。薛综学成，为吴尚书仆射。陆逊出身江东大族，"少孤，随从祖庐江太守（陆）康在官……康遣逊及亲戚还吴，逊长于康子绩数岁，为之纲纪门户"④。陆逊先为其宗族长辈陆康所抚养，逊比康子年长，又为康管理家务。魏国杨俊不仅"赈济贫乏，通共有无，宗族知故为人所略作奴仆者凡六家，俊皆倾财赎之"⑤。这是宗族内富家赈救该族成员沦为奴婢者，维护其宗族成员的身份。无论同一宗族各类经济援助，或为本宗培养人才，赎免宗族成员变为奴婢者，都是敬宗恤族或保宗护族精神的体现，这是我国古代伦理道德观念中的一种优良传统，其核心为重仁轻财，重义轻利。

宗族作为一种社会组织整体，个人和家庭从属于宗族，宗族成员在政治、军事、经济上有一种共同利益，因而他们在法权上必然相互关联，由此当时个人犯罪，常殃及宗族。汉末河内太守王匡，吏民有罪，责钱谷赎罪，"稽迟则夷灭宗族，以崇威严"⑥。建安二十二年（217年），冯翊（治今陕西大荔）人吉茂"坐其宗人吉本等起事被收"。经钟繇证实，茂与本"服本以绝"，即属于五服之外，茂才被免坐。⑦ 魏文帝黄初四年（223年）正月下诏："今四海初定，敢有复私仇者族之。"⑧ 西晋建兴三年（315年）下诏："（雍州）掩骼埋胔，修复陵墓，有犯者诛及三族。"⑨ 北魏太延元年（435年）十月下诏："不听私辄报复，敢有犯者，诛及宗族。"⑩ 这里个人犯法，诛及宗族，显然是实行宗族连坐法。曹魏末年，司马懿逼曹爽交出军政大权，大司农桓范谏爽、羲兄弟不可，爽不从。范对羲说："事昭然……于今日卿等门户倒矣。"⑪ 当曹爽决定交出大权时，桓范拊膺曰："坐卿，灭吾族矣。"⑫ 司马懿夺权后，果然曹爽、羲、训兄弟、桓范及其同党诸人，

---

① 《三国志·蜀书》卷2，《先主传》。
② 《三国志·蜀书》卷14，《费祎传》。
③ 《三国志·吴书》卷8，《薛综传》。
④ 《三国志·吴书》卷13，《陆逊传》。
⑤ 《三国志·魏书》卷23，《杨俊传》。
⑥ 同上。
⑦ 《三国志·魏书》卷23，《常林传》注引《吉茂传》。
⑧ 《三国志·魏书》卷2，《文帝纪》。
⑨ 《晋书》卷5，《愍帝纪》。
⑩ 《魏书》卷4，《世祖纪》上。
⑪ 《三国志·魏书》卷9，《曹爽传附桓范传》。
⑫ 《晋书》卷1，《宣帝传》。

"皆伏诛,夷三族"①。司马昭命钟会伐蜀,邵悌以为"钟会难信,不可令行"②。昭答曰:"(钟)会若作恶,祇自灭族耳。"③ 又钟会兄毓曾密启司马昭说:"钟会挟术难保,不可专任。"④ 昭嘉其忠诚,笑答毓曰:"若为卿言,必不以及宗(族)矣。"⑤ 故钟会反后,宗族被诛,特原会兄子峻、辿等,其官爵如故。曹魏末年,王浚、毋丘俭、诸葛诞、钟会反对司马氏,其结果皆"宗族涂地"⑥。西晋杨骏以武帝后父居重任,贾后专权,"诛骏亲党,皆夷三族,死者数千人。" 史称:"舅氏失道,宗族陨坠。"⑦ 东晋王敦专政,忌恨周札、周莚(札兄子)族强,"杀之而灭其族"⑧。王敦叛乱,兵至京城,说王导:"不从吾言。几致覆族。"⑨ 沈充从王敦起兵失败后回吴兴,为其故将吴儒所诱擒,充对儒说:"尔以大义存我,我宗族必厚报汝。若必杀我,汝灭族矣。"儒竟杀充,充子沈劲"果灭吴氏"⑩。东晋袁真叛晋,其子瑾失败被擒,"并其宗族数十人斩于京师。"⑪ 宗族作为一个整体,其成员犯法,封建政权常实行连坐法,因而当时把犯罪受诛宗族,视为"凶族"⑫或"忌族"⑬。东晋宗室南顿王司马宗"有罪被诛,贬其家族为马氏"⑭。这个时期,因个人犯法而"夷三族"、"诛五族"、"诛九族"的史例,实不胜枚举。我国封建制时代,历朝刑律罪及亲属的较多,而罪及宗族的较少,不像这个时期这样带有普遍性。⑮

总之,当时宗族作为一种重要的社会组织,其成员之间无论政治、军事、经济、法律上都有着密切联系,个人的荣辱兴衰,皆不能离开宗族而独立存在,"身"与"族"是不能分开的。这是在长期分裂战乱的特定历史背景下,宗族组织加强后带给人们社会生活领域内的一种特殊现象,在考察社会生活时是不能忽视的。

---

① 《三国志·魏书》卷9,《曹爽传》。
② 《晋书》卷2,《文帝纪》。
③ 《三国志·魏书》卷28,《钟会传》。
④ 《晋书》卷2,《文帝纪》。
⑤ 《三国志·魏书》卷28,《钟会传》注引《汉晋春秋》。
⑥ 《三国志·魏书》卷28,《评曰》。
⑦ 《晋书》卷40,《杨骏传》。
⑧ 《晋书》卷92,《王敦传》;卷58,《周处附莚传》。
⑨ 《晋书》卷65,《王导传》。
⑩ 《晋书》卷98,《王敦传附沈充传》;卷89,《忠义·沈劲传》。
⑪ 《晋书》卷98,《桓温传》。
⑫ 《晋书》卷89,《嵇绍传》。
⑬ 《三国志·吴书》卷12,《张温传》。
⑭ 《晋书》卷7,《成帝纪》;卷59,《汝南王亮传》。
⑮ 参考陈啸江:《魏晋时代之"族"》,见《史学专刊》第1期。

第四节 基层政权与社会生活

汉末徐伟长在《中论》中指出："人数周（户口管理好），为国之本也。"他接着解释说："人数者庶事之所自出也，莫不取正焉，以分田里，以令贡赋，以造器用，以制禄食，以起田役，以作军旅，国以建典，家以立度，五礼用修，九刑用措，其唯审人数乎。"① 这是说，封建国家政权只有编制符合规格的户籍簿，严格控制准确的领民数，掌握每户的具体情况，从而才能执行政府的各项职能。单从魏晋以后租、调、役来说，这些都是以户口为征收单位。人口实为权力和财富的源泉，领户越多，权力越大，财富越丰。因此，魏晋南北朝时期同历代一样，由中央政权控制州、郡、县及基层政权，通过编制户籍，把民户牢牢地控制起来，以便推行各项封建的政令教化。当时各阶层人民便是在基层政权的直接统率下生活着。那么，这个时期基层政权建置情况如何呢？

汉末长期战乱之后，由于东汉王朝名存实亡，人民死亡流散，各割据政权相互兼并，政局极不稳定，使得当时基层政权时置时废，变化不定，因而不像汉代那样严密完善。魏文帝掌权后，延康元年（220 年）七月，军次于谯，"三老吏民上寿"②。吏称曹魏"诸乡有秩三老，第八品；诸乡有秩第九品"③。这里的三老、有秩皆为魏国的乡吏。西晋统一后，整顿地方县以下基层政权。县 500 户以上者皆置乡，3000 户以上置 2 乡，5000 户以上置 3 乡，万户以上置 4 乡，乡置啬夫 1 人。一乡不满千户的置治书吏 1 人，1000 户以上置吏、佐各 1 人，正 1 人；5500 户以上治吏 1 人，佐 2 人。④ 上述三种人户多少不等的乡，如以每户 5 口计，小乡管 7500 人，中乡管 8500 人，大乡管 12500 人。每乡如此众多的人口，若乡下面不再设政权是难于管理的。所以《晋书·百官志》又说："县率百户置里吏一人，其土广人稀，听随宜置里吏，限不得减五十户。"这是指人口极少的县，即百户约 500 人以下的县不置乡，因为它不到小乡所辖人口数，只设里

---

① 《通典》卷 3，《食货》3，《乡党》引《中论》。
② 《三国志·魏书》卷 2，《文帝纪》注引《魏书》。
③ 《通典》卷 36，《职官》18。
④ 《晋书》卷 24，《职官志》。

吏一人。土广人稀处，可根据情况设置里吏，但里吏最少得管辖50户约250人。《宋书·百官志》称："里魁"管辖百户，正同晋百户县设里吏一人相合。若按百户置里吏一人推算，前面的最小乡500户，应设5里，小乡1500户，应设15里，中等乡1700户，应设17里，最大乡2500户，应设25里。照此理解，西晋完整的县以下基层政权应包括县、乡、里三级。什和伍大概不属于基层政权，而是实行连坐的法权规定范围。葛洪在《抱朴子·内篇》中曾十分明确地将东晋地方政权机构分为州、郡、县、乡、里五级。① 魏晋高门琅邪王氏籍贯，据南京出土的王兴之及妻宋和墓志及王闽之墓志所记，为"琅邪临沂都乡南仁里"②。这无疑是沿袭西晋的建置。齐高帝萧道成"其先（世）本居东海（郡）（治今山东郯城北）兰陵县（今山东苍山西南），中都乡，中都里"③。大同出土的北魏太和八年（484年）司马金龙墓志铭，称其籍贯为"河内郡（治今河南泌阳县）、温县（今河南温县西）、肥乡、孝敬里"④。史载司马懿为河内温县孝敬里人。⑤ 这里肥乡省略。西凉户籍残卷8户人家，籍贯均为敦煌郡（治今敦煌西）、敦煌县、西乡、高昌里人。⑥ 西晋末年，北方大乱后，敦煌郡先属汉人张轨子张寔建立的前凉政权（管辖期为314—376年），后属汉化较深的氐人建立的前秦（管辖期为376—385年）、后凉（管辖期为386—403年）政权，最后属汉人李暠建立的西凉政权（400—421年）。这四个政权都沿袭西晋地方政权编制，所以西凉户籍残卷所反映的为郡、县、乡、里制。在《宋书·符瑞志》记载瑞祥物出现的地址中，属县以下基层政权的乡有3处，里有16处，村只有2处，其中村不算正式一级基层政权⑦，实际上，里为最低一级基层政权，加之乡或被省略，或人口较少的县不设乡，而且乡管辖范围较大，因而瑞祥物出现地自然以里为最多了。关于乡里吏，除曹魏时有三老、有秩外，东晋时隐士翟汤"悉推仆使委之乡吏"。梁武帝天监十七年（518年）诏书中有"村司三老"。十六国时刘曜被石勒所擒后送襄国（今河北邢台），"北苑市三老孙机上礼求见曜"⑧。北魏太延元年（435年）十二月诏："县宰集乡邑三老计资定课。"南朝刘宋时有"符伍

---

① 《抱朴子·内篇》卷6，《微旨》。
② 见《文物》1965年第6期及1972年第11期。
③ 《南史》卷4，《齐高帝纪》。
④ 山西省大同市博物馆：《山西大同石家寨北魏司马金龙墓》，见《文物》1972年第3期。
⑤ 《晋书》卷1，《宣帝纪》。
⑥ 陈垣：《跋西凉户籍残卷》，见《北京师范大学学报》1963年第2期。
⑦ 参考宫川尚志：《六朝时代的村》，见《日本学者研究中国历史论著选译》四，中华书局1992年版。
⑧ 《晋书》卷103，《刘曜载记》。

里吏"①。陶潜曾孙曾为里司。② 陈霸先微时"仕郡为里司"③。这些是乡里两级官吏的记载。

封建政权为了加强对人民的控制,实行相互监察和连坐法,还在里以下建立什伍制。《宋书·百官志》称:"五家为伍,伍长主之;二伍为什,什长主之;十什为里,里魁主人。"④ 什和伍大概不属基层政权,而是实行什伍连坐的法权范围。

北魏统一北方后,开始时为适应十六国战乱所形成的以大族聚居生产自卫的政治经济双重性质的坞堡组织,建立了宗主督护制。在宗主统率下,或"五十、三十家方为一户"⑤。这种大族隐庇大批民户,对北魏政权增加军力财力极为不利。当北魏进入中期,统治形势稳定后,便于太和十年(492年),根据给事中李冲的上言:"宜准古,五家立一邻长,五邻立一里长,五里立一党长,长取乡人强谨者。"⑥ 在北魏三长制下,邻管辖5户,里管辖25户,党管辖125户。北齐河清三年(564年)令:"人居十家为比邻,五十家为闾里,百家为族党。一党之内则有党族一人,闾正二人,邻长十人,合有十四人。"⑦ 北齐基本上沿袭北魏邻、里、党三级,同北魏基层政权所统人数相比,北齐邻、里都增加人户一倍,党却减少25户。北周在大统十年(544年)颁布的《六条诏书·擢贤良》中说:"非直州郡之官,宜须善人,爰至党族闾里(党族)正(闾里)长之职,皆当审择,各得一乡之选,以相监统。"⑧ 这里只有党(正)、里(长)两级,邻或漏记,或建制中本已省略。隋文帝初受禅,颁新令:"人五家为保,保有长,保五为闾,闾四为族,皆有正。畿外置里正,比闾正,党长比族正,以相检察焉。"⑨ 隋文帝开皇九年(589年)灭陈后,"制五百家为乡,正一人,百家为里,长一人"⑩。当隋政权统一南北后,将北方基层政权改为乡、里两级,以便与南方基层政权合一,这显然是必要的。

关于基层政权的职掌,《宋书·百官志》讲乡官说:"乡有乡佐,三老、有秩、啬夫、游徼各一人。乡佐、有秩主赋税(徭役),三老主教化,啬夫主争纷,游徼主奸非。"沈约在这里所讲的乡官名称和职掌,与《晋书·百官志》乡官有别,完

---

① 《宋书》卷54,《羊玄保传》。
② 《梁书》卷22,《安成王秀传》。
③ 《南史》卷9,《武帝纪》。
④ 魏晋南北朝关于亭的资料,似与基层政权无关。参考严耕望《魏晋南北朝地方政府属佐考》。
⑤ 《魏书》卷53,《李冲传》。
⑥ 《魏书》卷110,《食货志》。
⑦ 《通典》卷3,《食货》3,《乡党》;《隋书》卷24,《食货志》引河清三年令。
⑧ 《周书》卷23,《苏绰传》。
⑨ 《隋书》卷24,《食货志》。
⑩ 《隋书》卷2,《高祖纪》下;卷67,《裴蕴传》。

全同于《续汉书·百官志》，无疑这乃是汉制。① 魏晋南北朝乡里吏的名称，从《晋书·职官志》看，大概没有这样复杂，但其职能同汉代乡里吏应是一致的。乡、里基层政权要实行各种封建统治的职能，首先必须配合上级登记户口②，当时叫"籍注"，包括户口登记的内容。徐伟长在《中论》中讲到的封建政权行使各项职能，几乎都离不开人数，而人数必须通过户籍簿表现出来。关于户口登记的内容，从当时史籍记载看，其主要项目有户主姓名、年龄、籍贯、世代官职爵位、家庭成员的年龄健康状况、丁口是否在役、乡论清议等等。此外，如西晋占田课田、东晋度田收租、北朝实行均田制时，户籍上还必须登记耕种土地数额，从户口登记内容可以看出，当时的户口登记制度是相当严密的，对当时人来说，籍注是确定一个人的社会地位的主要依据，如享受封建政治经济特权，以及服役、纳赋、铨选、教化、奖惩等，几乎都离不开户籍册。因此，南齐虞玩之认为户籍为"民之大记，国之治端"③。

基层政权乡里吏，同当地群众生活在一起，他们最了解每户人口及有关状况，由他们同上级官司按籍注严格规定，对所辖每户造籍后，层层上报到中央尚书省。西晋平吴后，在全国实行占田课田制，规定男女占田和课田亩数，男女正丁、次丁、老小年龄界限，以便使庶民百姓纳赋服役，同时规定士族官僚享受占田荫客荫亲属等特权，所有这些都必须在乡里制度完善和户籍册准确的前提下，才能真正实行。④ 东晋南朝清理流寓户口，实行土断，扩大征收赋役范围时，必定要"正其里伍"，即进行整顿基层政权的工作。如范宁在强调土断的意义时指出，其目的在于"明考课之科，修闾伍之法"⑤。刘裕大规模实行土断的理由，也是因为"杂居流寓，闾伍不修"⑥。这里表明，"修闾伍"即以整顿乡里基层政权为前提，编制户籍以"明考课"，即以征发赋役为实际目的。北魏太和九年（485年）冬十月，颁布均田令。紧接着，在太和十年（486年）二月，"初立党、里、邻三长，定民户籍"⑦。这里最清楚地反映了建立基层政权与编制户籍，乃是封建国家政权实施各项政策的先决条件。太和十一年（487年）九月，天旱民饥，北魏政权赈济饥民，下诏根据各地灾情及每户受灾情况，"阅户造籍，欲令去留得失，赈贷平均"⑧。由此可见，即使救济灾荒，也离不开户籍册。北魏正始二年（505年）邢

---

① 《续汉书》志第28，《百官志》5。
② 参考《隋书》卷24，《食货志》载隋开皇中输籍定样法。
③ 《南齐书》卷34，《虞玩之传》。
④ 《晋书》卷26，《食货志》。
⑤ 《晋书》卷75，《范汪传附宁传》。
⑥ 《宋书》卷1，《武帝纪》。
⑦ 《魏书》卷7，《高祖纪》上、下。
⑧ 《魏书》卷7，《高祖纪》下。

恋西征益州（治今四川成都），其部将王足围涪城（今四川绵阳），"益州诸郡戍降者十二三，民送编籍者五万余户"①。这显示掌握一个地方的户籍，才能对该地进行统治。隋初改革田制和赋役制时，也是先"颁新令"，重新编制保、闾、族基层政权和清理户籍。②

  这个时期，乡里吏在掌握标准的户籍簿后，究竟行使哪些基层政权的职能呢？从下面史实可知基层政权行使的职权范围很广泛。东晋建元（343—344 年）时，庾翼北征后赵，大发僮客以充征役，寻阳（治今江西九江西南）人翟汤名德高尚，特敕有司免其家仆不调。翟汤表示谨守国家规定，"依此调限，放免其仆，使令编户为百姓"③。翟汤先是将应送免奴仆给乡吏，那么所免奴仆必先由乡吏编入户籍。东晋末，谢方明为南郡（治今湖北荆州西北）相，所辖江陵县犯人不论罪行轻重，年终"悉散听归家，使过正三日还到"。至期有重罪二人未还，其中一人因酒醉迟还二日，余一囚十日不返。"乡（吏）村（司）责让之，率领将送，遂竟无逃亡者。"④ 东晋末，南郡枝江（今湖北枝江西南）人刘凝之"为村（司）、里（吏）所诬，一年三输公调，求辄与之"⑤。刘宋时，吴郡（治今江苏苏州）人顾欢"乡有学舍"，欢贫无以受业，于乡学舍壁后倚听。⑥ 梁天监十七年（518 年）下诏："天下之民有流移他境……本乡无复居宅者，村司三老及余亲属，即为诣县，占请村官地官宅。"⑦ 北魏太延元年（435 年）十二月下诏："州郡县不得妄遣吏卒，烦扰民庶。若有发调，县宰集乡邑三老计赀定课。"⑧ 太和十一年（487 年）十月下诏："民闲岁隙，宜于此时导以德义。可下诸州，党里之内，推贤而长者，教其里人，父慈、子孝、兄友、弟顺、夫和、妻柔。不率长教者，县以名闻。"⑨ 北魏时还下诏："孤独癃老笃疾贫穷不能自存者，三长内迭养食之。"⑩ 北魏熙平二年（517 年），灵太后下令："私度之僧，皆由三长罪不及己，容多隐滥。至今有一人私度，皆以违旨论。邻长为首，里、党相降一等。"⑪ 北魏后期人民逃役，进入寺院，政府认为三长知情，把一部分责任归咎于三长。西魏苏绰在《六条诏书·尽地利》中说："若有游手怠惰，早出晚归，好逸恶劳，不勤事业者，则

---

① 《魏书》卷 8，《世宗纪》。
② 《隋书》卷 24，《食货志》。
③ 《晋书》卷 92，《隐逸·翟汤传》。
④ 《宋书》卷 53，《谢方明传》。
⑤ 《宋书》卷 93，《隐逸·刘凝之传》。
⑥ 《南齐书》卷 54，《高逸·顾欢传》。
⑦ 《梁书》卷 2，《武帝纪》中。
⑧ 《魏书》卷 4，《世祖纪》下。
⑨ 《魏书》卷 7，《高祖纪》下。
⑩ 《魏书》卷 110，《食货志》。
⑪ 《魏书》卷 114，《释老志》。

（党）正、（里）长牒名郡县，守令随事加罚，罪一劝百。"① 又在《均赋役》中说：关于征发赋税徭役，"至于斟酌贫富，差次先后，皆事起于（党）正、（里）长，而系于守令"②。北周实行的均田制规定："正长隐五户及十丁以上，隐地三顷以上者皆死。"③ 隋初下令："户口不实者（族、闾）正（保）长远配。"④ 北周对党正里长私隐民户和土地处以严刑，这是因为在实行均田按户丁分配土地时，党正里长具有实权。同样，隋代地方官吏对户口有管理监督职责，所以户口不实，处以远配重刑。仅从上述史实可知，编制户籍，捕缉罪犯，荐举官吏，收纳赋税，征发兵役力役，兴办学校，解决流民土地，救济孤老残疾贫困户，实行均田，督促生产，司行教化等等，这些属于人民经济生活和政治生活诸方面，都不同程度地在乡里吏职权管理范围之内。因此，北周苏绰在《六条诏书·擢贤良》中说："夫（党）正（里）长者，治民之基。基不倾者，上必安。"⑤ 他主张严格"审择"基层政权的官吏，使封建基层政权稳固，从而整个封建统治才能长治久安。

东汉规定："民有什伍，善恶相告。""什主十家，伍主五家，以相检察。民有善事恶事，以告监官。"⑥ 这是讲最基层政权什、伍所辖民众，对善恶事要相互举

打场图（魏晋　甘肃嘉峪关市新城5号墓出土）

---

① 《周书》卷23，《苏绰传》。
② 同上。
③ 《周书》卷6，《武帝纪》。
④ 《隋书》卷24，《食货志》。
⑤ 《周书》卷23，《苏绰传》。
⑥ 《续汉书》志卷28，《百官志》。

发，这应是什伍连坐的前奏。因为既然规定什伍居民要相互监察，相互举发，那么知而不举，便有可能受封建法律的制裁。从史籍记载看，东晋政权正式实行什伍连坐法。王羲之在永和（345—356年）末指出："自军兴以来，征役及充运死亡叛散不返者众，虚耗至此，而补代循常……上命所差，上道多叛，则吏及叛者席卷而去。又有常制，辄令其家及同伍课捕。课捕不擒，家及同伍寻复亡叛。"① 王氏所讲服兵役及运役者本人逃亡，其家及同伍连坐，乃是一种常制。刘宋元嘉初年（424—426年），谢方明为会稽（治今浙江绍兴县）太守时，史称江东"奸吏蜂起，符书一下，文摄因续。又罪及比伍，动相连坐，一人犯吏，则一村废业，邑里惊扰，狗吠达旦"。这里所记比伍连坐法是宋初事，无疑是沿袭东晋而来。方明善于为政，"除比伍之坐，判久系之狱"②。这种"除比伍之坐"，乃是清廉官吏对个别地区实行的暂时措施。刘宋元嘉六年（429年），厘定里伍制度，执政王弘要八坐丞郎对士人在里伍中是否应受连坐发表意见。在六人发言中，对同伍连坐没有任何疑点，只是对士人是否应受符伍连坐发生了分歧。王弘最后总结说：在法律上并没有明确规定士庶在符伍制度中的区别，因而士人应在符伍连坐之内，但必须根据现实重新厘定符伍制，使轻重适宜，并适当地照顾士人的特权。③ 这次士族受连坐法的确定，可能是在刘裕当政以来打击士族豪强、刷新政治的形势下出现的。在王弘执政为扬州刺史期间（元嘉四年至九年），刘式之为宣城（治今安徽宣城）内史，"立吏民亡判制，一人不禽，符伍里吏送州作部"④。后来，羊玄保为宣城内史，他反对前任建立的连坐条例，上奏说："又寻此制，施一邦而已，若其是邪，则应与天下为一，若其非邪，亦不宜独行一郡。"⑤ 这里所谓"施一邦而已"，非指连坐法本身，而是指宣城符伍连坐惩治符伍里吏的条例，因而玄保将其废除。元嘉十七年（440年），沈亮参南豫州（治今安徽和县）刺史刘骏征虏府军事，当时"民有盗冢者，罪所近村民，与符伍遭劫不救同坐"⑥。沈亮提出疑议说，盗冢和村劫不同，村劫容易发现，而盗冢在山原丘垄，不易防救。故他认为："督实核名，理与劫异，则符伍之坐，属宜降矣。"同时盗冢有远近，不宜一样判罪。沈亮主张："防民之禁，不可顿去，止非之宪，宜当其律……相去百步内赴告不时者，一岁刑，自此以外，差不及罚。"⑦ 应当注意，被劫家和墓被盗者，一般

---

① 《晋书》卷80，《王羲之传》。
② 《宋书》卷53，《谢方明传》。
③ 《宋书》卷42，《王弘传》。参考朱绍侯：《从户籍和里伍制度中看东晋南朝的阶级关系和士族地位的变化》。
④ 《宋书》卷54，《羊玄保传》。
⑤ 同上。
⑥ 《宋书》卷100，《自序传》。
⑦ 同上。

是富豪之家。这说明地主家被劫或坟墓被盗，同伍人没有救援和发觉，也要受法律处分。刘宋泰始五年（469年），沈攸之为郢州（治今湖北武汉市武昌）刺史，为政苛暴，"将吏一人亡叛，同籍符伍充代者十余人"①。宋末沈攸之于荆州（治今湖北江陵县）刺史任上反叛，宋廷数其罪状之一是："一人逃亡，阖宗补代。"② 沈攸之先后实行的乃是家属和宗族连坐法。刘宋大明（457—464年）时，谢庄为都官尚书，奏改定刑狱时说："顷年军旅余弊，劫掠犹繁，监司讨获，多非其实……身遭铁锁之诛，家婴孥戮之痛，比伍同闬，莫不及罪，是则一人罚谬，坐者数十。"③ 梁天监十年（511年），史载："百姓有罪，则案之如法，其缘坐则老幼不免，一人逃亡，举家质作（质其家属而罚作），民既穷窘，奸宄益深。"④ 天监十一年（512年），为减轻家有老幼的连坐法，特下诏："自今逋谪之家，及罪应质作，若年有老小，可停将送。"⑤ 梁普通（522—526年）中，郭祖深讲征役给人民带来的痛苦说："或有身殒战场，有名在叛目，监符下讨，称为逋叛，录质家丁。合家又叛，则取同籍，同籍又叛，则取比伍，比伍又叛，则望村而取。一人有犯，则合村皆空。"⑥ 可见梁代既实行家属连坐法，又实行什伍连坐法。

北魏政权同样实行连坐法。北魏太延元年（435年）十月诏："不听私辄报复，敢有犯者，诛及宗族；邻伍相助，与同罪。"⑦ 太和中，高祐为西兖州刺史，"设禁贼之方，令五五相保，若盗发则连其坐，初虽似烦碎，后风化大行，寇盗止息。"⑧ 这是个别地方官吏在所管辖区内，实行盗贼连坐法。所谓"五五相保"即邻里内相互监视，若发现盗贼不擒，则实行邻里连坐。太和末年，"时以犯罪配边者，多有逃越，遂立重制，一人犯罪逋亡，阖门充役"⑨。这是指在北魏管辖范围内，实行犯罪逃亡家属连坐法。北周明帝元年（557年）下诏："魏政……诸村民一家有犯，乃及数家而被远配者，并宜放还。"⑩ 这是说，北魏时一家犯罪，实行邻里连坐的一律被放还。

从史实看，东晋南朝主要因为兵役和力役迫使人民逃亡后而实行连坐。北魏

---

① 《宋书》卷74，《沈攸之传》。
② 同上。
③ 《宋书》卷85，《谢庄传》。
④ 《通鉴》卷147，《梁纪》天监十年。
⑤ 《梁书》卷2，《武帝纪》中。
⑥ 《南史》卷70，《郭祖深传》。
⑦ 《魏书》卷4，《世祖纪》上。
⑧ 《魏书》卷57，《高祐传》。
⑨ 《魏书》卷57，《崔挺传》。
⑩ 《周书》卷4，《明帝纪》。

翻车图（采自［元］王祯《农书》）

似乎以犯罪徙边者逃亡，而实行邻里连坐者居多。实际上，所谓"犯罪"者中无疑包括大批因役而逃亡的人。东晋南北朝由于士族及其各类荫户免除赋役，因而繁重的赋役重担完全落到寒门地主和贫苦农民身上。当时南北分裂，战乱繁多，尤其是南朝寒门地主在户籍上作弊免除赋役，加上皇室内乱，争夺皇位，兵役、运役以及其他力役层出不穷。农民一旦服役，很难返归。尤其服兵役者全是强壮劳力，或战死，或伤病致残，直接摧残劳动力。因而农民大批逃役，家属及同伍连坐，结果一人有犯，弄得"一村废业"。由此使社会生产受到破坏，给农民带来无穷无尽的痛苦。

第二章

衣冠服饰

　　我国古称礼仪之邦，而衣冠服饰正是礼仪的重要内容之一，三国魏文帝曹丕曾讲："三世长者知被服，五世长者知饮食，此言被服饮食难晓也。"① 在当时穿衣不仅是为了御寒，而且是一个人身份与地位的标志，因此，对于各阶层人们的服饰有着相当严格的限制，如南朝宋法令规定：织成衣帽、锦帐、纯金银器等皆为禁物，是皇帝及后妃的专用品，王公大臣亦不得使用；三品以下官员均不得使用珍珠翡翠校饰缨佩，穿着杂采衣；六品以下官员均不得穿用绫、锦等衣物，及以金校饰器物；八品以下官员均不得服用罗、纨、绮、縠等；骑士百工则不得服用越叠，乘坐犊车，及用银装饰器物，履的颜色只能是绿、青、白；而奴婢衣食客不得服白帻，履的颜色只能是纯青。② 有的法令还带有明显的歧视性，如《晋令》规定："市侩卖者，皆当着巾帖额，题所侩卖者及姓名，一足着黑履，一足着白履。"③ 违反这些法令规定者将受到舆论的指责甚至法律的制裁。下面依次对这一时期男女的各种主要服饰作一简要的介绍。

---

① 《艺文类聚》卷67，《衣裳》引《魏书》。
② 《宋书》卷18，《礼志（五）》，为节省篇幅，本处只节引有关部分，请详看原文。
③ 程树德：《九朝律考》卷3，《晋律考（下）》。文中第二个"侩"字误排为"绘"字，据《太平御览》卷697改正。

第一节　冠冕帽帻巾

　　提到男子头上的饰物,现代人立刻就会想到帽子,而古代人则首先想到冠。先秦时期的礼仪即规定,男子在 20 岁时举行加冠的仪式,称为冠礼,这表示男子已进入成年。流传至今的成语"年方弱冠",即源出于此。当然,有资格举行加冠仪式的只有士人,庶人到 20 岁时不加冠而戴巾。至汉魏时期,冠更成为官吏的专用物品。比冠使用级别更高的还有冕,因东汉以来冠冕为帝王及地位较高官员所专用,冠冕遂成为地位较高官员的代称。[1] 冕与衮服(详见下一节)是搭配使用的,是帝王及王公大臣在祭祀及元会(即元旦日举行的朝会)等重要庆典上穿着的礼服,亦称冕服或衮冕。汉魏之际人刘熙《释名》称:"祭服曰冕,冕犹俛也,俛,平直貌也,亦言文也。玄上纁下,前后垂珠,有文饰也。"[2] 将冕的用途及形象作了大致的说明。冕的形制各代大致相同,但又有一些小的改动,这里以西晋时皇帝的冕为例说明冕的基本构造。冕的主要部件为冕𫄨与冕旒,冕𫄨即冕板,宽七寸,长一尺二寸,前圆后方,加于通天冠上,在冕𫄨的前后垂有冕旒,前后各有十二旒,以珊瑚珠制成,其具体形象可参见唐代阎立本所画《古帝王图》中的晋武帝像。[3] 东汉时冕旒使用真白玉珠,三国魏明帝改用珊瑚珠,西晋沿用魏制,东晋初缺乏珠玉,以翡翠珊瑚杂珠制作冕旒,东晋成帝时改用白璇珠。南朝时亦称冕为平天冠。皇帝的冕有十二旒,皇太子九旒,三公八旒,诸卿六旒。[4] 较为特殊的是北周宣帝宇文赟,他在继承皇位后不久即传位给儿子宇文衍,自称天元皇帝,所戴冕的冕旒加为二十四旒,其余车服章旗亦皆倍于前王之数,但在其死后此制即废止。

---

　　[1] 《三国志》卷 27,《王昶传》载其告诫子侄书中提道:"今汝先人世有冠冕。"由于冠冕都是戴在头上的,因此又被引申为优秀者的代称,《三国志》卷 37,《庞统传》载司马徽赏识庞统,"称统当为南州士之冠冕,由是渐显"。

　　[2] 本节所引《释名》除特别注明外,皆引自《四库全书》本。纁,浅红色。

　　[3] 《中国美术全集·绘画编(2)·隋唐五代绘画》图 4;并参见周锡保《中国古代服饰史》第二章《冕服》中对晋武帝冕服各部件名称的解释,中国戏剧出版社 1983 年版。

　　[4] 公卿冕旒数量亦有变化,限于篇幅,文中不再详述,可参见《南齐书·舆服志》、《隋书·礼仪志(六)》。

冠的种类相当多，而且变化也很大，有些秦汉时期常用的冠在这一时期已很少使用，沈约撰写《宋书》时对长冠、术士冠、方山冠、巧士冠等即未加描述。①因此以下主要介绍在这一时期使用较多的冠，对使用较少的则从略。

通天冠是皇帝在朝会时戴的冠饰，据《晋书·舆服志》记载："通天冠，本秦制。高九寸，正竖，顶少斜却，乃直下，铁为卷梁，前有展筩，冠前加金博山述，乘舆所常服也。"不过，汉末人蔡邕《独断》认为："天子冠通天，汉制之，秦礼无文。"② 通天冠为皇帝所专用，其最显著的特点是在冠前加有金博山，目前尚未发现较为典型的图像，一说山东嘉祥武氏祠东汉画像石中齐宣王所戴前部高耸，且向前稍倾斜的冠为通天冠③，一说传世东晋顾恺之所作《女史箴图》中汉元帝所戴即为通天冠④，但两像相差较多，与文献记载又都有不尽符合之处，故其形制的确定还有赖于将来的考古发掘。金博山虽为通天冠的显著标志，但有时亦加于其他冠上，如南朝梁武帝为太子萧统举行冠礼，特别下诏在太子所著远游冠上加金博山。另外，沈从文认为辽宁北票北燕冯素弗墓出土的嵌玉金冠饰即金博山⑤，如确为金博山，则金博山的应用范围实际上比文献所记载的要大一些。

远游冠亦是皇帝所使用的冠饰之一，与各色杂服相配用，在祭祀、朝会等正式场合以外穿戴。不过其主要用途是供皇太子及宗室诸王使用。远游冠的形制与通天冠相似，只是冠前不加金博山，有展筩横于冠前。据说为东晋顾恺之所作《洛神赋图》中王者形象（一般认为是曹植）所戴之冠即为远游冠。⑥

进贤冠是文职官员的主要冠饰，其形状前高七寸，后高三寸，长八寸，体现等级差别的主要是冠上梁的数量，有五梁、三梁、二梁、一梁，分别称为五梁进贤冠、三梁进贤冠（或称进贤三梁冠），二梁及一梁则多加在进贤后，亦有简称为二梁冠、一梁冠的。其中五梁进贤冠为皇帝专用冠饰之一，使用范围与远游冠相近似；三公及乡、亭侯以上有封爵者使用三梁进贤冠；诸卿、大夫、尚书、刺史、郡国守相、博士及关中、关内侯等使用进贤二梁冠；朝中低级文职官员则使用进贤一梁冠。河北望都东汉壁画墓、甘肃酒泉丁家闸 5 号墓前室西壁壁画《燕居行

---

① 《宋书》卷 18，《礼志（五）》："汉承秦制，冠有十三种，魏、晋以来，不尽施用。今志其施用者也。"

② 《太平御览》卷 685，《通天冠》引。

③ 沈从文：《中国古代服饰研究》三十《汉武氏石刻贵族梁冠和花钗》，商务印书馆香港分馆 1981 年版；孙机：《汉代物质文化资料图说》图版 57，文物出版社 1991 年版。

④ 周锡保：《中国古代服饰史》第六章《魏、晋、南北朝服饰》。

⑤ 沈从文前引书第 193 页；黎瑶渤：《辽宁北票县西官营子北燕冯素弗墓》，载《文物》1973 年第 3 期。冯素弗为北燕主冯跋之弟，官拜大司马，封辽西公，其传附于《晋书》卷 125，《冯跋载纪》后。

⑥ 《中国美术全集·绘画编（1）·原始社会至南北朝绘画》图 95，故宫藏宋人摹本，并参见周锡保前引书；沈从文根据侍臣冠饰认为此画系北朝后期画家所绘。

乐图》中官吏所戴进贤冠的形象皆相当清晰,① 因此,目前对进贤冠形制基本上没有异议。

高山冠,是谒者、谒者仆射等官员所戴的冠。在东汉时高山冠高九寸,以铁为卷梁,顶直竖,与通天冠相似,但没有加金博山,亦无展筩。三国魏明帝曹睿因其与通天、远游冠差别不明显,故对其形制进行改造,将高度降低,加介帻,帻上加物以象山,让行人、使者等官员使用。一说从正面看,其体侧立而曲注,故亦名侧注冠。② 魏明帝改造以前的高山冠可参见山东孔庙汉画像石中孔子弟子像,③ 目前笔者尚未见到改动以后的冠制形象。

武冠是武职官员及皇帝侍臣所用的冠饰,亦作为皇帝配用杂服的冠饰之一。武冠一名武弁,亦名为大冠、繁冠、建冠、笼冠。皇帝侍臣的武冠上还另有装饰,《晋书·舆服志》记载:"侍中、(散骑)常侍则加金珰,附蝉为文,插以貂毛,黄金为竿,侍中插左,常侍插右。"汉代人认为这是赵武灵王胡服骑射时冠戴的遗制,北方寒冷,胡人多以貂皮暖额,后世仿此,遂以附冠,秦灭赵后,将此冠赐给侍臣使用,汉魏以后,皆沿用其制,有时亦将此简称为貂蝉。由于侍臣的冠饰华丽,故成为朝中大臣向往之职,或只为得到冠饰而兼任侍臣。④ 西晋赵王司马伦篡位后,同谋者都得到越级提拔,每次朝会时,貂蝉满座,当时流传的谚语称:"貂不足,狗尾续。"⑤ 另外,在武冠的两侧竖插鹖羽,称为鹖冠,是虎贲等宫廷卫士使用的冠饰。⑥ 武冠的基本形制是内衬平上帻,上加涂漆纱弁,制作弁的织物本来相当稀疏,但涂上漆之后,即成一笼状的硬壳,因此亦被称为笼冠。山东沂南画像石中室北壁执剑者所戴即为武冠,甘肃武威磨嘴子62号新莽墓出土有武冠的实物,鹖冠的形象见于河南汉代画像砖及北魏宁懋石室执戟盾武士,皆可供参考。⑦

法冠,是侍御史及廷尉正、监、平等执法官员的冠饰。冠高五寸,以铁为柱卷,取其不曲挠之意。亦称獬豸冠,传说古代东北荒有一种叫獬豸的动物,头上

---

① 《望都汉墓壁画》,中国古典艺术出版社1955年版;甘肃省博物馆:《酒泉、嘉峪关晋墓的发掘》,载《文物》1979年第6期;并参见《中国美术全集·绘画编(12)·墓室壁画》图45。
② 《通典》卷57,《嘉礼(二)》杜佑自注。
③ 转引自周锡保前引书第五章《汉代服饰》。
④ 《北齐书》卷18,《高隆之传》:"又朝贵多假常侍以取貂蝉之饰,隆之自表解侍中,并陈诸假侍中服用者,请亦罢之。"
⑤ 《晋书》卷59,《赵王伦传》。
⑥ 鹖为雉属,出于上党,性猛好斗。曹操《鹖鸡赋序》:"鹖鸡猛气,其斗终无负,期于必死。今人以鹖为冠,像此也。"见《全三国文》卷1。
⑦ 南京博物院等:《沂南古画像石墓发掘报告》,文化部文物管理局1956年版;甘肃省博物馆:《武威磨嘴子三座汉墓发掘简报》,载《文物》1972年第12期;周到等编:《河南汉代画像砖》图245,上海人民美术出版社1985年版;《中国美术全集·绘画编(19)·石刻线画》图10。

长着一个角，能辨别曲直，有人相争，它就去顶触无理之人，后仿其形状制成冠，为执法者所专用。不过这一时期的法冠是有两个角，与传说中獬豸的形象不同。

樊哙冠，是皇宫殿门卫士所用的冠饰。冠高七寸，宽九寸，前后出各四寸，形制似平冕。据说项羽在鸿门宴上要除去刘邦，樊哙听到事情危急，将衣裳撕下，裹住铁盾，作为冠戴上，闯入营中，救出刘邦。后来依照其形制成冠饰，就称为樊哙冠。在晋及南朝时期一直沿用下来。

笼冠，这种笼冠与前述武冠（亦可称为笼冠）的形制不同，出现时间亦晚得多。① 这种笼冠不见于史书《舆服志》或《礼仪志》的记载，但从目前出土壁画、石刻、陶俑及石窟寺的雕塑、壁画来看，当时在社会上应用的相当广泛。这种笼冠的上部为圆顶，且明显较武冠高，北魏宁懋石室石刻中穿着朝服旁有一女性扶持的官员所戴的笼冠即相当典型。② 另外，两种冠的使用范围也有所不同，前面已讲过武冠是武职官员及皇帝侍臣的冠饰，而这种圆顶笼冠亦作为文职官员或侍从的冠饰。很有可能这种圆顶笼冠是北魏孝文帝改革服制时参考武冠而制作的，其使用范围较原武冠的使用范围要大一些。据《南史·陈庆之传》记载，北魏宣武帝元恪景明三年（502年）从南方进入北魏的褚缃在参加元会看到大臣们的服饰后曾作诗记述南北服饰的不同，诗中的"帽上着笼冠"，指的大概就是这种与南朝服饰不同的笼冠。洛阳邙山出土持剑石人（据考证系北魏静陵神道的翁仲武士）及西魏时期开凿的敦煌石窟第288窟中东壁下层南侧的供养人头上所戴的皆是这种圆顶笼冠。③ 另外，还需提出的是，山西太原北齐娄睿墓甬道西壁门卫戴圆顶笼冠，且冠侧插有一毛皮状饰物，释文认为所插物为貂毛④；前述宁懋石室线画中女性扶持官员的图像共三幅，官员皆着圆顶笼冠，左、中侧官员冠上簪笔（详见下一节），而在有关著作中多被忽视的右侧官员冠上所加饰物正与娄睿墓门卫冠饰相似。两相对照，似可确定此即文献中屡屡提到的簪貂形象。目前尚未见到传统武冠上簪貂的形象，因此，这两幅图就使得对侍臣冠饰的研究从单纯文献考证发展到文献与图形相互印证的阶段。

小冠，亦不见于史书《舆服志》的记载。在东晋末期曾流行一时，《宋书·五行志（一）》："晋末皆冠小冠，而衣裳博大，风流相仿，舆台成俗。……

---

① 沈从文认为这种圆顶漆纱笼冠是在北魏迁都洛阳后定型的，且对其与武冠的差别进行了比较，并据《洛神赋图》中侍臣亦戴这种笼冠认为该画系北朝后期画家所绘，而非顾恺之真迹。见《中国古代服饰研究》第149、169页。

② 《中国美术全集·绘画编（19）·石刻线画》图5，一说官员身旁女性为宁懋夫人，一说其为丫环。

③ 黄明兰：《洛阳北魏景陵位置的确定和静陵位置的推测》，载《文物》1978年第7期；敦煌文物研究所编：《中国石窟·敦煌莫高窟》第1卷图113，株式会社平凡社、文物出版社1980年版。

④ 《中国美术全集·绘画编（12）·墓室壁画》图67，释文执笔史可研。

（宋武帝）永初（420—422年）以后，冠还大云。"但实际上小冠在南北朝时期还颇为流行，在北方的使用范围也相当广，南京石子岗出土的东晋男侍俑、河南邓县画像石墓墓门壁画中的门官、河北景县封氏墓群中出土的著裤褶外加两当的男侍俑及着裤褶的文侍俑、北魏元邵墓出土的文侍俑等皆戴形制相近的小冠。①

帽在汉代的地位较低，应用范围也较窄。许慎《说文》中将帽写作冃，"冃，小儿及蛮夷头衣也。"段玉裁注："小儿未冠，夷狄未能言冠，故不冠而冃。冃，即今之帽字也。"在魏晋时期帽的应用已呈扩大趋势，如著名隐士管宁在家就经常头戴皂帽；吴主孙权曾赐大将朱然御织成帽；当陆逊击败曹休统率的大军凯旋而归时，孙权脱下自己所戴的翠帽给陆逊戴上；魏明帝曹睿亦着绣帽以接见大臣杨阜；晋代名士王濛帽子破了，自入市买之，妪悦其貌，遗以新帽。② 可见从民间到宫廷，帽已在相当程度上为成人所使用，不再是小儿的专用物品。不过，此时帽仍是一种非正式服饰，所以杨阜见到曹睿着帽后，加以劝谏，指出这不是帝王接见大臣所应穿着的服饰。以后，随北方少数民族大量进入中原，他们着帽习俗的影响也日趋扩大，帽逐渐进入朝堂之上，成为一种得到舆论认可的正式服饰。另外，纱帽的出现也使得帽与冠在形制上的差别明显缩小。因此帽与冠不仅不再有地位高下之分，而且有被混淆的趋势。③

纱帽在南北朝初期首先流行于南方，到南北朝后期在北方政权上层亦颇为流行。纱帽分为白纱帽与乌纱帽两种，区别主要在于颜色，至于形制则变化较多，"或有卷荷，或有下裙，或有纱高屋，或有乌纱长耳"④。白纱帽又名高顶帽，上部较高，主要供皇帝在宴席起居时使用，并成为皇帝的标志之一，如南朝宋明帝刘彧与刘休仁等杀死前废帝刘子业，"于时事起仓卒，上失履，跣至西堂，犹著乌帽。坐定，休仁呼主衣以白帽代之，令备羽仪"⑤。一说传世唐代阎立本所作《古帝王图》中陈文帝陈蒨所戴即为白纱帽。⑥ 除皇帝以外，南朝陈时皇太子在上省戴乌纱帽，在永福省则戴白纱帽。南齐时垣崇祖在抵御北魏军队时，曾着白

---

① 石子岗男俑转引自沈从文《中国古代服饰研究》三七《晋六朝男女俑》；河南文化局文物工作队：《邓县彩色画像砖》，文物出版社1959年版；张季：《河北景县封氏墓群调查记》，载《考古通讯》1957年第3期；洛阳博物馆：《洛阳北魏元邵墓》，载《考古》1973年第4期。
② 《三国志》卷11，《管宁传》；《太平御览》卷687，《帽》引韦昭《吴书》；《三国志》卷25，《杨阜传》；《晋书》卷93，《外戚·王濛传》。
③ 《南史》卷39，《庾悦传附族子弘远传》："（弘远随陈显达起事，兵败）将刑，（弘远）索帽着之，曰：'子路结缨，吾不可以不冠而死。'"
④ 《隋书》卷12，《礼仪志（七）》。
⑤ 《宋书》卷8，《明帝纪》。
⑥ 周锡保前引书第145页；但沈从文认为陈文帝所戴为菱角巾，见《中国古代服饰研究》第132页。

纱帽，肩舆上城，指挥部下击败魏军①，但此外大臣着白纱帽的事例相当少见。乌纱帽在南朝则为士庶所通用，无贵贱之分，只是流行样式时有变化。北朝时纱帽的应用范围较南朝为小，只应用于政权上层，而且有诸多限制，如北齐时规定，在皇宫中只有天子可以戴纱帽②，官员们在自己府第接待宾客时可以戴纱帽。

如果说纱帽是从南向北流传的，那么鲜卑帽则是由北方少数民族带入中原地区。鲜卑帽，顾名思义，源出于驰骋在北方草原上的鲜卑族，又随鲜卑的内迁而传入中原。鲜卑帽又被称为突骑帽、长帽、大头垂裙帽等，在目前出土文物介绍中多称之为风帽。其特点是圆顶，与人头部的自然曲度大体一致，帽的前沿位于额部，在脑后及两侧都垂至肩部（下垂的部分被称为垂裙）。鲜卑帽随其主人进入中原后一度颇为流行，但在北魏孝文帝改革服制后逐渐被冠冕等汉族传统服饰所取代，到北朝后期再度流行，在西魏、北周时甚至成为官员在上朝及宴会时所穿戴的正式服饰。不过，在西魏、北周流行的原因既是由于北方边镇军人掌权而引起的胡化回潮，又包含有相当程度的个人因素。垂裙的本意是在野外用以遮蔽风沙，但亦可用来修饰仪容，西魏、北周的创建者宇文泰脖子上长有瘤子，又不想被别人看到，故在谒见皇帝时亦不摘下帽子，他的这一习惯被部下所仿效，遂在社会上流行开来。③ 开凿于北魏孝文帝改革服制前的山西大同云冈石窟中第17窟南壁东龛男供养人所戴的帽子即为当时流行的鲜卑帽，北魏元邵墓的骑从俑、北齐范粹墓的鲜卑侍吏俑、北周李贤墓的骑俑及风帽俑等所戴的则是北朝后期再度流行的鲜卑帽。④

需要提及的是，这种鲜卑帽与汉代时期曾传入中原的匈奴式胡帽不同，那种胡帽顶部为尖锥形，在蒙古人民共和国诺颜山6号墓汉代匈奴墓葬出土有薄毡做成的尖顶帽，或带护耳，或不带护耳，类似的帽子亦出现于山东沂南画像石和河南汉代画像砖，表明其曾传入中原地区⑤，在嘉峪关魏晋墓室壁画中戴相似帽子的

---

① 《南齐书》卷25，《垣崇祖传》。

② 《北齐书》卷14，《平秦王归彦传》："齐制，宫内唯天子纱帽，臣下皆戎帽，特赐（高）归彦纱帽以宠之。"

③ 《隋书》卷12，《礼仪志（七）》："后周之时，咸著突骑帽，如今胡帽，垂裙复带，盖索发之遗像也。又文帝（宇文泰）项有瘤疾，不欲人见，每常著焉。相魏之时，著以谒帝，故后周一代，将为雅服，小朝公宴，咸许戴之。"

④ 《云冈石窟》，文物出版社1977年版；《洛阳北魏元邵墓》（见前）；河南省博物馆：《河南安阳北齐范粹墓发掘简报》，载《文物》1972年第1期；宁夏回族自治区博物馆、宁夏固原博物馆：《宁夏固原北周李贤夫妇墓发掘简报》，载《文物》1985年第11期。

⑤ 林干：《匈奴墓葬简介》，收入其所编《匈奴史论文选集》，中华书局1983年版；《沂南古画像石墓发掘报告》（见前）；周到等编：《河南汉代画像砖》图68（见前）。

人也很多，说明当时在河西地区还相当流行。① 一说流行于北朝后期、隋及唐代初期的浑脱帽形状亦与匈奴式胡帽相似。②

合欢帽是当时应用的另一种式样。《邺中记》记载，十六国后赵统治者石虎在出猎时就头戴金缕织成合欢帽。西安草厂坡北朝墓中出土的持弓武士俑所戴在正中有一道接缝的帽子，据认为就是合欢帽。③ 西晋人束晳《近游赋》称："老公戴合欢之帽，少年著蕞角之巾。"则表明中原地区的汉人也使用合欢帽，但这不属于正式服饰，而只是乡村野老的随意穿着。

此外，还有一些帽子的样式见于文献，但其形制已难于考证。如三国时孟达曾送给诸葛亮白纶帽；南朝齐武帝永明（483—493年）中萧谌开博风帽后裙之制，为破后帽；永明末，民间制作倚劝帽；郁林王的幸臣徐龙驹尝着黄纶帽；东昏侯永元（499—501年）中，他的左右曾制作"山鹊归林"等四种新帽式；东魏时，司徒高昂好着小帽，当时就称之为司徒帽。④

帢，亦称帢帽，或写作㡊，是一种介乎于帽与巾之间的式样。东汉末期，由于连绵不绝的战乱导致物资匮乏，曹操为解决将士的服饰问题，采取了一些权宜之计，帢就是其中的一种。帢仿照古代皮弁的样式，用缣、帛等材料做成，使用不同的颜色来区别贵贱。最初只是在军中使用，魏、西晋时期在社会上亦有所应用，以后则演变为专用于庆吊时的服饰，在其他场合较少穿用。

帻，最初是包裹头发使之不覆盖脸部的头巾，以后逐渐发展为一种便帽，成为地位较低不能使用冠者的头饰，汉代画像石、画像砖中的亭长、武吏等多戴帻。另外，从汉代起帻又与冠结合起来，成为冠下面的衬垫物，出现于朝会等正式场合。在这一时期继承了汉代的传统，帻既是低级官吏的头饰，亦作为冠的组成部分，为高级官员所戴用。同时，在家居宴会等非正式场合，高级官吏亦除去冠，将帻作为便帽戴用。

帻主要分为介帻与平上帻（亦称平巾帻）两大类，介帻的顶部为屋顶状，平上帻形如其名，顶部呈平坦状。两类帻的用途也不相同，介帻供文吏使用，并与进贤冠配合使用；平上帻供武吏使用，并与武冠结合在一起。介帻的下部是一圈较宽的硬边，被称为颜题，顶部呈屋顶状；作为进贤冠的衬垫物时，颜题伸延

---

① 张朋川、张宝玺：《嘉峪关魏晋墓室壁画》，人民美术出版社1985年版。
② 吕一飞：《胡族习俗与隋唐风韵》，书目文献出版社1994年版。
③ 陕西省文物管理委员会：《西安草厂坡村北朝墓的发掘》，载《考古》1959年第6期。
④ 《全三国文》卷61；《南齐书》卷19，《五行志》；《南史》卷77，《恩幸·茹法亮传附徐龙驹传》；《北史》卷31，《高允传附高昂传》。

到脑后时向上翘,形成两个尖耳。① 平上帻亦有颜题,上部平坦,作为冠的衬垫物时形状不变。② 另外,未成年儿童所戴的帻没有上面的顶,以表示尚未成人。

巾,起包裹头发作用,最初是不分尊卑贵贱的,但在冠出现以后,则逐渐成为士大夫以外的庶人所用的头饰,所以刘熙《释名》中对其解释为:"巾,谨也。二十成人,士冠,庶人巾。当自谨修四教也。"不过在这一时期,使用冠与巾的区别主要在于是否出仕,隐士及未出仕或致仕的士大夫都以巾来表示自己的非官员身份。东汉末豫章太守华歆着巾出迎孙策,即表示其已放弃太守的官职,而以士大夫的身份来迎接孙策;西晋征南大将军羊祜在与从弟的信中提到安定边事后,"当角巾东路,归故里",则是指致仕。③ 使用巾不再是地位低微的标志,反而成为文雅的象征。这一改变肇始于东汉末期,"汉末王公,多委王服,以幅巾为雅,是以袁绍、崔钧之徒,虽为将帅,皆着缣巾"④。自此文人雅士在非正式场合多戴巾,而不着冠,南京西善桥南朝大墓出土的竹林七贤及荣启期壁画和传世的北齐校书图中的士大夫即多数戴巾。⑤ 有些名士甚至戴巾去谒见上司,以示风雅,东晋谢万就曾着白纶巾,披鹤氅裘,执手板去拜见会稽王司马昱。⑥ 巾多以葛布制成,东晋南朝著名隐士陶潜在家时常着巾,一次郡太守去看陶潜,正赶上陶潜所酿的酒熟,陶潜取下葛巾来滤酒,滤完后又戴到头上。由此事亦可看到当时名士的放达作风。除士大夫外,庶民百姓也戴巾,这在嘉峪关魏晋墓室壁画及北魏宁懋石室画像石中亦有所反映。戴巾的方式原先是用整幅的布向后包裹头发,故亦被称为幞头,至北周时,武帝宇文邕进行改革,在巾的四角加上四条带子,遂形成流行于隋唐时期的幞头形象。⑦

此外,再介绍当时男子的一些发式。丱角,即将头发梳起来在头的两端形成两个角,一般认为是男童的发式,但在这一时期亦为某些成人所采用。南京西善桥南朝墓中竹林七贤画像砖中嵇康、刘灵、王戎三人头上皆梳成丱角髻,传世《女史箴图》中射鸟人及北齐校书图中坐胡床执书观看的文士亦梳丱角髻⑧,则在

---

① 南京博物馆等:《沂南古画像石墓发掘报告》图 30(见前),并参见孙机前引书第 231 页对介帻各组成部分的分析。
② 《望都汉墓壁画》中的车前伍伯;南京博物馆藏南京小洪山出土六朝男侍俑,转引自沈从文《中国古代服饰研究》,第 130 页。
③ 《三国志》卷 13,《华歆传》;《晋书》卷 34,《羊祜传》。
④ 《三国志》卷 1,《武帝纪》裴松之注引《傅子》。
⑤ 南京博物院:《南京西善桥南朝墓及其砖刻壁画》,载《文物》1960 年第 8、9 期合刊;《中国美术全集·绘画编(1)·原始社会至南北朝绘画》图 104。
⑥ 《太平御览》卷 687,《巾》引邓粲《晋书》。
⑦ 《隋书》卷 12,《礼仪志(七)》;刘肃:《大唐新语》卷 10,《厘革第二十二》。
⑧ 《南京西善桥南朝墓及其砖刻壁画》;《中国美术全集·绘画编(1)·原始社会至南北朝绘画》图 93(东晋顾恺之绘,唐摹本)、图 104。

当时似并不少见。一说此发式称双环髻。① 南朝齐时风流宰相王俭作解散髻，斜插帻簪，时人争相仿效，亦颇为流行。②

最后，谈一下拓跋鲜卑的辫发传统。拓跋鲜卑在南朝史书中常被称为索虏或索头虏，胡三省已指出其原因："索虏者，以北人辫发，谓之索头也。"③ 拓跋鲜卑这种辫发的习俗在北魏孝文帝改革服制时亦被革除，代之以汉人的冠冕等制度。不过在北朝后期的胡化回潮中，曾被禁止的辫发又死灰复燃，在社会上再度流行起来，北齐宗室诸王中如琅邪王高俨等亦恢复辫发。④ 除拓跋鲜卑外，柔然族、突厥族及与拓跋氏系出同源的鲜卑秃发氏等亦有着辫发的习俗，在敦煌石窟第285窟中的西魏供养人及甘肃酒泉丁家闸十六国墓葬壁画中从事农作者皆为研究辫发提供了具体形象。⑤

第二节　衮服、朝服与公服

这一时期南北文化的碰撞、交流与融合在服饰的发展演变上留有明显的痕迹，并对隋唐时期有着很大的影响。服饰的发展演变在社会各阶层有着不同的表现，我们首先来研究一下皇帝与朝廷官员服饰的演变过程。

在汉代以前，在朝会、祭祀等正式场合的标准服装是上襦下裳，而深衣，即长的袍服是作为便装使用的⑥，到东汉时期则除天子、公卿的衮冕之服外，改以长至脚背的袍服为朝会服装。魏晋南朝时期基本上沿袭东汉的服制，而稍加改动。天子在祭祀天地、明堂、宗庙及元会（在元旦时朝见群臣）、临轩（在任命三公等重要大臣或处理重要事务时，皇帝为表示郑重，不坐在殿上，而来到殿前，故称临轩）穿着的衮服仍为上衣下裳，据《晋书·舆服志》中记载："衣画而裳绣，

---

① 周锡保前引书第146页。
② 《南齐书》卷23，《王俭传》。
③ 《资治通鉴》卷69，魏文帝黄初二年臣光曰胡三省注。
④ 《北史》卷52，《齐宗室诸王传（下）》。
⑤ 参见吕一飞《胡族习俗与隋唐风韵》第一章第一节《发饰》，及该书所附图二、图三。
⑥ 参见许嘉璐《中国古代的衣食住行》，载《中国古代文化史讲座》，中央广播电视大学出版社1987年版。

为日、月、星辰、山、龙、华虫、藻、火、粉米、黼、黻之象，凡十二章。"① 唐代阎立本所绘《古帝王图》中晋武帝即着衮服，则为后人研究提供了具体的形象资料。② 除冕服外，皇帝在朝会及其他场合所穿着的皆为袍服，如释奠先圣时穿皂纱袍，朝会时穿绛袍，另外还有被称为杂服的青、赤、黄、白、黑五色纱袍，在拜陵及吊祭大臣时则着单衣。③ 三国魏文帝曹丕与秘书丞薛夏讨论经传，见其衣薄，解所御袍服赐之。④ 在袍服内衬有领、袖颜色与袍服不同的中衣，如穿绛纱袍则配皂缘中衣，穿皂纱袍则配绛缘中衣。⑤

诸侯王及三公九卿等大臣在随同皇帝祭祀天地、宗庙时亦穿着衮服，形制与皇帝的相似，只是纹饰及衣料有所不同。⑥

群臣在朝会时穿五时朝服（五种颜色不同的朝服），这五色是随季节变化而改变，春天为青色，夏天为朱色，季夏（夏季的第三个月，即六月被称为季夏）为黄色，秋天为白色，冬天为皂色。南朝宋时规定，地位较高的官员穿用五时朝服，稍低者穿四时朝服（缺白色的秋季朝服），更低者则仅一种朝服，不随季节更换。魏、西晋时期朝服所需衣料由朝廷供给，东晋时只供给一部分衣料，到南朝宋文帝元嘉（424—453年）末，因国库空虚，停止供应，由百官自备。⑦ 南朝时期尽管规定有五时朝服，但大臣实际穿着皆为朱色朝服，朱衣遂成为文职官员的代称。⑧ 梁武帝天监（502—519年）以后，皇太子、诸王亦不再穿用五时朝服，而着朱服。此外，还有颜色及图形各异的纱袍、锦袍、绫袍等，如曹操曾赐给杨彪

---

① 此处称十二章，但实际仅记载11种形象，《宋书·礼志五》文字相同，而将华虫分为两种（中华书局标点本，1974年版），以凑足12种。据《续汉志》及《隋书·礼仪志六》，此处缺宗彝，应据以补上，以足12种之数。另，《隋书》标点将粉米分为两种，而将黼黻合为一种（中华书局1973年版），亦误。

② 具体分析研究可参看周锡保《中国古代服饰史》第二章《冕服》。

③ 单衣，亦作禅，原意为单层的薄衣，但后来成为一种袖部博大，在正式场合穿着服装的名称。

④ 《三国志》卷13，《王朗传》裴松之注引《魏略》。

⑤ 中衣，亦称中单衣，《通典》卷61《嘉礼六》载南朝梁何佟之议："公卿以下祭服，里有中衣，即今中单也。"

⑥ 《晋书·舆服志》称："魏明帝以公卿衮服黼黻之饰，疑（《宋书·礼志五》作拟）于至尊，多所减损，始制天子服刺绣文，公卿服织成文。"但《续汉书·舆服志下》已称："乘舆刺绣，公侯九卿以下皆织成。"未详孰是。以后衮服材料又有变化，据《南齐书·舆服志》："宋末（衮服）用绣及织成，建武（494—498）中明帝以织成重，乃彩画为之，加饰金银薄，世亦谓为天衣。"南朝梁时恢复使用刺绣与织成，陈武帝从节俭出发，又将刺绣、织成等改为彩画，陈文帝天嘉（560—566年）初，恢复梁制。

⑦ 《宋书》卷18，《礼志五》："诸受朝服，单衣七丈二尺，科单衣及襑被五丈二尺，中衣绢五丈，缘皂一丈八尺，领袖练一匹一尺，绢七尺五寸。给裤练一丈四尺，缣二丈。袜布三尺。单衣及裤袴带，缣各一段，长七尺。江左止给绢各有差。宋元嘉末，断不复给。"

⑧ 《南齐书》卷29，《吕安国传》："（吕安国由平北将军）征为光禄大夫，加散骑常侍，安国欣有文授，谓其子曰：'汝后勿作裤褶驱使，单衣犹恨不称，当为朱衣官也。'"

的错彩罗縠锦袍，西晋惠帝赐给卢志的鹤绫袍等。

十六国时期作为统治者的少数民族将自己的一些服饰习惯带入中原地区，同时他们又接受了汉族政权的部分传统，因而服制较为混乱。据《邺中记》记载："石虎正会，虎于正殿南面临轩，施流苏帐，皆窃拟礼制，整法服，冠通天，佩玉玺，玄衣纁裳，画日、月、火、龙、黼、黻、华虫、粉米。寻改车服，著远游冠，前安金博山、蝉翼，丹纱裹服。"①

北魏初期在拓跋鲜卑本族服饰的基础之上，又吸收了汉族及其他少数民族的一些服饰特点，《南齐书·魏虏传》称："佛狸（北魏太武帝拓跋焘的小名）以来，稍僭华典，胡风国俗，杂相糅乱。"东魏、北齐时人魏收在所撰《魏书·礼志四》中也承认在道武帝拓跋珪时期："时事未暇，多失古礼。"而拓跋焘则"仍世以武力为事，取给便习而已。至高祖（北魏孝文帝元宏）太和（477—499年）中，始考旧典，以制冠服，百僚六宫，各有差次"。《资治通鉴》亦记载依据北魏旧制，群臣在季冬朝贺时，服裤褶（详下文）行事，到太和十五年（491年）十一月才由孝文帝下诏废止旧制。至太和十六年三月，孝文帝又下诏废止戎服（即裤褶服）祭天的旧制。说明在此之前，裤褶服是参加朝会与祭祀的正式服装之一。② 南朝梁武帝天监元年（502年）进入北魏的褚缃在参加北魏元会看到大臣的服饰时曾做诗加以讥讽："帽上著笼冠，裤上著朱衣，不知是今是，不知非昔非。"③ 显见孝文帝所制订的朝服样式是在裤褶服的基础上加以改进而成，尽管吸收了一些熟悉南朝典制的人参与设计，但习惯于南朝朝服式样的觉得有些不伦不类。北魏孝明帝时再次对服制进行改革，依照汉晋旧式制订五时朝服的规格样式，

---

① 《太平御览》卷29，《元日》引《邺中记》，并参见黄惠贤《辑校邺中记》（收入《邺城及北朝史研究》，河北人民出版社1991年版）。

② 周锡保《中国古代服饰史》第六章《魏、晋、南北朝服饰》中称："又如齐遣散骑常侍裴昭明等往吊北魏文明太后崩丧，魏主欲以本族的朝服吊（即以裤褶吊），昭明等谓裤褶乃戎服，不宜以吊。说明北族以裤褶为朝服而常谓之。"从对现存文献及考古资料的综合分析中，可以认为裤褶服确实曾作为北魏的朝服，周先生的观点是成立的。但从这段史料的出处《魏书·成淹传》及《资治通鉴》中有关记载来看，周先生的结论却是建立在对史料产生误解的基础之上。裴昭明等先欲穿朱衣（朝服）去吊丧，北魏方则提出使者应穿吊丧服装（据《魏书·礼志三》，在同年九月的小祥日祭祀中，哀哭时孝文帝为缟冠、皂服、革带、黑履，侍臣着黑介帻、白绢单衣、革带、乌履，后改换为祭服时，孝文帝为缟冠素纰、白布深衣、麻绳履，侍臣则去帻易韬）。双方辩论后，裴昭明承认对方有理，但提出自己此行未带吊服，除朱衣外只有裤褶，可是戎服，不能入吊，故此要求由北魏方面提供吊服。结果是裴昭明等穿着北魏提供的吊丧服装去吊唁。该段史料不仅不能说明裤褶服是当时北魏的朝服，反而表明北魏的服制观念及理论依据与南朝相近似。该事发生于北魏孝文帝太和十五年二月，在孝文帝下诏废止群臣裤褶进行季冬朝贺的旧制之前，处在北魏的服制及其观念的转换期间，北魏大臣成淹是支持孝文帝改制的代表人物之一，他所依据的正是汉族传统服制理论，因此南朝使者不能不承认他的指责是有道理的。

③ 《南史》卷61，《陈伯之传附褚缃传》。

服装进一步趋向博大，其程度已超过南朝。因此使得在北魏末期战乱中到过洛阳的陈庆之十分艳羡，他返回南方后，"羽仪服式，悉如魏法，江表士庶，竞相模楷，褒衣博带，被及秣陵"①。

不过北魏统治后期的这种汉化趋势被末期的战乱所中断，取而代之的是由北方边镇兴起而最终遍及中原的鲜卑化潮流②，这种潮流在服制方面的反映则是导致法令与实际的背离。由于东、西魏及随后的北齐、北周都标榜自己是北魏政权的继承者，故在有关服制的法令上多遵循北魏后期的制度，北齐武成帝高湛河清（562—565年）中还制定法令，予以进一步完善，而北周则依据《周礼》改官制服，这些在《隋书·礼仪志》中都有较详细的记载。不过，在实际生活中却并非如此，《旧唐书·舆服志》记载北齐官员的服饰："有长帽短靴，合裤袄子，朱紫玄黄，各任所好。虽谒见君上，出入省寺，若非元正大会，一切通用。"北周宣帝即位后，大成元年（579年）正月初一"周主受朝于路门，始与群臣服汉、魏衣冠"。胡三省在注中提出："以此知后周君臣，前此著胡服也。"③ 应该注意的是，胡服在这里不仅指裤褶服，而且指这一时期流行的圆领窄袖袍。北周武帝保定四年（564年），执掌朝政大权的宇文护始令在袍服下加襕，使其具有下裳的形制，就是对这种窄袖袍的改造。这种加襕的袍后被称为襕衫，在隋唐时期成为相当流行的服装。④ 北周宣帝传位给儿子后，自称天元皇帝，称自己居住的地方为天台。大象二年（580年），"诏天台侍卫之官，皆著五色及红紫绿衣，以杂色为缘，名曰品色衣。有大事，与公服间服之"⑤。这种品色衣遂成为隋唐以后依据官品来分朝服服色的滥觞。作为朝服附件的主要有绶带、笏、白笔、紫荷、佩剑等。绶带是系于印柄的装饰性丝带，故多与印章连称。其规格随品阶高下而有所不同，各朝代的规定亦不尽相同，汉朝规定诸侯王、丞相、大将军等为金印紫绶，二千石以上官员为银印青绶，比六百石以上至比二千石的官员为铜印黑绶，比二百石以上至四百石官员为铜印黄绶，魏、晋、南北朝时期基本沿用其制而略加修改。在朝服的腰间右侧，有一皮制的鞶囊，缀于革带，用来盛放官印，绶带可放入囊内，亦可悬垂于腰间，以作为装饰。鞶囊又称旁囊、绶囊，其上刺绣为虎头，故亦称虎头鞶囊。十六国后赵石虎时曾将其改为龙头鞶囊。鞶囊及绶带的具体形制可参

---

① 《洛阳伽蓝记》卷2，《城东》。
② 参见唐长孺《拓跋族的汉化过程》，收入《魏晋南北朝史论丛续编》，三联书店1959年版。
③ 《资治通鉴》卷173，陈宣帝太建十一年正月。
④ 其形制见沈从文《中国古代服饰研究》六四《唐凌烟阁功臣图部分》；并参见周峰《中国古代服装参考资料（隋唐五代部分）》—《隋至盛唐时期的服装》中的有关论述，北京燕山出版社1988年版。
⑤ 《周书》卷7，《宣帝纪》。并参见孙机《说"金紫"》，收入《古代礼制风俗漫谈》二集，中华书局1988年版。

见山东沂南东汉墓出土的画像石刻。①

笏，是官员在上朝及参见上司时手中所持用以记事的板。在先秦时期，无论贵贱，手中所持皆称为笏，而在这一时期，一般官员所持的称为手版，只有尚书令、仆射及各部尚书的手版头有白笔，以紫皮裹之，称为笏。手版或笏多以竹、木制成，亦有以玉、象牙、犀角等制作的，如东魏时高洋即持犀手版。

白笔，原是用以在笏上记事的笔，为取用方便，插于耳侧，山东沂南东汉墓出土的画像石刻有官吏插笔于耳侧的形象。但在这一时期已演变为一种服制形式，魏晋南朝时期规定只有三台五省二品文官簪白笔，其余官员在加内侍位时才可簪白笔；北齐时则七品以上文官穿朝服时皆簪白笔。另外，在北魏宁懋墓石室的石刻中官员冠上自脑后升起直垂到前额的饰物，也是由簪笔演变来的，并成为北朝的特别标志。②

紫荷，亦称契囊，是在朝服肩部外缀的一个紫色夹囊。《宋书·礼志五》记载："朝服肩上有紫生袷囊，缀之朝服外，俗呼曰紫荷。或云汉代以盛奏事，负荷以行，未详也。"魏晋南朝时期都缀于朝服的左肩部，北齐时则录尚书事、尚书令、尚书左仆射将紫荷缀于左肩部，尚书右仆射、吏部尚书缀于右肩部。

佩剑，在这一时期已失去其原来的进攻与防卫功能，成为朝服的一种装饰。在《晋书·舆服志》中记述了其演变过程："汉制，自天子至于百官，无不带剑，其后惟朝带剑。晋世始代之以木，贵者犹用玉首，贱者亦用蚌、金银、玳瑁为雕饰。"阎立本《古帝王图》中晋武帝像即有其佩玉首剑的形象。③ 不过，在北朝后期，战争频繁，粗豪习武之风盛行一时，许多官员平时佩带真剑，但在上朝时则禁止佩带真剑，而换用木剑或解下真剑。④

上面所提到的朝服是地位较高官员的服饰，低级官吏及侍卫武职则穿着单衣、裤或裤褶等。魏晋南朝时对于各种官员的服制有较为具体的规定，但对于不同品阶官员的服制没有统一的标准，北齐时规定七品以上官员穿着朝服（亦称具服），八品以下至流外四品穿着公服，流外五品以下至流外九品着裤衣为公服。八品以下官员所服的公服亦称从省服，其形制较朝服简单，没有皂领袖、皂撰（缘边）、绶带、佩剑、蔽膝、白笔、簪导等，也没有作成曲领、方心的形制。⑤ 虽然前面已

---

① 沈从文：《中国古代服饰研究》—九《汉石刻垂绶佩剑武士》。
② 《中国美术全集·绘画编（19）·石刻线画》图5。
③ 《中国美术全集·绘画编（2）·隋唐五代绘画》图4。
④ 《隋书》卷11，《礼仪志（六）》。
⑤ 前引北魏宁懋石室石刻线画中由一女性扶持的官员，其项下有一呈弯曲状的领子，据认为其形制即是曲领、方心。

提到北齐时的服制法令有些徒具空文,但公服制度却为隋、唐等朝代所沿袭,成为官员的主要服装。

第三节 便服与戎装

这一时期人们的日常服饰与汉代相比,也有不小的变化,汉代相当常见的襜褕、短褐等在这一时期已极少出现,裤褶、两裆衫等新式服装却大为流行。服装的样式亦有较大的变化,据《宋书·五行志(一)》,三国吴孙休以后,"衣服之制,上长下短,又积领五六而裳居一二"。到东晋元帝太兴(318—321年)中,"是时为衣者,又上短,带至于掖"。东晋人葛洪所撰《抱朴子外篇·讥惑卷第二十六》称:"丧乱以来,衣物屡变。冠履衣服,袖袂裁制,日月改易,无复一定,乍长乍短,一广一窄,忽高忽卑,或粗或细,所饰无常,以同为快。其好事者,朝夕仿效。"而北方少数民族在进入中原时将自己的服饰习俗也一并带入,与汉族的原有传统互相融合,取长补短,使得服饰的变化更加多姿多彩。下面逐一介绍男子较为主要的服装样式及其变化情况。

襦是汉代人常用服装之一,在这一时期仍为各阶层所穿用。东汉许慎《说文》中讲:"襦,短衣也。"汉魏之际人刘熙《释名》称:"襦,暖也,言温暖也。"则其形制相当于今天的短外衣,且多絮以绵,如未絮绵则称单襦,制作襦的材料通常是布,亦有縠、纱、罗等丝织品。一般百姓及清廉的官吏多穿布襦,如三国时的著名隐士管宁常着皂帽布襦,随时单复;南朝梁时郭祖深为人清俭,常服故布襦。士族上层人物多穿着丝织品制作的襦,东晋名士谢尚就曾经"著紫罗襦,据胡床,在大市佛图门楼上弹琵琶"①。与襦形制相近的是袄,南朝宋武帝刘裕在贫苦时曾穿着纳布衫、袄到新洲伐荻。历来研究者多认为袄起源于北朝,并根据颜师古对《急就章》的注释:"袄,裘属。"认为袄最初是紧身小皮袄。②但从《宋书》的记载来看,袄这个词在南方出现的也相当早。襦、袄不仅为男子所穿用,

---

① 裴启:《语林》,周楞伽辑注本,文化艺术出版社1988年版。
② 宋朝人高承《事物纪原》(上海古籍出版社影印《四库全书》本,1987年)、清朝人钮树玉《说文新附考》(丁福保《说文解字诂林》引,中华书局影印本,1988年)都认为袄起源于北齐,吕一飞《胡族习俗与隋唐风韵》(书目文献出版社1994年版)提出北魏时期已有袄。

亦是妇女的服装，其形制与男式相近。不过在北魏前期，吸收了北方少数民族的服饰特点，袖子比较窄小。

衫也是自汉代延续下来的服装，刘熙《释名》中讲："衫，芟也，衣无袖端也。"① 说明衫是敞口的。衫是各阶层通用的服装，上自天子，下至像刘裕那样的一般百姓，都将其作为日常服装。② 南京西善桥南朝墓出土的砖刻壁画竹林七贤及荣启期像中人所着即为衫，他们衣服散开，当为暑天的形象。画中人衣袖相当宽大，一般百姓为便于劳作，其衫袖大概要窄一些。

两裆衫（亦称裲裆）是这一时期新流行起来的服装，其出现时间大约在东汉末期，因此刘熙《释名》中已有记载："两裆，其一当胸，其一当背也。"可能正是由于其分为前和后两片，分别遮蔽前胸和后背，故有此称。上海博物馆藏有着两裆衫的南北朝文侍俑，为研究两裆衫提供了具体的形象，在俑的肩部有两条宽带子将前、后片连接起来，在腋下亦用带连接。从两裆衫的形制看，其与汉代的日常服装似无渊源关系。与其同名的两裆铠是这一时期战场上应用的主要铠甲，亦出现于东汉末期，笔者认为最初两裆衫可能仅是作为两裆铠的内衬，以防止磨破里面的衣服③，后来遂成为武职官员及侍从人员的常用服装，在不穿两裆铠时亦将两裆衫穿在外面，而沈攸之将记载宋明帝与自己约誓的素书常韬在两裆角④，则是又有人将其穿着在内。

前面已提到袍从东汉时开始取代上衣下裳成为朝服，但这种变化在有关服饰的书籍中尚未得到充分体现，如《释名》中仍将袍释为内衣："袍，丈夫著，下至跗者也。袍，苞也。苞，内衣也。"袍不仅作为朝服，也仍然被一般百姓所穿用。袍一般有里子，而且内絮丝绵，贫苦人家没有丝绵，则絮以乱麻、旧绵，称为缊袍。南朝梁萧正德在叛应侯景时，"（侯）景军皆著青袍，（萧）正德军并著绛袍，碧里，既与景合，悉反其袍"⑤。正是将袍里穿在外面，以作为标识。制袍的材料有绢、布、锦等，由于锦织造费工，价格较高，故以锦制袍者较少，因此侯景在围困建康城时，曾派朱异的家奴骑良马，穿锦袍在城下炫耀，以招引降者。东汉

---

① 《初学记》卷26，《器物部·衫》引《释名》。《四库全书》本《释名》作："衫，芟也，衫未无袖端也。"文意不清，似有讹误，故不从。本节所引《释名》除特别注明外，皆引自《四库全书》本。
② 《初学记》卷26，《器物部·衫》引东晋人车灌《修复山陵故事》称："梓宫衣物，练单衫五领，练复衫五领，白纱衫六领，白纱縠衫五领。"
③ 《宋书》卷77，《柳元景传》："（宋大将薛安都在战场上杀得兴起）乃脱兜鍪，解所带铠，唯著绛纳两裆衫，马亦去具装，驰奔以入贼阵。"正说明两裆衫是起内衬作用。
④ 《南史》卷37，《沈庆之传附从子攸之传》。
⑤ 《资治通鉴》卷161，梁武帝太清二年十月。

时的袍相当宽大，在山东孝堂山画像石中有着袍者的形象。① 魏晋南朝时的袍基本沿袭东汉的式样，在领、袖及下摆处皆有缘饰，而北朝后期吸收了少数民族的习俗，对袍作了较大的修改，成为圆领、小袖，而且大部分没有缘饰。这种样式的袍服在隋及唐代中期以前相当流行。②

单衣，亦可称禅衣，《释名》称："单衣，言无里也。"单衣与袍的主要区别是只有一层衣料，没有里子，且不絮丝绵等，至于形制则基本相似。因此，前面已提过的以袍为朝服，实际在很多场合是指单衣，朱衣也就是朱红色的单衣。官员、百姓平时也多穿着单衣。东晋苏峻之乱后，国库空虚，"库中惟有练数千端，鬻之不售，而国用不给。（王）导患之，乃与朝贤俱制练布单衣，于是士人翕然竞服之，练遂踊贵"③。

襦的形制与单衣相似，只是其袖子是直着下来，不像单衣那样在肘部有一个弧形的悬垂（东汉孝堂山画像石中人物衣袖的悬垂就相当明显，这种悬垂被称为胡），因此《释名》称："襦，单衣之无胡者也。言袖夹直，形如沟也。"穿襦行动较为方便，而且节省衣料，如《宋书》记载制作单衣需用绢七丈二尺，而襦只需五丈二尺。故此襦成为士大夫日常穿用的服装，同时也被作为朝廷下级官吏的朝会服装。

半袖，是一种穿在外面的短袖服装，《释名》称："半袖，其袂半襦而施袖也。"为平时家居的便服，在见外客时很少穿着。三国魏明帝曹睿曾着缥纨半袖而见杨阜，被认为是不合礼法，故此在《晋书·五行志》中称之为"服妖"。这种服装在这一时期的文献中记载不多，但到隋、唐时期却颇为流行，不过一般不称半袖，而称为半臂。

假钟，是一种斗篷（或称披风），因其形似钟而得名。在北方因风沙较大，骑士披上斗篷既可抵御风沙，又行动方便，故穿用较多，河北景县封氏墓群、洛阳北魏元邵墓、陕西咸阳北周拓跋虎夫妇墓等皆出土有穿着披风的陶俑。④ 在南方则被视为一种非正式的服装，南朝梁时周弘正着绿丝布裤，披绣假种（钟），遂成为出人意料的"险衣"。⑤

毛皮制成的裘是北方人常用的御寒服装，自天子、群臣至庶民百姓皆穿着皮

---

① 转引自孙机《汉代物质文化资料图说》，文物出版社1991年版，图版60—6。
② 参见吕一飞《胡族习俗与隋唐风韵》第一章第五节《胡服的特点及其对隋唐的影响》。
③ 《晋书》卷65，《王导传》。练是一种粗丝织成的布。
④ 张季：《河北景县封氏墓群调查记》，载《考古通讯》1957年第3期；洛阳博物馆：《洛阳北魏元邵墓》，载《考古》1973年第4期；咸阳市渭城区文管会：《北周拓跋虎夫妇墓清理记》，载《文物》1993年第11期。
⑤ 《南史》卷34，《周朗传附孙弘正传》。

裘，如北齐文宣帝高洋曾脱下自己所穿的青鼠皮裘赐给唐邕。这一时期裘在南方也相当流行，有时是出于御寒目的，如桓玄赠给僚属罗企生母亲的羊裘，但更多的是为修饰仪表。裴启《语林》记载谢万托辞畏寒向谢安乞裘，但被谢安识破之事①，正说明这一点。唐代阎立本所画陈文帝像中文帝即身着皮裘，坐于榻上。②以鸟羽制成的裘，如雉头裘、孔雀裘等，则是取其光彩耀人，御寒更在其次。如形制宽大，则亦名为氅，东晋王恭身着鹤氅裘，涉小雪而行，被人视为神仙中人。谢万亦着鹤氅裘出门拜客，大概这是当时名士所喜着的服饰。

裙，亦称为裳，是与襦相搭配的，《释名》："裙，下裳也，连接裾幅也。"③由于袍、衫及裤褶的流行，裙作为男子的服装在这一时期已不像前一时期那样普及，但仍有相当多的人将其视为正式服装而加以穿用。西晋傅玄《裳铭》："上衣下裳，天地则也。"如汉魏之际的隐士管宁，就经常穿着布裙；西晋人孟卓家境穷苦，着一单裙，十年不换。不仅成人穿着，儿童亦穿。羊欣12岁时，穿着新绢布裙睡午觉，恰好王献之前来，王献之一时兴起，就在裙上书写数幅而去，羊欣的书法由此大有进步，这遂成为书法史上的一段佳话。

裤在这一时期的变化相当大，可以说是发展为现代上衣下裤形式的转折期。在此之前，人们或着上襦下裳，或着袍、衫等长衣服，着裤主要是为腿部保暖，故《说文》对裤的解释为："绔，胫衣也。"即其主要作用是保护小腿。《释名》称："裤，跨也，两股各跨别也。"即两条裤腿是分开的，在裆部并未缝合，其形制类似于今天的套裤。因此汉代家境贫寒的人不穿裤是相当普遍的，甚至官员亦有不着裤去办公的。这一时期那种样式的裤子仍相当多，如三国魏许允任中领军，得知大将军司马师下令逮捕李丰，"欲往见大将军，已出门，中道还取裤，丰等已收讫"④。许允不着裤而能出门，显然身着袍服等长衣，而且所穿的大概还是那种不合裆的裤子。不过在上身着短装时，就必须穿合裆的裤子，即北朝所谓的合裤。由于北方气候寒冷，游牧民族终日与马为伴，因此穿着裙、袍等服装皆不方便，故北方游牧民族很早就已穿用合裆裤，蒙古诺颜山6号墓汉代匈奴墓葬中出土的毛织品裤子即是裤腿较瘦的满裆裤，同墓出土的刺绣中人亦穿式样相似的裤子。⑤ 这种满裆裤行动方便，而且节约制作材料，所以传入中原后，首先为下层劳动人民及军队所接受，并逐渐向社会的各阶层扩展。结合文献及出土的

---

① 《语林》："谢万就安乞裘，云畏寒。答曰：'君妄语，正欲以为豪具耳！若畏寒，无复胜绵者。'以三十斤绵与谢。"
② 《中国美术全集·绘画编（2）·隋唐五代绘画》图4，《古帝王图》。
③ 《太平御览》卷696，《裙》引《释名》，并参见《四库全书》本。
④ 《三国志》卷9，《曹爽传》裴松之注引《魏略》。
⑤ 引自林干《匈奴墓葬简介》，收入其所编《匈奴史论文选集》，中华书局1983年版。

画像石等考古资料来看，汉代已经有了满裆裤①，而在这一时期则应用日趋广泛，并为其他阶层所接受。

戎服，即军中将士所穿着的服装，在这一时期主要是指裤褶服。其中的裤就是上面提到的满裆裤。褶在《释名》中被解释为："褶，袭也，复上之言也。"《急就篇》颜师古注："褶，谓重衣之最在上者也，其形如袍，短身而广袖。一说左衽之袍也。"② 表明这种服式源于北方游牧民族，但何时传入汉族统治区，南朝时人已说不清。从现有资料分析，至少在东汉后期已经传入，并首先成为军中下级官吏及军士的服装。东汉末吕范追随孙策起兵，部下有军士两千人，为整肃军中风纪，他自愿暂时任兼管军中杂务的都督一职。"范出，更释褠，著裤褶，执鞭，诣阁下启事，自称领都督。"③ 吕范以士大夫自居，虽在军中担任高级将领，平时仍穿着士大夫所穿的褠，但作为下级军官的都督，则须穿着裤褶。魏晋以后，裤褶被称为戎服，军中官员无论职位高低，一般皆穿裤褶，当皇帝亲征或中外戒严时，文职官员亦须穿着裤褶，皇帝出猎时，侍从官员皆着裤褶。如西晋太子太傅杨济"尝从武帝校猎北芒下，与侍中王济俱著布裤褶，骑马执角弓在辇前"④。由于裤褶行动便利的特点，除去作为戎服外，其他场合穿着者亦很多，如西晋裴頠在自己行猎时着黄皮裤褶，东晋余杭令顾扬因郭文居于山中，赠其皮裤褶一具。⑤ 南朝时期，裤褶的适用范围进一步扩大。在北朝时期，裤褶不仅是戎服，而且一度成为朝服，在社会上的应用较南朝更为广泛。

上面已谈到裤褶源于北方游牧民族，其样式本来是左衽、小袖，裤腿亦较瘦，河南邓县画像砖中牵马者所着服饰或许接近裤褶的本来样式。⑥ 但我们在现存壁画、画像石（砖）及陶俑等形象资料中所看到绝大多数裤褶是右衽，而且以大袖为主，裤腿也相当肥大，类似于今天的裙裤，与下裳的形制相近，因此可以作为朝服使用。为便于行动，多在膝盖处用绳或带扎起，故裤子的下部呈喇叭形，与前些年曾流行一时的喇叭裤颇为相似。这表明裤褶的形制在进入中原后逐渐发生变化，既保持了原有行动便利的特点，又适应了中原人民的需要和传统服饰习惯，这大概就是它能迅速流行开来的重要因素。可以说这种被改

---

① 参见孙机《汉代物质文化资料图说》，第237页。
② 左衽，即上衣的衣襟在胸前相交后，右衣襟在上，压住左衣襟，并在左腋下挽结，这是北方游牧民族的习惯服式。汉族的习惯恰与之相反，故称为右衽。汉魏以来，左衽被作为一切非汉族服式的统称，而不仅是指狭义的左衽。
③ 《三国志》卷56，《吕范传》裴松之注引《江表传》。
④ 《晋书》卷40，《杨骏传附弟济传》。
⑤ 裴启：《语林》，《晋书》卷94，《隐逸·郭文传》。
⑥ 河南省文物局文化工作队：《邓县彩色画像砖墓》，文物出版社1958年版。

造的裤褶是在南北文化的碰撞与交流中形成的，是南北服饰文化相互融合的结晶。

从现存资料中可看到裤褶服的演变不是一下就完成的，在相当长的一段时间内是各种形式并存，如河南洛阳出土的北魏宗室元邵墓中的陶俑，其所着裤褶的样式就既有左衽的，又有右衽的，袖子以宽大者居多，但亦有较为窄小的。① 北魏后期著名士族高门清河崔氏的墓葬中亦出现身着左衽裤褶的文侍俑,② 连南朝时期帝王陵墓的画像砖中也有穿着左衽裤褶的执伞盖侍从。③

另外，服饰的改变不完全是自然演变的，有时也经过相当激烈的斗争，北魏孝文帝为促进鲜卑人的汉化过程，下诏禁止胡服，以行政手段强行改变鲜卑人的原有服饰习俗，就与守旧派进行了激烈的斗争。而他的亲生儿子，同时也是他的皇位继承人元恂亦不能理解自己父亲的这番苦心，将父亲赐给的衣冠放在一边，经常私自穿着胡服，最后还图谋背叛，孝文帝为改革大业得以贯彻，不得不大义灭亲，废黜元恂，并将其处死。同时对于一些反对的鲜卑元老重臣也采取严厉的手段予以镇压，这才保证了改革的进行。而随北魏末期战乱崛起的北方边镇豪强掌握政权后，使得胡服再次流行，并对隋唐服饰有着相当大的影响，这在前面已有所论述，此处就不重复了。

最后，谈一谈将士在作战时穿着的铠甲。这一时期铠甲的样式主要有三种，即筩袖铠、两裆铠和明光铠。筩袖铠流行于三国两晋时期，相传是由诸葛亮研制的，不过从目前的考古资料来看，类似的铠甲至少在东汉后期已经出现。④ 诸葛亮《作刚铠教》中曾提道："敕作部皆作五折刚铠，十折矛以给之。"可能由于诸葛亮曾对铠甲工艺有所改进或其部属制作的特别精良，故有此说。而且直到南朝宋时期，仍将诸葛亮筩袖铠视为珍品。⑤ 从洛阳地区出土的陶俑可以较清楚地看到筩袖铠的形制，其胸背是连缀在一起的，由肩部向下有筩袖，袖口收于肘部以上。⑥ 筩袖铠由金属或皮革制成，一般来说，陶俑身上铠甲呈鱼鳞状的，是由金属制成，呈龟背等形状的，则是由皮革制成。

前面在介绍两裆衫时已提到其与两裆铠约出现于东汉末期，但当时两裆铠还属于较为少见的铠甲品种，目前从文献和考古发现来看，到南北朝时期，两裆铠

---

① 洛阳博物馆：《洛阳北魏元邵墓》，载《考古》1973 年第 4 期。
② 山东省文物考古研究所著《临淄北朝崔氏墓》中崔鸿夫妇墓出土的文侍俑，载《考古学报》1984 年第 2 期。
③ 南京博物院：《江苏丹阳胡桥南朝大墓及砖刻壁画》，载《文物》1974 年第 2 期。
④ 黄河水库考古队：《河南陕县刘家渠汉墓》，载《考古学报》1965 年第 1 期。
⑤ 《宋书》卷 86，《殷孝祖传》。
⑥ 河南省文化局文物工作队第二队：《洛阳晋墓的发掘》，载《考古学报》1957 年第 1 期。

才取代筩袖铠的地位，成为铠甲的主流。两裆铠与两裆衫大致相似，肩部有两条带子连接胸前和背后两大片，腰部束带。北魏宗室元邵墓、临淄清河崔氏墓群中崔鸿墓、武汉周家大湾南朝宋墓等处出土的陶俑及河南邓县彩色画像砖墓都较为清晰地记载了两裆铠的形制。① 两裆铠亦有金属与皮制两种，金属甲片多约方形，故被称为"牌子铁两裆"②，但亦有呈鱼鳞状的。

明光铠也出现于东汉末期，但其普及的时间较两裆铠要晚，约到北朝后期才得到较为广泛的使用，至隋唐时期则成为社会上应用最多的铠甲。明光铠的胸前与背后各有两大块圆形金属护片，在战场上可反射出耀眼的光辉，故被称为明光铠，除金属护片外，其余部位为鱼鳞状甲片，在肩部有披膊垂下来护住上臂。北魏元邵墓、北齐崔昂墓、娄睿墓及陕西咸阳底张湾北周墓都出土有穿着明光甲的武士俑。③

还应该提出的是在北周时期出现过将两裆铠与明光铠结合起来的尝试，宁夏固原北周李贤夫妇墓壁画中武士所着即为此种铠甲，其肩部为两条带子连接，明显具有两裆铠的特点，但在胸前有两大块圆形金属护片，又有明光铠的特征，故在发掘报告中被称为两裆明光铠。④ 但这种样式相当少见，隋唐时期亦未再见，似可认为这种尝试未能得到社会的认可。

第四节　妇女服饰

在封建社会，妇女直接出任官职的较少，更多的是作为夫人参与社会活动，其服饰等级主要取决于丈夫官职的高下。等级最高的是皇太后、皇后，其次是

---

① 元邵墓、崔鸿墓、邓县画像砖见前注，武汉周家大湾墓见湖北省博物馆《武汉地区四座南朝纪年墓》，载《考古》1965 年第 4 期。

② 逯钦立：《先秦汉魏晋南北朝诗·梁诗》卷 29，《企喻歌》。

③ 河北省博物馆、河北省文物管理处：《河北平山北齐崔昂墓调查报告》，载《文物》1973 年第 11 期；山西省考古研究所、太原市文物管理委员会：《太原市北齐娄睿墓发掘简报》，载《文物》1983 年第 10 期；咸阳北周墓资料转引自杨泓《中国古兵器论丛》壹《中国古代的甲胄》，文物出版社 1985 年增订本，关于各种铠甲的详细考证及发展演变亦请参见该文。

④ 宁夏回族自治区博物馆、宁夏固原博物馆：《宁夏固原北周李贤夫妇墓发掘简报》，载《文物》1985 年第 11 期。

皇帝的嫔妃、诸王太妃、诸王妃、诸长公主（皇帝的姐姐或姑姑等）、公主，以下则是各级官员的夫人。这一时期后妃及官员夫人的服饰大体上沿袭汉代的制度，与官员们的服饰相比，变化要小一些。在祭祀时穿着深衣，即单衣（指无里的袍服），皇太后与皇后的服饰颜色为绀上皂下，其余人皆为全身皂色；在举行亲蚕仪式时所着的服装称蚕衣，皇太后与皇后的服饰颜色为青上缥下，其余人皆为全身青色。自皇后以下至较高级官员的夫人，蚕衣又被用作朝服。三国魏时皇后的蚕衣多使用文绣，西晋惠帝元康六年（296年）下诏认为文绣不符合古义，改为纯青色，并定为永制。南朝宋以后，皇后祭祀时服袿襂大衣，《南齐书·舆服志》记载："袿襂大衣，谓之袆衣，皇后谒庙所服。公主会见大首髻，其燕服则施严杂宝为佩瑞。袿襂用绣为衣，裳加五色，锞金银校饰。"刘熙《释名》称："妇人上服曰袿，其下垂者，上广下窄，如刀圭也。"据认为山西大同北魏司马金龙墓出土漆屏风上贵妇所着下摆如燕尾的衣服就是袿衣。①

据《晋先蚕仪注》，皇后的首饰有十二钿、步摇、大手髻等，戴绥佩。② 公主以下所能使用的钿数递减，如公主及贵妃等用七钿，九嫔及公夫人等用五钿，世妇三钿。公主会见时可戴大手髻，长公主可用步摇。此外，有关的饰物还有簪、蔽髻、绥带等。南北朝各代稍有增减，变化不大。

当时妇女的一般服装主要有襦、袄、衫、两裆、抱腰、帔、裙及裤褶等。虽然种类不多，但式样变化相当大，各地区亦有差异。如东汉献帝建安（196—220年）中，女子好为长裙而上甚短；三国吴孙休时衣服为上长下短；而西晋初中原地区则上俭下丰，着衣者皆厌腰盖裙；到东晋时江南地区又变为上衣短，带至于腋。③ 而从目前所能看到的图像来分析，实际上衣服式样的变化较文献的记载还要复杂。

上身着襦、衫，下面穿长裙是女子的日常服装，在传世的这一时期古画及出土的壁画、陶俑、画像石等都可看到。《女史箴图》及《洛神赋图》中都对贵妇人的衣着有所刻画。④ 襦、衫一般皆为右衽，在北朝时期亦有左衽者，如北魏元邵墓出土的V形女侍俑和舞俑皆着左衽衫，但V形女侍俑衣袖宽大，显然为胡汉合璧式服装。⑤ 北齐娄睿墓出土的女侍俑及北齐张肃墓的女侍俑皆着窄袖衫、襦，下

---

① 山西省大同市博物馆、山西省文物工作委员会：《山西大同石家寨北魏司马金龙墓》，载《文物》1972年第3期；并参见孙机《汉代物质文化资料图说》，文物出版社1991年版，第244页。
② 《宋书》卷18，《礼志（五）》引。
③ 《续汉书·五行志（一）》；《宋书》卷30，《五行志（一）》。
④ 《中国美术全集·绘画编（1）·原始社会至南北朝绘画》图93、图95。
⑤ 洛阳博物馆：《洛阳北魏元邵墓》，载《考古》1973年第4期。

穿长裙，裙腰几达腋下。① 就目前所见陶俑的衣袖而言，女官俑基本上是大袖，女侍俑以大袖居多，亦有小袖者，而做杂役的女仆俑则以小袖为多。不过有些女侍俑虽着窄袖衫，但袖子相当长，将手完全盖住，如东魏崔混墓的女侍俑及前述北齐娄睿墓的握裙女侍俑和女侍跪俑等。②

小袖袄是鲜卑等北方游牧民族妇女的原有服装，北魏孝文帝改革服制以前，在鲜卑妇女中颇为流行，即使在孝文帝下令改制后，仍有相当一部分妇女不服从诏令，依旧穿着小袖袄。③ 不过在汉化大潮的趋势之下，这种小袖袄逐渐与汉族传统服饰相互融合，而较少单独出现。

两裆衫原为男子服装，但亦为女子所用。《晋书·五行志（一）》："至元康（291—299年），中，妇人出两裆，加乎交领之上。"《玉台新咏·吴歌》："新衫绣两裆，迮置罗裙里。"在新疆阿斯塔那十六国前凉墓葬中发现有绣两裆一件，穿着在女尸身上，两裆为红绢地面，素绢里，内夹丝絮，并以素绢镶边④，为研究提供了实物资料。另外，从图片上看，东魏崔混墓中的女侍俑似外罩两裆，但因未见实物，尚不能确定。

抱腹是汉代妇女的内衣，刘熙《释名》称："抱腹，上下有带，抱裹其腹上，无裆者也。"在这一时期或称为抱腰，庾信《梦入堂内》："小衫裁裹臂，缠弦掐抱腰。"⑤ 帔在汉代亦已使用，《释名》称："帔，披也，披之肩背，不及下也。"其形状与作用类似今天的披肩。南朝梁徐君倩《初春携内人行戏诗》："树斜牵锦帔，风横入红纶。"⑥ 表明在这一时期仍继续使用。北魏司马金龙墓出土的漆画屏风上的头插金花饰物贵妇所披的似即帔。

裙是古今妇女最主要的服饰之一，制作材料及款式也多种多样。当时上层贵妇多着曳地长裙，有时还不止是一层，《晋东宫旧事》记载："皇太子纳妃，有绛纱复裙、绛碧结绫复裙、单碧纱纹双裙、紫碧纱纹双裙、紫碧纱纹绣缨双裙、紫碧纱縠双裙、单碧杯文罗裙。"⑦ 有些裙的价格极为可观，如北齐武成帝高湛为胡皇后造真珠裙袴，所费不可称计。一般传世古画、出土壁画、画像石及陶俑中侍女的裙长亦及地，而劳动妇女的裙要稍短一些，如嘉峪关出土魏晋墓室壁画中的

---

① 山西省考古研究所、太原市文物管理委员会：《太原市北齐娄睿墓发掘简报》，载《文物》1983年第10期；山西省博物馆：《山西圹坡北齐张肃墓文物图录》，中国古典艺术出版社1958年版。
② 山东省文物考古研究所：《临淄北朝崔氏墓》，载《考古学报》1984年第2期。
③ 《魏书》卷19中，《任城王传》；卷21上，《咸阳王传》。
④ 新疆社会科学院考古研究所：《吐鲁番阿斯塔那古墓区65TAM39墓》，载《考古与文物》1983年第4期。
⑤ 《庾子山集注》卷3，倪璠注，许逸民校点，中华书局1980年版。
⑥ 逯钦立：《先秦汉魏晋南北朝诗·梁诗》卷26，中华书局1984年版。
⑦ 《初学记》卷26，《裙》引。

上：石头城遗址
下："大秦龙兴化牟古圣"瓦当（十六国·前秦）

魏晋南北朝社会生活史

魏晋南北朝社会生活史

上：莲瓣纹瓦当（北朝）
下：永固陵石雕券门（北魏 山西大同出土）

魏晋南北朝社会生活史

左：门吏俑（北周 宁夏固原李贤墓出土）
右："大赵万岁"瓦当

魏晋南北朝社会生活史

左：按盾武士俑（北齐）
右：陶武士俑（北齐 山西太原张肃俗墓出土）

上：彩绘陶牛车（北齐　山西太原张肃俗墓出土）
下：灰陶牛车（南朝　南京砂石山出土）

魏晋南北朝社会生活史

魏晋南北朝社会生活史

上：青瓷鸡笼（西晋　江苏宜兴出土）
下：青瓷猪圈（西晋　江苏吴县出土）

魏晋南北朝社会生活史

上：淡青釉唾壶（北魏　山西大同司马金龙墓出土）
下：青瓷耳杯、承盘、勺（西晋　南京西岗出土）

魏晋南北朝社会生活史

牧马图砖画（魏晋 甘肃嘉峪关新城5号墓出土）

采桑少女等。①

  裤褶的来源与形制在前面已经加以介绍，在这一时期的女子服饰中裤褶亦占有一定的位置。西晋时裤褶已在一定范围内使用，"（王济家）婢子百余人，皆绫罗裤褶"②。十六国时期其应用范围似有所扩大，据《邺中记》记载："石虎皇后出，以女骑一千为卤簿，令冬月，皆著紫纶巾，蜀锦裤褶。"③ 裤褶在北朝时期更是流行一时，山西太原北齐张肃墓出土的女侍俑即着右衽宽袖大口裤褶。④

  妇女的发式既有继承，又有创新。除汉代的坠马髻在这个时期仍在应用外，见诸文献的还有灵蛇髻、撷子纷、飞天纷、流苏髻、偏髾髻等。其中灵蛇髻的故事相当有趣，据《采兰杂志》记载："甄后既入魏宫，宫廷有一绿蛇，口中恒吐赤珠，若梧子大，不伤人，人欲害之，则不见矣。每日后梳妆，则盘结一髻状于后前，后异之，因效而为髻，巧夺天工，故后髻每日不同，号为灵蛇髻，宫人拟之，十不得一二也。"⑤ 蛇形与髻形确有相似之处，悟出此点，则自不再拘泥于一定的式样，而可随心所欲地发挥。灵蛇的传说既有其荒诞性，亦是从现实生活中产生出来的。撷子纷流行于西晋惠帝时，"元康中，妇人结发者，既成，以缯急束其环，名曰撷子纷。始自中宫，天下化之"⑥。南朝宋以后则又流行飞天纷，"宋文帝元嘉六年，民间妇人结发者，三分发，抽其环直向上，谓之飞天纷。始自东府，流被民庶"。邓县画像砖中女子发式直向上者，据认为即是飞天纷。⑦ 在传世古画及其他考古资料中还可看到文献中未作记载的发式，如北齐崔博墓中女侍俑头上的髻从正面看在头正中凸起，但从侧面看则呈马鞍状，故在发掘报告中被称为鞍形髻；而北齐娄睿墓中女侍跪俑的发式与之相类似，在报告中被称为单髻。⑧ 北朝崔混墓中女侍俑的发髻由下而上逐层缩小，在报告中被称为盘髻，不过其形与《女史箴图》中对镜观容贵妇的发髻形象相近，似为汉代缕鹿髻的变形。

---

 ① 张朋川、张宝玺编：《嘉峪关魏晋墓室壁画》图 29、图 30，人民美术出版社 1958 年版。
 ② 《北堂书钞》卷 129，《裤褶》引《世说新语》；《太平御览》卷 472，《富（下）》引同，则唐宋人所见本皆作"裤褶"，故不从今本《世说新语》。今本《世说新语》作"绫罗裤袴"，并称"罗"一作"襦"。
 ③ 此书已佚，目前最好辑本为黄惠贤辑校本，收入《邺城及北朝史研究》，河北人民出版社 1991 年版。
 ④ 山西省博物馆：《山西圹坡北齐张肃墓文物图录》（见前）。
 ⑤ 转引自周锡保《中国古代服饰史》，第 156 页。
 ⑥ 《宋书》卷 30，《五行志（一）》，下引飞天纷同此。
 ⑦ 参见周锡保前引书第 163 页。
 ⑧ 山东省文物考古研究所：《临淄北朝崔氏墓》（见前），山西省考古研究所、太原市文物管理委员会：《太原市北齐娄睿墓发掘简报》（见前）。

《北齐校书图》中捧几侍女、持杯侍女等皆梳两个螺旋形的发髻,故被称为双螺髻。①

除将头发梳成各式发髻外,当时亦使用假髻,前面提到的皇后、公主等使用的大手髻就属于假髻,东晋时曾十分流行。史称:"太元(376—396年)中,公主妇女必缓鬓倾髻,以为盛饰,用髲既多,不可恒戴,乃先于木及笼上装之,名曰假髻,或名假头。至于贫家,不能自办,自号无头,就人借头。遂布天下。"②西安草厂坡十六国北朝墓中袖手女俑及弹琴女俑头上的大十字髻为我们提供了当时假髻的形象之一。③ 到北朝后期假髻的式样又有所变化,"又妇人皆剪剔以着假髻,而危邪之状如飞鸟,至于南面,则髻心正西。始自宫内为之,被于四远"④。

年轻女性还常将头发梳成双环,在传世古画中颇多,如《洛神赋图》及《古帝王图》中陈文帝的侍女等皆是梳双环。⑤ 而北魏宁懋石室中有许多年轻女性则梳与双环相近的双丫髻。⑥

在出土的北朝陶俑中还看到一些女俑头戴与男子笼冠相近似的冠,这种女俑形象庄严,衣服较为宽大,而且形体多较同墓中出土的女侍俑为大,故在考古发掘报告中将其称为女官俑,并将其所戴之冠称为笼冠。但这种女式笼冠与男式笼冠的主要区别在于女式冠的两侧向下延伸较多,直到双耳的下部,而在脑后则只到枕部,且冠的中下部较大,与上下相差无几的男式冠差别较明显。在河北景县北朝封氏墓群、太原北齐娄睿墓、宁夏北周李贤墓中都可看到这种戴笼冠的女官俑。⑦ 另外,在内蒙古呼和浩特的北魏墓中出土的鲜卑形象女俑身穿斜领窄袖曳地长袍,头戴与男子风帽相似的帽子,表明在北魏孝文帝改革服制前,鲜卑族妇女亦戴风帽。⑧

当时妇女的化妆手段与汉代妇女相近似,但做法有所不同。敷白粉使得面部显得更加白皙的习俗流传已久,敷红粉以使面色红润则起源较晚,不过至少在东汉时期已开始施用。刘熙《释名》中讲:"赪粉,赪,赤也。染粉使赤以著颊上

---

① 《中国美术全集·绘画编(1)·原始社会至南北朝绘画》图 104;并参见沈从文《中国古代服饰研究》,第 150 页。
② 《晋书》卷 27,《五行志(上)》。
③ 陕西省文物管理委员会:《西安草厂坡村北朝墓的发掘》,载《考古》1959 年第 6 期。
④ 《北齐书》卷 8,《幼主纪》。
⑤ 《中国美术全集·绘画编(1)·原始社会至南北朝绘画》图 95,故宫藏宋摹本;《中国美术全集·绘画编(2)·隋唐五代绘画》图 4。
⑥ 《中国美术全集·绘画编(19)·五刻线画》图 5、图 8。
⑦ 张季:《河北景县封氏墓群调查记》,载《考古通讯》1957 年第 3 期;《太原市北齐娄睿墓发掘简报》(见前);宁夏回族自治区博物馆、宁夏固原博物馆:《宁夏固原北周李贤墓发掘简报》,载《文物》1985 年第 11 期。
⑧ 郭素新:《内蒙古呼和浩特北魏墓》,载《文物》1977 年第 5 期。

也。"崔豹《古今注》称:"燕支,叶似蓟,花似菖蒲,出西方,土人以染,名为燕支。中国人谓红蓝,以染粉,作妇人面色,谓为燕支粉也。"① 在《齐民要术·种红蓝花、栀子第五十二》中有制作燕支的方法。在这一时期使用红粉的范围似较前增大,在诗歌中亦有所反映,如南朝梁元帝《咏歌诗》:"汗轻红粉湿,坐久翠眉愁。"② 同时亦有在施用白粉的基础之上再加红色,如南朝梁江洪《咏歌姬诗》:"薄鬟约微黄,轻红淡铅脸。"③ 至于使用黄色在脸部化妆,则是在这一时期吸收了北方少数民族的习俗后兴起的。庾信《舞媚娘》:"眉心墨黛直点,额间轻黄细安。"④《木兰诗》中"当窗理云鬓,对镜贴花黄",指的正是这种将剪成各种形象的黄色花纸贴到脸部的习俗。前述江洪的"薄鬟约微黄"意亦同。黛亦是妇女的主要化妆品之一,常与粉连称为粉黛,并引申为妇女的代称。《释名》称:"黛,代也。灭去眉毛,以此代其处也。"据《宋起居注》记载,北凉统治者沮渠蒙逊曾向南朝宋进献青雀头黛百斤⑤,可见当时黛的用量相当可观。将唇部染红的习俗起源甚早,而且一直延续到今天,这一时期亦不例外,故在诗文作品中有关朱唇、朱口的记载也相当多。如西晋傅玄《苦相篇》:"低头和颜色,素齿结朱唇。"⑥ 南朝梁武帝《子夜歌》:"朱口发艳歌,玉指弄娇弦。"⑦ 在出土壁画及陶俑中亦可看到将唇部染红的现象,如山东临朐北齐崔芬墓室西壁的出行图中侍女即为朱唇;山西寿阳北齐库狄迴洛墓中的女俑脸敷白粉,细眉,朱唇。⑧ 需要提及的是,当时除妇女外,男子化妆的亦不在少数。三国魏时的名士何晏就是一个典型⑨,而到南朝梁时则发展为社会风尚,贵族子弟"无不熏衣剃面,傅粉施朱"⑩。在梁末战乱后这种风气才改变。

最后谈妇女的饰物,在这一时期较主要的饰物有步摇、珰、钿、钗、簪、跳脱(臂钏)、指环等。步摇在汉代已是后妃、公主等人的饰物,刘熙《释名》称:"步摇,上有垂珠,步则摇也。"从史书舆服、礼仪等志的记载看,步摇的应用范围似很有限,但从其他文献、诗歌及考古材料来看,这一时期步摇的实际使用范

---

① 《太平御览》卷719,《燕脂》引。
② 《初学记》卷15,《歌》引。
③ 逯钦立:《先秦汉魏晋南北朝诗·梁诗》卷26。
④ 《庾子山集注》卷5。
⑤ 《太平御览》卷719,《黛》引。
⑥ 逯钦立:《先秦汉魏晋南北朝诗·晋诗》卷1。
⑦ 逯钦立:《先秦汉魏晋南北朝诗·梁诗》卷1。
⑧ 《中国美术全集·绘画编(12)·墓室壁画》图58,此墓系1986年发现;王克林:《北齐库狄回洛墓》,载《考古学报》1979年第3期。
⑨ 《三国志》卷9,《曹爽传》裴松之注引《魏略》:"晏性自喜,动静粉白不离手。"
⑩ 《颜氏家训》卷3,《勉学第八》,王利器集解本,上海古籍出版社1980年版;并参见夏桂苏、夏南强《古人傅粉施朱谈》,载《文史知识》1992年第1期。

围要大得多。当然，步摇上的饰物可能相差甚多，但其形制应无大区别。南朝梁女诗人沈满愿《咏步摇花诗》对其作了相当形象的描绘："珠华萦翡翠，宝叶间金琼。剪荷不似制，为花如自生。低枝拂绣领，微步动瑶瑛。但令云鬓插，峨眉本易成。"① 步摇不仅流行于中原地区，亦为边境少数民族所喜爱，一说鲜卑慕容氏的上层统治者喜戴步摇冠，其余诸部就称其为步摇，以后音讹而成慕容。② 慕容氏的名称是否由此而来，尚有异议，不过正是在辽宁北票鲜卑慕容氏的墓葬中发现了步摇的实物。③

珰，即今天的耳环，不过当时主要是悬挂珍珠，这一习俗起源于南方少数民族。《释名》对珰的解释为："穿耳施珠曰珰，此本出于蛮夷所为也。蛮夷妇女轻淫好走，故以此琅珰锤之也，今中国人仿之耳。"西晋傅玄《有女篇》列举了女子的主要饰物："头安（一作首戴）金步摇，耳系明月珰。珠环约素腕，翠羽垂鲜光。"④

钿，是用金、银等或嵌上珠玉作成花朵形的饰物，插于妇女头上作为装饰。前面已经提到后妃、公主及官员夫人是以花钿的数量来区别等级高下的。钿字出现较晚，东汉许慎《说文解字》原文中无此字，宋朝徐铉校订时新附若干字，钿即其中之一，释文称："钿，金花也，从金田声。"清朝人郑珍《说文新附考》："汉已前书无钿，《释名》止言花胜。王嘉《拾遗记》载魏明帝宫人云：'不服辟寒钿，那得帝王怜。'是汉魏间有此名。"⑤

簪，是男女通用的饰物，男子是用于将冠与头发相固定，而女子则用于固定头发。在南京东晋王丹虎墓出土有金簪，山西大同北魏冯太后永固陵中出土有铜簪与骨簪的实物。⑥

钗，是女子常用的饰物，《释名》："钗，枝也，因形名之也。"⑦ 在这一时期的墓葬中曾多次出土各种质地的钗，湖南安乡西晋刘弘墓出土的金钗长11厘米，重12克；王丹虎墓中共出土金钗13件；北京顺义西晋墓还出土有银

---

① 逯钦立：《先秦汉魏晋南北朝诗·梁诗》卷28。
② 《晋书》卷108，《慕容廆载纪》。
③ 陈大为：《辽宁北票房身村晋墓发掘简报》，载《考古》1960年第1期。
④ 逯钦立：《先秦汉魏晋南北朝诗·晋诗》卷1。
⑤ 丁福保：《说文解字诂林》，中华书局影印本，1988年。
⑥ 南京市文物保管委员会：《南京象山东晋王丹虎墓和二、四号墓发掘简报》，载《文物》1965年第10期；大同市博物馆、山西省文物工作委员会：《大同方山北魏永固陵》，载《文物》1978年第7期。
⑦ 《艺文类聚》卷70《钗》引，其"钗"字作"叉"，当属假借字，今据《太平御览》卷717《钗》引《释名》改。另，《四库全书》本《释名》作："又，枝也，因形名之也。"并与上"簪"字释文连续，显误，故不取。

钗、铜钗等。① 除一般的双股钗外，还有一种金爵钗，曹植《美女篇》中形容美女的服饰："头上金爵钗，腰佩翠琅玕。"指的就是这种钗。亦称雀钗，是在钗头上作成雀样的花饰，工艺繁杂，而且花费较大。东晋元帝时"将拜贵人，有司请市雀钗，帝以烦费不许"②。其使用级别也高于一般金钗，据《宋书·礼志（五）》记载，三品以下官员家中眷属不得使用爵钗，而六品以下官员眷属才不许使用金钗。

跳脱，亦称条脱，是妇女在小臂所戴的金属饰物，垂手时则落到腕部，后世多称为臂钏或腕钏。③ 南朝梁简文帝萧纲《和湘东王名士悦倾城诗》："衫轻见跳脱。"④ 指的就是风吹衫袖，露出臂钏。北京顺义县西晋墓出土有一对直径6.6厘米，重46.1克的银臂钏。⑤ 后宫妃嫔使用的饰物中，有些价格极其昂贵，如南朝齐东昏侯潘妃的一只琥珀钏就值170万。⑥

指环，就是今天人们常戴的戒指，当时亦是妇女经常使用的饰物，在这一时期的各地墓葬中出土有相当数量的金、银指环，其形状与今天的戒指大致相似。应当提出的是除去本地生产的金、银指环外，还出土了一些其他地区所产的指环，如南京象山东晋王氏墓群7号墓出土的嵌有金刚石的金指环，河北赞皇东魏李希宗墓与宁夏固原北周李贤墓出土的镶有青金石的金戒指，经有关专家研究，这些皆不产自我国，而是从国外传入的。⑦

限于篇幅，妇女的一些服饰如绶带、各种珠饰、铃饰等就从略了，至于妇女所穿的各种鞋类，则将在下一小节中加以论述。

---

① 安乡县文物管理所：《湖南安乡西晋刘弘墓》，载《文物》1993年第11期；北京市文物工作队：《北京市顺义县大营村西晋墓葬发掘报告》，载《文物》1983年第10期。
② 《晋书》卷6，《元帝纪》。
③ 计有功：《唐诗纪事》卷2《唐文宗》："又一日，问宰臣：'古诗云：轻衫衬跳脱，跳脱是何物？'宰臣未对，上曰：'即今之腕钏也。'"
④ 逯钦立：《先秦汉魏晋南北朝诗·梁诗》卷21。
⑤ 《北京市顺义县大营村西晋墓发掘简报》（见前）。
⑥ 许嵩：《建康实录》卷15，《齐废帝东昏侯》，张忱石点校本，中华书局1986年版。
⑦ 南京市博物馆：《南京象山5号、6号、7号墓清理简报》，载《文物》1972年第11期；石家庄地区革委会文化局文化发掘组：《河北赞皇东魏李希宗墓》，载《文物》1977年第6期；《宁夏固原北周李贤夫妇墓发掘简报》（见前）。

第五节　履屐屩靴袜

这一时期人们脚下所穿的有履、屐、屩、靴等，用丝、麻、草、木、皮等材料制成，供各种人在不同场合下使用。虽然当时还有舄、鞋、粗、不借、仰角等名称，但都可归入以上四类，故分在各类中加以叙述。当时人在室内行走时多脱下履、屐等着袜而行，袜以丝、麻、皮等制作，与今日之袜差别较大，故亦将其放在此节内。

履，一般供人们在正式场合穿着，刘熙《释名》："履，礼也，饰足所以为礼也。"① 官员上朝、到官署办公及谒见上司和长辈，都应该穿着履，否则就被视为违反法纪或不敬尊长。南朝宋中书郎阮长之在中书省值班，晚上误着屐出阁到邻省，自己将这一违反规定的事情报告给门下省，当门下省以暗夜无人看见为理由不接受时，阮长之坚持要将报告送去，并说自己："一生不侮暗室。"② 据《义熙起居注》："兼黄门郎徐应真出为散骑，著屐出省阁，有司奏，乃免官。"③ 说明在自己办公的屋内可以着屐，而到其他部门去，则必须换履。《晋书·郗鉴传》记载了王献之与其舅舅关系的一段故事，"王献之兄弟，自（郗）超未亡，见（郗）愔，常蹑履问讯，甚修舅甥之礼。及超死，见愔慢怠，屐而候之，命席便迁延辞避"。后世有人对王献之因舅家失势而加以怠慢之事有异议④，但至少从这段记载中可看到着履见长辈才符合礼仪，而着屐则被视作轻慢。

尽管在一般场合着履已符合礼仪，但在一些特殊场合如祭祀和上殿还必须脱

---

① 本小节所引《释名》凡未加注明者，皆引自《四库全书》本。
② 《南史》卷70，《循吏·阮长之传》；《宋书》卷92，《良吏·阮长之传》作"误着履出阁"，误。
③ 《北堂书钞》卷136，《屐》"着屐出阁"条引。
④ 卢文弨：《龙城札记》卷3，转引自余嘉锡《世说新语笺注》第776页；但当时文献的其他记载，如《世说新语·贤媛第十九》："王右军夫人谓二弟司空、中郎（指郗愔、郗昙）曰：'王家见二谢（指谢安、谢万），倾筐倒庋，见汝辈来，平平尔。汝可无烦复往。'"所记王氏对郗氏的态度正与王献之的做法相吻合，从东晋时期政治局势的变化与士族地位的变迁及当时士族的习俗来看，《晋书》记载的可信度是很大的。

下履以表示敬意。参加朝会时，惟有皇帝能穿着舄，群臣都必须脱下履来，着袜进殿朝见皇帝。只有曹操、司马昭、王导、刘裕等位极人臣者，又经皇帝下诏特许，才能享有剑履上殿的特权。曹操还依据剑履上殿的特诏而决定自己在祭祀宗庙上殿时也不解履。①

履可用丝、麻、皮等材料制成，在先秦时期主要是夏葛冬皮，到汉代则以丝织品为多，或以皮为主，用丝织物加以装饰。这一时期大体沿袭汉制，有的使用锦、织成等高级丝织品作履，有些更加讲究的还加以刺绣。西晋陆机《织女赋》："足蹑刺绣之履。"② 加刺绣的履又被称为文履，曹植《洛神赋》中："践远游之文履，曳雾绡之轻裾。"梁武帝萧衍《河中之水歌》："头上金钗十二行，足下丝履五文章。"③ 指的皆是刺绣履。在新疆阿斯塔那墓群中出土有十六国时期的织成履，其上织有铭文"富且昌宜侯王天延命长"，履用褐红、白、黑、蓝、黄、土黄、金黄、绿等八色丝线织成，鞋底用麻线编制，为研究提供了实物资料。④ 有的在履上还缀有珍珠，则称珠履，左思《吴都赋》所言："出蹑珠履，动以千百。"⑤ 虽有夸张之意，但至少可反映其在社会现实中的存在。

据五代人马缟《中华古今注》，东晋有凤头履、聚云履、五朵履，南朝宋有重台履，梁有笏头履、分梢履、立凤履、五色云霞履等各种名称⑥；从其他文献中还可看到承云履、金薄履等。⑦ 大部分履的形制已不可考，从相关记载及其名称上看，有相当部分是妇女使用的履。目前与出土文物能相互对应的有笏头履，其具体形状在河南邓县画像砖、山东临朐北齐崔芬墓室西壁出行图中皆可看到。⑧ 另外，沈从文认为唐永泰公主墓壁画中一组宫女所着履头上翘且画有重叠山形的即为重台履，但未言其与南朝重台履的关系；沈先生还提出传世南朝《斲琴图》中挂杖者及唐代阎立本《古帝王图》中陈文帝侍女所着的履头上翘，且有两齿状物者为高齿履，是由汉代歧头履发展而来。⑨

---

① 《三国志》卷1，《武帝纪》建安二十一年裴松之注引《魏略》。
② 《北堂书钞》卷136，《履》"足蹑刺绣"条引。
③ 逯钦立：《先秦汉魏晋南北朝诗·梁诗》卷1，一说此诗为无名氏所作。
④ 新疆维吾尔自治区博物馆出土文物展览组：《"丝绸之路"上新发现的汉唐织物》，载《文物》1972年第3期；新疆社会科学院考古研究所：《吐鲁番阿斯塔那古墓群65TAM39墓》中认为铭文作"富且昌宜侯王夫延命长"，并指出鞋着于女尸脚上，长22.5厘米，宽8厘米，载《考古与文物》1983年第4期。
⑤ 《文选》卷5，中华书局影印胡克家本，1977年。
⑥ 上海古籍出版社影印《四库全书》本第850册，1987年。
⑦ 《北堂书钞》卷136，《履》"蹑承云"条引甄述《美女诗》，"足下金薄"条引张华《轻薄》。
⑧ 河南省文化局文物工作队：《邓县彩色画像砖墓》，文物出版社1959年版；《中国美术全集·绘画编（12）·墓室壁画》图58。
⑨ 沈从文：《中国古代服饰研究》，第134、129页。

舄，是加装木底的履，《释名》称："复下曰舄。舄，腊也。行礼久立，地或泥湿，故复其末下，使干腊也。"目前尚未发现这一时期的实物，但可从乐浪彩箧墓出土的东汉革舄了解其底部的构造，舄底很厚，内装木楦，楦当中有凹槽，据认为当时可能在槽中填有松软之物。① 不过在南北朝后期，曾将木底改为皮底，至隋炀帝大业（605—618年）方始改回。② 舄是与冕服相搭配使用的，在穿着其他服饰时，则着履。

屐，用木制成，上面系带与脚连接，底部有突出的部分，称为足或齿。《释名》称："屐，搘也。为两足，搘以践泥也。"《急就篇》颜师古注称："屐者，以木为之，而施两齿，所以践泥。"③ 其形状与近代的木屐很相似。东汉时期，屐不仅流行于长江流域，在中原地区的使用范围也相当广，"延熹（158—167年）中，京师长者皆著木屐，妇人始嫁，至作漆画屐，五色彩为系"④。到西晋时期，中原地区使用屐的人仍不少，但在南北割据后，屐主要流行于江南，北方人使用屐的记载明显减少。安徽马鞍山东吴朱然墓中出土有木屐实物，可助我们了解当时屐的形制。⑤

据《搜神记》记载，原来男女所用的屐样式有所区别，男人的为方头，女人的为圆头，到西晋惠帝元康（291—299年）中，女人所用的屐亦改为方头，与男人的没有区别。前面已经提到，屐不适于在正式场合穿用，但在家中及一般朋友往来时，则不分贵贱，多穿着木屐。东晋名相谢安在接到淝水之战的捷报时，正与客人下围棋，当时他故示镇静，但在客人走后，他回到内室，沉浸在喜悦之中，竟然没有觉察在过门槛时将屐齿碰折。⑥ 南朝宋开国皇帝刘裕在即位后仍常着连齿木屐在外散步。很多人在外出时亦着屐，南朝宋时名士谢灵运喜欢游览山水，"登蹑常着木屐，上山则去其前齿，下山去其后齿"。后人遂将这种便于登山的木屐称为谢公屐。⑦ 木屐亦有平底的，三国时司马懿曾派2000人着软木做成的平底木屐

---

① 参见孙机《汉代物质文化资料图说》，文物出版社1991年版，第255页。
② 《隋书》卷12，《礼仪志（七）》："近代或以重皮，而不加木，失于干腊之义。今取干腊之义，以木重底。"
③ 《四部丛刊》续编本，上海书店影印，1984年。
④ 吴树平：《风俗通义校释》，天津人民出版社1980年版，第442页。
⑤ 安徽省文物考古研究所、马鞍山市文化局：《安徽马鞍山东吴朱然墓发掘简报》，载《文物》1986年第3期。
⑥ 《晋书》卷79，《谢安传》。另，沈从文根据这一时期画迹中没有看到人着高底木屐的形象，认为前人将屐齿理解为屐底部的高起部分是错误的，齿指的是鞋前部向上翘起的齿状物（《中国古代服饰研究》第131页）。但依沈先生的观点，对于正文中所引的其他文献则难于解释，故本文仍沿用旧说。
⑦ 《南史》卷19，《谢灵运传》；李白《梦游天姥吟留别》："脚着谢公屐，身登青云梯。"

为前锋，以清除地上的蒺藜，为大军开路。① 在木屐上面不用带子，而用丝、麻织物做成与履一样的鞋面，则被称为仰角。因其必须抬足仰起履角而行，故有此称。②

除木屐之外，还有帛屐。《释名》："帛屐，以帛作之如屐者。不曰帛屦者，屦不可践泥也。屐，践泥者也。此亦可以步泥而浣之，故谓之屐也。"则这种帛屐是丝织物做成的软鞋，形状与木屐全然不同，只是因功用相似而被称为屐。此外，还有一种用于军事目的的铁屐，石勒在进攻刘曜时，曾命将士着铁屐施钉登城。③

屩，是用麻、草、藤等制成，供人们在出行时穿用。《释名》："屩，跷行著之，跷跷轻便，因以为名也。"由于着屩走路轻便，而且价廉易得，故一般劳动者多穿用屩，如传世南朝《斲琴图》中执羽扇、挟方褥的侍从，唐阎立本《古帝王图》中陈宣帝的抬辇者等皆着屩。④ 士族在一般情况下不着屩，南朝宋文帝元嘉（424—453年）末，北魏大举入侵，褚湛之使子弟皆着芒屩，于斋前习行，是为战乱出奔作准备，足见平时很少穿着，而褚湛之的这一举动，还受到其他士族的讥讽。⑤ 南朝陈兼起部尚书沈众在监造太极殿时，经常穿着布袍芒屩，则受到朝士的一致讥笑。⑥ 除士族等上层统治者之外，一般较为富裕的吏员亦很少穿屩。⑦

由于屩便于行动，且简便易得，故被南方政权作为军旅使用的戎服，与裤褶相搭配，邓县画像砖中兵士的穿着即是如此。除兵士外，军中的官员亦着屩。北魏太武帝拓跋焘率军进攻南方，包围彭城（今江苏徐州），城中派大臣张畅与北方使者李孝伯交谈，李孝伯讥讽张畅身为士族而着屩，张畅回答说："但以不武，受命统军，戎阵之间，不容缓服。"⑧ 由这条材料可以看到，作为士族的张畅在军中也要放弃他平时穿着的履、屐，而换着屩，并将其视为正常现象；但北方政权中的士族却不将屩视为正式军旅之服，这主要源于南北气候差异而形成的习俗不同。

粗，亦可归入屩类，只是制作更简单，价格更低廉。《急就篇》颜师古注：

---

① 《晋书》卷1，《宣帝纪》。
② 《释名》："仰角，屐上施履之名也。行不得蹶，当仰履角，举足乃行也。"
③ 《太平御览》卷698，《屐》引《晋书》。
④ 《中国美术全集·绘画编（1）·原始社会至南北朝绘画》图97；《中国美术全集·绘画编（2）·隋唐五代绘画》图4。
⑤ 《南史》卷28，《褚裕之传附侄孙彦回传》。
⑥ 《陈书》卷18，《沈众传》。
⑦ 《梁书》卷53，《良吏·沈瑀传》。
⑧ 《宋书》卷46，《张畅传》。

"粗者，麻枲杂履之名也。"《释名》则称："荆州人曰粗，麻、韦、草皆同名也。"这种制作简单的粗亦被称为不借，《释名》称："不借，言贱易有，宜各自蓄之，不假借人也。"

靴，与履、屐、屩等不同，不是由华夏民族发展起来的，而是从北方游牧民族传入中原地区的。所以《释名》对其解释为："靴，本胡服也，赵武灵王始服之。"① 历来研究者对于靴是否由赵武灵王引入中原有不同看法，但对其源于北方游牧民族则无异议，而且至少在汉代时靴已传入中原地区。

靴是用皮革、丝织品或两者镶嵌而成，与今天的中、高统靴的式样相近似。这一时期靴在北方使用范围相当广，与屩在南方的使用范围颇为相似，前面提到北方士族对于南方士族在军中着屩很不以为然，就是因北方以靴为军服。对于骑马者来说，着靴尤为便利。到隋代仍是如此，《隋书·礼仪志（七）》记载炀帝大业（605—618年）改制后的规定，"唯褶服以靴。靴，胡履也，取便于事，施于戎服。"北周武帝宇文邕在征讨北齐时，见到兵士有赤足者，就脱下自己的靴子赐给兵士。

北魏孝文帝改革服制以前，北方政权中基本上盛行游牧民族的习俗，着靴就是其中重要的一点。改革服制后，这些习俗一度有所收敛。到北朝后期，着靴的习俗再度抬头，朝中官员及宗室诸王在办理公务及上朝时亦多着靴。如东魏执掌朝政的高澄被害时，与其商议国事的杨愔狼狈出逃，脚上仅穿了一只靴子；北齐琅邪王高俨被杀死后，"不脱靴，裹以席，埋于室内"②。在日常生活中，北方人亦经常着靴。除文献记载外，传世古画及出土壁画、陶俑等皆有所反映。如传世《北齐校书图》中坐胡床者、执马鞭者，山西太原北齐娄睿墓中壁画内大量骑马者及墓中出土的骑俑等，脚上多着靴。③

南方亦有着靴者，但总的来看，要远少于北方。而且南方对着靴者的看法亦与北方不同，如南朝梁末的恩幸严亶在侯景攻入建康（今江苏南京），简文帝萧纲即位后，学北人着靴上殿，被视为无肃恭之礼，当侯景败后被处死。④ 南朝齐时萧琛知道执掌朝政大权的王俭在乐游苑宴客，"乃着虎皮靴，策桃枝杖，直造俭坐"⑤。陈时陈暄亦着拂踝长袍和及膝高靴去见吏部尚书徐陵⑥，他们的举

---

① 《太平御览》卷698，《靴》引，《四库全书》本《释名》缺此句。
② 《北史》卷55，《陈元康传》；《北齐书》卷12，《武成十二王传》。
③ 《中国美术全集·绘画编（1）·原始社会至南北朝绘画》图104；山西省考古研究所、太原市文物管理委员会：《太原市北齐娄睿墓发掘简报》，载《文物》1983年第10期。
④ 《南史》卷77，《恩幸传》。
⑤ 《梁书》卷26，《萧琛传》。
⑥ 《南史》卷61，《陈庆之传附子暄传》。

动都是为了引起当权者的注意，这恰证明了当时着靴者的稀少。军中将官亦偶有着靴者，东晋时将军毛宝与祖焕等作战，"宝中箭，贯髀彻鞍，使人蹋鞍拔箭，血流满靴"①。但类似记载甚少，说明这仅是个别事例，而非普遍现象。

最后谈鞵，鞵在现代是各种鞋类的统称，但在当时只是一种可以解开带子的鞋的名称。《释名》："鞵，解也。著时缩其上如履然，解其上则舒解也。"从这段叙述看，与近代的鞵颇有相似之处，但目前尚未见到实物，其具体样式还有待于将来的考古发掘。

前面已提到，袜是用丝织品、麻布或皮革制成的。这亦可从袜字在当时的不同写法中得到证明。东汉许慎《说文解字》："韤，足衣也，从韦蔑声。"《释名》："襪（袜），末也，在脚末也。"偏旁或从韦，或从衣，从汉字造字的习惯看，这本身就意味着制作材料的不同。袜由织物剪裁缝制而成，上有带子，穿时需将带子系紧。新疆民丰东汉墓出土有锦袜实物，可供参考。②

当时人在室内一般多着袜行走，这种习俗后传入日本，并被一直保持下来。当时人在犯有过错表示请罪时，则不仅脱下履，连袜子亦脱去，称为徒跣请罪。在得知父母去世时，亦要脱去袜子，徒跣奔丧。

在江南等气温较高的地区，与中原地区的习俗又有所不同。《会稽典录》："贺邵为人美容止，与人交久益敬之。在官府常著袜，希见其足。"③ 由此可见，当地包括一般官吏在内的许多人在室内皆习于赤足，而不着袜。这体现出地区的差异性。

---

① 《晋书》卷81，《毛宝传》。
② 转引自孙机《汉代物质文化资料图说》，文物出版社1991年版，第256页。
③ 《太平御览》卷697，《袜》引。

第三章

饮食习俗

我国疆域辽阔，南、北方的自然条件与气候相差很大，物产也各有特色，因此形成了各地不同的饮食习俗。由于这一时期人口迁徙频繁，尤其是北方人口曾大量南迁，他们将自己的一些饮食习惯带到所迁入的地区，并与当地原有的习俗融合在一起，形成了一些新的地方饮食特色。另外，随着北方少数民族进入中原地区及中外政治、经济、文化的交流，带入了许多新的食物与各种不同的制作方法，进一步丰富了我国人民的饮食内容，并对后世起到相当深远的影响。

第一节　各阶层的饮食概况

魏晋南北朝时期的饮食文化水平与秦汉时期相比，有着较大的发展。食品的加工与制作方法有所增加，烹饪水平明显提高，出现《食疏》《崔氏食经》《食经》《食馔次第法》等大量专门谈论饮食文化的书籍。

在各政权的上层统治者中，有许多以饮食奢华著称的人，如西晋时的元老重臣何曾，每天用于饮食的费用为 1 万钱，但他还讲没有下筷子的地方；其子何劭更是变本加厉，"食必尽四方珍异，一日之供以钱二万为限。时论以为太官御膳无以加之"①。何曾撰写的《食疏》记载了自己所食用的菜肴，成为后人仿效的楷范。十六国后赵统治者石虎在朝会时用铜铸成金龙，由龙口向外吐酒，以享群臣，龙口下的金樽可容 50 斛酒。供石虎自己享用的御食每餐有 120 盏，摆放在可以转动的镶嵌金银的大圆盘内。② 南朝宋时的幸臣阮佃夫家中经常准备数十人的宴席，在出门路上遇到客人，一同返回，"就席，便令施设，一时珍馐，莫不毕备。凡诸火剂，并皆始熟，如此者数十种。佃夫尝作数十人馔，以待宾客，故造次便办，类皆如此"③。北魏时高阳王元雍"嗜口味，厚自奉养，一食必以数万钱为限，海陆珍馐，方丈于前"。当时的尚书令李崇曾说："高阳一食，敌我千日。"④ 北齐时的勋臣子弟韩晋明"好酒诞纵，招引宾客，一席之费，动至万钱，犹恨俭率"⑤。辽宁朝阳袁台子东晋时期墓葬中的漆案上摆有食具 14 件，在墓室西壁的奉食图中有仆役七人排成一列，手捧瓶、案、盘或提魁、勺等物，以供主人享用。⑥ 其余墓葬壁画中亦表现出类似的场面，有的甚至还要仆人跪着递进饮食。⑦

士族高门十分讲究饮食的烹制，并世代传承。魏文帝曹丕在给群臣的诏书中讲："三世长者知被服，五世长者知饮食，此言被服饮食难晓也。"⑧ 是否通晓饮食的制作与品评，成为衡量家世高下的标准之一。苻朗在前秦灭亡后投奔东晋，就以其善于辨别饮食滋味而受到江东士族的赞赏。⑨ 北魏士族领袖崔浩在《食经叙》中讲："诸母诸姑所修妇功，无不蕴习酒食。朝夕奉舅姑，四时祭祀，虽有功力，不任僮使，常手自亲焉。"⑩ 即使在战乱中这也与家学一样被作为家族的传统来予以保持，崔浩母亲卢氏口授《食经》的目的就是怕经过丧乱，后代不能继承这些传统。有的家族传有饮食方法，但密不示人，以此来加以炫耀。南朝齐时虞悰善于制作及鉴赏饮食，他曾根据西晋何曾《食疏》来指出豫章王萧嶷宴席中的不足。齐武帝要虞悰提供新鲜别致的饮食，他进奉㸑等数十种杂肴，其滋味超

---

① 《晋书》卷 33，《何曾传》。
② 《邺中记》。
③ 《宋书》卷 94，《恩幸・阮佃夫传》。
④ 《洛阳伽蓝记》卷 3，《城南》。
⑤ 《北齐书》卷 15，《韩轨传附子晋明传》。
⑥ 辽宁省博物馆文物队等：《朝阳袁台子东晋壁画墓》，载《文物》1984 年第 6 期。
⑦ 王增新：《辽阳市棒台子二号壁画墓》，载《考古》1960 年第 1 期；李文信：《辽阳发现三座壁画古墓》，载《文物参考资料》1955 年第 5 期。
⑧ 《艺文类聚》卷 67，《衣裳》引《魏书》。
⑨ 《世说新语・排调第二十五》"苻朗初过江"条引裴景仁《秦书》。
⑩ 《魏书》卷 35，《崔浩传》。

过太官所制作的御食。但当武帝向虞悰索要饮食方时，虞悰却密而不献。以后，在武帝喝醉酒身体不适时，虞悰才献上醒酒鲭鲊一方。①

社会风气的奢俭与最高统治者有着极大的关系。东汉末期奢靡之风弥漫朝野，但曹操执政后，任命以清俭著称的崔琰、毛玠掌管选举事务，选用清正廉洁之士，黜退奢侈贪污之辈，社会风气就大为改观。卞太后曾对自己的亲戚讲："吾事武帝四五十年，行俭日久，不能自变为奢，有犯科禁者，吾且能加罪一等耳，莫望钱米恩贷也。"在卞太后左右的人，"菜食粟饭，无鱼肉"②。西晋武帝司马炎自己后宫嫔妃万人，对石崇与王恺争豪斗富的行为不予制止，反而加以鼓励，大臣刘毅等人屡次劾奏何曾侈汰无度，武帝都不加过问，遂使得士族高门不遵法纪，竞相奢华。晋武帝曾到王济家中，见到王济所上饮食都盛放在琉璃器中，"蒸肫甚美，帝问其故，答曰：'以人乳蒸之。'帝色甚不平，食未毕而去"③。饮食奢侈已发展到这种程度，连皇帝都为之不平，但积重难返，士族高门并未因皇帝的不悦而稍加收敛。东晋末刘裕执政时，因其自身较为俭朴，故社会风气有所好转，但后代并未遵循他的节俭作风，反而将其视之为"田舍公"④，因此奢靡之风再度盛行。

一般家庭平日的饮食主要为素食，西晋时人潘岳《闲居赋》中称："灌园鬻蔬，供朝夕之膳；牧羊酤酪，俟伏腊之费。"⑤ 讲平时吃素，到过年、过节时才吃肉食，记述的正是当时的饮食习俗。西晋隐士皇甫谧从姑之子梁柳出任城阳太守，有人劝皇甫谧为梁柳饯行，皇甫谧说："柳为布衣时过吾，吾送迎不出门，食不过盐菜，贫者不以酒肉为礼。"⑥ 南朝宋领军将军朱修之去看姐姐，姐姐因嫌其不加照顾，遂为其设菜羹粗饭，朱修之说："此乃贫家好食。"饱食而去。⑦ 这表明当时即使是招待亲朋宾客，一般人家也不一定要有酒肉。南朝宋时，衡阳王刘义季出镇荆州，"队主续丰母老家贫，无以充养，遂断不食肉。义季哀其志，给丰母月白米二斛，钱一千，并制丰啖肉"⑧。由此可以看到，低级官吏家中如无其他收入，在日常生活中也几乎不吃肉。一些高级官员的日常饮食也相当俭朴，如三国吴时大臣是仪："服不精细，食不重膳，拯赡贫困，家无储蓄。（孙）权闻之，幸仪舍，

---

① 《南齐书》卷37，《虞悰传》。
② 《三国志》卷5，《后妃传》裴松之注引《魏书》。
③ 《晋书》卷42，《王浑传附子济传》。又，《世说新语·汰侈第三十》作："蒸豚肥美，异于常味。帝怪而问之，答曰：'以人饮豚。'帝甚不平，食未毕，便去。"
④ 《南史》卷1，《宋本纪（上）》。
⑤ 《晋书》卷55，《潘岳传》。
⑥ 《晋书》卷51，《皇甫谧传》。
⑦ 《宋书》卷76，《朱修之传》。
⑧ 《宋书》卷61，《武三王传》。

求视蔬饭，亲尝之，对之叹息"①。南朝宋时的交州刺史杜慧度在生活上也是"布衣蔬食"②。以粮食和蔬菜为主的素食结构是当时较为普遍的风俗，也符合当时以农耕为主的生产方式。当然，这并不排斥鱼肉在饮食中的地位，尤其是较为富裕的家庭。

好客是中华民族的优良传统，但受到物质条件的限制，即使有时菜肴并不丰盛，只要主人真心待客，客人也不会不满。南朝齐尚书令王俭拜诣武陵王萧晔，"晔留俭，设食，盘中菘菜鲍鱼而已。俭重其率直，为饱食，尽欢而去"③。北齐时魏收拜访卢叔虎，叔虎留其吃饭，"良久食至，但有粟飧葵菜，木碗盛之，片脯而已"④。尽管菜肴简单，但身居高位的王俭、魏收都并未认为自己受到慢待。不过如果主人自己所食与客人不同，则多被视为对客人的轻慢。步骘与卫旌拜见郡中豪族焦征羌，"征羌作食，身享大案，肴膳重沓，以小盘饭与骘、旌，惟菜茹而已。旌不能食，骘极饭致饱乃辞出。旌怒骘曰：'何能忍此？'骘曰：'吾等贫贱，是以主人以贫贱遇之，固其宜也，当何所耻？'"⑤ 卫旌认为耻辱的主要不是菜肴是否丰盛，而是主人的态度与待遇的不公。

在素食结构中粮食是满足人们生活所需热量的主要来源，因此，人们的日常主食摄入量以及社会是否能提供足以满足需求的数量，成为饮食研究的主要问题之一。但从文献中看到的前、后期有关人们食量的记载有所不同，甚至出现自相矛盾的地方，这就需要结合这一时期度量衡制的变化来加以理解。大致魏晋南朝基本上是沿袭古制，而北魏与北齐则有较大的增加，在较长时期内一斗约相当于古斗两斗，至北周及隋朝，则增为古斗三斗，文献的记述，已为近年来的出土文物所证实。⑥

西晋《太康起居注》记载："尚书郭奕有疾，日赐酒、米各伍升，猪、羊肉各一斤。"⑦ 作为皇帝的赏赐，一般来说，不会低于普通人的实际食用量，而只会稍高，因此，可以认为这是社会上一般人（不包括军士及重体力劳动者）食量的上限。司马懿与诸葛亮率军在祁山相持时，询问蜀军使者诸葛亮的饭量，听到使者回答日食三四升后，就料定诸葛亮的身体已衰弱，不能持久⑧，这大概可作为一般人食量的下限。北齐时领军厍狄伏连性情吝啬，"伏连家口有百数，盛夏之日，料

---

① 《三国志》卷62，《是仪传》。
② 《宋书》卷92，《良吏·杜慧度传》。
③ 《太平御览》卷848，《食（中）》引《齐书》，较今本《南齐书》稍详。
④ 《北齐书》卷42，《卢叔武传》，卢叔武原名叔虎，唐人修史时因避讳改为叔武。
⑤ 《三国志》卷52，《步骘传》。
⑥ 参见国家计量总局主编：《中国古代度量衡图集》，文物出版社1981年版。
⑦ 《太平御览》卷863，《肉》引。
⑧ 《晋书》卷1，《皇帝纪》，《三国志》裴松之注引《魏氏春秋》作"所啖食不至数升"。

以仓米二升，不给盐菜，常有饥色"①。单从数量上看，大大低于魏晋时的下限，长期如此，则人将无法存活。但要是将度量的变化考虑进来，则可看到北齐时的一升约相当于魏晋时两升，则厍狄伏连的家人每日所食约为魏晋时的四升，他们面有饥色，不仅是因主食不足，更主要的是因为没有副食。

一般研究者多认为北魏、北齐时期都使用长尺大斗，对于北魏孝文帝太和十九年下诏改长尺大斗，依周礼制度的效果持怀疑态度，但文献中的记载却表明这一诏书确实是被执行了。据《梁书·江革传》，江革在作战中被北魏俘获，因其拒不投降，北魏人加以虐待，"日给脱粟三升，仅余性命"。从记载看，这一数量应是低于一般人的定量，且江革在被囚禁期间，活动量较小，所需热能亦少，故即使进食较少，也能勉强维持生命。但如此时北魏是使用大斗，则此三升已相当于魏晋时的六升，超出于一般人食量的上限，显然就与实际情况不相符合了。因此，较为合理的解释只能是在太和十九年之后，度量衡制在相当大的范围内曾恢复古制。

当政局较为稳定的情况下，农业生产可以正常进行，商业交换也能在一定范围内实现，社会的基本需求就大致上可以得到保证。但这一时期是一个以割据分裂为主、战乱频繁的时期，社会秩序曾多次受到破坏，商业的调剂功能也因各政权间的敌对关系而受到极大限制。因此，除天灾之外，人为的破坏因素对这一时期的生产及人们生活所发生的影响极其巨大。

东汉末期的战乱带来了大规模的饥荒，江淮间流行的童谣说："大兵如市，人死如林，持金易粟，粟贵于金。"② 粮食的缺乏，使得人们不得不寻求各种代替的食物，"袁绍之在河北，军人仰食桑椹"③。"袁术在寿春，百姓饥穷，以桑椹蝗虫为干饭。"④ "遭岁大饥，（李）通倾家振施，与士分糟糠。"⑤ 有时甚至导致了饥民们的相互吞食，人们由此而发出感慨说："虎豹之口，不如饥人。"这次战乱使得大部分百姓流离失所，因冻饿而死，《三国志·张绣传》记载："是时天下户口减耗，十裁一在。"正是当时的真实写照。

以后因战乱带来的饥荒还曾多次发生，有时连统治者都无法幸免，如西晋末期的战乱中，晋愍帝在长安受到十六国汉军的围困，"京师饥甚，米斗金二两，人相食，死者大半。太仓有麹数十饼，麹允屑为粥以供帝"⑥。皇帝尚且如此，百姓

---

① 《北齐书》卷20，《慕容俨传附厍狄伏连传》，厍（音 shè）狄，复姓，原作库（音 shè）狄，近年出土的北齐库狄回洛墓志上即写作厍狄（王克林《北齐厍狄回洛墓》，载《考古学报》1979年第3期）。至宋朝时为与"库"字区别，去点改为"厍"字，后代刻书，遂皆改作厍狄。
② 《太平御览》卷840，《粟》引任昉《述异记》，下文中"虎豹之口"条亦出于此。
③ 《三国志》卷1，《武帝纪》裴松之注引《魏书》。
④ 《太平御览》卷850，《饭》引《吴书》。
⑤ 《三国志》卷18，《李通传》。
⑥ 《晋书》卷5，《愍帝纪》。

可想而知。在战争中甚至出现专门以人肉为食的军队，"是时岁旱众饥，道馑相望，（苻）登每战杀贼，名为熟食，谓军人曰：'汝等朝战，暮便饱肉，何忧于饥！'士众从之，啖死人肉，辄饱健能斗"①。鲜卑拓跋初入中原时，因军中乏粮，又遇饥荒，不得不允许百姓以桑椹代替粮食交租。② 西魏时李迁哲镇守白帝城，"信州先无仓储，军粮匮乏。迁哲乃收葛根造粉，兼米以给之。迁哲亦自取供食"③。至于被围困在城中的军兵更是无所不吃，北齐时慕容俨据守郢州，受到梁军的围攻，"城中食少，粮运阻断，无以为计，唯食槐楮、桑叶并纻根、水萍、葛、艾等草及靴、皮带、觔角等物而食之。人有死者，即取其肉，火别分啖，唯留骸骨"④。由于这些现象出现频繁，而且持续时间相当长，因此，在研究这一时期的饮食问题时也必须得到应有的重视。

第二节　主食

在这一时期，各种粮食作物的生产区域与秦汉时期大致相似，江淮以南以水稻为主，北方则以谷类、豆类及大、小麦为主。在集这一时期农学之大成的《齐民要术》中记载的粮食作物有谷、黍、粱、大豆、小豆、大麦、小麦、穬麦（青稞）、水稻、旱稻等，将人们日常食用的主要粮食作物都包括在内。当时根据作物的成熟时间、生长特性及口味等分出许多品种，而且在这一时期发展很快，如晋人郭义恭所撰《广志》中记载谷子有12个品种，而到北朝后期，贾思勰撰写的《齐民要术》中则记载了86个品种，分别具有早熟、晚熟、耐旱、耐水、易舂、味美、味恶等不同特点。有些作物的品种已相当优良，如魏文帝曹丕说洛阳附近的新城稻"上风炊之，五里闻香"⑤。晋人袁准《招公子》称："河内青稻，新城白粳，弱萁游粱，濡滑通芬。"⑥ 南朝梁庾肩吾曾称赞襄樊地区出产的蝉鸣稻为

---

① 《晋书》卷115，《苻登载记》。
② 《魏书》卷32，《崔逞传》。
③ 《周书》卷44，《李迁哲传》。
④ 《北齐书》卷20，《慕容俨传》。
⑤ 《太平御览》卷839，《稻》引《魏文帝与群臣书》。
⑥ 《北堂书钞》卷142，《酒食部总篇》"河内青稻"条引。

"渍水鸣蝉，香闻七里"①。

当时粮食消费的地域性表现得相当明显，这与南北政权长期割据，并经常处于交战状态有着直接的关系。如稻米主要产于江淮以南，尽管在北方地区已发展起若干水稻和旱稻产区。② 有些地方的水稻品种还相当优良，但稻米在北方仍属于稀缺物品。北魏明元帝拓跋嗣时定都平城（今山西大同），其元老重臣安同的长子安屈掌管太仓，盗出太仓数石粳米去供养安同。安同得知后，上奏请求诛戮安屈，并请求处罚自己训子不严的罪责。拓跋嗣很赏识安同的做法，遂下诏长期供应安同粳米。③ 元老大臣所需的粳米要皇帝下特诏赏赐，足见当时粳米的缺乏程度。直到南北统一时，情况仍是如此。隋灭陈后，将其主要官员都迁徙到关中，陈散骑常侍徐孝克的生母患病，"欲粳米为粥，不能常办。母亡之后，孝克遂常啖麦，有遗粳米者，孝克对而悲泣，终身不复食之焉"④。

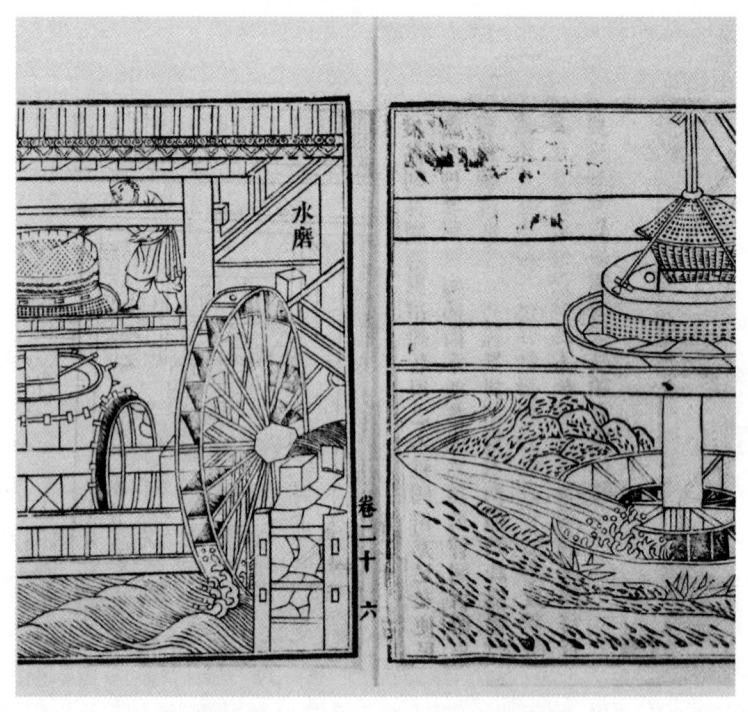

《水磨图》　（采自［元］王祯《农书》）

---

①《艺文类聚》卷72，《米》引庾肩吾《谢东宫赍米启》。
② 据张泽咸先生考证，在关中、洛阳、黄淮地区及黄河以北的邺城、河内等地，都有面积较大的水稻产区。此外，这一时期在华北、西北地区也曾兴修水利，种植水稻（《试论汉唐间的水稻生产》，载《文史》第18辑）。
③《魏书》卷30，《安同传》。
④《陈书》卷26，《徐陵传附弟孝克传》。

饭是当时人的主要食物，南方人以稻米为主，北方人以粟（小米）为主。其做法为蒸或煮，与现代的做法基本相似。除稻、粟以外，麦饭也是当时的主要食物之一。麦饭是用麦子蒸制而成，因其价格较为低廉，故为一般百姓所经常食用。南朝宋时何子平被扬州刺史征辟为从事史，"月俸得白米，辄货市粟麦，人或问曰：'所利无几，何足为烦？'子平曰：'尊老在东，不办常得生米，何心独飨白粲'"①。何子平的本意，不在于获利，但足以表明米、麦间的差价及一般百姓家并不能经常食米。除百姓以外，有些官员也食用过麦饭，但这种情况并不多。三国吴时出任光禄勋的孟宗在朝会时因酒醉呕吐出所食的麦饭，"察者以闻，诏问食麦饭意，（孟）宗答：'臣家足有米，麦饭直愚臣所安，是以食之'"②。可见朝臣食麦饭是颇少见的事情，因此皇帝会特意下诏询问。一般说来，食用麦饭，会被视为官员清廉俭朴的事例。如北魏时出身高门，历任九卿、尚书等职的卢义僖："性清俭，不营财利，虽居显位，每至困乏，麦饭蔬食，忻然甘之。"③

在这一时期，由于自然灾害与连绵不断的战乱，普通百姓经常处于饥荒之中，粥是他们度荒的主要食品之一。地方官员及士族豪强进行赈恤，也多是采用施粥的方式，这在一定程度上起到帮助部分百姓度过荒年的作用。另外，当父母病重或去世时，一些人也停止正常饮食，以食粥来表示自己的哀痛之情。如《梁书·张弘策传》记载："（弘策）幼以孝闻，母尝有疾，五日不食，弘策亦不食。母强为进粥，乃食母所余。"《陈书·孝行传》记载张昭的父亲去世后，张昭兄弟都"不衣绵帛，不食盐醋，日唯食一升麦屑粥而已"。他们的这种做法得到当时舆论的鼓励与赞赏。

除以上作用外，粥在日常饮食中也占有相当重要的位置。依所用原料的不同，有白粥、粟粥、麦粥、豆粥等一般食用的粥，还有以辽东赤粱等制作的御粥。白粥就是大米粥，在南方是上至士族高门，下至庶民百姓都经常食用的食物，东晋时郗超三伏天到谢安家中，就见谢安正在吃热白粥。粟粥是以小米熬制的粥，在北方较为普遍。麦粥是以未磨的整粒麦子熬制的粥，如磨碎则称麦屑粥，多为生活较贫困者的食物，守丧者亦常食麦粥或麦屑粥。豆粥是以绿豆、红小豆等豆类为主熬成的粥，各阶层的人都经常食用。据《语林》记载，西晋时以豪富著称的王恺还曾与石崇就煮豆粥的时间进行过一番较量。豆子需要很长时间才能煮烂，而石崇却以即刻能做出豆粥来向宾客夸耀。王恺仿效无方，就用财物贿赂石崇帐下的都督，才知道石崇是让人事先将豆煮好，待客人来后，再将煮好的豆投入白

---

① 《宋书》卷91，《孝义·何子平传》。
② 《太平御览》卷850，《饭》引《孟宗别传》。
③ 《魏书》卷47，《卢玄传附曾孙义僖传》。

粥中，故立时可得。王恺依此方法做出后，大肆宣扬，石崇大怒，下令追查，遂将泄密的都督处死。

将小麦以磨加工成面粉后，即可制成各种各样的美味食品。当时将饼作为各种面制品及部分米粉制品的泛称，无论南方还是北方，上至宫廷宴会，下至庶民百姓的日常饮食，都缺不了饼。三国魏明帝曹睿曾怀疑大臣何晏面色白润是敷粉之故，遂在盛暑之时赐给他热汤饼吃。① 而南朝梁武帝萧衍，"尝设大臣饼，（蔡）撙在座。帝频呼姓名，撙竟不答，食饼如故"②。当时缀以饼名的食品颇多，有胡饼、汤饼、水引饼、蒸饼、面起饼、乳饼、髓饼、白环饼、细环饼、截饼、豚皮饼等，此外，馒头、膏环、粲、牢丸等亦被归入饼类。以下逐一列举其制作方法。

胡饼原为北方少数民族的食物，在汉代转入中原地区，因东汉灵帝刘宏喜好吃胡饼，遂使之成为京师洛阳人的日常饮食之一③，并逐渐推广到全国各地。东晋初郗鉴派使者到琅邪王氏家中挑选女婿，王氏诸子都修饰整齐，只有王羲之坦腹东床，神态自若地大吃胡饼，遂被郗鉴选中。④ 由此可知，胡饼在江南地区也颇为流行。胡饼的制法与今日烧饼的制法相类似，是放在炉中烤制的，这种专门用来烤制胡饼的炉子被称为胡饼炉。一说因其上加有胡麻，故名胡饼。十六国后赵的统治者石勒禁止臣民说胡字，遂将胡饼改称为搏炉，后来石虎又改名为麻饼。

汤饼亦称馎饦，是当时人的主要食物。其制法与今日的面片相似。首先将面粉用细绢筛过，"挼如二指大，二寸一断，著水盆中浸，宜以手向盆旁挼使极薄，皆急火逐汤熟煮。非直光白可爱，亦自滑美殊常"⑤。煮成后，则用肉汁加以调拌，即成一美味佳食。西晋人束晳在《饼赋》称其形"弱如春绵，白若秋绢"。其味"气勃郁以扬布，香气散而远遍"。如此佳肴，使得"行人失涎于下风，童仆空爵而斜盼，擎器者砥唇，立侍者干咽"。赋中还指出吃汤饼最适宜的季节是冬季，"玄冬猛寒，清晨之会，涕冻鼻中，霜成口外，充虚解战，汤饼为最"⑥。这一做法在唐代多被称为不托，一说原来是用手托面团在锅边撕片，后改为在案几上操作，不再用手托，故有此称。

水引饼类似于今天的面条，其做法是"挼如箸大，一尺一断，盘中盛水浸，宜以手临铛上，挼令薄如韭叶，逐汤煮"。然后再与汤饼一样，拌上肉汁或鸡汁既

---

① 《世说新语·容止第十四》。又，《太平御览》卷860，《饼》引《语林》作魏文帝曹丕事。
② 《南史》卷29，《蔡廓传附孙撙传》。
③ 《太平御览》卷860，《饼》引《续汉书》。
④ 《太平御览》卷860，《饼》引王隐《晋书》。
⑤ 《齐民要术》卷9，《饼法第八十二》。下段中水引饼的做法出处同此。
⑥ 《太平御览》卷860，《饼》引。又，《北堂书钞》卷144引作束晳《汤饼赋》。

可。好的水引饼"细如委绽,白如秋练"①。南朝齐的开国皇帝萧道成就很喜好吃水引饼,他在任领军时,常到司徒左长史何戢家中,"上(即萧道成)好水引饼,戢令妇女躬自执事以设上焉"②。

这一时期的人们已经初步掌握发酵技术,《食经》中记述了制作饼酵的具体方法:"做饼酵法:酸浆一升,煎取七升;用粳米一升著浆,迟下火,如做粥。""六月时,溲一石面,著二升;冬时,著四升作。"③当时的发面食品有蒸饼、面起饼、白饼、烧饼等。面发好后蒸制而成的称蒸饼,与现在的馒头相似,还有的专门使饼的上部裂为十字形,则类似于今天的开花馒头,西晋时以饮食奢华著称的何曾就指定要吃裂为十字的蒸饼,而十六国后赵的统治者石虎则要将干枣、胡桃瓤等放在蒸饼内,并使之开裂为十字状才吃。由此亦可看出,当时对发酵技术掌握得还不够成熟,使蒸饼上部开裂的技术仅为少数人所掌握,故被视为珍稀奢侈之物。面起饼和白饼都是当时较为普遍的发面食品,但到底是蒸制还是烤制,目前笔者所见文献记载不详。烧饼的做法与现在的馅饼相近似,"做烧饼法:面一斗。羊肉二斤,葱白一合,豉汁及盐,熬令熟。炙之。面当令起"。

乳饼是用牛奶或羊奶和面制成的,髓饼则是以牛、羊等动物的骨髓加上蜜和面粉制成的。《齐民要术》中记载了髓饼的做法:"髓饼法:以髓脂、蜜,和面。厚四五分,广七八寸。使著胡饼炉中,令熟。勿令反覆。饼肥美,可经久。"

白环饼、细环饼及膏环都是因形而得名,白环饼制法不详,细环饼及膏环都是油炸食品。膏环一名粔籹,是用糯米粉制成的。据《齐民要术》记载:"用秫稻米屑,水、蜜溲之,强泽如汤饼面。手搦团,可长八寸许,屈令两头相就,膏油煮之。"细环饼的形状类似于今天的馓子,是用蜜调水和面粉制成的,如无蜜,则可用枣汁、牛羊油或牛羊奶和面,下锅炸制而成。截饼一名蝎子,也是油炸面制品,纯以牛羊奶和面,炸好后入口即碎,是一种松脆可口的小食品。饀㾓是一种油炸圆面饼,炸好后放在瓮中,以湿布盖口,存放较长时间仍能保持软滑的美味。粢一名乱积,是糯米粉制品,用水和蜜各半调和米粉呈稀糊状,放入带孔的竹杓内,使稀糊从孔中漏入油锅,炸好后捞出。由于这些油炸食品可存放较长时间,而且在食用时不必加热,因此除平时使用外,多作为寒食节时的食品,故亦统称为寒具。

豚皮饼一名拨饼,《齐民要术》中也详细记载了其制作方法。首先用热水将面粉调和成稀糊状,用大锅煮水,以小勺将面糊舀入一铜钵内,将铜钵放入大锅滚

---

① 《太平御览》卷860,《饼》引弘君举《食檄》。原文"食"误作"仓",据《北堂书钞》卷144,《饼》"细如委绽"条改。
② 《南齐书》卷32,《何戢传》。
③ 《齐民要术》卷9,《饼法第八十二》引。

水内，用手指拨动铜钵，使其急速转动，让面糊均匀地粘在钵的内壁上。当面糊被烫成形后，把铜钵从锅中取出，将钵内的薄饼倒入沸水中煮熟。捞出后放入冷水中，与豚皮十分相似，故名豚皮饼。浇上肉汁即成一美味食品，放入胡麻饮及酪中食用亦可。

当时馒头也属于饼类，亦被称为馒头饼。束晳《饼赋》中称："三春之初，阴阳交际，寒气既消，温不至热，于时享宴，则馒头宜设。"当时的馒头与今天的馒头不同，相当于今天的肉馅大包子。关于馒头的来历还有一段动人的传说，"昔诸葛武侯之征孟获也，人曰：'蛮地多邪术，须祷于神，假阴兵以助之。然蛮俗必杀人，以其首祭之，神则飨之，为出兵也。'武侯不从，因杂用羊豕肉，而包之以面，像人头以祀，神亦飨焉，而为出兵。后人由此为馒头"①。

牢丸也是这一时期人们的日常食品之一，束晳《饼赋》中讲："其可以通冬达夏，终岁常施，四时从用，无所不宜，唯牢丸乎。"② 这种四时皆宜的食品在唐代仍颇为流行，段成式《酉阳杂俎》前集卷之七《酒食》中就有"笼中牢丸、汤中牢丸"。但宋代以后的人对于牢丸究竟系何种食品已不很清楚，故此对其有着几种完全不同的解释。有的人认为是包子，有的人认为是汤饼，有的人认为是米丸，有的人认为是汤团，有的人认为是元宵。近年来又有人提出牢丸是一种类似饺子的既可蒸、又可煮的食品。③ 这一问题目前尚无定论。

当时还有许多食品，限于篇幅，不可能逐一介绍，下面再谈两种在节日食用的食品。粽子亦称角黍，是专供人们在端午节及夏至两个节日食用的食品。《续齐谐记》中讲由于战国时期楚国的爱国诗人屈原于五月初五投汨罗江而死，楚国人十分哀伤，每至此日则以竹筒贮米投入江中，来表示祭奠。至魏晋时期，则逐渐演变为每至端午和夏至，家家都吃粽子的风俗。周处《风土记》注文称："俗先以二节一日，用菰叶裹黍米，以淳浓灰汁煮之，令烂熟，于五月五日、夏至啖之。"④ 当时将糍也归入粽子类。据《食次》记载："糍：用秫稻米末，绢罗，水、蜜溲之，如强汤饼面，手搦之，令长尺余，广二寸余。四破，以枣、栗肉上下著之遍，与油涂竹箬裹之，烂蒸。"从记载看，糍为箬叶包裹的糯米粉糕，南朝齐明帝萧鸾所食的裹蒸可能就是这种糍。⑤ 另外，南朝宋前废帝刘子业杀死叔祖刘义恭后，"挑取眼睛以蜜渍之，以为鬼目粽"⑥。据此，似这一时期江南将蜜浸物亦称为粽，

---

① 高承：《事物纪原》卷9，《馒头》，上海古籍出版社影印《四库全书》本第920册，1987年。
② 《初学记》卷26，《饼第十七》引。
③ 《牢丸新解》，载《中国烹饪》1987年第8期。
④ 《齐民要术》卷9，《粽糍法第八十三》引，下文中所引的《食次》亦出自本节。
⑤ 《南齐书》卷6，《明帝纪》。
⑥ 《南史》卷13，《宋宗室及诸王传（上）》。

胡三省在《资治通鉴》注中即持此说，"宋人以蜜浸物曰粽。卢循以益智粽遗武帝（刘裕），即蜜浸益智也"①。实则此"粽"字系"糉"字之误，李慈铭在《宋书札记》中已经指出，但史籍及近人著作中多沿而未改，故稍加论列。"糉"亦作"糁"，其意为蜜浸瓜食，在传抄中因形似而误为粽。《齐民要术》卷十《五谷、果瓜、菜茹非中国物产者》"益智"条引《广州记》："（益智）子内白滑，四破去之，取外皮，蜜煮为糁，味辛。"此即史籍中的所谓"益智粽"，由此足以证明"粽"确为"糉"字之误。

前面已提到当时人在寒食节时不动烟火，只食用预先做好的食品，除去已介绍过的油炸食品外，还有一种醴酪。这是一种饴糖杏仁麦粥，首先利用麦芽糖化大米中的淀粉，制成醴（一般醴指甜米酒，此处的醴指饴糖）。然后，用去皮杏仁末煮制，滤去渣滓后，将秆麦仁下入汁中，煮熟后倒入新瓦盆内。"粥色白如凝脂，米粒有类青玉。"②敞开盖存放，如不加搅动，可从寒食节前一直放到四月初八而不会变质。醴酪不仅可在寒食节使用，亦是夏季解暑佳品。

第三节　副食

本章的第一节中已提到在这一时期人们的日常饮食结构是以粮食和蔬菜为主，因此，首先介绍蔬菜。当时人们经常食用的蔬菜有茄子、葵菜、韭菜、蔓菁（芜菁）、芹菜、堇、芦菔（萝卜）、芋头、菜瓜、胡瓜（黄瓜）、冬瓜、瓠、蘑菇、芥菜、芸苔（即今油菜的一种）、胡荽（石勒曾改名为香荽，即今香菜）、兰香（一名罗勒）、荏（白苏）、桂荏（紫苏）、苋菜、蓼、薤白、竹笋、藕、茭菜、莼菜、邪蒿等。

在农村居住的人一般都是自己种植蔬菜以供食用。在城里居住的人也有一部分是在菜园中种植自己所需要的蔬菜，如南朝宋时大臣柳元景在南岸有数十亩菜园，守园人卖菜得钱二万送上，柳元景不收，说："我立此园种菜，以供家中啖

---

① 《资治通鉴》卷130，宋明帝泰始元年八月。
② 《齐民要术》卷9，《醴酪第八十五》。

尔。乃复卖菜以取钱，夺百姓之利邪。"① 梁蔡撙任吴兴太守时，则在斋前自种白苋紫茄，以供自己日常食用。② 不过在城中居住的大部分人是在市场上购买蔬菜，所以《齐民要术》中讲种植蔬菜宜在距城较近的地方，并具体讲种植何种蔬菜能卖到什么价钱，如胡荽一亩可产两车，一车值绢三匹。有的人专门以种植蔬菜为业，梁处士范元琰家中贫穷，就靠种植蔬菜来维持生活。③ 贩卖蔬菜的人也很多，而且分工很细，如梁吕僧珍的侄子即专门以贩葱为业。④

就烹饪技术而言，当时已发展到相当高的水平，即使是蔬菜也可做出许多花样。梁武帝萧衍信仰佛教，不宰杀牲畜，只吃素食，他曾在批驳臣下进言饮食过于奢侈时讲："变一瓜为数十种，食一菜为数十味，不变瓜菜，亦无多种，以变故多。"⑤ 但能将一种菜做成数十味佳肴，正可见其制作之精。《齐民要术》中专门有《素食》一节，记载制作瓠、茄子、紫菜、薤白、菌等各种蔬菜的方法。南朝齐文惠太子问常年食素的周颙："菜食何味最胜？"周颙说："春初早韭，秋末晚菘。"⑥ 吴郡人张翰在洛阳见到秋风一起，就想起家乡的菰菜、莼羹、鲈鱼脍，说："人生贵得适志，何能羁旅数千里以要名爵乎！"⑦ 遂辞去官职，返回故乡。张翰辞官固然有当时的政治背景，但亦可想见菰菜、莼羹的鲜美及其吸引力。

由于蔬菜的生产季节较强，因此如何贮存以供淡季食用，是历代都在寻求解决的问题。这一时期应用腌制法来保存蔬菜已相当普遍，据《齐民要术》记载有咸菹法、淡菹法、汤菹法、酿菹法、卒菹法、酢菹法等，可供保存的蔬菜有葵、菘、芜菁、芥菜、蒲、竹笋、芹菜、萝卜及冬瓜、越瓜等，保管得当，可以一直吃到春天。还有藏生菜法，将菜保存在地下，其上复以庄稼秆及土，可以过冬，即取即食，与鲜菜相似。对于前代的腌制方法，贾思勰还有所改进，如针对葵菜太脆，不宜腌制的特点，提出应在秋社日（立秋后的第五个戊日）前三十日下种，让葵菜经霜后再采，就较好贮存。

在汉代已出现的温室生产因战乱曾一度停顿，西晋时石崇与王恺斗富，以冬月能拿出韭潎虀而夸耀，但实际上是用捣韭根杂以麦苗做成的⑧，由此可知当时北方在冬天是没有新鲜韭菜的。不过，到北朝后期，在北方地区又开始恢复温室生产，据《三国典略》记载，北齐武成帝高湛的后宫嫔妃"衣皆珠玉，一女岁费万

---

① 《宋书》卷77，《柳元景传》。
② 《南史》卷29，《蔡廓传附孙撙传》。
③ 《梁书》卷51，《处士·范元琰传》。
④ 《南史》卷56，《吕僧珍传》。
⑤ 《梁书》卷38，《贺琛传》。
⑥ 《南齐书》卷41，《周颙传》。
⑦ 《晋书》卷92，《文苑·张翰传》。
⑧ 《世说新语·汰侈第三十》，"石崇为客做豆粥"条。

金,寒月尽食韭牙"①。尽管这则记载未提及温室,但在我国北方冬季有新鲜韭菜供应,而且价钱极高,应该是使用温室技术生产出来的。

肉食的种类很多,主要有猪、牛、羊、犬、马、驴等家畜和鸡、鸭、鹅等家禽,此外,还大量射猎兔、鹿、獐、野猪、雁、雀、鹌鹑等飞禽走兽和捕鱼捞虾以供食用。在出土的壁画及画像砖中就有当时屠宰牲畜的场面,辽宁朝阳袁台子东晋壁画墓中的屠宰图就画有两根立柱架一横枋,悬挂七个铁链钩、钩上挂有肉块、雉、鱼等,下有两只被捆绑待宰的黑猪,左面木柱拴一只羊。② 嘉峪关新城5号、6号、7号墓室画像砖中亦分别有宰杀猪、牛、羊及鸡鸭的情况。③

南、北方的物产不同,饮食习惯亦有所不同。除猪、羊、牛、犬、鸡等各地普遍饲养的家畜和家禽外,北方的羊比较多,而且这是游牧民族最喜食用的肉食,北魏孝文帝曾让从南方来的王肃比较羊肉与鱼羹的优劣,王肃为表示对北魏统治者的尊重并保持自己的身份,遂称羊肉为陆产之最,鱼为水族之长。④ 南方则除鱼虾等水产品之外,鸭、鹅等水禽较多,南朝陈开国皇帝陈霸先在与入侵的北齐军队决战前,得到侄儿陈蒨送来的3000斛米及1000头鸭,使将士得以饱餐,终于赢得决定性的胜利。⑤ 至于具体制作方法及对某些饮食品种的看法,则南方人与北方人既有一致的地方,又有不一致的地方。南朝宋时,在一次宴席上,当羹脍端上时,冀州人崔祖思说:"此味故为南北所推。"而吴郡人沈文季却说:"羹脍吴食,非祖思所解。"崔祖思引用《诗经》来说明北方亦有食用羹脍的传统,说,"炰鳖脍鲤,似非句吴之诗"。沈文季则引用西晋时陆机的话,讲:"千里莼羹,岂关鲁、卫。"这场争论最后是由萧道成来下结论:"莼羹故应还沈。"⑥ 即还是认为这是江南的饮食特色。不过,随着南北人员的往来,饮食习俗也在不断地进行着交流,南朝宋初,毛修之流落北方,他擅长烹饪,所做的羊羹被北魏尚书称为绝味,并进献给北魏太武帝,甚受赞赏,毛修之后升任太官尚书,专掌御膳的烹制。⑦ 这种将南方的烹饪技术与北方的原料结合起来的做法,在北魏中、后期有很大的发展,《齐民要术》中所记述多种羹脍的制作方法,正是南北饮食文化交流的结果。

前面已经提到,肉食在这一时期并不是很普及的,有时在统治集团内也感缺乏。西晋末期,琅邪王司马睿出镇建邺(今江苏南京),当时,"公私窘罄,每得

---

① 《太平御览》卷976,《韭》引《三国典略》。
② 辽宁省博物馆文物队等:《朝阳袁台子东晋壁画墓》,载《文物》1984年第6期。
③ 张朋川等:《嘉峪关魏晋墓室壁画》,人民美术出版社1985年版。
④ 《洛阳伽蓝记》卷3,《城南》。
⑤ 《资治通鉴》卷166,梁敬帝太平元年六月甲寅。
⑥ 《南史》卷47,《崔祖思传》。
⑦ 《宋书》卷48,《毛修之传》。

一豚，以为珍膳，项上一脔尤美，辄以荐帝（司马睿后称帝，是东晋的开国皇帝），群下未尝敢食"①。禁脔的典故即出于此。为保障农业生产的需要，有时政府下令禁止屠宰耕牛，南朝梁时官居九卿的傅昭，收到其儿媳家中送来的牛肉，就将儿子叫到跟前，说："食之则犯法，告之则不可，取而埋之。"②

据《齐民要术》记载，当时加工烹饪的手段主要有炙、炮、煎、炸、缹、烩、蒸、煮、烧、炖等方法，对于暂时不吃的肉食则制成腊脯、糟肉、肉酱或腌制后保存。

炙法是当时应用的主要加工方法，具体还分为棒（捧）炙、捣炙、腩炙、肝炙、牛眩（百叶）炙、跳丸炙、薄炙、衔炙、饼炙、酿炙、貊炙等。炙就是用明火直接烧烤，在部分炙法中还保留了原始饮食习俗的遗迹，如棒炙是用大牛的脊肉或小牛的脚肉，"逼火偏炙一面，色白便割；割遍又炙一面。含浆滑美。若四面俱熟然后割，则涩恶不中食也"③。不等熟透便割下食用正是为了保持牛肉本来的鲜嫩味道。貊炙则是将整个动物上火烤炙，再割块分食，是从北方及西北地区少数民族流传入中原的饮食习俗，因此亦称貊炙。在上层社会的宴饮中，食用烤炙食品相当普遍，如东晋宴席上将牛心炙视为美味，首先割给贵客。南朝齐高帝萧道成召江淹入中书省撰写诏书，赐给他鹅炙、美酒。不过在宴饮时这些贵人自己并不动手，而是由仆人在旁伺候。南朝齐时武陵王萧晔在与僚佐宴饮时自割鹅炙，就被视为不遵礼仪。④ 西晋顾荣与同僚宴饮，"见执炙者貌状不凡，有欲炙之色，（顾）荣割炙啖之。坐者问其故，荣曰：'岂有终日执之而不知其味！'"⑤ 嘉峪关6号墓中室西壁壁画即描绘出一个仆人执烤好的肉递给主人⑥，由此亦可推想顾荣当时的情况。

炮是裹着烧炙的方法，《齐民要术》中介绍了一种胡炮肉的做法，将肥白羊肉及脂油切细片，与浑豉、盐、葱白、姜、椒、荜拨、胡椒等调料拌匀，放入洗净翻过来的羊肚内，装满后缝好。挖一个中部凹下的坑。燃火将其烧热，取出灰火，将羊肚放入，把灰火放在羊肚上面，在灰火上再点火约煮一石米的时间就熟了。据说其味"香美异常，非煮、炙之例"⑦。从所用材料及制作方法来看，当出于北方游牧民族，故被称为胡炮肉。应该说这种烹饪方法也是这一时期随着游牧民族

---

① 《晋书》卷79，《谢安传附孙混传》。
② 《梁书》卷26，《傅昭传》。
③ 《齐民要术》卷9，《炙法第八十》。
④ 《南齐书》卷39，《刘瓛传附弟璡传》。
⑤ 《晋书》卷68，《顾荣传》。
⑥ 《嘉峪关魏晋墓室壁画》图52（见前）。
⑦ 《蒸缹法第七十七》。

一同进入中原,并在民族大融合的浪潮中成为中原地区的名菜之一。与胡炮肉情况相似的还有羌煮、胡羹等。

焦也是当时常用的一种烹饪手段,是用少量的水文火油焖,做出的肉肥而不腻,可以用来制作猪肉、鹅等肉食,亦可焦瓜瓠、汉瓜、菌、茄子等素菜。限于篇幅,其余几种与今天烹饪方法相近似的做法就从略了。

脯腊是较为方便的贮存肉食品的做法,脯是指将猪、牛、羊等大牲畜切成条、片后进行加工,腊则是鸡、鸭、鹅、雁、兔等小动物去除内脏后整个加工。依所加调料的不同,又可分为五味脯腊和甜脆脯腊。五味脯腊是用牛羊碎骨煮豆豉,沥去渣滓后,加入盐、葱白、花椒、姜、橘皮五味调料,用以浸泡肉条、肉片或整个动物,浸透后取出阴干,干好后放到库房,并罩上纸袋。在腊月时制作的,可以一直吃到夏天。这种做法一直流传到今天。甜脆脯腊是不加盐,将獐、鹿肉切成手掌厚薄的片,直接阴干,即成脆如凌雪的甜脆脯;将鸡、鸭、兔等用白汤煮熟后,放在箔上阴干,亦甜脆异常。

各种水产也是当时的主要副食品之一,主要有鲤鱼、魴鱼、鲫鱼、鲈鱼、鳝鱼、鳗鱼、鲋鱼、鲶鱼、乌贼鱼、比目鱼等鱼类及虾、蟹、蚶、蛎等。南方河道纵横,水产丰富,价格低廉,鱼类及其他水产自然成为人们的日常食品。在北方也有河流出产品种很好的鱼,如流传的民谚中讲:"伊洛魴鲤,天下最美;洛口黄鱼,天下不如。"① 但总的来说,北方河流湖泊较少,水产品亦远少于南方。西魏时陆政性情至孝,母亲是南方人,喜好食鱼,"北土鱼少,政求之常苦难,后宅侧忽有泉出而有鱼,遂得以供膳。时人以为孝感所致,因谓其泉为孝鱼泉"②。除去河流湖泊中自然生长的鱼类之外,当时也有人工进行养殖的记载,《齐民要术》中就将养鱼单列为一节。不过,贾思勰只是引用了伪托范蠡所撰的《陶朱公养鱼法》,未提及当时人的著作,自己也未加以评论。似可认为当时有关这一方面的论著尚少,而且在北方人工养鱼极少。另据《水经注》记载,东汉时习郁在襄阳依照范蠡养鱼法建有大、小鱼池,进行人工养殖,到西晋时其子孙仍保持原有的园池,成为当地的名胜之一,并被称为习家池。③

有些人钓鱼以供食用,如南朝陈时吴郡人张昭因父亲患有消渴症,喜食鲜鱼,遂自己结网捕鱼,以供父亲食用。④ 东晋名将谢玄亦曾在军旅之暇亲自钓鱼做鲊送给妻子,成为千古佳话。⑤ 也有人嗜好钓鱼,而并不以此谋利,南朝王弘之在上虞

---

① 《太平御览》卷936,《鲤鱼》引《河洛记》。
② 《周书》卷32,《陆通传附父政传》。
③ 《水经注》卷28,《沔水(中)》,王国维校本,上海人民出版社1984年版。
④ 《陈书》卷32,《孝行·张昭传》。
⑤ 《太平御览》卷862,《鲊》。

（今属浙江）江边垂钓，"日夕载鱼入上虞郭，经亲故门，各以一两头置门内而去"①。不过，大多数人是在市场上购买鱼的，随品种不同及与产地的距离远近，价格相差甚多，如南朝宋后期，淮河流域为北方所统治，"江南无复鳆鱼，或有间关得至者，一枚直数千钱"②。一般的讲，鲜鱼价格稍高，而经腌制的干鱼则价格较低廉，成为贫寒之家或清廉官吏的饮食。如《梁书·良吏传》记载当时被誉为清公天下第一的何远，"江左多水族，甚贱，远每食不过干鱼数片而已"。南朝齐时乐颐之为母亲做数种鱼羹，而自己与客人只吃枯鱼菜菹，成为传诵一时的孝子，后被列入孝义传。

鱼的制作方法很多，可以煎、炸、烩、蒸及制成鱼脯、鱼酱、鱼鲊（类似于今天的糟鱼）等，但最多的还是做成羹臛。③ 前面已提到张翰所思念的莼羹、鲈鱼脍就是将鲈鱼切细，与莼菜一起做成美味佳肴。《齐民要术》中记载有食脍鱼莼羹的制作方法，虽不是用鲈鱼来做，但具体讲述了烹饪过程及烹饪中需要注意的问题，使我们能大致了解这种羹的做法。《齐民要术》羹臛类中还记述了菰菌鱼羹、鳢鱼臛、鲤鱼臛、鳢鱼汤等的做法。还应该提到的是逐夷，这是用鱼肠制作的酱，据说是汉武帝时追逐夷人到海边而发现的，故称逐夷。使用石首鱼、鲨鱼、鲻鱼三种肠、肚、胞以盐腌制而成。④ 亦有用蜜浸制的，南朝宋明帝就好食蜜渍逐夷。⑤

与喜好吃鱼的南方人相比，北方人，尤其是进入中原地区的游牧民族更喜欢吃牛羊肉。不过，南北朝时期南北人员流动频繁，许多投靠北魏政权的南方人将喜好吃鱼的习惯也带到北方。这些南方人多被安置在洛阳城南的四夷馆和四夷里居住，邻近洛水上的永桥，为适应他们的需求，在这里设立的四通市上水产品十分丰富，城里人要吃鱼都要到这里来购买，因此，洛阳人又将四通市称为鱼鳖市。当时流传的民谣称："洛鲤伊鲂，贵于牛羊。"⑥ 表明对水产品的需求相当可观，可以说这正是南北人员的流动所带来饮食习俗交流的结果。

各种佐料是保证烹制出来的食品香美可口的必要辅料，当时常用的佐料有葱、姜、蒜、茱萸、花椒、橘皮、橘叶、木兰⑦、桂皮、白梅、胡荽、葱头、胡椒、胡

---

① 《宋书》卷93，《隐逸·王弘之传》。
② 《南史》卷28，《褚裕之传附兄孙彦回传》。
③ 在不同的文献中羹、臛的含义不同，有时区别较大，有时则较小。一般来说，羹的汤较多，其中有菜；臛所含的汤较少，以肉为主，多数没有菜。
④ 《齐民要术》卷8，《作酱等法第七十》。
⑤ 《南史》卷3，《宋本纪（下）》。
⑥ 《洛阳伽蓝记》卷3，《城南》。
⑦ 据缪启愉《齐民要术校释》，木兰为木兰科落叶乔木，树皮味香辛，当时被作为香味料使用，与桂皮相似。

芹、荜拨、安石榴、酒、醋（亦称苦酒）、蜜、酱、豆豉等。需要指出的是当时在烹饪中豆豉的应用相当广泛，与盐并称为盐豉，是居家饮食的必备之物，故在《齐民要术》中专有一节介绍制作豆豉的方法。在烹制菜肴中有时直接使用豆豉，但多用豉汁。还需要一提的是八和齑，这是一种复合调料，因其采用蒜、姜、橘皮、白梅、熟栗黄、粳米饭、盐、酢等八种原料制成，故称八和齑。其制作已相当讲究，不仅选料精细，而且对配料比例和制作顺序及做法都有具体规定，按照此方法就能制出香美适度的调味品。至于胡椒、荜拨、安石榴等则主要应用于胡炮肉、胡羹等外来饮食的制作中，一般菜肴中很少使用。

蜂蜜是当时的主要甜味剂，可以调制蜜浆以作为饮料，亦可渍制梅子、逐夷等，还可作为烹饪时的调味品。据说三国时，蜀人在饮食中就喜欢加蜜助味。[1] 用麦芽糖化淀粉后煎成的饴、饧则多用于寒具、膏环等主食的制作。三国时期，岭南地区虽出产甘蔗，但尚不知榨汁制糖，因此，西域出产的石蜜（用甘蔗制成的冰糖）在中原及江南地区都被视为珍稀之物。魏文帝曹丕在与群臣的诏书中极力贬低东吴的物产，说："南方龙眼荔枝，宁比西国蒲桃石蜜。"[2] 还曾派使者送石蜜给孙权，以事炫耀。不过至迟到北朝时期，岭南地区已经知道制取石蜜的方法，而中原地区直到唐朝才能生产蔗糖。

第四节　饮料与果类

酒是这一时期最流行的饮料，其消费数量远大于秦汉时期，这与当时的社会风尚是联系在一起的。在这战乱离散的时期里，有许多人深切地感受到生命的短暂，因而放纵自己，尽情享乐，酒在其中起到相当重要的地位，"何以解忧，唯有杜康"成为这一时期大部分文士的共识。魏晋之际的竹林七贤更是将饮酒的风气推向高潮，当然，在他们放达酣饮的背后，还与当时政局有着密切的关系，关于

---

[1]《北堂书钞》卷147，《蜜》"蜀人着蜜助味"条引魏文帝与群臣诏书："新城孟太守道，蜀猪、羊、鸡、鹜味皆淡，故蜀人作食，喜着饴蜜，以助味也。"
[2]《太平御览》卷857，《蜜》引。

此点，前贤已有论述①，这里就不多讲了。自此以后，饮酒由一种个人行为逐渐演变为集团行为，并被视为名士的标识之一，"名士不必须奇才，但使常得无事，痛饮酒，熟读《离骚》，便可称名士"②。

在这种社会风气之下，出现许多酒量极大的人，如竹林七贤之一的山涛饮酒至八斗方醉，而刘伶自称："天生刘伶，以酒为名，一饮一斛，五斗解酲。"③ 东晋名臣周𫖮："在中朝时，能饮酒一石，及过江，虽日醉，每称无对。"④ 竹林七贤中的阮咸与宗族聚会时，"不复用常杯斟酌，以大瓮盛酒，围坐，相向大酌"⑤。西晋毕卓甚至说："得酒满数百斛船，四时甘味置两头，右手持酒杯，左手持蟹螯，拍浮酒船中，便足了一生矣。"⑥ 身为吏部郎的毕卓夜里闻到酒香，知道邻居家的酒已酿好，就自己跑到酒瓮前去偷饮，被人当贼抓起来，到第二天才发现抓的原来是毕吏部。毕卓被放开后还不走，与主人又在酒瓮前痛饮一场，喝得酩酊大醉才离去。

一些名士终日沉湎于酣醉之中，阮籍为躲避与司马氏联姻、曾一连大醉六十日，使得别人无法提及此事。前面已提到的周𫖮，虽出任尚书右仆射，但终日徘徊于醉乡，"只有姊丧三日醒，姑丧三日醒，大损资望"⑦。他因此而被当时人称为"三日仆射"。如此处理政务，难免会误事，有些人对此就很不以为然。王导曾因晋元帝司马睿喜好饮酒而流泪苦谏，"帝乃命左右进觞，饮而覆之，自是遂不复饮"⑧。据说元帝将杯中酒倒入池中，那个水池遂被名为覆杯池。

由于消费的需求很大，酒类的生产量也相当可观，东晋时一郡断酒一年，就省米百余万斛，超过本郡的田租数。⑨ 由于酿酒需要耗用大量的粮食，故此在灾荒之年，各政权禁酒的诏令屡见于史籍。有时禁酒的法令极其严厉，如刘备在益州时因天旱而禁酒，家中藏有酿酒器具者，与做酒者同罪。⑩ 在丰收时亦有下令禁酒的，北魏文成帝太安四年（458年），因百姓在丰收后酗酒闹事及议论朝政，曾下令禁酒，规定"酿、沽、饮者皆斩之"⑪。

---

① 参见鲁迅《魏晋风度及文章与药及酒之关系》，王瑶《文人与酒》，收入《中古文学史论》，北京大学出版社1986年版。
② 《世说新语·任诞第二十三》"王孝伯言"条。
③ 《晋书》卷49，《刘伶传》。
④ 《晋书》卷69，《周𫖮传》。
⑤ 《世说新语·任诞第二十三》。
⑥ 《晋书》卷49，《毕卓传》。
⑦ 《语林》，周楞伽辑注本，文化艺术出版社1988年版。
⑧ 《世说新语·规箴第十》"元帝过江犹好酒"条刘孝标注引邓粲《晋纪》。
⑨ 《全上古三代秦汉三国六朝文·全晋文》卷24，王羲之《杂帖》三。
⑩ 《三国志》卷38，《简雍传》。
⑪ 《魏书》卷111，《刑罚志》。

在这一时期实行榷酤（即不允许私人酿酒及买卖，全部由国家专卖的制度）的时间不长，因此在未下令禁酒时，大部分时间是允许百姓酿酒自用或出售的。由于酿酒技术并不复杂，所以当时私人自酿自饮的现象相当普遍，而且数量相当可观。著名田园诗人陶渊明在任彭泽县令时，"在县公田悉令种秫谷，曰：'令吾常醉于酒足矣。'妻子固请种粳，乃使一顷五十亩种秫，五十亩种粳"[1]。有一次他所酿的酒熟时，就摘下头上戴的葛巾来滤酒，滤完后，仍戴在头上。晋时以好饮著称的孔群则在与其亲友的信中讲："今年田得七百斛秫米，不了曲糵事。"[2]

除私人自己酿制外，当时产、销合一的酒店、酒肆的数量也很多。如西晋时阮修性情简傲，在洛阳"常步行，以百钱挂杖头，至酒店，便独酣畅"[3]。不仅城中随处可见，在乡间也分布颇广。从汉代画像砖中亦可看到这种产、销合一的酒肆，四川新都县出土的东汉画像砖就记录了酿酒作坊生产的情况，垒土为垆，垆内有三个酒瓮，垆内侧有一大釜，一妇女伸手在釜内进行操作，其旁有一男子在协助酿酒。屋外有一人挑两酒瓮，一人推独轮车正在离去，据认为是贩酒者。彭县的一块画像砖则描绘出人们到酒肆沽酒的情况。[4] 陶渊明隐居乡下，始安太守颜延之，"留二万钱与（陶）潜，潜悉送酒家，稍就取酒"[5]。在北魏时期的洛阳，酒类的生产与营销被集中到大市西侧，在市西有退酤、治觞二里，里内之人多酝酒为业。当时洛阳的里坊规划得相当整齐，一个里坊约居住500—1000户，由此可见当时专门从事酿酒业的人数之多了。

这一时期的名酒首推以酃湖（今湖南衡阳市东）水酿制的酃酒。酃酒在三国吴时期即已闻名于世，左思《吴都赋》在介绍江南名产时特意提及："飞轻轩而酌绿酃，方双罍而赋珍饈。"西晋平吴后，在引吴主孙皓登殿庆贺的次日，即将酃酒作为战利品献于太庙。因此西晋张载《酃酒赋》中称其："播殊美于圣代，宣至味而大同。"东晋时期，酃酒一直作为太庙的祭祀用酒，到南北朝时，酃酒仍被列为贡酒，[6] 足见其质量稳定，历久而不衰。河东人刘白堕所酿的"鹤觞酒"则是北魏时期的名酒，他所酿的酒在盛暑时于太阳下曝晒一周而味道不变，"饮之香美，而醉经月不醒"[7]。京师朝贵在外出时，多携带此酒以作为馈赠亲友的礼品。据说南青州刺史毛鸿宾携酒上任，路逢劫盗，但那些劫盗饮酒即醉，都被擒获，故此

---

[1] 《晋书》卷94，《隐逸·陶潜传》。又，《宋书》卷93本传作"二顷五十亩种秫"。
[2] 《世说新语·任诞第二十三》"鸿胪卿孔群好饮酒"条。
[3] 《晋书》卷49，《阮籍传附从子修传》。
[4] 《中国美术全集·绘画编》（18）·画像石像砖》图195、图196及袁曙光所撰释文；并参见刘志远等撰《四川汉代画像砖与汉代社会》，文物出版社1983年版。
[5] 《宋书》卷93，《隐逸·陶潜传》。
[6] 《水经注》卷39，《耒水》。
[7] 《洛阳伽蓝记》卷4，《城西》。

又名此酒为"擒奸酒"。并说游侠还相互传告："不畏张弓拔刀,唯畏白堕春醪。"由此又可看到当时的经营者已知道利用这些传言来提高商品的知名度,从而促进其销售。

当时一些个人或家族所酿的酒味道醇美,为世人所称道,其酿酒方法亦流传到社会上,形成以个人或家族名字命名的酒和酿酒方法。如朗陵何公夏封清酒中的朗陵何公即指西晋何曾,其讲究饮食的情况在本章的第一节已提及;《齐民要术》中讲到白醪曲时就特意称其为皇甫吏部家法,可知这种酿制方法系由皇甫氏家族传出。

在《齐民要术》中特别记述了制作白堕曲方饼法,显见是刘白堕技术高超,产品销路甚好,故仿效者颇多。《齐民要术》中还记载了包括酃酒在内的许多当时较有名气和常见酒的制作方法,如河东颐白酒、九酝酒、秦州春酒、朗陵何公夏封清酒、桑落酒、夏鸡鸣酒、黍米酒、秫米酒、糯米酒、粱米酒、粟米酒、粟米炉酒、白醪、黍米法酒、秫米法酒、当梁法酒等,还有酿造时间长而酒精含量较高的祭米酎、黍米酎。在酒中加入五茄皮、干姜、安石榴、胡椒、荜拨、鸡舌香等药物,则制成功能各异的药酒。当时人对于酿酒工艺的了解已相当深入,在《齐民要术》中就记载了九种制酒用曲,分为神曲、笨曲、白醪曲和白堕曲四类,其中五种神曲和白醪曲是以蒸小麦、炒小麦和生小麦按不同比例配制而成,两种笨曲是单用炒小麦制成,白堕曲则用生、熟粟按1:2的比例配制而成。这些酒曲因原料与配制方法不同,功效与用途也各不相同,有的专用于春、夏季,有的则适用于秋、冬季。可见通过在生产实践中的多次改进,这一时期的酿造工艺已达到相当高的水平。

还需要提及的是葡萄酒,葡萄原产于西域,当地人很早就知道用葡萄酿酒。西汉时葡萄及葡萄酒传入中原地区,葡萄虽曾引种成功,但数量很少,葡萄酒则多作为贡品进入中原。到这一时期,葡萄及葡萄酒仍被视为珍品。魏文帝曹丕在诏书中列数葡萄的优点后,又讲:"又酿以为酒,甘于麹蘖,善醉而易醒,道之固以流涎咽唾,况亲食之耶。"① 这一时期,西域地区继续保持酿造葡萄酒的传统,富人家藏葡萄酒可达千斛之多。② 但由于战乱割据,道路交通不便,葡萄酒进入中原地区的数量极少,只有凉州地区距西域较近,饮用葡萄酒的机会稍多。《齐民要术》中记载了葡萄的种植方法,但未述及葡萄酒的酿造,似可认为在中原地区虽已出产葡萄,但尚未开始酿制葡萄酒。

这一时期是饮茶习俗由南向北逐渐推广普及的时期。茶原产于我国西南地区,

---

① 《太平御览》卷972,《蒲萄》引《魏文帝诏》。
② 《晋书》卷122,《吕光载记》。

在汉代以前已被发现可供人饮用,① 到汉代已在西南地区广为流传,并为中原地区的人所知晓。不过,最初是注重茶的药用性,西汉司马相如《凡将篇》中就将茶与桔梗、款冬、贝母、白芷等20余种药物列在一起。

魏晋时期,茶的流传范围进一步扩大,同时这也是其由药物而渐转变为人们日常饮料的阶段。三国魏时人张揖《广雅》中记述了茶的制作与饮用过程,"荆、巴间采叶作饼,叶老者,饼成以米膏出之。欲煮茗饮,先炙令赤色,捣末置瓷器中,以汤浇,覆之,用葱、姜、橘子芼之。其饮醒酒,令人不眠。"《三国志·韦曜传》记载:"(孙)晧每飨宴,无不竟日,坐席无能否率以七升为限,虽不悉入口,皆浇灌取尽。曜素饮酒不过二升,初见礼异时,常为裁减,或密赐茶荈以当酒。"从这一记载可看到当时已开始将茶作为宴席饮料,只是这种情况还很不普遍。

西晋时茶的饮用范围逐步扩大,进入了一般家庭,左思的《娇女诗》就记述其女急于喝茶的样子,"心为茶荈剧,吹嘘对鼎䥶。"② 在市场也可以买到茶,晋惠帝时太子司马遹指使属下贩卖茶、菜等物,太子洗马江统曾上疏予以劝谏。③ 当时在洛阳市场上还有蜀地的老妇贩卖茶粥,被市中官吏打破其器物,因而引起纠纷。④ 八王之乱爆发后,晋惠帝被胁出走,颠沛流离,"有一人持瓦盂承茶,夜暮上至尊,饮以为佳"⑤。西晋战乱后,任瞻从中原避难到江南,王导与诸名士到石头城去迎接,一坐下就设茶饮,这些足以说明茶已在一定的范围内得到人们的承认,成为家庭的饮料之一。

东晋以后,在南方地区饮茶已形成风气。"晋元帝时,有老姥每旦擎一器茗往市鬻之,市人竞买。"⑥ 而且茶也逐渐成为招待客人的必备饮料,"寒温既毕,应下霜华之茗"⑦。一般来说,以茶待客的人多较为节俭,如史称曾控制朝政的权臣桓温,"性俭,每宴惟下七奠柈茶果而已"⑧。而吏部尚书陆纳以茶果招待卫将军谢安,则更是古代廉吏史上的一段佳话。至于王濛则不仅自己好饮茶,而且强迫客人陪饮,"人至,辄令饮之,士大夫皆患,每欲往候,必云:'今日有水厄'"⑨。

---

① 《华阳国志》卷1,《巴志》记载,西周初,巴蜀地区已将茶作为进奉的贡品。许多研究者据此认为当时已发现茶叶的功用,并以此作为中国是茶树原产地的证据之一(参见吴觉农编《茶经述评》,农业出版社1988年版),但也有一些研究者对此持否定态度。
② 《先秦汉魏晋南北朝诗·晋诗》卷7。
③ 《太平御览》卷867,《茗》引《江氏传》。
④ 傅咸:《司隶校尉教》,《全晋文》卷52。
⑤ 《北堂书钞》卷144,《茶篇八》,"饮以为佳"条引《四王起事》。
⑥ 《太平御览》卷867《茗》引《广陵耆老传》。
⑦ 《茶经》卷下,《七、茶之事》引弘君举《食檄》。
⑧ 《晋书》卷98,《桓温传》。
⑨ 《太平御览》卷867,《茗》引《世说新语》。

从王濛之事又可看出在饮茶习俗逐步推开的同时，有相当一部分人对饮茶还不很习惯，而以后"水厄"则成为茶的贬义代名词。但南朝梁的萧正德逃到北魏后，元乂以"水厄"作为茶的代称，萧正德不明其意，误以为是乘船落水。这固然可表明萧正德不学无术，同时亦可认为随着饮茶习俗在江南的进一步普及，在社会上已很少使用这种带有贬义的称谓。

当饮茶在南方蔚然成风时，在少数民族统治的北方地区却颇受排斥，在那里流行的是北方游牧民族渴饮酪浆的习俗。因卷入宗室内乱而被迫逃到北魏避难的王肃最初仍保持在江南的饮食习惯，"不食羊肉及酪浆等物，常饭鲫鱼羹，渴饮茗汁"①。北方人对此很不以为然，传说王肃能饮茶一斗，因此称他为"漏卮"。数年后，王肃为适应环境，逐渐改变了自己的饮食习惯，在朝会时也能大吃羊肉酪粥。当北魏孝文帝询问王肃鱼羹与羊肉及茶与酪浆的优劣时，王肃为表示对北方政权的尊崇，将羊肉比作齐、鲁大邦，鱼羹比作邾、莒小国，并讲："唯茗不中，与酪作奴。"于是北方鄙视饮茶的人又将茶称为"酪奴"，与"水厄"并用。虽然有些北方的士大夫仰慕王肃的风度，也养成饮茶的习惯，但却遭到权贵的讥笑，"自是朝贵宴会，虽设茗饮，皆耻不复食，唯江表残民远来降者好之"。由此可以看到，茶作为一种饮料，已进入北方上层社会的宴会之中，但还相当不普及。

一般论著多看到东晋南朝时期已形成了饮茶习俗，并向北方传播的事例，遂认为茶是这一时期流传到北方的。但从上面所引西晋时的记载可以看出，茶在西晋时已进入中原地区。对于终日清谈的名士，具有提神消渴解烦作用的茶显然是颇有吸引力的，尤其是对那些酒量不佳的名士来说。王导迎接任瞻时设茶，并非是遵循江南的习俗，而是出于这些名士在洛阳的习惯，所以任瞻询问："此为茶？为茗？"引起众人的诧异，如原本不饮茶，则众人不会认为他有失常态。② 与其同时的名士刘琨在战乱发生后留在北方，曾写信给侄子刘演，嘱其致信南方索要真茶。③ 足以说明这些名士原已有饮茶习惯，并非是到南方才开始饮茶；同时还说明留在北方的人因商业停顿，已很难再得到茶叶。因此，笔者认为西晋时期茶在中原地区已经具备初步流行的趋势，其过程的中断首先是由于战乱影响了商业交换的进行，使得原本不出产茶叶的中原地区难于得到茶叶的供给；其次是作为统治者的北方游牧民族渴饮酪浆的习俗在社会上占据了统治地位；再次是先前已开始

---

① 《洛阳伽蓝记》卷3，《城南》。

② 还需要注意的是，当时对茶与茗的含义确实有不同的解释。郭璞《尔雅注》称："树小似栀子，冬生，叶可煮羹饮。今呼早取为茶，晚取为茗，或一曰荈，蜀人名之苦茶。"郭义恭《广志》讲："茶丛生，直煮饮为茗荈。茱萸、檄（恐系栀子之误）子之属，膏煎之，或以茱萸煮脯冒汁为之，曰茶。有赤色者，亦米和膏煎，曰无酒茶。"任瞻之问似并非全无所本。

③ 《太平御览》卷867，《茗》引《晋刘琨与兄子南兖州刺史演书》。

饮用茶叶的北方士族大部分避乱迁徙到江南。而这些领导社会消费潮流的名士迁徙到江南①，对推动江南饮茶习俗的普及则起到很大的作用。

道教与佛教的流行对于饮茶习俗的推广也起到不小的作用。许多道教著作以及本于方士的传说都提到饮茶的功效，陶弘景《杂录》："茗茶轻身换骨，昔丹丘生、黄山君服之。"②壶居士《食忌》："苦茶，久食羽化。"《神异记》中讲人入山采茗遇到道士，《天台记》中讲服大茗可以生羽翼等，将饮茶的效用吹的神乎其神。饮茶可以成仙显然是无稽之谈，但其确有提神、消渴、解烦等作用，因此茶叶在南方民间的普及，不能忽视道教对其的宣传作用。佛教僧人终日诵经、论辩，而且东晋南朝时期的佛教与玄学有着千丝万缕的关系，因此佛教僧人饮茶的记载亦不少，但其对饮茶的宣传推广作用显然不如道教。

在这一时期，人们饮用的茶叶主要采摘于野生茶树。③现代茶叶研究工作者近年来在我国西南地区发现多处野生茶树，在云南勐海发现的野生大茶树树龄已有1700年，正相当于这一时期。④从现存文献看，发现茶树并予以采摘、饮用最早的地区是巴、蜀、南中地区，⑤与近年来的研究发现基本上是一致的。而随着饮茶习俗的推广，社会需求促使人们寻找、发现，遂在今湖北、江苏、浙江等地陆续发现茶树⑥，从而保证了江南人民的饮茶需要。北方在这一时期基本上还不出产茶叶，因此贾思勰在《齐民要术》中将茶安排在卷十《五谷、果蓏、菜茹非中国物产者》中，这在很大程度上制约了茶叶在北方普及的可能性。

最后谈谈茶叶的名字。茶，在这一时期被写作"荼"或"榎"字，荼字使用的范围较广，《本草》、《齐民要术》等专门著作中则以茶树为木本，故从木，写为榎，至唐代中期以后，才被确定为今天的"茶"字。但现存这一时期的文献由于经过后人传写、翻刻，已多改为今天所用的茶字，不可因此而误认为当时已经使用"茶"字。此外，檟、荈、茗、莕等亦被用来作茶的名字。⑦

酪浆原是北方及西北游牧民族的常用饮料，在汉代尚不流行于中原地区，因此刘细君远嫁乌孙，作歌以寄悲苦之情，其中提到："穹庐为室兮旃为墙，以肉为

---

① 《晋书》卷65，《王导传》："（苏峻乱后，）时币藏空竭，库中惟有练数千端，鬻之不售，而国用不给。（王）导患之，乃与朝贤俱蓍练布单衣，于是士人翕然竞服之，练遂踊贵。乃令主者出卖，端至一金。其为时所慕如此。"

② 本段引文皆出自《茶经·七之事》，《太平御览》卷867，《茗》。

③ 目前有关人工栽培茶树的记载首见于唐代陆羽所撰的《茶经》。

④ 参见吴觉农主编《茶经述评》第一章《茶的起源》，中国农业出版社1987年版。

⑤ 据《华阳国志》记载，涪陵、南安、武阳、什邡、平夷等地都出产名茶或好茶。另，西晋人傅巽《七诲》列举各地特产时称"南中茶子"。

⑥ 参见张泽咸：《汉唐时期的茶叶》，《文史》第十一辑。

⑦ 《茶经·一之源》。

食兮酪为浆。"① 将酪浆完全作为异族的食品，表明当时在中原地区还很少食用。到魏晋时期情况已完全不同，以豪奢著称的王济指着羊酪向江南来的陆机进行炫耀②，则说明酪浆已经进入汉族人民的饮食之中，而且被视为美味，但在中原地区数量不多，也不普及，否则王济这样的人就绝不会用来夸耀。而南方人对于酪则十分不习惯，食后会引起呕吐或得病。③ 五胡十六国及北朝时期，由于北方游牧民族占据统治地位，他们素喜食用的酪浆在饮食中也占有着十分重要的地位，这在前面茶的部分已经提到，就不加重复了。在《齐民要术》中记载有制作酥酪、干酪的方法，今天牧民手工制酪的方法仍与之类似。

这一时期的果类数量相当多，据《齐民要术》记载当时中原地区所种植的即有枣、桃、樱桃、葡萄、李、梅子、杏、梨、栗、榛、柰、林檎（沙果）、柿子、安石榴、木瓜、茱萸等，中原以外地区出产的还有枇杷、甘蔗、杨梅、椰子、槟榔、橄榄、龙眼、荔枝、益智、芭蕉等。

当时在城市、宫苑、园林、寺院及住宅等处都种有许多果树。东晋孝武帝时修建的新宫，"城外堑内并种橘树，其宫墙内则种石榴"④。北魏洛阳城内外种植了各种果树，有的品种相当好，据《洛阳伽蓝记》记载，白马寺的甜石榴每个重达七斤，成为送礼的佳品，得到的人都舍不得吃，有时一个石榴辗转经历数家，洛阳流传的民谣称："白马甜榴，一实值牛。"报德寺的含消梨一个可重十斤，水分颇高，如从树上落到地下，就尽散为水。在华林园内的百果园中，珍品甚多，如仙人枣长五寸，以手握住，两头都露出来，核细如针，味道极美；还有传说出自昆仑山的仙人桃等。有些私人种植的果树相当多，并以此作为家产，如北魏宗室元欣"好营产业，多所树艺，京师名果皆出其园"⑤。三国吴时李衡曾派人在武陵龙阳汜洲种植柑橘千株，在临死前对儿子说："汝母恶我治家，故穷如是。然吾州里有千头木奴，不责汝衣食，岁上一匹绢，亦可足用耳。"⑥ 在橘树长成后每年可得绢数千匹，家道富足。因此，以后又将橘树称为木奴。

除食用鲜果外，还有相当一部分被制成蜜饯、果脯或果粉。当时多用蜂蜜浸制果类，如梅子、木瓜、枸橼、橄榄、益智等，可以延长其食用期，并使味道更加可口。将枣、柰等切开，晒干，即成枣脯、柰脯。此外，还可将枣、柰、杏、林檎等制成果粉，当时称为麨，其制法《齐民要术》中皆有记载，现引酸枣麨的

---

① 《汉书》卷96（下），《西域传（下）》。
② 《世说新语·言语第二》。
③ 《世说新语·排调第二十五》，"陆太尉诣王丞相"条。
④ 《建康实录》卷9，《烈宗孝武帝》注引《苑城记》。
⑤ 《北史》卷19，《献文六王传》。
⑥ 《三国志》卷48，《三嗣主传》裴松之注引《襄阳记》。

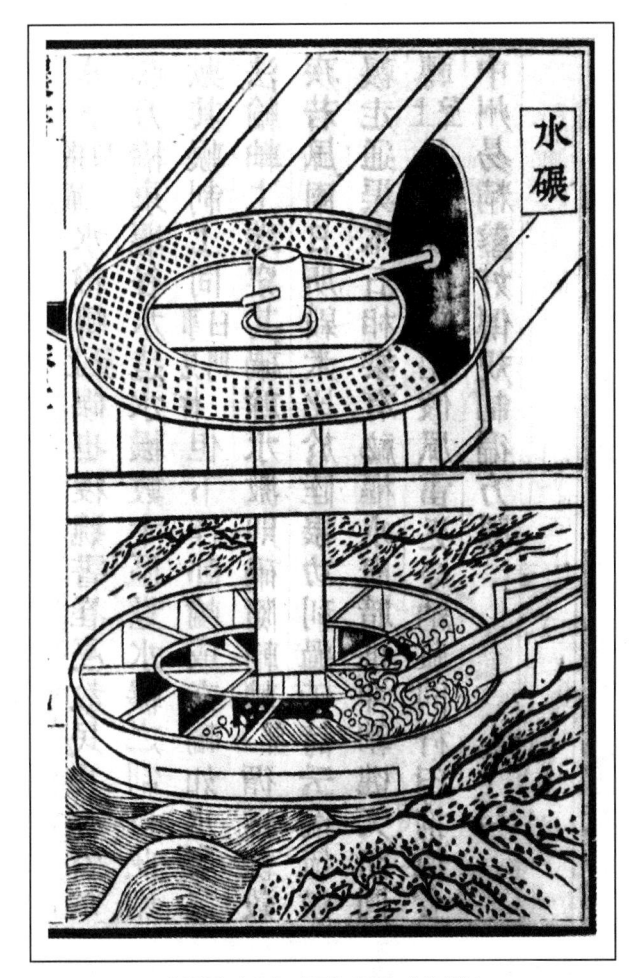

水碾图（采自［元］王祯《农书》）

制作方法："多收红软者，箔上日曝令干。大釜中煮之，水仅自淹。一沸即滤出，盆研之。生布绞取浓汁，涂盘上或盆中。盛暑，日曝使干，渐以手摩挲，散为末。以方寸匕，投一碗水中，酸甜味足，即成好浆。远行用和米麨，饥渴俱当也。"其余果麨的制法大同小异，大体类似于今天用于冲服的粉末状饮料，亦是当时的常用饮料。与炒熟的米粉相拌，则可作为外出时的干粮。

第四章
城市、宫苑与园宅

这一时期连绵不断的战争给城市带来反复的破坏，当新的政权稳定后，又开始恢复重建，而在重建过程中，则形成了新的风格特点。此外，在北方曾建立起多个以少数民族为主体的政权，因此，有许多少数民族的习俗也传入中原地区。玄学的兴起对这一时期的园林建筑风格有着很大的影响，佛教的发展则形成了遍布全国的寺院及其附属建筑，而坞堡是人们在躲避战乱时所采取的一种聚居形式。凡此种种，构成了这一时期人们在居住方面的特点，以下将分别予以论述。

第一节　城市

这一时期的特点之一就是作为政治、经济、文化中心的城市曾屡遭破坏，然后又被修复起来。在主要城市中，除建康外，长安、洛阳、邺城等都曾遭到两次以上的毁灭性破坏，但又都重新恢复起来，并且在城市布局等方面形成了新的风格。其中，洛阳可算是最典型的一个。

洛阳作为东汉的都城，其布局在一定程度上沿袭了西汉的传统，宫殿区分为两部分，即南、北二宫，不过已开始将宫城由城市的边缘移到城市的中轴线。汉末的战乱中，董卓纵容部下烧毁洛阳城周围百里内的屋舍，"又自将兵烧南北宫、府库、民家，城内扫地殄尽"①。魏、晋时期重建洛阳时，城垣的位置基本未变，但在城市布局上则有所变化，废除了东汉的南宫，将宫城安置在城市北部的正中位置，为加强防务，加厚了西、北部的城垣，并在西北隅兴建了坚固的金墉城，以控制城市的制高点。在城内除官府衙署外，还有着许多王公大臣的宅第，他们的居住较为集中。此外，由于这一时期统治者加强对劳动力的控制，在城中及城周还有大量的平民百姓，分里居住，由里吏加以管理。在洛阳有三个从事商业活动的市，"大市名金市，在大城中，马市在城东，阳市在城南"②。其中只有金市在城中，位于宫城以西，亦称西市，其余两市都在城外，亦依据其方位称东、南市，与西汉时尚沿袭的前朝后市有了很大区别。虽然洛阳在西晋末期的战乱中又毁坏严重，但其风格却为东晋、南朝的都城建康所沿用，如宫城的位置、城周设有防护性的小城以及市场的安排等。其后，北魏孝文帝重建洛阳时，又以建康为蓝本，因此，北魏时期的洛阳在很大程度上保持了魏晋时期的风格，同时又形成了一些新的特点。下面就以北魏时期的洛阳城作为典型进行分析。

洛阳的地形是"南临洛水，北据邙山"③，经过考古勘查，目前汉魏洛阳城的城垣遗址还保存有东、西、北三面垣墙，南垣已因洛水北移而被冲毁。其中北垣最厚，约25—30米，西垣其次，约20米左右，东垣最薄，约14米左右。全城呈不规则的长方形，南北较长，据70年代进行的测量，西垣残长4290米，北垣全长3700米，东垣残长约3895米，加上推算出的南垣长度，并减去金墉城的长度，折合西晋时的30里，与《元康地道记》中"城内南北九里七十步，东西六里十步"④的记载大致相符。在城外有护城河环绕城垣，引谷水流入，最后注入洛水，护城河宽约18—40米，根据现存遗迹并结合文献，护城河的一支在西垣阊阖门处分流入城，另一支横穿金墉城后自北垣大夏门注入城中，都流经城中并从地势较低的东垣流出，再注入城东的护城河中。"西通谷水，东连阳渠，亦与翟泉相连。若旱魃为害，谷水注之不竭；离毕滂润，阳渠泄之不盈。"足见当时已经较好地解

---

① 《三国志》卷6，《董卓传》裴松之注引华峤《汉书》。
② 《太平御览》卷827，《市》引陆机《洛阳记》。
③ 应璩：《与程文信书》，《全三国文》卷30。
④ 《续汉书·郡国志》引。

决了城市的给、排水问题。① 在魏、晋时期，洛阳开有12个城门，北魏重建洛阳时，沿用了这些城门，并在城的西北角新开了一个承明门，以缩短从宫城到金墉城的距离。

在洛阳城的中部，有一条横贯东西的大道，从西明门至东阳门，将洛阳分为南、北两部分，皇帝及其妃嫔居住的宫城就位于北部正中偏西，现在宫城墙垣遗迹保存较好，南北长约1398米，东西宽约660米，在宫城以北至大城北垣间为皇宫禁苑，宫城及禁苑约占全城面积的十分之一，而且地势较高，便于控制全城。

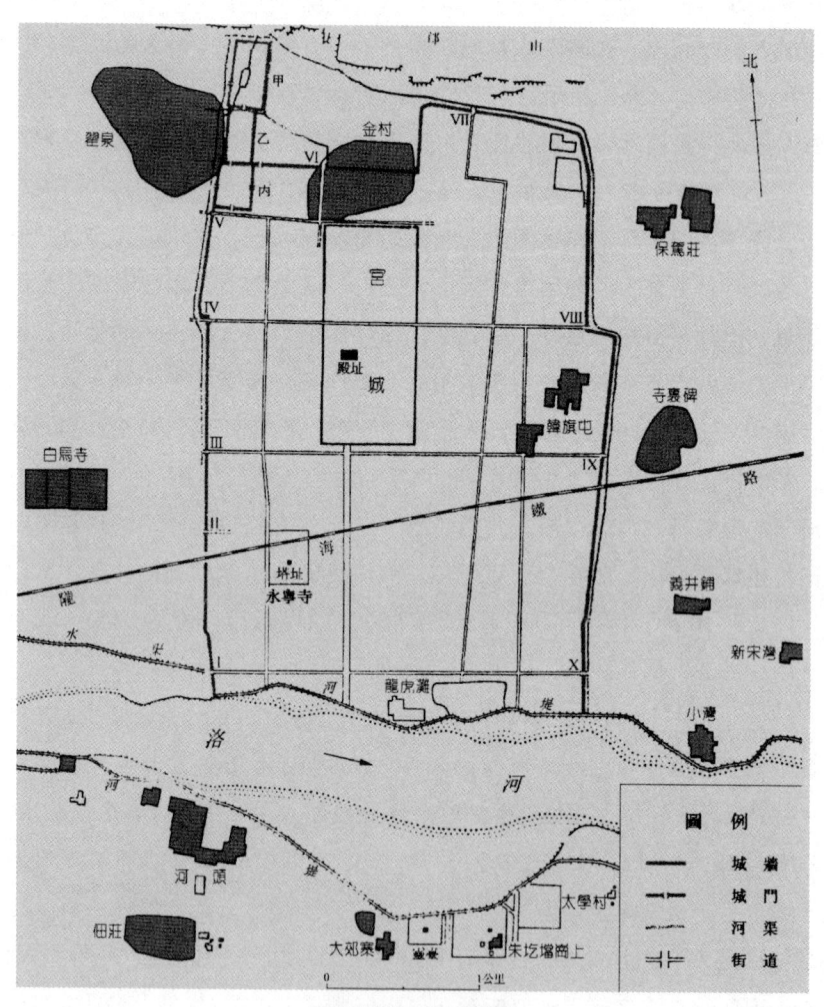

汉魏洛阳城平面实测图

---

① 《洛阳伽蓝记》卷1，《城内》，范祥雍校注本，上海古籍出版社1978年版。并参见中国科学院考古研究所洛阳工作队《汉魏洛阳城初步勘查》，载《考古》1973年第4期。

三国魏时修建的金墉城在西晋以后的战乱中成为重要军事据点，五胡十六国时为兵家所必争。北魏时仍将其作为拱卫洛阳的军事堡垒，并在其中修造宫殿，孝文帝刚迁到洛阳时，城中宫殿尚未修好，他就住在金墉城内，为便于往来，故此在城的西北角新开了一个门，最初被称为新门，后来孝文帝赐名为承明门。近年来考古勘察发现金墉城为三个南北毗连的小城，修筑得十分坚固，在城垣外侧修有若干利于防御的城垛，北魏时还曾对魏、晋时的城垛进行过修缮加固。

　　城内道路四通八达，可以通到各个城门以及城中任何地方。主要道路都相当宽，现在已勘察的 8 条大道中，从阊阖门至建春门横穿宫城中部的东西大道最宽处达到 51 米左右，从宫城南侧通过的东西大道与从宫城南门向南的铜驼街宽度也在 40 米以上。这些皆被称为御道，是皇帝出行时的专用道路，故此特别宽。据陆机《洛阳记》记载，西晋时"宫门及城中大道皆分作三，中央御道，两边筑土墙，高四尺余，外分之。唯公卿尚书章服道从中道。凡人皆从左右，左入右出，夹道种榆槐树。此三道，四通五达也"①。《洛阳伽蓝记·序》称："一门有三道，所谓九轨。"则表明北魏仍沿袭西晋旧制。

　　据《洛阳伽蓝记》记载，在宫城的东、西两侧，主要是朝廷官署，有太仆寺、乘黄署、武库署、太仓署、导官署、司农寺、勾盾署、典农署、籍田署以及管理京师行政事务的河南尹官署等，有部分官员就住在府署周围，如太仓署的官员就住在官署附近的治粟里中。除府署及一些低级官员外，还有朝廷高官的住宅，如北魏后期权倾一时的宦官刘腾就住在宫城以西的延年里。

　　在城的南部，主要也是官署以及朝廷要员的宅第，如铜驼街的两侧就分布有左卫府、司徒府、国子学、宗正寺、太庙、护军府、右卫府、太尉府、将作曹、太社、昭玄曹、御史台等。考古勘察时在铜驼街两侧发现大面积的夯筑殿基，显然是这些府署的遗迹。北魏强调"以官位相从"②，因此，在城中还聚居着不少达官显贵，如永和里中就住有太傅录尚书事长孙稚、尚书右仆射郭祚、吏部尚书邢峦、廷尉卿元洪超、卫尉卿许伯桃、凉州刺史尉成兴等，"六宅皆高门华屋，斋馆敞丽，楸槐荫途，桐杨夹植，当世名为贵里"③。

　　北魏时在大城之外还修有郭城，东西 20 里，南北 15 里，其位置现在已基本弄清，并由于在 60 年代及 80 年代的考古发掘中先后勘探到洛阳外郭城的北城垣、

---

　　① 《太平御览》卷 195 引。
　　② 《魏书》卷 60，《韩麒麟传附子显宗传》。
　　③ 《洛阳伽蓝记》卷 1，《城内》。

西城垣和东城垣遗迹而得到确认。① 当时的主要居民区以及市场都安置在大城之外,郭城以内。北魏迁都后,曾对洛阳进行较全面的规划,宣武帝元恪时,司州牧元嘉上表请求:"于京师四面筑坊三百二十,各周一千二百步,乞发三正复丁,以充兹役。虽有暂劳,奸盗永息。"② 元恪遂于景明二年(501年),"九月丁酉,发畿内夫五万人,筑京师三百二十三坊,四旬而罢。"③ 从而形成整齐划一的居住区。在郭城的范围内,"庙社宫室府曹以外,方三百步为一里,里开四门,门置里正二人,门士八人,合有二百二十里"④。洛阳城的规模以及里坊的整齐程度都是前所未有的。城中的治安由河南尹、洛阳令负责,下设六部尉分管本部范围的治安,其下有经途尉负责巡视主要道路,各里则由本里里正进行管理。里正最初为流外四品,因官微任轻,难于管理里中居住的达官贵戚,元恪依从河南尹甄琛的奏请,升至勋品,并将经途尉升为从九品,六部尉升为正九品,同时还派羽林军在各坊巷游动巡逻,使得京师的治安大为好转。⑤

当时一般的里坊居住500—1000户,不过达官显贵聚居的里坊,如前述的"贵里",则居民户数会大大少于一般里坊。在基本整齐划一的情况下,也有例外,"自退酤(里)以西,张方沟以东,南临洛水,北达芒山,其间东西二里,南北十五里,并名为寿丘里,皇宗所居也,民间号为王子坊。"⑥ 由于这些王公贵戚争修园宅,而且规模颇大,将他们集中安排在这里,正是使他们的宅园可以不受一般里坊的限制。在洛水上的永桥以南,沿御道立有四夷馆与四夷里,专门安置各国前来归附者。刚到者先在四夷馆居住,三年后则赐给在四夷里的住宅,从南朝来者到归正里,从北方来者到归德里,东夷来附者到慕化里,西夷来附者到慕义里,这四里总称为四夷里。四夷里的位置已经在郭城的范围之外,共有居民1万余家,其中仅归正里就有3000余户,因此,其面积恐怕要大于一般的里坊。

除宗室与大臣外,对一般居民则多依其行业进行安排,有些在里坊名称上也有所反映,如在城西大市周围的十里中,"市东有通商、达货二里,里内之人,尽皆工巧,屠贩为生,资财巨万"。"市南有调音、乐律二里,里内之人,丝竹讴歌,

---

① 宿白:《北魏洛阳城和北邙陵墓——鲜卑遗迹辑录之三》,载《文物》1978年第7期;段鹏琦:《汉魏洛阳城的几个问题》,收入《中国考古学研究——夏鼐先生考古五十年纪念论文集》,文物出版社1986年版;中国社会科学院考古研究所洛阳汉魏城工作队:《北魏洛阳外廓城和水道的勘查》,载《考古》1993年第7期。
② 《北史》卷16,《太武五王传·广阳王建传附子嘉传》。
③ 《魏书》卷8,《世宗纪》。按:关于北魏洛阳的里坊数字有三个不同的记载,据宿白先生考证,以《洛阳伽蓝记》所记的二百二十坊较接近实际(见前引论文)。
④ 《洛阳伽蓝记》卷5,《城北》。
⑤ 《魏书》卷68,《甄琛传》。
⑥ 《洛阳伽蓝记》卷4,《城西》。

天下妙伎出焉。""市西有退酤、治觞二里，里内之人多酝酒为业。""市北慈孝、奉终二里，里内之人以卖棺椁为业。""别有准财、金肆二里，富人在焉。凡此十里，多诸工商货殖之民。"① 在城北偏东方向有一个闻义里，原名上商里，据说殷商遗民曾居住于此，北魏迁都洛阳后，开始亦有朝中官员在此居住，后来因相互以此进行讥讽，大多迁走，只剩下制作瓦器的人，因此当时流传的歌谣说："洛城东北上商里，殷之顽民昔所止。今日百姓造瓮子，人皆弃去住者耻。"②

　　北魏时市场的位置与魏、晋时有较大的变化，三个市场都在大城之外，位于郭城东、西、南三面里坊密集区的中部。其中以大城西阳门外四里的大市规模最大，周长八里，共占了四个里坊的面积，如前所述，在市中从事商业的人大多居住在其周围的十个里坊，这样安排对于商业的发展是很有利的。近年在大市范围内所做的勘探发现大面积的瓦片堆积层，有的地方竟厚达二米，这足以证明当年大市的繁华程度。在城东的市场被称为小市，面积较小，在市中从事商业的人大多住在市北的殖货里。城南的市场位于洛水上的永桥以南，水陆运输都很便利，故称为四通市，因靠近永桥，又称永桥市。由于这里临近四夷馆与四夷里，故而荟萃了来自各国的珍稀货物。当时人称："天下难得之货，咸悉在焉。"③ 另外，因为这里居住的南方人很多，又靠近伊、洛二水，所以市上水产品甚多，城中之人都到这里来购买，故又将这里称为鱼鳖市。

　　当时佛教流行，尤其在北魏后期，修建寺院之风大盛，洛阳城内外建有许多寺院，城中最大的是永宁寺，寺中建有九级浮屠，为当时洛阳城中最高的建筑物。城西专门招待各国僧侣的永明寺有房屋1000余间，可接待来自各国的僧人3000余人。当时洛阳郭城范围以内的佛教寺院就有1367所，而在郭城以外还有相当数量，也成为这一时期的特点。

　　《洛阳伽蓝记》记载，当时洛阳共有居民10.9万余户，据《魏书·地形志》记载，北魏全盛时期"户口之数，比附晋之太康，倍而已矣"。西晋武帝太康时期，全国的户口比是1∶6.57，如依此比例，则全城人口在70万以上，即使按一家五口计，亦在50万以上。另外，还需要注意的是，这仅是居民的户数，而不包括庞大的京城驻军数目，孝文帝从平城迁到洛阳时，统率大军护驾，太和二十年（496年），"以代迁之士皆为虎贲、羽林"④。这些禁军及其家属的数字是相当可观的。再加上皇帝后宫的妃嫔、宫女、宦官以及王公大臣们数以千计的奴婢、部曲，估计在北魏全盛时期洛阳郭城以内的人口要将近100万。

---

① 《洛阳伽蓝记》卷4，《城西》。
② 《洛阳伽蓝记》卷5，《城北》。
③ 《洛阳伽蓝记》卷3，《城南》。
④ 《魏书》卷7下，《高祖纪（下）》。

在这一时期与洛阳地位相近的城市还有建康、长安、邺城。建康（原名建业，西晋末因避讳改称建康）自孙吴政权定都以来，为东晋、南朝所沿用，在南朝梁武帝时达到鼎盛时期，"梁都之时，城中二十八万余户，西至石头城，东至倪塘，南至石子岗，北过蒋山，东西南北各四十里"①。是这一时期新出现的大型都市。前面已提到，建康沿用了西晋洛阳的建筑布局，而且成为北魏重建洛阳的蓝本，在这一时期的都市建筑风格上起到承前启后的作用。长安是秦、汉故都，十六国前赵、前秦、后秦及西魏、北周曾前后定都于此，不过其城市规模及人口等都逊于洛阳、建康，在这一时期的重要性也在那两个城市之下。邺城兴起于东汉末期曹操执政时，十六国后赵、前燕及东魏、北齐曾在此建都，其所首创的将宫殿区集中于城市北部的做法，为魏、晋洛阳等后代都城所继承，而铜雀等三台的建造，实为洛阳金墉城之滥觞。由于这一时期的城市不断地遭到毁坏，又由新的政权加以重建，重建时大多参考了其他政权都城的布局，因此这一时期城市的布局特点是既在不断有所变化，又相互影响，存在着一定的传承关系。

除这些城市之外，还有一些规模较大的城市，尤其是一些曾被割据政权充作都城的城市，如三国蜀、十六国成（汉）建都的成都，前、后、南、北凉的都城姑臧（今甘肃武威），后燕的中山，南燕的广固，大夏的统万城，北魏前期的平城，南朝梁元帝时建都的江陵等，其建筑规模与城内的布局规格都远远超过一般州、郡的治所。当然，有些政权灭亡后，其都城内的宫苑被其他政权所拆毁，但城市规模却大多保持下来。另外，出于防守的需要，这一时期的许多城市在大城内还修有内城，形成套城，这样，当敌人进攻时，如兵力不足，可以退守内城，与敌长期相持。套城的大量出现，正是这一时期战乱不停在城市规划上的反映。②

第二节　宫苑

宫苑是封建社会各政权最高统治者及其后妃居住与生活的地方，包括其召见群臣、处理朝政的正殿，与后妃等居住的后宫以及供其游乐的苑林。宫苑是最高

---

① 《太平寰宇记》卷90，《江南东道二·升州》引《金陵记》。
② 参见朱大渭：《魏晋南北朝时期的套城》，载《齐鲁学刊》1987年第4期。

统治者生活的主要空间，许多统治者一生中的绝大部分时间是生活在宫苑之中，因此，这成为研究其生活的一个重要内容。同时，不少统治者为满足一己之私，无休止地修建宫殿、苑林，耗损国力，使得国势日衰，甚至成为其政权灭亡的重要因素，所以在文献中能留下较多的记载，成为我们今天研究当时上层统治者居住情况的重要资料。

前面在论述城市布局时已提到，宫苑在城市中占有着突出的位置，而且其位置与两汉时期相比，有着较大的变化，由分散变为集中，在几个主要都城中皆处于城市的北部居中位置。与城市一样，宫苑也在战乱中遭到多次毁坏，并经过反复重建，以下简述历代政权修建宫苑的情况。

东汉末年的战乱焚毁了洛阳的宫苑，汉献帝刘协自长安返回洛阳时，"宫室烧尽，百官披荆棘，依墙壁间"①。献帝只能暂时住在已故中常侍赵忠的宅中，后来才迁入临时修成的杨安殿中居住。以后曹操挟持汉献帝，迁都于许县（今河南许昌），在许县修造宫殿，以安置汉献帝，但当时权去公室，其规模当不很大，近年来已在许昌县张潘乡古城址内发现大型殿堂遗迹以及雕有四神图像的青石柱础，②但具体情况还需等待进一步的考古发掘报告。

这一时期真正的宫殿修建是在邺城，曹操攻占河北后，即以邺城为根据地，在这里兴修供自己享用的宫殿、台观。宫苑集中在城市北部的新型布局，正是开创于邺城，并成为以后的通例。在宫中分为外朝、内朝及后宫三部分：外朝的主要建筑为文昌殿，是曹操举行朝会大典的处所；内朝的主要建筑为听政殿，是曹操处理日常政务的地方，在听政殿的两侧，依次排列有尚书台、内医署、谒者台、符节台、御史台以及丞相诸曹等官署；后宫有鸣鹤堂、楸梓坊、木兰坊、文石室等，是曹操休息的地方。在外朝西侧，是供其游玩的铜雀园，园内有鱼池、兰渚、果树等。在铜雀园西，则是著名的铜雀、金虎、冰室等三台，铜雀台建于汉献帝建安十五年（210 年），以城为基础，高十丈，建成后曹操曾带其子及大臣等登台观赏，曹操自己及曹丕、曹植等皆撰有《登台赋》，以记载登台四望的景观及自己的感受。其余二台建成于建安十八年，在三台及宫殿间都有阁道相通。左思《魏都赋》称："飞陛方辇而径西，三台列峙以峥嵘，亢阳台于阴基，拟华山之削成。"③ 三台是邺城的制高点，不仅成为游览胜地，而且在其中积存粮、盐等物资，以防备意外事变。在邺城以西，建有玄武苑，内有竹林、果园以及人工开凿的玄武池，玄武池原是供水军操练的，后来亦成为曹

---

① 《资治通鉴》卷 62，汉献帝建安元年八月。
② 黄留春：《许昌古城出土"四神"柱础》，《中原文物》1986 年第 4 期。
③ 《文选》卷 6，另外，本段中的宫殿及官署位置，见《魏都赋》张载注。

操父子泛舟渔钓之所。此外，在邺城的东、西两侧，还修有芳林园、灵芝园，也是曹氏父子常去游玩的场所。曹氏父子经常与孔融、王粲、刘桢、陈琳、徐干等臣僚在这些苑中聚会，吟诗作赋，留传下许多佳作名篇，这些作品被后人尊称为"建安风骨"。

三国魏迁都于洛阳，邺城的地位有所下降，但仍被列为五都之一，作为北方的政治、军事与经济中心，邺城仍占据着重要的地位。西晋左思撰写《三都赋》时，仍以邺城作为《魏都赋》的描写对象，使后人对邺城的繁华、壮丽留下了深刻印象。

西晋末期的战乱中，邺城也遭到相当严重的破坏，汲桑、石勒攻陷邺城后，"遂烧邺宫，火旬日不灭"①。宫苑大部分被焚毁。十六国时期，邺城的宫苑再度得到修复，颇有讽刺意味的是，最先下令重修邺城宫殿的正是曾纵火焚烧邺宫的石勒，而且因为宫殿毁坏严重，在石勒生前修复未能完成。

石勒死后，其侄石虎篡夺政权，迁都邺城，开始了对邺城的大规模兴建。石虎在曹操时的正殿文昌殿的废墟处修造东、西太武殿，"屋柱趺瓦，悉铸铜为之，金漆图饰焉"②。石虎对铜雀等三台也大加修缮，"至后赵石虎，三台更加崇饰，甚于魏初。于铜雀台上起五层楼阁，去地二百七十尺，周围殿屋一百二十房，房中有女监、女妓"③。据《邺中记》记载："石虎凡起内外大小殿九，台、观、行宫四十四所。"其中较著名的有九华宫、显阳殿、晖华殿、御龙观、东明观、凌霄观、赤桥宫等。七八十年代进行的考古钻探，在宫殿区已探明十座宫殿建筑基址，最大者东西45米，南北75米；在铜雀园位置，发现四座宫殿建筑基址，最大者东西70米，南北40米，距地表4—4.5米处有大片十六国时期的文化层，并出土有"大赵万岁"瓦当，结合文献推断该处系后赵石虎时期的九华宫遗址。④ 除宫殿外，还修有许多苑林，其中耗费人力最多的是华林苑，"石虎使尚书张群发近郡男女十六万人，车万乘，运土筑华林苑，又筑长墙数十里。"⑤ 他还派人开凿沟渠，将漳水引入苑中，在苑中种植各种果树，并将民间的名果都强行移入苑中。在城西还建有桑梓苑，苑中临漳水处建有宫殿，即称临漳宫。

在宫苑内部，布置也十分奢华。石虎不惜耗费巨大工力，派人将洛阳原西晋

---

① 《资治通鉴》卷86，晋怀帝永嘉元年五月。
② 《水经注》卷10，《浊漳水》。
③ 《邺中记》，此书已佚，目前最好辑本为黄惠贤校本，收入《邺城暨北朝研究》，河北人民出版社1991年版。
④ 中国社会科学院考古研究所与河北省文物研究所邺城联合考古工作队：《河北临漳邺北城遗址勘探发掘简报》，载《考古》1990年第7期。并参见乔文泉：《邺城考察研究史料》，收入《邺城暨北朝史研究》。
⑤ 《邺中记》。

宫殿中铜制的九龙、翁仲、骆驼等运到邺城，甚至专门制造万斛舟以将其运过黄河，来作为宫苑中的装饰物。又制作大铜雀，高一丈五尺，置于铜雀台楼顶，舒翼若飞。在东明观上加有金博山，在凤阳门楼上也安有高一丈六尺的大金凤两头。在正殿前制作金龙吐酒，龙口前金樽可容酒五十斛，以供正会时群臣饮用。在华林苑中的千金堤上，制作二铜龙，相向吐水，注入玉泉池内。在内宫及三台等处，有着纯金盘龙雕饰的直径三尺的大铜镜。其室内设置，亦极尽豪奢之举，如石虎所用御床、四季帐、屏风等。十六国时期，石虎统治下的邺城宫苑成为其他政权统治者争相仿效的对象。

石虎死后，其诸子及大臣争权夺利，自相残杀，最后为其养孙冉闵夺得政权。冉闵本为汉人，他掌权后，利用汉人在石虎高压下敢怒不敢言的心理，大杀胡人，使得内战愈演愈烈，冉闵虽战胜其余敌手，但终于败在前燕慕容氏手中。在战乱中，邺城宫苑所受毁坏颇大，不过前燕继续建都邺城，对宫苑加以修缮，仍保持了后赵时的规模。其后虽经多次战乱，直到北魏进入中原时，邺城的宫苑仍使道武帝拓跋珪流连忘返，想要定都于此。其后孝文帝准备迁都中原时，也曾将邺城作为一个选择对象，不过最后还是出于政治上的考虑，定都洛阳。

北魏分裂后，执掌朝政的高欢下令迁都邺城，"诏下三日，车驾便行，户四十万狼狈就道"①。由于邺城在北魏末的战乱中又遭毁坏，而且原来的城池也不足以容纳这些随迁人员，因此，高欢决定撤毁洛阳宫殿，将其材木运到邺城，增筑邺南城，并在南城修建新宫。自东魏孝静帝天平二年（535年）八月征发民夫7.6万人开始营造新宫，历时四年，至兴和元年（539年）始修成，次年初始迁入宫中。以后，北齐时又陆续有所修造。新建的宫城位于邺南城的北部正中，"宫东西四百六十步，南北连花园，至北城，合九百步。东、西、南、北，表里合二十一阙，高一百尺"②。在宫城正门阊阖门以内，是皇帝接见外国使者及诸番使臣的太极殿，"其殿周回一百二十柱，基高九尺，以珉石砌之。门窗以金银为饰，外画古忠谏直臣，内画古贤酣兴之士"。椽梁皆用沉香木制作，并以金兽头作为椽端的装饰。瓦面上涂有胡桃油，光耀夺目。太极殿后是皇帝举行朝会、召见群臣的昭阳殿，昭阳殿周回七十二柱，殿基高九尺，门窗都用镂金饰物加以装饰，椽首亦以金兽头为装饰，悬挂五色珠帘，冬天施用蜀锦帐，夏天施用碧油帐。除去这两个正殿之外，在后宫还有显阳殿、宣光殿、修文殿、偃武殿、镜殿、宝殿、玳瑁殿以及圣寿堂等，其中有不少是北齐时期修建的，装饰极尽奢华，如圣寿堂，"亦用

---

① 《北齐书》卷2，《神武纪（下）》。
② 黄惠贤：《辑校〈邺中记〉》附录一，本段以下引文同；并参见江达煌《邺城的几次重大营建与破坏》，收入《邺城暨北朝史研究》。

玉珂八百枚，大小镜二万枚，又用曲镜抱柱，丁香末以涂壁，胡桃油以涂瓦，四面垂金铃万余枚，每微风至，则方圆十里间响声皆彻"。

在后宫中靠近北城墙处是后园，万寿堂等即建在园中。除后园外，在城外还有几处面积颇大的苑林，其中游豫园周回12里，位于铜雀台西，漳水之南，内包葛履山，建于北齐文宣帝高洋天保七年（556年），是供其骑马射猎的场所。与游豫园同时建造的还有三台及其附近宫殿，当时征发丁匠30余万人，历时两年才完成。在70年代的考古发掘中，于铜雀台遗址的东面与北面，距地表2—3米处，有大片东魏、北齐文化层并出土大量的黑瓦片及莲花瓦当，据认为即那次大规模修建的遗迹。不过，当时规模最大的还要算仙都苑，苑中凿地为池，堆土成山，号称五岳、四渎，在山上建有轻云楼、鹦鹉楼、鸳鸯楼、凌云城、御宿堂、紫微殿、游龙观等楼堂殿观，在池中以两只大船为脚，建有水殿，殿中垂五色流苏帐帷，悬挂玉佩、方镜、织成香囊，用锦褥作地衣，饰以孔雀、山鸡、白鹭等毛羽，耀眼夺目，使人不能久视。① 北齐后主高纬承袭父亲的奢华传统，不断增修宫苑，使得邺城的宫苑规模与装修超过后赵石虎时期，同时他还在晋阳大修宫殿，"又于晋阳起十二院，壮丽逾于邺下"②。高纬不理朝政，终日在后宫及园林中游玩，曾在苑中立贫儿村，自己穿着破衣假扮乞丐；又与宫女、宦官等在贫儿村旁建立市场，亲自充当市令，由他宠爱的冯妃坐店卖酒，看宫女、宦官等在市中购物取乐；还在苑中构筑一个小城，自己率领宦官、卫士等做攻战的游戏。由于高纬喜欢自己弹奏胡琵琶，唱无愁之曲，当时人称无愁天子。但他治国无方，听任恩倖胡作非为，又无限制地耗损民力以大修宫苑，终于国破家亡，自己也沦为阶下之囚。

统一北方的北周武帝宇文邕素性俭朴，他攻占邺城后，认为宫苑奢华过度，遂下令撤毁邺城的宫殿、三台以及园林等，将有用的瓦木材料都赐给百姓，并将所占用的田园土地都归还原来的田主。北周末，外戚杨坚利用周宣帝突然去世，而静帝年幼之机，排斥宗室，控制朝政大权。执掌重兵的大臣尉迟迥占据邺城，起兵进行反抗。杨坚平定尉迟迥后，为防止再有人利用邺城起兵反抗，就将邺城居民南迁到距其45里的安阳，然后把邺城全部拆除焚毁。出于政治原因而兴起的一代名城及其壮丽豪华的宫苑，就这样又因为政治需要而被彻底毁坏了。

这一时期兴起的另一都城是建康（今江苏南京）。建康在汉代为秣陵县，属扬州丹阳郡，汉献帝建安十六年（211年），占据江南的孙权将治所移到秣陵，并于次年将秣陵改名为建业。以后，孙权又将治所迁到公安、武昌，直到黄龙元年

---

① 仙都苑原名华林园，北齐武成帝高湛加以修饰，并改名为仙都苑，但其与石虎时期的华林苑是同一园林，还是仅名称相同，目前尚未有定论。
② 《北齐书》卷8，《后主纪》。

（229年）正式称帝后，才从武昌又迁都建业。孙权初到建业，将原来孙策的府第改名为太初宫，修建宫墙后即居住在宫中。到赤乌十年（247年），孙权才下令撤毁武昌的宫殿，将其木材运到建业修造宫殿，仍称太初宫。宫城方300丈，正殿称神龙殿，在宫中还建有临海殿等。后主孙晧宝鼎二年（267年），又在太初宫东侧修造新宫，方500丈，称昭明宫。据《江表传》记载："晧营新宫，二千石以下皆自入山督摄伐木。又破坏诸营，大开园囿，起土山楼观，穷极伎巧，功役之费以亿万计。"① 自六月开工，至十二月完成，孙晧迁入昭明宫居住及处理政务，正殿称赤乌殿，孙晧在此举行朝会，接见百官大臣。除这两座宫殿外，还有桂林苑、西苑、芳林苑等供其游玩的苑囿，又开城北渠，引后湖水流入宫内，环绕殿堂。

西晋统一后，将建业改回为秣陵，但晋武帝太康三年（282年），又以秦淮河为界，将秣陵一分为二，秦淮河以南称秣陵，以北称建邺。西晋末，始因避晋愍帝司马邺之讳而改称建康。西晋政权灭亡后，司马睿在南北士族的拥戴下，建立东晋，建康再次成为都城。以后南朝宋、齐、梁、陈又相继建都于此，故又称建康为六朝古都。

东晋初期国力较弱，仅在吴国宫殿的基础上稍加修葺，而未大兴土木。成帝咸和三年（328年），兴兵叛乱的苏峻攻入建康，纵火焚烧，将宫殿、宗庙及官署等皆烧为灰烬，逼迫成帝迁到石头城，以仓屋为宫。咸和四年平定叛乱后，因建康毁坏严重，曾有人提出迁都豫章或会稽，在王导的坚持下，才继续留在建康。当时国库空虚，连日常开支都无法维持，故而暂时以建平园（吴国的后苑）为宫。到咸和五年九月才开始修建新宫，至咸和七年底完工，称建康宫，亦名显阳宫，成帝在十二月迁入新宫，在当时物力窘困的情况下，仅在一定程度上恢复旧貌，远没有达到大臣们认为宫城所应有的规模。不过这次修建参考了汉末邺城及魏晋都城洛阳的布局，使宫苑位于城市的中部偏北，并使正殿、宫门、及直通朱雀航的御道构成城市的中轴线，其余主要道路及建筑左右对称，从而形成了建康的基本布局。

此后，对于是否需要大修宫殿一直存在着争议，到孝武帝太元三年（378年），才在执掌朝政大权的谢安主持下决定重建新宫。工程由谢安及将做大匠毛安之主持，设计与安排都较为合理，史称："宫室用成，皆仰模玄象，合体辰极，而役无劳怨。"② 认为既符合礼仪制度，又不过分奢华，以免大量耗损国力及引起百姓反抗。新宫内外殿宇大小共有3500间，在宫墙内外都种植了大量树木，以美化环境，殿堂大多应用了新名，其正殿称太极殿。谢安这次是在原有宫城的基础之

---

① 《三国志》卷48，《吴主传》裴松之注引。
② 《晋书》卷79，《谢安传》。

上加以增修扩建，并保持了先前的基本格局。在周围有供皇帝游玩的华林园、西池等，孝武帝太元二十一年（391年）初曾在华林园中修建清暑殿，他本人于同年九月死于清暑殿中。西池在吴国时称西苑，系孙权太子孙登所修，东晋明帝司马绍为太子时，曾使属下武士加以修整，并筑土为台，遂改称太子西池，后成为皇帝为大臣饯行宴请百官的地方。

南朝宋、齐、梁、陈皆建都建康，其中只有梁末曾一度迁都江陵，至陈初又迁回建康。各朝统治者对宫苑多加以增修改建，宋时较为重要的有孝武帝修建的正光殿、玉烛殿，明帝时修的紫极殿，紫极殿"珠帘绮柱，饰以金玉，江左所未有"①。齐时修建最多的是东昏侯萧宝卷，他屡出游玩，不理政务，后宫连续发生火灾，仅永元三年（501年）的一次即烧毁殿堂室宇3000余间，萧宝卷听信左右的劝说，"于是大起诸殿，芳乐、芳德、仙华、大兴、含德、清曜、安寿等殿，又别为潘妃起神仙、永寿、玉寿三殿"②。而且修饰得极端精美，"涂壁皆以麝香，锦幔珠帘，穷极绮丽。系役工匠，自夜达晓，犹不副速"。他还下令将塔庙寺院的藻井、玉铃等都剥取下来充作宫殿的装饰。梁武帝萧衍时又增修了一些宫殿，如重修了太极殿，将其从12间扩为13间，还建造了无碍殿、重灵殿、光严殿、五明殿、净居殿、至敬殿等，不过萧衍崇信佛教，他将主要精力放在营造佛教寺院上。

苑囿也在东晋的基础之上有所发展，宋文帝元嘉二十三年（446年）委派士族张永主持修造华林园、玄武湖，将士人园林的一些特点吸收到皇家苑林之中。此外，各朝先后兴造的有乐游苑、上林苑、新林苑、娄湖苑、芳乐苑、芳林苑、建兴苑、王游苑等，其中芳乐园系齐东昏侯所修，"山石皆涂以五色，跨池水立紫阁诸楼观"③。萧宝卷就在苑中仿照建康大市的样子设立店铺，自己每天在市中游逛，看宫女与宦官等买卖货物，以所宠爱的潘妃为市令，自己担任市吏录事，有时还亲自屠肉，因此，当时流传的歌谣说："阅武堂，种杨柳，至尊屠肉，潘妃酤酒。"④

不过，梁末侯景之乱使繁华的建康成为一片废墟，壮丽的宫殿也大部毁坏，故此梁元帝舍弃建康而定都江陵。直到陈霸先于永定元年（557年）在建康即位称帝后才又逐渐开始修复宫苑，至永定二年十月始将举行朝会的正殿太极殿修好。陈时以后主陈叔宝修造宫苑台阁最为奢靡，"乃于光照殿前起临春、结绮、望仙三阁。阁高数丈，并数十间，其窗牖、壁带、悬楣、栏槛之类，并以沉、檀香木为

---

① 《南史》卷22，《王昙首传附孙俭传》。
② 《南史》卷5，《齐纪（下）》。
③ 《南齐书》卷7，《东昏侯纪》。
④ 《南史》卷5，《齐本纪（下）》。

之，又饰以金玉，间以珠翠，外施珠帘，内有宝床、宝帐，其服玩之属，瑰奇珍丽，近古所未有。每微风暂至，香闻数里，朝日初照，光映后庭。其下积石为山，引水为池，植以奇树，杂以花药。后主自居临春阁。张贵妃居结绮阁，龚、孔二贵妃居望仙阁，并复道交相往来"①。陈叔宝经常引宾客与贵妃等在此游宴，使宾客及有才学的宫女共赋新诗，互相赠答，并选尤其艳丽者作为曲词，让宫女加以演唱，其中最著名的就是被称为"亡国之曲"的《玉树后庭花》。由于他耽于玩乐，不理朝政，又托付非人，终于葬送了祖宗留下的江山。隋文帝开皇九年（589年）平陈后，为避免陈的残余势力死灰复燃，隋文帝下诏"建康城邑宫室，并平荡耕垦，更于石头置蒋州"②。这一古都终于也由于政治原因而被人为地毁坏了，"六朝金粉"自此遂成为历史陈迹。

  这一时期众多的割据政权都在各自的都城修造了供统治者享用的宫苑，其数量是相当可观的，不过如前所述，当一个政权灭亡后，如战胜者未继续沿用其都城，则为保障自己统治的稳固，大多将原来的宫苑拆毁，这种反复的兴建与毁坏，造成了难以统计的人力、物力浪费。除洛阳、长安之外，其余政权宫苑的规模与应用时间都无法与邺城及建康相比，但也颇有特色，如十六国大夏的统万城就以坚固与奢华著称，"屈孑（赫连勃勃）性奢，好治宫室。城高十仞，基广三十步，上广十步，宫墙五仞，其坚可以砺刀斧。台榭高大，飞阁相连，皆雕镂图画，被以绮绣，饰以丹青，穷极文采"。看到其宫苑的豪华程度，使得北魏太武帝拓跋焘对左右说："蕞尔小国，而用民如此，虽欲不亡，其可得乎！"③ 对于曾役使境内人口20%来修造都城及宫苑的大夏来说，④ 拓跋焘的这个评价是十分恰当的。

  总体上说，这一时期宫苑的规模要远小于秦汉时期，这主要是受到各政权统治下人口与疆域的制约，当统治者试图超出国力来营建宫苑时，立刻就会有臣下指出这一点。如南朝齐武帝想以方山作为离宫，徐孝嗣回答说："绕黄山，款牛首，乃盛汉之事。今江南未旷，民亦劳止，愿陛下少更留神。"⑤ 齐武帝因此而放弃这一想法。当统治者不听劝阻，过分使用民力时，则被视为亡国之兆。齐东昏侯大兴土木，大臣们就在私下议论说："宫殿何事顿尔！夫以秦之富，起一阿房而灭，今不及秦一郡，而顿起数十阿房，其危殆矣。"⑥ 由于南朝疆域一直较小，故

---

① 《陈书》卷7，《后主纪》。
② 《资治通鉴》卷177，隋文帝开皇九年二月。
③ 《魏书》卷95，《铁弗刘虎传》。
④ 参见刘驰：《十六国官营手工业机构考》，载《许昌师专学报》，1993年第3期。
⑤ 《南齐书》卷44，《徐孝嗣传》。
⑥ 《南史》卷5，《齐本纪（下）》。

而这一点更为明显。结合上述邺城与建康修建宫苑的情况，并与洛阳的宫苑相比较①，南方宫苑的规模似要逊于北方，其原因可能正在于此。不过这一时期宫苑的规模虽小，但却形成了一些新的特色，如前面已提到的将宫殿区集中到城市的北部居中位置，以正殿、宫门、城门及御道构成城市的中轴线，将苑林置于宫城的北部等，这些都为后世的宫苑设计者所沿袭。在苑林设计方面，不再追求广漠巨大，规模宏伟，而是较多地关注山水的细微部分，如山石的纹路、颜色，人工水道与宫苑中池沼的整体安排等，同时又吸收了士族园林的一些特点，通过在局部范围模仿自然的山水构造来达到在都市中再现自然的目的，这些特点在以后的宫苑建造中得到进一步的发展。

第三节　士族庄园

魏晋南北朝时期是士族形成、发展及其到达顶点后又趋于衰落的阶段，士族在政治、经济、思想、文化、艺术等方面的特殊地位，必然会在生活的各个方面都有所表现，而在这一时期兴起的士族庄园正是其在居住方面的具体表现。

士族庄园是政治、经济特权与隐逸文化相结合的产物，与汉代私人园林有着相当大的差别。汉代的私人园林主要是受皇家苑林的影响，如东汉权倾一时的外戚梁冀，"又广开园囿，采土筑山，十里九坂，以像二崤，深林绝涧，有若自然，奇禽驯兽，飞走其间。……又广拓林苑，禁同王家，西至弘农，东界荥阳，南极鲁阳，北达河、淇，包含山薮，远带丘荒，周旋封域，殆将千里"②。其风格与规模几乎都同于皇家苑林。至于一些权势、地位远低于他的人，虽然规模较小，但风格却与之类似，如茂陵富人袁广，"于邙山下筑园，东西五里，百步激流，水注其内，构石为山，高十余丈，连延数里，养白鹦鹉、紫鸳鸯、旄牛、青兕，奇禽怪兽，委积其间"③。以后袁广有罪被诛，其鸟兽及草木全被移入上林苑。在官僚、富人占有面积广大园林的同时，隐居不仕的人则多居住在深山之中，因此，他们

---

① 由于在上一节论述城市时已对洛阳的情况大略作了介绍，限于篇幅，此处就从略了。
② 《后汉书》卷34，《梁统传附玄孙冀传》。
③ 《太平御览》卷197，《园囿》引《西京杂记》。

被称为"岩穴之士"。当时隐居与出仕是互不相容的两种处世方式,其居住环境也有着明显的差别。

在东汉后期,情况有了一些变化,如曹操在辞去济南相后,曾打算"于谯东五十里筑精舍,欲秋夏读书,冬春射猎"①。仲长统则明确提出:"使居有良田广宅,背山临流,沟池环匝,竹木周布,场圃筑前,果园树后。舟车足以代步涉之艰,使令足以息四体之役。养亲有兼珍之膳,妻孥无苦身之劳。""逍遥一世之上,睥睨天地之间。不受当时之责,永葆性命之期。如是,则可以陵霄汉,出宇宙之外矣。岂羡夫入帝王之门哉!"②他所提出的正是士族庄园的雏形,虽然风格不尽相同,但就环境而言,已足以与出仕者相抗衡。不过,在当时这还仅是隐居者的理想而已。

魏晋之际的政治斗争十分激烈,当时知名的士大夫都被卷入其中,以嵇康、阮籍为代表的"竹林七贤"等一些士大夫企图以纵情山水来逃避政治斗争,他们"率尔相携,观原野,极游浪之势,不计远近,或经日乃归"③。不仅在外游览,他们也在家中园林游戏,如嵇康,"家有盛柳树,乃激水以圜之,夏天甚清凉,恒居其下傲戏"④。尽管他们的园林并不大,但他们崇尚自然、蔑视名教的做法,却成为以后玄学流行时期士族所仿效的对象。不过,在当时无论是隐居还是其他类似举动都被视为对当权者的反抗,专制集权与士大夫的独立人格这一由来已久的矛盾在魏晋之际表现为激烈的对抗形式,其结局是标榜"每非汤、武而薄周、孔"的嵇康被杀⑤,而其余的人则被迫以出仕的方式来表示自己对当权者的臣服。经过这一场交锋,当权者与士大夫都采取了一定的妥协措施,使矛盾得到缓解。士大夫们身在朝堂,但情寄山水,在都市红尘之中构筑模仿自然的园林,使自己仍能享受到山林野趣,并从中表现出自己人格中独立性的一面。而当权者在与其达成政治上的协议后,对于这一倾向则采取纵容态度。这种所谓隐居于朝堂之中的"朝隐",将隐逸文化与政治、经济特权结合起来,则成为推动士族庄园迅速发展的强大动力。⑥

士族庄园在西晋时期开始较为普遍,大多出任高官的士族代表人物如和峤、王戎、王济、王恺等的庄园都相当可观,不过最著名的当首推石崇的金谷园。石

---

① 《三国志》卷1,《武帝纪》裴松之注引《魏武故事》。
② 《后汉书》卷49,《仲长统传》。
③ 《太平御览》卷409,《交友(四)》引《向秀别传》。
④ 《世说新语·简傲第二十四》,"钟士季精有才理"条引《文士传》。
⑤ 《文选》卷43,嵇康《与山巨源绝交书》。另外,有关竹林七贤与司马氏的关系,以及下文中名教与自然的关系等问题前贤已论述甚多,此处就不一一列举了。
⑥ 参见王毅:《园林与中国文化》第二编第二章,《士大夫出处仕隐的矛盾与隐逸文化的发展》,上海人民出版社1991年版。本节内容还参考了此书的相关章节。

崇《金谷诗叙》中讲："有别庐在河南县界金谷涧中，或高或下，有清泉茂林，众果竹柏、药草之属，莫不毕备。又有水碓、鱼池、土窟，其为娱目欢心之物备矣。"①他在《思归引序》也提到："晚节更乐放逸，笃好林薮，遂肥遁于河阳别业。其制宅也，却阻长堤，前临清渠，百木几于万株，流水周于舍下，有观阁池沼，多养鱼鸟。"②当时名流经常在此游玩宴饮，仅送别王诩的一次即有30余人参加，并作诗以纪之。此外，现在留传下来的还有潘岳、杜育等人记述金谷园的诗作。

东晋时期占据统治地位的士族在自然与名教、出仕与隐居等问题上已取得较为一致的看法，从理论上协调了两者间原有的矛盾之处，从而使士族庄园能有长足的发展，南朝时期则在东晋的基础之上继续有所发扬。在北方则因为受胡族统治者的影响，较南方发展的晚一些，直到北魏中期才开始较为普及，但其发展趋势及主要特点与南方大致相同。

这一时期的士族庄园有的很大，如南朝宋时的孔灵符，"产业甚广，又于永兴立墅，周回三十三里，水陆地二百六十五顷，含带二山，又有果园九处"③。谢灵运则在《山居赋》中详细记述了其"左江右湖，往渚还汀，面山背阜，东阻西倾"的"北山二园，南山三苑"④。有的则很小，如东晋孙绰"乃经始东山，建五亩之宅"⑤。历仕南朝宋、齐、梁的江淹自称："所爱，两株树，十茎草之间耳。"⑥仕于南朝梁及西魏、北周、隋的庾信在《小园赋》中也对"欹侧八九丈，纵横数十步，榆柳两三行，梨桃百余树"的小园进行了细致的描述。⑦但无论大小，都具有一些共同的特征，以下分别进行论述。

首先就是追求自然的倾向，不再突出楼阁堂室，也较少堆土造山，而是利用山石林木与泉流池沼来创造出自然情趣。东晋末时，"吴下士人共为（戴颙）筑室，聚石引水，植林开涧，少时繁密，有若自然"⑧。在园内景观的布置上，也日趋精巧，处理好山、水、林、石间的远近、高下、幽显等关系，从而在有限的空间将其组合成相当完美的艺术结构。如北魏大司农张伦"园林山池之美，诸王莫及。伦造景阳山，有若自然……高林巨树，足使日月蔽亏，悬葛垂萝，能令风烟

---

① 《世说新语·品藻第九》，"谢公云"条引。
② 《文选》卷45。
③ 《宋书》卷54，《孔季恭传附子灵符传》。
④ 《宋书》卷67，《谢灵运传》。
⑤ 《世说新语·言语第二》，"孙绰赋遂初"条引《遂初赋叙》。
⑥ 《江文通集汇注》卷5，《草木颂序》。
⑦ 《庾子山集注》卷1。
⑧ 《宋书》卷93，《隐逸·戴颙传》。

出入。崎岖山路，似壅而通，峥嵘涧道，盘纡复直"①。当时人称其，"心托空而栖有，情入古以如新。……庭起半丘半壑，听以目达心想，进不入声荣，退不为隐放"。由于较少筑土造山，故而开始注重对石头，尤其是形状奇特的石头的利用。南朝梁时到溉斋前山池有奇石，长一丈六尺，后此石被迎置华林园宴殿前，移石时，建康全城人都去观看，称其为"到公石"②。这些做法开后世园林中置石为景之先例。

将园中之景与外景结合起来，也就是将人工的修建融入自然之中，是这一时期的又一特点。陶渊明的名句："采菊东篱下，悠然见南山。"③ 正是用精练的笔触写出了这一特点。谢朓《后斋回望诗》："高轩瞰四野，临牖眺襟带。望山白云里，望水平原外。"④ 则将其更加通俗化了。而谢灵运则在《山居赋》中详尽地描述了他庄园及四周的景观，按方位分为近东、近南、近西、近北与远东、远南、远西、远北，如："近南则会以双流，萦以三洲。表里回游，离合山川。""远北则长江永归，巨海延纳。昆涨缅旷，岛屿绸杳。山纵横以布护，水回沉而萦邑。"将园内与园外的景色融为一体，达到人在园中，神游天际的欣赏境界。

为将内外景致结合起来，就要注重对自然山水的利用，因此被誉为"千岩竞秀，万壑争流，草木蒙笼其上，若云兴霞蔚"的会稽郡就成为士族们建立庄园的首选之地。⑤ 除前述谢灵运的庄园以外，陈郡谢氏的其他房支与当时士族高门琅琊王氏、太原王氏、高平郗氏、陈留阮氏、太原孙氏、高阳许氏等都在会稽兴建有庄园。《水经注·渐水》中有关于谢灵运祖父谢玄庄园的记载："右滨长江，左傍连山，平陵修通，澄湖远镜，于江曲起楼，楼侧悉是桐梓，森耸可爱，居民号为桐亭楼。楼两面临江，尽升眺之趣。芦人渔子，泛滥满焉。湖中筑路，东出趣山，路甚平直。山中有三精舍，高薨凌虚，垂檐带空，俯眺平林，烟杳在下。"可与谢灵运的《山居赋》相互印证。

在园林中，大多都林木繁茂，其中尤以松树、柏树与竹子为多，这些不仅可供人观赏，而且因其挺拔苍劲和经霜不凋被作为士族人格的寄托，有时亦将其作为对士人品格的称赞。⑥ 嵇康、山涛等正是因为喜好在竹林中聚会游玩，才被称为

---

① 《洛阳伽蓝记》卷2，《城东》。
② 《南史》卷25，《到彦之传附曾孙溉传》。
③ 逯钦立：《先秦汉魏晋南北朝诗·晋诗》卷17，《饮酒诗二十首之五》。
④ 逯钦立：《先秦汉魏晋南北朝诗·齐诗》卷4。
⑤ 《世说新语·言语第二》，"顾长康从会稽还"条。当然，南渡的北方士族选择会稽郡建立园林，除取自然环境之意外，还有着政治与经济等多方面的因素，前贤已加以论述，此处从略。
⑥ 《梁书》卷40，《到溉传》载梁元帝赠诗称赞到溉兄弟："魏世重双丁，晋朝称二陆，何如两到，复似凌寒竹。"

"竹林七贤"。东晋时孙绰"斋前种一株松，恒自手壅治之"①。当时名臣谢安的园中"楼馆竹林甚盛"②，王羲之《兰亭序》中也特别提到，"此地有崇山峻岭，茂林修竹"。这种情况不仅限于南方。北齐郑述祖"所在好为山池，松竹交植，盛肴馔以待宾客"③。王羲之的儿子王子猷甚至在暂时借别人宅院住时也要令人种上竹子，并对别人说："何可一日无此君！"④

在士族的庄园中除有供其赏玩的山石林泉外，还有不少果树和蔬菜，西晋石崇金谷园中"众果竹柏、药草之属，莫不毕备"的情况已如前述，东晋以后有些庄园的规模更大，孔灵符的永兴墅即有果园九处，谢灵运在《山居赋》也记载了园中"百果备列"，"桃李多品，梨枣殊所"的情况，园中还分有杏坛、橘林、栗圃等。北方亦是如此。元魏宗室广陵王元欣"好营产业，多所树艺，京师名果皆出其园"⑤。梁武帝的孙子萧大圜在梁亡后来到北方，曾讲到自己的想法："果园在后，开窗以临花卉；蔬圃居前，坐檐而看灌圳。"⑥ 颜之推教训子弟时所讲："蔬果之蓄，园林之所产；鸡豚之善，埘圈之所生。"⑦ 正是当时情况的写照。不过庄园的这些产品除自己消费外，还有少量多余的供给市场，如西晋司徒王戎性情吝啬，"王戎有好李，卖之，恐人得其种，恒钻其核"⑧。这一部分所占的比重不大，而且有些士族以此为耻，如南朝宋柳元景就不肯接受自己菜园守园人卖菜后交来的钱，认为自己立园是为家中人食用，而不该去与民争利。

在士族庄园的影响下，这一时期的宗室及窃据权力的恩幸也纷纷建造自己的庄园。其风格基本上仿效士族庄园的风格，其规模一般较大。如东晋时会稽王司马道子"开东第，筑山穿六池，功用巨万"⑨。北魏后期国力强盛，"于是帝族王侯，外戚公主，擅山海之富，居川林之饶，争修园宅，互相夸竞。崇门丰室，洞户连房，飞馆生风，重楼起雾，高台芳榭，家家而筑，花林曲池，园园而有。莫不桃李夏绿，竹柏冬青"⑩。南朝宋时的恩幸阮佃夫"宅第园舍，诸王邸第莫及"⑪。此外，皇家宫苑也在相当程度上受到士族庄园风格的影响，如北魏宣武帝时修建华林园，"为山于天渊池西，采掘北邙及南山佳石。徙竹汝、颖，罗莳其

---

① 《世说新语·言语第二》，"孙绰赋遂初"条。
② 《晋书》卷79，《谢安传》。
③ 《北史》卷35，《郑羲传附孙述祖传》。
④ 《世说新语·任诞第二十三》，"王子猷尝暂寄人空宅住"条。
⑤ 《北史》卷19，《献文六王传》。
⑥ 《周书》卷42，《萧大圜传》。
⑦ 《颜氏家训·治家第五》。
⑧ 《世说新语·俭啬第二十九》，"王戎有好李"条。
⑨ 《晋书》卷64，《简文三子传》。
⑩ 《洛阳伽蓝记》卷4，《城西》。
⑪ 《宋书》卷94，《恩幸传》。

间，经构楼馆，列于上下，树草栽木，颇有野致"①。就是一个例证。

士族、宗室以及恩幸大批建造庄园，其中有许多侵夺民宅、占据道路、封山略湖的不法行为，影响到了百姓的居住与生活。如东晋初期廷尉张闿"住在小市，将夺左右近宅以广其居，乃私作都门，早闭晏开，人多患之，讼于州府，皆不见省"②。而南朝宋时竟陵王刘诞为扩展宅院，则堵塞道路，断绝交通。东晋末期，"山湖川泽，皆为豪强所夺，小民薪采鱼钓，皆责税值"③。尽管历代皇帝多次下诏加以禁止，但至多只是收效于一时，事后仍是变本加厉地照占不误，这一问题始终都未能得到解决。

总之，士族庄园是在这一时期形成的，并在适宜的环境中得到迅速发展。其意义不仅是在居住与生活等方面发生了变化，而是成为士族表现其人格独立性，保持其心理平衡的一种方式。因此，其风格与汉代私人园林有着明显的不同之处，并对以后的园林发展产生了深刻的影响。

第四节　居民宅院及坞堡与寺院

在这一时期的居民中，能拥有庄园或建造园林的毕竟只占极少部分，对于绝大部分人来讲，住宅只是一个供其遮蔽风雨、抵御寒暑的生活与休息的场所，包括一部分士族及较为清廉的官员在内，大部分人的住宅是较为简陋的，仅可满足其对居住的最低要求。以下仅就目前所见资料对当时一般居民的居住情况作一大致的概述，同时也简单谈谈坞堡这一战乱时期的特殊聚居形式以及当时遍布全国的寺院。

在本章的第一节中已以北魏时期的洛阳为例大略谈到居民区在城市中的位置以及里坊的基本情况，据《洛阳伽蓝记》记载，洛阳有居民10.9万余户，分布在全城220个里坊中居住，平均每里近500户居民，当时的标准里坊方三百步，五尺为一步，如以每尺合今0.3米计算，则平均每户占地约270平方米。当然，其中

---

① 《魏书》卷93，《恩幸传》。
② 《晋书》卷68，《贺循传》。
③ 《宋书》卷2，《武帝纪（中）》。

包括王公贵戚及士族豪强的宅院，因此，一般居民住房的占地面积要大大小于这一数字。建春门外的建阳里内有士庶2000余户，并有佛寺十所，如以佛寺占里内面积十分之一计，则每户占地不足70平方米，这大概更接近于当时一般百姓的实际情况。

北魏时，洛阳里坊的规格较为统一，每里皆设有里门，有一定的启闭时间，由里正等官吏加以管理，仅有极少数宅院、寺院的大门可直接通向御道。当时，还有一些城市的管理也较为规范，如东魏、北齐时期的京师邺城，就沿袭洛阳的管理程式，不过大部分城市都没有这么完备的管理。如东晋初期的京城建康，廷尉张闿家住小市附近，因企图夺占左右民宅以扩大自己的宅院，"乃私作都门，早闭晏开，人所患之"①。由其私做都门一事，可以想见当时建康没有正式的里门，也缺乏严格的管理措施。至于一些中等城市，则其管理要更为松弛。

在乡间则仍多是聚族而居，朝廷通过地方官吏来层层加以统治。但在战乱时期，当政权的法令已无法贯彻到基层时，则又形成一种新的聚居形式，即以宗族、乡里关系为基础建立起来的坞堡（亦称坞壁）。坞堡主大多由控制宗族权力的士族、豪强担任，坞堡内的各项事务皆由其主持。② 实际上，坞堡不仅是个聚集起来进行自卫的武装单位，而且是个安排生产与生活的经济单位，有时还是得到朝廷承认的基层政权组织。当坞堡建立在本乡时，属下各户基本上还住在原来家中；而在因躲避战乱进行迁徙时，则其住处全部由坞堡主来作安排。这一形式在汉、魏之际以及西晋"八王之乱"后尤为多见，十六国时期战乱不停，坞堡成为北方百姓生存的主要形式之一。直到北魏统一以后，尤其是施行"三长制"后，才以政权任命的三长来取代坞堡主进行管理。不过，聚族而居的状况并未改变，"至若瀛冀诸刘，六清河张宋，并州王氏，濮阳侯族，诸如此辈，一宗近将万室，烟火相接，比屋而居"③。因此，在北朝后期的战乱时，这一现象又广为出现。近年在嘉峪关发现的魏晋墓葬中有一幅砖画，画上有一个建有望楼的小城堡，堡墙上还筑有雉堞，旁边有榜题"坞"字，④ 这大概就是当时坞堡的一般外观情况了。

秦汉时期修造房屋时已大量应用砖、瓦等建筑材料，在这一时期的豪华建筑中更是应用了琉璃、铜柱以及各种镀金饰物作为装饰。从建筑技术上讲，已能修造高层的塔式或楼台式建筑，而且除宫苑、寺院以外已用于民居。如南朝齐末陶

---

① 《晋书》卷68，《贺循传》。
② 那波利贞：《坞主考》，载《东亚人文学报》第2—4版，1943年；赵克尧：《论魏晋南北朝的坞壁》，载《历史研究》1980年第6期。
③ 《通典》卷3，《乡党》。
④ 嘉峪关市文物清理小组：《嘉峪关汉画像砖墓》，载《文物》1972年第12期。

弘景"更筑三层楼，弘景处其上，弟子居其中，宾客至其下"①。北魏时洛阳城西大市周围的十个里坊，"凡此十里，多诸工商货殖之民，千金比屋，层楼对出，重门启扇，阁道相通，迭相临望。"② 不过当时高层建筑主要是为登临眺望和防护守望，并未普遍用于居住，因此，二层以上的建筑仍较少见，一般住宅大多是平房。

居民宅院的基本格局仍沿袭汉代的传统，少者为一堂二内，即与今天的一明两暗相似，多者则有两进、三进乃至多进的大宅院，一般外面皆有院墙。近年在宁夏彭阳北魏前期墓葬中发现一座土筑房屋模型，使我们对于这一时期的房屋能有一个直观的印象。模型位于土圹的后端，在土圹前端亦有一粗制房屋模型，据发掘者认为系模拟门楼，两模型之间的空间为天井，构成一完整的庭院。模型房屋顶部为两面坡式，两坡各有13条瓦垄，正脊仿砖砌，两端置鸱尾。正面中部为一双扇门，门及门框皆涂朱红彩，两边各有一直棂窗，每窗有四根窗棂。③ 其形制与近代房屋差别不很大。不过，这模型只反映当时房屋的一种样式，房屋形式也随家庭人口及财产的多寡而差异很大，如北方士族弘农杨氏、范阳卢氏、博陵崔氏等皆百口同居，则其宅院当甚大。河北安平出土的东汉灵帝熹平五年（176年）墓中室南耳室北壁壁画中栋宇森列，多进院落相互毗连的大宅院就是这种大族宅院的滥觞。④ 南方的习俗是兄弟长成后即分居，则宅院相对而言就要小一点。

朝中较高级的官员的住宅一般有数十间房屋。西晋大臣山涛死后，其部属上奏说："（山）涛旧第屋十间，子孙不相容。"⑤ 晋武帝司马炎下令为其子孙增建房屋。晋武帝还曾下诏为王沈、鲁芝各建房50间，可见这是当时的一般标准，上述官员都是不足这一标准而由皇帝下诏增建的。低级官员及一般百姓的住宅则多为数间至十数间。

地方主要官员及朝中各府署长官在任职时可住到官府拨给的府宅中，在卸任后再回到自己的私宅，前述山涛旧第，即指其私宅。只有少数得到皇帝宠信或年高望重的大臣经皇帝特许后，方可以自己家宅为府署。⑥ 僚佐也多居住在官府提供的公廨中，如西晋时陆机兄弟就居住在参佐廨中，兄弟共住三间瓦屋。⑦ 出京任职的官员在返京后多用自己在任上搜刮来的财产（一般称作还资）在京购置住宅。南朝宋时，蔡廓自豫章太守被征入朝任尚书，"起二宅，先成东宅，与（兄蔡）

---

① 《梁书》卷51，《处士传》。
② 《洛阳伽蓝记》卷4，《城西》。
③ 宁夏固原博物馆：《彭阳新集北魏墓》，载《文物》1988年第9期。
④ 河北省文物研究所编：《安平东汉壁画墓》，文物出版社1990年版。
⑤ 《晋书》卷43，《山涛传》。
⑥ 《南齐书》卷23，《王俭传》；卷32，《张岱传》。
⑦ 《世说新语·赏誉第八》，"蔡司徒在洛"条。

轨，（蔡）廓亡而馆宇未立，轨罢长沙郡还，送钱五十万以补宅值"①。王琨自广州刺史还朝，宋孝武帝询问他还资多少，王琨答道："臣买宅百三十万，余物称之。"② 由于这已成惯例，故偶有例外，则为人所称道。裴昭明自始安内史还朝，他为官廉洁，无钱买宅，齐武帝萧赜说："裴昭明罢郡还，遂无宅。我不谙书，不知古人中谁比？"③

当时住宅买卖都有文券，并要交税，"晋自过江，凡货卖奴婢马牛田宅，有文券，率钱一万，输估四百入官，卖者三百，买者一百"④。这一制度也为南朝所沿用，卖宅者在宅门题门帖，就表示出售⑤，有些权贵则倚仗势力用悬券的方式来强占百姓的住宅。⑥ 另外，还有人代人估算房价，并从事房屋买卖中介业务。⑦

当时宅院的价格自数万至数十万钱，贵者有100多万，乃至1000万以上者。有些廉洁的官员无钱买宅，只能租赁或借住，北魏时鹿念"虽任居通显，志在谦退，迎送亲宾，加于畴昔，而自无室宅，常假赁居止"⑧。南朝齐时孙谦，"每去官，辄无私宅，常借官车厩居焉"⑨。

尽管砖瓦的应用已很广泛，但除朝中权贵、富商大贾外，居住草屋茅舍的人还相当多，其中也包括一些士族以及较为清廉的官员。东晋时会稽内史孔愉，"在郡三年，乃营山阴湖南侯山下数亩地为宅，草屋数间"⑩。南朝梁时曾任中书侍郎、鸿胪卿的裴子野，"无宅，借官地二亩，起茅屋数间"⑪。北魏前期百官无禄，主要靠朝廷赏赐，贪浊者肆意贪污、受贿，自然十分丰足，而廉洁者则十分清贫。任中书侍郎27年的高允，家中就只有草屋数间。这些出身士族的官员尚且如此，一般百姓自不待言。南朝宋文帝派王玄谟统兵北伐，围攻滑台（今河南滑县东南）时，因城内多茅屋，曾有人提议用火箭去烧毁城中房屋，以协助攻城。南方气温较高，竹子取材方便，故多用以作为建房材料，因此当时人称："江南土薄，舍多

---

① 《宋书》卷57，《蔡廓传》。
② 《南齐书》卷32，《王琨传》。
③ 《南齐书》卷53，《良政·裴昭明传》。
④ 《隋书》卷24，《食货志》。
⑤ 《南史》卷49，《庾杲之传》。
⑥ 《南史》卷51，《梁宗室传（上）》："（萧）宏都下有数十邸出悬钱立券，每以田宅邸店悬上文券，期讫便驱券主，夺其宅。都下东土百姓，失业非一。（梁武）帝后知，制悬券不得复驱除，自此后贫庶不复失居业。"
⑦ 徐陵《与顾记室书》："吾市徐枢宅，为钱四万，任人市估，文券历然。"（《全陈文》卷9）又，《南齐书》卷52，《文学·崔慰祖传》中所载的买者，实为中间人。
⑧ 《魏书》卷79，《鹿念传》。
⑨ 《梁书》卷53，《良吏·孙谦传》。
⑩ 《晋书》卷78，《孔愉传》。
⑪ 《梁书》卷30，《裴子野传》。

竹茅。"① 隋在准备进攻南朝陈时，曾打算派人去烧毁民房，以耗损陈的国力。

除竹茅草屋外，还有居住在土窟石穴之中的，如晋朝隐士孙登是汲郡人，"于郡北山为土窟居之"②。张忠隐居于泰山，"其居依崇岩幽谷，凿地为窟室，弟子亦以窟居"。北魏宗室元弼因未能承袭父亲的爵位，弃官，"入嵩山，以穴为室"③。十六国前凉时人郭瑀则"凿石窟而居"。在山区林木多的地方，亦有以木板建屋的，南朝齐、梁时人邓郁，"隐居衡山极峻之岭，立小板屋两间"④。此外，北方少数民族有住毡帐的习俗，当其进入中原地区后，亦将此习俗带入中原地区，有的毡帐极大，可容 1000 余人，曾令从南方来的颜之推十分惊讶，故此他在《颜氏家训》中讲："昔在江南，不信有千人毡帐。"⑤

在一般宅院中，除住房外，厨房与厕所也是主要组成部分之一。汉代大多将厨房设置在东房，故称东厨。曹植《当来日大难》："日苦短，乐有余，乃置玉樽办东厨。"⑥ 表明在这一时期仍沿袭汉制。

厕所当时被称为厕或清，因常将其与猪圈连在一起，故亦称为溷。《晋书·左思传》讲左思在写作《三都赋》时，"遂构思十年，门庭藩溷皆著笔纸。"汉代沂南画像石中宅院的厕所设在院后，这一时期的部分宅院可能仍沿用这种布局。有人为炫耀豪富，将厕所布置得十分考究，竟使客人误以为是内室。"刘寔诣石崇，如厕。见有绛纱帐大床，茵蓐甚丽，两婢持锦香囊。寔遽反走，即谓崇曰：'向误入卿室内。'崇曰：'是厕耳。'"⑦

这一时期，佛教在中国广为流传，从一个外来宗教成为百姓信奉的主要宗教之一，佛教寺院也遍及全国。前面已提到，北魏末期洛阳城中有寺院 1367 所，而当时北魏全境有寺院 3 万余所，僧尼大众 200 余万。⑧ 南方亦是如此，其鼎盛时期是在南朝梁武帝萧衍时，当时人称："都下（指京城建康）佛寺五百余所，穷极宏丽。僧尼十余万人，资产丰沃。"⑨ 一说梁武帝时建康有 700 余所寺院，梁全境有寺院 2800 余所。⑩

当时有些寺院相当大，如北魏洛阳的永宁寺，建有九层木塔，寺中佛殿的形

---

① 《隋书》卷 41，《高颎传》。
② 《晋书》卷 94，《隐逸传》。以下张忠、郭瑀皆见本传。
③ 《魏书》卷 19（上），《景穆十二王列传（上）》。
④ 《南史》卷 76，《隐逸传（下）》。
⑤ 《颜氏家训·归心第十六》。
⑥ 逯钦立：《先秦汉魏晋南北朝诗·魏诗》卷 6。
⑦ 裴启：《语林》卷 4，周楞伽辑注本，文化艺术出版社。
⑧ 《魏书》卷 114，《释老志》。
⑨ 《南史》卷 70，《循吏·郭祖深传》。
⑩ 法琳：《辩正论·十代奉佛篇》，较引自王仲荦《魏晋南北朝史》，第 842 页。

制模仿皇宫中的太极殿,并有僧房楼观 1000 余间。《水经注》及《魏书》记载,木塔高 40 多丈,而《洛阳伽蓝记》则称塔高 100 丈,而现代人根据塔基及当时的建筑结构推测,塔高约在 75.60 米。① 可惜木塔及永宁寺皆在北魏末期毁于火灾。近年来已确定永宁寺的位置,并进行了初步勘查,寺院呈长方形,有夯筑围墙,周长约 1040 米,以塔为中心,佛殿在塔的北面,僧房主要分布在塔的东、西两侧。夯土版筑的塔基近于正方形,底层长约 100 米,上层约 50 米,其上又有一层土坯垒砌的台基,约 10 米见方,目前塔基残高尚有 8 米左右。② 据《洛阳伽蓝记》记载,僧房超过 1000 间的还有永明、景明等寺,此外,宗室诸王在北魏末期纷纷舍宅为寺,规模也都相当大。当然,也有些寺院比较小,如前述建阳里中就有璎珞、慈善等十所寺院,由居住在里中的 2000 余户士庶供养,则其比之上述大寺院就小得多了。河南登封嵩岳寺塔建于北魏孝明帝正光四年(523 年),高约 39.5 米,是现存最早的完整砖塔。

除塔、殿、僧房之外,不少寺院还有园林,其风格接近于士族园林。这一方面是由于士族园林在当时社会上占有主导地位,另一方面则是由于士族、宗室等大量舍宅建寺,故而寺院仍保留了其原有风格。《洛阳伽蓝记》中对一些寺院的记述,如不加以说明,则很难看出其到底是寺院还是士族园林。

当时寺院除居住僧、尼之外,大多也可接待其他客人。如江南就多以僧寺作为接待各国使者的处所。③ 由于各种原因而没有住宅者也常寄住在寺院中,南朝梁武帝萧衍的孙子萧大圜在侯景之乱被平定后回到建康,"时既丧乱之后,无所依托,乃寓居善觉佛寺"④。北齐时李𩃁"贫无居宅,寄止佛寺中"⑤。北齐后主时,卢公顺为符玺郎,与博陵崔君洽、陇西李师上关系友善,他们随后主高纬到晋阳,则寓居僧寺,被朝士称为"康寺三少"⑥。南朝陈后主时大臣韦鼎看到陈终将灭亡,就将土地宅院全部卖掉,而借住僧寺。⑦

道教在这一时期也有着很大的发展,在北朝还曾一度凭借政治势力取缔佛教而独领风骚。不过道教主要是在民间发展,信奉的人数虽多,但出家当道士的并不多,道观的数量与规模也远不能与遍及全国的佛教寺院相比。

---

① 中国科学院自然科学史研究所主编:《中国古代建筑技术史》,科学出版社 1985 年版。
② 中国科学院考古研究所洛阳工作队:《汉魏洛阳城初步勘查》,载《考古》1973 年第 4 期。
③ 《北史》卷 33,《李灵传》。
④ 《周书》卷 42,《萧大圜传》。
⑤ 《北史》卷 33,《李义深传》。
⑥ 《北齐书》卷 42,《卢潜传》。
⑦ 《南史》卷 58《韦睿传附孙鼎传》:"鼎尽货田宅,寓居僧寺。"

第五节 居室布置

在居室内，由于坐卧起居的需要，人们还布置了一些器物，也就是今天所说的家具，不过当时还没有这一名称，而且器物种类与今天相比也有很大的差别。以下就目前所见文献及考古发掘材料对这一时期的室内设施及其变化情况作一个大略的说明。

床在当时不仅是睡眠用的卧具，而且还是人们谈话、办事时的主要坐具之一，因而成为居室内最主要的器物。汉魏时人刘熙所撰《释名》中专有一节为《释床帐》，其中对床的解释是："人所坐卧曰床。床，装也，所以自装载也。"明确地指出床的这两种用途。一般情况下，坐、卧的床是并不混用的。由于用途不同，因此尺寸也有所不同，供睡眠用的床一般都较长，东汉末时人服虔所撰《通俗文》中讲："床，三尺五曰榻板，独坐曰枰，八尺曰床。"① 汉魏时的一尺约相当于24厘米，则八尺为192厘米，与现代床的长度相近似。为防止混淆，多称其为眠床。如南朝齐时，后军将军虞愿为官清廉，"褚渊常诣愿，不在，见其眠床上积尘埃，有书数帙"②。有些床装饰得十分豪华，南朝梁时人鱼弘，"有眠床一张，皆是蹙柏，四面周匝，无一有异，通用银镂金花寿福两重为脚"③。有些床的尺寸非常大，据《邺中记》记载，后赵统治者石虎的御床"辟方三丈"，堪称一时之最了。

用于坐的床则较短，为与睡卧用的眠床相区别，多称其为小床，亦称为榻、独坐、枰等。这一时期，人们在正式场合仍沿袭商、周以来的跪坐习俗，即双膝着地，臀部放在足跟上，上床前要脱去鞋，为便于上下，因此床的高度较低。《邺中记》中讲石虎皇宫中的床"高下六寸"，大概就是当时一般床的高度，这约合今天的15厘米，依今天的眼光看，是相当低了。由于床分单人坐、双人坐、多人共坐以及斜倚靠卧，因此其尺寸也大小不等。出土的一些形象资料中对此亦有所反映，辽阳上王家村晋代壁画墓及河北磁县北齐高润墓中的壁画皆主人所坐床的尺

---

① 《初学记》卷 25，《床》引。
② 《南齐书》卷 52，《良政·虞愿传》。
③ 《南史》卷 55，《夏侯详传附鱼弘传》。

寸即相当大。① 前述《通俗文》称榻长三尺五寸，只是当时较为普遍的一种尺寸，并不意味着都是这一尺寸。三尺五寸相当于84厘米，可以单人坐，亦可双人坐。辽阳出土几座墓葬壁画中男女主人对坐宴饮时所坐的方榻即与此尺寸相近。②

一般来讲，安排客人独坐一榻是表示对客人的尊重，这亦可称为独榻，如东晋时刘爱之被殷浩推荐给庾亮，"庾公甚忻然，便取为佐。既见，坐之独榻上与语"③。双人或多人共坐则被称为连榻，有时这被一些自视甚高的人认为是对自己的不重视，西晋时，"杜预拜征南将军，朝士悉至，皆在连榻坐。时亦有裴叔则。羊稚舒后至，曰：'杜元凯乃复连榻坐客！'不坐便去。"④ 如供多人坐，则其长度似应在84厘米之上。比榻更小一点的坐具称独坐或枰，《释床帐》中称："小者曰独坐，主人无二，独所坐也。枰，平也，以板作，其体平正也。"不过这些坐具名称的界限并不清楚，往往相互混淆。

在正式的场合中，除跪坐以外的其他坐姿都被认为是不合礼教的放荡行为，《礼记·曲礼上》特别指出："坐毋箕。"箕坐，即臀部坐在床上或地上，两腿向前直伸或稍屈，呈簸箕形，故有此称，亦作箕踞。阮籍在司马昭的宴席上箕踞啸歌，就为礼法之士所指斥。西晋时外戚王济在与晋武帝下棋时采取箕坐的姿势，并将脚伸到棋局下，也被认为是对君王的不尊敬。⑤ 在非正式场合或个人独处时，也采取跪坐姿势，则被认为是礼教的楷模，如汉魏时的高士管宁坐一木榻50年，当膝处皆穿。⑥ 直到南北朝后期仍是如此，梁武帝萧衍的侄子萧藻，"性恬静，独处一室，床有膝痕，宗室衣冠，莫不楷模"⑦。

不过在非正式场合或独处时，一般也可采取箕坐等其他坐姿。尤其在魏晋之际"竹林七贤"放达作风的影响下，许多名士也不再为礼法所束缚，如东晋时的方面大员温峤就时常与其长史卫永箕踞相对，饮酒纵谈。近年在江苏出土的竹林七贤画像砖，就形象地表现出他们的坐姿。⑧ 高坐道人在与王导谈论禅经玄理时，"恒偃卧其侧"，当严守礼法的卞望之到来后，他则"肃然改容"，端然正坐，当

---

① 李庆发：《辽阳上王家村晋代壁画墓清理简报》，载《文物》1959年第7期；磁县文化馆：《河北磁县北齐高润墓》，载《考古》1979年第3期。
② 东北博物馆：《辽阳三道壕两座壁画墓的清理工作简报》，载《文物参考资料》1955年第12期；王增新：《辽阳市棒台子二号壁画墓》，载《考古》1960年第1期。
③ 《世说新语·排调第二十五》，"刘遵祖少为殷中军所知"条。
④ 《世说新语·方正第五》，"杜预拜征南将军"条。
⑤ 《晋书》卷42，《王浑传附子济传》。
⑥ 《三国志》卷11，《管宁传》裴松之注引《高士传》："管宁自越海及归，常坐一木榻，积五十年，未尝箕股，其榻上当膝处皆穿。"
⑦ 《梁书》卷23，《长沙嗣王业传附弟藻传》。
⑧ 南京博物院：《南京西善桥南朝墓及其砖刻壁画》，载《文物》1960年第8、9期合刊。

时人认为他这种因人而异的做法，处理得颇为得当。① 能供人偃卧的床、榻，其长度当接近于眠床的长度。

制作床的主要材料是木板，但也有石制或玉制的。宋武帝刘裕时，曾有人进献石床；而据《邺中记》，十六国后赵石虎，"后宫别院中，有小形玉床"。南朝齐时还有玳瑁床。② 床脚的形制有直脚、局脚（加工成弯曲状）之分，刘裕为提倡节俭，曾禁止在东、西堂使用有银涂钉的局脚床，而用加铁钉的直脚床。当时一般的床不一定上漆，只有比较讲究的床才上漆，上过漆的床则称漆床。局脚床、漆床等都是社会上层人士所使用的器物，据《晋东宫旧事》记载："皇太子纳妃，有素柏局脚床、八板床、漆床。"③ 还有在床上镶嵌其他珍贵饰物的，北魏郢州刺史韩务曾向皇帝进献七宝床、象牙席。④

胡床是东汉时期由西域传入中原地区的一种轻便坐具，魏晋时期在中原地区颇为流行，《晋书·五行志》记载，西晋时，"贵人富室，必蓄其器。"西晋末，中原地区发生大规模战乱，随大批北方人民的南迁，胡床在江南地区也流传开来。胡床的基本形制与今天的马扎相似，其上部的两根横木间用绳条穿好，以供人坐，故亦称绳床。由于胡床可收可放，易于携带，使用便利，所以无论是平时在家还是外出游玩办事，甚至在战争中都得到广泛的应用。南朝梁时人庾肩吾的《咏胡床应教诗》："传名乃外域，入用信中京。足欹形已正，文斜体自平。临堂对远客，命旅暂出征。何如淄馆下，淹留奉圣明。"不仅介绍了胡床的来源，而且谈到其形制及应用。当时人坐胡床是将臀部放在上面横木间绳条结成的床面上，小腿下垂，两脚放在地上，与现在人坐马扎的姿势相同。当时一般不称坐胡床，而称踞胡床，也即垂脚坐胡床。胡床的应用虽广，但多用于非正式场合，所以王忱踞胡床而没有采取通常的跪坐姿势，被视为对客人的不敬，在《世说新语》中被归入《简傲篇》；出身北方的侯景篡位后，在殿上设胡床，著靴垂脚坐，则被视为违背礼教的蛮夷风气。但由于胡床的普及、佛教徒跏趺和垂脚坐小床、在民族融合中少数民族箕坐的影响，以及玄学兴起后对名教的冲击，加之垂脚坐较跪坐舒适，因此人们逐渐增加小床的高度，开始在小床上垂脚坐。只是普通人家居室中的这一变化，在南北朝时才初露端倪，到唐代始较为显著。从魏晋开始的这种变化，对我国古代人们生活起居的影响颇为深远和重要。⑤

---

① 《世说新语·简傲第二十四》，"高坐道人于丞相坐"条及刘孝标注引《高坐传》。
② 《南史》卷41，《齐宗室·萧坦之传》。
③ 《初学记》卷25，《床第六》。
④ 《魏书》卷42，《韩秀传附子务传》。
⑤ 参见易水：《漫话胡床——家具谈往之三》，载《文物》1982年第10期；朱大渭：《胡床、小床和椅子》，载《文史知识》1989年第5期。

与坐姿变化有关的另一个器物是凭几,其又被称为倚几、隐几。① 汉代的凭几与案几的形状相似,几面为长方形,只是几面较窄,两端各有一足或为栅状曲足,置于人的面前,在跪坐感觉疲倦时,就将肘部放在凭几上,以分散身体的重量,来减轻腿部的负担。在这一时期则流行一种三足的几,一般亦称其为凭几,但其与汉代凭几的形状相差甚多。目前所见最早的三足几出土于三国时期东吴右军师、左大司马朱然墓,几系木制,上有黑红色漆,几面呈扁平圆弧形,弧形弦长 69.5 厘米,几面宽 12.9 厘米,几高 26 厘米,下有三个蹄足,左、右端各有一足,后面正中有一足,其形状颇类似现代圈椅的椅背,只是没有椅座和椅腿。据认为这是当时的实用器物,也是目前所见同类器物中惟一可供实用的一件②,此外则还发现有若干陶制的明器与壁画图像。③ 从朱然墓出土的三足几工艺已相当成熟,显见其不会是刚刚出现,至少可上推到东汉末期,只是目前尚未发现有关记载,尚待将来的考古资料来加以证实。

当人们跪坐时,臀部压在足跟处,身体重心位于着地的膝部与足部之间,而稍偏后一点,故在疲倦时就身体前倾,将肘部及前臂放在凭几上,这已在出土的汉代画像石中得到证实。三足几应用初期,亦是放在前面,供人凭倚用的,甘肃酒泉丁家闸 5 号墓壁画燕居行乐图中三足几就位于墓主人前面,主人跪坐,以手凭几,而南京象山 7 号墓中的陶凭几亦位于牛车厢的前部,显然也是供人向前倚靠的。④ 但到南北朝时期情况又有所变化,随胡床的普及和社会风气的改变,人们对于箕坐逐渐采取较为容忍的态度,前面提到的南朝梁时萧藻在独处时床有膝痕,因而被视为楷模,正从反面说明了箕坐的流行。

在箕坐时臀部放在床或席上,两腿前伸,上身的重量主要由臀部负担,因此身体重心就位于着地的足部至臀部的连线之外。为保持平衡,或屈膝,身体稍前倾,将手放在腿上,以分担上身重量;或屈膝后以手抱膝;或将手放在后面撑地;或向后依靠其他器物;这几种姿势在南京西善桥墓竹林七贤画像砖中都有所表现。对于身体较胖的人来说,显然是向后倚靠其他器物最舒适,出现于这一时期的隐囊就起到这种作用。与之相适应的则是三足几位置的变换,即从前面移到身后,从供人凭靠改为供人倚靠。南朝齐谢朓《咏乌皮隐几诗》称:"蟠木生附枝,刻削

---

① 《北堂书钞》卷 133《几》引张华《倚几铭》;隐几见后文。
② 安徽省文物考古研究所、马鞍山市文化局:《安徽马鞍山东吴朱然墓发掘简报》,载《文物》1986 年第 3 期。
③ 江苏省文物管理委员会:《南京近郊六朝墓的清理》,载《考古学报》1957 年第 1 期;洪晴玉:《关于冬寿墓的发现与研究》,载《考古》1959 年第 1 期。
④ 甘肃省博物馆:《酒泉、嘉峪关晋墓的发掘》,载《文物》1979 年第 6 期;《中国美术全集·绘画编(12)·墓室壁画》图 45;南京市博物馆:《南京象山 5 号、6 号、7 号墓清理简报》,载《文物》1972 年第 10 期。

岂无施。取则龙文鼎，三趾献光仪。勿言素韦洁，白沙尚推移。曲躬奉微用，聊承终宴疲。"① 既讲出几的特点，即三趾、曲躬，又讲出它的功用，即供人在疲倦时休息用，宴饮时在客人的前方有盛放食物的长几，隐几不可能放在前面，则只能位于身后。三足几的出现及其功用的改变，对于唐代以后带靠背椅子的产生，似亦不无影响。

前面已提及的隐囊，是用锦等织物作成外罩，内中实以丝绵等轻软之物，放在背后或身侧，以供人倚靠用。其形状及用途与今天的靠垫相似，但因它是在床上单独使用，故较现在的靠垫厚大。洛阳龙门宾阳洞北魏石刻中病维摩即斜倚隐囊而说法②，传世《北齐校书图》侍女亦抱与之类似的隐囊。③

当时一般在床上都铺有席，以供人坐卧，也有将席铺在地上供人坐的，但在这一时期已不很普遍。东晋时广州刺史吴隐之归朝后，"以竹篷为屏风，坐无毡席"④。被认为是清廉俭朴的典范。席有用草编的，亦有用竹编的，不过当时席一般都是指草席。这时多用蒲草编席，由于蒲草又称莞草，故称以蒲草编成的席为蒲席或莞席。粗竹席称籧篨，是贫穷人家所使用的；细竹席称为簟，在江南地区亦称为笙，是富家的常用物品。一般是将蒲席垫在下边，将竹簟铺在上面，但由于蒲席性温，而竹簟性凉，故此三国吴时张纯赋席曰："席以冬设，簟为夏施，揖让而坐，君子攸宜。"⑤ 表明当时亦随季节变化而改变席的铺设方式。江南地区将桃竹制成的席称为桃笙，因其篾细，可卷入筒中，是相当名贵的物品。除去草席与竹席以外，还有将象牙劈细后编织的席子，"车永为广州刺史，永子溢，使工作象牙细簟，工患之"⑥。西晋左思《吴都赋》中讲到江南的特产："桃笙象簟，韬于筒中。" 正是指的这两种极细巧珍贵的席。但这些特产只有少数上层社会人士才能享用，此外则还用于对倭国等外国的赐赠之物。当时一些比较考究的席子还以锦等织物缘边，十六国后赵石虎宫中所用的席就皆以锦缘边。

在天冷时，除席子外，亦铺设毡或褥等。西晋陆云诗称："冬坐比肩毡。"⑦ 正反映了这一习俗。铺在眠床上的则称眠毡，"桓豹奴病劳冷，无毡可卧，桓车骑自撤己眠毡与之"⑧。亦称作卧具，"（谢）朓尝宿卫，还过候（江）革，时大雪，

---

① 《艺文类聚》卷 69，《几》引。
② 转引自沈从文：《中国古代服饰研究》，第 151 页。
③ 《中国美术全集·绘画编（1）·原始社会至南北朝绘画》图 104。
④ 《晋书》卷 90，《良吏·吴隐之传》。
⑤ 《三国志》卷 56，《朱桓传》裴松之注引《文士传》。
⑥ 《太平御览》卷 708，《簟》引王隐《晋书》。
⑦ 《太平御览》卷 708，《毡》引。
⑧ 《太平御览》卷 708，《毡》引《俗说》。

见革弊絮单席，而耽学不倦，嗟叹久之，乃脱所着襦，并手割半毡与革充卧具而去"①。

刘熙《释名》称："褥，人所坐衺辱也。"随其用途不同，分别称为大褥、承床褥、独坐褥、车褥、步舆褥等。一般用丝、麻织物制成，上层社会所用的多以锦制，或以锦缘边，所以曹操"茵褥取温，无有缘饰"则被视为他生活俭朴的主要表现之一。②除丝、麻织物外，还有以各种动物毛皮制作的皮褥。在汉代，一般毛皮制作的褥子属于普通物品，如朝廷高官使用，就被称为作凤廉俭。在这一时期，除一般皮褥外，还有很高级的皮褥，如南朝齐高帝萧道成曾赐给褚渊白貂坐褥，其价格就在万钱以上。③

由于当时人主要采用跪坐姿势，因此不使用今天所用的高桌，而使用类似于今天炕桌形式的案、几。从近年来出土墓葬壁画中的宴饮图等可以看到其使用情况。④案与几在先秦时期是两类不同的器物，案主要用于盛放食物，几则用于放置书籍、杂物等。但到汉代其界限已开始模糊，所以东汉后期许慎《说文》中即将其混为一谈，称："案，几属。"案不仅用来放食品，也放文书典籍，故亦有书案之称，曹操《上杂物疏》中即有纯银叁镂带漆画书案一枚。⑤放置奏疏文卷的还被称为奏案，孙权下决心抵抗曹操时就曾拔刀砍向面前的奏案。⑥魏晋以后，还曾将几案合为一词，并引申为文书律令的代称，如北魏时邢昕"既有才藻，兼长几案"⑦。即指其既有文学才能，还擅长处理文牍公务。上述书案、奏案与几案就用途而言，实际上都是在原来几的范围之内。盛放食物的仍称作案，如安徽马鞍山东吴朱然墓出土的宫闱宴乐图漆案，就是一件相当精美的器物。应该说明的是，一般的案高约十几厘米，如辽宁朝阳袁台子东晋壁画墓中的漆案长64厘米，宽42.6厘米，高17.5厘米，上面放有14件食具，位于墓主人画像前，表示为主人所享用。⑧但另外还有一种无足或仅有短托梁的案，类似于今天的大托盘，可以将其连同上面盛放食物的器皿一同举起来，形容夫妻间相互尊敬的成语"举案齐眉"，所举的案就是那种无足案。

屋内的主要陈设还有承尘，刘熙《释名》讲："承尘，施于上承尘土也。"由

---

① 《梁书》卷36，《江革传》。
② 《三国志》卷1，《武帝纪》裴松之注引《魏书》。
③ 《南齐书》卷23，《褚渊传附弟澄传》。
④ 李文信：《辽阳发现三座壁画古墓》，载《文物参考资料》1955年第5期；王增新：《辽阳市棒台子二号壁画墓》（见前）。
⑤ 《全上古三代秦汉三国六朝文·全三国文》卷1。
⑥ 《三国志》卷54，《周瑜传》裴松之注引《江表传》。
⑦ 《魏书》卷85，《文苑·邢昕传》。
⑧ 辽宁省博物馆文物队等：《朝阳袁台子东晋壁画墓》，载《文物》1984年第6期。

于当时还未架设天花板，为防止梁上的尘土落到身上，故在床顶上架设承尘。其形制类似天花板，只是覆盖面积较小，仅能护住人所坐卧的地方。

与承尘作用相似的是帷帐，但是帷帐顶多不是平顶，而是类似屋顶样的尖顶。另外，帷帐不仅有顶部，还环绕床的四周，与今天的蚊帐有类似之处。帷帐是由铁帐钩和木质帐杆支撑起的，50 年代曾在洛阳出土有三国魏正始八年铭文的铁帐钩①，结合近年来发现的一些壁画等形象资料，从而可以将当时帷帐的形状复原出来。②比帷帐小而且规模低的是小帐，因其形状像一个翻过来扣着的斗，又称斗帐。③辽宁辽阳上王家村晋墓壁画、河南邓县彩色画像砖墓中皆有斗帐的形象。④不过在这一时期有些规格很高的大帐，如下文石虎所用之帐亦称斗帐，因此不可一见斗帐即认为是小帐。在北朝后期一些规格很高的墓葬中出有平顶大帐的图像⑤，似表示帷帐式样的改变。在堂前及四壁悬挂的丝织物亦称帷，既用于挡风，也用于装饰，有时还用以障蔽，如东晋穆帝即位时只有两岁，褚太后就在太极殿施白纱帷，抱着穆帝临朝听政。⑥

制作帷帐的材料很多，有锦、织成、绡、绫、纱、绢、罗、布等，颜色更是多姿多彩。一般家庭及较为俭朴的统治者大多使用布帐，如曹操为纠正当时大办婚事的陋俗，"公女适人，皆以皂帐"⑦。东晋元帝时，有人上奏请在太极殿施用绛帐，元帝下诏曰："汉文（帝）以上书皂囊为帷，冬可青布，夏青疏。"⑧晋武帝曾禁止使用织成帐，在《晋令》中，还明令将锦帐列为禁物。但也有许多统治者十分奢华，十六国后赵石虎则堪称其中的代表。据《邺中记》记载："石虎御床，辟方三丈。冬月，施熟锦流苏斗帐。四角安纯金龙头，衔五色流苏。或用青绨、光锦；或用黄绨、博山文锦；或用紫绨、大小光明锦。絮以房子绵一百二十斤，白縑为里，名曰复帐。""春秋但施锦帐，里以五色縑，为夹帐帷。夏用单纱罗，或縠文丹罗，或紫文縠，为单帐。"

屏风也是当时室内的主要陈设之一。这个名字已经将其用途反映出来，刘熙《释名》称："屏风，言所以屏障风也。"屏风一般设在人的座位后面，大多以木

---

① 李宗道等：《洛阳 16 工区曹魏墓清理》，载《考古学报》1957 年第 1 期。
② 参见易水：《帐和帐钩——家具谈往之二》，载《文物》1980 年第 4 期；卢兆荫：《略论两汉魏晋的帷帐》，载《考古》1984 年第 5 期。
③ 刘熙《释名》称："小帐曰斗，形如覆斗也。"
④ 李庆发：《辽阳上王家村晋代壁画墓清理简报》，载《文物》1959 年第 7 期；河南省文化局文物工作队：《邓县彩色画像砖墓》，文物出版社 1959 年版。
⑤ 磁县文化馆：《河北磁县北齐离润墓》（见前）。
⑥ 《晋书》卷 8，《穆帝纪》。
⑦ 《三国志》卷 1，《武帝纪》裴松之注引《傅子》。
⑧ 《太平御览》卷 699，《帐》引《晋令》。

制作，亦有四周为木框，中间为丝织品的。辽宁辽阳三道壕令支令张君墓中主人坐方床上，身后设屏风；辽阳上王家村晋墓壁画中主人所坐方榻的后、侧方设有曲尺状屏风。① 木板多加以彩绘，山西大同北魏司马金龙墓出土的漆画屏风就相当精美。② 当时一些有名画家的作品更是出类拔萃，三国时东吴统治者孙权曾使号称"八绝"之一的曹不兴画屏风，"（曹不兴）误落笔点素，因就以作蝇。既进御，权以为生蝇，举手弹之"③。足见其画技之妙。当时还有透明效果相当好的琉璃屏风与云母屏风，都属较为稀见的器物，流传至今的成语"吴牛喘月"，即由此而来。④ 屏风大多是整扇的，与近代的插屏相类似；但也有些配有金属合页的多扇屏风，与近代的屏风没有什么区别。十六国时还有可以改变高度的屏风，"石虎作金银钮屈戌屏风，衣以白缣，画义士、仙人、禽兽之像，赞者皆三十二言。高施则八尺，下施四尺，或施六尺，随意所欲也。"⑤ 有时在眠床边亦设屏风，东晋谢万任吴兴太守时，"其兄安时随至郡中，万眠常晏起，安清朝便往床前，扣屏风呼万起"⑥。

与屏风作用相似而又移动方便的是步障。步障是在地面以漆竿等作为立柱，在柱头上牵拉绳索，在绳索上悬挂丝织物，多用于庭院或野外，但也常临时用于室内。北魏宁懋石室画像石刻中施用步障的形象即相当清晰⑦，使我们对于步障的形状及其用法都能有所了解。东晋才女谢道韫在见客人时，就施用青绫步障，以自遮蔽。⑧ 西晋石崇与王恺斗富，王恺作紫丝布步障碧绫里40里，石崇则作锦步障50里来压倒王恺⑨，他这种奢华的行为，也成为一时之最。

与屏风位置相反的是帘（其繁体字为竹字头下一个廉字，即簾），一般放在门口，在大殿上则置于座位之前。刘熙《释名》称："帘，廉也，自障蔽为廉耻也。户帘施于户外。"南朝齐虞炎《咏帘诗》中"清露依檐垂，蛸丝当户密"⑩，指的正是这种户帘。帘子一般都是用竹制成的，用布缘边，与现代的帘子差别不大，当时有不少人专门以织帘为生，南朝齐沈麟士一边织帘，一边读书，被称为织帘

---

① 李文信：《辽阳发现三座壁画古墓》（见前）；李庆发：《辽阳上王家村晋代壁画墓清理简报》（见前）。
② 山西省大同市博物馆等：《山西大同石家寨北魏司马金龙墓》，载《文物》1972年第3期。
③ 《三国志》卷63，《赵达传》裴松之注引《吴录》。
④ 裴启：《语林》。
⑤ 《邺中记》。
⑥ 《太平御览》卷701，《屏风》引《俗说》。
⑦ 《中国美术全集·绘画编（19）·石刻线画》图8。
⑧ 《晋书》卷96，《列女·王凝之妻谢氏传》。
⑨ 《世说新语·汰侈第三十》。
⑩ 逯钦立：《先秦汉魏晋南北朝诗·齐诗》卷5。

《女史箴图》（局部）

先生。① 但有些帘的制作就十分考究，南朝宋时的宠臣戴明宝家产丰厚，其子骄淫，使人制作五色珠帘②；十六国时许多统治者如前凉张骏、后赵石虎、前秦苻坚等皆以珍珠制帘，有的还悬挂玉佩。③

当时室内陈设的器物还有香炉、镜台以及盛放衣物、书籍的箧、厨（橱）、箱、匮（柜）等，限于篇幅，就不逐一详述了。

---

① 《南史》卷76，《隐逸·沈麟士传》。
② 《太平御览》卷700，《帘》引谢绰《拾遗》："戴明宝历朝宠幸，家累千金，大儿娇淫，为五色珠帘，明宝不能禁之。"
③ 《太平御览》卷700，《帘》引段龟龙《凉州记》；王嘉：《拾遗记》卷9，齐治平校注本，中华书局1981年版；《晋书》卷113，《苻坚载记（上）》。

第五章

车船舆乘与交通

车辆是人们外出时的交通工具，但在中国古代，乘车不仅是为了提高行动速度与节省体力，还是人们社会地位的重要标志。自皇帝至庶民百姓，所乘车辆的式样及数量，法令都有着严格的规定。《续汉书》、《晋书》、《南齐书》等都设有《舆服志》，专门记述各政权对于皇帝、后妃、官吏和庶民百姓乘车着装的规定，各式车辆和服饰的等级及其演变。《宋书》、《隋书》等则将舆服的内容归入《礼志》或《礼仪志》，显见在当时乘车着装绝非仅凭个人喜好，而是被严格限制在礼教、法律允许的范围之内。因此，车型的改进与变化，就不仅是由技术进步来决定，而且还受到各种礼俗、法令的影响与限制。

舟船的情况与车辆相似，不过，由于这一时期南北政权对立，南方政权对于舟船的重视程度超过了统一时期的中央政权，因此，造船业以及水路交通都有着较大的发展。

我国地域辽阔，秦汉时期已经建立起沟通全国的交通网络，这一时期虽然因战乱频繁和南北割据而受到一定程度上的影响，但在一些局部地区还有着较大的发展，开辟了一些新的道路，并以各政权都城为中心先后形成一些新的交通网络，在一定程度上改变了秦汉时期的交通格局，并对隋唐时期的全国交通网络布局起到相当大的影响。

第一节　各政权的车舆卤簿制度

这一时期政权交替频繁，车舆制度也随之而变化，与汉代相比，呈繁杂多变之势。魏、西晋时期基本沿袭汉代的制度，不过尽管文献上记述了沿袭周制的五辂（即玉、金、象、革、木五辂，或称五路），但实际上应用的主要是创始于秦的金根车。以后南北朝时期虽然又曾恢复五辂等制度，但主要是在西晋车舆制度的基础之上加以变化。《晋书》记载的西晋皇帝大驾卤簿是目前所见皇帝卤簿最早的完整记录，使我们可以对于这一时期皇帝出行时的侍从队伍有一个较为完整的概念。皇帝所乘的金根车驾六匹骏马，由太仆卿亲自驾驭，大将军三乘，左右有大批卫士护驾，属车八十一乘，前有司南车、游车九乘、武刚车、云罕车、踢戟车、皮轩车等，后有黄钺车、大辇、金根车、五时副车、踢猎车、耕根车、豹尾车等，三公九卿及将军、校尉等乘车或骑马在前后随侍护卫。

东晋以后车舆制度变化较大，而且南北政权的差异性也表现得日益明显。东晋政权由于财力、物力的缺乏，在车舆制度上亦采取节俭的做法，如将皇帝所乘车的马数减为四匹，大大缩减副车的数量，一度减为五乘，而且设五牛旗来充仪仗，"自过江之后，旧章多缺。元帝践极，始造大路、戎路各一，皆即古金根之制也。……无复五时车，有事则权以马车代之，建旗其上。其后但以五色木牛象五时车，竖旗于牛背，行则使人舆之"①。南朝宋孝武帝孝建三年（433 年），增为十二乘②；齐设有衣书车十二乘，以作为副车；梁仿晋制，设有五牛旗车，以象五时副车，但复制衣书车，亦称副车；陈复置五辂，并恢复五时副车制度。③

十六国时期车舆制度较乱，而且记载不详，有些较小政权没有使用皇帝的车舆制度，但几个较大的政权，如后赵、前秦、后秦等皆沿用俘获的西晋旧车舆，或根据其形制加以仿造。如后赵"石虎正会，虎于正殿，南面临轩，施流苏帐，

---

① 《晋书》卷25，《舆服志》。
② 《宋书》卷18，《礼仪志（五）》；但《南齐书》卷17《舆服志》称东晋击败前秦苻坚后，获其车辇，属车增为12辆；而《通典》卷64《副车》称南朝宋沿袭东晋制度，无副车。
③ 《通典》卷64，《副车》。

皆窃拟礼制：……充庭车马，金根、玉辂、革辂数十"①。东晋淝水大捷后，俘获苻坚所使用的辇，即西晋时的旧辇；刘裕灭后秦，又获皇帝卤簿中的司南、记里诸车。② 因此，尽管政权交替频繁，但车舆制度的主体变化不是很大。当然，各政权又都有些改动，如石虎大驾中有金根辇、云母辇、武刚辇数百乘；苻坚在平定诸国后，以珠玑、奇宝、珍怪等装饰车乘等。

　　北魏初期制造了一批御用车舆，其形制与历代皇帝所用的车舆差异较大，有驾二十四马的乾象辇、驾二十牛的大楼辇车、驾二象的象辇、驾十二牛的小楼辇、驾十五马车等。到孝文帝改革服制时，根据旧典籍制作五辂，而将这些车舆封藏起来。以后虽屡遭战乱，这些车舆却一直完好地保存下来，到北周宣帝时又被取出使用，但使用时间很短，至隋初即被销毁。孝文帝时制造的五辂一直被沿用下去，在北魏后期又曾加以补充，五辂并驾五马。东魏、北齐皆沿用未改，北周藏而不用，隋初还曾保留使用。③ 北魏道武帝天兴二年（399年），规定皇帝大驾属

指南车模型　根据《三国志》注引《魏略》和《宋史·舆服志》制作

燕肃所传造法，由原中国历史博物馆制作

---

① 陆翙：《邺中记》。
② 《晋书》卷25，《舆服志》。
③ 《隋书》卷10，《礼仪志（五）》。

车八十一乘，护驾轻车及卫士千乘万骑，呈鱼丽雁行状；天赐二年（405年），改鱼丽雁行为方阵卤簿，列步骑兵为内外四重，王公大臣皆排列在队伍中。从文献记载看，北周时期依照《周礼》设定车舆制度，皇帝之辂有12种，皇后之车亦12种，其下还规定有公侯及大臣的车舆形制，但实际上有许多都未施行。隋初，北周的车舆都被认为是不合礼制，全部被废毁。对于皇太子和王公大臣所乘车辆的等级和数量也有着严格的规定，据《晋书·舆服志》记载，西晋时，皇太子乘安车，驾三，左右騑，另有副车三乘；诸公给朝车驾四、安车黑耳驾三各一乘，同时还给驾牛的皂轮、犊车各一乘；特进及车骑将军等位居二品的诸大将军给安车黑耳驾二、轺车施耳后户各一乘；三、四品将军及尚书省主要官员皆乘轺车，但尚书令及三品将军的轺车黑耳有后户，尚书仆射的轺车只有后户而无耳，皆为皂轮，尚书及四品将军的轺车则无后户，漆毂轮，中书监、令的车型与尚书仆射同。西晋武帝太康四年（283年）下诏，依照汉代的旧例，给九卿朝车驾四及安车各一乘，其安车驾一马。三公九卿在随同皇帝参加祭祀天地、宗庙等重大仪式时，乘驾四马的大车，立乘；而在其他事务外出时，则乘坐安车；只有在其告老致仕时，才由皇帝赐给驾四马的安车。在上朝时，有些官员合乘车辆，如西晋初规定，中书监、令合乘一车，但和峤任中书令时，鄙视中书监荀勖，"以意气加之，每共乘，高抗专车而坐。乃诏监、令异车，自峤始也"①。

前面已经提到，东晋时朝廷财力缺乏，连皇帝的卤簿都大为从俭，王公大臣自不待言，因此史书称："自晋过江，礼仪疏舛，王公以下，车服卑杂。"②晋元帝太兴二年（319年），皇太子释奠，依照旧制，应当乘立乘车，但朝中没有，故此元帝特别下诏说："未有高车，可乘安车。"③南朝宋、齐、梁、陈大致沿袭晋的制度，但牛车的应用较西晋时期更有所增加，如南朝梁规定，"二千石四品已上及列侯，皆给轺车，驾牛"④。依官员品阶而给予不同的车型，三公至尚书令给鹿幡轺，尚书仆射等给凤辖轺，领军、护军、尚书等给聊泥轺，御史中丞给方盖轺，其差别主要表现为是否有车耳、后户及车轮的颜色等。

北魏前期官员车舆制度记载不详，中期以后规定皇太子乘金辂，驾四马；三公及宗室诸王乘坐与辂形制相近的高车，驾三马；庶姓王、侯及尚书令、仆射以下至列卿，给轺车，驾一马，或乘四望通幰车，驾一牛。

北齐大致沿用了北魏的制度，又稍加改变，"正从一品执事官、散官及仪同三

---

① 《晋书》卷45，《和峤传》。
② 《晋书》卷25，《舆服志》。
③ 《宋书》卷18，《礼志（五）》，在诏书后特意注明，"高车，即立乘车也"。
④ 《隋书》卷10，《礼仪志（五）》。

司，乘油朱络网车，车牛饰得用金涂及纯银。二品、三品乘卷通幰车，车牛金饰。七品以上，乘偏幰车，车牛饰以铜"①。20世纪70年代末以前，虽在北魏元邵等宗室或高官的墓葬中出土有陶牛车，但车的具体形制仍不够清楚，而1979年山西太原北齐娄睿墓中发现，在墓室西壁的壁画上，"前部为通幰安车，赤轮华毂，金饰诸末，卷棚顶，侧绘黼黻，上飘锦幡，前后皆垂帘，轼前覆以莲叶图案帷幔。辕内驾牛，驾具皆以黄金装饰"②。使我们得以一睹北齐高级官员所乘牛车的形象，娄睿为北齐重臣，生前历任司空、司徒、太尉、大司马、录尚书事等要职，死后追赠右丞相、太宰、太师、太傅等高官，是正一品执事官，依照文献记载，他应乘油朱络网车，报告中通幰安车的提法似尚需商榷。此外，发掘简报及所附图片、线图等为我们进一步研究这一时期的车舆制度提供了可信的资料。现存文献中虽有关于北周官员车舆规格及样式的记载，但历来研究者对其都有疑问，目前西魏、北周时期的墓葬发现不多，尤其缺乏车舆方面的形象资料，因此，对这一方面的深入研究还有待于将来地下文物的出土。

官员出行时除自己乘坐的车辆外，还有导从车辆及护卫人员，亦称卤簿，其数量依据官员官阶的高下而增减。东汉时规定秩三百石的县长出行时，其属下的贼曹、督盗贼、功曹各乘一车为前导，主簿、主记各乘一车为后从，还有手执弓箭的伍伯及带剑执启戟的骑吏等在前面驱赶行人。官阶越高，则侍从车马护卫越多，内蒙古和林格尔新店子东汉墓中的壁画就依墓主的仕宦经历而绘有六幅出行图，随其官职的升迁，侍从车马明显增加，而且从车的规格也有所提高。③ 魏晋时期官员的卤簿大致沿袭东汉的制度，而到南北朝时期则南北政权表现出较大的差异，南朝仍继承魏晋传统，侍从车骑并重，辅之以步行的伍伯等，北朝则形成以骑从为主的卤簿，从目前所发现的几座北朝高级官员墓葬中很清楚地反映出这一点。北齐娄睿墓壁画的出行图及回归图中，除主人所乘坐的牛车外，侍从皆骑马前后护卫，与汉墓壁画中大量车马侍从的情况有着明显的区别；北魏元昭墓中以牛车为主的外出仪仗俑亦表现出同样特点。

卤簿是官员身份的外在表示之一，因此很为人所追求，南朝齐中书郎王融外出时正逢朱雀桁（浮桥）开，拥挤不得前行，他叹息说："车前无八驺卒，何得称为丈夫！"④ 但有些官员出于生性不拘小节或为避嫌疑，没有按照自己官阶的规格

---

① 《通典》卷65，《公侯大夫等车辂》。

② 洛阳博物馆：《洛阳北魏元邵墓》，载《考古》1973年第4期；山西省考古研究所、太原市文物管理委员会：《太原市北齐娄睿墓发掘简报》，载《文物》1983年第10期。

③ 内蒙古文物工作队、内蒙古博物馆：《和林格尔发现一座重要的东汉壁画墓》，载《文物》1974年第1期。

④ 《南齐书》卷47，《王融传》。依照规定，只有三公车前有璪弩车前伍伯八人。

布置卤簿，如南朝宋时的沈庆之，"每朝贺，常乘猪鼻无幰车，左右从人不过三五人。骑马履行园田，政一人视马而已。每农桑剧月，或时无人，遇之者不知三公也"①。南朝齐司空陈显达为免于招致祸患，"车乘朽败，导从卤簿，皆用羸小，不过十数人"②。南朝宋镇西将军咨议参军王华为显出与性情豪奢的司马张劭的不同，"华出入乘牵车，从者不过二三人以矫之"③。

还有一些官员则不同，南朝梁势倾朝野的朱异，"起宅东陂，穷乎美丽，晚日来下，酣饮其中。每迫曛黄，虑台门将阖，乃引其卤簿自宅至城，使捉城门停留管籥"④。有时，身兼数职的官员将各职可享有的卤簿皆排列出来，北齐琅邪王高俨得到父亲高湛的宠爱，身兼京畿大都督、领军大将军、司徒、御史中丞等要职，"初从北宫出，将上中丞，凡京畿步骑，领军之官属，中丞之威仪，司徒之卤簿，莫不毕备"⑤。不过，有卤簿的官员在同车而行时，不得将彼此的卤簿合在一起使用，南朝齐时建康令萧诞与秣陵（两县皆在今江苏南京市，以秦淮河为界）令司马迪之同车行，将卤簿合在一起，尚书左丞沈昭略上奏说："凡有卤簿官，共乘不得兼列驺寺，请免诞等官。"⑥

这一时期车辆与秦汉时期的区别主要表现在三个方面，第一，牛车的广泛应用，使牛取代马而成为这一时期公私车辆的主要动力。这一变化始于东汉后期，《晋书·舆服志》："古之贵者不乘牛车，汉武帝推恩之末，诸侯寡弱，贫者至乘牛车。其后稍见贵之。自灵、献以来，天子至士遂以为常乘。"西晋皇帝大驾卤簿中的御韬车、御四望车、御衣车、御书车、御药车等皆驾牛，而公卿大臣在日常也多乘坐牛车。如三国吴太常、平尚书事顾谭被诬下狱时，家中惟有辁车一乘，牛数头⑦。西晋时以豪奢著称的石崇、王恺亦乘牛车出游，并以入城门先后来争胜负⑧。南北割据后，无论东晋南朝还是十六国北朝，牛车都是人们出行时的主要交通工具。身为东晋辅政大臣的王导在紧急出行时仍乘牛车，为争取速度，不得不用所执麈尾助御者驱赶驾车之牛⑨；南朝齐侍中王琨得知齐武帝去世的消息，因牛不在宅，遂步行入宫奔丧⑩；北魏时规定，御史中丞出行，"千步清道，与皇太子

---

① 《宋书》卷77，《沈庆之传》。
② 《南齐书》卷26，《陈显达传》。
③ 《宋书》卷63，《王华传》。
④ 《南史》卷62，《朱异传》。
⑤ 《北齐书》卷12，《武成十二王传》。
⑥ 《南齐书》卷42，《萧谌传》。
⑦ 《太平御览》卷775，《辁车》引《顾谭别传》，并参见《三国志》卷52，《顾雍传附孙谭传》。
⑧ 《世说新语·汰侈第三十》，"石崇为客作豆粥"条。
⑨ 《晋书》卷65《王导传》："初，（王导妻）曹氏性妒，导甚惮之，乃密营别馆，以处众妾。曹氏知，将往焉。导恐妾被辱，遽令命驾，犹恐迟之，以所执麈尾柄驱牛而进。"
⑩ 《南齐书》卷32，《王琨传》。

分路行，王公皆遥住车，去牛，顿轭于地，以待中丞过"①。除文献记载之外，在各个时期的各地墓葬中出土的陶牛车及壁画、画像石等也充分说明了这一点。②

牛本以负重行远而被用于运输，但在这一时期人们的精心挑选和培训下，牛行的速度也相当快。前面已提到的石崇与王恺争胜时，牛驾车奔跑起来，"迅若飞禽"；王恺有一头名为"八百里驳"的牛，号称日行800里，王济在与王恺对赌时，以钱千万下注；直到南朝时期豪贵子弟仍以牛快相夸耀，齐时陈显达诸子与王敬则诸儿并精车牛，"当世快牛称陈世子青、王三郎乌、吕文显折角、江瞿昙白鼻"③。牛速的提高还有赖于驭者的技术，为追求车速，驾驭牛的技术也日趋精湛，王恺在收买石崇驭者，得到驭牛诀窍后，其车速大为提高；南朝宋刘德愿善于驭车，"尝立两柱，使其中劣通车轴，乃于百余步上振辔长驱，未至数尺，打牛奔从柱间直过，其精如此"④。因此，当时牛车的速度已接近于马车速度，这是牛车得到广泛应用的重要因素。据日本学者统计现代挽牛的平均速度为每秒1.17米，挽马的平均速度为每秒1.361米，相差并不悬殊，亦可作为参考。⑤

牛车的形制也与汉代用于运输的牛车有了很大的区别，前面已经提到南朝时期辂车亦驾牛，但目前所见到的陶俑、壁画、画像石等图像资料中的牛车大多为全封闭或半封闭式的车厢，左右两边开窗，后面开门或前后以帷幔遮蔽，驭者在外驾驶，而乘坐者在厢内或坐或卧，加之牛车较马车走起来要平稳，故乘坐的舒适度明显增加，这对于不拘礼教、讲求个人舒适的士族来讲，确实比马车更为适宜。因此，牛车不仅在缺乏马的南方十分普及，在北方也被人们广泛使用。

第二，立乘方式在乘车中所占的比例已极小，仅应用于某些较重要的仪式上。先秦时期车辆以立乘为主，至秦汉时期安车得到较为广泛的应用，坐乘开始普及，这一时期继承了秦汉时期的变革趋势，立乘在日常生活中已几乎看不到，仅应用于部分高级官员随皇帝参加祭祀等活动时。有些政权如前面提到的东晋政权初期，甚至没有立车，在旧制规定应乘立车时，代之以安车。

---

① 《北史》卷52，《齐宗室诸王传》。
② 南京市博物馆：《南京象山5号、6号、7号墓清理简报》，载《文物》1972年第10期；南京市博物院：《南京童家山南朝墓清理简报》，载《考古》1985年第1期；武威市博物馆：《甘肃武威十六国墓葬清理记》，载《文物》1993年第11期；夏名采：《益都北齐石室墓线刻画像》，载《文物》1985年第10期；《中国美术全集·绘画编(19)·石刻线画》图3、图9、图11 北魏时期画像石皆有牛车。
③ 《南史》卷45，《陈显达传》。
④ 《宋书》卷45，《刘怀慎传附子德愿传》。
⑤ 吉田武纪：《耕牛的使役与饲养》，刘恒译，农业出版社1963年版；并参见王子今《秦汉交通史稿》第4章，《秦汉陆路运输动力的开发》，中共中央党校出版社1994年版。

第三，辇舆制度在这一时期有较大发展，尤其是南朝，这对于隋唐有着相当大的影响，关于这一问题，详见本章第二节。

第二节　车舆辇乘

这一时期车、舆、辇的式样相当多，一部分是沿袭秦汉时期的形制，另有一些则为此时期所特有。驾车的除牛、马以外，还有驴、骡、羊、象、骆驼等。人们外出时，除乘坐车、舆、辇外，也经常直接骑用牲畜。下面先介绍一些较为常用的车、舆、辇的式样，最后谈骑乘问题。

金根车是供皇帝专用的豪华车辆，是皇帝外出时大驾卤簿的中心。据《晋书·舆服志》记载，在卤簿中有两辆金根车，皇帝乘坐的一辆驾六马，另有一辆随在其后，驾四马。从文献记载来看，金根车的装饰极其奢华，但目前尚未发现有关的图像资料，其具体形制还有待于将来考古发现所提供的资料。

五时副车是皇帝卤簿中的重要组成部分，包括立车五乘和安车五乘，分别涂成青、赤、黄、白、黑五种颜色，象征东、西、南、北、中五个方位，其搭配是东青、西白、南赤、北黑、中黄。对五时副车的形状文献虽有记载，但仍不易弄清，有幸的是，近年在秦始皇陵的一个陪葬坑中发现两辆制作精美的铜车马，一辆立车，一辆安车，据专家研究，正是五时副车中的一对，其色调以白为主，应是属于五方中的西方，这对铜车马的出土，使我们可以较为清楚地了解皇帝御用立车与安车的形状，并有助于我们对于相似车辆的了解。①

属于五时副车中的安车为皇帝所专用，此外还有供臣下使用的安车，当然其形制与皇帝所用的安车要有所差别，而且也不允许有那样豪华的装饰。安车最初是与立乘的高车相区别的坐乘车辆，在先秦时期是供王后及致仕大臣使用的，连周王亦使用立乘的高车。秦汉以后安车的使用才普及起来。汉魏之际人刘熙《释名》简要地指出其区别："高车，其盖高，立载之车也。安车，盖卑，坐乘，今吏之乘小车也。"不过，安车与高车的差别不仅在于车盖的高低，从秦陵出土的铜车

---

① 张仲立：《秦陵铜车马与车马文化》第 8 章第 5 节，《铜车马与五时副车》，陕西人民教育出版社 1994 年版。

马来看，安车的车厢比高车要大得多，1号车（即高车）宽74厘米，进深48.5厘米，2号车（即安车）宽78厘米，进深124厘米（据有关专家考证，铜车马的尺寸为原物的二分之一），两车车宽相似，而2号车的进深约为1号车的2.5倍。这样，乘安车者就不必像乘轺车那样与御者并排而坐，而是坐在后面，并且还可以卧息，以减少旅途的劳乏。不过，一般的安车没有秦陵铜车马中的2号车那样大，也没有四面的遮蔽，因此各政权多规定当官员夫人乘坐其夫安车参加祭祀等仪式时，要加交络帷裳。河北安平逯家庄东汉壁画墓中室北壁第四层出行图中的主车就是供高级官员使用的安车。① 还需要解释一下的是《释名》中提到的小车，汉魏时期的小车是指马车，以与驾牛的大车相区别，而不是一般意义上的大小。

在这一时期皇帝大驾卤簿中需要一提的车辆还有指南车（司南车）和记里鼓车，尽管其使用范围有限，但其制造工艺较特殊，而且屡次兴造，故简要介绍一下。《晋书·舆服志》记载："司南车，一名指南车，驾四马，其下制如楼，四角金龙衔羽葆。刻木为仙人，衣羽衣，立车上，车虽回运而手常南指。"东汉大科学家张衡创制出指南车，但在汉末战乱中毁坏；三国魏马钧重新研制出指南车，却又毁于晋末的战乱中；十六国后赵解飞、后秦令狐生又分别制造出指南车，以供本国统治者使用；东晋政权建立后一直没有指南车，直到东晋末刘裕灭后秦始得到指南车，但这车制造不精，行走时需要有人在车内转动木人，使其保持指向南方；南朝宋末祖冲之加以改造，才做到"百屈千回，未常移变"②。指南车是靠一组齿轮的离合传动功能来保持木人手指方向不变的，③ 其机械原理相当复杂，在当时的技术条件下能做到这一点是很不容易的。同时，这也标志着当时我国的科技工艺已达到相当高的水平。但可惜的是，这些精深的工艺技术仅为个人所掌握，而未能得到普及传播，以致后人在研制同一器物时，仍要从头开始，虚耗了很多功力，这是我国科技工艺长期停滞不前的重要原因之一。就指南车而言，除以上研制成功的例子外，北魏的郭善明受命进行研制，数年未成；南朝宋末北方人索驭驎与祖冲之同时研制，制成后差错很大，其车被焚毁。而更可悲的是，有些人嫉贤妒能，残害能工巧匠，前面提到的郭善明自己未能制成，却在得知马岳即将

---

① 河北省文物研究所编：《安平东汉壁画墓》，文物出版社1990年版。
② 《宋书》卷18，《礼志（五）》；《南齐书》卷52，《文学·祖冲之传》。一说张衡并未研制指南车，是马钧最先制出指南车。
③ 司南车的制造技术后代又已失传，不过前些年中国历史博物馆王振铎先生已根据当时可能达到的技术水平将司南车仿制出来，使我们可以清楚地了解到当时的科技工艺水准。另外，近年来有些著作中提出司南车可能应用了磁石指极的原理（陈鸿彝《中华交通史话》第127页，中华书局1992年版），虽然是有所误解。

魏晋南北朝社会生活史

上：位至三公铜镜（三国·吴　湖北武昌任家湾出土）
下：龙柄铜鐎斗（十六国　辽宁北票冯素弗墓出土）

魏晋南北朝社会生活史

萨埵太子本生（局部 敦煌莫高窟第428窟 北周）

上：采桑图砖画（魏晋 甘肃嘉峪关新城5号墓出土）
下：进食图砖画（魏晋 甘肃嘉峪关新城4号墓出土）

魏晋南北朝社会生活史

上：兽面脊饰（北朝　洛阳出土）
下：齐宣帝萧承之永安陵石兽（江苏　丹阳）

魏晋南北朝社会生活史

魏晋南北朝社会生活史

出行仪仗壁画（北朝 河北临漳湾漳墓壁画）

魏晋南北朝社会生活史

上：屯垦画（西晋　甘肃嘉峪关3号墓）
中：坞壁画（三国·魏　甘肃嘉峪关1号墓）
下：猎獐画（西晋　甘肃嘉峪关7号墓）

月亮与西王母（十六国·北凉 甘肃酒泉丁家闸5号墓）

魏晋南北朝社会生活史

上：庄园生活（局部　十六国·北凉　甘肃酒泉丁家闸5号墓）
下：伎乐百戏（十六国·北凉　新疆吐鲁番哈喇和卓98号墓）

传东晋顾恺之《洛神赋图》卷（局部，卷尾）

第五章 车船舆乘与交通

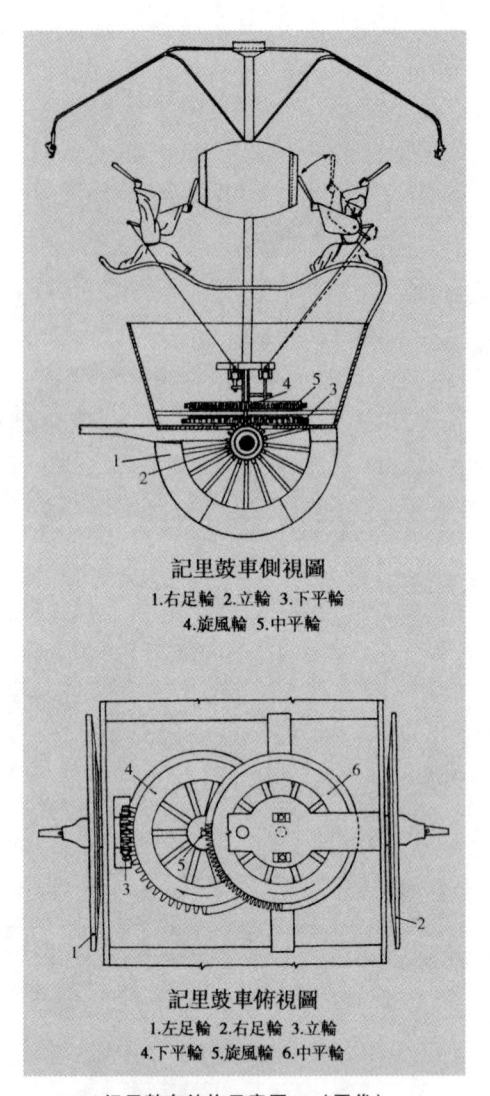

記里鼓車側視圖
1.右足輪 2.立輪 3.下平輪
4.旋風輪 5.中平輪

記里鼓車俯視圖
1.左足輪 2.右足輪 3.立輪
4.下平輪 5.旋風輪 6.中平輪

记里鼓车结构示意图　（晋代）

制成指南车时，为保持自己的地位，下毒将马岳害死。

记里鼓车不见于汉代记载，首见于《晋书·舆服志》，当为魏晋时期所制。其车外形与指南车相似，上有一木人执槌向鼓，车行一里，则击一槌，可知晓道路远近。也被列入皇帝卤簿中，位于指南车之后。十六国后赵石虎时亦有此车，东晋末刘裕灭后秦，记里鼓车始传入南方。

軺车在汉代就是使用相当广泛的一种车辆，在这一时期仍很常用，只是其形式与用途都有较大的变化。《释名》称："軺车，軺，遥也，远也。四向远望之车也。"汉魏时期軺车以驾马为主，《晋书·舆服志》记载："一马为軺车，二马为軺传。"而到南朝时期则改以驾牛为主。在汉代，軺车为中下级官员所使用，而魏晋以后，高级官员亦使用轺车，西晋时特进及二品将军以下皆配有轺车，所以西晋傅玄所撰《傅子》中讲："汉世贱轺车，而今贵之。"① 到东晋南朝时，三公亦乘轺车。② 河北安平东汉壁画墓出行图中白盖的导车及从车皆为轺车，是墓主属下官吏乘坐的车辆，此外，近年来发现的内蒙古和林格尔东汉壁画墓、河南偃师杏园村东汉壁画墓中都有轺车的形象，使我们对于汉代的轺车能有较清楚的了解。③ 这一时期轺车的使用等级提高，从文献记载看，不仅装饰华丽，而且外形也有所变化，并以是否有车耳、后户及车轮来区别乘车者的等级，但目前笔者尚未见到这一时期较高级别轺车的图像。

并车与辎车，都属于衣车类，是上有车盖，四面屏蔽的车辆。刘熙《释名》称："辎车，载辎重，卧息其中之车也。辎，厕也，所载衣物杂厕其中也。并车，并，屏也，四面屏蔽，妇人所乘牛车也。辎、并之形同，有邸曰辎，无邸曰并。"《字林》亦提到两种车的区别："并车有衣蔽，无后辕。其有后辕者谓之辎。"④ 可知《释名》中的邸即指后辕，并车与辎车外形的差别不大，主要在于是否有后辕。但两种车在用途上则相差较多，并车是妇女乘坐的车辆，官员夫人在外出时主要乘坐并车；辎车则主要装载衣物寝具等，并可供人在内躺卧休息。不过因两种车形状相近，故有时被合称为辎并，泛指妇女所用之车。和林格尔东汉壁画墓中室壁画的一辆车旁有榜题"夫人并车"，这为我们提供了并车的确切图像资料；另外，据考证，安平东汉壁画墓中室东壁第四层乘坐妇女、儿童的黑盖帷车为并车，紧随其后位于南壁第四层的红帷车为辎车（其盖已残）。

犊车，就是驾牛的大车，在汉代是地位低微者所乘的车辆，在这一时期却成为社会上层人士日常出行时的主要交通工具。不过犊车进入上层后，增加了一些装饰，遂演化出不少新的车型。以云母装饰犊车，则称云母车，一般大臣不得乘坐，只有得到皇帝赏赐的王公贵臣方可乘坐，如《晋太康起居注》记载："齐王出镇，诏赠清油云母犊车。"⑤ 皂漆轮毂，上加青油幢，朱丝绳络，则称皂轮车，驾四牛，特赐给诸王三公有勋德者。油幢车形制与皂轮车相似，只是不漆毂，其等级低于皂轮车，赐给有勋德的王公大臣。通幰车是在犊车上加一层帐幔，将车厢完全覆盖起来，在晋代还属于高级官员乘用的车辆，以后逐渐普及。此外，还有

---

① 严可均：《全上古三代秦汉三国六朝文·全晋文》卷49。
② 《南齐书》卷17，《舆服志》。
③ 内蒙古文物工作队、内蒙古博物馆：《和林格尔发现一座重要的东汉壁画墓》，载《文物》1974年第1期；中国社会科学院考古研究所河南第二工作队：《河南偃师杏园村东汉壁画墓》，载《考古》1985年第1期。
④ 《宋书》卷18，《礼志（五）》引。
⑤ 《太平御览》卷775，《云母车》引。

四望车、三望车、夹望车、油幢络车、通幰平乘车、长檐车等名目，形状大同小异。从现存文献看，这些装饰华丽的牛车出现于东汉末期，最早的一例是曹操在杀死杨修后给其父杨彪书信中提到的画轮四望通幰七香车。① 未经允许，擅自使用等级较高的车辆，就将受到处分，如西晋时文淑（即文鸯）因作阳遂四望车，僭饰过制，而被免去官职。②

追锋车，是一种主要用于军事的高速车辆。其形状与轺车相似，但除去小平盖，加通幰，驾二马，车速相当高。三国时司马懿受命返回洛阳，"乃乘追锋车昼夜兼行，自白屋四百余里，一宿而至"③。追锋车多授予出镇在外的将军，如西晋时，"卢钦为江北都督诸军事、平南将军，假节，给追锋车、卧车各一乘"④。因追锋车与轺车相似，故亦被称为追锋轺。

猎车也是皇帝大驾卤簿中的车辆，皇帝出猎亦带有演武的性质，以示安不忘危。猎车的四周立有栏杆，以防猛兽扑咬，故亦称槛车。《释名》："槛车，上施栏槛，以格猛兽之车也。"一名蹋猪车，三国魏文帝改称蹋虎车。对于不好游猎的皇帝来说，猎车不过是个摆设，但有些皇帝极好出猎，则使用颇多，如三国吴孙权作射虎车，"为方圆间，不置盖，一人御之，自于中射虎。或有猛兽辄犯车上，每手击之，以此为乐"⑤。十六国后赵石虎曾造猎车千乘，辕长三丈，高一丈八尺；格虎车四十乘，立行楼二层于其上。⑥

辒辌车，是专门装载皇帝及贵臣棺柩的车辆。辒辌车原是可供卧息的安车，《汉书·霍光传》孟康注："如衣车有窗牖，闭之则温，开之则凉，故名之辒辌车也。"有人认为秦陵铜车马2号车即为辒辌车。⑦ 大概因秦始皇在出巡路上死亡，被装入辒辌车中运回，故汉代以后将辒辌车专用作丧车。一说辒车与辌原为两种车，《汉书·霍光传》颜师古注："辒者密闭，辌者旁开窗牖，各别一乘，因事为名。后人既专以载丧，又去其一，总为藩饰，而合二名呼之耳。"辒辌车因要装载棺柩，故车身长于一般车辆，下装四轮，车上的装饰十分华丽，类似于金根车。汉代时规定，运完皇帝棺柩后，即收藏于城北秘宫，而据《宋书·礼志（五）》记载，南朝宋时则在运完后即将车毁去。除皇帝外，还有极少数朝廷重臣被赐予

---

① 严可均：《全上古三代秦汉三国六朝文·全三国文》卷3，《与太尉杨彪书》。
② 《太平御览》卷775，《四望车》引《晋诸公赞》。文鸯被免职的主要原因是晋武帝不信任他，但既然以此作为免职的正式理由，则显然在法律上是有相应规定的。
③ 《晋书》卷1，《宣帝纪》。
④ 《北堂书钞》卷139，《车部·总载篇》引虞预《晋书》；又，唐修《晋书》卷44《卢钦传》作："武帝受禅，以为都督沔北诸军事、平南将军，假节，给追锋轺、卧车各一乘"。
⑤ 《北堂书钞》卷139，《车部·总载篇》引环济《吴纪》。
⑥ 《魏书》卷95，《羯胡石勒传》。
⑦ 张仲立：《秦陵铜车马与车马文化》第8章第2节，《安车、辒辌车与秦始皇五次出巡》。

此项殊荣，如西晋时的安平王司马孚、齐王司马攸、贾充，东晋时的王导、谢安等，但大臣使用的辒辌车装饰等级要低一些。

露车，是民间使用的无盖无棚的敞露之车，多用于运货，亦可坐人。嘉峪关新城 7 号墓（据考证为西晋时期墓葬）前室西壁画像砖中的牛车即为露车。① 露车为一般百姓所用，不仅官吏不用，士大夫亦极少乘坐，因此北朝时李元忠乘露车去见高欢，卢叔虎接受朝廷征召后，乘坐露车到邺城，都被史书作为特例记载下来。②

羊车，原本是驾羊的小车，但因其变化较多，故这一时期的人对其有着不同的称呼，如辇车、牵车、牵子等。对其记载较详细的是《南齐书·舆服志》：

> 漆画牵车，御及皇太子所乘，即古之羊车也。晋秦始中，中护军羊琇乘羊车，为司隶校尉刘毅所奏。武帝诏曰："羊车虽无制，非素者所服，免官。"《卫玠传》云："总角乘羊车，市人聚观。"今不驾羊，犹呼牵此车为羊车云。

从这段记载可看到，羊车原是驾羊的，到南朝时已改由人牵挽，故称牵车。而细一分析，则这段记载所引的两条史料又有相互矛盾之处，羊琇是晋武帝的宠臣，曾助武帝登上帝位，但他因乘羊车而被免官；卫玠不过是个小孩，何以敢于公然乘羊车入市。实际上这一矛盾恰说明当时人对羊车的定义是较为含混的，两段史料中的羊车名同而实异。羊琇性本豪侈，所乘车当与《南齐书》中的漆画牵车相似，故为晋武帝所不容；而卫玠所乘的为小儿游戏之车，与其神采相得益彰，故为市人所瞩目。不过处罚羊琇也许与武帝本人对羊车亦有偏好不无关系，他在平吴之后，将孙皓的妃嫔亦纳入后宫，使得后宫妃嫔人数将近一万，同时受宠者甚多，"帝莫知所适，常乘羊车，恣其所之，至便宴寝。宫人乃取竹叶插户，以盐汁洒地，而引帝车"③。从记载看，武帝所乘车确是驾羊。东晋以后，放开了对使用羊车的限制，南朝时期，贵贱皆可乘坐羊车。不用牲畜，而使数个童子牵引，时名其为羊车小吏。这时乘坐牵车不再被视为奢侈僭制，反成为俭朴的标志。④

驴、骡在汉代已用于运输，到东汉末期，因汉灵帝刘宏喜欢自己驾驭驴车，引起朝中权贵的仿效，使驴价涨到几乎与马价相等。⑤ 这一时期使用驴、骡驾车的

---

① 张朋川等编：《嘉峪关魏晋墓室壁画》图 36，人民美术出版社 1985 年版。
② 《北齐书》卷 22，《李元忠传》；卷 42，《卢叔武传》。按：卢叔武本名叔虎，唐人修史时因避讳，改称叔武。
③ 《晋书》卷 31，《后妃传·胡贵嫔传》。
④ 《宋书》卷 63，《王华传》。
⑤ 《续汉书·五行志（一）》。

记载很少，出土陶俑及壁画、画像石等亦甚少见，故可知与牛、马相比，驴、骡显然仅处于从属地位。无论在中原还是在江浙地区都不出产大象，各政权所有的象皆是由岭南地区进献而来，十分稀少，故象车仅见于皇帝的卤簿之中，作为前导，以检验桥梁的承重能力。骆驼在西北地区应用十分广泛，这一时期北方政权与西域的联系大部分时间较为紧密，故骆驼在中原地区并不少见，从各地墓葬中出土的陶骆驼及壁画、画像石中就很清楚地反映出来①，只是骆驼多用于载物运输，用其驾车较少。

鹿车，是一个人推的独轮车，在汉代画像石、画像砖中已有所反映，尤多见于四川②，这与其适应山区运输的特点是分不开的。《三国演义》中被描写得神乎其神的"木牛流马"，实际上就是诸葛亮在汉代鹿车的基础上加以改进，进一步提高了运输效率，并将其广泛应用于军旅运输之中。③

舆，本义为车厢，亦可引申为车辆。在这一时期舆主要是指没有车轮，以人力挑或抬的运输工具。用肩挑的因其与肩平齐，故称为肩舆或平肩舆，此外，还有板舆、襻舆、篮舆、卧舆、步舆、载舆等名称。因使用人力，故较乘车安全，上殿、入室皆较方便，所以首先为老年人及行动不方便者所用。如西晋武帝泰始四年（268年）以安平王司马孚年长属尊，下诏允许其乘舆升殿④；后司徒傅祗因足疾，受诏可乘板舆上殿⑤；潘岳的母亲则乘板舆巡游自家庄园。⑥东晋以后，乘舆外出在江南颇为流行，肩舆尤为名士所喜乘，如谢万曾乘肩舆直闯入扬州刺史厅堂，王献之亦曾乘肩舆直入别人园中，却不理睬主人。⑦有的肩舆装饰颇为华丽，《隋书·礼仪志（五）》记载："方州刺史，并乘通幰平肩舆，从横施八桄，亦得金渡装较。"河南邓县画像砖中四人所抬之上有帐幕的舆大概就类似这种通幰平肩舆。⑧皇帝及太子所用的舆车，"形如轺车，紫画，金校饰。锦衣两厢，后户，隐膝牙兰，皆玳瑁帖，刀格，镂面花钉。宪杆成校栋梁，下施八枫，金涂沓，兆

---

① 洛阳博物馆：《洛阳北魏元邵墓》，载《考古》1973年第4期；宁夏回族自治区博物馆、宁夏固原博物馆：《宁夏固原北周李贤夫妇墓发掘简报》，载《文物》1985年第11期；山西省考古研究所、太原市文物管理委员会：《太原市北齐娄睿墓发掘简报》，载《文物》1983年第10期；夏名采：《益都北齐石室墓线刻画像》，载《文物》1985年第10期。

② 参见刘志远等：《四川汉代画像砖与汉代社会》，文物出版社1983年版。

③ 孙机：《"木牛流马"对汉代鹿车的改进及其对犁制研究的一点启示》，载《农业考古》1986年第1期。

④ 《太平御览》卷774，《舆》引《晋起居注》。

⑤ 《晋书》卷47，《傅玄传附从子祗传》。

⑥ 《晋书》卷55，《潘岳传》载其所作《山居赋》。

⑦ 以上两条皆见《世说新语·简傲第二十四》。

⑧ 河南省文化局文物工作队：《邓县彩色画像砖墓》，文物出版社1959年版。

床副，人举之"①。这种下施八枫的舆又称八枫舆，用八人抬，除皇帝、太子外，宗室诸王亦有乘者，南朝齐江夏王萧宝玄自京口（今江苏镇江）至建康（今江苏南京），即乘八枫舆。

板舆在魏晋时期已经使用，是舆较早的一种样式，一说北魏宁万寿孝子棺石刻中二人垂手握持的舆即板舆。② 襻舆，是在舆杠上加襻，人以双手持杠，以肩承襻③，传世唐阎立本绘《步辇图》中唐太宗所乘即与襻舆相近似。④ 襻舆出现较晚，应是在板舆基础之上产生的，可以说其结合了板舆与肩舆的优点，既降低了舆的重心，使其更加安稳，又可使肩、手同时承重，减轻了抬者的劳动强度。晋、宋之际的隐士陶潜外出时，乘坐门生及儿子抬的篮舆。⑤ 南朝时期还有步舆和载舆，自天子至士庶，皆可乘坐，"步舆方四尺，上施隐膝以及襻，举之。无禁限。载舆亦如之，但不施脚，以其就席便也"⑥。从记载看，这两种舆亦皆使用襻。此外，还有卧舆，南朝齐东昏侯萧宝卷让潘妃乘卧舆，自己骑马在后跟随。⑦ 舆虽在汉代已经出现，但其得到广泛应用，普及到民间，则是在这一时期。

辇出现的时间很早，原为一种用人力牵挽的车辆。据《周礼》记载，辇车为王后专用车辆之一，但自汉代起，辇逐渐成为皇帝专用车舆的称呼，著名的"班姬辞辇"故事就发生在西汉后期，此事被记入《列女传》，并成为许多后世画家绘画的题材。不过，在汉代辇车是使用人力牵挽或驾果下马，故亦被称为小马车，⑧而不是像传世的这一时期绘画那样由人来抬。⑨ 东汉许慎《说文解字》："辇，挽车也，从车，从㚘，在车前引之。"将辇车的形制就讲得很清楚。前面在介绍羊车时提到其亦被称为辇或辇车，即是使用辇车的本义。这一时期典籍中提到的步辇仍是以人力牵挽的有轮车，不过到南北朝时期已多将其称为步挽车。⑩ 这种步挽车除装饰外，其车型与羊车相当近似。

---

① 《南齐书》卷17，《舆服志》注。
② 沈从文：《中国古代服饰研究》，第123页。
③ 《资治通鉴》卷160梁武帝太清元年八月"乙丑，下诏大举伐东魏"条胡三省注："襻舆者，舆杠施襻，人以肩举之。"
④ 《中国美术全集·绘画编（2）·隋唐五代绘画》图2。
⑤ 《晋书》卷94，《隐逸·陶潜传》。
⑥ 《隋书》卷10，《礼仪志（五）》。
⑦ 《南齐书》卷7，《东昏侯本纪》。
⑧ 《汉书》卷68，《霍光传》颜师古注引张晏曰："皇太后所驾游宫中辇车也。汉厩有果下马，高三尺，以驾辇。"
⑨ 传世顾恺之《女史箴图》和山西大同出土北魏司马金龙墓中彩绘屏风所绘"班姬辞辇"故事，皆绘为人抬（《女史箴图》为八人抬，屏风上为四人抬），此系画家根据当时的舆服制度而绘，并不符合汉代情况。
⑩ 《晋书》卷43，《山涛传》；《北齐书》卷17，《斛律金传》。

辇在这一时期的最大变化是除去车轮,与舆一样,使用人力来担抬。至于这一变化到底发生于何时,南朝人已讲不很清。① 从目前所能见到的文献来分析,魏晋时期已开始使用,到南朝时则逐渐形成为正式制度。西晋时还曾赐予大臣,② 但东晋以后则为皇帝所专用。《隋书·礼仪志(五)》记载了南朝时期辇的形状:"中方八尺,左右开四望。金为龙首。饰其辕毂头及衡端也。金鸾栖轭。其下施重层,以空青雕镂为龙凤像。漆木横前,名为望板。其下交施三十六横。"这种下施三十六横的辇,要由三十六人来抬,可见其形制之大。而东晋末桓玄篡位时,还曾想要建造能容纳三十人乘坐,由二百人来抬的大辇。③ 与辇相比,前面提到的舆就要小得多,尽管皇帝乘坐的舆也是金装漆画,但其下只施八横,由八人来抬,供皇帝在宫内行走时用,故称作小舆。由于辇在皇帝出行时所起的作用日益重要,因此,唐人所撰《隋书》在论述南北朝后期车舆制度时讲到:"舆辇之别,盖先王之所以列等威也。然随时而变,代有不同。"将辇与舆并列,称为舆辇。隋唐时期沿袭了这一制度,并进一步加以完备。

除坐辇外,供皇帝使用的还有卧辇,西晋时太子亦可使用卧辇。另外,还需要提及的是十六国后赵石虎,据《邺中记》记载:"(石虎)作猎辇,使二十人担之,如今之步辇。上安徘徊曲盖,当坐处,安转关床,若射鸟兽,宜有所向,关随身而转。"④ 据记载,石虎时期还应用了金根辇、云母辇、武刚辇、嵩路辇、朱漆卧辇等,但其主要是驾马,而非由人抬,故辇在此是作为皇帝、皇后御用车辆的专称,而与其使用人力的本义已有所变化。上节提到北魏前期所造的那些被称为乾象辇、大楼辇、小楼辇等御用车舆也是有轮的车辆,使用畜力来行进,似可认为其沿用了后赵时的制度。

在供人骑乘的牲畜中,马始终占有重要的位置,在这一时期骑乘史上有一个突破性的进展,就是马镫的出现。目前所见到的最早马镫是在长沙西晋墓中骑俑鞍侧左前端的一只三角形单镫,这仅是为了便利骑者上下马,还不是一般意义上的马镫。⑤ 河南安阳孝民屯十六国早期墓葬中出土有一套鎏金铜马具,其中有一个单马镫实物⑥,表明单镫出现后,曾持续了一段时间。完整的马镫始见于十六国后期,辽宁北燕冯素弗墓出土的一副外包鎏金铜片的木芯马镫,虽然其形制还较为

---

① 《宋书》卷18,《礼志(五)》:"未知何代去其轮。"
② 《晋书》卷37,《宗室传》载晋武帝赐安平王司马孚云母辇;《太平御览》卷774,《辇》引《晋太康起居注》:"齐王(司马攸)归藩,诏赐香衣辇一乘。"
③ 《魏书》卷97,《岛夷桓玄传》。
④ 《邺中记》原书已佚,目前最好辑本为黄惠贤辑校本,收入《邺城及北朝史研究》。
⑤ 湖南省博物馆:《长沙两晋南朝隋墓发掘报告》,载《考古学报》1959年第3期。
⑥ 中国社会科学院考古研究所安阳工作队:《安阳孝民屯晋墓发掘报告》,载《考古》1983年第6期。

原始，但其功用已与现代马镫相近似。① 与其时间相近的朝阳袁台子东晋壁画墓中亦出土包括一副木芯包革涂漆马镫在内的整套马具②，说明这时马镫已开始成为马具的主要组成部分。使用马镫可以减轻骑者的体力消耗，且利于控制马匹，结合目前的考古资料与文献记载来看，十六国时期马镫首先在北方开始使用，随后在南方也逐渐流行开来。

当时北方人外出除乘车外，多数骑马，上至天子，下至士庶百官，骑马的记载不胜枚举。而南方的情况则迥乎不同，西晋末，中原士族初到江南时，尚保持着北方的习俗，琅邪王司马睿出行时，王敦、王导等诸名士皆骑马相随。③ 东晋中、后期则社会风气已有所改变，同时还规定，尚书郎以上随意乘马，要受到御史的弹劾。④ 积沿成习，南朝时士大夫已视骑马为畏途，士大夫们"出则车舆，入则扶侍，郊郭之内，无乘马者"⑤。甚至看到马嘶鸣跳跃，就认为是老虎。有人骑三尺高的果下马，也被视为放达。除社会风气的影响外，江南缺乏马匹，也是原因之一。不过在建康（今江苏南京）以外的其余地区及军中，有关骑马的记载也还不少。

供人骑乘的牲畜除马以外，其次就是驴、骡，不过这也主要是在北方。因驴骡的价格较马低，故在民间使用较多，除骑乘外，还经常驮物运输。骑驴、骡者多为一般百姓或低级官吏，一定品阶的官员就不能再骑驴，如北齐时权会任助教时乘驴上下，官阶升高后，尽管他"生平畏马，位望所至，不得不乘"⑥。阳休之乘骡游于公卿之门，被史书作为特例而记载下来。⑦ 牛虽然在驾车方面应用甚多，但却极少用于骑乘，唐人刘恂《岭表录异》中将海南人骑牛的传统视为新奇，亦足证明这一点。⑧ 前面已经提到，骆驼主要用于运输，偶尔也作为乘骑，如东魏高欢在沙苑之战时，"军大乱，弃器甲十有八万，神武（即高欢）跨橐驼，候船以归"⑨。

---

① 黎瑶渤：《辽宁北票县西官营子北燕冯素弗墓》，载《文物》1973年第3期。
② 辽宁省博物馆文物队等：《朝阳袁台子东晋壁画墓》，载《文物》1984年第6期。
③ 《晋书》卷65，《王导传》。
④ 《旧唐书》卷45，《舆服志》。
⑤ 颜子推：《颜氏家训》，王利器集解本，上海古籍出版社1980年版。
⑥ 《北齐书》卷44，《儒林·权会传》。
⑦ 《太平御览》卷901，《骡》引《三国典略》。
⑧ 《太平御览》卷900，《牛（下）》引《岭表录异》："琼州不产驴、马，人多骑黄牛，亦饰以鞍鞯，加以衔勒。可骑者即自小习其步骤，亦甚有稳快者。"
⑨ 《北史》卷6，《齐本纪（上）》。

第三节　陆路交通

由于这一时期战乱与割据的时间大大多于统一的时间,在交通方面亦有着与秦汉时期不同的特点。首先是战乱使得长安(今陕西西安)、洛阳等原政治与经济中心的地位在相当一段时间内明显下降,以其为中心的交通网络亦随之衰败,直待中心的地位恢复后才逐渐恢复,另一方面,在这一时期又先后形成邺城(今河北临漳)、成都、建康(今江苏南京)、平城(今山西大同)等一批新的中心,并围绕着这些中心形成新的交通网络;其次是各政权间的边界形成人为的阻隔,妨碍了人员与物资的流通。就全国而言,大部分主要通路作用下降,但同时这又促进了一些新路线的开通及原有次要道路地位的上升,故就一些区域而言,其交通情况又比秦汉时期有较大的进步;再有是城市规划的改进及运输技术的进步,造成复道、甬道等一些原有道路形式的逐渐衰微;另外,由于官办传舍驿亭的萎缩,私人经营的客舍逆旅业相对发展起来;凡此种种,使得这一时期的交通格局及道路状况与秦汉时期有着较大的差别。下面对这一时期的陆路交通情况作一简要的介绍。

在上一章中已介绍了各政权都城的盛衰情况,围绕这些政治中心的交通网络则随其盛衰而兴废。在东汉时期地位已经下降的长安在汉末及西晋战乱中接连遭到彻底的破坏,由其向周边辐射出的原主要交通干道作用已大大下降,有些道路则近于废弃,如由于北边疆域的缩小,秦始皇时期兴修的自咸阳至九原(今内蒙古包头西北)的所谓"秦直道"的大部分路段在这一时期已处于魏晋政权的统治区之外[1],为与魏晋政权为敌的羌胡所控制,实际上已基本停止使用。到十六国前秦苻坚统一北方后,长安再度成为北方的政治中心,同时也成为北方的交通枢纽,"关陇晏清,百姓丰乐,自长安至于诸州,皆夹路树槐柳,二十里一亭,四十里一驿,旅行者取给于途,工商贸贩于道"[2]。不过前秦的统治时间并不长,随前秦政权的土崩瓦解,长安的交通枢纽作用也再度丧失。直到北魏分裂后,西魏、北周

---

[1]　关于秦直道的情况可参见史念海《秦始皇直道遗迹的探索》,载《文物》1975年第10期。
[2]　《晋书》卷113,《苻坚载纪(上)》。

定都长安，其周围的交通网络才又恢复发展起来。

洛阳的情况与长安有类似之处，不过洛阳地处中原，历来被称为四战之地，尽管也曾连遭毁坏，但其周围交通的恢复却较长安要便利。洛阳在北魏中期以后再度成为北方的政治中心，其与各地的水陆交通体系迅速恢复起来。

在这些原有政治中心衰落的同时，邺城、成都、建康、平城等一批新的政治中心先后发展起来，并迅速形成以其为主的交通网络，下面以秦汉时期交通较不发达的建康及平城为例来看围绕其建设的交通干道情况。

建康在汉代为秣陵县，东汉末占据江南的孙权将其改名为建业，并在建立吴国政权时以此为国都，西晋末因避讳改称建康①，并成为稍后建立的东晋的都城，以后南朝宋、齐、梁、陈亦相继建都于此，建康遂成为南方的政治、经济与文化中心。建康在汉代尚处于主要交通线之外，到孙权建都后其地位始日趋重要，已初步形成与江南各地相连接的水陆交通体系，又经东晋南朝时期的不断完善，不仅发展到长江以北，甚至可直接远达西域。当时从建康出发的陆路主要有向西南沿长江而行连接中游重镇江州（治今江西九江）并进而可达郢州（治今武汉）、雍州（治今湖北襄樊）及荆州（治今湖北荆州）；向东则通往军事重镇京口（今江苏镇江）；向西南则经曲阿（今江苏丹阳）而通向富庶的吴郡（治今江苏苏州）、会稽（治今浙江绍兴），并进而延伸到永嘉（治今浙江温州）、晋安（治今福建福州）等地；再辅之以四通八达的水路交通，则可到达江南各地。从建康亦有数条路可通向江北，与中原地区相联系，如自建康先向西南，至牛渚（今安徽马鞍山市采石矶）过江到历阳（今安徽和县），再北上中原；或向东，至京口过江到广陵（今江苏扬州），再经彭城（今江苏徐州）而到中原。②

平城是北魏政权前、中期的都城，尽管其作为政治中心的时间不很长，但已基本形成一个通向北方各地的交通网络。假如说建康周围的交通线是军事与经济因素并重的话，则平城周围交通线的建设首先是出于军事目的。在北魏道武帝拓跋珪未定都平城前，已出于军事需要而修复故道或另辟新路，如派大将于栗磾率领步骑兵二万，"潜自太原从韩信故道开井陉路，袭慕容宝于中山"③。在攻占中山后返回时，"车驾将北还，发卒万人治直道，自望都铁关凿恒岭至代五百余

---

① 关于建康名称的改换详见本书第4章第2节《宫苑》。
② 参见许辉、蒋福亚主编《六朝经济史》第7章第4节，《交通的发展》，江苏古籍出版社1993年版。
③ 《魏书》卷31，《于栗磾传》。

里"①。以后相继开辟的还有莎泉道、灵丘道、河西猎道等②，从而大大降低了太行山及恒山对交通的阻隔，开辟了四通八达的交通干线。

南北政权的对立虽然增加了南北交通的障碍，但并未完全阻断南北物资及人员的流通，边境互市（亦称交市）就是解决这个问题的一种应变措施。三国时期魏、吴之间在边境就有非官方允许的互市存在，王经任江夏太守时，"大将军曹爽附绢二十匹令交市于吴，经不发书，弃官归"③。王经未完成曹爽的托付，是因他认为参与这种未经允许的互市不符合朝廷的法纪，故弃官而归。有时边境将领还率军袭击互市场所，抢掠物资，俘获商贩，以此邀功。④ 以后南北政权长期对立，双方皆需要对方的物资，则经常有合法或半合法的互市存在，如十六国前秦时，"于丰阳县立荆州，以引南金奇货、弓竿漆蜡，通关市，来远商，于是国用充足"⑤。在南朝宋与北魏之间，曾长期存在官方允许的互市，只在战争期间才暂时中断。双方的商人贩运物资至边境，交换后再分别循原路返回，尽管人员并未过境，但保持了物资的流通。

为适应互市的需要，在一些城市设立了互市机构，其中的人员，即被称为互市人。这些互市人往来奔波，维持着各地区贸易的进行。据考证，在东晋十六国时期，襄阳（今湖北襄樊）、长安及姑臧（今甘肃武威）等地皆设有互市机构，包括粟特胡人在内的互市人维持着自东晋至河西走廊的贸易及文化交流，这也意味着南方政权仍能参加丝绸之路的贸易。⑥ 由于这条路线经常因受到南北政权战争的干扰而不能通行，故此，另一条原来使用较少的路线在南北朝时期则成为南方政权与西域间的主要陆路通道。由于这条路线经过吐谷浑（治今青海都兰）境内，而吐谷浑统治者在南朝宋时被封为河南王，其国自号为河南国，故这条路线被称为"河南道"。这条路线是经由益州（治今四川成都）到达西域，几乎与河西走廊相平行。在南朝时期，这是南方政权与西域进行政治联系和经济、文化交流的主要通道。⑦

在本书第四章中已经提到在这一时期城市规划设计与秦汉时期有较大的变化，

---

① 《魏书》卷2，《太祖纪》天兴元年。
② 《魏书》卷4，《世祖纪》，太延二年；卷5，《高宗纪》，和平二年；卷7，《高祖纪》，太和六年。
③ 《三国志》卷9，《夏侯尚传》裴松之注引《世语》。
④ 《三国志》卷58，《陆逊传》；《晋书》卷61，《周浚传》。
⑤ 《晋书》卷112，《苻健载纪》。
⑥ 朱雷：《东晋十六国时期姑臧、长安、襄阳的"互市"》，收入《古代长江中游的经济开发》，武汉出版社1988年版。
⑦ 唐长孺：《南北朝期间西域与南朝的陆道交通》，收入《魏晋南北朝史论拾遗》，中华书局1983年版。

尤其是宫殿区的位置，秦汉时期主要宫殿区相距较远的现象已不复存在。因此，在秦汉时期作为连接宫殿区主要通道形式之一的复道，在这一时期已很少建造，即使应用，其距离也大大缩短，像秦汉时期长达数里乃至数十里的复道，已不见于记载。

甬道是在道路两侧构筑土墙，使墙外的人无法看到墙内的情况，从而构成一种专用道路。其用途之一是筑于御道两侧，以保证皇帝通行的安全与隐秘；另一用途是在战争中运输军用物资。在秦汉时期，基于上述两种用途，甬道的使用相当广泛。但在这一时期，情况已有所变化。宫苑已集中于城市的北部居中位置，皇帝往来于宫殿之中，不再通过宫外的御道，自然也不必再隐瞒行踪，因此在这一时期的御道中央部分仅筑有四尺余高的土墙，用于划分路面，保证皇帝及主要官员通过时不受干扰，而不再起完全遮蔽作用。① 甬道在军事上的应用在这一时期也很少见，据认为是因军队机动性加大，很少长期在一个地区相持，另外，军用物资运输效率的提高，也促成了这一转变。②

在秦汉时期用于解决山区通行问题的栈道（亦称阁道）在这一时期仍得到相当广泛的应用。栈道是用木头依山建成道路，木梁一头横插入山崖，另一头靠木柱支撑，梁上再铺木板以供人行走；有时因山势险峻或下有激流，无法立柱，则只靠横梁固定，即郦道元所言的"千梁无柱"③，但人行走时就十分危险。由于割据的需要及战争的破坏，原有栈道不断遭到毁坏，如诸葛亮去世后，大将魏延与长史杨仪有矛盾，"率所领径先南归，所过烧绝阁道"④。这一时期出于征战需要，又进行了较大规模的开凿与修复。如邓艾率军进袭蜀国，"艾自阴平道行无人之地七百余里，凿山通道，造作桥阁。山高谷深，至为艰险"⑤。近年来考古工作者对于古栈道遗迹进行实地考察，对其修建情况有了较深入的研究。⑥

为了解各地山川道路的情况，我国祖先很早就已绘制出地图，目前已发现有秦汉时期的多幅地图。⑦ 这一时期人们对于地图的绘制也很重视，西晋司空裴秀认为当时秘书省中保存的一些汉代地图不够精确，因此考察《禹贡》中山川河流的

---

① 《太平御览》卷195，《道路》引陆机《洛阳记》："宫门及城中大道皆分为三，中央御道两边筑土墙，高四尺余，外分之。唯公卿尚书章服道从中道，凡人皆行左右，左入右出。"
② 参见王子今《秦汉交通史稿》第1章，《秦汉交通道路建设》，中共中央党校出版社1994年版。
③ 《水经注》卷27，《沔水（上）》，王国维校本，上海人民出版社1984年版。
④ 《三国志》卷40，《魏延传》。
⑤ 《三国志》卷28，《邓艾传》。
⑥ 参见秦中行等《褒斜栈道调查记》，载《考古与文物》1980年第4期；王子今等《子午道秦岭北段栈道遗迹调查简报》，载《文博》1987年第4期。
⑦ 何双全：《天水放马滩秦墓出土地图初探》，载《文物》1989年第2期；马王堆汉墓帛书整理小组：《长沙马王堆三号汉墓出土地图的整理》，载《文物》1975年第2期。

记载，结合古代的九州和当时十六州的郡国县邑及水陆径路绘制成地图十八篇，称《禹贡地域图》。在其序中提到当时统治者对绘图的重视："文皇帝（指司马昭）乃命有司，撰访吴蜀地图，蜀土既定，六军所经，地域远近，山川险易，征路迂直，校验图记，罔或有差。"① 裴秀在序文中还提出绘图应遵循分率、准望、道里、高下、方邪、迂直等六项原则，将其结合起来，就可绘制出精确的地图来。将这些原则总结起来，并付诸实践，无疑是裴秀对地图学发展的一大贡献。同时，这也说明当时社会经济的发展已对交通地理的了解提出了较前更高的要求。

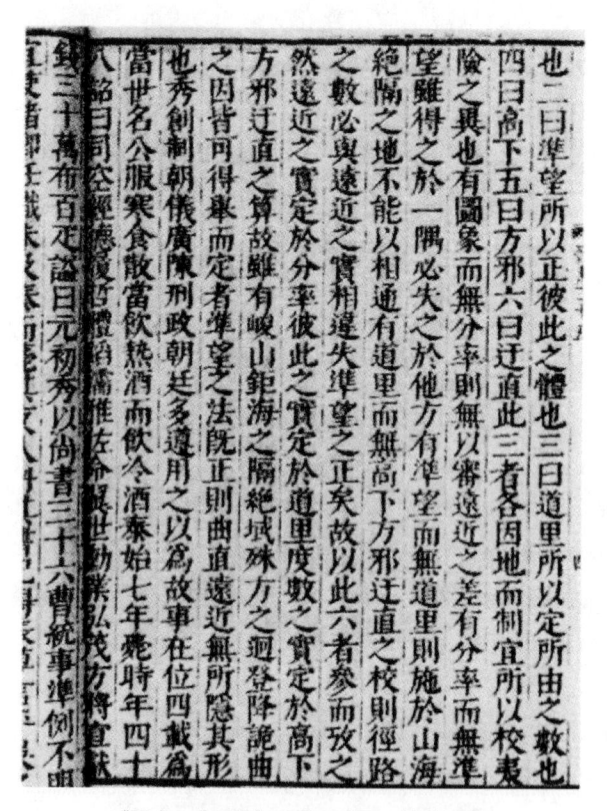

《晋书·裴秀传》中关于制图六体的记载

出于军事需要，各个政权都在交通干线的咽喉要地设置关卡，抵御敌军侵袭，并盘查过往行人。一般百姓经过关卡时，要交验过所后才能通行。过所，是由官府发给百姓出行的证明文件，上面注明人的年龄及所携物品，关卡守吏核对后才放行。过所可由地方官员发放，亦可由中央政权发放，具有同等效力。三国魏时的敦煌太守仓慈防止地方豪族欺诈前来进行贸易的西域胡人，"欲诣洛（阳）者，

---

① 《晋书》卷35，《裴秀传》。

为封过所"①。北魏孝文帝时京师平城大旱，欲放百姓出关就食，又恐发放过所会延误时间，太尉元丕建议："诸曹下大夫以上，人各将二吏，别掌给过所，州郡亦然，不过三日，给之便讫，有何难也？"②说明各级官府皆有权发放过所，而且平时发放过所需要等候的时间比较长。在近年出土的吐鲁番文书中发现有唐代过所实物，亦可作为参考。③

  出行路程较远，途中就必须休息，需要有补充给养和可供休息的场所。这一时期仍沿用秦汉时期的传舍驿亭制度，以供官员出行及官府文书传递人员使用；而一般百姓外出时则投宿于私人开设的逆旅客舍。在驿站养有大量马匹，供官员和信使换用，并为他们提供饮食及饲料。北周韦孝宽在得知相州总管尉迟迥欲反叛朝廷后，"乃驰还，所经桥道，皆令毁撤，驿马悉拥以自随。又勒驿将曰：'蜀公将至，可多备肴酒及刍粟以待之'"④。有时还要征用私家马匹，南朝梁时，鄱阳王萧恢出任益州刺史，"成都去新城五百里，陆路往来，悉订私马，百姓患焉，累政不能改。恢乃市马千匹，以付所订之家，资其骑乘，有用则以次发之，百姓赖焉"⑤。

  由于这一时期战乱频繁，各政权统治稳固的时间大多不长，故就传舍驿亭的总体规模而言，明显不如秦汉时期。像前述十六国前秦苻坚统治时，关中地区"二十里一亭，四十里一驿"那样的情况并不多见。因此，私人经营的逆旅业发展较大。西晋时，曾有人以"逐末废农"及"败乱法度"为理由提议废止私人经营逆旅业，而改为官营。潘岳提出异议，指出私营客舍的好处："方今四海会同，九服纳贡，八方翼翼，公私满路。近畿辐凑，客舍亦稠。冬有温庐，夏有凉荫，刍秣成行，器用取给。疲牛必投，乘凉近进，发槅写鞍，皆有所憩。"⑥同时，他还指出改由官办的弊病，得到朝廷的同意，才未废止。客舍可供应饮食、饲料，亦可由客人自给，如三国魏时胡威探望父亲，"每至客舍，自放驴，取樵炊爨，食毕，复随旅进道"⑦。还有些非盈利性逆旅，如北魏崔敬友信佛，赈济饥民，"又置逆旅于肃然山南大路之北，设食以供行人"⑧。

---

① 《三国志》卷16，《仓慈传》。
② 《魏书》卷14，《神元平文诸帝子孙列传》。
③ 参见王仲荦：《吐鲁番出土的几件唐代过所》，收入《蜡华山馆丛稿》，中华书局1987年版。
④ 《周书》卷31，《韦孝宽传》。
⑤ 《梁书》卷22，《太祖五王传》。
⑥ 《晋书》卷55，《潘岳传》。
⑦ 《三国志》卷27，《胡质传》裴松之注引《晋阳秋》。
⑧ 《魏书》卷67，《崔光传附弟敬友传》。但这种情况较少，属于特例。

第四节　舟船与水路交通

我国祖先很早就知道利用舟楫来横渡河流以运输人员与物资,秦汉时期的造船业又有了较大的发展,并利用大一统局面在全国范围内建立起沟通黄河、长江、淮河、珠江等各水系的人工河道,从而初步形成了航运干线网络。魏晋时期在北方开凿利漕渠、平虏渠、泉州渠等人工河渠,沟通了黄河与海河水系,在荆州修建连通汉水与湘江的直捷水道,都对解决物资运输问题起到很大的作用。其后由于南北政权的长期分裂、割据,全国范围内的航运水道建设受到较多影响,但在许多地区,尤其是江南地区,航运业得到相当大的发展,与海外的联系范围也有所扩大。这一时期江南的造船业有着明显发展,比秦汉时期有较大的进步。

下面先谈当时的主要舟船类型,然后再谈航道的修整、物资运输与海外交往。

当时船只的主要用途一是运输,二是作战,用于运输的船只需要载重量大,驾驶灵活,安全可靠,而战船还需要机动性强与能控制高点。因此,这一时期既有载重量相当可观的大船与楼船,也有灵活轻便的快船小艇,种类繁多,相辅相成。

三国吴时孙权曾制造大船,"名之为长安,亦曰大舶,载坐直之士三千人,与群臣泛舟江津"①。西晋准备伐吴时,命令益州刺史王濬修造船舰,"濬乃作大船连舫,方百二十步,受二千余人。以木为城,起楼橹,开四出门,其上皆得驰马往来"。史称:"舟楫之盛,自古未有。"② 当时可载物万斛的大船在南方并不稀见,《荆州土地记》称:"湘州七郡,大艑之所出,皆受万斛。"③《南州异物志》还记载了进行海外贸易的远洋货船,"外域大船长四十余丈,高去水二三丈,望之如阁道然"④。这种大船可载六七百人,或装载一万斛以上的货

---

① 《水经注》卷35,《江水（三）》。
② 《晋书》卷42,《王濬传》。
③ 《太平御览》卷770,《艑》引。
④ 《北堂书钞》卷137,《舟总篇一》"望之如阁"条引;《太平御览》卷769,《叙舟（中）》引此书称船长二十余丈,并称可"载六七百人,物出万斛"。

物。据文献记载，这一时期最大的船可载物二万斛。① 不仅在江南，北方也曾出现万斛舟，十六国后赵石虎派人将洛阳的铜驼等运到邺城，造万斛舟以渡河②，当然，这条大船可能只是临时赶制出来，供渡河之用，并不适于长途航行。

出于战争需要，当时还修造了大批楼船。东晋末卢循等率水军沿长江而下，将士十余万人，"舳舻且千里，楼船百余只"③。"别有八艚舰九枚，起四层，高十二丈。"④ 刘裕为与之抗衡，也大造船舰，"皆大舰重楼，高者十余丈"。南朝后期，楼船的高度又有所增加，陆纳所造的青龙舰、白虎舰"皆衣以牛皮，并高十五丈，选其中尤勇健者乘之"⑤。

用于作战的船只类型相当多，据《晋令》记载："水战，飞云船相去五十步，苍隼船相去四十步，金船相去三十步，小儿、先登、飞鸟船相去五十步。"⑥ 刘熙《释名》中也提到其中的几种："军行在前曰先登，登之向敌阵也。狭而长曰艨冲，以冲突敌船也。轻疾者曰赤马舟，其体正赤，疾如马也。上下重床曰舰，四方施板，以御矢石，其内如牢槛也。"⑦ 此外，还有平乘、舴艋、鹘舟等⑧。艨冲是水军中的主要战舰之一，史称东吴水军"艨冲斗舰之属，望之若山"⑨。在水战中曾屡显威风，赤壁大战中，黄盖就是用艨冲斗舰来火烧曹军战船的。⑩ 当时战船的速度也颇为可观，除疾如奔马的赤马舟外，前面提到的鹘舟"两边悉八十棹，棹手皆越人，去来趣袭，捷过风电"⑪。

有些军用的船只亦可用于运输物资或乘用，西晋杜预在奏表中提到："长史刘绘循治洛阳以东运渠，通赤马舟。"⑫ 则这种快捷的船只在平时也被作为运输船。南朝宋时余姚令何玢之曾因所制舴艋舟过于华丽而被免官⑬，显见其是作为乘船；

---

① 颜子推《颜氏家训·归心第十六》："昔在江南，不信有千人毡帐，及来河北，不信有二万斛船。"王利器集解本，上海古籍出版社1980年版。
② 《晋书》卷107，《石季龙载记（上）》。
③ 许嵩：《建康实录》卷11，《宋高祖武皇帝》，张忱石点校本，1986年。
④ 《宋书》卷1，《武帝纪（上）》，下条引文同。
⑤ 《南史》卷63，《王僧辩传》。
⑥ 《太平御览》卷769，《叙舟中》引。
⑦ "牢槛"，四库全书本作"牢舰"，据《太平御览》卷770《舰》、《北堂书钞》卷《舰二》引《释名》改。本节所引《释名》，除注明者外，皆引自《四库全书》本。
⑧ 《隋书》卷48，《杨素传》："素居永安，造大舰，名曰五牙，……次曰黄龙，置兵百人。自余平乘、舴艋等各有差。"
⑨ 《三国志》卷60，《贺齐传》。
⑩ 《三国志》卷54，《周瑜传》。
⑪ 《梁书》卷45，《王僧辩传》。
⑫ 《北堂书钞》卷137，《舟总篇一》"赤马"条引。
⑬ 《太平御览》卷771，《舴艋》引《宋元嘉起居注》。

南朝齐时，舴艋在皇宫中亦被作为乘船使用，① 太子出行时也常乘坐漆画舴艋。② 这种舴艋舟到唐、宋时期仍是民间常用船只之一。

皇帝出巡时乘坐龙舟，为防止诸王及大臣所乘船只与龙舟相似，南朝宋孝武帝时特别规定："平乘舫皆平两头作露平形，不得拟像龙舟，悉不得朱油。"③ 皇帝乘船出游时的随行仪仗船只亦十分壮观，其规模与出行时的大驾卤簿相比，有过之而无不及，"宋孝武帝度六合，龙舟翔凤以下，三千四十五艘，舟航之盛，三代两京无比"④。在皇宫苑林中还有许多供皇帝及后妃使用的船只，据《晋宫阁记》记载："天渊池中有紫宫舟、升进船、曜阳舟、飞龙舟、射猎舟，灵芝池有鸣鹤舟、指南舟，舍利池有云母舟、无极舟，都亭池有华润舟、常安舟。"⑤ 南朝时亦有一些新制舟船，"是时天渊池新制鯿鱼舟，形阔而短，高祖（即梁武帝萧衍）暇日，常泛此舟"⑥。

一些大臣所乘坐的船只亦装修的十分华丽，南朝梁羊侃，"于两艚舸起三间通梁水阁，饰以珠玉，加以锦绣，盛设帷屏，陈列女乐，乘潮解缆，临波置酒，缘塘傍水，观者填咽"⑦。有些大臣在上任时的船队也相当庞大，南朝宋臧质就任江州刺史时，"舫千余乘，部伍前后百余里，六平乘并施龙子幡"⑧。

当时为增加船只的稳定性，经常将两只船连接在一起，称为舫、航或方舟，其原理与现代的双体船相似，这种航行方式在秦汉以前已开始应用。从史籍记载看，一般航行皆乘舫而行，如前面已经提到的臧质，王濬伐吴时亦作"大船连舫"，只有在要求船只机动灵活和提高航行速度时，才会将船解开，为与舫区别，遂称之为单舸。西晋末，"顾荣征侍中，见王路塞绝，便乘船而还。过下邳，遂解舫为单舸，一日一夜行五六百里，遂得免"⑨。

有时人乘船到某地，就居住在船上，而不上岸去住，如东晋张凭被举为孝廉，乘船到建康（今江苏南京），上岸去拜访客人，回来就住在船上。⑩ 还有人将船利用的更好，南朝齐时吴郡人张融在朝中任职，请假返乡，回来后皇帝问他住在何

---

① 《南齐书》卷25，《张敬儿传》："后数年，上（齐武帝萧赜）与豫章王（萧）嶷三日曲水内宴，舴艋船流至御坐前覆没。"
② 《南齐书》卷31，《荀伯玉传》。
③ 《宋书》卷18，《礼志（五）》。
④ 《初学记》卷25，《舟第十一》引陶季直《京邦记》。
⑤ 《太平御览》卷768，《叙舟（中）》引，原引文"曜龙"后无"舟"字，据《艺文类聚》卷71《舟》及《初学记》卷25《舟第十一》引《晋宫阁记》补。
⑥ 《梁书》卷50，《文学（下）·陆云公传》。
⑦ 《梁书》卷39，《羊侃传》。
⑧ 《宋书》卷74，《臧质传》。
⑨ 《太平御览》卷770，《舸》引王隐《晋书》。
⑩ 《晋书》卷75，《张凭传》。

处？张融回答说："臣陆居无屋，舟居非水。"皇帝听后仍不明白，就去问其从兄张绪，张绪讲："融近东出，未有居止，权牵小船，于岸上住。"① 皇帝这才明白，遂大笑不止。

这一时期的造船业相当发达，从文献记载中可以看到，在许多地区都有规模可观的造船场，但目前尚未看到有关这一时期船场遗址的发掘报告。为便于控制，许多政权都将较大的官营船场置于政权统治中心附近的水道。三国魏文帝时杜畿在洛阳附近的孟津（今河南孟县东南）试验御用的楼船，遭风沉没②，说明造船工场就在孟津一带；三国吴建都武昌（今湖北鄂州）时，孙权曾与群臣一起在长江中试乘新制的大船③，表明造船基地亦距此不远；东晋末期，刘裕则在建康附近的东府城"大治水军"④。

在沿海地区也形成了若干造船基地，三国吴时即设有横屿船屯（今浙江平阳）、温麻船屯（今福建霞浦东南）等，专司造船，西晋平吴后始将其改为县。⑤另外，需要注意的是，当时在民间有着相当强的造船力量，因此，当政权出于战争等目的时，可以在短时间内征集起大批工匠，很快形成相当的生产规模。如三国魏明帝为截断吴与高句骊及辽东的联系，命令在青、兖、幽、冀四州大作海船⑥；十六国后赵石虎准备征伐辽东时，在沿海地区征用17万船夫赶造船只，仅青州即受命造船千艘。⑦

江南地区河道纵横，舟楫是民间的主要交通工具，造船业更为发达。东晋末徐道复在始兴（今广东韶关西南）秘积船板，起兵时，并力装船，十余天即形成一支强大的舰队，连败东晋政权的水军。⑧ 南朝宋刘休范在江州（治今江西九江）、齐末萧衍在雍州（治今湖北襄樊），都是在短时间内突击造船，以达到出敌不意的奇袭目的。⑨ 这也反映出民间造船业的基础十分雄厚。

当时的船速已相当快，如顺流而下，再借助风力，可达到很高的速度，如前面提到顾荣为躲避朝廷的征召，一日一夜行五六百里；而东晋王廙"尝从南

---

① 《南齐书》卷41，《张融传》。
② 《三国志》卷16，《杜畿传》。
③ 《太平御览》卷770，《叙舟（下）》引《武昌记》。
④ 《宋书》卷1，《武帝纪（上）》。
⑤ 《宋书》卷35，《州郡志（一）》："横阳令，晋武帝太康四年（283年），以横屿船屯为始阳，仍复更名。"卷36《州郡志（二）》："温麻令，晋武帝太康四年，以温麻船屯立。"
⑥ 《三国志》卷3，《明帝纪》景初元年。
⑦ 《晋书》卷106，《石季龙载记》。
⑧ 《晋书》卷100，《卢循传》。
⑨ 《初学记》卷25，《舟第十一》引王智深《宋记》，其中"彦范"为"休范"之误，参见《宋书》卷79《文五王·桂阳王休范传》；《梁书》卷1，《武帝纪（上）》；卷11，《吕僧珍传》。

下，且自寻阳，迅风飞帆，暮至都"①。从寻阳（今江西九江）到建康（今江苏南京）则至少在800里以上。还值得一提的是南朝齐时的大科学家祖冲之，他"又造千里船，于新亭江试之，日行百余里"②。从前面已提到的船速看，他所制的船显然不是利用水流和风力，有的研究者认为可能是一种采用了轮状桨的车船。③

在上节讲陆路交通时已提到当时形成若干个以各政权的都城为中心的交通网络，但实际上在大多数都城的周围，不仅有陆路通道，还有水路通道。如天然河道不够理想时，则多开凿人工河渠来加以改进。由于水运效率高且成本低，故只要可能，各政权皆会采用水运的方式。南北朝时由南方进入北方的薄骨律镇（治今宁夏灵武西南）将刁雍曾将水运与陆运的效率及成本作过比较，虽然提的是边境运输问题，但与中原地区也是大同小异。刁雍指出原定从河西走廊运谷50万斛到沃野镇（治今内蒙古乌拉特前旗东南），出车5000乘，一次只能运十万斛，往返需一百天，一年两次，要三年才能运完。因此他提出：

> 今求于牵屯山河水之次，造船二百艘，二船为一舫，一船胜谷二千斛，一舫十人，计须千人。臣镇内之兵，率皆习水。一运二十万斛。方舟顺流，五日而至，自沃野牵上，十日还到，合六十日得一返。从三月到九月三返，运送六十万斛，计用人功，轻于车牛十倍有余，不费牛力，又不废田。④

由此比较中足以显示出水运的优越性，因而得到北魏孝文帝的嘉奖，特下诏予以肯定："非但一运，自可永以为式。"

在上一章中提到这一时期新兴的都城主要是邺城（今河北临漳西南）和建康，也正是在这一时期建起了以这两个城市为中心的水路交通网络。东汉献帝建安九年（204年），曹操为征伐袁尚的根据地邺城，"遏淇水入白沟以通粮道"⑤，《水经注》对此事记载较详，"魏武王于水口下大枋木以成堰，遏淇水东入白沟，以通

---

① 《晋书》卷76，《王廙传》。
② 《南齐书》卷52，《文学·祖冲之传》。
③ 杨泓：《水军与战船》，收入《中国古兵器论丛》（增订本），文物出版社1986年版。不过作者在文中误将祖冲之注为晋人。
④ 《魏书》卷38，《刁雍传》。按：引文中"一船胜谷二千斛"之"船"字，疑当做"舫"字。检《通典》卷10《漕运》（王文锦等点校本，中华书局1988年版），所载文字与《魏书》同，《册府元龟》卷498《漕运》作："每二艘为一舫，胜谷二千斛。"（中华书局影印本，1982年）文意较优。然无确证，未敢擅改《魏书》原文，姑附此存疑。
⑤ 《三国志》卷1，《武帝纪》。

漕运，故时人号其处为枋头。……其堰悉铁柱，木石参用"①。这样，就可经洹水及其支流而至邺城。② 建安十八年，曹操受封为魏公，在邺城建社稷、宗庙，进一步完善邺城的航运通道，凿渠引漳水入白沟，以连通黄河，这就是利漕渠。加上建安十一年所修的平虏渠、泉州渠，由邺城乘船，向南可达黄河，再转至淮河、长江，向北可与滹沱河、鲍丘水及濡水等相通，连接今天的黄河、海河、滦河三条水系，并直通渤海。与陆路交通相配合，形成四通八达的水陆交通干线。因此，北魏时崔光曾讲："邺城平原千里，漕运四通。"③ 并以此作为劝孝文帝迁都邺城的理由。足见虽经战乱，邺城周围的水路交通仍保存得较好。到北魏分裂后，东魏迁都邺城，将洛阳的宫殿拆毁，其材木都是从水路运到邺城的。④

建康毗邻长江，南有秦淮河，北有玄武湖，原已具有较好的航运水道，孙权定都之后开始进一步改善其周围的航运条件。据《建康实录》记载，孙权赤乌三年（240 年），"十二月，使左台侍御史郗俭监凿城西南，自秦淮北抵仓城，名运渎"。可将粮船直接运至国家仓库。赤乌四年，"冬十一月，诏凿东渠，名青溪，通城北堑潮沟"。许嵩自注称："潮沟亦帝所开，以引江潮。"潮沟东与青溪相接，沿城墙向西向南，成为城北及城西的护城河，与运渎相接后流入秦淮河。潮沟向北还与后湖（即今玄武湖，当时将紫金山前的燕雀湖称为前湖，此湖位于紫金山后，故称后湖，至南朝宋时始改称玄武湖）相通。青溪的北源出于钟山，亦通后湖，向南注入秦淮河。这样，在城的四周已形成完整的水路通道，下一步则是开辟与周围地区的联系。赤乌八年，"使校尉陈勋作屯田，发屯兵三万凿句容中道，至云阳西城，以通吴（郡）、会（稽）船舰，号破岗渎，上下一十四埭，通会市，作邸阁。仍于方山南截（秦）淮立埭，号曰方山埭"。破岗渎的开凿，使吴郡、会稽的船只可避开长江中的风波之险，经破岗渎进入秦淮河。不过，由于破岗渎的坡度过于陡峭，故在中间建有十四个埭（横截渠道的坝），以保证渠内有足以行船的水深，船经过埭时，需用人或牛力拖过坝，再进入相邻的渠段。东晋南朝时期一直沿用破岗渎，到南朝梁时因避讳改称破墩渎，又以其通行不便，"而开上容渎，在句容县东南五里，顶上分流，一源东南三十里十六埭，入延陵界；一源西南流二十五里五埭，注句容界。上容渎西流入江宁秦淮。后至陈高祖即位，又堙上容而更修破岗"⑤。可见上容渎使用的时间不长，而破岗渎的使用贯穿于整个六

---

① 《水经注》卷 9，《淇水注》。
② 《水经注》卷 9，《洹水注》："洹水又东，枝津出焉，东北流，迳邺城南。"
③ 《太平御览》卷 161，《相州》引《后魏书》。
④ 《魏书》卷 79，《张熠传》："天平初，迁邺草创，右仆射高隆之、吏部尚书元世俊奏曰：'南京宫殿，毁撤送都，连撤竟河，首尾大至。'"
⑤ 本段引文皆出自《建康实录》卷 2《吴太祖（下）》正文及许嵩自注。

朝时期，在建康周围的航运网中起到相当重要的作用。

这一时期的另一重要城市洛阳背靠黄河，周围有伊水、洛水、谷水等河流通过，其航运网络在东汉时已大致建成①，时称洛阳漕渠"东通河济，南引江淮，方贡委输，所由而至"②。魏晋时期又有所增补修葺，保持着航运的通畅，据《洛阳地记》记载："大城东有大仓，仓下运船，常有千计。"③足见漕运的兴盛。北魏孝文帝选择洛阳作为新的都城，其原因之一就是洛阳有便利的漕运航道。④ 不过，经过多年战乱，河道荒废，而且北方政权的上层人物对于乘船亦不习惯，所以当孝文帝提出要乘船而行时，臣下多上表劝谏，在孝文帝的坚持下，才能乘船巡行。孝文帝泛舟于洛阳城中的洪池时，还与大臣商议大修渠道，以供其通过水路率军进攻南朝，"朕欲从此通渠于洛（水），南伐之日，何容不从此入洛（水），从洛入（黄）河，从河入汴（水），从汴入清（水，即泗水），以至于淮。下船而战，犹出户而斗，此乃军国之大计。今沟渠若须二万人以下，六十日有成者，宜以渐修之"⑤。北朝后期，洛阳成为北齐、北周政权的争斗重点，河渠再度荒废，至隋唐时期才又得到大规模的整修。

在第四章介绍这一时期各政权的兴废时已提到长安（今陕西西安）作为政治中心的时间非常短暂，因此，大部分政权对于关中地区的河渠建设，显然不如秦汉时期重视，至西魏、北周时期始逐渐小规模地进行整治，到隋朝才真正开始大规模地修建。

除上述以城市为中心的航运网络外，这一时期还修建了一些连通各主要河流的人工渠道，以改善航运条件。收效较大的有西晋杜预在荆州（治今湖北荆州）修建沟通长江与汉水的运河和魏晋时期对邗沟航道的改建。"旧水道唯沔、汉达江陵千数百里，北无通路。"杜预"乃开杨口（杨水入汉水之口，位于今湖北潜江西北），起夏水达巴陵（今湖南岳阳）千余里，内泻长江之险，外通零、桂之漕。南土歌之曰：'后世无叛由杜翁，孰识智名与勇功。'"⑥东晋、南朝时期对这条水道曾多次加以修整利用。⑦邗沟在春秋末期即已开凿，为沟通长江与淮河的航运干道，但原来是经博支湖、射阳湖绕一个大弯，再进入淮水。三国时期已开始将航

---

① 《后汉书》卷35，《张纯传》："上穿阳渠，引洛水为漕，百姓得其利。"
② 《水经注》卷16，《谷水注》引东汉阳嘉四年（135年）洛阳上东门桥首右石柱铭。
③ 《水经注》卷16，《谷水注》引。
④ 《魏书》卷79，《成淹传》："高祖敕（成）淹曰：'朕以恒代无运漕之路，故京邑民贫。今移都伊洛，欲通运四方。'"
⑤ 《魏书》卷53，《李冲传》。
⑥ 《晋书》卷34，《杜预传》。
⑦ 参见武汉水利电力学院、水利水电科学研究院《中国水利史稿》编写组：《中国水利史稿》（上册），水利电力出版社1985年版，第287—288页。

道取直，经樊梁湖、津湖、白马湖而入于淮水，但当时水道并不通畅，魏文帝曹丕曾统率水军经此路直抵长江，进攻东吴，可返回时因水浅而不能通行，曹丕改由陆路退回，几乎准备烧船，后蒋济立坝聚水，再掘坝放水才将船队冲入淮水。①两晋时曾数次对这条水道加以修整，开樊梁湖北口下注津湖；又因津湖中多风，沿其东岸开凿一运渠，使船顺渠而行，不必再从湖中通过；在邗沟的南段，即广陵附近修筑召伯埭、秦梁埭、三枚埭、镜梁埭等多处堰埭，用人工方式来保持航道的水深。②此外，较知名的还有东汉献帝建安七年（202年）曹操修建的睢阳渠，三国魏贾逵修建的贾侯渠，邓艾修的广漕渠，北魏时崔亮所修的汴渠、蔡渠等。③

有时修建河渠的主要目的是为军队进攻提供通道，如东晋穆帝永和十二年（356年），荀羡进攻前燕将慕容兰，"自光水引汶（水）通渠，至于东阿（今山东东阿西南），以征之"④。东晋废帝太和四年（369年），桓温率军北伐，"进次金乡（今属河南），时亢旱，水道不通，乃凿钜野三百余里以通舟运，自清水入河"⑤。淝水大捷后，谢玄率军进驻彭城（今江苏徐州），"患水道险涩，粮运艰难，用督护闻人奭谋，堰吕梁水，树栅，立七埭为派，拥二岸之流，以利漕运，自此公私利便"⑥。据《水经注》记载，谢玄修埭用工九万。⑦前秦苻坚南侵，东晋末刘裕北伐以及后来南朝的数次北伐，多是由水路进军。

这一时期的海上航运也相当频繁，见于史籍最多的是辽东与中原及江南的近海航线。东汉末大乱时，包括名士管宁、邴原、王烈等大批人从海路逃到辽东避难，中原地区安定后，大部分人又陆续从海路返回。⑧司马懿平定辽东后，辽东吏民大规模渡海进入齐郡界内居住，因此特地设置新沓、新汶、南丰三县，专门安置这些迁徙过来的百姓。⑨东吴孙权也曾多次派遣使臣从海路到辽东或高句丽，联系夹击魏国。东晋、南朝时期，南方政权与占据辽东的前燕、北燕等政权的联系，

---

① 《三国志》卷14，《蒋济传》。
② 《水经注》卷30，《淮水》；《太平御览》卷73，《堰埭》引《述征记》；并参见《中国水利史稿》（上册），第277—280页。
③ 《三国志》卷1，《武帝纪》；卷15，《贾逵传》；卷28，《邓艾传》；《魏书》卷66，《崔亮传》。
④ 《晋书》卷75，《荀崧传附子羡传》；据《水经注》卷25，《洙水注》，"光"当作"洸"。
⑤ 《晋书》卷98，《桓温传》；又，同书卷81，《毛宝传附子穆之传》称："（桓）温伐慕容晫，使穆之监凿钜野百余里，引汶（水）会于济川。"
⑥ 《晋书》卷79，《谢安传附兄子玄传》。
⑦ 《水经注》卷25，《泗水注》。
⑧ 《三国志》卷11，《管宁传》、《邴原传》。
⑨ 《三国志》卷4，《三少帝纪》齐王曹芳景初三年（239年）："夏六月，以辽东东沓县吏民渡海居齐郡界，以故纵城为新沓县以居徙民"。正始元年（240年）二月，"以辽东汶、北丰县民流徙渡海，规齐郡之西安、临淄、昌国县界为新汶、南丰县，以居流民"。

也都是通过海路进行的。居于朝鲜半岛上的高句丽、百济、新罗三国也通过海路与南方政权有着较多的联系。倭国（今日本）则途经朝鲜半岛与中原及南方政权建立起联系。

这一时期大规模的远程航行及与海外诸国的联系也相当活跃，南方政权对此尤为重视。三国吴孙权黄龙二年（230年），"遣将军卫温、诸葛直将甲士万人浮海求夷洲及亶洲"①。卫温等未找到亶洲，只到达夷洲（今我国台湾省），并掠得数千当地土人返回。赤乌五年，（242年）"秋七月，遣将军聂友、校尉陆凯以兵三万讨珠崖（治今广东徐闻）、儋耳（治今海南儋州西北）。"并任命陆凯为儋耳太守。孙权还派遣宣化从事朱应、中郎康泰到林邑（今越南中南部）、扶南（今柬埔寨）等海南诸国，"其所经及传闻，则有百数十国，因立记传"②。回国后，朱应撰有《扶南异物志》，康泰撰有《吴时外国传》，原书皆早已失传，目前仅可在《太平御览》等书中见到所引的部分内容。两晋南北朝时期，不再有这种大规模的航海远征，更多的是海外诸国前来朝贡或进行商业贸易。史称当时："舟舶继路，商使交属。"③ 南朝梁时，外国海船到达广州进行贸易的每年有数次至十余次。④ 因此，南朝时人称："广州刺史但经城门一过，便得三千万。"⑤ 足见当时对外贸易的兴盛。传世南朝《职贡图》中所记载来朝各国使臣的肖像⑥，就是当时海外交往及贸易的见证。除外国商船来中国进行贸易外，中国船只也经常远航海外，而且不仅到林邑、扶南等较近的地方，还远航至波斯湾及幼发拉底河等处。⑦

---

① 《三国志》卷47，《吴主传》，关于亶洲的具体位置现尚无定论，一说为日本列岛。下文所引聂友事亦见本卷。
② 《梁书》卷54，《诸夷传》。
③ 《宋书》卷97，《夷蛮传》后史臣曰。
④ 《梁书》卷33，《王僧孺传》；《南史》卷51，《梁宗室（上）·吴平侯景传附子劢传》。
⑤ 《南齐书》卷32，《王琨传》。
⑥ 《中国美术全集·绘画编（一）·原始社会至南北朝绘画》图99，南朝梁萧绎绘（宋摹本），原图已残，据清代人记录有25国使臣，现存滑国、波斯、百济、龟兹、倭国等12国使臣。
⑦ 张星烺：《中西交通史料汇编》第三编第五章，《阿拉伯人关于中国之记载》，中华书局1977年版；并参见朱杰勤《中外关系史论文集》。

第六章

婚姻

第一节 婚礼

婚姻自古为中国人所重视。《礼记·昏义》说:"昏礼者,将合二姓之好,上以事宗庙,而下以继后世也,故君子重之。"正因为婚姻上尊崇祖宗,下对后世又有重要影响,所以人们对此从不简单从事。春秋战国时有一部礼制集成,名叫《仪礼》,其中的《士婚礼》对婚姻的聘娶过程作了详尽的规定,整个过程有几个步骤:"纳采",即通过媒人向女方通达欲娶之意。女方同意后,男方将彩礼送去,女方纳之。"问名",即问得女方姓名、生辰,回去占卜吉凶。"纳吉",即卜得吉兆后,定下婚姻之事。"纳征",即确定婚姻后,再送上订婚之礼。"请期",即男家至女家确定迎娶日期。"期初婚",即迎娶。这六个步骤即古代婚姻的"六礼","六礼"皆备,婚姻关系才算确立。

魏晋南北朝时期,战乱频仍,社会动荡,所谓婚姻六礼并未始终存在。曹魏时皇帝纳后未见有六礼记载,西晋武帝太康年间,虽提及诸侯婚礼中纳采、告期、迎亲等,但语焉不详。东晋成帝咸康二年(336年)纳皇后杜氏时,才命太常华恒与博士参定六礼之仪。东晋穆帝升平元年(357年)将要纳皇后何氏,太常王彪之参照华恒所定六礼写成六礼版文:

纳采版文玺书说:"皇帝咨前太尉参军何琦,浑元资始,肇经人伦,爰及夫妇,以奉天地宗庙社稷,谋于公卿,咸以为宜率由旧典。今使使持节太常彪之、宗正综以礼纳采。"何氏从叔何琦答:"皇帝嘉命,访婚陋族,备数采择。臣从祖弟故散骑侍郎准之遗女,未闲教训,衣履若而人,钦承旧章,肃奉典制。前太尉参军都乡侯粪土臣何琦稽首再拜承制诏。"

问名版文说:"皇帝曰,咨某官某姓,两仪配合,承天统物,正位于内,必侔令族,重章旧典。今使使持节太常某、宗正某,以礼问名。"何琦答:"皇帝嘉命,使者某到,重宣中诏,问臣名族。臣族女父母所生先臣故光禄大夫雩娄侯桢之遗玄孙,先臣故豫州刺史关中侯恽之曾孙,先臣故安丰太守关中侯叡之孙,先臣故散骑侍郎准之遗女。外出自先臣故尚书左丞胄之外曾孙,先臣故侍中关内侯夷之外孙女。年十七。钦承旧章,肃奉典制。"

纳吉版文说:"皇帝曰,咨某官某姓,人谋龟从,佥曰贞吉,敬从典礼。今使持节太常某、宗正某,以礼纳吉。"何琦答:"皇帝嘉命,使者某重宣中诏,太卜元吉。臣陋族卑鄙,忧惧不堪。钦承旧章,肃奉典制。"

纳征版文说:"皇帝曰,咨某官某姓之女,有母仪之德,窈窕之姿,如山如河,宜奉宗庙,永奉天祚。以玄𬘓皮帛马羊钱璧,以章典礼。今使使持节司徒某、太常某,以礼纳征。"何琦答:"皇帝嘉命,降婚卑陋,崇以上公,宠以典礼,备物典策。钦承旧章,肃奉典制。"

请期版文说:"皇帝曰,咨某官某姓,谋于公卿,大筮元龟,罔有不臧,率遵典礼。今使使持节太常某、宗正某,以礼请期。"何琦答:"皇帝嘉命,使某重宣中诏,吉日惟某可迎。臣钦承旧章,肃奉典制。"

亲迎版文说:"皇帝曰,咨某官某姓,岁吉月令,吉日惟某,率礼以迎。今使使持节太保某、太尉某以迎。"何琦答:"皇帝嘉命,使者某重宣中诏。令月吉辰,备礼以迎。上公宗卿,兼至副介,近臣百两。臣蜉蚁之族,猥承大礼,忧惧战悸,钦承旧章,肃奉典制。"①

北朝皇帝婚礼也有遵六礼的。《隋书·礼仪志》载:"后齐皇帝纳后之礼,纳采、问名、纳征讫,告圆丘方泽及庙,如加元服。是日,皇帝临轩,命太尉为使,司徒副之。持节诣皇后行宫,东向,奉玺绶册,以授中常侍。皇后受册于行殿。使者出,与公卿以下皆拜。有司备迎礼。太保太尉,受诏而行。主人公服,迎拜于门。使者入,升自宾阶,东面。主人升自阼阶,西面。礼物陈于庭。设席于两楹间,童子以玺书版升,主人跪受。送使者,拜于大门之外。有司先于昭阳殿两楹间供帐,为同牢之具。皇后服大严绣衣,带绶珮,加幜。女长御引出,升画轮

---

① 《宋书》卷14《礼志》一。

四望车。女侍中负玺陪乘。卤簿如大驾。皇帝服衮冕出,升御座。皇后入门,大卤簿住门外,小卤簿入。到东上阁,施步鄣,降车,席道以入昭阳殿。前至席位,姆去幪,皇后先拜后起,皇帝后拜先起。帝升自西阶,谐同牢坐,与皇后俱坐。各三饭讫,又各酳二爵一卺。奏礼毕,皇后兴,南面立。皇帝御太极殿,王公已下拜,皇帝兴,入。明日,后展衣,于昭阳殿拜表谢。又明日,以榛栗枣修,见皇太后于昭阳殿。择日,群官上礼。又择日,谒庙,皇帝使太尉,先以太牢告,而后遍见群庙。"

公侯士大夫的婚礼,虽然也有的遵从六礼,但和皇族有所区别。《通典·礼典》十八引东晋王堪《六礼辞》说:"于版上各方书礼文、父名、媒人正版中。纳采,于版左方裹以皂囊,白绳缠之,如封章。某官某君大门下封,某官甲乙白奏,无官言贱子。礼版奉案承之,酒羊雁缯采钱米别版书之,裹以白缯,同著案上。羊则牵之,豕雁以笼盛,缯以笥盛,采以匧盛,米以黄绢囊盛。米称斛数,酒称器,脯腊以斤数。媒人赍礼到女氏门,使人执雁,主人出,相对揖。毕,以雁付主人侍者。媒人进,主人侍者执雁立于堂下,从者以奉案入。媒人退席,当主人前跪曰:'甲乙使某荐不腆之礼。'主人跪答曰:'君之辱不敢辞。'事毕还座。从者进奉案主人前,主人侍者以雁退,礼物以次进中庭。主人设酒,媒人跪曰:'甲乙使某献。'酒却再拜,主人答拜,还座。主人酢媒人,媒人不复答。"上述为东晋时公侯士大夫六礼中的纳采,其仪式与晋穆帝纳后时是有区别的,由此可见六礼区别之一斑。

不仅聘礼仪式有各种不同,聘礼本身的种类及数量多寡也不尽相同。以各个历史时期的区别而言,曹魏时规定,诸侯娶妃以皮马为庭实,加以大璋。王娶妃、公主嫁之礼用绢190匹。而晋代用绢300匹。① 就地域性差异而言,南方与北方的聘礼也不尽相同。前述东晋王堪《六礼辞》中所说聘礼有酒羊雁缯采钱米等。《隋书·礼仪志》记载北齐聘礼有羔羊、雁、酒黍稷稻米面等。即使在同一时期同一地域,聘礼也因人的地位不同而不同。如北齐规定,聘礼皆用羔羊1口,雁1只,酒黍稷稻米面各1斛,自皇子王以下,至于九品皆同。流外及庶人则减其半。又如北齐纳征之礼,皇子王用玄3匹、纁2匹、束帛10匹、大璋1个、兽皮2张、彩锦60匹、绢200匹、羔羊1只、羊4只、犊2头、酒黍稷稻米面各10斛。百官第一品以下至从三品不用大璋用璧玉,四品以下璋璧皆无。关于兽皮,百官第一品以下至从五品用豹皮2张,六品以下至从九品用鹿皮。关于锦彩,百官一品用40匹,二品30匹,三品20匹,四品杂彩16匹,五品10匹,六、七品5匹。关于绢,百官一品140匹,二品120匹,三品100匹,四品80匹,

---

① 《宋书》卷14,《礼志》一。

五品60匹，六、七品50匹，八、九品30匹。关于羊犊酒黍稷稻米面等，百官一品至三品减羊2只，酒黍稷稻米面各减6斛，四、五品减1犊，酒黍稷稻米面各减8斛，六品以下无犊，酒黍稷稻米面各1斛。此外新婚从车，皇子百乘，百官一品50乘，二、三品30乘，四、五品20乘，六、七品10乘，八品以至庶人5乘。①

六礼之外，还有共牢合卺之礼。共牢即新婚夫妇共用一个牢盘进食，合卺即将瓠一分为二，夫妻各用其一酌酒。这种仪式在南朝齐时变得繁琐而且奢费，当时尚书令徐孝嗣曾向皇帝进言去奢从俭。他说："……太古之时，无共牢之礼，三王作之，而用太古之器，重夫妇之始也。今虽以方樏示约，而弥乖昔典。又连卺以镙，盖出近俗。复别有牢烛，雕费采饰，亦亏曩制。方今圣政日隆，声教惟穆，则古昔以敦风，存饩羊以爱礼，沿袭之规，有切治要，嘉礼实重，以备旧章。谓自今王侯以下，冠毕一酌醴，以遵古之义。醴即用旧文，于事为允。婚亦依古，以卺酌终酳之酒，并除金银连镙，自余杂器，悉用埏陶。堂人执烛，足充炳燎，牢烛华侈，亦宜停者。庶斫雕可期，移俗有渐。"② 从徐孝嗣奏文中可见，南齐同牢之礼，方樏牢烛，雕费彩饰；合卺之时，金银连镙，杂器豪华，不合古时质朴之义。所以徐孝嗣要求停用牢烛，废除金银连镙，以恢复合卺同牢的古朴之俗。

上述婚姻礼仪有两个特点：第一，它是国家规定的礼仪制度，具有烦琐、刻板、权威等特点，尤其是各种等级性差别的规定，不允许任何人违犯或逾越。第二，它以传统的六礼为基础，不离传统礼法轨道，任何细微的改动，都要有充足的礼法依据。对于国家来说它是必须循而蹈之的圣律，是亘古不变的金科。但是由于时代的变化，我们可以看到魏晋南北朝时期，六礼本身已与过去有所区别。即使是这样的六礼，也很难贯穿于整个时代的始末。《通典·礼典》十九说："有夫妇而后有父子，有父子而后有君臣，则婚姻王化所先，人伦之本。拜时之妇，礼经不载。自东汉魏晋及于东晋，咸有此事。按其仪或时属艰虞，岁遇良吉，急于嫁娶，权为此制。以纱縠蒙女氏之首而夫氏发之，因拜舅姑，便成妇道。六礼悉舍，合卺复乖，隳政教之大方，成容易之弊法。"这说明拜时之婚是不按六礼行事的。除此之外，魏晋南北朝时期还出现一些不依古制颇具特色的婚礼之俗。

催妆。《酉阳杂俎续集》引《聘北道记》说："北方婚礼，必用青布幔为屋，谓之青庐，于此交拜。迎新妇，夫家百余人挟车俱呼曰：'新妇子，催出来。'其声不绝，登车乃止。今之催妆是也。"

新妇乘鞍。《酉阳杂俎续集》载："今士夫家昏礼露施帐，谓之入帐。新妇乘鞍，悉北朝余风也。"可见迎娶时新妇乘马鞍是北朝婚礼的一项内容。"鞍"即

---

① 《隋书》卷9，《礼仪志》四。
② 《南齐书》卷9，《礼志》上。

"安"的谐音，取其平安之意。

　　谑郎。《酉阳杂俎》载："北朝婚礼……婿拜阁日，妇家亲宾妇女毕集，各以杖打婿为戏乐，至有大委顿者。"婿，即婿。

　　却扇。此俗多见于南方婚礼迎娶之时。新妇出嫁时，双手张扇，自遮其面，与丈夫单独见面时才拿掉扇子，谓之却扇。《世说新语·假谲》载：温峤丧妇，其从姑有一女，有姿貌，且聪慧。从姑托温峤为女寻觅夫婿。温峤乃有自娶之意。婚礼之日，交礼时，女以手披纱扇。这种却扇习俗，在南朝的诗文中也有反映，南朝梁何逊《看新婚诗》云：

　　　　雾夕莲出水，霞朝日照梁。
　　　　何如花烛夜，轻扇掩红妆。
　　　　良人以灼灼，席上自生光。
　　　　所悲高驾动，环珮出长廊。①

南朝陈周弘正《看新婚诗》云：

　　　　莫愁年十五，来聘子都家。
　　　　婿颜美如玉，妇色胜桃花。
　　　　带啼凝暮雨，含笑似朝霞。
　　　　暂却轻纨扇，倾城判不赊。②

　　以上我们叙述了魏晋南北朝时期婚礼的概况。总的来说，在此时期，六礼仍为各封建政权的基本婚礼形式，同时也出现了一些反映时代特点的新形式。

---

① 《艺文类聚》卷40《礼部·婚》。
② 同上。

第二节　婚俗

婚俗指人们在婚姻方面积久成习的行为方式，它具有普遍和相对稳定的特点。魏晋南北朝时期，婚俗在婚龄、联姻对象、血缘关系、人伦关系、物质要求等方面都表现出其特点。

● 早婚

早婚在魏晋南北朝时期是一种带普遍性的习俗。这种普遍性表现在"纵""横"两个方面。从纵的方面看，三国、两晋、南北朝各个时期都有大量的早婚记载；从横的方面看，这个时期从上到下各个社会阶层，大多数人很早就已婚配。为了说明这种现象，我们先追溯一下东汉时期的婚龄状况。

《后汉书·任延传》载，东汉建武初，任延为九真（治今越南境内）太守。当时，"骆越之民无嫁娶礼法，各因淫好，无适对匹，不识父子之性，夫妇之道。延乃移书属县，各使男年二十至五十，女年十五至四十，皆以年龄相配。"任延为官于边远地区，为改变当地落后婚俗，规定男20岁、女15岁为最低婚嫁年龄，应当看作是他把内地的一般习惯推行于边远地区的典型之例。内地的情况亦应大致如此。《后汉书·列女传》载：南阳（治今河南省南阳）人阴瑜妻荀采，17岁时嫁给阴氏。《太平御览》卷441引《益部耆旧传》载，广汉（治今四川新都东北）德阳王上妻袁福，"年二十适上"。犍为（治今四川彭山附近）南安周缮纪妻曹敬姬，"年十七适周氏"。广汉新都便敬妻王和，"年十七适敬"。广汉廖伯妻殷纪，"年十六适伯"。《华阳国志》载，袁稚妻相乌，"十五适稚"。张惟妻程贞与珙，"十九适惟"。巴郡（治今重庆）虞显妻杜兹，"十八适显"。涪（治今重庆彭水）郭孟妻敬杨，"行年十七适孟"。上述诸人中，袁福以下8人，均被列入《华阳国志·益梁宁三州先汉以来士女目录》，为魏晋以前人无疑。她们出嫁的年龄，高者20岁，低者15岁，平均年龄为17岁，略高于任延在九真所规定的妇女出嫁最低年龄。根据婚姻关系中男长女幼的传统，以及任延在九真所规定的婚龄推断，以上妇女丈夫的年龄都当在20岁以上。

魏晋南北朝时期，各阶层人的婚龄低于上述者为数很多。首先看这个时期帝王的结婚年龄。先要说明一下，由于史籍中大多数帝王的婚龄没有明确记载，我们只能根据他们的本纪进行推算。推算的方法，据其生长子之年减去一岁，因此，本人及皇长子生卒年月不详者从略。这种推算方法虽不十分精确，但它能确切提供帝王婚龄的最晚界线。如果其中有的皇长子不是婚后第二年所生，或者皇长子不是婚后第一胎，则说明该皇帝结婚的年龄还要早。根据以上推算方法，有39个帝王婚龄可以得知，其中20岁以下结婚者22人，占总数的56%。22人中8岁结婚者1人，12岁结婚者4人，13岁结婚者4人，14岁结婚者1人，15岁结婚者2人，16岁结婚者2人，17岁结婚者2人，18岁结婚者4人，19岁结婚者2人，平均年龄为15岁。帝王的后妃中，早婚的人也不少。根据史籍中各帝王后妃本传统计，南朝梁太宗简皇后王氏8岁出嫁，南朝齐高昭刘皇后、南朝陈世祖沈皇后、陈后主贵妃张丽华均为10余岁出嫁，南朝宋前废帝何皇后12岁出嫁，北魏平文皇后王氏、孝文昭皇后高氏、南朝宋明恭王皇后均为13岁出嫁，东晋安禧王皇后、后凉吕绍妻、刘聪左皇后、北魏文明后冯氏、孝文幽皇后冯氏、宣武顺皇后于氏、南朝梁高祖丁贵嫔均为14岁出嫁，西晋惠帝贾后、北周宣武帝尉迟皇后、南朝梁高祖德皇后郗氏均为15岁出嫁，东晋孝武定王皇后16岁出嫁。这些人的婚龄最大的16岁，最小的8岁，平均年龄为13岁。可见此时期皇帝早婚不是个别现象。

早婚不但在最高当权者，而且在将相大臣及上层社会中也颇为盛行。三国时夏侯霸从妹年十三四岁时被张飞娶为妻。孙吴郁林（治今广西桂平西南）太守陆绩之女，年方十三便嫁给周郡张白。西晋张宣子是并州（治今山西太原西南）豪族，其女年始十四嫁给刘殷。东汉末，徐州（治今江苏邳州南）刺史陶谦，14岁时娶故苍梧太守同县甘公之女。西晋傅咸6岁时随继母看望外祖母严宪。严宪对他说："汝千里驹也，必当远致。"乃以其妹之女妻之。东晋荀羡，年十五时便与帝室联姻。南朝宋杜骥，原为关中大族，刘裕征长安后随从南还，他13岁时受父亲之命，看望正在病中的同郡人韦华。韦华子韦玄见而异之，遂以女妻焉。王僧绰年13时尚太祖长女东阳献公主。南朝齐谢瀹年8岁时，孝武帝便诏其尚公主。萧惠基"幼以外戚见江夏王义恭，叹其详审，以女结婚"①。"幼"是什么年龄概念？《陈书·姚察传》载："察幼年尝就钟山明庆尚禅师受菩萨戒。"其临终遗嘱里有这样一段话："吾在梁世，当时年十四，就钟山明庆寺尚禅师受菩萨戒。"据此知萧惠基"幼年"与刘义恭女结婚，很可能也在14岁上下。南朝梁柳偃，年十二尚长城公主，张缵11岁尚富阳公主。王暕弱冠尚淮南长公主。何敬容，弱冠尚齐武帝女长城公主。"弱冠"一般指20岁的年龄。南朝陈周弘正，年10岁时，河

---

① 《南齐书》卷46,《萧惠基传》。

东（治今山西永济）斐子野就请以女妻之。王元规 8 岁而孤，随母往临海郡（治今浙江临海东）依舅氏，年 12 岁时，郡土豪刘瑱以女妻之。北魏夏侯道迁，17 岁时娶韦氏之女。北周长孙澄，年 10 岁，司徒李琰之便以女妻之。于翼，年十一时尚太祖女平原公主。以上所列者，因其年代、地区、族属不同，具体结婚的年龄也各异，但总的看，是低于两汉时期的婚龄的。

　　庶民和一般百姓中也普遍存在早婚现象。魏晋时，王象少孤，曾为人仆隶。他在十七八岁时，因给人牧羊时读书被主人责打。同郡人杨俊将其赎出，并为之聘娶。①《艺文类聚》卷 18 引晋湛方生《贞女解》说："伏见西道县治下里龙怜，年始弱笄，出适皮氏。"《晋书·列女传》说得更为详细："皮京妻龙氏，年十三适京，未逾年而京卒。"两条材料所指龙氏当为同一人。至于一般百姓的结婚年龄，由于史籍中记载很少，只能从有关材料中推测。西晋时束皙曾说："男十六可娶，女十四可嫁。"② 显然，这是泛指当时的婚龄，应包括一般百姓在内。西魏大统十二年（546 年）诏："女子不满十三已上，勿得以嫁。"③ 可见在此以前，女子不满 13 岁而嫁的现象很多，否则，封建政权不会发这样的诏书。北周武帝建德三年（574 年）更明确规定："自今已后，男年十五，女年十三已上，爰及鳏寡，所在军民，以时嫁娶，务从节俭，勿为财币稽留。"④ 周武帝这道诏书，可以说是对魏晋以来男女婚龄的一个总结和在法律上的规定。由此可见，魏晋南北朝时期北方一般百姓的结婚年龄为男十五六，女十三四。根据前面对最高当权者和将相大臣及上层社会的考察，南方庶民和一般百姓的婚龄与北方也不会有太大的差异。

　　以上我们考察了魏晋南北朝时期的早婚现象。婚龄是一个复杂的社会问题，这个时期的早婚并非是绝对的，高于文中所举的婚龄的事例也不少。但这个时期早婚现象确实大量地、普遍地存在，早婚的年龄大概为男十五六，女十三四，或者说这是一条围绕其上下波动的婚龄主轴线。《通典·礼典》中有一个比较：东汉郑玄认为男必三十而娶，女必十五乃嫁；三国王肃则认为男十六可娶，女十四可嫁；唐代庶民婚姻年龄，贞观元年（627 年）二月诏书又规定为男年 20 岁，女年 15 岁。这里应当说明，东汉郑玄所说的婚龄，有很大成分是出于对儒家经典的理想解释，其中男三十而娶不一定就是当时的实际情况，因为从前述任延的事例，我们可以看出男二十而娶的事实。三国王肃所说的婚龄，正与西晋束皙所说相符，这比较实际地反映了当时的婚龄。唐代贞观元年的诏书，是对当时庶民婚龄严格

---

① 《太平御览》卷 384，《人事部·幼智上》引《魏氏春秋》。
② 《初学记》卷 14，《婚姻第七》。
③ 《北史》卷 5，《魏本纪·文帝纪》。
④ 《周书》卷 5，《武帝纪》上。

的法律规定。通过这个比较可以看出，魏晋南北朝比起汉唐来，婚龄确有明显的提前。

● 门第婚

门第婚又称身份内婚，是魏晋南北朝时在士族门阀中盛行的婚姻习俗。这个时期，士族兴起，在政治、经济等方面具有特殊的地位。为了世代垄断此种地位，保持贵族血统的纯粹，大族们在婚姻问题上十分讲究门当户对，在姻家的选择上均以地位与自己相当者为对象。

魏晋南北朝时士族婚姻对"士庶之别"的严格要求，有两件事最为典型。一件事是南朝萧齐时王源嫁女给富阳（治今浙江富阳）满氏遭到沈约的弹劾。王源是西晋右仆射王雅的曾孙，祖和父也官居清显之位，按照沈约的话说，王源"虽人品庸陋，胄实参华"。吴郡富阳人满璋之，家境殷富，欲为子满鸾觅婚。王源丧妇，且家贫，即将女嫁给满氏，得聘礼钱5万，用所聘余值纳妾。王源此举，也并非胡来，因为据说富阳满氏是高平（治今山东独山湖畔）旧族满宠、满奋的后代。满宠在曹魏明帝时任过太尉，其孙满奋西晋时为司隶校尉。王源又查过满氏的阀阅，见满璋之任王国侍郎，其子满鸾为王慈吴郡（治今江苏苏州）正阁主簿，才定下这门亲事的。但沈约认为，满璋之姓族，没有确凿的士族根据，因为满奋死于西晋，其后代在东晋没有显赫声迹，满璋之家世显系伪造。王源与之联姻，是唯利是求，玷辱士流之举。他弹劾说：王满联姻，是"高门降衡，虽自己作，蔑祖辱亲，于事为甚。此风弗剪，其源虽开，点世尘家，将被比屋。宜置以明科，黜之流伍，使已污之族，愧于昔辰；方媾之党，革心于来日。臣等参议，请以见事免源所居官，禁锢终身"①。第二件事是北魏崔巨伦之姑反对侄女下嫁卑族。《魏书·崔辩传附崔巨伦传》载，崔巨伦姊"因患眇一目，内外亲类莫有求者，其家议欲下嫁之。巨伦姑赵国李叔胤妻，高明慈笃，闻而悲感曰：'吾兄盛德，不幸早世，岂令此女屈事卑族！'乃为子翼纳之，时人叹其义"。这两件事分别发生在南朝和北朝，说明当时南北方的大族，对士庶之间的界线划分得何等严明。

对于魏晋南北朝时期士族的身份内婚制，史学界有充分的研究，兹就南北方一些主要大族的择婚对象列举如下，以见大族中对门婚之一斑。

东晋南朝著名的大族主要有琅邪（治今山东临沂北）王氏、太原（治今山西太原西南）王氏、陈郡谢氏、颍川（治今河南许昌东）庾氏、谯国（治今河南亳县）桓氏、陈郡（治今河南淮阳）殷氏、陈郡袁氏，这些大族间互相联姻，构成

---

① 《文选》卷40，《弹事·奏弹王源》。

一个基本联姻圈子。如琅邪王凝之娶陈郡谢奕女。琅邪王珣娶陈郡谢万女。其弟王珉娶谢安女。谢万娶太原王述女。太原王国宝娶谢安女。颍川庾龢娶陈郡谢尚女。陈郡殷颢娶陈郡谢尚女，殷颢之从兄殷仲堪则娶琅邪王临之女。谯国桓冲娶琅邪王怡女，又娶颍川庾蔑女。琅邪王弘娶陈郡袁淑姑母。陈郡袁质娶谢安女，袁质子袁湛又娶谢玄女。由此可见，王、谢、庾、桓、殷、袁等族间有着千丝万缕的姻亲关系。这几家大族除互相联姻外，也与其他大族联姻，如与琅邪王氏联姻的还有高平（治今山东巨野南）郗氏、庐江（治今安徽舒城）何氏、鲁郡（治今山东曲阜）孔氏、陈留（治今河南开封附近）阮氏等。与太原王氏联姻的还有顺阳（治今河南淅川南）范氏。与陈郡谢氏联姻的还有沛国（治今安徽淮北西北）刘氏、河南（治今河南洛阳）褚氏、琅邪诸葛氏、泰山（治今山东泰安东）羊氏、长乐（治今河南安阳东）冯氏、高平郗氏、陈留阮氏等。与颍川庾氏联姻的还有河南褚氏。与谯国桓氏联姻的还有沛国刘氏。与陈郡袁氏联姻的还有济阳（治今河南兰考东北）蔡氏。

总之，除了五姓联姻外，每姓又联结几家大族，范围始终限制在一个很有限的圈子里。

在北朝，世家大族的婚姻也很重门第。仅以北魏时期崔、卢两大世族为例，当时与清河（治今河北临清东北）崔氏联姻的有：平原（治今河北平原南）明氏八例，北魏宗室八例，范阳（治今河北涿州）卢氏五例，清河房氏五例，赵郡（治今河北赵县）李氏四例，清河张氏四例，太原郭氏三例，平原刘氏三例，彭城（治今江苏徐州）刘氏二例，渤海（治今山东高青东南）刁氏二例，北海（治今山东潍坊西南）王氏二例，陇西（治今甘肃陇西附近）李氏一例，清河傅氏一例，辽东（治今辽宁辽阳附近）公孙氏一例，乐安（治今山东广饶北）蒋氏一例，河东（治今山西永济）裴氏一例，南阳赵氏一例，平原杜氏一例，金氏一例，河东柳氏一例，渤海封氏一例，河间（治今河北河间）邢氏一例，太原王氏一例。与博陵（治今河北安平）崔氏联姻的有：赵郡李氏九例，北魏宗室四例，荥阳（治今河南荥阳）郑氏一例，渤海高氏一例，巨鹿（治今河北晋州西）魏氏一例，河南（治今河南洛阳市）陆氏一例。与范阳卢氏联姻的有：北魏宗室十三例，清河崔氏五例，赵郡李氏五例，陇西李氏四例，荥阳郑氏二例，太原王氏二例，渤海封氏一例，鲁郡孔氏一例，安定（治今甘肃泾川附近）胡氏一例，河内（治今河南沁阳）司马氏一例，河南陆氏一例，北平（治今河北卢龙）阳氏一例，高阳（治今山东桓台东）郑氏一例。

通过以上统计可以看出，北魏时期，与崔、卢两氏有婚姻关系的诸姓共123例，其中郡望不详者九例，难于确定士庶身份者二例，除此之外，绝大部分都是有一定郡望的士族或皇族。崔、卢二姓为北方有代表性的一流高门士族，通过对他们的考察，可见北方士族门第婚的一斑。

㊂ 近亲婚

近亲婚是指血缘关系较近的一种婚姻。汉族很早就有禁止直系血缘婚的传统，而对亚血缘或近血缘的近亲婚则无严格的限制。魏晋南北朝时期，由于历史和社会等原因，这种近亲婚的现象很多。

三国吴主孙权，与其夫人徐氏就是近亲。《三国志·吴书·吴主权徐夫人传》载："吴主权徐夫人，吴郡富春人也。祖父真，与权父坚相亲，坚以妹妻真，生琨。……琨生夫人，初适同郡陆尚。尚卒，权为讨虏将军在吴，聘以为妃，使母养子登。"由此可知，孙权与徐琨为姑表兄弟，而孙权纳徐琨女徐氏为妃，不但血缘关系较近，且辈分也不同。同书《孙休朱夫人传》又载，孙权小女儿嫁给朱据，生女又嫁给孙权的儿子孙休，则孙休与朱夫人是娘舅与外甥女的关系。这种婚姻关系已与传统习俗相冲突，所以裴松之对此评论道："臣松之以为休妻其甥，事同汉惠。荀悦讥之已当，故不复广言。"①

东晋时，陈郡人袁湛与其妻的关系也属近亲。《宋书·袁湛传》载："湛少为从外祖谢安所知，以其兄子玄之女妻之。"由此可知谢安为袁湛母亲的从父。谢安兄弟六人：谢奕、谢据、谢安、谢万、谢石、谢铁。谢玄为谢奕之子。袁湛母亲是谁的女儿不可考，她若是谢奕之女，就和谢玄是兄姊妹，若不是也和谢玄是从兄姊妹，可见袁湛与谢玄之女的亲属关系也是较近的。《晋书·谢安附谢朗传》载，谢据的曾孙谢绚称袁湛为舅舅，这就是说袁湛的母亲将自己的女儿嫁给了谢据的孙子谢重，这同样也属近亲结婚。

南朝刘宋蔡兴宗，妻子死得很早，留下一女尚幼。其外甥袁顗也丧妻，留下一子袁彖。蔡兴宗的姐姐是袁顗的母亲，蔡兴宗的女儿则是其侄，袁彖则为其孙，她亲自抚养这一孙一侄，并认为二人年岁相当，让他们结为夫妻。② 南朝萧梁时，吴郡（治今江苏苏州）人顾协自幼丧父，随母养于外氏。顾协年少时准备娶舅息儿，未成婚而母亡故，他为母亲守孝，丧期满后不复娶妻。后顾协60多岁，其舅孙女仍未嫁，顾协乃感其义而迎娶之。③《梁书·张缅附张缵传》载："缵字伯绪，缅第三弟也，出后从伯弘籍。弘籍，高祖舅也，梁初赠廷尉卿。缵年十一，尚高祖第四女富阳公主，拜驸马都尉。"又载，张缵"次子希，字子颜，早知名，选尚太宗第九女海盐公主"。太宗即简文帝萧纲，梁武帝的第三子，与富阳公主是兄

---

① 《三国志·吴书》卷5，《孙休朱夫人传》裴松之注。
② 《宋书》卷57，《蔡廓附兴宗传》。
③ 《梁书》卷30，《顾协传》。

妹，张希娶海盐公主，也为近亲结婚。

北朝的近亲婚现象也很多。如北魏冯穆是乐安长公主之子，孝文帝是冯穆的舅舅，但冯穆却娶了舅舅的女儿顺阳长公主。① 宣武帝是高飏外孙，娶高飏之孙女，这是姑之子娶舅之女。高飏的孙子高猛娶宣武帝之妹长乐公主，又是舅之子娶姑之女。② 李延寔为孝庄帝元舅，其子李彧娶庄帝姊丰亭公主，③ 关系亦如高猛与长乐公主。赵郡李顺，其妹嫁给崔浩之弟，崔浩弟之子又娶了李顺的女儿，此为姑子娶舅女。④ 李孝伯娶清河崔赜女。⑤ 范阳卢度世也娶崔赜女为妻。⑥ 而李孝伯女又嫁给卢度世子卢渊⑦，这是姨表兄弟姐妹互为婚姻。在门第婚中，我们曾讲过李叔胤之妻为保家族门第，将侄女纳为儿媳，在当时竟被视为义举，更可见汉族高门之间近亲婚不是个别现象。

㈣ 异辈婚

异辈婚即不受行辈所限的婚姻。中国自古以来，人伦中长幼尊卑分得极清，从高祖到玄孙，几代人的亲缘及旁支都各有称呼。然而在婚姻关系上，这种长幼界线却不能成为异辈缔结的障碍。除了直系血缘关系的同辈、异辈婚被视为非礼外，旁系间的异辈婚在魏晋南北朝以前就屡见不鲜，魏晋南北朝时更是如此。

西晋时，贾充的女儿贾荃，嫁给齐王司马攸为妃⑧，贾充的另一个女儿贾南风，嫁给惠帝为后。⑨ 司马攸与晋惠帝为叔侄，同一辈的姊妹却嫁给了司马氏的两辈人。东晋时，庾冰的妹妹嫁给了晋明帝⑩，而庾冰的女儿却嫁给了晋明帝的孙子晋废帝。东晋哀帝是孝武帝的侄子，而哀帝的皇后王穆之却是孝武帝皇后王法慧的姑姑。⑪

南朝刘宋时，王偃娶宋武帝刘裕女儿吴兴长公主为妻，而其女王宪嫄却嫁给了刘裕的孙子孝武帝刘骏。⑫ 庐江（治今安徽舒城）人何瑀，娶宋武帝刘裕女儿

---

① 《魏书》卷83，《外戚·冯熙传》。
② 同上。
③ 《魏书》卷83，《外戚·李延寔传》。
④ 《魏书》卷36，《李顺传》。
⑤ 《魏书》卷53，《李孝伯传》。
⑥ 《汉魏南北朝墓志集释》图版37，卢令媛《志》。
⑦ 同上。
⑧ 《晋书》卷40，《贾充传》。
⑨ 《晋书》卷31，《后妃·惠贾皇后传》。
⑩ 《晋书》卷73，《庾亮附庾冰传》。
⑪ 《晋书》卷32，《后妃·哀靖王皇后传》。
⑫ 《宋书》卷41，《后妃·文穆王皇后传》。

豫章康长公主，而其女何令婉却为刘裕曾孙前废帝的后妃。① 陈郡谢景仁素被刘裕所重，刘裕子刘义真纳谢景仁之女为妃。而谢景仁的侄子谢纬，却娶了刘义隆的女儿长城公主。刘义隆与刘义真为兄弟，谢纬应与刘义隆同辈，可见谢纬的婚姻亦为异辈。② 河南人褚叔度，娶刘义隆第六女琅邪贞长公主，而褚叔度的弟弟褚湛之，却娶了刘义隆的妹妹始安哀公主。③ 庐江人何尚之，其子何劭娶刘义隆的女儿南郡公主，其女却嫁给了刘义隆的弟弟刘义康。④ 东海（治今山东枣庄东南）人徐湛之，其母为刘义隆姊会稽公主，则刘义隆为徐湛之之舅。而徐湛之之子徐恒之却娶了刘义隆之女南阳公主，徐湛之之女又嫁给了刘义隆之子刘诞。⑤ 济阳（治今河南兰考东北）人江湛，其女嫁给刘义隆的孙子刘伟之，其妹则嫁给刘义隆之子刘铄，其子又娶刘义隆之女。⑥ 汝南（治今河南息县）人周峤，娶宋武帝刘裕女宣城德公主，而其两个女儿分别嫁给了刘裕的孙子刘宏和刘袆。⑦ 南齐时，琅邪人王慈，女儿嫁给萧道成之子萧锋为妃，儿子王观却娶萧道成孙女吴县公主。⑧ 梁朝张缵、张希异辈之婚前已叙述。南朝陈高宗柳皇后的弟弟柳盼，娶世祖女富阳公主。⑨ 高宗与世祖为兄弟，而柳氏之弟娶世祖之女，二人亦相差一辈。

　　北朝也存在异辈婚的现象。如北魏孝文帝将女儿嫁给予自己同辈的乙瑗。⑩ 孝文帝纳卢敏之女为嫔，卢敏的侄子卢元聿应与孝文帝同辈，却娶了孝文帝的女儿。⑪ 元琛为宣武帝从父，却娶了宣武帝的舅女。⑫ 元叉长宣武帝两辈，却娶了宣武灵太后的妹妹。⑬ 赵郡李骞娶范阳卢文翼女⑭，而李骞的从姐妹李叔胤女嫁给卢文翼的从孙卢元礼⑮，二人相差一辈。

㈤ 幼童婚

　　幼童婚是指男女双方在很小的时候，其父母之间事先约定的婚姻。

---

① 《宋书》卷41，《后妃·何皇后传》。
② 《宋书》卷52，《谢景仁传》。
③ 《宋书》卷52，《褚叔度传》。
④ 《宋书》卷66，《何尚之传》。
⑤ 《宋书》卷71，《徐湛之传》。
⑥ 《宋书》卷71，《江湛传》。
⑦ 《宋书》卷82，《周朗附周峤传》。
⑧ 《南齐书》卷46，《王慈传》。
⑨ 《陈书》卷7，《高宗柳皇后传》。
⑩ 《魏书》卷44，《乙环附瑗传》。
⑪ 《魏书》卷47，《卢玄传》。
⑫ 《魏书》卷20，《河间王若附嗣子琛传》。
⑬ 《魏书》卷16，《京兆王黎附江阳王继传》。
⑭ 《汉魏南北朝墓志集释》图版292，李宪《志》。
⑮ 《魏书》卷92，《列女传》。

《三国志·魏书·王修传》注引王隐《晋书》载：王裒同县人管彦，"少有才力，未知名。裒以为当自达，常友爱之。男女各始生，共许为婚。彦果为西夷校尉。裒后更以女嫁人，彦弟馥问裒。裒曰：'吾薄志自愿，山薮自处，姊妹皆远，吉凶断绝，以此自誓。贤兄子葬父于帝都，此则洛阳之人也，岂吾欲婚之本指邪？'馥曰：'嫂，齐人也，当还临淄。'裒曰：'安有葬父河南，随母还齐！用意如此，何婚之有？'遂不婚。"这是一个未遂的幼童婚的记载，其不成的原因并不在于婚姻本身，而是由于管彦之子违背了王裒允婚的原旨。不能因为王、管联姻的失败而否定幼童婚的成功率，相反，我们可以从这件事中看出这种婚姻的稳定性和婚约的约束效力。王裒、管彦男女各始降生，便订下婚约，后王裒悔约，将女他嫁。王裒女儿已到出嫁年龄，起码是十年以后的事。此时管彦已死，其弟竟能凭约责问王裒，可见其婚约约束力之长久。幼童婚的另一种形式是指腹婚，或称子腹婚，即男女婴还未出生，双方父母就定下婚约。《梁书·韦放传》载："初，放与吴郡张率皆有侧室怀孕，因指为婚姻。其后各产男女，未及成长而率亡，遗嗣孤弱，放常赡恤之。及为北徐州，时有势族请姻者，放曰：'吾不失信于故友。'乃以息岐娶率女，又以女适率子，时称放能笃旧。"这种事情北朝也有记载。《魏书·王慧龙传》载："尚书卢遐妻，崔浩女也。初，宝兴（指王慧龙子王宝兴）母及遐妻俱孕，浩谓曰：'汝等将来所生，皆我之自出，可指腹为亲。'及婚，浩为撰仪，躬自监视，谓诸客曰：'此家礼事，宜尽其美。'"韦放守婚约被世人所称赞；崔浩为外孙包办指腹婚，礼仪尽其美。这些都说明当时人认为这种事情是很正常的。

六 财婚

颜之推《颜氏家训·治家篇》说："婚姻素对，靖侯成规。近世嫁娶，遂有卖女纳财，买妇输绢，比量父祖，计较锱铢，责多还少，市井无异。或猥婿在门，或傲妇擅室，贪荣求利，反招羞耻，可不慎与！"颜之推身在北朝，观其这一段议论，可见北朝财婚风气之盛。北朝的财婚之风，早在北魏前期就有记载。北魏文成帝和平四年（463年）十二月诏书说："名位不同，礼亦异数，所以殊等级，示轨仪。今丧葬嫁娶，大礼未备，贵势豪富，越度奢靡，非所谓式昭典宪者也。有司可为之条格，使贵贱有章，上下咸序，著之于令。"同月，又下诏曰："夫婚姻者，人道之始。是以夫妇之义，三纲之首，礼之重者，莫过于斯。尊高卑下，宜令区别。然中代以来，贵族之门多不率法，或贪利财贿，或因缘私好，在于苟合，无所选择，令贵贱不分，巨细同贯，尘秽清化，亏损人伦，将何以宣示典谟，垂之来裔。今制皇族、师傅、王公侯伯及士民之家，不得与百工、伎巧、卑姓为婚，犯者加罪。"[1] 事隔15年以后，北魏孝文帝太和二年（478年）又下诏说："婚娉

---

[1] 《魏书》卷5，《高宗纪》。

过礼，则嫁娶有失时之弊；厚葬送终，则生者有靡费之苦。圣王知其如此，故申之以礼数，约之以法禁。乃者，民渐奢尚，婚葬越轨，致贫富相高，贵贱无别。又皇族贵戚及士民之家，不惟氏族，下与非类婚偶。先帝亲发明诏，为之科禁，而百姓习常，仍不肃改。朕今宪章旧典，祗案先制著之律令，永为定律。犯者以违制论。"① 北周武帝建德三年（574年）亦有"所在军民，以时嫁娶，务从节俭，勿为财币稽留"之诏。朝廷三令五申，禁止婚娉过礼，贫富相高，但财婚之风不但未减，甚至发展到因财币不足而使婚姻滞留之事。《北齐书·袁聿修传》载：袁聿修任御史中丞时，"司徒录事参军卢思道私贷库钱四十万娉太原王乂女为妻，而王氏已先纳陆孔文礼娉为定。聿修坐为首僚，又是国之司宪，知而不劾，被责免中丞"。同书《封述传》又载，封述有一子，"为娶陇西李士元女，大输财娉，及将成礼，犹竞悬违"。封述的另一儿子娶范阳卢庄之女，为娉礼之事闹到官府。封述诉讼说："送骡乃嫌脚跛，评田则云卤簿，铜器又嫌古废。"可见北齐财婚风气之盛。财婚之风不仅限于北朝，东晋时社会上争婚现象屡见，刘君士建议："今可使诸争婚者，未及同牢，皆听义绝，而倍还酒礼，归其币帛。其尝已再离者，一倍裨娉；其三绝者，再倍裨娉。如此，离者不生讼心，贪吝者无利重受。"对此葛洪反驳说："夫婚姻之结，义无逼迫。彼则简择而求，此则可意乃许，轻诺后悔，罪在女氏。食言弃信，与夺任情，严防峻制，未之能弥，今猥恣之。唯责裨娉倍，贫者所惮也，丰于财者，则适其愿矣。后所许者，或能富殖，助其裨娉，必所甘心。"葛洪还说："以同牢为断固也，尔则女氏虽受币积年，恒挟在意之威，恃可数夺，必惰于择婿。婿小不得意，便得改悔，结仇速祸，莫此之甚矣。曩人画法，虑关始终，杜渐防萌，思之良精，而不关恣夺之路，断以报板之制者，殆有意乎？倘令女有国色，倾城绝伦，而值豪右权臣之徒，目玩冶容，心忘礼度，资累千金，情无所吝，十倍还娉，犹所不惮，况但一乎！"② 从以上争论可知，争婚之讼之所以发生，大多由于女家悔婚所致，一些贪吝之徒为多得几家聘礼，将女儿婚姻大事当儿戏，接二连三地悔婚，此为晋时财婚的一种形式。在前面门第婚中，沈约弹劾王源嫁女是唯利是求一事，说明南朝也有财婚现象。不过相比之下，北朝的财婚现象更普遍，更典型。

七 冥婚

冥婚即幽冥世界的婚姻，又称阴婚。这是一种变态的婚姻现象，早在魏晋南北朝以前就存在。《周礼·地官》载："禁迁葬者，与嫁殇者。"郑玄对此注说：

---

① 《魏书》卷7，《高祖纪》。
② 《抱朴子·外篇》卷23，《弥讼》。

"迁葬，谓生时非夫妇，死既葬适之，使相从也。"对于"嫁殇"，郑玄注说："殇，十九以下未嫁而死者，生不以礼相结，死而合之，是亦乱人伦者也。"郑众说："嫁殇者，谓嫁死人也。今时娶会是也。"贾公彦疏说："殇者，生年十九以下而死，死乃嫁之。不言殇娶者，举女殇，男可知也。"根据古人的解释可知，所谓"迁葬"、"嫁殇"，就是"冥婚"。对于冥婚，《周礼》虽明文禁止，但这种风俗仍不绝于以后的历史中，魏晋南北朝时也有关于冥婚的记载。

《三国志·魏书·邴原传》载："原女早亡，时太祖爱子仓舒亦没，太祖欲求合葬。原辞曰：'合葬，非礼也。原之所以自容于明公，公之所以待原者，以能守训典而不易也。若听明公之命，则是凡庸也，明公焉以为哉。'太祖乃止。"这是一个未遂的冥婚记载，之所以未成，是由于邴原辞得巧妙，令曹操无懈可击。但曹操所终止的只是仓舒与邴原亡女的冥婚而已。《三国志·魏书·武文世王公传》载，邓哀王冲字仓舒，"年十三，建安十三年疾病，太祖亲为请命。及亡，哀甚。文帝宽喻太祖，太祖曰：'此我之不幸，而汝曹之幸也。'言则流涕，为聘甄氏亡女与之合葬"。曹操虽然被邴原婉言谢绝，但最终还是实现了为仓舒在冥界完婚的意愿。《资治通鉴·魏纪四·明帝太和五年》载，魏明帝"爱女淑卒，帝痛之甚，追谥平原懿公主，立庙洛阳，葬于南陵，取甄后从孙黄与之合葬。追封黄为列侯，为之置后，袭爵"。这里的合葬，不是指夫妻后死者附于先死者圹之意，而是指生非夫妇而葬相从的冥婚。北朝时亦有冥婚的记载。《北史·穆崇传》载："正国子平城，早卒。孝文时，始平公主薨于宫，追赠平城驸马都尉，与公主冥婚。"

冥婚是一种变态的婚姻，其存在与流传，既有历史传统的影响，又有现实宗教及伦理方面的原因，它与人世间的正常婚姻意义是不同的。前述几个冥婚事例中，大部分是为早夭的爱子、爱女所举行的，它形式上是为亡者完婚，实际上是生者对自己心理上的一种安慰。

第三节　影响婚礼和婚俗的几个因素

婚姻是人类社会生活的一个基本内容，人类的婚姻行为随着人类社会的进步而变化发展。婚姻与社会的这种关系，决定了它必然要受社会发展的影响。魏晋南北朝时期的婚姻同样受着社会的历史和现实的影响。

魏晋南北朝时期，就社会对婚礼的影响而言，我们可以发现历史和现实的双重因素。当时由于社会的变化，人们的伦理道德观念也发生变化。唐长孺先生指出："自晋以后，门阀制度的确立，促使孝道的实践在社会上具有更大的经济上与政治上的作用，因此亲先于君，孝先于忠的观念得以形成。同时，现实的政治也加强了，并且发展了这种观点，我们知道建立晋室的司马氏是河内的儒学大族，其夺取政权却与儒家的传统道德不符，在'忠'的方面已无从谈起，只能提倡孝道以掩饰己身的行为，而孝道的提倡也正是所有的大族为了维护本身利益所必需的，因此从晋以后王朝更迭，门阀不衰的状态，后人每加讥议，然而在当时，这一些统治者却另有理论根据作为他们安身立命的指导。……以一个标榜儒学统治的人一旦取得统治权必然要提倡儒家的名教，但名教之本应该是忠孝二事，而忠君之义在晋初一方面统治者自己说不出口，另一方面他们要扫除那些忠于魏室的人，在这里很自然的只有提倡孝道，以之掩护自身在儒家伦理上的缺点。"[①] 魏晋南北朝政权更替频繁，统治者在"禅代"旧王朝时需要摆脱"忠"的观念的束缚，而一旦登上御座，又需要臣下对其尽忠，没有忠，是有缺陷的伦理道德观念。这种缺陷不仅需要掩护，更需要弥补，因此，统治者自两晋以来，一方面强调以孝治天下，另一方面又很重视"礼仪"的教化作用。婚礼作为礼仪的一部分，在两晋以后被逐步恢复完善，确实有其现实意义。从传统的角度看，婚礼确有弥补上述缺陷的功能。《礼记·昏义》说："男女有别而后夫妇有义，夫妇有义而后父子有亲，父子有亲而后君臣有正。故曰，昏礼者，礼之本也。"对此，孔颖达疏说："昏姻得所则受气纯和，生子必孝，事君必忠。孝则父子亲，忠则朝廷正，故《孝经》云：'丧则致其哀，祭则致其严。'是昏礼为诸礼之本也。"可见婚礼为诸礼之本是从婚姻为忠孝之源的意义上讲的，所以被视为"王化所先，人伦之本"。魏晋南北朝时的婚姻六礼，从形式上看是对古代传统的继承，从内容上看则突出了皇帝至高无上的权威。东晋王彪之为穆帝所撰六礼版文，从纳采到亲迎，皇帝始终居高临下，臣下只能口称嘉命，奉典承诏。北朝的六礼，皇帝所用规格最高，臣下依地位不同而依次降低，同样体现了君臣等级的尊卑关系。

从魏晋南北朝的近亲婚、异辈婚等习俗中，我们同样可以发现历史与现实的双重影响。婚姻不计辈分，在魏晋南北朝前的两汉就已如此。杨树达《汉代婚丧礼俗考》第一章中列举了许多事例。近亲结婚在魏晋南北朝前亦已存在，三国魏袁准说："或曰：'同姓不娶，何也？'曰：'远别也。'曰：'今之人，外内相婚，礼与？'曰：'中外之亲，近于同姓。同姓且尤不可，而况中外之亲乎！古人以为

---

① 唐长孺：《魏晋南北朝史论拾遗》，第238—239页。

疑，故不制也。今以古之不言，固谓之可婚，不知礼者也。'"① 中外之亲即中表之婚。从袁准此论中可见，中表之间可否联姻，直到三国魏时还在争论。魏晋南北朝时期，门阀制度出现，大族间为了自己社会地位的巩固和经济利益的保障，也屡屡出现近亲婚、异辈婚的现象。

如果说魏晋南北朝时期的婚礼、异辈婚、近亲婚等现象是历史与现实等因素的影响，那么早婚则较突出地体现出社会现实的影响。当时的人口问题、人的寿命、家庭宗法观念是与这个时期早婚现象有关的几个因素。

人口问题是影响这个时期婚龄的最重要的因素。中国封建社会，人口的多寡与国家的盛衰几乎是形影不离。三国时人骆统说："臣闻君国者，以据疆土为强富，制威福为尊贵，曜德义为荣显，永世胤为丰祚。然财需民生，强赖民力，威恃民势，福由民殖，德俟民茂，义以民行。六者既备，然后应天受祚，保族宜邦。"② 这绝非夸夸其谈的表面文章，而是比较真实地揭示了封建社会民与国的关系。封建国家的财政收入要靠人民交纳赋税，开荒辟土要靠人民进行劳动，兴建各种工程要靠人民服各种徭役，组织军队进行战争要靠人民承担兵役。而魏晋南北朝是中国历史上战乱频繁的时期，其战争种类之繁、次数之多，恐怕中国历史上没有几个时期能同它相匹。整个魏晋南北朝时期，朝代不断更替，大都避免不了战争浩劫。此外还有统治集团内部的争斗，对立政权之间的战争，少数民族与中原汉族的战争，南北之间的统一战争，农民反抗封建压迫的战争等。战争使人口剧减，这既是人所共知的常识，又为史学界所充分论述，此不再赘。此外，各种自然灾害也给人们的生存与繁衍以严重的威胁。在自然灾害中，瘟疫是严重影响封建政权人口的大敌，这可从曹植对瘟疫的描写得到证明。曹植指出："建安二十二年，疠气流行，家家有僵尸之痛，室室有号泣之哀。或阖门而殪，或覆族而丧。"③ 一次瘟疫的流行，往往延续很长时间。如曹魏青龙二年（234年）夏，"大疫。冬，又大病，至三年春乃止"④。时间长达半年多。据《宋书》卷34《五行志》载：魏文帝黄初四年（223年）三月，"宛、许大疫，死者万数"。晋武帝咸宁元年（275年）十一月，"大疫，京都死者十万人"。东晋元帝永昌元年（322年）十一月，"大疫，死者十二三"。东晋孝武帝太元五年（380年）五月大疫，"多绝户者"。可见当时瘟疫危害之甚。战争、瘟疫以及各种自然灾害，使魏晋南北朝时期人口锐减得令人吃惊。据《后汉书·郡国志》注引《帝王世记》载：西汉平帝元始二年（2年），有民户1323万余，口5919万余，为西汉

---

① 《太平御览》卷541，《礼仪部·婚姻》引魏袁准《正论》。
② 《三国志·吴书》卷12，《骆统传》。
③ 《太平御览》卷742，《疾病部》引曹植说疫气。
④ 《宋书》卷23，《天文志》一。

时最高的户口数。至东汉桓帝永寿二年（156年），仍有民户1607万余，口5006万余，略少于西汉户口最多时。但经过东汉末到三国初的战乱，曹魏景元四年（263年）灭蜀后，魏、蜀两国户口的总和加上吴亡时的户口数，全国共有户146万余，口767万余，这个数字仅为东汉永寿户数的13.73%，口数的15.32%。"天下户口减耗，（国家领民）十裁一在"①，正是当时户口锐减的真实写照。各封建政权为了恢复和占有一定数量的人口，除实行减轻剥削、奖励生产、招徕流民以及进行括户外，还纷纷实行奖励早婚早育多育政策。如十六国后赵时，堂阳人陈豬妻一产三男，被赐以衣帛廪食，乳婢一人，并复三岁勿事。② 南朝齐建武四年（497年）正月诏："民产子者，蠲其父母调役一年，又赐米一斛。新婚者，蠲夫役一年。"③ 南朝梁武帝天监十六年（517年）正月诏："若民有产子，即依格优蠲。"④ 北魏孝文帝时，曾实行地方长官以户多少定俸的办法，以刺激他们采取包括奖励早育多育在内的各种办法增加户口。而要使民早育多育，一个有效的办法就是实行早婚。关于这点，南朝刘宋周朗说得非常清楚。他说："凡为国，不患威之不立，患恩之不下；不患土之不产，患民之不育……法虽有禁杀子之科，设早娶之令，然触刑罪，忍悼痛而为之，岂不有酷甚处邪？今宜家宽其役，户减其税。女子十五不嫁，家人坐之。特雄可以娉妻妾，大布可以事姑舅，若待礼足而行，则有司加纠。凡宫中女隶，必择不复字者。庶家内役，皆令各有所配。要使天下不得有独终之生，无子之老。所谓十年存育，十年教训，如此，则二十年间，长户胜兵，必数倍矣。"⑤ 关于封建政权的早娶之令，前已略引封建朝廷的诏书，这里再根据各时期百姓的役龄作些分析。两晋时规定：男女年以16至60岁为正丁，15岁以下至13岁、61岁以上至65岁为次丁。⑥ 南朝刘宋元嘉六年（429年）王弘上言："旧制，民年十三半役、十六全役……今皇化惟新，四方无事，役召之宜，应存乎消息。十五至十六，宜为半丁，十七为全丁。"⑦ 文帝从之。北魏时男15岁便可授田，并纳全租调，可见已被视为全丁。⑧ 由此可知，魏晋南北朝时期，成丁服役的年龄在16岁左右，比汉代的役龄提前了四五岁。役龄的提前反映了由于此时期人口锐减，政府对服役丁口的急需；婚龄的提前，则是政府为使百姓早育、多育，增加人口和丁数采取的措施。当然，役龄不

---

① 《三国志·魏书》卷8，《张绣传》。
② 《晋书》卷105，《石勒载记》下。
③ 《南齐书》卷6，《明帝纪》。
④ 《梁书》卷2，《武帝纪》中。
⑤ 《宋书》卷82，《周朗传》。
⑥ 《晋书》卷26，《食货志》。
⑦ 《宋书》卷42，《王弘传》。
⑧ 《魏书》卷110，《食货志》。

是婚龄，但二者间的基本吻合则说明了它们之间的联系，它反映了封建政权对成人年龄的一般概念。在他们看来，男年十五六岁便为成人，因此，在此前后促使其娶妻便是正常现象了。

魏晋南北朝时期的早婚也与人的寿命有关。此时期人的平均寿命、各阶层人的平均年龄等，由于史书记载不详，已无法作精确的统计。不过我们可以从现存的材料中，找出一些有代表性的人物作为参照，对此时期人的寿命作一个大概的估计。

根据史籍中各帝王本纪的记载，魏晋南北朝时期共有65个帝王的自然寿命确切可知，其中10—19岁有2人，20—29岁有10人，30—39岁有13人，40—49岁有10人，50—59岁有13人，60—69岁有11人，70—79岁有5人，80岁以上1人。这些人中最大的86岁，最小的19岁，平均年龄46岁。朱大渭在《魏晋南北朝政界名人成才年龄结构剖析》一文里列举了83个军政要人的寿命，平均年龄为58.5岁。一般百姓的平均寿命肯定会低得多。东晋以16岁为全丁，被当作成人服役，以13岁为半丁，也负担沉重的徭役。当时人范宁认为这是违背经典、伤天害理之事，建议以20岁为全丁，16岁至19岁为半丁，"则人无夭折，生长滋繁矣"①。可见在封建政府的残酷压迫下，百姓的夭折绝不是个别现象。如果再考虑到战争、瘟疫、自然灾害等因素，一般百姓的平均寿命无疑会大大低于封建帝王及上层社会中的将相大臣。魏晋南北朝时期是很讲孝悌的，而无后则历来被认为是最大的不孝。百姓的寿命如此短促，若不早婚，很可能传不下自己的子孙。谁也不愿意自己这一族绝嗣，为传嗣延族计，也要及早生儿育女。为了防止因自己早亡而使家门绝嗣，为了在自己短促的一生中完成家族的传宗接代，他们自然也乐于选择早婚的道路。

魏晋南北朝时期，在上层社会中盛行着一种以累世同居、子孙满堂为荣的家庭宗法观念，这是影响这个时期婚龄的又一个因素。东晋王羲之在给谢万的信中写道："顷东游还，修植桑果，今盛敷荣。率诸子，抱弱孙，游观其间，有一味之甘，割而分之，以娱目前。"② 充分反映了其陶醉于拥子抱孙的大家族中的心态。南朝刘宋时，周朗上书："今士大夫已下，父母在而兄弟异计，十家而七矣。庶人父子殊产，亦八家而五矣……宜明其禁，以革其风。"③ 这一方面固然反映出此时期南方下层社会中出现了父子殊产，建立小家庭的风气，但另一方面，我们从周朗的反对态度中可见上层社会中固有的家庭宗法观念。北魏的杨椿，"兄弟皆有

---

① 《晋书》卷75，《范汪附范宁传》。
② 《晋书》卷80，《王羲之传》。
③ 《宋书》卷82，《周朗传》。

生活图纸画（东晋）

孙，唯椿有曾孙，年十五六矣，椿常欲为之早娶，望见玄孙"①。这反映了其对数世同居大家族的追求。此外，封建政府也常常对这类大家族给予优惠进行表彰。由此可见，当时数世同居的百口之家被上层社会认为是一种理想的家庭结构。这种家庭结构的实现，自然要依靠早婚。早婚是大家族得以建立的一个重要手段，这从上述杨椿的例子中可以看出。杨椿四世同堂，其曾孙十五六岁。杨椿死时77岁，这在当时无疑应算是高龄。即使如此高龄，如果要实现五世同居，其曾孙也要把婚龄提前到15—16岁。况且，当时人们的平均寿命绝不会达到70岁，就上层社会讲，平均年龄即使过高估计也不会超过60岁。古代社会70多岁的寿命毕竟不多，但当时数世同居的百口之家却不少见。而且他们为时人所称羡，为封建政权所旌表，甚至有时给予减免赋役的奖励。这些大家族主要是通过早婚来实现的。

---

① 《魏书》卷58，《杨播附杨椿传》。

第七章

丧葬

第一节 丧礼

丧礼为古代凶礼的一部分,中国很早就形成一套繁琐的丧葬礼仪,儒家经典《周礼》、《仪礼》、《礼记》都有专门记载。这些礼仪复杂,名目繁多,概括起来可分为殡殓死者、举办丧事、居丧守孝三个部分。

殡殓死者之礼。人在弥留之际,居于正寝之室,家属守在床边,将轻柔的丝绵放在垂死者的口鼻之上,以验其是否还有呼吸,即所谓"属纩以俟绝气"。人死后,家属拿着死者的衣服,反复呼叫死者的名字,希望把死者的灵魂从幽冥之界唤回来,以使死者复生。这种招魂仪式被称作"复"。死者复生无望,家属便用一种名为角柶的东西插入死者口中,以便饭含之用。再用燕几固定死者双足,以便穿鞋。再用殓衾覆盖尸体。在堂前用竹竿挑起明旌,上书"某某之柩",称为铭旌。接着为死者沐浴、栉发、剪指甲。取出角柶,将珠、玉之类物品放入死者口中,称为"饭含"。为死者所穿新衣称做"袭"。

治丧之礼。人死后,派人向与死者有关系的人报丧,称"命赴"。接待前来吊唁的宾客、亲戚。为死者穿上寿衣,在堂中停尸数日,称为"小殓"。小殓期间,亲友前来致襚、致奠,主人拜送答谢。小殓毕,举行入棺仪式,将尸体移入棺中,称为"大殓"。大殓后并不立即入葬,要根据死者的身份、占卜入葬的日期等决定停殡待葬时间的长短。停殡待葬期间,死者亲属按血缘关系的远近,分别穿上不同等级的丧服,称为成服。成服至下葬期间,每天一早一晚要在殡所哭奠,称为朝夕哭、朝夕奠。在下葬前两天的晚上,进行一次哭奠,称为既夕哭。下葬前一天,用灵车把灵柩先迁入祖庙,称为迁柩。下葬之日,灵车载柩,前往墓地,友送布帛钱物助葬,称致赠赙。将棺木安置在挖好的圹坑中,称为"窆"。葬毕,死者亲属回到殡所,升堂而哭,称为"反哭"。反哭后进行虞祭。唐贾公彦在《仪礼·既夕礼》对虞祭解释说:"云虞,安也者。主人孝子,葬之时,送形而往,迎魂而返,恐魂神不安,故设三虞以安之。"可见虞祭是安死者魂魄之仪。虞祭完后还有"卒哭",表示死者一切安排已毕,治丧期间的哭号无时也可停止了,从此进入了守孝阶段。

居丧守孝之礼。此礼比较复杂。一般地说,居丧守孝的时间长短,居丧期间饮食起居的要求,都根据与死者亲戚关系的远近而有区别。这就是"五服"制度,现分别介绍如下:

斩衰。斩衰之意,即为不缝边的粗麻丧服,这是最重的丧服,通常是子女为父,妻为夫,嗣子为嗣父,承重孙为祖父所穿。若已出嫁,但因故复从父居之女也穿此服。可见这是最近的亲属关系的丧服。斩衰的服期为三年,但并非三周年,只要经过两个周年外加第三个周年的头一个月即可。开始服丧,称成服、持服;服丧期满叫除服、释服。《礼记·间传》说:"斩衰三日不食。"既殡,可以食粥,朝暮各一溢米。百日卒哭后,可以"疏食水饮"。一年小祥以后,可以"食菜果"。两年大祥以后,可以用酱醋调味。丧服期满,才可恢复正常饮食。在居处方面,在死者未葬以前,孝子要居于临时搭建的简陋棚屋内,铺草枕土。既葬以后,棚屋内壁可涂泥挡风。卒哭以后,可对棚屋稍加整理。小祥时,可将棚屋拆除改建,用白灰涂墙,并铺用普通寝席。大祥时,复居正寝,但不可用床。服丧完毕,才可恢复正常居处。

齐衰。齐衰之意,为衣边缝缉得较为齐整的粗麻布丧服,这是仅次于斩衰的丧服。按服期长短划分,齐衰又可分为三等,即三年、一年、三个月。在父已亡故的情况下,子女及嫁后复归之女为亡母服丧为齐衰三年。当父还在世时,子女及已嫁复归之女,夫为妻齐衰一年。同样,为祖父母、叔伯父母、兄弟、未嫁之姐妹、长子以外的众子及兄弟之子,都服齐衰一年,但与前者有用杖和不用杖之别,所以又可分为齐衰杖期和齐衰不杖期。齐衰三个月是指为曾祖父母、高祖父母及一般宗族成员为宗子的服丧期。在饮食方面,服齐衰三年者初丧三日不食,齐衰一年者初丧三餐不食。在居处方面,齐衰三年与斩衰者同,其余一律可居白灰涂墙之屋。齐衰三月者在饮食居处方面与一年者同,但三个月之后便可一切恢复正常。

大功。次于齐衰之丧服，服装用比粗麻布精细的熟麻布制成。大功的服期为九个月。男子为出嫁的姊妹、姑母、堂兄弟和未嫁的堂姊妹，都服大功之服。此外，已嫁之女为兄弟及子侄，已嫁、未嫁之女为伯叔父母、姑母、姊妹，妻为夫之祖父母、伯叔父母等也服大功之服。

小功。次于大功之丧服，服饰比大功之服更细。小功的服期为五个月。男子为从祖父母（伯祖父、叔祖父、伯祖母、叔祖母）、堂伯叔父母、从祖兄弟、外祖父母、从母等都服小功之服。此外女子为娣姒（妯娌）、夫之姑母、夫之姊妹，也服小功之服。

缌麻。为五服之中最轻一等，服饰亦比小功更精细。服期为三个月。男子为族曾祖父母（祖父的伯叔父母）、族祖父母（祖父的堂兄弟及其配偶）、族父母（祖父的堂兄弟之子及其配偶）、族兄弟（祖父的堂兄弟之孙）、外甥、外孙、女婿、表兄弟、舅父、岳父母等都服缌麻。此外，妻为夫之曾祖父母、伯叔祖父母、从祖父母等，也都服缌麻之服。

以上我们简要叙述了先秦的丧葬礼仪。之所以如此，是为了使其作为参照，以更清楚地了解魏晋南北朝时期的丧葬礼仪。魏晋南北朝时期的丧葬之礼，基本上依古礼而行，在殡殓、治丧、守孝等方面都有记载。

三国曹魏文帝曾作终制说："无施苇炭，无藏金银铜铁，一以瓦器，合古涂车、刍灵之义。棺但漆际会三过，饭含无以珠玉，无拖珠襦玉匣，诸愚俗所为也。"[①]《三国志·魏书·郭后传》注引《汉晋春秋》记载，魏明帝母甄太后，被郭太后陷害，死后殡葬，乃令其披发覆面，以糠塞口。甄氏之殡，带有惩罚性质，由此可知一般的殡殓为梳头沐浴，口填饭含。《晋书·王祥传》载，王祥病重，著遗令训子孙说："气绝但洗手足，不须沐浴，勿缠尸，皆浣故衣，随时所服。所赐山玄玉佩、卫氏玉玦、绶笥皆勿以殓。"王祥此训，是反厚葬而行薄葬，通过此训，也可见当时一般人沐浴、缠尸、更衣、佩玉之俗。《南齐书·张融传》记载，建武四年（497年），张融病卒，"遗令建白旐无旒，不设祭，令人捉麈尾登屋复魂"。张融精通释道，善谈玄理，其"玄义无师法，而神解过人，白黑谈论，鲜能抗拒"。遗命捉麈尾复魂，固显其特色，也反映了至南朝齐时，人们殡殓时仍循复魂之礼。

魏晋南北朝时期关于治丧的记载比较多。《三国志·魏书·常林传》注引《魏略》载：沐并嘉平年间病危，遗命"止妇女之送，禁吊祭之宾，无设抟治粟米之奠"。沐并遗嘱亦属薄葬特例，可见一般人的吊祭之礼。《晋书·阮籍传》

[①]《三国志·魏书》卷2，《文帝纪》。

记载：阮籍母死，裴楷前往吊唁。阮籍披头散发，箕踞而坐，醉而视之。裴楷吊祭如礼，事毕便去。有人问裴楷："凡吊唁，丧主哭，客乃为礼。阮籍既然不哭，你为什么还哭？"裴楷说："阮籍为方外之人，故不崇尚礼典。我乃俗中之士，故以轨仪自居。"阮籍放达不羁，视礼法为蔑如，但其母故去，也免不了吊祭之礼，尽管其行礼违反一般吊礼之常规。同书《顾荣传》又载，顾荣素好琴，及卒，家人常置琴于灵座。吴郡张翰哭之悲痛，哭完上床鼓琴数曲，抚琴而叹，叫着顾荣的字说："顾彦先复能赏此不？"接着又痛哭一场，不吊丧主而去。这个事例与阮籍之事正好相反，前者是吊者守礼，丧主非礼，后者是丧主守礼而吊者非礼。但无论如何，我们可以看出，吊祭之礼在治丧中是重要内容之一。《晋书·王祥传》载：王祥遗训中有"家人大小不须送葬，大小祥乃设特牲"之语。《魏书·文成五王传》载，太和十九年（495年），元谐亡。孝文帝欲再临志哀。他以此征询大臣意见："再临者，欲于大殓之日，亲临尽哀，成服之后，缌衰而吊。即殡之缌麻，理在无疑，大殓之临，当否如何？"可见魏晋南北朝时，治丧仍循小殓大殓、小祥大祥之礼。当时殡葬之礼十分隆重。《三国志·魏书·武帝纪》注引皇甫谧《逸士传》载，袁绍丧母，归葬汝南，会葬者3万人。《晋书·左贵嫔传》载左贵嫔《悼武元杨皇后诔》："仲秋之晨，启明始出。星陈凤驾，灵舆结驷。其舆伊何？金根玉箱。其驷伊何？二骆双黄。习习容车，朱服凡章。隐隐辒轩，弇经缧裳。华毂曜野，素盖被原。方相仡仡，旌旐翻翻。挽童引歌，白骥鸣辕。观者夹途，士女涕涟。千乘万骑，迄彼峻山。峻山峨峨，曾阜重阿……诸姑姊妹，娣姒媵御，追送尘轨，号咷衢路。王侯卿士，云会星布，群官庶僚，缟盖无数。咨嗟通夜，东方云曙。百祇奉迎，我后交厝。中外俱临，同哀并慕。"以上所引，是左贵嫔写的长诔中有关杨皇后殡葬部分，通过此描写，可以看出帝后出殡时的隆重场面。北朝的殡葬之礼也很隆重。《魏书·恩倖传》载，王叡死，其殡葬时，"假亲姻义旧，衰绖缟冠送丧者千余人"。另一个宠臣赵脩的父亲葬时，"百僚自王公以下无不吊祭，酒牺祭奠之具，填塞门街。于京师为制碑铭，石兽、石柱皆发民车牛，传致本县。财用之费，悉自公家。凶吉车乘将百两，道路供给，亦皆出官"。

丧礼中的殡殓，是对亡者的处置。治丧，既有对死者的处置，又有对生者的要求。而守孝，则纯粹是对生者的要求，它直接影响着居丧者的社会声誉，因此特别被人们所重视。《三国志·魏书·袁绍传》注引《英雄记》载，袁绍生而父亡，其长大后又遭母丧，他为母亲守孝三年后，"又追行父服，凡在家庐六年"。两晋时期，统治者特别提倡孝道，号称以孝治天下。在统治者的倡导下，社会上居丧守孝之礼不但被人们所遵奉，而且被一些人发展到了极端。《晋书·山涛传》载，武帝时，山涛遭母丧，回归乡里。当时他已年过60岁，"居丧过礼，负土成坟，手植松柏"。王戎遭母丧去职，他性至孝，但不拘礼制。居丧期间饮酒食肉，或者观人弈棋，然而对丧母却动以真情，由于过度悲伤而容貌毁悴，杖然后起。当时另一个叫和峤的人也居父丧，他以礼法自持，量米而食，但哀毁却不如王戎。晋武帝对刘毅说："和峤毁顿过礼，使人忧之。"刘毅答："峤虽寝苦食粥，乃生孝耳。至于王戎，所谓死孝，陛下当先忧之。"① 西晋时，王接母亡，他"柴毁骨立，居墓次积年"②。王湛父死，他守孝期间一直居于墓侧。孝服期满后，仍"阖门守静，不交当世"③。东阳（治今浙江金华）人许孜，父母死后，悲痛欲绝，瘦得只剩一把骨头，拄杖才能起来。双亲葬后，他亲自背土堆坟，不受乡人之助。墓修成后许孜又在墓边守孝二十多年。④ 王延9岁丧母，"泣血三年，几至灭性。每至忌日，则悲啼至旬"。桑虞14岁时丧父，他毁瘠过礼，每天只用100粒米掺藜藿而食。其姐劝说："汝毁瘠如此，必至灭性，灭性不孝，宜自抑割。"桑虞答："藜藿杂米，足以胜哀。"⑤ 邓攸7岁丧父，接着母及祖母相继去世。邓攸为之守孝九年，以孝致称。⑥ 南朝刘宋张敷，其父亡于吴兴（治今浙江湖州）。张敷成服十多天后才喝点水浆。其父葬毕，张敷仍不吃盐菜，遂毁瘠成疾。伯父张茂度多次力图劝止之，但张敷却更加哀痛，绝而复续。⑦ 历阳（治今安徽和县）人刘瑜，52岁时丧母，三年不食盐酪，号屈昼夜不绝声。他勤身运力，以营丧事，丧服除后，二十余年布衣疏食，言母辄流涕，常居墓侧，未尝离开。⑧《梁书·昭明太子传》载：昭明太子母丁贵嫔死，太子步行从丧还宫，至殡，水浆不入口，每哭辄恸绝。其父梁武帝对他说：毁不灭性，这是圣人所制。《礼》认为，不胜丧同于不孝。有我在，你怎能如此自毁！要多吃些饮食。太子听后，才进粥数合。至其母下葬之日，共吃麦粥一升。同书《夏侯详传》亦载，夏侯详16岁时丧父，他居父丧哀毁，于墓旁棚舍中守孝三年。北朝也讲居丧守孝之礼。《魏书·阳尼附阳固传》载，阳固丁母忧，"号慕毁病，杖而能起。练禫之后，犹酒肉不进"。《北齐书·樊逊传》载，樊逊父樊衡，性至孝。其父丧，樊衡"负土成坟，植树方数十亩，朝夕号慕"。同书《杜弼传》载："弼父在乡，为贼所害，弼行丧六年。"总的看，北朝的居丧守孝之礼，不像两晋南朝那样讲究毁瘠过礼，几致灭性。即使有这

---

① 《晋书》卷43，《王戎传》。
② 《晋书》卷51，《王接传》。
③ 《晋书》卷75，《王湛传》。
④ 《晋书》卷88，《孝友·王湛、许孜、王延、桑虞传》。
⑤ 同上。
⑥ 同上。
⑦ 《宋书》卷46，《张邵附张敷传》。
⑧ 《宋书》卷91，《孝义·刘瑜传》。

样的现象也不如南朝普遍。《周书·武帝纪》载天和元年（566年）八月己未诏说："诸有三年之丧，或负土成坟，或寝苫骨立，一志一行，可称扬者，仰本部官司，随事言上。当加吊勉，以厉薄俗。"这个诏书，反映了北朝起码是北朝的部分地区与南朝的差异。

以上我们叙述了魏晋南北朝时期的丧葬礼仪。拿这个时期的礼仪同古礼比较，我们说这个时期基本上依古礼而行。"基本上"这个定语有两个含义：

第一，它不是时时都符合古礼，有时甚至有悖礼现象。如《三国志·魏书·文帝纪》注引《魏书》记载，夏侯惇死，曹丕素服至邺东城门发哀。对此孙盛评论说："在《礼》，天子哭同姓于宗庙门之外。哭于城门，失其所也。"魏文帝死，其太子曹叡准备送葬，曹真、陈群、王朗等人以天气暑热为由，固谏，曹叡乃止。对此，孙盛又评论说："夫窀穸之事，孝子之极痛也，人伦之道，于斯莫重。故天子七月而葬，同轨毕至。夫以义感之情，犹尽临隧之哀，况乎天性发中，敦礼者重之哉！魏世之德，仍世不基矣。昔华元厚葬，君子以为弃君于恶，群等之谏，弃孰甚焉！"又如《梁书·徐勉传》载，当时民间办丧事，多不遵礼，朝终夕殡，相尚以速。徐勉上疏说："《礼记·问丧》云：'三日而后殓者，以俟其生也；三日而不生，亦不生矣。'自顷以来，不遵斯制。送终之礼，殡以期日，润屋豪家，乃或半晷，衣衾棺椁，以速为荣。亲戚徒隶，各念休反。故属纩才毕，灰钉已具，忘狐鼠之顾步，愧燕雀之徊翔。伤情灭理，莫此为大。且人子承袭之时，志懑心绝，丧事所资，悉关他手，爱憎深浅，事实难原，如觊觎或爽，存没违滥，使万有其一，怨酷已多，岂若缓其告殓之晨，申其望生之冀。请自今士庶，宜悉依古，三日大殓。如有不奉，加以纠绳。"以上数例，可见三国、南朝时，都有不依古礼之事发生。

第二，并非事事皆依古礼。魏晋南北朝时期的丧葬之礼，也大体上可以分成殡殓、治丧、守孝三个阶段，就这点说，与古礼是相同的，而且这个时期的丧礼，多数为对古礼的继承。但仔细观察比较，就可发现魏晋南北朝丧礼的三个阶段与古礼在细节上有一些不同。如殡殓之礼中，"复"为持衣呼名，但南齐张融却登屋挥麈。这虽然是个特例，不能说南齐的"复"全是如此。但这件事表明，南齐时的"复"，可根据死者生前的宗教信仰、爱好等采取不同的方式。

又如西晋左贵嫔《悼武元杨皇后诔》中所描写的皇后殡葬的盛大场面，也是先秦时期不能比拟的。

第二节　葬俗

● 薄葬与厚葬

秦汉盛行厚葬，接续其后的魏晋南北朝，兴起一股薄葬之风，较之前代，确为令人瞩目的变化。

魏晋南北朝薄葬之风的先导者，当首推魏武帝曹操。早在建安十年（205年），就"令民不得私仇，禁厚葬，皆一之于法"①。为禁厚葬，他自己率先身体力行。建安二十三年（218年）六月，曹操为自己选定葬所，并下令说："古之葬者，必居瘠薄之地。其规西门豹祠西原上为寿陵，因高为基，不封不树。"②《晋书·礼志》载："魏武以礼送终之制，袭称之数，繁而无益，俗又过之，豫自制送终衣服四箧，题识其上，春秋冬夏，日有不讳，随时以殓，金珥珠玉铜铁之物，一不得送。文帝遵奉，无所增加。及受禅，刻金玺，追加尊号，不敢开埏，乃为石室，藏玺埏首，以示陵中无金银诸物也。汉礼明器甚多，自是皆省矣。"魏文帝曹丕也效法其父，倡薄葬之风。黄初三年（222年）他作终制说："封树之制，非上古也，吾无取焉。寿陵因山为体，无为树封，无立寝殿、造园邑、通神道。夫葬也者，藏也，欲人之不得见也。骨无痛痒之知，冢非栖神之宅，礼不墓祭，欲存亡之不黩也，为棺椁足以朽骨，衣衾足以朽肉而已。故吾营此丘墟不食之地，欲使易代之后不知其处。无施苇炭，无藏金银铜铁，一以瓦器，合古塗车、刍灵之义。棺但漆际会三过，饭含无以珠玉，无施珠襦玉匣，诸愚俗所为也。"③ 黄初七年（226年），曹丕死，"葬首阳陵，自殡及葬，皆以终制从事"④。曹操、曹丕的率行薄葬，对皇族的丧葬具有很大的约束作用。曹丕的弟弟曹植，死前遗令薄葬。⑤ 另一个弟弟中山恭王曹衮于魏明帝青龙三年（235年）死，临死时敕令官属说："吾寡德忝宠，大命将尽。吾既好俭，而圣朝著终诰之制，为天下法。吾气绝

---

① 《三国志·魏书》卷1，《武帝纪》。
② 同上。
③ 《三国志·魏书》卷2，《文帝纪》。
④ 同上。
⑤ 《三国志·魏书》卷19，《陈思王曹植传》。

之日，自殡及葬，务奉诏书。"①曹丕妻郭后的外甥孟武欲厚葬其母，郭后知道后，便制止说："自丧乱以来，坟墓无不发掘，皆由厚葬也。首阳陵可以为法。"②青龙三年，郭后亡于许昌，也以曹丕终制营陵薄葬。不但皇族中有人主张薄葬，朝廷官员中行薄葬之人也不少。司马朗死前，"遗命布衣幅巾，敛以时服。"③贾逵病危，对左右说："丧事一不得有所修作。"④徐晃病笃，"遗令薄葬"⑤。徐宣死，"遗令布衣疏巾，敛以时服"⑥。沐并60岁时，自虑性命无常，便预作终制，戒其子以俭葬。至嘉平年间，病重，"临困，又敕豫掘坎，戒气绝，令二人举尸即坎，绝哭泣之声，止妇女之送，禁吊祭之宾，无设柗治粟米之奠。又戒后亡者不得入藏，不得树封。妻子皆遵之"⑦。正始五年（244年）裴潜死，"遗令薄葬，墓中惟置一坐，瓦器数枚，其余一无所设"⑧。韩暨临终遗言说："夫俗奢者，示之以俭，俭则节之以礼。历见前代送终过制，失之甚矣。若尔曹敬听吾言，敛以时服，葬以土藏，穿毕便葬，送以瓦器，慎勿有增益。"⑨王观死于家，"遗令藏足容棺，不设明器，不封不树"⑩。高堂隆死，"遗令薄葬，敛以时服"⑪。以上事例，可见曹魏时薄葬之风。蜀汉丞相诸葛亮，"遗命葬汉中定军山，因山为坟，冢足容棺，敛以时服，不须器物"⑫。孙吴张昭，81岁时亡，"遗令幅巾素棺，敛以时服"⑬。诸葛瑾年68岁亡，"遗命令素棺敛以时服，事从省约"⑭。

两晋十六国时，有关薄葬的记载也不乏其例。西晋武帝的祖父晋宣帝司马懿，受曹魏薄葬风气的影响，早在曹魏嘉平三年（251年），"预作终制，于首阳山为土藏，不坟不树；作《顾命》三篇，敛以时服，不设明器，后终者不得合葬"⑮。其子司马师"丧事制度又依晋宣帝故事"⑯。《晋书·刑法志》载，晋惠帝时，尚书裴颀曾概括西晋帝室陵制说："大晋垂制，深惟经远，山陵不封，园邑不饰，墓

---

① 《三国志·魏书》卷20，《中山恭王曹衮传》。
② 《三国志·魏书》卷5，《文德郭后传》。
③ 《三国志·魏书》卷15，《司马朗传》。
④ 《三国志·魏书》卷15，《贾逵传》。
⑤ 《三国志·魏书》卷17，《徐晃传》。
⑥ 《三国志·魏书》卷22，《徐宣传》。
⑦ 《三国志·魏书》卷23，《常林传》注引《魏略》。
⑧ 《三国志·魏书》卷23，《裴潜传》。
⑨ 《三国志·魏书》卷24，《韩暨传》注引《楚国先贤传》。
⑩ 《三国志·魏书》卷24，《王观传》。
⑪ 《三国志·魏书》卷25，《高堂隆传》。
⑫ 《三国志·蜀书》卷5，《诸葛亮传》。
⑬ 《三国志·吴书》卷7，《张昭传》。
⑭ 《三国志·吴书》卷7，《诸葛瑾传》。
⑮ 《晋书》卷1，《宣帝纪》。
⑯ 《宋书》卷15，《礼志》二。

而不坟，同乎山壤，是以丘阪存其陈草，使齐乎中原矣。"可见西晋帝室之陵，多从司马懿不坟不树的终制。帝室以外，一些官僚、名士、儒者也主张薄葬。老臣王祥，病重时就著遗令训诫子孙，主张薄葬，其遗令内容前已介绍。石苞死前预作终制说："自今死亡者，皆敛以时服，不得兼重。又不得饭含，为愚俗所为。又不得设床帐明器也。定窆之后，复土满坎，一不得起坟种树。"① 杜预曾因公事经过密县（治今河南密县东南）邢山，见山上有墓，听说是郑国大夫祭仲之墓，便前去祭而观之。他见此墓朝新郑城（治今河南新郑），示墓主死不忘本。其墓隧道前面空着，不填实，以示墓中不藏珍宝。其墓多用山中自然之石营造，以示墓主不用工巧之劳。杜预见此感慨颇深，认为这种葬法，可使"君子尚其有情，小人无利可动，历千载无毁，俭之致也"。他立下遗令说，死时"皆用洛水圆石，开隧道南向，仪制取法于郑大夫，欲从俭自耳。棺器小敛之事，皆当称此"②。名士皇甫谧写《笃终》，表明自己对殡葬的态度。他说："吾欲朝死夕葬，夕死朝葬，不设棺椁，不加缠殓，不修沐浴，不造新服，殡含之物，一皆绝之。吾本欲露形入坑，以身亲土，或恐人情染俗来久，顿革理难，今故粗为之制。奢不石椁，俭不露形。气绝之后，便即时服，幅巾故衣，以簟箬裹尸，麻约二头，置尸床上。择不毛之地，穿坑深十尺，长一丈五尺，广六尺。坑讫，举床就坑，去床下尸。平生之物，皆无自随，唯赍《孝经》一卷，示不忘孝道。簟箬之外，便以亲土。上与地平，还其故草，使生其上，无种树木、削除，使生迹无处，自求不知，不见可欲，则奸不生心，终始无忧惕，千载不虑患。"③ 儒士徐苗，永宁二年（302年）亡，"遗命濯巾浣衣，榆棺杂砖，露车载尸，苇席瓦器而已"④。东晋初，由于政权初建，皇室中行薄葬之事较多。《晋书·礼志》载："江左初，元、明崇俭，且百度草创，山陵奉终，省约备矣。"同书《明帝纪》载，司马绍遗命薄葬，"一遵先度，务从简约，劳众崇饰，皆勿为也。"成帝杜皇后死，成帝下诏说："吉凶典仪，诚宜备设，然丰约之度，亦当随时，况重壤之下，而崇饰无用邪！今山陵之事，一从节俭，陵中唯洁扫而已，不得施涂车刍灵。"⑤ 东晋官僚中亦有主张薄葬者，庾冰临死时，对其长史说："吾将逝矣，恨报国之志不展，命也如何！死之日，敛以时服，无以官物也。"⑥ 十六国时，后赵主石勒病重，遗令说："三日而葬，内外百僚，既葬除服，无禁婚娶、祭祀、饮酒、食肉，征镇牧守不得辄离所

---

① 《晋书》卷33，《石苞传》。
② 《晋书》卷34，《杜预传》。
③ 《晋书》卷51，《皇甫谧传》。
④ 《晋书》卷91，《儒林·徐苗传》。
⑤ 《晋书》卷32，《后妃·成恭杜皇后传》。
⑥ 《晋书》卷73，《庾冰传》。

司以奔丧，殓以时服，载以常车，无藏金宝，无内器玩。"① 这在十六国诸君主中，可算殡葬中的开明之举。

南北朝时，尽管魏晋时期的薄葬之风已减弱许多，但主张薄葬并身体力行者仍不乏其人。刘宋时，张邵临终"遗命祭以菜果，苇席为辒车"②。王微临终时，"遗令薄葬，不设辒旐鼓挽之属，施五尺床，为灵二宿便毁"③。南齐时，江斆44岁时卒，"遗令俭约葬，不受赙赠"④。崔慰祖临卒，令"以棺亲土，不须砖，勿设灵座"⑤。刘善明49岁时亡，"遗命薄葬。"⑥ 萧梁时，孔休源64岁时卒，"遗令薄葬，节朔荐蔬菲而已"⑦。天监十七年（518年），刘訏卒于族兄刘歊家中，临终时他拉着刘歊的手说："气绝便殓，殓毕即埋，灵筵一不须立，勿设飨祀，无求继嗣。"⑧ 刘歊从其言而行。刘歊在身后葬事问题上也主张简单从事，在其族弟刘訏死之年，刘歊作《革终论》，其中关于自己死后殡葬部分说："气绝不须复魄，盥洗而敛。以一千钱市治棺、单故裙衫、衣巾枕履。此外送往之具、棺中常物及余阁之祭，一不得有所施。世多信李、彭之言，可谓惑矣。余以孔、释为师，差无此惑。殓讫，载以露车，归于旧山，随得一地，地足为坎，坎足容棺，不须砖甓，不劳封树，勿设祭飨，勿置几筵，无用茅君之虚座，伯夷之杆水。"⑨ 顾宪之于天监八年（509年）卒于家，临终作制说："庄周、澹台，达生者也；王孙、士安，矫俗者也。吾进不及达，退无所矫。常谓中都之制，允理惬情。衣周于身，示不违礼，棺周于衣，足以蔽臭。入棺之物，一无所需。载以辒车，覆以粗布，为使人勿恶也。"⑩ 南朝陈时，周弘正弟周弘直，临终前遗疏敕其家人说："气绝已后，便买市中见材，材必须小形者，使易提挈。殓以时服，古人通制。但下见先人，必须备礼，可着单衣裙衫故履。既应侍养，宜备纷帨，或逢善友，又须香烟，棺内唯安白布手巾、粗香炉而已，其外一无所用。"⑪ 姚察于隋大业二年（606年）终于东都，遗命薄葬，务从率俭。其遗令说："吾家世素士，自有常法。吾意敛以法服，并宜用布，土周于身。又恐汝等不忍行此。必不尔，须松板薄棺，才可周

---

① 《晋书》卷105，《石勒载记》下。
② 《宋书》卷46，《张邵传》。
③ 《宋书》卷62，《王微传》。
④ 《南齐书》卷43，《江斆传》。
⑤ 《南齐书》卷52，《文学·崔慰祖传》。
⑥ 《南齐书》卷28，《刘善明传》。
⑦ 《梁书》卷36，《孔休源传》。
⑧ 《梁书》卷51，《处士·刘訏、刘歊传》。
⑨ 同上。
⑩ 《梁书》卷52，《止足·顾宪之传》。
⑪ 《陈书》卷24，《周弘正附周弘直传》。

元显儁墓志，志与盖二石合成龟影（北魏）

身，土周于棺而已。葬日，止粗车，即送厝旧茔北。"① 姚察虽卒于隋，但其一生多生活在陈，故其薄葬行为可归入南朝事例。北魏崔宽，卒于魏孝文帝延兴二年（472年），"遗命薄葬，敛以时服"②。阳固居官廉洁，死时家徒四壁。他在世时作《终制》一篇，要求葬事务从俭约，在临终时再一次敕诸子一遵先制。③ 魏子建病重时对二子说："死生大分，含气所同，世有厚葬，吾生平不取，籧篨裸身，又非吾意。气绝之后，敛以时服。"④ 北齐薛琡，"临终，敕其子殓以时服，逾月便葬，不听干求赠官。自制丧车，不加雕饰，但用麻为流苏，绳用网络而已。明器等物并不令置。"⑤ 北周武成二年（560年），明帝宇文毓病危，下诏说："朕禀生俭素，非能力行菲薄，每寝大布之被，服大帛之衣，凡是器用，皆无雕刻。身终之日，岂容违弃此好。丧事所需，务从俭约，敛以时服，勿使有金玉之饰，若以礼不可阙，皆令用瓦。小敛讫，七日哭。文武百官各权辟衰麻，且以素服从事。葬日，选择不毛之地，因地势为坟，勿封勿树。"⑥ 周武帝宇文邕临故遗诏说："朕平生居处，每存菲薄，非直以训子孙，亦乃本心所好。丧事资用，须使俭而合礼，墓而不坟，自古通典。"⑦ 韦敻年老时，预戒其子说："吾死之日，可敛旧衣，勿更新造。使棺足周尸，牛车载柩，坟高四尺，圹深一丈，其余繁杂，悉无用也。"⑧ 薛端卒前，"遗诫薄葬，府州赠遗，勿有所受"⑨。李彦临终遗诫其子说："可敛以时服，葬于垧堉之地，勿用明器，刍塗及仪卫等。"⑩

以上我们列举了魏晋南北朝时期的薄葬现象。总览上述现象，可以归纳为几点。第一，三国时期，曹魏政权力倡薄葬，曹操、曹丕身体力行，对整个社会风气产生积极的影响和有力的约束。但这种影响仅限于曹魏统治下的北方地区。第二，西晋继承了曹魏薄葬的传统，司马懿为曹魏重臣，其薄葬终制显然与曹魏风气的影响有关。而司马懿的终制，一直影响到东晋前期。第三，十六国时期，北方各少数民族政权因其政治、经济、文化背景不同，在丧葬问题上态度各异，实行薄葬者为数不多，石勒为薄葬的典型之例。第四，南朝各政权中，皇族行薄葬者寥寥，而身体力行者多限于个别士族、逸士、儒者。士族重家法，其遗训只能

---

① 《陈书》卷27，《姚察传》。
② 《魏书》卷24，《崔玄伯附崔宽传》。
③ 《魏书》卷72，《阳尼附阳固传》。
④ 《魏书》卷104，《自序》。
⑤ 《北齐书》卷26，《薛琡传》。
⑥ 《周书》卷4，《明帝纪》。
⑦ 《周书》卷6，《武帝纪》下。
⑧ 《周书》卷31，《韦敻传》。
⑨ 《周书》卷35，《薛端传》。
⑩ 《周书》卷37，《李彦传》。

对的自己的子孙产生影响，而逸士、儒者的薄葬行为影响更有限。因此，就整个风气而言，南朝的薄葬之风比魏晋时期呈减弱之势。第五，北朝的皇帝中，实行薄葬者以北周明帝宇文毓、武帝宇文邕最为典型。但其意义已与魏晋时期大不相同。他们不是一朝的开国君主，因此垂制后世的约束力很小。而且，他们的遗诏中都强调自己实行薄葬的个人爱好因素，更说明他们的行为在帝王中为孤立偶然的现象。

从以上五点归纳中，我们可以发现魏晋南北朝时期薄葬之风逐渐减弱的趋势。这种趋势，又可以从当时的厚葬发展趋势得到反证。薄葬与厚葬是两种相反的做法，厚葬之风的增减与薄葬相反相成。因此我们再看看魏晋南北朝时期的厚葬。

三国孙吴时，孙权对属下的丧葬处理是与曹魏不同的。《三国志·吴书·陈武传》注引《江表传》载，陈武死时，孙权命以其爱妾殉葬，复客二百家。孙权为显示对属下的厚爱，不惜采用人殉的野蛮形式。人尚且可以陪葬，其他陪葬品想也不会少。董袭死，孙权"改服临殡，供给甚厚"①。吕蒙死，孙权给其子守冢者三百家。② 墓冢要有人守，当与厚葬有关。孙晧夫人张氏死，孙晧哀愍思念，"葬于苑中，大作冢，使工匠刻柏作木人，内冢中以为兵卫。以金银珍玩之物送葬，不可称计"③。可见孙吴境内厚葬现象之一斑。西晋皇帝虽然躬行薄葬，然而对僚属和贵族的丧葬之事却给以丰厚的赏赐。如郑冲死后，晋武帝"于朝堂发哀，追赠太傅，赐秘器、朝服、衣一袭、钱三十万、布百匹"④。何曾死，"帝于朝堂素服举哀，赐东园秘器、朝服一具、衣一袭、钱三十万、布百匹"⑤。裴秀死后，晋武帝下诏："赐秘器、朝服一具、衣一袭、钱三十万、布百匹。"⑥ 贾充死，晋武帝"为之恸，使使持节、太常奉策追赠太宰，加衮冕之服、绿绫绶、御剑，赐东园秘器、朝服一具、衣一袭，大鸿胪护丧事，假节钺、前后部羽葆、鼓吹、缇麾、大路、銮路、辒辌车、帐下司马大车，椎斧文衣武贲、轻车介士。葬礼依霍光及安平献王故事，给茔田一顷"⑦。类似记载还有很多，兹不一一列举。这就形成这样一个局面，一方面，皇帝躬行薄葬，另一方面因厚赐臣下之葬而减弱了自己薄葬的影响。所以在西晋的达官显贵中，薄葬者有之，厚葬者亦存。《晋书·王濬传》载，太康六年（285年）王濬卒，"葬柏谷山，大营茔域，葬垣周四十五里，

---

① 《三国志·吴书》卷10，《董袭传》。
② 《三国志·吴书》卷9，《吕蒙传》。
③ 《三国志·吴书》卷5，《妃嫔传》注引《江表传》。
④ 《晋书》卷33，《郑冲传》。
⑤ 《晋书》卷33，《何曾传》。
⑥ 《晋书》卷35，《裴秀传》。
⑦ 《晋书》卷40，《贾充传》。

面别开一门，松柏茂盛"。这种情况，至东晋前期仍是如此。王导死后，晋成帝为其"举哀于朝堂三日，遣大鸿胪持节监护丧事，赠襚之礼，一依汉博陆侯及安平献王故事。及葬，给九游辒辌车、黄屋左纛，前后羽葆鼓吹、武贲班剑百人，中兴名臣莫与为比"①。大将军温峤死后，"赐钱百万，布千匹"②。郗鉴死，"帝朝晡哭于朝堂，遣御史持节护丧事，赠一依温峤故事。"③ 东晋元帝之子琅邪王司马焕两岁时夭亡，元帝悼念不已，"将葬，以焕即封列国，加以成人之礼，诏立凶门柏历，备吉凶仪服，营起陵园，功役甚重"。当时孙霄上疏谏说："凶门柏历，礼典所无，天晴不可用，遇雨则无益，此至宜节省者也。若琅邪一国一时所用，不为大费，臣在机近，义所不言。今天台所居，王公百僚聚在都辇，凡有丧事，皆当供给材木百数，竹薄千计，凶门两表，衣以细竹及材，价值既贵，又非表凶哀之宜。如此过饰，宜从粗简。"④ 但此表上奏后，元帝并未采纳。由于东晋统治者这种做法，使东晋初期的厚葬与薄葬共存，并发展成东晋后期的厚葬之风大盛。《宋书·孔琳之传》载，东晋后期，桓玄为太尉辅政，让众官陈时宜之计。孔琳之说："凶门柏装，不出礼典，起自末代，积习生常，遂成旧俗。爰自天子，达于庶人，诚行之有由，卒革必骇。然苟无关于情，而有愆礼度，存之未有所明，去之未有所失，固当式遵先典，厘革后谬，况复兼以游费，实为民患者乎。凡人士丧仪，多出闾里，每有此须，动十数万，损民财力，而义无所取。至于寒庶，则人思自竭，虽复室如悬磬，莫不倾产殚财，所谓葬之以礼，其若此乎。谓宜谨遵先典，一罢凶门之式，表以素扇，足以示凶。"从孔琳之这段话中，我们可以看到东晋后期的厚葬之风发展到了压倒薄葬的程度。《宋书·礼志》又载："汉以后，天下送死奢靡，多作石室石兽碑铭等物。建安十年，魏武帝以天下凋敝，下令不得厚葬，又禁立碑。魏高贵乡公甘露二年，大将军参军太原王伦卒，伦兄俊作《表德论》，以述伦遗美，云：'祇畏王典，不得为铭，乃撰录行事，就刊于墓之阴云尔。'此则碑禁尚严也。此后复弛替。晋武帝咸宁四年，又诏曰：'此石兽碑表，既弘褒美，兴长虚伪，伤财害人，莫大于此。一禁断之。其犯者虽会赦令，皆当毁坏。'至元帝太兴元年，有司奏：'故骁骑府主簿故恩营葬旧君顾荣，求立碑。'诏特听立。自是后，禁又渐颓。大臣长吏，人皆私立。义熙中，尚书祠部郎中裴松之又议禁断，于是至今。"《宋书》这段记载，讲了三国至东晋丧葬立碑从严禁到弛替的过程。魏、西晋时，碑禁尚严，东晋开始松弛，至东晋后期，发展到大臣长吏人皆私立的程度。这从一个侧面反映出厚葬之风的发展。

---

① 《晋书》卷65，《王导传》。
② 《晋书》卷67，《温峤传》。
③ 《晋书》卷67，《郗鉴传》。
④ 《晋书》卷64，《元四王·琅邪悼王焕传》。

南朝的厚葬风气，通过以下事件可以看出来。南齐永明七年（489年）十月，齐武帝下诏："三季浇浮，旧章陵替，吉凶奢靡，动违矩则。或裂锦绣以竞车服之饰，涂金镂石以穷茔域之丽。至斑白不婚，露棺累叶，苟相夸炫，罔顾大典。可明为条制，严勒所在，悉使画一。如复违犯，依事纠奏。"①诏书反映了当时办丧事大肆奢费的风气，互相攀比，看谁将坟墓修得华丽。如果坟墓修得不合意，宁可停棺不葬，也要将墓修好。这不是夸张之词，联系东晋末期孔琳之说的"至于寒庶，则人思自竭，虽复室如悬磬，莫不倾产殚财"。可以看出，南齐此风正是东晋末风气的继续。在这种风气下，很多人以葬礼有缺为耻。《梁书·张缅传》载："（张）缅母刘氏，以父没家贫，葬礼有缺，遂终身不居正室，不随子入官府。"《南齐书·孝义传》载："河南辛普明侨居会稽，自少与兄共处一帐。兄亡，以帐施灵座，夏月多蚊，普明不以露寝见色。兄将葬，邻人嘉其义，赙助甚多，普明初受，后皆反之。赠者甚怪，普明曰：'本以兄墓不周，故不逆来意，今何忍亡者余物以为家财。'"辛普明为孝义之士，以受人钱财为不义，但为给兄修墓，违背自己意愿接受邻人帮助，可见修墓在他看来是何等重要。由于厚葬之风盛行，一些主张薄葬的人也心怀种种顾虑。顾虑之一，是怕丧葬过俭被世人所讥。前述南朝的薄葬者，其遗嘱或大谈古人薄葬之事，或论述人死神离，神离而棺无用的道理，最后才谈自己的后事处理。这反映出一种心理，即这些人在主张薄葬时，对自己的行为能否被世人理解持悲观态度，所以他们便找出许多历史上先哲薄葬的事例和理论，为自己的行为寻找理论和事实的根据。还有的为免世人所讥，干脆将自己的意愿打个折扣。如《梁书·处士传》记载刘歊的《革终论》说："是以子羽沉川，汉伯方圹，文楚黄壤，士安麻索。此四子者，得理也，忘教也。若从四子而游，则平生之志得矣。然积习生常，卒难改革，一朝肆志，倘不见从。今欲剪截烦厚，务存俭易，进不裸尸，退异常俗，不伤存者之念，有合至人之道。"子羽、汉伯、文楚、士安是古代实行薄葬较为彻底的人物，按刘歊的本愿，是"从四子而游"，但由于怕积习难改，只得将葬事处于理想与常俗之间。顾虑之二，是怕子孙在自己死后不从自己薄葬之训。如前述刘歊《革终论》说："家人长幼，内外亲戚，凡厥友朋，爰及寓所，咸愿成余之志，幸勿夺之。"顾宪之的终制说："吾今预为终制，瞑目之后，念并遵行，勿违吾志也。"②他们的顾虑不是没有道理，因为在南朝厚葬之风下，薄葬者的后代可能要受各种议论的非难，在这种情况下，不遵死者遗训之事确有发生。《南史·刘怀珍附刘歊传》载："先是有太中大夫琅邪王敬胤以天监八年卒，遗命：'不得设复魄旐旒。一芦藉藉下，一枚覆

---

① 《南齐书》卷3，《武帝纪》。
② 《梁书》卷52，《止足·顾宪之传》。

上。吾气绝便沐浴，篮舆载尸，还忠侯大夫墓中。若不行此，则戮吾尸于九泉。'敬胤外甥慧诏因阮研以闻。诏曰：'敬胤令其息崇素，气绝便沐浴，藉以二芦蕟，凿地周身，归葬忠侯。此达生之格言，贤夫玉匣石椁远矣。然子于父命，亦有所从有所不从。令崇素若信遗意，土周浅薄，属辟不施，一朝见侵狐鼠，戮尸已甚。父可以训子，子亦不可行之。外内易棺，此自奉亲之情，藉土而葬亦通人之意，宜两舍两取，以达父子之志。棺周于身，土周于椁，去其牲奠，敛以时服。一可以申情，二可以称家。礼教无违，生死无辱，此故当为安也。'"应该说，王敬胤的儿子虽然没有遵从其父的遗命，但其葬父的物品仍不丰厚。问题不在于王敬胤之葬的薄与厚，而在于他的遗命没有得到实行，而这种对父命的违背又受到了朝廷的肯定。通过这件事，我们就可以理解为什么那些遗命薄葬的人要谆谆告诫后代"勿夺吾志"了。

在北方，西晋以后，进入中原的各少数民族统治者由于政治、经济、文化传统的不同，并未因循魏晋薄葬之风。虽然也有如石勒薄葬的例子，但厚葬者亦大有人在。《晋书·刘曜载记》载，前赵主刘曜准备葬其父及妻，大修陵墓。修墓者白天黑夜不停地干，怨呼之声盈于道路。其属下游子远谏劝说："臣闻圣主明王、忠臣孝子之终葬也，棺足周身，椁足周棺，藏足周椁而已，不封不树，为无穷之计。伏惟陛下圣慈幽被，神鉴洞远，每以清俭恤下为先，社稷资储为本。今二陵之费至以亿计，计六万夫百日作，所用六百万功。二陵皆下锢三泉，上崇百尺，积石为山，增土为阜，发掘古冢以千百数，役夫呼嗟，气塞天地，暴骸原野，哭声盈衢，臣窃谓无益于先皇先后，而徒丧国之储力。陛下脱仰寻尧舜之轨者，则功不盈百万，费亦不过千计，下无怨骨，上无怨人，先帝先后有泰山之安，陛下飨舜、禹、周公之美，惟陛下察焉。"刘曜不纳此谏。北燕主慕容熙妃苻氏死，下诏："制公卿以下至于百姓，率户营墓，费殚府藏。下锢三泉，周轮数里，内则图画尚书八座之象。"① 冯跋为北燕主后，专门下诏说道："圣人制礼，送终有度。重其衣衾，厚其棺椁，将何用乎？人之亡也，精魂上归于天，骨肉下归于地，朝终夕坏，无寒暖之期，衣以锦绣，服以罗纨，宁有知哉！厚于送终，贵而改葬，皆无益亡者，有损于生。是以祖考因旧立庙，皆不改营陵寝。申下境内，自今皆令奉之。"② 通过冯跋此诏，也可见北燕境内厚葬之风。北魏拓跋族有烧葬之俗。《宋书·索虏传》载，拓跋族的葬俗，"死则潜埋，无坟垄处所，至于葬送，皆虚设棺柩，立冢椁，生时车马器用皆烧之以送亡者"。《魏书·高允传》载，北魏文成帝时，高允上疏说："前朝之世，屡发明诏，禁诸婚娶不得作乐，及葬送之日，

---

① 《晋书》卷124，《慕容熙载记》。
② 《晋书》卷125，《冯跋载记》。

歌谣、鼓舞、杀牲、烧葬，一切禁断。虽条旨久颁，而俗不变革……今国家营葬，费损巨亿，一旦焚之，以为灰烬。"同书《文成文明皇后传》又载，文成帝死，"三日之后，御服器物一以烧焚，百官及中宫皆号泣而临之。后悲叫自投火中，左右救之，良久乃苏"。可见文成帝死后，仍沿用烧葬之俗，高允之谏并未见效。北魏时厚葬之风，还可以从朝廷对臣僚葬事赏赐中看出来。孝文帝太和二十三年（499年）越郡王元幹死，被赐"东园秘器、敛服十五称"、"赠帛三千匹"①。宣武帝时，宗室元勰死，"世宗为举哀于东堂，给东园第一秘器、朝服一袭、赙钱八十万、布二千匹"②。元澄于神龟二年（519年）死，"澄之葬也，凶饰甚盛"③。此类记载，在《魏书》中还有许多，足见北魏时的厚葬之风。

薄葬与厚葬是社会丧葬习俗中的两种风气。魏晋南北朝时两种习俗并存。不过从发展的角度看，这个时期的薄葬有一种由强至弱的趋势，而厚葬则呈现为由弱变强的趋势。

二 归乡葬

中国自古就有热爱家乡的传统，人们对家乡的眷恋之情有着多方面的表现。在殡葬方面，就表现为归葬还乡的方式，所谓狐死首丘，就是这种情感的形象比喻。魏晋南北朝是我国历史上人口流动频繁的时期，客死他乡之事因人口流动也屡屡出现，因此，人们思乡的情感表现得特别强烈，归乡葬因而成为一种普遍性的现象。

《三国志·吴书·鲁肃传》记载：鲁肃是"临淮东城人，生而丧父，与祖母同居。……南到居巢就瑜（即周瑜），瑜之东渡，因与同行，留家曲阿。会祖母亡，还葬东城"。鲁肃自幼随祖母长大，对祖母感情之深可想而知。还葬祖母于东城，究竟是死者的遗愿，还是鲁肃对祖母养育之恩的报答，史书上没有明确记载。不论哪种可能，都反映了人们对归葬还乡的重视。

《宋书·后妃传》载，东晋义熙四年（408年），刘裕夫人臧氏死于东城，被追赠为豫章公夫人，还葬丹徒。臧氏为东莞人，为什么要"还葬丹徒"？原来，魏晋南北朝还有夫妇合葬之俗，女葬随夫，不讲还乡。刘裕是丹徒人，臧氏先死，预葬丹徒，准备将来刘裕死后还乡与之合葬。当然，刘裕后来做了皇帝，遗诏留葬京师，所以刘裕死后，臧氏之柩又迁往建康。《南齐书·明帝纪》载：建武三年（496年）正月，明帝下诏说："去岁索虏寇边，缘边诸州郡将士有临阵及疾病死

---

① 《魏书》卷21，《献文六王列传·元幹元勰传》。
② 同上。
③ 《魏书》卷19，《景穆十二王列传·元澄传》。

亡者，并送还本土。"

北朝归乡葬也有记载。《魏书·张谠传》载，清河（治今山东临清东北）东武城人张谠，延兴四年（474年）卒。其子张敬伯"求致父丧，出葬冀州清河旧墓，久不被许，停柩在家积五六年"。张谠的另一个儿子张敬叔先在徐州（治今江苏徐州），闻父丧不许归葬，甚至谋划南叛，被徐州府衙押送京师。至京师后，乃自申辩其理，直至其父得葬旧墓，还属清河。同书《赵琰传》又载，天水（治今甘肃天水）人赵琰，为淮南王府长史。"时禁制甚严，不听越关葬于旧兆。琰积三十余年，不得葬二亲。及蒸尝拜献，未曾不婴慕卒事。每于时节，不受子孙庆贺。年余耳顺，而孝思弥笃。慨岁月推移，迁窆无期，乃绝盐粟，断诸滋味，食麦而已。年八十卒。迁都洛阳，子应等乃还乡葬焉。"张敬伯为使父葬归乡，竟停柩达五六年之久。赵琰为北魏前期人，至北魏后期孝文帝迁都洛阳后才由子赵应了却其葬父归乡的夙愿，前后达五六十年之久，可谓矢志不渝。《北齐书·广宁王孝珩传》载，高澄的第二子高孝珩，齐亡后入周。后病重，"启归葬山东，从之。寻卒，令还邺葬"。这里的山东，指太行山以东的地区，非今日之山东。高孝珩归葬邺城，是归葬于高氏墓地。弘农（治今河南三门峡西南）人杨津，北魏末死于洛阳，其子杨愔，常以丧礼自居，所食惟盐米而已，高欢常开慰之。韩陵之战后，表请解职还葬，"及丧柩进发，吉凶仪卫亘二十余里，会葬者将万人"①。范阳人卢潜，被南朝陈俘虏，后死于陈都建康。"其家购尸归葬"②。渤海人李铉，北齐时为国子博士，后病卒。"及还葬故郡，太子致祭奠之礼，并使王人将送，儒者荣之。"③

㈢合葬

合葬指夫妻死后合葬一处。《三国志·蜀书·甘皇后传》注引《礼》说："上古无合葬，中古后因时方有。"《晋书·皇甫谧传》载皇甫谧《笃终》说："亡有前后，不得移祔。祔葬自周公来，非古制也。"《魏书·自序》记载，魏子建临终对其子说："吾生平契阔，前后三娶。合葬之事，抑又非古。"这说明，魏晋南北朝时，人们就已认识到合葬之俗并非自古而然。基于这种认识，此时期有人试图打破此俗。如《晋书·宣帝纪》载：司马懿作终制，"后终者不得合葬"。再如前述皇甫谧、魏子建诸人，也都作过此种努力。但这些努力对于合葬之俗，犹如狂涛中的一叶小舟，很快就被冲得无影无踪，合葬之俗依然存在，未受多大影响。

---

① 《北齐书》卷34，《杨愔传》。
② 《北齐书》卷42，《卢潜传》。
③ 《北齐书》卷44，《儒林·李铉传》。

《三国志·魏书·卞皇后传》载，魏明帝太和四年（230年）曹操夫人卞氏死，与曹操合葬于高陵。蜀汉先主刘备夫人甘氏，死后葬于南郡。章武二年（222年），刘备思念之，乃迁其葬至蜀，未至而刘备亡。诸葛亮说："诗曰'穀则异室，死则同穴'，故昭烈皇后宜与大行皇帝合葬。"① 建安七年（202年），孙坚吴夫人临终，"引见张昭等，属以后事，合葬高陵"。孙权的潘夫人、步夫人都与孙权合葬于蒋陵。

　　西晋时，虽有宣帝司马懿终制在先，但其后代并未遵从。《晋书·武帝纪》载，泰始四年（268年）司马昭的夫人王氏死，祔葬于司马昭之墓崇阳陵。咸宁四年（278年）司马师夫人羊氏死，祔葬于司马师之墓峻平陵。东晋时，海西公司马奕死，与其后庾氏合葬于吴陵。② 简文帝王皇后，失帝意被幽废，忧郁而死。孝武帝即位后，追尊她为顺皇后，与简文帝合葬于高平陵。③ 元兴三年（404年），"祔葬穆帝章皇后于永平陵"。④ 东晋元帝之子琅邪孝王司马裒于建武元年（317年）死，后来其妃山氏死，与司马裒合葬。⑤ 简文帝子司马道子亦与其妃合葬。⑥ 西晋王沈，于泰始二年（266年）死，后其夫人荀氏卒，准备与王沈合葬，发现其棺木已毁，朝廷重新赐其棺木。⑦ 贾后之父贾充，其前妻李氏生二女贾褒、贾裕。李氏因父诛被牵连，贾充便娶郭氏。后李氏遇大赦，晋武帝特诏贾充置左右夫人。贾充死后，李氏二女欲令其母祔葬，郭氏之女贾后不许。直至贾后被废，李氏才得与贾充合葬。⑧ 司空郑袤，先娶妻孙氏，孙氏亡，又娶曹氏。孙氏死后埋于黎阳（治今河南浚县东北）。后郑袤死，议者认为久丧难举，不欲合葬。曹氏说："孙氏元妃，理当从葬，何可使孤魂无所依邪？"于是以吉凶导从之仪迎孙氏之柩，又准备衣衾几筵，亲执雁行之礼。对于曹氏此举，"闻者莫不叹息，以为赵姬之下叔隗，不足称也"。⑨

　　南朝刘宋时元嘉十七年（440年），宋文帝后袁氏死，预先葬在文帝之墓长宁陵。元嘉三十年（453年），文帝死，于长宁陵与袁氏合葬。⑩ 孝武帝后王氏，于前废帝即位之年死，祔葬于孝武帝之墓景宁陵。⑪ 前废帝皇后何氏死，明帝即位

---

① 《三国志·蜀书》卷4，《甘皇后传》。
② 《晋书》卷32，《后妃·废帝孝庾皇后传》。
③ 《晋书》卷32，《后妃·简文顺王皇后传》。
④ 《晋书》卷10，《安帝纪》。
⑤ 《晋书》卷64，《元四王列传·琅邪王司马裒传》。
⑥ 《晋书》卷64，《简文三子列传·会稽王司马道子传》。
⑦ 《晋书》卷39，《王沈传》。
⑧ 《晋书》卷40，《贾充传》。
⑨ 《晋书》卷96，《列女·郑袤妻曹氏传》。
⑩ 《宋书》卷5，《文帝纪》。
⑪ 《宋书》卷41，《后妃·孝武王皇后、前废帝何皇后传》。

后，迁何氏之柩与废帝合葬于龙山北。① 宋明帝大明六年（462年）还下诏"上林苑内民庶丘墓欲还合葬者，勿禁"②。可见民间合葬之俗也很盛行。陈郡人谢弘微，出为谢峻之嗣，谢混为其叔父。谢混于东晋义熙八年（412年）作为刘毅一党被诛。宋文帝元嘉九年（432年），谢混夫人东乡君死。"东乡君葬，混墓开，弘微牵病临赴，病遂甚。"③ 谢混夫妇生死异路二十多年后，仍合葬在一起。南朝陈高祖陈霸先永定三年（559年）死，葬于万安陵。太建二年（570年），陈高祖皇后死，祔葬于万安陵。④ 陈高祖章皇后的母亲于永定二年（558年）死，与章皇后父合葬于吴兴。⑤ 东晋南朝的合葬习俗，不仅有大量的文献记载，而且也为地下考古发掘材料所证明。1958年在南京老虎山发现的四座东晋墓，被认为是晋代左光禄大夫颜含后人的墓葬，其中保存得较完整的2号、3号墓，经专家确认均为男女合葬墓。⑥

北魏时，拓跋焘太子未及即位而死，葬于金陵。其子文成帝即位后，追尊其父为景穆皇帝，其母为恭皇后，并祔葬恭皇后于金陵。⑦ 拓跋焘死后也葬在金陵，所以其皇后赫连氏、贺氏都祔葬在金陵。⑧ 孝文帝太和十九年（495年），广川王元谐死。此时孝文帝已经迁都于洛阳，而元谐妃先死，葬在平城。究竟是将王妃迁至洛阳与元谐合葬，还是将元谐送回平城与王妃合葬？臣下请孝文帝定夺。为此，孝文帝下了一道诏旨，说："迁洛之人，自兹厥后，悉可归骸邙岭，皆不得就茔恒代。其有夫先葬在北，妇今丧在南，妇人从夫，宜还代葬；若欲移父就母，亦得任之。其有妻坟于恒代，夫死于洛，不得以尊就卑；欲以母就父，宜亦从之；若异葬亦从之。"⑨ 此诏书规定了夫妇合葬的三个原则：第一，妇随夫葬。第二，若欲于洛阳合葬，亦可夫随妇葬。第三，宁可两地分葬，也不准男人归葬代北。孝文帝此规定当然有其政治目的。此时，国都刚从代北平城迁至洛阳不久，反对迁都的势力还在暗地活动，一些拓跋鲜卑贵族由于过不惯洛阳生活，北返情绪也很强烈。这关系到孝文帝的迁都、改革等一系列政策能否贯彻到底。孝文帝这个诏书，利用拓跋鲜卑的合葬习俗，将南迁之人的茔地固定在洛阳，使迁都的政策得以贯彻到底。北魏政权中，合葬不仅限于拓跋鲜卑，汉人也如此。《魏书·傅永

---

① 《宋书》卷41，《后妃·孝武王皇后、前废帝何皇后传》。
② 《宋书》卷6，《孝武帝纪》。
③ 《宋书》卷58，《谢弘微传》。
④ 《陈书》卷5，《宣帝纪》。
⑤ 《陈书》卷7，《高祖章皇后传》。
⑥ 见《考古》1959年第6期。
⑦ 《魏书》卷4，《世祖纪》下；卷5，《高宗纪》。
⑧ 《魏书》卷4，《世祖纪》下；卷13，《皇后列传》。
⑨ 《魏书》卷20，《文成五王列传·广川王元谐传》。

传》载,傅永是清河人,于本乡有妻贾氏。后傅永至平城(治今山西大同市东北),又娶妾冯氏,生子傅叔伟及数女。后贾氏亦至平城,无子,惟有一女。冯氏倚仗有子,对贾氏无礼,叔伟亦对贾氏不顺。后冯氏亡。等到傅永死时,傅叔伟称父命欲葬北邙(山名,在河南洛阳市北)。贾氏怀疑傅叔伟欲将傅永与冯氏合葬,便要求将傅永归葬于其封地贝丘县(北魏东清河郡治所,在今山东淄博市西南)。后来官司打到朝廷。司徒胡国珍本与傅永共过事,便支持傅叔伟。贾氏也不示弱,将状告到灵太后那里,受到太后的支持。后贾氏终于胜诉,傅永之柩葬于东清河。① 北齐高欢妇娄氏,死后与高欢合葬。② 高澄妇元氏死,祔葬于义平陵。③ 西魏宇文泰夫人元氏,死后与宇文泰合葬于成陵。④ 北周明帝宇文毓皇后独孤氏,先于明帝死,预葬昭陵。明帝死后,与之合葬。⑤ 河东闻喜人裴文举,保定三年(563年)为绛州(治今山西闻喜东北)刺史。当初,裴文举的叔父裴季和任曲沃县令,死于闻喜川,而其叔母韦氏卒于正平县。正值东西魏分裂,韦氏坟垅属于东魏北齐。裴文举为州刺史时,悬赏购求其叔母灵柩。齐人见此,便偷偷将韦氏棺柩送来,裴文举将其与叔父合葬。⑥ 除上述文献材料外,大量地下发掘的考古材料也可反映出北朝合葬习俗。1956年在河北省河间县境内发现一座北魏墓,为男女三人合葬,经专家确认为邢伟与其夫人封氏及后夫人房氏。⑦ 1957年在山西曲沃县秦村发现北魏墓,墓中的砖墓志铭文为:"太和廿三年十二月廿五日征平郡曲沃县故民李诜安邑令砖墓两坯。墓田周回五百步。"这也是一座夫妻合葬墓。⑧

第三节 影响丧葬的几个因素

人的生老病死,既是自然界不可抗拒的规律,也是人类社会永恒的现象,所

---

① 《魏书》卷70,《傅永传》。
② 《北齐书》卷9,《神武娄后传》。
③ 《北齐书》卷9,《文襄元后传》。
④ 《周书》卷9,《皇后传》。
⑤ 同上。
⑥ 《周书》卷37,《裴文举传》。
⑦ 见《考古》1959年第4期。
⑧ 见《考古》1959年第1期。

以丧葬习俗的存在也将伴随着人类社会的始终。然而丧葬习俗在各个历史时期的特点,又是当时社会政治、经济、宗教、伦理等因素影响的结果。魏晋南北朝时期,上述各种因素对各种丧葬习俗的影响不仅各有侧重,且程度不同,因此分而述之。

● 政治、经济、道德与葬风的转变

魏晋时期的薄葬之风与当时的政治环境有关。从东汉末黄巾起义到曹操统一,北方地区经历了长期的社会动乱,动荡不安的社会政治环境,长期的戎马倥偬的征战生涯,使曹魏统治者既无可能精心营造墓穴,也更要考虑死后陵墓安全问题。葬厚坟高,发掘必速,这是魏晋以前不断发生的历史事实。正是这种事实的教训,使统治者主张在葬事上除厚务薄。魏文帝曹丕在其终制中说:"自古及今,未有不亡之国,亦无不掘之墓也。丧乱以来,汉代诸陵无不发掘,至乃烧取玉匣金缕,骸骨并尽,是焚如之刑,岂不重痛哉!祸由乎厚葬封树。'桑、霍为我戒',不亦明乎?"① 从曹丕这段话中可以发现,政局动荡战乱纷扰之世对统治者葬事的影响。皇帝与士族的关系,也是影响葬风的政治因素。两晋时期,高门士族兴起,势力强大,成为支持封建皇权的一支重要政治力量。西晋统治者为了取得士族门阀的支持,在政治上实行九品官人法,使得"据上品者,非公侯之子孙,则当途之昆弟"②。在经济上实行占田荫客制,使士族取得更多的经济利益。东晋初"王与马共王下"的现象,更说明皇帝对世家大族的依赖关系。恰恰就在两晋时,帝族一方面自己躬行薄葬,另一方面又对臣下的丧葬进行丰厚的赠赙,通过这种做法使自己与世族的墓葬规模差别不大,甚至略逊一筹。这反映了最高统治者通过丧葬笼络大族的用心。

经济发展的状况是影响魏晋时期的葬风的又一个因素。东汉末年的社会大动乱,极大地摧残了社会经济,造成土地荒芜,生产凋敝。当时人仲长统说:"盗贼凶荒,九州代作,饥馑暴至,军旅卒发,横税弱人,割夺吏禄,所恃者寡,所取者猥,万里悬乏,首尾不救,徭役并起,农桑失业,兆民呼嗟于昊天,贫穷转死于沟壑矣。……不循古法,规为轻税,及至一方有警,一面被灾,未逮三年,校计骞短,坐视战士之疏食,立望饿殍之满道,如之何为君行此政也?"③ 南朝梁任昉《述异记》卷下描写东汉末北方经济凋敝的情景说:"袁绍在冀州时,满市黄金而无斗粟,饿者相食,人为之语曰:'虎豹之口,不茹饥人。'""汉末大饥,江淮

---

① 《三国志·魏书》卷2,《文帝纪》。
② 《晋书》卷48,《段灼传》。
③ 《后汉书》卷49,《仲长统传》。

间童谣云：'太岳如市，人死如林，持金易粟，贵于黄金。'"①"洛中童谣曰：'虽有千黄金，无如我斗粟，斗粟自可饱，千金何所直。'"曹魏政权正是在这种社会经济背景下建立起来的。在这种情况下，厚葬既为经济水平所限制，也会使本来恶化的经济雪上加霜，导致社会的进一步动荡不安。作为政治家的曹操，自然要努力避免这种情况的发生。史书上所说"魏武帝以天下凋敝，下令不得厚葬"，②正说明经济因素对曹魏葬事的影响。

孝的观念是魏晋薄葬之风的道德约束。魏晋讲究孝道，前已叙述，在薄葬方面，也用孝的道德观念进行约束。魏文帝曹丕在薄葬终制最后说："若违今诏，妄有所变改造施，吾为戮尸地下，戮而重戮，死而重死。臣子为蔑死君父，不忠不孝，使死者有知，将不福汝。"③晋景帝司马师，在其母死后，"居丧以至孝闻"，④是个有名的大孝子。在其父司马懿死后，丧事制度又依照其父薄葬遗诏行事。可见遵父命行薄葬，在魏晋时期被认为是孝的表现之一。

以上我们分析了政治、经济、道德等因素对魏晋薄葬风气的影响。但是，上述因素不是一成不变的，而这些因素的变化，又对葬风的变化产生影响。

以政治因素而言，曹魏以后，社会逐渐趋于稳定，虽然各种战争依然不断发生，但像东汉末那种毁坏社会秩序的旷日持久的动乱并不多见，即使是北方十六国时期，也是乱中有治。在这种社会环境下，虽然掘墓抛尸之事时有发生，但为政府法律所不容，亦为社会舆论所不齿。《晋书·刑法志》载：晋惠帝时，尚书裴颁上表说："大晋垂制，深惟经远，山陵不封，园邑不饰，墓而不坟，同乎山壤，是以丘阪存其陈草，使齐乎中原矣。虽陵兆尊严，唯毁发然后族之，此古典也。若登践犯损，失尽敬之道，事止刑罪可也。"裴颁此表，要求对登践犯损陵墓者不要进行族诛，但"颁虽有此表，曲议犹不止"。可见西晋犯陵墓者处置之严厉。《魏书·高宗纪》载，太安四年（458年）十月，文成帝北巡，至阴山，见有故冢被毁，诏曰："昔姬文葬骨，天下归仁。自今有穿毁坟陇者，斩之。"朝廷既有护墓之严法，民间亦有为护墓而仇杀之事。《晋书·文苑传》载，李充父"墓中柏树尝为盗贼所斫，充手刃之，由是知名"。《宋书·垣护之传》载，垣护之伯父垣遵之子垣阆，"元嘉中，为员外散骑侍郎。母墓为东阿寺道人昙洛等所发，阆弟与殿中将军闳共杀昙洛等五人，诣官归罪，见原。"《南齐书·孝义传》载，朱谦之生母之墓被族人朱幼方燎火所焚，朱谦之成年后将朱幼方杀死，然后投案自首。孔稚珪、刘琎、张融等人联名写信给豫章王说："礼开报仇之典，以申孝义之情；法

---

① 《太平御览》卷840，《百谷部四·粟》引任昉《述异记》中。"太岳如市"为"大兵如市"，疑是。
② 《宋书》卷15，《礼志》二。
③ 《三国志·魏书》卷2，《文帝纪》。
④ 《晋书》卷2，《景帝纪》。

断相杀之条，以表权时之制。谦之挥刃斩冤，既申私礼；系颈就死，又明公法。今仍杀之，则成当世罪人；宥而活之，即为盛朝孝子。杀一罪人，未足弘宪；活一孝子，实广德风。张绪陆澄，是其乡旧，应具来由。融等与谦之并不相识，区区短见，深有恨然。"私杀毁坟掘墓者无罪，并被冠以孝义之名，这对盗墓行为自然是个打击，有助于对包括厚葬在内的陵墓的保护。南北朝时期，皇帝与士族的关系也发生了变化。在北朝，皇权的力量始终很强。在南朝，一方面皇权的力量有所增强，另一方面，士族也在经历着由盛而衰的过程。在这种情况下，两晋时期帝王用与大族墓葬差别不大甚至不如的方法以笼络的意义便逐渐减弱。

曹魏以后，社会的经济形势也发生了变化。由于西晋对全国的统一，在晋武帝太康年间出现了经济上的繁荣景象。史称"太康之中，天下书同文，车同轨，牛马被野，余粮栖亩，行旅草舍，外闾不闭。虽太平未洽，亦百代一时矣"①。这种被封建史家溢美的盛世，在苻坚统治时期、北魏孝文帝太和时期、南朝刘宋元嘉时期、梁武帝时期都不同程度地出现过。透过这些溢美之词，我们可以看到魏晋南北朝的经济得以恢复和发展的事实。经济上的进步使厚葬有了物质方面的保障。

比起政治、经济因素，道德观念的变化更具特色。诚然，整个魏晋南北朝时期，孝始终是一个重要的道德规范。但在治丧问题上，怎样做才算是孝，在不同的历史阶段有着不同的内容。魏晋时期，遵从长辈遗嘱实行薄葬是一种孝行，但南北朝时却是以厚葬来表示尽孝。北魏时，河东闻喜人吴悉达，因其兄弟有孝行，其亡父被州刺史追赠为勃海太守。吴悉达乃"迁葬曾祖已下三世九丧，倾尽资业，不假于人，哀感毁悴，有过初丧。有司奏闻，标闾复役，以彰孝义"②。从这件事可知，父亲受了追赠，儿子就要为其改葬，这似乎是当时的社会风气。吴悉达为改葬其父祖，竟倾尽资业，可见规模不薄。另一位皇亲高肇，其父高飏因是宣武帝之舅，被赐爵勃海公。但高肇"父兄封赠虽久，竟不改瘗"，"时人以肇无识，哂而不责也"③。吴悉达升高规格改葬其父，被标闾表彰；高肇不改父葬招世人哂笑，这从正反两个方面表明孝与厚葬的关系。东魏北齐时，元孝友说："今人生为皂隶，葬拟王侯，存没异途，无复节制。崇壮丘陇，盛饰祭仪，邻里相容，称为至孝。"④ 这是对在丧葬方面孝的内容变化的最好说明。

以上我们论述了政治、经济、道德等因素对丧葬风气变化的影响。当然，我们还可以举出其他因素，但当我们考察丧葬风气变化时可以发现，这种变化是随

---

① 《艺文类聚》卷11，《帝王部》引干宝《晋纪·总论》。
② 《魏书》卷86，《孝感·吴悉达传》。
③ 《魏书》卷83，《外戚·高肇传》。
④ 《北宋书》卷28，《元孝友传》。

着政治、经济、道德的变化而发生的,可见这三个因素是影响丧葬风气的主要因素。

二 人口流动、乡地观念与还乡葬

魏晋南北朝时期人口流动次数多,地域广。其类型大概有以下几种:第一,民族迁移,如西晋、十六国时期五胡向中原地区的流动,以及拓跋鲜卑向南的迁移。第二,国家政权组织的迁徙,如北魏前期,"徙山东六州民吏及徒何、高丽杂夷三十六万,百工伎巧十余万口,以充京师"①。北魏后期,孝文帝迁都洛阳等。第三,为逃避自然灾害而形成的流民浪潮,如西晋末以李特为首的流民入蜀。第四,不愿为异族统治的臣民,追随正朔所在的汉族政权而形成的移民浪潮,如东晋初大量的北方人民南移。第五,其他一些小范围的流动人口。在上述几种类型的人口流动中,第四种类型中人们的家乡、地望观念表现得尤为突出。《隋书·食货志》说:"晋自中原丧乱,元帝寓居江左,百姓之自拔南奔者,并谓之侨人。皆取旧壤之名,侨置郡县,往往散居,无有土著。"百姓自拔南奔,为了躲避中原丧乱,但他们为什么身居新地却取旧壤之名,侨置郡县呢?沈约说:"自戎狄内侮,有晋东迁,中土遗氓,播徙江外,幽、并、冀、雍、兖、豫、青、徐之境,幽沦寇逆。自扶莫而裹足奉首,免身于荆、越者,百郡千城,流寓比室。人伫鸿雁之歌,士蓄怀本之念,莫不各树邦邑,思复旧井。"②可见南迁之民侨置郡县的原因之一,就是寄托自己怀恋本土的情感和恢复旧井的希望。但是自东晋以后,南北分隔长达几百年,南迁之人还乡无望,只好安居侨州郡县,认他乡为故乡了。东晋孝武帝时,范宁说:"昔中原丧乱,流寓江左,庶有旋反之期,故许其挟注本郡。自尔渐久,人安其业,丘垄坟柏,皆已成行,虽无本邦之名,而有安土之实。"③东晋义熙九年(413年),刘裕实行土断时上疏说:"所谓父母之邦以为桑梓者,诚以生焉终焉,敬爱所托耳。今所居累世,坟垄成行,敬恭之诚,岂不与事而至?"④范宁、刘裕所说"坟垄成行"的现象,说明南迁之人在还乡无望的情况下,世世代代将自己葬在侨居之地,这可视为在特殊历史条件下还乡葬的一种特殊表现形式。

如果说侨置郡县对一般人来说表现了家乡观念,那么对士族门阀来说则表现出其地望观念。南朝齐永明七年(489年),光禄大夫吕安国上疏说:"北兖州民戴尚伯六十人诉:'旧壤幽隔,飘寓失所。今虽创置淮阴,而阳平一郡,州实无

---

① 《魏书》卷2,《太祖纪》。
② 《宋书》卷11,《志序》。
③ 《晋书》卷75,《范汪附范宁传》。
④ 《宋书》卷2,《武帝纪》中。

土，寄山阳境内。窃见司、徐、青三州，悉皆新立，并有实郡；东平既是望邦，衣冠所系，希于山阳、盱眙二界间，割小户置此郡，始招集荒落，使本壤姓族，有所归依。'臣寻东平郡既是此州本领，臣贱族桑梓，愿立此邦。"① 从此段话中可知，侨置东平郡的理由，是因为它曾是衣冠所系的望邦，侨置此郡是为了使本壤姓族有所归依。魏晋南北朝时期，世家大族的地望表明其高贵的身份，所以他们"竞以姓望所出，邑里相矜"②。例如北朝清河崔㥄，常"以籍地自矜"，多次对范阳卢元明说："天下盛门唯我与尔，博崔、赵李何事者哉。"③ 又如高阳王元雍妃卢氏死后，欲纳博陵崔显妹，宣武帝"初以崔显世号东崔，地寒望劣，难之，久乃听许"④。南迁的北方大族人虽离开本土，但标志自己身份的地望绝舍不得丢掉，他们在江左侨立郡县，以本土命名，也正是上述心态所使然。

上述家乡、地望观念，是魏晋南北朝时期还乡葬的心理因素。在人口流动频繁的情况下，这种心理表现得更加强烈。除了因人为或社会等原因使归乡葬受到阻碍外，只要有可能，客死他乡者一般都归葬于生焉终焉的家乡。

(三) 婚姻、宗教、伦理与合葬

从魏晋南北朝的合葬习俗中，我们可以发现它的一个显著特点，即顽固性。先帝垂制、长辈遗训、政权分割、时间延续，都不能使合葬之俗受到影响。之所以如此，我们认为这是各方面因素综合影响的结果。

首先，合葬之俗与婚姻发展水平有关。《周易·说卦》云："夫妇之道，不可以不久也，故受之以恒。"这说明早在先秦时期，人们就有夫妻关系稳定长久的要求。东晋咸康二年（336 年），南平郡人陈诜妻与家人遇贼。为救婆婆活命，陈诜妻自愿委身贼人，被掳掠而去。陈诜认为妻已不存，更娶严氏。后陈诜妻之妹打听得姐姐还在人世，便将其接回送还陈诜。王愆期议道："李（指陈诜妻）虽没贼，尚有生冀，诜寻求之理不尽，而便娶妻，诚诜之短也。"⑤ 此议认为，陈诜在未证实妻已死便又娶很不应该，可见夫妇关系的稳定。《颜氏家训·后娶》说："江左不讳庶孽，丧室之后，多以妾媵终家事；疥癣蚊虻，或未能免，限以大分，故稀斗阋之耻。河北鄙于侧出，不预人流，是以必须重娶，至于三四，母年有少于子者。"南北虽风气不同，但南方的妾媵终家事和北方的三四次重娶，都是在正室嫡妻死后才可行之事，亦见夫妇关系的稳定。《陈书·徐陵传》载，徐陵弟徐孝

---

① 《南齐书》卷 14，《州郡志》上。
② 《史通·邑里篇》。
③ 《北史》卷 24，《崔逞附崔㥄传》。
④ 《北史》卷 19，《献文六王列传》。
⑤ 《晋书》卷 20，《礼志》中。

223

克,在侯景之乱时无食充腹,为赡养老母,便对其娇妻臧氏说:"今饥荒如此,供养交阙,欲嫁卿与富人,望彼此俱济,于卿意如何?"臧氏未同意。当时侯景手下之将孔景行,家富于财,徐孝克便秘密托媒将臧氏改嫁之。臧氏无奈,只得涕泣而去,将所得谷帛全部留给徐孝克母子。徐孝克又剃发出家,乞食化缘以养老母。臧氏亦深念夫妻旧恩,多次接济他们。后来孔景行战死,臧氏在路上连等数日,才见到徐孝克,对他说:"往日之事,非为相负,今既得脱,当归供养。"徐孝克乃归俗,夫妻重新团聚。这件事也反映出在家庭关系中,一夫一妻的夫妻关系所包含的稳定的方面。"生则同室,死则同穴",人们要求把这种关系保持到另一个世界,合葬之俗显然是夫妻关系稳定的表现。

合葬之俗又与当时的宗教观念有关。魏晋南北朝时,佛教盛行,土生的道教影响也很大。其中灵魂不灭的思想,在两教很盛行。灵魂不灭反映在丧葬问题上,就是如何处置形与神。如西晋末,东海王司马越之柩被石勒焚于北方,其妃裴氏东晋初渡江,欲对其夫实行招魂葬。晋元帝让众人议论此事,博士傅纯说:"圣人制礼,以事缘情,设冢椁以藏形,而事之以凶;立庙祧以安神,而奉之以吉,送形而往,迎精而还。此墓庙之大分,形神之异制也。至于室庙寝庙祊祭非一处,所以广求神之道,而独不祭于墓,明非神之所处也。今乱形神之别,错庙墓之宜,违礼制之义,莫大于此。"[①] 由此看来,藏形与安神的意义是不同的。神虽不灭,且能于庙中享受祭祀,但不能代替对形骸的合葬。况且,藏形与安神,一个事之以凶,一个奉之以吉,没有合葬的凶礼,直接让神灵享受祭祀吉礼是绝对不行的。

最后,合葬之俗与当时的伦理道德观念有关。前已提到,魏晋南北朝时期统治者大倡孝道,各个时期的孝义不乏其人。为亡去的双亲合葬,在当时被视为孝义之举,有了这种道德舆论的支持,更使合葬之俗普遍流行。

---

① 《晋书》卷59,《东海王越传》。

第八章
宗教信仰及鬼神崇拜

第一节　佛教、道教的社会影响

魏晋南北朝时期，宗教神学勃兴。无论是土生土长的道教，还是异域传来的佛教，都在这个时期广泛地传播开来，并影响到社会上各个阶层。道教宣扬"行符敕水"、"消灾灭祸"、"累德增善"、"白日升天，长生世上"① 等来骗人。特别是佛教的幻想力和迷人的方法都比儒学和道教高明。它有神魂不灭、因果报应、三世轮回、天堂地狱等说，还有种种神通变化之术。在长期分裂战乱中，兴衰莫测的各族统治者妄图"长生世上"或死后升入天堂，并祈求神奇法术来维护自己的统治。同时，统治者向人民宣传因果报应说，使人民相信现实社会里封建统治者与人民之间富与穷、贵与贱的差别以及压迫与被压迫的关系都是合理的，是前世修福与作恶的结果，要人们安于现状，"蠲去邪累，澡雪心神，积行树功"，以达到"化恶就善"② 的目的，用以麻痹人民的斗争意志。身受阶级和民族双重压迫的各族人民，由于"他们既然对物质上的解放感到绝望，就去追寻精神上的解

---

① 《魏书》卷114，《释老志》。
② 同上。

放来代替，就去追寻思想上的安慰，以摆脱完全的绝望处境"①。特别是长期战乱，天灾人祸相寻，更加助长了广大群众对宗教所宣扬的"羽化飞天"或"登天堂"一类死后的幸福生活的憧憬。因此，佛教、道教在当时的统治阶级和被统治阶级中，都得到了广泛的传播。

优婆塞戒经残片　（北凉）

佛教在西晋时只有寺院 180 所，僧尼 3700 人。东晋南朝，佛教大发展，梁代达到顶峰。梁武帝萧衍在天监三年（504 年）的崇佛诏中说："愿未来世中，童男出家，广弘经教，化度含识，同共成佛。"② 这类诏书无异于宣布佛教为国教。早在南齐时，宗室竟陵王萧子良信佛最笃，他曾多次在司徒府备斋，大会僧众，宣讲佛经。江南士族门阀佞佛的很多。如琅邪王氏、颜氏，陈郡谢氏，庐江何氏，汝南周氏，吴郡张氏、陆氏中的很多人都崇奉佛法。帝王权贵和地方官吏压榨人民，搜刮钱财，佞信佛教，为祈求来生的幸福，到处兴建宏丽的寺宇。而普通老百姓，为了逃避繁重的赋役，脱离人间苦海，也常"竭财以赴僧，破产以趋

---

① 《马克思恩格斯全集》第 10 卷，第 334 页。
② 梁武帝：《舍事李老道法诏》，《广弘明集》卷 4。

佛"①。郭祖深向梁武帝上书中说："都下佛寺五百余所，穷极宏丽。僧民十余万，资产丰沃。所在郡县，不可胜言。道人又有白徒，尼皆畜养女，皆不贯人籍。天下户口，几亡甚半。"② 郭氏所说梁代约一半人为僧尼，显然有所夸大，但它却表明南朝佛教传播之广，以及进入佛门人数的众多。

十六国北朝佛教的兴盛，实际上要超过南朝。因为佛教是外来宗教，更适应少数民族统治者入主中原的心理状态。如后赵石虎曾说："佛是戎神，正应所奉。"③ 北方不少士家大族如清河（治今山东临清县东北）崔氏、范阳（治今河北涿州）卢氏、荥阳（治今河南荥阳县）郑氏、陇西（治今甘肃陇西县）李氏、河间（治今河北河间）邢氏、河东（治今山西永济县西南）柳氏，以及北魏鲜卑贵族，均信奉佛法。北魏还建立了一套佛教组织系统，有道人统（后改为沙门统）、都维那、维那、寺主等佛教教职，专门管理寺院沙门事务。不管南方和北方，僧尼大众都有免除役调的权利，这也是苦于赋役剥削的农民大批地逃入佛教寺院的主要原因。北朝僧尼犯法，不受国家法律的制裁，以寺院内律处理。北魏太和元年（477 年）全境只有佛教寺院 6478 所，僧尼 77258 人。④ 到北魏后期，"天下多虞，王役尤甚。于是所在编户，相与入道，假慕沙门，实避赋役……略而计之，僧尼大众二百万矣。"⑤ 在北齐、北周时期，北齐境内共有寺院 3 万所，僧尼 200 万；⑥ 北周境内共有寺院 1 万所，僧尼 100 万。⑦ 北齐北周全境共有僧尼 300 万人，为唐代僧尼最多时期唐武宗时代全国僧尼近 30 万人的 10 倍。⑧ 当时北方人口约为 3000 万，僧尼人数占总人口的十分之一。这个僧尼数与总人口数的比例，超过了历代僧尼人数所占总人口数的比例，这就表明，当时佛教在人民中传播之广、影响之大是空前绝后的。

道教利用符水治病，以及"消灾灭祸"一类说教，对于灾难深重的下层人民，当然有着吸引力。汉末原始道教起于民间，同农民反抗封建统治的斗争相结合，因而产生了太平道教和五斗米道教。汉末农民起义被镇压之后，原始道教发生了变化。其中一个流派在人民群众中继续传播，仍以符水治病等为组织发动起义的工具，被封建统治者视为妖教邪说。据统计，当时明确利用道教作为组织纽带发

---

① 《梁书》卷 48，《范缜传》。
② 《南史》卷 70，《郭祖深传》。
③ 《高僧传》卷 9，《佛图澄传》。《晋书》卷 89，《佛图澄传》为："佛是戎神，所应兼奉。"
④ 《魏书》卷 114，《释老志》。
⑤ 《魏书》卷 114，《历代三宝记》。
⑥ 据《大唐内典录》、《历代三宝记》。
⑦ 据《历代三宝记》、《辨正论·十代奉佛篇》。
⑧ 郭朋：《隋唐佛教》，第 381 页。按《唐会要》卷 49 载，唐武宗会昌五年僧尼人数为 260500 人。

动农民起义的，全国先后共有二十次之多，起义范围涉及南北方广大地区。① 一般称"妖贼"起义的，还未计算在内。由此可见，原始道教在下层群众中传播较广。另外一派道教则成为地主阶级的御用宗教，以炼丹、修仙为务。这派道教，两晋南北朝时在封建统治者中也广为传播。晋宣帝司马懿被尊为道教中地位颇高的鬼官。② 西晋宗室赵王伦、东晋简文帝、孝武帝，以及宗室司马道生、司马道子，刘宋文帝之子刘劭，皆信奉道教。梁武帝早年信奉道教，"朝士受道者众。三吴及边海之际，信之逾甚"③。梁武帝在位时，道士陶弘景隐居句容句曲山修道，"国家每有吉凶征讨大事，无不前以咨询。月中常有数信，时人谓为'山中宰相'"④。南方还出现了一大批本地或侨居的道教世家，如琅邪王氏、孙氏、高平郗氏、吴郡（治今江苏苏州）杜氏、会稽（治今浙江绍兴）孔氏、陈郡殷氏、丹阳（治今安徽当涂东北）葛氏、许氏、陶氏、东海鲍氏、吴兴沈氏等皆是。⑤ 他们中有的世

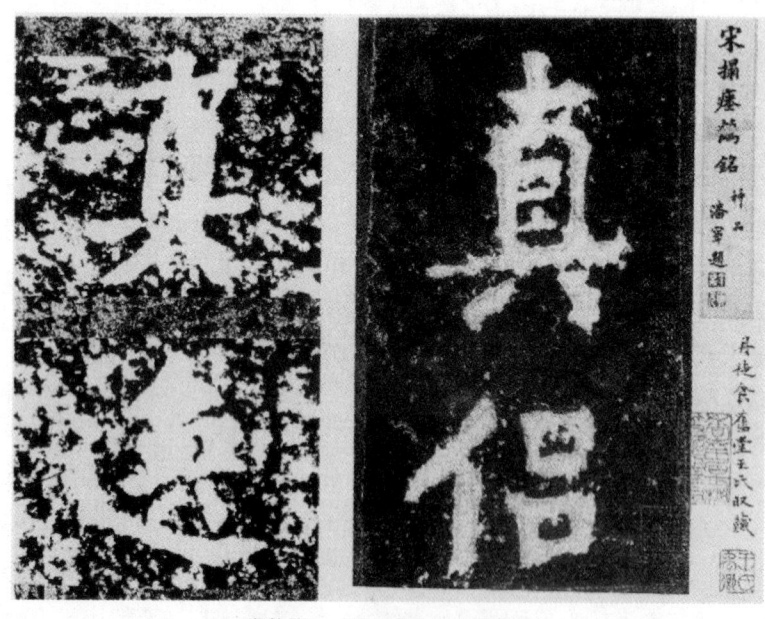

瘗鹤铭　（梁　传为陶弘景书）

代相传习道，有的则彼此结为姻亲，用以扩大宗教影响。北魏太武帝拓跋焘时，有道士寇谦之"清整"道教，明确提出道教应辅佐北方太平真君（指太武帝）统治中原人民。魏初最有才智和权势的谋臣司徒崔浩，也尊寇谦之为师，"受其法

---

① 参考张泽咸、朱大渭编《魏晋南北朝农民战争资料汇编》。
② 《正统道藏》第34册陶弘景《真诰》卷16《阐幽微》第2。
③ 《隋书》卷35，《经籍志》四。
④ 《南史》卷76，《隐逸·陶弘景传》。
⑤ 参考陈寅恪：《天师道与滨海地区之关系》，见《金明馆丛稿初编》。

术"。太武帝崇敬道教，改年号为太平真君（440—450年），并为寇谦之起天师道场于京城之东南，"于是崇奉天师，显扬新法，宣布天下，道业大行。"太武帝亲至道坛受符箓。此后北魏诸帝即位，都在道坛受符箓，成为常制。① 实际上，道教在北魏曾一度几乎处于国教的地位。②

由上述可知，无论佛教和道教，在当时政治生活和文化思想方面，都占有重要地位。道教尤其是佛教经典理论对儒学和玄学，均产生了深刻的影响。

第二节　方术与天意崇拜

● 借方术以通达天意

《北史·艺术·庾季才传》载：

> 开皇元年，授通直散骑常侍。帝将迁都，夜与高颎、苏威二人定议。季才旦奏："臣仰观玄象，俯察图记，龟兆允袭，必有迁都。且汉营此城，经将八百岁，水皆咸卤，不甚宜人，愿为迁徙计。"帝愕然，谓颎等曰："是何神也！"遂发诏施行。赐季才绢布及晋爵为公。谓曰："朕自今已后，信有天道。"于是令季才与其子质撰《垂象》、《地形》等志。谓曰："天道秘奥，推测多途，执见不同，不欲令外人干预此事，故令公父子共为之。"

隋文帝迁都定之于夜，庾季才类似请求继之于旦，二者为巧合还是庾季才事先有所察觉，此不作论。观此记载，有两处颇值得注意。一是庾季才迁都之请是打着天意的旗号，而且这种天意的体察是通过仰观俯察、龟占卜兆等方法。二是隋文帝"天道秘奥，推测多途"之语。这说明魏晋南北朝时，人们与天沟通的方式是多种多样的。根据史籍记载我们可以看到，星占、望气、风角、谶纬、占卜、相术、占梦等，是人们领会天意常用的形式。

星占用星象来附会人事，它从星象的变化来占卜人世的吉凶。《晋书·天文

---

① 《魏书》卷114，《释老志》。
② 参考朱大渭：《魏晋南北朝文化的基本特征》，见《文史哲》1993年第3期。

志》说:"昔在庖牺,观象察法,以通神明之德,以类天地之情,可以藏往知来,开物成务。"可见占星之术兴起的年代相当久远。魏晋南北朝时,占星术的流传更广,影响更大。东汉末,侍中、太史令王立就借星象为曹魏代汉制造舆论。他对宗正刘艾说:"前太白守天关,与荧惑会;金火交会,革命之象也。汉祚终矣,晋、魏必有兴者。"不久又对汉帝说:"天命有去就,五行不常盛,代火者土也,承汉者魏也,能安天下者曹姓也,唯委任曹氏而已。"① 三国时,吴主孙权听说魏文帝禅代汉祚,刘备亦蜀中称帝,便呼问知星者自己分野中星气如何,遂生称帝之意。② 西晋武帝泰始三年(267年)十二月,曾下诏禁星气谶纬之学,但不久便发现星气之学于己有用,又将其恢复。史载:"武帝咸宁四年九月,太白当见不见。占曰:'是谓失舍,不有破军,必有亡国。'是时羊祜表求伐吴,上许之。五年十一月,兵出,太白始夕见西方。太康元年三月,大破吴军,孙晧面缚请罪,吴国遂亡。"③ 可见在晋武帝决策出兵东吴中,占星起了一定的作用。东晋大将军桓温,久有篡位之心,曾深夜将一个知天文的蜀人唤至府中,拉着他的手问国家祚运的长短。占星者说:"世纪方永。"桓温以为他不敢直言,便开导说:"如君言,岂独吾福,乃苍生之幸。然今日之语自可令尽,必有小小厄运,亦宜说之。"星人答:"太微、紫微、文昌三宫气候如此,决无忧虞。至五十年外不论耳。"桓温听罢,篡位之意乃止。④ 南朝人孔灵产,解天文,好数术。萧道成辅政时,沈攸之起兵反叛。孔灵产说:"攸之兵众虽强,以天时冥数而观,无能为也。"萧道成以其言有验,擢迁其为光禄大夫,并令其上灵台占候天文。⑤ 北魏道武帝拓跋珪时,"太史屡奏天文错乱。帝亲览经占,多云改王易政,故数革官号,一欲防塞凶狡,二欲消灾应变"⑥。北齐河清三年(564年)五月,天上白虹围日两重,赤星出现。武成帝高湛甚觉不祥,乃用盆水接星影而盖之,正巧盆破。高湛乃杀其侄高百年禳灾。⑦

望气即根据云气以占吉凶之术。魏晋南北朝时,望气之术也很盛行。《三国志·魏书·文帝纪》注引《魏书》载:曹丕"生时,有云气青色而圆如车盖当其上,终日。望气者以为至贵之征,非人臣之气"。黄初元年(220年),刘豹等上言劝刘备称帝说:"臣父群未亡时,言西南数有黄气,直立数丈,见来积年,时时

---

① 《三国志·魏书》卷1,《武帝纪》注引张璠《汉纪》。
② 《三国志·吴书》卷2,《吴主传》注引《魏略》。
③ 《晋书》卷13,《天文志》下。
④ 《晋书》卷82,《习凿齿传》。
⑤ 《南齐书》卷48,《孔稚珪传》。
⑥ 《魏书》卷2,《太祖纪》。
⑦ 《北齐书》卷12,《孝昭六王·乐陵王高百年传》。

有景云祥风，从璿玑下来应之，此为异端。又二十二年中，数有气如旗，从西竟东，中天而行，《图》、《书》曰'必有天子出其方'……圣讳豫睹，推撰其验，符合数至，若此非一。臣闻圣王先天而天不违，后天而奉天时，故应际而生，与神合契。愿大王应天顺民，速即洪业，以宁海内。"① 吴国孙晧时，有望气者说，荆州（治今湖北荆州）有王气破扬州（治今江苏南京），而建邺（即今江苏南京）宫不利。孙晧便迁至武昌（治今湖北鄂城）。为压制荆州的王气，孙晧又征发民工挖开荆州界内大臣名家之墓。后施旦在建邺反，孙晧杀之，又派数百人鼓噪入建邺，杀施旦妻子，称天子派荆州兵来破扬州贼，以应前望气者之言。② 东晋初，陈敏作乱，望气者陈训说："陈家无王气，不久当灭。"③ 南朝梁武帝也用望气神化自己，据说他为布衣时，"所住斋常有五色回转，状若蟠龙，其上紫气腾起，形如伞盖，望者莫不异焉。"④ 北魏拓跋焘时，有望气者奏言上党（治今山西潞城西）有天子气，地点在壶关大王山。拓跋焘于是南巡以压此气，又在大王山累石为三封，切断其北的凤凰山，以毁其形。⑤ 东魏武定四年（546年），高欢会兵于晋阳（治今山西清徐东北），准备伐西魏。殿中将军曹魏祖说："不可。今八月西方王，以死气逆生气，为客不利，主人则可。兵果行，伤大将军。"⑥ 以上数例，可窥见魏晋南北朝时望气流行的概况。

风角即通过观察自然界中的风来占卜吉凶。《三国志·魏书·方伎传》注引《辂别传》载，管辂曾与王弘直论风角之术，王弘直问："风之推变，乃可尔乎？"管辂答："此但风之毛发，何足为异？若夫列宿不守，众神乱行，八风横起，怒气电飞，山崩石飞，树木摧倾，扬尘万里，仰不见天，鸟兽藏窜，兆民骇惊，于是使梓慎之徒，登高台，望风气，分灾异，刻期日，然后知神思遐幽，灵风可惧。"在管辂看来，利用风角推算变异不过是毛发之技，而知遐幽神思才是风角的本旨。"遐幽神思"显系指玄远的天意。魏晋南北朝时期，风角虽不及占星之盛，但善风角之人的记载也很多，孙吴的吴范，两晋的陈训、戴洋，北魏的王早，东魏北齐的王春、许遵都因善风角闻名。可见风角之术在当时的影响。

谶纬之术起于秦而盛于东汉，它的出现与流传，都是和天意符命紧密相连的。魏晋南北朝时，谶纬遗风尚存。之所以称其为"遗风"，第一，谶纬之术屡被朝廷所禁，故只能在朝廷禁令夹缝中生存。第二，谶纬中附会儒家经典的纬

---

① 《三国志·蜀书》卷2，《先主传》。
② 《三国志·吴书》卷3，《孙晧传》注引《晋春秋》。
③ 《晋书》卷95，《艺术·陈训传》。
④ 《梁书》卷1，《武帝纪》上。
⑤ 《北齐书》卷1，《神武纪》上。
⑥ 《北齐书》卷2，《神武纪》下。

书影响日益减弱,而形式简单容易被人们接受的谶语仍十分活跃,谶纬已部分失去秦汉时期的意义。尽管谶纬已发生部分变化,但其传符命达天意的功能仍存。曹魏代汉之际,太史丞许芝等上书说:"《易运期谶》曰:'言居东,西有午,两日并光日居下。其为主,反为辅。五八四十,黄气受,真人出。'言午,许字。两日,昌字。汉当以许亡,魏当以许昌。今际会之期在许,是其效也。"①谶纬之术为曹魏代汉推波助澜,表现出双重作用,即促台上者垮台和促台下者上台。因此,两晋至南北朝,政府曾多次下诏禁止谶纬。但史籍中对信谶纬之事的记载,要比对它的禁止多得多。西晋末,有童谣说:"五马浮渡江,一马化为龙。"② 后司马睿与司马氏其他四王渡江,司马睿在江东称帝,建立东晋。司马睿早在八王之乱末便开始经营江东,在西晋政权覆亡之势已很明显之时出现此种谶语式的童谣,显然是为司马睿称帝制造天命根据。后赵石虎时,有"灭石者陵"之谶,石虎便将兰陵郡(治今山东枣庄南)改名为武兴郡。③ 前秦苻坚时,国中有谣言说:"河水清复清,苻诏死新城。"苻坚深恶此谶,每次征伐都诫军中:"地有名新者避之。"④ 后燕主慕容垂,原名慕容霸,后因田猎坠马,将齿摔落,慕容儁便改其名为慕容㓄,后根据谶记之文,去掉"夬"旁,为慕容垂。⑤ 后燕国都被攻破,燕主慕容宝灭亡。慕容德参军刘藻自后秦归,带来玉玺一枚,并有图谶秘文,文曰:"有德者昌,无德者亡,德受天命,柔而复刚。"当时又有谣曰:"大风蓬勃扬尘埃,八井三刀卒起来。四海鼎沸中山颓,惟有德人据三台。"⑥ "八井三刀"即"并州"之隐语,指北魏兴于山西北部。"中山颓"指燕都中山被攻破。"德人"指慕容德。众人据此劝慕容德称帝。慕容德虽未马上接受,但此谶无疑为其后来称帝建南燕作了舆论准备。南朝萧齐代宋之际,流传谶语也很多,如,"萧为二士,天下大乐"⑦。二士相累为"主"。又如,"天子何在草中宿"⑧。宿取肃的谐音。这两句谶语简直把萧姓为帝之意说白了。萧梁代齐之时,太史令蒋道秀陈说萧衍称帝的天文符谶64条。⑨ 沈约也向萧衍进"行中水,作天子"之谶。⑩ 萧衍进入建康后,山中隐士陶弘景闻议禅代,便援引图谶,处处

---

① 《三国志·魏书》卷2,《文帝纪》注引《献帝传》。
② 《晋书》卷6,《元帝纪》。
③ 《晋书》卷107,《石季龙载记》下。
④ 《晋书》卷114,《苻坚载记》下。
⑤ 《晋书》卷123,《慕容垂载记》。
⑥ 《晋书》卷127,《慕容德载记》。
⑦ 《南齐书》卷18,《祥瑞志》。
⑧ 同上。
⑨ 《梁书》卷1,《武帝纪》上。
⑩ 《梁书》卷13,《沈约传》。

魏晋南北朝社会生活史

上：司马金龙墓木板漆画题记（北魏 山西大同司马金龙墓出土）
下：青瓷盖砚（西晋 江苏宜兴出土）

魏晋南北朝社会生活史

骑马陶俑（西晋　湖南长沙金盆岭）

魏晋南北朝社会生活史

左：陶女俑（南朝　南京砂石山出土）
右：青瓷羊（东吴　南京清凉山出土）

魏晋南北朝社会生活史

上左：红陶堆塑罐（东吴　南京赵士岗出土）
下右：青瓷飞鸟香薰（西晋　江苏宜兴周处墓出土）

魏晋南北朝社会生活史

麦积山第123窟左壁（西魏）

写本《观佛三昧海经卷第五》（北魏　敦煌藏经洞出土）

闢如前不異如是西門北門爾皆如此如此
時間迊廵半劫阿鼻獄死主寒冰中寒冰獄
死主黒闇衆八千萬歳目無所見受大虫身
婉轉腰行諸情閻塞無所解知百千狐狼辈
犂食之命終之後主畜生中五千万身受鳥
戰形還主人中聲音瘂疢顏貌醜下
賤一切諸裹以為敦觴受此賤形迊五百身
後復還主餓々鬼々道々中々遇善知識諸
大善崔訶噴其言汝於前身無量世時作无
根罪誹謗不信菌阿鼻獄受諸苦惱不可具
說汝今應當發慈悲心時諸餓鬼聞是語已
稱南無佛稱佛恩力尋即命終主四天王衆
主役天已悔過自責發摧心諸佛心光不
捨是輩慈哀是輩慈愛如雞晛雛教壁
地獄如麥眼目佛告大王欲知佛心光明所

魏晋南北朝社会生活史

莫高窟第254窟窟室内景（北魏）

皆成"梁"字，令子弟进之。① 北魏统治北方时间较长，政治相对稳定，加之统治者对谶纬禁止甚严，所以谶纬活动较少。但北魏末期，随着朝廷统治力量的削弱，谶纬之事又有抬头。《魏书·术艺传》载，北魏末，刘灵助自号燕王、车骑大将军、开府仪同三司、大行台。又，"驯养大鸟，称为己瑞，妄说图谶，言刘氏当王"。《北史·艺术传》载，北周宇文护执政时，问庾季才有关天道征祥之事。庾季才说："上台有变，不利宰辅，公宜归政天子，请老私门。"后周武帝诛宇文护，阅其书记，凡假托符命，妄造异端者，皆诛无赦。搜阅中，庾季才的信件只有两张，上边讲的都是劝宇文护归政的纬言谶语。周武帝说："季才甚得人臣之礼。"因赐其布帛。可见周武帝对有利于自己的谶纬是取宽容态度的。

占卜是通过一些现象预言未来的方术。《礼记·表记》说："子言之：昔三代明王，皆事天地之神明，无非卜筮之用，不敢以其私亵事上帝。是故不犯日月，不违卜筮。"这说明，用卜筮的方法与天沟通，在魏晋以前早已如此。魏晋南北朝时期，占卜仍有通天意的作用。《三国志·魏书·管辂传》载："父为利漕，利漕民郭恩兄弟三人，皆得躄疾，使辂筮其所由。辂曰：'卦中有君本墓，墓中有女鬼，非君伯母，当叔母也。昔饥荒之世，当有利其数升米者，排著井中，啧啧有声，推一大石，下破其头，孤魂冤痛，自诉于天。'于是恩涕泣服罪。"同传又引《辂别传》说："义博（郭恩字）设主人，独请辂，具告辛苦，自说：'兄弟三人俱得躄疾，不知何故？试相为作卦，知其所由。若有咎殃者，天道赦人，当为吾祈福于神明，勿有所爱。兄弟俱行，此为更生。'辂便作卦，思之未详。会日夕，因留宿，至中夜，语义博曰：'吾以此得之。'既言其事，义博悲涕沾衣，曰：'皇汉之末，实有斯事。君不名主，讳也。我不得言，礼也。兄弟躄来三十余载，脚如棘子，不可复治，但愿不及子孙耳。'辂言火形不绝，水行无余，不及后也。"由上述故事可知，管辂通过卜筮，占得郭恩兄弟三人的脚疾，是因其父于饥荒之世贪粮害命，上天罚之，祸其后代。郭恩求管辂占卜有三个目的：一为探明病因；二求祈福神明，天道赦人；三为祈求上天不要殃及后人。这典型地反映了占卜与天意的关系。魏晋南北朝时期，社会上占卜之风极盛，这不仅表现在此时期占卜事例很多，还表现在占卜的种类增加。粗略统计，魏晋南北朝时期的占卜有以下几类：

（一）卦卜。又称筮卜、易卜，它用《易经》来卜吉凶。《晋书·张轨传》载："轨以时方多难，阴图据河西，筮之，遇《泰》之《观》，乃投筴喜曰：'霸者兆也。'于是求为凉州。"同书《郭璞传》载：时元帝初镇建邺（今江苏南京），王导令郭璞筮卜，遇《咸》之《井》。郭璞说："东北郡县有'武'名者，当出

---

① 《梁书》卷51，《处士·陶弘景传》。

铎，以著受命之符。西南郡县有'阳'名者，井当沸。"此处的《泰》、《观》、《咸》、《井》等都为《易经》中的卦名。三国吴主孙权弟孙翊，其妻徐氏善卜。孙翊性骁悍，任丹阳太守时，待部下边洪等人不善，边洪等人遂谋杀害之。值孙翊当会见诸县令长，便对其妻徐氏说："吾明日欲为长吏作主人，卿试卜之。"徐氏说："卦不能佳，可须异日。"① 徐氏占卜之卦，也是《易经》的卦象。

（二）龟卜。东晋庾阐曾著《蓍龟论》说："夫物生而后有象，象而后有数，有数而后吉凶存焉。蓍者寻之主，非神明之所存；龟者启兆之质，非灵照之所生。何以明之？夫求物于暗室，夜鉴者得之，无夜鉴之朗，又以火得之。得之功同也，致功之迹异也。不可见目因火鉴，便谓火为目；神凭蓍通，又谓蓍为神也。由此言之，神明之道，则大贤之暗室，蓍龟之用，岂非颜子之龙烛耶！蓍龟之运，亦所以感兴卦兆，求通逆数，又非爻象之体，拟议之极者也。"② 蓍为蓍草，是易占的一种工具，龟指龟甲，为龟卜的工具。庾阐此论，意在指明蓍草和龟甲都不过是通达天意的工具，并非神明本身。文中蓍龟并举，可见龟卜之术仍被人们使用。南齐柳世隆，"善卜，别龟甲，价至一万"③。他所写的《龟经秘要》一书曾在当时流行。④

（三）鸟卜。此术据鸟的叫声占卜吉凶。相传三国时管辂善此术，勃海（治今河北南皮北）人刘长仁表示怀疑，说："夫生民之音曰言，鸟兽之声曰鸣，故言者则有知之贵灵，鸣者则无知之贱名，何由以鸟鸣为语，乱神明之所异也？孔子曰：'吾不与鸟兽同群，'明其贱也。"管辂答："夫天虽有大象而不能言，故运星精于上，流神明于下，验风云以表异，役鸟兽以通灵。……此乃上天之所使，自然之明符。"⑤ 在管辂看来，鸟鸣也是达天意的。

（四）虎卜。《太平御览》卷726引《博物志》说："虎知冲破，又能画地卜。今人有画物上下者，推其奇偶，谓虎卜。"

（五）棋卜。《异苑》卷5载："十二棋卜，出自张文成受法于黄石公，行师用兵万不失一。逮至东方朔，密以占众事，自此以后秘而不传。晋宁康初，襄城寺法味道人忽遇一老公，着黄皮衣，竹筒盛此书，以受法味，无何失所在。遂复流传于世云。"《异苑》专载怪异之事，黄衣老公传法可视为神话，但棋卜在东晋时流传似不可疑。《南史》卷36《江谧传》载：江谧被任为镇北长史、南东海（治今江苏镇江市）太守。未发，忧甚，乃以弈棋占卦云："有客南来，金椀玉

---

① 《三国志·吴书》卷6，《宗室传》注引《吴历》。
② 《艺文类聚》卷75，《方术部·卜筮》。
③ 《南齐书》卷24，《柳世隆传》。
④ 同上。
⑤ 《三国志·魏书》卷29，《方技传》注引《辂别传》。

杯。"可见此法至南朝时犹传。

（六）樗蒲卜。樗蒲是魏晋南北朝时盛行的活动，它不但具有娱乐功能，还是一种占卜手段。《晋书》卷123《慕容垂载记》载：前燕亡后，慕容宝被迁至长安（今陕西西安附近），"与韩黄、李根等因宴樗蒲。宝危坐整容，誓之曰：'世云樗蒲有神，岂虚也哉！若富贵可期，频得三卢。'于是三掷尽卢。宝拜而受赐，故云五木之祥。"《周书》卷18《王思政传》载："大统之后，思政虽被任委，自以非相府之旧，每不自安。太祖曾在同州，与群公宴集，出锦罽及杂绫绢数段，命诸将樗蒲取之。物既尽，太祖又解所服金带，令诸人遍掷，曰：'先得卢者，即与之。'群公将遍，莫有得者。次至思政，乃敛容跪坐而自誓曰：'王思政羁旅归朝，蒙宰相国士之遇，方愿尽心效命，上报知己。若此诚有实，令宰相赐知者，愿掷即为卢；若内怀不尽，神灵亦当明之，使不作也，便当杀身以谢所奉。'辞气慷慨，一坐尽惊。即拔所佩刀，横于膝上，揽樗蒲，拊髀掷之。比太祖止之，已掷为卢矣。徐乃拜而受。自此之后，太祖期寄更深。"上述两事，典型地反映了当时人"樗蒲通神"的观念。

（七）竹卜。《太平御览》卷726引《荆楚岁时记》说："秋分以牲祠社，其供帐盛于仲春之月，社之余胙，悉供馈乡里周于族。社余之会，其在兹乎。此其会也，掷教于社袡，以占来岁丰俭。或折竹以卜。"

相术包括相人、相宅、相墓、相印等。其中相人流传最广，影响最大。南朝梁刘孝标《相经序》说："夫命之与相，犹声之与响。声动乎几，响穷乎应。虽寿夭参差，贤愚不一，其间大较，可得闻矣。若乃生而神睿，弱而能言，八采光眉，四瞳丽目，斯实天姿之特达，圣人之符表。洎乎日角月偃之奇，龙楼虎踞之美，地静镇于城缠，天关运于掌策，金搥玉枕，磊落相望，伏犀起盖，隐辚交映，井宅既兼，食匮已实，抑亦帝王卿相之明效也。及其深目长颈，颊颜戚髑，蛇行鸷立，猏喙鸟咮，筋不束体，血不华色，手无春荑之柔，发有寒蓬之悴，或先吉后凶，或少长乎穷乏，不其悲与！至如姬公凝负图之容，孔父眇栖惶之迹，丰本知其有后，黄中明其可贵，其间或跃马膳珍，或飞而食肉，或皂隶晚侯，初行未正，铜岩无以饱生，玉馔终乎饿死。因斯以观，何事非命。"[1] 刘孝标序中所说之命，显然指早已注定的天命，相即人之相貌。一个人或成为圣贤，或成为帝王，或终生坎坷穷困，或遭大祸不幸，都是天意安排，并能通过相貌反映出来。魏晋南北朝时相人之术风靡大江南北，数百年盛而不衰。正因为如此，这个时期相人技巧也比以往任何时候高超。这主要表现在两个方面：第一，有关相人的书籍大量出现。《宋书》卷74《沈攸之传》载："初，攸之贱时，与吴郡孙超之、全景文

---

[1]《艺文类聚》卷75，《方术部·相》。

共乘小船出京都。三人共上引埭,有一人止而相之曰:'君三人皆当至方伯。'攸之曰:'岂有三人俱有此相。'相者曰:'骨法如此。若有不验,便是相书误耳。'"北朝来和、萧吉等人著有《相经》、《相经要录》等书。第二,出现暗相、声相之术。暗相即通过用手触摸人体而断其吉凶。《北齐书》卷1《神武纪》上载:"刘贵尝得一白鹰,与神武及尉景、蔡儁、子如、贾显智等猎于沃野。见一赤兔,每搏辄逸,遂至回泽。泽中有茅屋,将奔入,有狗自屋中出,噬之,鹰兔俱死。神武怒,以鸣镝射之,狗毙。屋中有二人出,持神武襟甚急。其母两目盲,曳杖呵其二子曰:'何故触大家。'出瓮中酒,烹羊以饭客。因自言善暗相,遍扪诸人皆贵,而指麾俱由神武。"此传说可视为高欢为神化自己而编造,但它说明盲者扪人暗相之事存在,否则盲妪暗相的情节很难造出来。声相即通过人的说话声测其吉凶。《北齐书》卷49《方伎传》载:"世宗时有吴士,双盲而妙于声相,世宗历试之。闻刘桃枝之声,曰:'有所系属,然当大富贵,王侯将相多死其手,譬如鹰犬为人所使。'闻赵道德之声,曰:'亦系属人,富贵翕赫,不及前人。'闻太原公之声,曰:'当为人主。'闻世宗之声,不动,崔暹私掐之,乃谬言:'亦国主也。'"上述两方面,足见魏晋南北朝相人术的盛行。相人之外,还有相墓、相宅、相印等。《晋书·羊祜传》载:"有善相墓者,言祜祖墓所有王气,若凿之则无后,祜遂凿之。相者见曰:'犹出折臂三公。'"同书卷41《魏舒传》又载:"魏舒字阳元,任城樊人也。少孤,为外家宁氏所养。宁氏起宅,相宅者云:'当出贵甥。'外祖母以魏氏甥小而慧,意谓应之。"《三国志·魏书·夏侯玄传》注引《魏氏春秋》载:"(许)允之出为镇北也,喜谓其妻曰:'吾知免矣。'妻曰:'祸见于此,何免之有!'允善相印,将拜,以印不善,使更刻之,如此者三。允曰:'印虽始成而已被辱。'问送印者,果怀之而坠于厕。"又据《相印书》说:"相印法本出陈长文,长文以语韦仲将。印工杨利从仲将受法,以语许士宗。利以法术占吉凶,十可中八九。"[①]

占梦通过人梦中的情景来预测吉凶。《太平御览》卷397引《梦书》说:"梦者像也,精气动也,魂魄离身,神来往也,阴阳感成,吉凶验也。梦者语其人预见过失,如其贤者,知之自改革也。梦者告也,告其形也,目无所见,耳无所闻,鼻不喘嗅,口不言也。魂出游,身独在,心所思念忘身也。受天神戒还告人也。"这段话典型地表述了古人对人梦与天意关系的看法。《梦书》在《隋书·经籍志》中有录,无著者姓名。但类似的看法在魏晋史籍中亦有记载。《三国志·魏书·方技传》载:周宣善占梦,"尝有问宣曰:'吾昨夜梦见刍狗,其占何也?'宣答曰:'君欲得美食耳!'有顷,出行,果遇丰膳。后又问宣曰:'昨夜复梦见刍狗,何

[①] 《三国志·魏书》卷9,《夏侯玄传》。

也?'宣曰:'君欲堕车折脚,宜戒慎之。'顷之,果如宣言。后又问宣:'昨夜复梦见刍狗,何也?'宣曰:'君家失火,当善护之。'俄遂火起。语宣曰:'前后三时,皆不梦也。聊试君耳,何以皆验邪?'宣对曰:'此神灵动君使言,故与真梦无异也。'"周宣三次占梦三次应验,情节离奇,理亦牵强。但他最后一句话,意谓上天通过梦境对人发出告诫,即使是编造的梦境,也是上天神灵使其然,这与前述《梦书》正相吻合。正由于人们把梦当成上天一种告诫,所以魏晋南北朝时占梦之术盛行。三国时曹魏的周宣,蜀汉的赵直,西晋的索统、万推,南朝萧齐的庾温,北魏的闵宗、史武,北齐的王昙哲都是当时有影响的占梦者。

二 秘学之兴与天人进一步沟通

魏晋南北朝时方术的兴盛是空前的。《史记》中有《日者》、《龟策》等列传,可见西汉时的方术多指占候和卜筮。东汉时,谶纬及一些道术亦被列入方术之中。至魏晋南北朝时,方术则包括星占、望气、风角、谶纬、占卜、相术、占梦等。不仅如此,各种方术还被一个新的概念——秘学统一起来。《晋书·艺术传》载:西晋人陈训,"少好秘学,天文、算历、阴阳、占候无不毕综,尤善风角",亦通相术。这是史籍中关于秘学及其内容的明确记载。其实通晓此学而又诸术兼修的现象在此以前就已存在。如三国的管辂,"果明《周易》,仰观、风角、占、相之道,无不精微"①。蜀汉的周群,既晓星占,又通相术。② 孙吴的刘惇,"诸术皆善,尤明太乙,皆能推演其事,穷尽要妙"③。在此以后,此类现象仍史不绝书。晋人索统,"明阴阳天文,善术数占候",又善占梦。④ 北魏刁冲,"阴阳、图纬、算数、天文、风气之书莫不关综,当世服其精博"⑤。上党人李业兴,"博涉百家,图纬、风角、天文、占候无不详练,尤长算历。"⑥ 勃海(治今山东高青东南)人王早,"明阴阳九宫及兵法,尤善风角"⑦。北齐时高阳(治今河北高阳东)人许遵,"明《易》,善筮,兼晓天文、风角、占相、逆刺,其验若神"⑧。方术之所以能够统一于秘学,是因为它们之间有共通性,即它们都具有通达天意的功能。星占、望气、风角都是直接从天象的变化来寻找天意。谶纬则更是直言顺天以应人。神明为本,假龟蓍以得之;命之与相,犹声之与响;梦为魂魄受天神之诫还告于

---

① 《三国志·魏书》卷29,《方技传》注引《辂别传》。
② 《三国志·魏书》卷12,《周群传》。
③ 《三国志·吴书》卷18,《刘惇传》。
④ 《晋书》卷95,《艺术·索统传》。
⑤ 《魏书》卷84,《儒林·刁冲、李业兴传》。
⑥ 同上。
⑦ 《魏书》卷91,《术艺·王早传》。
⑧ 《北齐书》卷49,《方技·许遵传》。

人等观念,都反映了当时人们以占卜、相术、占梦等为手段对天意的一种寻求。实际上,这是我国古代天人合一思想在方技秘学中的一种反映。

秘学兴盛的又一个表现,是它有一套相当成熟的方法。这些方法大致有如下几种:第一,拆字法。此方法在谶纬、占梦中常见。如十六国前秦苻坚即位后,新平(今陕西彬县)人王彫进图谶说:"当有草付臣又土,灭东燕,破白虏,氐在中,华在表。"① 草付为"苻",臣又土为"坚",此谶为苻坚灭前燕之举披上一层神秘的色彩。西晋时,隐士郭瑀"夜梦乘青龙上天,至屋而止,寤而叹曰:'龙飞在天,今止于屋。屋之为字,尸下至也。龙飞至尸,吾其死也'"②。郭瑀将"屋"拆成"至尸"二字,从龙飞至尸得出将亡的结论。第二,谐音法。东晋穆帝升平末年,民间盛传《廉歌》。术士扈谦说:"廉者,临也。歌云:'白门廉,宫庭廉。'内外悉临,国家其大讳乎。"③ 扈谦善占卜,此处乃利用廉临二音相谐预卜穆帝之凶。有的谶语也利用谐音,如前述"天子何在草中宿"之谶,就是利用肃宿相谐来说明萧姓为帝乃天意。占梦利用谐音较常见。西晋时,索充梦见有两口棺材自天而降,便让索紞占之。索紞说:"棺者,职也。当有京师贵人举君。二官者,频再迁。"④ 又如东晋初易雄因对抗王敦而被俘,后被释。众人皆贺其免祸,而易雄却说:"昨夜梦乘车,肉挂其旁。夫肉必有筋,筋者斤也。车傍有斤,吾其戮乎。"⑤ 上述两例,分别用官与棺,筋与斤的谐音来预测吉凶。第三,附会法。附会即把本无联系之事生硬地加以联系。这种方法在占卜、星占、占梦中都可见到。三国时管辂善占卜。有人问他:"世有军事,则感鸡雉先鸣,其道何由?复有他占,惟在鸡鸣而已?"管辂回答:"贵人有事,其应在天,在天则日月星辰也。兵动民忧,其应在物,在物则山林鸟兽也。夫鸡者兑之畜,金者兵之精,雉者离之鸟,兽者武之神。故太白扬辉则鸡鸣,荧惑流行则雉惊,各感数而动。"⑥ 星占用附会法尤多。如东晋康帝建元二年(344年),岁星现于天关。庾翼因此给其兄写信说:"岁星犯天关,占云:'关梁当分。'比来江东无他故,江道亦不艰难,而石季龙频年再闭关,不通信使,此复是天公愦愦,无皂白之征也。"⑦ 此类附会,史籍中有大量记载。占梦的附会更加似是而非。东晋吴兴内史张茂曾梦得到大象,以此问占梦者万推。万推说:"君当为大郡,而不善也。"张茂问其故,万推答:

---

① 《晋书》卷114,《苻坚载记》。
② 《晋书》卷94,《隐逸·郭瑀传》。
③ 《晋书》卷28,《五行志》中。
④ 《晋书》卷95,《艺术·索紞传》。
⑤ 《晋书》卷89,《忠义·易雄传》。
⑥ 《三国志·魏书》卷29,《方技传》注引《辂别传》。
⑦ 《晋书》卷13,《天文志》下。

"象者大兽，兽者守也，故知当得大郡。然象以齿焚，为人所害。"① 万推占梦，以郡守谐大兽，以象因齿焚身附会张茂遇害，可谓谐音附会二法兼用。第四，《易经》法。用《易经》占卜前已述及，除此之外，其他一些方术也使用此法。西晋时，张宅梦骑马上山，还绕三周，只见松柏，不见有门。索䊸为其占梦说："马属离，离为火。火，祸也。人上山，为'凶'字。但见松柏，墓门象也。不知门处，为无门也。三周，三期也。后三年必有大祸。"② 索䊸所说的"马属离，离为火"，即《易经》中的说法。

上述诸法为方术借以通达天意所常用。一件被人们认为是理所当然的事，当人们又知其所以然之后，对其的信任度会大大增加。方术通达天意，在当时被认为当然如此，而上述诸法，又起了说明方术为什么能通天的作用，这就使方术秘学在社会上的影响大大加强了。

方术职业化的加强是秘学兴盛的又一表现。《南齐书·王晏传》载："晏轻浅无防虑，望开府，数呼相工自视，云当大贵。"《梁书·吕僧珍传》载："吕僧珍字元瑜，东平范人也，世居广陵，起自寒贱。始童儿时，从师学。有相工历观诸生，指僧珍谓博士曰：'此有奇声，封侯相也。'" 此处的"相工"，显系以相人为业的人。《南齐书·祥瑞志》载："武进县彭山，旧茔在焉。其山岗阜相属数百里，上有五色云气，有龙出焉。宋明帝恶之，遣相墓工高灵文占视。" 可见相墓也是一种职业。西晋时步熊善卜筮，"门徒甚盛"③。南齐时荀伯玉曾"卖卜自业"④。北魏末，有人"游州市观卜，有妇人负囊粟来卜，历七人，皆不中而强索其粟"⑤。北齐时，还有妇女"卜相于市者，言人吉凶颇验"⑥。隋开皇初，卜者张永乐"卖卜京师"⑦。杨伯醜亦"开肆卖卜"⑧。市中公然卖卜，求卜者要以粟米为代价，可见占卜的职业性特点尤为突出。

上述三方面表现，说明魏晋南北朝时期秘学的兴盛，而秘学兴盛的一个显著的结果，就是天人之间的进一步沟通。从甲骨文中的"上帝"到西周的"昊天"，从诸子百家著作中的"天"，到董仲舒的"天道"，人们多从政治思想及哲学思想的角度探求人与天的关系。魏晋南北朝时期的秘学则从社会生活的角度，把天人关系具体到政治生活、军事生活及人们日常生活的活动当中。秘学所联系的是人

---

① 《晋书》卷78，《张茂传》。
② 《晋书》卷95，《艺术·索䊸传》。
③ 《晋书》卷95，《艺术·步熊传》。
④ 《南齐书》卷31，《荀伯玉传》。
⑤ 《北史》卷89，《艺术·颜恶头、杨伯醜传》。
⑥ 同上。
⑦ 同上。
⑧ 同上。

世间各种现实需要,这种需要概括起来有以下几种:

预知社稷荣衰。东晋废帝司马奕曾让术士扈谦为其占卦,问帝位是否稳固。扈谦说:"晋室有盘石之固,陛下有出宫之象。"① 三国孙吴孙晧时,有说谶者言:"吴之败,兵起南裔,亡吴者公孙也。"孙晧闻之,将文武职位至于卒伍中姓公孙之人全部徙往广州。② 梁武帝大同年中,太医令朱耽曾梦见犬羊在武帝之座上,醒而告人说:"犬羊者,非佳物也。今据御座,将有变乎?"③《太平御览》卷730引《三国典略》载:"梁宣丰侯修参军陈晃善相人。修因法会,将晃自随,令相简文有天下否。晃言:'简文九州骨成,必践帝位。而地部过弱,非但王畿蹙侵,兼恐不得善终。'"可见占星、谶纬、占梦、相人都曾被用来占问社稷江山的前途。

预测战争胜负。东晋初王敦举兵,朝廷诏令苏峻讨伐。苏峻"卜之不吉,迟回不进"④。刘宋末期,萧道成与王敬则合谋杀掉后废帝刘昱,立顺帝刘准。沈攸之闻讯,欲起兵讨伐,问占星人葛珂之。葛珂之说:"自古起兵,皆候太白。太白见则成,伏则败。昔桂阳以太白伏时举兵,一战授首,此近世明验。今萧公废昏立明,政值太白伏时,此与天合也。且太白寻出东方,东方利兵,西方不利。"⑤ 孙权赤乌年间,曹魏司马懿谋攻吴将诸葛恪。孙权准备派兵援之,"望气者以为不利,于是徙恪屯于柴桑"⑥。东魏北齐时王春善风角,被高欢引为馆客。"韩陵之战,四面受敌,从寅至午,三合三离。高祖将退军,春叩马谏曰:'比未时,必当大捷。'"⑦ 北魏末,尔朱兆欲请高欢与之同起兵入洛。高欢派孙腾前往辞之。尔朱兆很不高兴,说:"还白高兄,弟有吉梦,今段之行必有克获。"孙腾问:"王梦如何?"尔朱兆答:"吾比梦亡父登一高堆,堆旁之地悉皆耕熟,唯有马蔺草株往往犹在。吾父问言何故不拔,左右云坚不可去。吾父顾我令下拔之,吾手所至,无不尽出。以此而言,往必有利。"⑧ 可见占卜、占星、望气、风角、占梦都曾被用来预测战争胜负。

预测命运穷达。南齐末,吉士瞻年逾40岁仍不得志,便至江陵卜者王先生处求卜禄命。王先生说:"君拥旄杖节非一州,后一年当得戎马大郡。"⑨ 梁武帝的

---

① 《晋书》卷8,《海西公纪》。
② 《三国志·吴书》卷3,《孙晧传》注引《汉晋春秋》。
③ 《梁书》卷56,《侯景传》。
④ 《晋书》卷100,《苏峻传》。
⑤ 《宋书》卷74,《沈攸之传》。
⑥ 《三国志·吴书》卷19,《诸葛恪传》。
⑦ 《北齐书》卷49,《方技·王春传》。
⑧ 《魏书》卷75,《尔朱兆传》。
⑨ 《南史》卷55,《吉士瞻传》。

贵嫔丁令光，生时"有神光之异，紫烟满室"，相者认为"此女当大贵"①。北齐李元忠将仕，梦手执炬火入其父墓，中夜惊起，甚恶之。且告其受业师，其师占云："大吉。此谓光照前人，终致贵达矣。"② 南朝梁章昭达，"少时尝遇相者，谓昭达曰：'卿容貌甚善，须小亏损，则当富贵。'梁大同中，昭达为东宫直后，因醉坠马，鬓角小伤。昭达喜之，相者曰：'未也。'及侯景之乱，昭达率募乡人援台城，为流矢所中，眇其一目。相者见之，曰：'卿相善矣，不久当贵'。"③ 可见占卜、望气、占梦、相术都曾被用来预测命运的穷达与尊卑。

预测人生贫富。西晋时，上党人鲍瑷家多丧病贫苦，乃请占者淳于智为其占卦。卦成，淳于智说："君安宅失宜，故令君困。君舍东北有大桑树，君径至市，入门数十步，当有一人持荆马鞭者，便就买以悬此树，三年当暴得财。"④ 《南史·庾杲之传》载：庾夐"少聪慧，家富于财，好宾客，食必列鼎。又状貌丰美，颐颊开张，人皆谓夐必为方伯，无馁乏虑"。

预测人寿长短。三国时，管辂与魏郡（治今河北磁县南）太守钟毓共论《周易》。管辂说："卜可知君生死之日。"钟毓先让其卜生日，结果年月不差。钟毓大惊，说："君可畏也。死以付天，不以付君。"⑤ 不敢让他再卜，东晋元帝太兴四年（321年），有妖星现于豫州（治今湖北黄冈西北）分野，历阳人陈训占曰："今年西北大将当死。"祖逖见星后，联想起术士戴洋"祖豫州九月当死"之占，说："为我矣！方平河北，而天欲杀我，此乃不佑国也。"⑥ 三国时，管辂曾至王弘直处，"有飘风高三尺余，从申上来，在庭中幢幢回转，息以复起，良久乃止。直以问辂，辂曰：'东方当有马吏至，恐父哭子，如何！'"⑦ 蜀汉何祗，"尝梦井中生桑，以问占梦赵直。直曰：'桑非井中之物，会当移植。然桑字四十下八，君寿恐不过此'"⑧。曹魏朱建平善相，曹丕曾让他为自己及众人相寿之长短。朱建平说曹丕寿80岁，至40有小厄；夏侯威寿49岁；应璩62岁；曹彪57岁⑨。可见占卜、星占、望气、占梦、相术都曾用来预测人之寿命。

预测事之吉凶。西晋时，庐江（治今安徽舒城）人韩友善卜。宣城（治今安徽宣城）人边洪请卜问家中安否，韩友说："卿家有兵殃，其祸甚重。可伐七十束

---

① 《梁书》卷7，《皇后·高祖丁贵嫔传》。
② 《北齐书》卷22，《李元忠传》。
③ 《陈书》卷11，《章昭达传》。
④ 《晋书》卷95，《艺术·淳于智传》。
⑤ 《三国志·魏书》卷29，《方技传》。
⑥ 《晋书》卷62，《祖逖传》。
⑦ 《三国志·魏书》卷29，《方技传》。
⑧ 《三国志·蜀书》卷11，《杨洪传》注引《益部耆旧传杂记》。
⑨ 《三国志·魏书》卷29，《方技传》。

柴，积于庚地，至七月丁酉放火烧之，咎可消也。不尔，其凶难言。"① 南朝刘宋宗室刘义庆，元嘉六年（429年）任尚书左仆射。元嘉八年，有太白星犯右执法，刘义庆惧有灾祸，乞求离官赴外任。文帝一再劝解，刘义庆不听，坚决辞掉尚书左仆射之职。② 北齐张子信，善易卜风角。"武卫奚永洛与子信对坐，有鹊鸣于庭树，斗而堕焉。子信曰：'鹊言不善。向夕若有风从西南来，历此树，拂堂角，则有口舌事。今夜有人唤，必不得往，虽敕，亦以病辞。'子信去后，果有风如其言。是夜，琅邪王五使切召永洛，且云敕唤。永洛欲起，其妻苦留之，称坠马腰折。"③ 蜀汉建兴十二年（234年），诸葛亮北伐出北谷口，魏延任先锋。出诸葛亮营十里后，"延梦头上生角，以问占梦赵直，直诈言曰：'夫麒麟有角而不用，此不战而贼欲自破之象也。'退而告人曰：'角之为字，刀下用也；头上用刀，其凶甚矣。'"④ 东晋末，刘裕曾与何无忌、魏咏之同聚会于檀凭之家中。晋陵（治今江苏常州）人韦叟善相，一见檀凭之大惊，说："卿有急兵之危，其候不过三四日耳，且深藏以避之，不可轻出。"⑤ 可见占卜、星占、风角、占梦、相术等都曾被用来预测吉凶。

寻求祛病消灾。《搜神记》卷3载："义兴方叔保得伤寒，垂死，令璞（即郭璞）占之，不吉。令求白牛厌之，求之不得。唯羊子元有一白牛，不肯借。璞为致之，即日有大白牛从西来，径往临。叔保惊惶，病即愈。"同书又载，管辂见颜超，说其有夭亡之貌。颜超父求管辂为其子延命。管辂教其求南斗星之法，并说："南斗注生，北斗注死。凡人受胎，皆从南斗过北斗。所有祈求，皆向北斗。"东晋王导多病，常自忧虑，请术士陈训为其相面。陈训说："公耳竖垂肩，必寿，亦大贵，子孙当兴于江东。"⑥

寻找亡失之人。三国时，管辂的乡人刘寔曾述管辂为人卜寻亡妻之事："路中小人失妻者，辂为卜，教使明旦于东阳城门中伺担豚人牵与共斗。具如其言，豚逸走，即共追之。豚人入舍，突破主人瓮，妇从瓮中出。"⑦

寻找遗失之物。隋初，杨伯醜开肆卖卜，"有人失马来诣伯醜卜者。时伯醜为皇太子所召，在途遇之，立为作卦。卦成，曰：'我不遑为卿说，且向西市东壁门南第三店，为我买鱼作鲙，当得马矣。'其人如教，须臾，有一人牵所失马而至，

---

① 《晋书》卷95，《艺术·韩友传》。
② 《宋书》卷51，《刘义庆传》。
③ 《北齐书》卷49，《方技·张子信传》。
④ 《三国志·蜀书》卷10，《魏延传》。
⑤ 《晋书》卷85，《檀凭之传》。
⑥ 《晋书》卷95，《艺术·陈训传》。
⑦ 《三国志·魏书》卷29，《方技传》裴松之按。

遂禽之"①。

询问生男生女。东魏北齐时，术士许遵之子亦学术数。许遵认为他聪明不及，不可多学，"唯授以妇人产法，豫言男女及产日，无不中。"术士赵辅和也曾为皇帝后宫卜筮产男女及时日。② 西晋时，索充梦见一虏脱掉上衣来见，便请索纮占之。索纮说："虏去上中，下半男字，夷狄阴类，君妇当生男。"③ 虏，繁体字为"虜"，又是对北方少数民族带有污蔑性的称呼，所以索纮如是说。

询问婚姻之事。《宋书·后妃江皇后传》载：刘宋明帝刘彧为自己太子选妃，认为名家女子都不合适。北中郎将长史江智渊孙女弱小，"门无强荫，以卜筮最吉，故为太子纳之"。《晋书·孝武文李太后传》载，东晋简文帝诸子早夭，十余年内一直无子，乃令卜者扈谦筮之。扈谦说："后房中有一女，当育二贵男，其一终盛晋室。"简文帝便广纳后宫，仍数年无子，"乃令善相者召诸爱妾而示之，皆云非其人。又悉以诸婢媵示焉。时后（即李太后）为宫人，在织坊中，形长而色黑，宫人皆谓之昆仑。既至，相者惊云：'此其人也。'帝以大计，召之侍寝"。

相宅之吉凶。《晋书·艺术传》载：西晋时韩友"善占卜，能图宅相冢"。《北齐书·陆法和传》载，陆法和在南朝时，"为人置宅图墓，以避祸求福。"此处的"图宅"、"置宅"，即选择宅地之意。《宋书·王僧绰传》载："初，太社西空地一区，吴时丁奉宅，孙晧流徙其家。江左初为周顗、苏峻宅，其后为袁悦宅，又为章武王司马秀宅，皆以凶终。后给臧焘，亦颇遇丧祸，故世称为凶地。"可见人们建宅是需要相宅者为其选择"吉地"并避开"凶地"的。

择吉祥墓地。《北齐书·方伎传》载："高祖崩于晋阳，葬有日矣。世宗书令显祖亲卜宅兆相于邺西北漳水北原。显祖与吴遵世择地，频卜不吉。又至一所，命遵世筮之，遇《革》，遵世数十人盛云不可用。辅和少年，在众人之后，进云：'《革》卦于天下人皆凶，唯王家用之大吉。'《革象辞》云：'汤武革命，应天顺人。'显祖遽登车，顾云：'即以此地为定。'即义平陵也。"

当我们考察方术与人世现实需要的关系时可以发现，上述人间的种种需要，不是求助于一两种方术。这说明秘学将诸种方术统一于自己的体系之后，对社会的影响要比个别方术深刻得多。社稷荣衰、战争胜负、命运穷达、人生贫富、寿命长短、事之吉凶、祛病消灾、寻人觅物、生男生女、婚姻之事、修建房屋、选择墓地，这些都是与社会各个阶层直至个人生活紧密相关的事情。秘学一端通着天意，一端连着人们的各种现实需要，从而达到天与人的关系进一步沟通。如前

---

① 《北史》卷89，《艺术·杨伯醜、许遵传》。
② 同上。
③ 《晋书》卷95，《艺术·索纮传》。

所述，秘学在沟通天人关系时，不是从政治思想或哲学思想的角度出发，而是通过诸种方术和具体方法直接宣达天意，因而更具简明直观的特点。正是这种特点，使秘学具有广泛的社会影响。在上层社会，曹操曾招深谙相术的朱建平为郎。晋元帝即位，使卜者戴洋择吉日。陶侃、庾亮、庾翼等为荆州刺史时，军政皆咨询卜者戴洋。石勒、石虎信用听铃声知吉凶的佛图澄，"事必咨而后行"①。卜者台产为刘曜所崇，岁中三迁，任尚书、太子少师、金紫光禄大夫。卜者黄泓为慕容廆参军，"军国之务，动辄访之"②。北魏时太史令赵胜、赵翼、赵洪庆、胡世容、胡法通等二族，"世业天文"，深通占候。③ 魏末孝武帝即位，令卜者占吉凶。齐文宣帝将代魏，令宋景业筮之。高欢当政时，聚集一批星占卜家为"馆客"，其中有王春、赵辅和、许遵、赵琼、宋景业、魏宁、綦母怀文和吴遵等。"每以征讨，恒令占卜"。④ 南齐明帝萧鸾，"信道术，用计数，每出行幸，先占利害"。⑤ 梁武帝萧衍，史称其"六艺备闲，棋登逸品，阴阳、纬候、卜筮、占决、草隶、尺牍、骑射，莫不称妙"⑥。梁元帝萧绎曾向刘景学习相术。⑦ 秘学在下层社会影响也很大。西晋索紞善占梦，"乡人从紞占问吉凶，门中如市"⑧。北魏殷绍于太安四年（458年）上《四序堪舆》，讲阴阳、望气、星占、六甲，"上至天子，下及庶人，又贵贱阶级、尊卑差别、吉凶所用，罔不毕备"⑨。关于方术在民间的影响还有一件事非常典型。十六国前秦时，京兆人董丰之妻夜里被人所杀。恰巧是日董丰自外游学归来，遂被诬为凶手送官。苻融察而疑之，便问："汝行往返。颇有怪异及卜筮以不？"董丰答："初将发，夜梦乘马南渡水，返而北渡，复自北而南，马停水中，鞭策不去。俯而视之，见两日在于水下，马左白而湿，右黑而燥。寤而心悸，窃以为不祥。还之夜，复梦如初。"苻融根据此梦便说："吾知之矣。《周易》'坎'为水，马为'离'。梦乘马南渡，旋北而南者，从'坎'之'离'。三爻同变，弯而成'离'。'离'为中女，'坎'为中男。两日，二夫之象。'坎'为执法吏。吏诘其夫，妇人被流血而死。'坎'二阴一阳，'离'二阳一阴，相承易位。'离'下'坎'上，《既济》。文王遇之囚牖里，有礼而生，无礼而死。马左而湿，湿，水也；左水右马，冯字也。两日，昌字也。其冯昌杀之乎！"于是将冯昌抓来

---

① 《晋书》卷95，《艺术·戴洋、台产、黄泓传》。
② 同上。
③ 《北史》卷90，《艺术传》。
④ 同上。
⑤ 《南史》卷5，《齐本纪》。
⑥ 《南史》卷7、卷8，《梁本纪》。
⑦ 同上。
⑧ 《晋书》卷95，《艺术·索紞传》。
⑨ 《魏书》卷91，《术艺·殷绍传》。

审问，果然是冯昌欲与董丰之妻合谋害董丰，结果误害其妻。① 这是一桩发生在民间的通奸谋夫案，故事本身有其不合逻辑之处，断案方法更属荒诞。之所以如此，很可能是苻融认为冯昌有重大杀人嫌疑，而尚未掌握确凿证据，乃用《易经》占梦法。通过此法竟能使疑案水落石出，凶犯具首服罪，可见民间对秘学的虔信。秘学渗透到社会生活的许多方面，足见其社会影响之深，社会上各阶层对其普遍信赖，亦见其社会影响之广。从深度及广度两个方面，秘学推动了天人的进一步沟通。

三 对天意崇拜的几点认识

毋庸置疑，通过方术探求天意是一种封建迷信。但仅仅认识到这点是不够的，问题是为什么在魏晋南北朝时期天意崇拜会发展成为社会性的崇拜意识？它作为一种文化现象对当时的影响如何？基于以上问题，我们可以得出几点认识：

首先，魏晋南北朝时期的天意崇拜有其深远的历史渊源。甲骨卜辞中"天"字的出现以及"天"与"帝"的相通用②，说明最晚在殷商时人们就已经拜天了。郭沫若先生在《青铜时代》中指出，殷人的至上神"帝"同时又是他们的宗祖。如果说殷人是天祖合一的观念，那么在儒家思想形成之后，天和祖便成为分别崇拜的两个对象。孔子说："吾十有五而志于学，三十而立，四十而不惑，五十而知天命，六十而耳顺，七十而从心所欲，不逾距。"③ 又说："君子有三畏：畏天命，畏大人，畏圣人之言。"④ 孔子不相信鬼神，但对天意不像对鬼神一样持否定态度。孟子则明确认为天是有意志的。他说："舜、禹、益相去久远，其子之贤不肖，皆天也，非人之所能为也。莫之为而为者，天也；莫之致而至者，命也。"⑤ 到了西汉董仲舒的眼里，天的意志和情感则像人一样丰富。他说："天亦有喜怒之气，哀乐之心，与人相副，以类合之，天人一也。春喜气，故生；秋怒气，故杀；夏乐气，故养；冬哀气，故藏。四者天人同有之。"⑥ 对董仲舒的"天人一也"当然不能理解为天即人，人即天，因为在传统观念中，天为人世的主宰，董仲舒许多论述中也表达了这种观念。但既然是"天人一也"，既然是喜怒哀乐天人同有，既然是天主宰着人世的喜怒哀乐，那么这里的人应该是世间的所有人，既包括上层社会的帝王臣僚，也包括下层社会的庶民百姓。尽管董仲舒的天人感应主要讲天

---

① 《晋书》卷114，《苻融载记》。
② 顾颉刚：《古史辨》第二册，第20页。
③ 《论语·为政》。
④ 《论语·季氏》。
⑤ 《孟子·万章》上。
⑥ 《太平御览》卷1，《天部》上引《春秋繁露》。

与帝王的关系,但沿着上述思路,东汉末黄巾起义终于提出"苍天已死,黄天当立"的口号,从下层庶民社会的角度建立了天与人的联系。魏晋南北朝社会性的天意崇拜意识,正是殷商以降人们拜天思想发展的结果。

其次,魏晋南北朝时期的天意崇拜,是人们从现实生存环境出发的一种理想追求。魏晋南北朝时期出现的政权更替之频繁在历史上是空前的。在一次次的改朝换代中,一些皇族应天受命,一些帝室寿终正寝,那些王公贵族也随着政权更迭而经历着宦海沉浮。与门阀士族巩固、动摇、衰落的轨迹相应,寒人的势力也经历受压、抬头、兴起的过程,导致了各种政治力量社会地位的重新组合。由于长期的分裂割据以及阶级矛盾的激化,各封建政权之间的战争、民族政权间的战争以及农民战争不断发生。下层社会的庶民百姓不仅承受着各种战乱的痛苦,而且受着瘟疫、水旱等各种自然灾害的侵袭。在这种环境中,除社稷荣衰、战争胜负、命运穷达为上层社会所关注外,人生贫富、寿命长短、前途吉凶、祛病消灾等也为社会各阶层人所普遍关心。但所有这些通常不能被人们的主观愿望所左右,想延绵国祚却退位"禅让",想灭敌取胜却损兵折将,想命运通达却坎坷失意,想大富大贵却贫而且贱。至于寿夭、吉凶、病灾,人们更感到在其面前无能为力。他们需要一种自己以外的力量以补不足,于是把祈望的目光转向苍天。

最后,魏晋南北朝时的天意崇拜对外来佛教具有改造作用。如前所述,天意崇拜具有强烈的现实目的,作为一种社会崇拜意识,它反映了当时人们迫切需要取得现世利益的文化心态。这种心态与正在传入的佛教发生了一系列的对立与撞击。早期佛教所主张的是一种出世思想。它认为人生就是一个苦海,里面充满了生老病死、怨恨离别、求取不得等苦恼,只有超脱出生命活动的过程,达到无生无死,无爱无忧的涅槃寂境,才能脱离苦海,取得永恒的快乐。佛教主张救苦救难,但不是解决现实生活中的苦难,而是使人们认识到生存本身就是苦难,只有摆脱了这种苦难才能得到彻底解脱。按照这种观点,连生命和生存都成了可有可无的事情,寿之长短、命之贵贱、前途吉凶等问题还有什么关心的必要呢?显然这种主张与我们所说的天意崇拜意识是格格不入的。两种思想撞击的结果,必然导致佛教的被改造。《晋书》卷95《艺术传》载:"季龙尝昼寝,梦见群羊负鱼从东北来,寤以访澄。澄曰:'不祥也,鲜卑其有中原乎。'"佛图澄是十六国时的天竺高僧,其进入中原后,也玩弄起占梦的把戏以取信于后赵国主,可见天意崇拜对佛教的改造力量。这种现象在魏晋南北朝时期不是个别的。《宋书》卷75《颜竣传》载:"初,沙门释僧含粗有学义,谓竣曰:'贫道粗见谶记,当有真人应符,名称次第,属在殿下。'"殿下指宋孝帝,此为僧人行图谶之例。北魏大将奚康生,信向佛道,其为官四州,皆建寺塔。他曾于南山立三层浮屠，忽梦其崩坏。有沙门占其梦说："檀越当不吉利。无人供养佛图，故崩耳。"① 北魏王显为布衣诸生时，"有沙门相显后当富贵，诫其勿为吏官，吏官必败。"② 可见南北僧人皆行占卜、占梦、谶纬、相人之术。僧人利用方术言人世的吉凶贵贱，这已远离佛教的原旨。

第三节　自然神崇拜

魏晋南北朝时期人们对自然神的崇拜，其对象大体有三类：一是山，其中包括岩穴和岩石；二是水，包括江、河、湖、井、泉等；三是植物和动物。

● 山神崇拜

山历来被人们视为藏神卧仙的灵境。魏晋南北朝时期被人们视为有神异的山很多，兹择要述之。

昆仑山。晋张华《博物志》说："昆仑纵广万一千里，神物之所生，圣人神仙之所集。"

嵩山。又称嵩高山。《晋书·苻坚载记》附《王猛传》记载，王猛少年时以卖畚箕为生。一次他在洛阳（今河南洛阳）市上遇到一人，欲买畚箕却忘带钱，让王猛随之去取。王猛利其贵而从之，行不觉远，忽至深山，见一父老，须发皓然，踞胡床而坐。左右十许人，有一人引王猛进拜之。老者说："王公何缘拜也！"乃十倍偿其畚值，遣人送出。王猛出来后，回头一看，原来自己站在嵩高山之前。

华山。晋郭璞《华山赞》说："华岳灵峻，削成四方。爰有神女，是挹玉浆。其谁游之，龙驾云裳。"③ 傅玄也说："古先历代圣帝明王，莫不燔柴加牲，尊而祀焉。"④《魏书·高祖纪》下载，孝文帝曾派人去祭西岳华山。

泰山。秦汉时，皇帝多在此行封禅之仪。东汉时，又传说山上有金匮玉策，能知人年寿。晋张华《博物志》记载："泰山，一曰天孙，言为天帝孙也。主召人

---

① 《魏书》卷73，《奚康生传》。
② 《魏书》卷91，《术艺·王显传》。
③ 《艺文类聚》卷7，《山部》上。
④ 同上。

魂。东方万物始成，故知人生命之长短。"《三国志·魏书·蒋济传》注引《列异传》载："济为领军，其妇梦见亡儿涕泣曰：'生死异路，我生时为卿相子孙，今在地下为泰山伍伯，憔悴困辱，不可复言。今太庙西讴士孙阿，今见召为泰山令，愿母为白侯，属阿令转我得乐处。'言讫，母忽然惊寤，明日以白济。济曰：'梦为尔耳，不足怪也。'明日暮，复梦曰：'我来迎新君，止在庙下。未发之顷，暂得来归。新君明日日中当发，临发多事，不复得归，永辞于此。侯气强，难感悟，故自诉于母，愿重启侯，何惜不一试验之？'遂道阿之形状，言甚备悉。天明，母重启侯：'虽云梦不足怪，此何太适？适一何惜不一验之？'济乃遣人诣太庙下，推问孙阿，果得之，形状证验悉如儿言。济涕泣曰：'几负吾儿。'于是乃见孙阿，具语其事。阿不惧当死，而喜得为泰山令，惟恐济言不信也，曰：'若如节下言，阿之愿也。不知贤子欲得何职？'济曰：'随地下乐者与之。'阿曰：'辄当奉教。'乃厚赏之，言讫遣还。济欲速知其验，从领军门至庙下，十步安一人，以传阿消息。辰时传阿心痛，巳时传阿剧，日中传阿亡。济泣曰：'虽哀吾儿之不幸，且喜亡者有知。'后月余，儿复来语母曰：'已得转为录事矣。'"这是一个志怪神话，不是一个史实，但这个神话却能反映出民间对泰山治鬼的信仰。

恒山。亦名常山。北魏时，道武帝拓跋珪于山上立庙置侍祀90人，每年都祭祀之，遇水旱也祷其神。①

会稽山。南朝刘宋人孔灵符作《会稽记》说：会稽山"有石室，云是仙人射堂。东高岩有射的石，远望的如射埈，形圆，视之如镜。土人常以占谷食贵贱。射的明则米贱，暗则米贵。谚曰：'射的白，斛一百；射的玄，斛一千'"②。

茅山。《太平御览》卷41引《茅山记》载："中茅山，其山独处，司命君埋玉门丹砂六千斤镇于此。山深二丈，上有盘石镇之。其山左右泉流下，皆小赤色，饮之延年益寿。"魏晋南北朝时，很多人来此修道。

管涔山。《晋书·刘曜载记》载：刘曜"弱冠游于洛阳，坐事当诛，亡匿朝鲜，遇赦而归。自以形质异众，恐不容于世，隐迹管涔山，以琴书为事。尝夜闲居，有二童子入跪曰：'管涔王使小臣奉谒赵皇帝，献剑一口。'置前再拜而去。以烛视之，剑长二尺，光泽非常，赤玉为室，背上有铭曰：'神剑御，除众毒。'曜遂服之"。此事显系编造，其目的为刘曜称帝造舆论。造舆论要把管涔山神抬出来，可见此山神在人们中有影响。

慈姥山。位于建康（南京）附近，此山之神掌送子。《初学记》卷8引《丹阳记》载："江宁有慈母山，积石临江，生箫竹管，俗呼为鼓吹山，江宁谓之慈姥

---

① 《魏书》卷108，《礼志》一。
② 《太平御览》卷41，《地部·会稽山》。

山。"《南齐书·张敬儿传》载，张敬儿曾于慈姥庙为妾乞儿。

石鹿山。此山位于南朝梁时青、冀州（治今江苏连云港附近）东北，临海，有神庙，远近百姓都来祈祷。①

雨母山。《太平御览》卷11引《荆州记》载："湘东有雨母山，山有祠坛，每祈祷无不降泽。"

黄石公祠。《搜神记》卷4载："益州之西，云南之东，有神祠，刻山为室，下有民奉祠之，自称黄公。因言此神，张良所受黄石公之灵也。清净不宰杀，诸祈祷者，持一百纸、一双笔、一丸墨，置石室中，前请乞，传闻石室中有声须臾，问来人何欲。既言，便具语吉凶，不见其形，至今如此。"

阴阳石。《太平御览》卷11载，荆州佷山县山中有两大石，俗名为阴阳石。遇旱，鞭打阳石则降雨；遇涝，鞭打阴石则天晴。

送子石。《周书·高琳传》载：高琳母在泗水之滨祓禊，看见一石，光彩朗润，便拿回家去。当夜梦见一人，飘逸状若神仙，对她说："夫人向所将来之石，是浮磐之精。若能宝持，必生令子。"

豫章石人。《搜神记》卷4载："豫章有戴氏女，久病不差，见一小石，形像偶人。女谓曰：'尔有人形，岂神！能差我宿疾者，吾将重汝。'其夜，梦有人告之：'吾将祐汝。'自后疾渐差，遂为立祠山下，戴氏为巫，故名为戴侯祠。"

孝子石。《太平御览》卷52引《蜀中记》载：隗叔通，性至孝。其母之饭，必须用江水做，所以隗叔通每天都要到长江边汲水。他每至江边，都有大石浮出，为其落脚之用。人们云为孝子石。

二 水神崇拜

魏晋南北朝的水神崇拜对象也很多，兹列举如下：

江神。古时江专指长江。《晋书·地理志》载，徐州广陵郡海陵县有江海会祠。江都有江水祠。

河神。古时河专指黄河。黄河历来被视为能兆人间吉凶之河，远古时就有黄龙负图出河洛的传说。十六国时王嘉《拾遗记》中也有"黄河千年一清，圣王之大瑞也"的说法。北齐武成帝高湛年号为河清，就取此意。南朝刘宋鲍照《河清颂》中说："鸣鸟跃鱼，涤秽河渠，至祥也。大宝鸿德，文教武功，其崇如此。幽明同赞，神祇与能，厥应如彼。唯天唯大，尧实则之。抑又闻之：势之所覃者浅，则美之所传者近；道之所感者深，则庆之所流者远。圣命难谌，皇历攸归，谋从

---

① 《梁书》卷39，《王神念传》。

筮协，神与民推。"① 可见人们对黄河清浊之重视。

渭水神。《水经注·渭水》载，长安县北的渭水段，旧有忖留神像。此神曾与鲁班对话，但不露头。鲁班让他出来，忖留说："我貌狞丑，你又善长描绘人的容貌，所以我不能出。"鲁班于是拱手说："我手中无物，你可露出头来见我。"忖留这才露出头。鲁班见他出来，手虽未动，脚下却开始画起来。忖留发现后，立即还入水中。所以忖留的像只有半截立于水中。传说此像曾把曹操的乘马吓惊，所以曹操命人将像去掉。

蒋公湖。扬州永嘉郡（治今浙江温州）怀化县有蒋公湖，传说湖中有神，有祭祀祈请者，神皆以大鱼与之。②

宫亭湖。位于江州豫章郡（治今江西南昌市）内。传说此湖有神，甚有"灵验"，民间为之立庙。过路行旅，无不祈祷。《搜神记》卷4载："南州人有遣使献犀簪于孙权者，舟过宫亭庙而乞灵焉。神忽下教曰：'须汝犀簪。'吏惶遽，不敢应。俄而犀簪已前列矣。神复下教曰：'俟汝至石头城，返汝簪。'吏不得已，遂行。自分失簪且得死罪。比达石头，忽有大鲤鱼，长三尺，跃入舟。剖之得簪。"

河伯。河伯的传说有很多。《搜神记》卷4载："弘农冯夷，华阴潼乡隄首人也。以八月上庚日渡河，溺死。天帝署为河伯。"同书又载两个关于河伯的故事。其一说，泰山人胡母班被泰山神召去，让他给自己的妇婿河伯带一封信。胡母班问："不知怎样才能见到河伯？"泰山神说："你至河中流，便拍船呼青衣，便会有人来取信。"胡母班依言而行，果然见到河伯。另一个故事说，吴郡余杭县有上湖，湖中央有塘。有一人乘马看戏，因喝醉酒，睡在湖边。醒来时马已不见，只见一少妇，后又来一少年，说主人欲见他。那人随少年乘车入一城，进一所宅，见厅上信幡上写着"河伯信"。从上述传说看来，魏晋南北朝时的河伯，似乎是主管众水之神。

雨濑。濑即小溪之意。传说此濑在荆州来阳县。若遇天旱，百姓壅塞之，天就会下雨。一县共壅则一县降雨，一乡独壅则一乡独降。③

石井。传说罗霄山有石井，民天旱时祠井神，以木投井中，天即下雨，至井溢木出，雨则止。④

三 植物、动物神崇拜

魏晋南北朝时期，树有神灵的观念在南方和北方都存在。《搜神记》卷18记

---

① 《艺文类聚》卷8，《水部·河水》。
② 此事见《初学记》卷7，引《永嘉记》。永嘉郡属晋之扬州，故蒋公湖位于扬州永嘉郡境内。
③ 《太平御览》卷11，《天部·祈雨》引《荆州记》。
④ 《初学记》卷8，《州郡部·江南道》引《安成记》。

载，扬州庐江郡（治今安徽舒城）龙舒县陆亭有大树，高数十丈。时天大旱，百姓见此树常有黄气，以为有"神灵"，遂以酒脯祭之求雨。后村中有一人，夜见一妇人，自称树神黄祖，能兴云作雨，答应明日日中降雨。至期果有大雨，百姓遂为立祠祭之。在北方，树有神灵的观念则表现为另一种形式。《三国志·魏书·武帝纪》注引《曹瞒传》载：曹操自汉中至洛阳，筑建始殿。基址有梨树，曹操让苏越将树移走。挖树时掘根，树根出血。苏越报告此事，曹操亲自视之，以为不祥，回去便病倒。又《洛阳伽蓝记·城内·昭仪寺》载：洛阳城内有愿会寺，"佛堂前生桑树一株，直上五尺，枝条横绕，柯叶旁布，形如羽盖。复高五尺，又然。凡为五重，每重叶椹各异，京师道俗谓之神桑。观者成市，施者甚众。帝闻而恶之，以为惑众，命给事中黄门侍郎元纪伐之。其日云雾晦冥，下斧之处，血流至地，见者莫不悲泣"。

树还用来预兆吉凶。嘉禾生、木连理，被人们认为是吉祥之兆，史籍曾将此类现象大书特书。树上结冰挂，则被认为是不祥之兆，被称为"木不曲直"。如东晋元帝太兴三年（320年）二月，下雨，树结冰。人们便把此现象同两年以后的周颉、戴渊、刁协、刘隗等人被杀联系起来。又如东晋穆帝永和八年（352年）正月，下雨，树结冰。人们也把第二年的殷浩北伐失败与此相联系。还有一种被称为"草妖"的现象，也被视为不祥之兆。如蜀汉刘禅景耀五年（262年），宫中大树无故自折。谯周认为这是蜀亡的预兆。西晋永嘉六年（312年）七月，豫章郡有樟树久枯，忽而复荣，也被视为晋怀帝不终其祚，元帝由支族而兴起的先兆。

除了预示吉凶之外，还有一些树木被视为避邪驱鬼之物。如人们在元日（即正月初一）这天，将桃板、桃符挂在门上用以避邪（详见《节日》一节），说明桃木有镇邪驱鬼的作用。栌木也被视为驱鬼之物。晋崔豹《古今注》卷下《问答释义》说："程雅问拾栌木一名无患者。昔有神巫名曰宝廖，能符劾百鬼，得鬼则以此为棒，杀之。世人相传以此木为众鬼所畏，竞取为器用，以却厌邪鬼，故号曰无患也。"

魏晋南北朝时期，大量的动物被视为吉祥之物，主要有以下种类：

凤凰。东吴孙权太元元年（251年），有鸟集苑中，似雁，高足长尾，毛羽五色，咸以为凤凰，于是改元为神凤元年（252年）。吴人薛综《凤颂》说："猗欤石磬，金声玉振。先王搏拊，以正五音。百兽翔感，仪凤舞麟。在昔尧舜，斯磬乃臻。宗庙致敬，乃胥来顾，赞扬圣德，上下受祚。"[1]

鸾。《说文解字》释鸾曰："神灵之精也。五彩，鸡形，鸣中五音。"《玉篇》释鸾曰："鸟，似雉。见则天下安宁。"《艺文类聚》卷99引葛洪《抱朴子》说：

---

[1] 《艺文类聚》卷99，《祥瑞部》下。

"《昆仑图》曰：鸾鸟似凤而白缨，闻乐则蹈节而舞，至则国安宁。"同书又引晋郭璞《鸾鸟赞》说："鸾翔女床，凤出丹穴，拊翼相和，以应圣哲，击石靡咏，韶音其绝。"

乌。乌有数种，如白乌、赤乌、苍乌、黑乌、三足乌等。《三国志·吴书·吴主传》载：孙权嘉禾七年（238年）八月，武昌言有麒麟出现。群下以为此乃太平之兆，宜改年号。孙权诏曰："间者赤乌集于殿前，朕所亲见，若神灵以为嘉祥者，改年宜从赤乌为元。"于是改嘉禾为赤乌。

龙。《宋书·王昙首传》载，刘裕镇守江陵时，王昙首力劝刘裕入建康代晋。刘裕沿江而下，途中有黄龙出，左右皆失色。刘裕却对王昙首说："此乃夏禹所以受天命，我何德以堪之。"又如三国孙吴时，樊口、武昌都报告说有黄龙出现，孙权便改年号为黄龙。① 曹魏时，曹植上《贺瑞表》说："臣闻凤凰复见邺南，黄龙双出于清泉，圣德至理，以致嘉瑞。"②

麒麟。《晋书·吕光载记》载，吕光时，张掖金泽有麒麟出现，群兽皆从，于是吕光改年为麟嘉。《艺文类聚》卷98引薛综《麟颂》说："懿哉麒麟，惟兽之伯，世平睹景，否则戢足。"可见在人们眼里，麒麟的出现是太平盛世之兆。

以上数种禽兽，多为人们观念中的动物，它们可能是根据现实中的某些动物加以想象衍发的产物。此外，还有一些现实中的动物，也被看作是祥瑞之兆。

雀，雀被人们视为祥瑞之物，尤其是白雀、赤雀，更被人们珍视。《艺文类聚》卷99引《零陵先贤传》说：曹操时有白雀之瑞，群儒作颂。东吴孙晧时，华覈《谏盛夏兴工疏》中说："征祥符瑞，前后屡臻，明珠既睹，白雀继见。"③

雉。白雉为雉中尤吉之禽。魏文帝初年，"郡国十九言白雉见。"晋武帝咸宁元年（275年）、三年、太康元年（280年）、晋愍帝建兴三年（315年）、安帝义熙七年（411年）、宋文帝元嘉五年（428年）、十六年、十八年、二十年、二十六年、孝武帝大明二年（458年）、大明五年、大明八年、前废帝永光元年（465年）等都有白雉出现。这些都被作为吉兆而被载入《宋书·符瑞志》。

白虎。魏文帝欲受禅，郡国上奏"白虎二十七见"。史称："王者仁而不害，则白虎见。"④

白狼。《宋书·王懿传》载，王懿被慕容垂打败，身受重伤，且与亲人走散，在大泽中迷路。这时有一白狼至前，仰天而号，号毕乃衔王懿衣，带其渡河，使

---

① 《三国志·吴书》卷2，《吴主传》。
② 《艺文类聚》卷98，《祥瑞部》上。
③ 《三国志·吴书》卷19，《华覈传》。
④ 《艺文类聚》卷99，《祥瑞部·驺虞》下引《瑞应图》、《魏略》。

之得救。后王懿在刘宋朝为官，在任所立白狼寺。

九尾狐。三国魏曹植有《上九尾狐表》说：黄初元年十一月二十三日，于甄城县北见九尾狐，"斯诚圣王德政和气所应也"①。

除上述诸禽兽外，白鹅、白鸽、白兔、白鹿、白麞等也被视为祥瑞之物。

当时人认为动物不但兆祥，还能预祸。《宋书·五行志》记载了种种动物预示灾祸之事，择要节录如下：

> 龟孽。晋惠帝永熙初，卫瓘家人炊饭，堕地，尽化为螺，出足起行。螺，龟类，近龟孽也。……明年，瓘诛。
>
> 鸡祸。晋惠帝元康六年，陈国有鸡生雄鸡无翅，既大，坠坑而死。王隐曰："雄，胤嗣象，坑地事为母象，贾后诬杀愍怀，殆其应也。"晋元帝太兴中，王敦镇武昌，有雌鸡化为雄。天戒若曰："雌化为雄，臣陵其上。"其后王敦再攻京师。
>
> 犬祸。公孙渊家有犬冠帻绛衣上屋。此犬祸也。屋上亢阳高危之地。天戒若曰：渊亢阳无上，偷自尊高，狗而冠者也，及自立为燕王，果为魏所灭。京房《易传》曰："君不正，臣欲篡，厥妖狗出朝门。"桓玄将拜楚王，已设拜席，群官陪位。玄未及出，有狗来便其席，万众睚候，莫不惊怪。玄性猜暴，竟无言者，逐狗改席而已。
>
> 羊祸。晋成帝咸和二年（327年）五月，司徒王导"厩羊生无后足。此羊祸也"。京房《易传》曰："足少者，下不胜任也。"明年，苏峻入京者，导与成帝俱幽石头，仅乃免身，是其应也。
>
> 豕祸。吴孙皓宝鼎元年（266年），野豕入右大司马丁奉营。此豕祸也。后奉见遣攻谷阳，无功反，皓怒，斩其导军。
>
> 牛祸。元帝太兴元年，武昌太守王谅牛生子，两头八足两尾共一腹。三年后死。又有牛生一足三尾。皆生而死。按司马彪说，"两头者政在私门，上下无别之象也。"京房《易传》曰："足多者，所任邪也。足少者，下不胜任也。"其后皆有此应。
>
> 马祸。晋武帝太熙元年，辽东有马生角，在两耳下，长三寸。按刘向说，此兵象也。及（武）帝晏驾之后，王室毒于兵祸，是其应也。②

自然界中发生的一些反常现象，本来没有什么奇怪。如木连理，树挂冰，一

---

① 《全三国文》卷15。
② 上引皆见《宋书》卷30、卷31、卷32、卷33、卷34，《五行志》。

种动物的出现，动物中的怪胎等等，用今天有关自然科学的理论可以得到合理解释。但在科学不甚发达的古代，人们对这些现象却疑惑不解。特别是当这些自然现象与一些社会现象联系起来，更使它们罩上一层神秘的面纱，这样，就把人们的认识引向诚惶诚恐地崇拜神灵这一端上。

第四节　人神、人鬼崇拜

魏晋南北朝时对人神的崇拜可分为三类，一是被神化了的先人；二是被神化了的当时的官吏；三是被神化了的民间普通之人。对人鬼的崇拜主要表现为鬼魂索命报应观念。

● 被神化了的先人

魏晋南北朝时期，一些著名的历史人物和传说中的人物已被神化，因而作为神受到人们的祭祀。这些人主要有：

黄帝。据《晋书·地理志》记载，雍州扶风郡雍县有五畤、太昊、黄帝以下祠303所。《魏书·地形志》载，幽州襄乐郡肤施县有黄帝祠。北魏初，拓跋嗣、拓跋焘多次到涿鹿桥山、广宁历山等处祠黄帝庙。扶风郡治位于今陕西省咸阳市西南。襄乐郡治位于今甘肃宁县北。涿鹿城位于今河北怀来西南，广宁郡治即今河北涿鹿。可见，黄帝祠遍于陕甘河北地区。

蚩尤。《晋书·地理志》载，兖州东平国寿张县（今山东东平南）、青州乐安国临济县（今山东高青县东南）等地有蚩尤祠。

伏羲。《魏书·地形志》载，司州汲郡朝歌县（今河南淇县）、兖州高平郡高平县（今山东省鱼台县东北）等地都有伏羲祠。

女娲。《魏书·地形志》载，定州博陵郡深泽县（今河北深泽东）有女娲祠。

赤松子。赤松子相传为神农时的雨师。《晋书·地理志》载，扬州东阳郡长山县（今浙江金华）有赤松子庙。

尧。《魏书·地形志》载，司州东郡东燕县（今河南长垣西北）、定州钜鹿郡曲阳县（今河北晋州西）、定州北平郡望都县（今河北卢龙）、并州上党郡乐阳县（今山西潞城附近）、并州乡郡乡县（今山西武乡东）、并州乡郡铜鞮县（今山西沁县西南）、晋州平阳郡平阳县（今山西临汾）、营州昌黎郡龙城县（今辽宁朝阳市）、青州齐郡临淄县（今山东淄博东北）、北豫州广武郡中牟县（今河南中牟县）、海州东海郡下密县（今江苏连云港市东南）等地都有尧祠。

舜。《魏书·地形志》载，齐州济南郡历城县（今山东济南）有舜山祠。

禹。《魏书·地形志》载，郑州阳翟郡阳翟县（今河南禹州）有禹山祠。

奚仲。奚仲为夏禹之臣。传说黄帝造车，少昊用牛拉车，奚仲改为用马，所以被禹任为车正。《魏书·地形志》载，徐州彭城郡薛县（今江苏徐州）有奚仲庙。

周文王。《魏书·地形志》载，雍州咸阳郡石安县（今陕西咸阳附近）有周文王祠。

姜太公。《魏书·地形志》载，司州汲郡汲县（今河南汲县西南）有姜太公庙。

赵武灵王。《魏书·地形志》载，肆州永安郡定襄县（今山西定襄县）有赵武灵王祠。

卫灵公。《魏书·地形志》载，司州东郡长垣县（今河南长垣县）有卫灵公祠。

晋王。《魏书·地形志》载，并州太原郡晋阳县（今山西太原附近）有晋王祠。

孙叔敖。孙叔敖为春秋楚人，虞丘将其举荐给楚庄王。其任相三个月，施教导民，使国内无奸邪之吏，无强梁之盗。他三次任相，三次被黜，但均得而不喜，去而不悔。《魏书·地形志》载，东豫州长陵郡安宁县（今河南新蔡县南）有孙叔敖庙。

介子推。春秋时晋人，曾与晋文公一起流亡国外，助其归国即位，立有功绩。但他并不以功邀赏，而去介山隐居。《魏书·地形志》载，并州太原晋阳县（今山西太原南）有介子推祠。

伯夷、叔齐。二人为孤竹君之子，因互让王位，双双逃走。武王伐纣，二人叩马而谏。周朝建，二人不食周粟，饿死在首阳山。晋戴延之《西征记》说："洛东北去首阳山二十里，山上有伯夷、叔齐祠。或云饿死此山，今河东蒲坂南。又谓首阳亦有夷齐祠，未详饿死所在。"①

伍子胥。《魏书·地形志》载，司州东郡东燕县（今河南长垣西北）、兖州泰山郡（山东泰安东南）等地有伍子胥庙。

屈原。刘敬叔《异苑》载："长沙罗县有屈原自投之川，山明水净，异于常处。民为立庙，在汨潭之西，岸侧盘石马迹尚存。相传云原投川之日乘白骥

---

① 《太平御览》卷40，《地部·首阳山》。

而来。"

老子。《晋书·地理志》载，豫州梁国苦县（今河南鹿邑）有老子祠。《魏书·地形志》也载，南兖州陈留郡（今安徽亳县）有老子庙。

叔梁纥。叔梁纥为孔子之父，春秋时鲁国人。他先娶施女，生九女。后从父命与颜氏女徵在结婚，祷于尼上得孔子。《魏书·地形志》载，兖州鲁郡鲁山县（今山东曲阜）有叔梁纥庙。

颜母。即颜徵在，孔子母。《魏书·地形志》载，与叔梁纥同地还有颜母庙。

孔子。孔子庙也在山东曲阜。除此之外，江南地区也有孔子庙。《南齐书·江祏传》记载，江祀为南徐州南东海郡（治所在今江苏镇江）太守时，曾修复破败的宣尼庙，构立祭之。孔子在西汉平帝时被追谥褒成宣尼公，宣尼庙即孔子庙。

子路。孔子的弟子。《魏书·地形志》载，司州东郡长垣县（今河南长垣县）有子路祠。

子产。春秋时郑国法家人物。《魏书·地形志》载，北豫州广武郡苑陵县（今河南新郑县东北）、洛州阳城郡康城县（今河南禹州西北）等地有子产祠。

西门豹。《魏书·地形志》载，司州魏郡邺县（今河北邯郸南）有西门豹祠。

秦始皇。《三国志·魏书·王朗传》注引《朗家传》载："会稽旧祀秦始皇，刻木为像，与夏禹同庙。"可见会稽一带有祭祀秦始皇之俗。

楚怀王。秦末，项羽尊楚怀王为义帝，后将其害死。至六朝时，江州桂阳郡郴县（今湖南郴州附近）南仍有义帝庙，百姓祭之。

项羽。《魏书·地形志》载，睢州谷阳郡高昌县（今河南鹿邑）有项羽庙。《梁书·萧琛传》载，萧琛任吴兴太守时，"郡有项羽庙，土民名为愤王，甚有灵验，遂于郡厅事施床幕为神座，公私请祷。前后二千石皆于厅拜祠，而避居他室。琛至，徙神还庙，处之不疑。"可见江南江北均有祭祀项羽之俗。

刘邦。《魏书·地形志》载，徐州沛郡萧县（今江苏萧县西北）、徐州沛郡沛县（今江苏沛县）、徐州北济阴郡丰县（今江苏丰县）、徐州北济阴郡离狐县（今山东单县）、洛州上洛郡上洛县（今陕西商州）等地都有汉高祖庙。

戚夫人。汉高祖宠姬。《魏书·地形志》载，徐州彭城郡留县（今江苏沛县东南）有戚夫人祠。

张良。《魏书·地形志》载，徐州彭城郡留县（今江苏沛县东南）有张良祠。

四皓。四皓即西汉初的四个隐士，他们是东园公、绮里季、夏黄公、角里先生，又称"商山四皓"。《魏书·地形志》载，雍州咸阳郡石安县（今陕西咸阳附近）、洛州上洛郡上洛县（今陕西商州）均有四皓祠。

赵尧。西汉刘邦时任御史大夫，后被吕后所杀。《魏书·地形志》载，定州中山郡安喜县（今河北安国县西）有赵尧祠。

汉武帝。《魏书·地形志》载，雍州北地郡富平县（今陕西耀县东南）有汉武帝祠。

光武帝。《魏书·地形志》载，北扬州南顿郡南桓县（河南项城附近）有光武帝祠。

卓茂。东汉光武帝时任太傅。《魏书·地形志》载，北豫州荥阳郡密县（今河南新密东南）有卓茂祠。

麻姑。传说中的女仙，东汉时曾出现于蔡经家。《魏书·地形志》载，沧州浮阳郡章武县（今河北沧州东）有麻姑祠。

● 被神化了的当时官吏

魏晋南北朝时期，一些当时的官吏也逐渐被神化，为人们所祭祀。这些人上至帝王，下至县令，所包甚广。

曹操。《魏书·地形志》载，谯州南谯郡涡阳县（今安徽蒙城附近）有曹操祠。

邓艾。《魏书·地形志》载，南兖州陈留郡小黄县（今安徽亳县附近）有邓艾祠。

贾逵。三国魏文帝时，贾逵任豫州（治今河南新蔡西）刺史，其到任后，"考竟其二千石以下阿纵不如法者，皆举奏免之。"在任其间，又外修军旅，内治民事，拦截鄢水、汝水，筑造新陂，并开通河渠，人称"贾侯渠"。贾逵死后，豫州吏民追思之，为其刻石立祠。曹魏末，王凌起兵反对司马懿，兵败被擒。其经过贾逵祠时，大呼贾逵之字说："贾梁道，王凌固忠于魏之社稷者，唯尔有神，知之。"据记载，后司马懿有疾，"梦王凌、贾逵为祟，甚恶之。"遂死于京师洛阳。①

诸葛亮。《三国志·蜀书·诸葛亮传》载："景耀六年春，诏为亮立庙于沔阳。"《魏书·地形志》载，梁州华阳郡沔阳县（今陕西汉中市西）有诸葛亮祠。

邓芝。三国蜀汉车骑大将军。《魏书·地形志》载，陕州恒农郡北陕县（今河南三门峡市西）有邓芝祠。

孙坚。《三国志·魏书·诸葛诞传》注引《世语》载："黄初末，吴人发长沙王吴芮墓，以其砖于临湘为孙坚立庙。"

周瑜。《初学记》卷8引《水经注》载："江水对雷州之北侧有周瑜庙。"

蒋子文。《搜神记》卷5载："蒋子文者，广陵人也。嗜酒好色，挑达无度。常自谓己骨清，死当为神。汉末为秣陵尉，逐贼至钟山下，贼击伤额，因解绶缚

---

① 《三国志·魏书》卷28，《王凌传》注引干宝《晋纪》。

之，有顷遂死。及吴先主之初，其故吏见文子道，乘白马，执白羽，侍从如平生。见者惊走。文追之，谓曰：'我当为此土地神，以福尔下民。尔可宣告百姓，为我立祠。不尔，将有大咎。'是岁夏，大疫，百姓窃相恐动，颇有窃祠之者矣。文又下巫祝：'吾将大启祐孙氏，宜为我立祠。不尔，将使虫入人耳为灾。'俄而小虫如尘虻，入耳皆死，医不能治。百姓愈恐。孙主未之信也。又下巫祝：'若不祀我，将又以大火为灾。'是岁，火灾大发，一日数十处。火及公宫。议者以为鬼有所归，乃不为厉，宜有以抚之。于是使使者封子文为中都侯，次弟子绪为长水校尉，皆加印绶。为立庙堂。转号钟山为蒋山，今建康东北蒋山是也。自是火厉止息，百姓遂大事之。"

苏峻。此人为东晋人，在讨伐王敦的战争中曾有功于东晋朝廷。后来举兵叛晋，还一度攻下东晋首都建康。《南齐书·崔祖思传》载："祖思少有志气，好读史书。初州辟主簿，与刺史刘怀珍于尧庙祠神。庙有苏峻像。怀珍曰：'尧圣人，而与杂神为列，欲去之，何如？'祖思曰：'苏峻今日可谓四凶之五也。'怀珍遂令除诸杂神。"

袁双。东晋时人，袁真第四子。东晋太和四年（369 年），袁真随桓温北伐。桓温北伐失利，归罪袁真，将其贬为庶人。袁真不满，据寿阳，潜通苻坚、慕容晔。刘敬叔《异苑》卷 5 载："晋丹阳县有袁双庙，真第四子也。真为桓宣帝所诛，便失所在。灵怪太元中形见于丹阳，求立庙。未既就功，大有虎灾，被害之家辄梦双至，催功甚急。百姓立祠堂，于是猛暴用息。今道俗常以二月晦鼓舞祈祠。"①

孔愉。孔愉是会稽山阴人。孙吴亡后，迁入洛阳，西晋末，归乡里。中途遇石冰、封云之乱，并被封云迫为参军。孔愉不从，几乎被杀，后因封云的司马张统的营救才得以免。孔愉回家乡后，入新安山中，改姓孙氏，以稼穑读书为务，信著乡里，后忽然舍众人而去。乡里皆说他是神人，为其立祠祭之。②

萧承之。南齐高帝萧道成之父，死于刘宋元嘉二十四年（447 年）。梁土民于峨公山立庙祭之。③

邓县令。《南齐书·周山图传》载："义乡县长风庙神姓邓，先经为县令，死遂现灵。山图启乞加神位辅国将军。"

三 被神化了的民间普通人

魏晋南北朝时，除了上述两种人外，还有一些民间普通人，他们没有权势，

---

① 关于袁真之死，《晋书》卷 98《桓温传》载，袁真病死，其子袁瑾嗣，后为桓温所杀。
② 《晋书》卷 78，《孔愉传》。
③ 《南齐书》卷 1，《高帝纪》上。

或被枉杀，或由于不堪受迫害而自杀。这些含冤而死者，往往被神化。这些人主要有：

紫姑。《异苑》卷 5 载："世有紫姑神，古来相传云是人家妾，为大妇所嫉，每以秽事相次役。正月十五日感激而死。故世人以其日作其形，夜于厕间或猪栏边迎之，祝曰：'子胥不在（是其婿名也），曹姑亦归（曹即其大妇也），小姑可出戏。'投者觉重，便是神来，奠设酒果，亦觉貌辉辉有色，跳躞不住，能占众事，卜未来蚕桑。"

丁姑。《搜神记》卷 5 载："淮南全椒县有丁新妇者，本丹阳丁氏女。年十六，适全椒谢家。其姑严酷，使役有程，不如限者，仍便答捶。不可堪，九月七日，乃自经死。遂有灵响，闻于民间。"

于吉。《三国志·吴志·孙策传》注引《江表传》载："时有道士琅邪于吉，先寓居东方，往来吴会，立精舍，烧香读道书，制作符水以治病，吴会人多事之。策尝于郡城门楼上集会诸将宾客，吉乃盛服杖小函，漆画之，名为仙人铧，趋度门下。诸将宾客三分之二下楼迎拜之，掌宾者禁呵不能止，策即令收之。诸事之者，悉使妇女入见策母。请救之。母谓策曰：'于先生亦助军作福，医护将士，不可杀之。'策曰：'此子妖妄，能幻惑众心，远使诸将不复相顾君臣之礼，尽委策下楼拜之，不可不除也。'诸将复连名通白事陈乞之，策曰：'昔南阳张津为交州刺史，舍前圣典训，废汉家法律，尝着绛帕头，鼓琴烧香，读邪俗道书，云以助化，卒为甫夷所杀。此甚无益，诸君但未悟耳。今此子已在鬼箓，勿复费纸笔也。'即催斩之，悬首于市。诸事之者，尚不谓其死而云尸解焉，复祭祀求福。"

赵昞。赵昞是东汉人，善方术。《搜神记》卷 2 载："赵昞尝临水求渡，船人不许。昞乃张帷盖，坐其中，长啸呼风，乱流而济。于是百姓敬服，从者如归。长安令恶其惑众，收杀之。民为立祠于永康，至今蚊蚋不能入。"

上述几人，皆为屈死而成神者。此外还有不是被枉杀而成神的普通人。

蚕神。《续齐谐记》载："吴县张成，夜起，忽见一妇人立于宅上南角，举手招成，成即就之。妇人曰：'此地是君家蚕室，我即是此地之神。明年正月半，宜作白粥泛膏于上祭我也，必当令君蚕桑百倍。'言绝失之。成如言作膏粥，自此后大得蚕。今正月半作白膏粥，自此始也。"封建朝廷所祭蚕神皆具体地有所指，或为菀窳妇人、寓氏公主，或为嫘祖。从上述记载来看，民间所祭蚕神并非此三人，而是自己塑造的民间普通妇女。

小姑。《异苑》卷 5 载："青溪小姑庙，云是蒋侯第三妹。庙中有大谷扶疏，鸟尝产育其上。晋太元中，陈郡谢庆执弹乘马，缴杀数头。即觉体中栗然，至夜，梦一女子，衣裳楚楚，怒云：'此鸟是我所养，何故见侵。'经日谢卒。庆名奂，灵运父也。"

张母。《太平御览》卷42引戴延之《西征记》载:"邙山西匡东垣,亘阜相属,其下有张母祠。即永嘉中,此母有神术,能愈病,故元帝渡江时延圣火于丹阳,即此母也。今祠存焉。"

上述人神崇拜的三类人中,包括了皇帝、圣贤、文臣、武将、县令、平民、妇女、道士,几乎涉及了社会各个阶层的人物,可见当时人神崇拜习俗的盛行。应当指出,像黄帝、孔子这类人神,受到后人的崇拜,首先因为他们为中华民族历史的发展作出了贡献,同时古人祀先人本含有崇拜神灵的思想。除此之外,鬼魂报应观念在魏晋南北朝时也十分盛行。早在魏晋南北朝以前,灵魂不灭,鬼魂观念就已存在。《礼记·祭法》载,天子七祀中有泰厉,诸侯五祀中有公厉,大夫三祀中有族厉。郑玄注引《春秋传》说:"鬼有所归,乃不为厉。"可见所谓"厉",即无所归依,无人祭祀之鬼。魏晋南北朝时,随着佛教的传入,古代固有的鬼神观念与佛教的轮回报应之说相结合,鬼魂索命报应之说大行于世。《三国志·魏书·张既传》注引《三辅决录注》载,游殷与司隶校尉胡轸有矛盾,后胡轸诬陷游殷,构其罪杀之。"殷死月余,轸得疾患,自说但言:'伏罪,伏罪,游功曹将鬼来。'于是遂死。"《晋书·姚苌载记》载,姚苌杀苻坚后,不久染疾。梦见苻坚带领天官使者、鬼兵数百人突入营中。姚苌惧而入宫,宫人出来刺鬼,误中姚苌阴处。众鬼说:"正中死处。"姚苌惊醒,遂患阴肿,医刺之,出血如梦。此后姚苌时时狂言:"臣苌,杀陛下者兄襄,非臣之罪,愿不枉臣。"《魏书·昭成子孙列传》载:元寿兴为中庶子时,曾因公事杖责王显三十。后王显被世宗所宠,任御史中尉,诬元寿兴在家口出怨言,诽谤朝廷。世宗批准赐元寿兴死。元寿兴临死时,对其子说:"我棺中可着百张纸,笔两枚,吾欲讼显于地下。若高祖之灵有知,百日内必取显,如遂无知,亦何足恋。"《还冤志》中关于于吉被杀的记载,更能说明南北朝时鬼魂报应观念的盛行。书中说:"汉孙策既定会稽,引兵迎汉帝。时道人于吉在策军中,遇天大旱,船路艰涩。策尝自出督切军中人,每见将士多在吉所,因愤怒曰:'吾不如吉。'遂收吉,转至日中,令其降雨,如不能者,便当受诛。俄顷之间,云雨滂沛,未及移时,州涧涌溢。时并来贺吉免其死。策转怒愤,意竟杀之。因是策颇憨常,每仿佛见吉复出。射猎为刺客所伤,治疗将差,引镜自窥,镜中见吉,顾则无之。如是再三,遂扑镜大叫,疮皆崩裂,须臾而死。"《还冤志》系北朝人颜之推所撰。书中所讲道士于吉之事,前面所引《江表传》中已讲过。但《不冤志》与《江表传》所载虽为同一事,但内容已差别很大。第一,它增加了孙策命于吉致雨,但最终仍自食其言将于吉杀害的情节,从而更衬托出于吉之冤。第二,它把孙策之死与于吉之冤联系起来,从而形成一个完整的冤魂报应故事。还在颜之推以前,东晋人干宝撰《搜神记》,所记于吉之事已与《江表传》不同,颜之推撰《还冤志》与干宝撰《搜神记》,书名虽异而内容相同，说明东晋以后至南北朝时期鬼魂报应观念的进一步流行。

第五节 鬼神崇拜与社会文化心态

所谓鬼神崇拜，乃指自然神崇拜和人神、人鬼崇拜。魏晋南北朝时期的鬼神崇拜可分为两部分。一部分为朝廷所允许的祭祀，如东晋成帝（326—342年）时立天地二郊祀，天郊祭神62位，地郊祭神44位，共106位神。① 北魏太和四年（480年）二月不雨，孝文帝下诏"祀山川群神及能兴云雨者"。太和十五年（491年）春不雨，"有司奏祈百神"求雨。又如蒋神，孙吴时封其为中都侯，东晋时又封其为相国。② 南朝刘宋时，蒋神位至相国、大督都、中外诸军事、钟山王。③ 齐东昏侯又加蒋神位为假黄钺、使持节、相国、太宰、大将军、录尚书、扬州牧、钟山王，不久又尊其为皇帝。④ 至南朝陈时仍是如此。⑤ 蒋神由官民共奉变为官方独尊的保护神。另一部分是民间中流传的不合封建礼典的各类鬼神崇拜，被历代统治者称为"淫祀"而屡遭禁止。如曹操为济南相时，"禁断淫祀"。济南仅汉城阳景王刘章祠，便有600余所。⑥ 魏文帝、明帝也曾禁"淫祀"。西晋武帝在泰始二年（266年），"除禳祝之不在祀典者"⑦。南朝刘宋永初二年（421年），宋武帝刘裕下诏："淫祀惑民费财，前典所绝，可并下在所除诸房庙。"⑧ 十六国后赵石虎时，著作郎王度反对汉人信佛说："其有犯者，与淫祀同罪。"⑨ 后秦姚兴也曾下令禁止百姓"淫祀"⑩。北魏延兴二年（472年）二月、太和九年（485年）正

---

① 《宋书》卷16，《礼志》三。
② 《晋书》卷114，《苻坚载记》下。
③ 《宋书》卷17，《礼志》四。
④ 《南齐书》卷7，《东昏侯纪》。
⑤ 《陈书》卷2，《高祖纪》下。
⑥ 《三国志·魏书》卷1，《武帝纪》及注引《魏书》。
⑦ 《晋书》卷3，《武帝纪》。
⑧ 《宋书》卷3，《武帝纪》下。
⑨ 《晋书》卷95，《佛图澄传》。
⑩ 《晋书》卷117，《姚兴载记》上。

月，都曾下诏禁止淫祀。① 神龟二年（519年）魏孝明帝又诏："除淫祀，禁诸杂神"。② 北周建德三年（574年）五月下诏："禁断淫祀，礼典所不载者，尽除之。"③ 整个魏晋南北朝时期，所谓"淫祀"屡禁不止，说明民间的鬼神崇拜在此时期是比较突出的。不仅如此，就"淫祀"而言，江南地区似乎比北方更为突出。唐初狄仁杰为江南巡抚使，在吴楚等地禁止淫祀，除保留夏禹等四座神庙外，其余1700座一次全毁。④ 这些神庙绝大多数应是南朝所留存下来的。

国之大事，在祀与戎。祭祀历来是国家礼制的一部分。魏晋南北朝时也不例外。封建统治者的祭祀，主要为了战争胜利，国泰民安，五谷丰收，国祚永延。至于被统治阶级视为不合礼典的民间祭祀，所反映的社会文化心态是多种多样的，概括起来有如下几种：

第一，追求幸福的人生观。人人都希望生活的幸福。在封建社会中，劳动人民深受压迫和剥削，生活在社会的底层。生活上的悲惨境遇，使他们对幸福的渴望更强烈，追求更执著。这种渴望和追求，渗透于人们生活的各个方面，也通过民间祭祀这种方式扭曲地表现出来。他们祭各种雨神，希望农业有个好收成；祭蚕神，希望蚕桑业顺利发展；祭送子之神，希望人丁兴旺，早享天伦之乐；祭各种治病之神，希望驱走给他们带来不幸的病魔；祭各种命运之神，希望有幸福吉祥的前程。人们甚至相信，只要心诚，"神灵"会直接改变他们的生活状况。《搜神记》卷4记载了这样一个故事："庐陵欧明，从贾客，道经彭泽湖，每以舟中所有，多少投湖中，云：'以为礼。'积数年。后复过，忽见湖中有大道，上多风尘。有数吏，乘车马来候明，云：'是青洪君使要。'须臾达，见有府舍，门下吏卒。明甚怖，吏曰：'无可怖。青洪君感君前后有礼，故要君，必有重遗君者。君勿取，独求如愿耳。'明既见青洪君，乃求如愿。使逐明去。如愿者，青洪君婢也。明将归，所愿辄得，数年，大富。"今天看来，这只不过是虚幻的神话，但当时的人们却不是把她当成神话的，他们向各种神灵乞求幸福的时候，确实是怀着教徒般的虔诚。当然，这种向神乞求幸福的方式是不足法的，但我们可以通过民间祭祀，看到人们对幸福生活强烈追求的精神。这种追求是有积极意义的。自从人类产生以来，人们从未放弃过这种追求。它蕴藏在一定历史时期人们生活的各个方面，也蕴藏在整个人类历史发展中的各个阶段。它不断促使人们的追求方式发生从天上到人间、从虚幻到现实、从荒诞到科学的转变。

第二，同情妇女的社会观。魏晋南北朝时期民间祭祀的诸神中，有一类是被

---

① 《魏书》卷7，《高祖纪》上。
② 《魏书》卷9，《肃宗纪》。
③ 《周书》卷5，《武帝纪》。
④ 《新唐书》卷115，《狄仁杰传》。

神化了的民间普通人，他们之中又有相当一部分女性。这些人生前大多有各种不幸的遭遇，民间对她们的祭祀在某种意义上反映出对其不幸的同情。这种同情表现为以下几个方面：首先是对受丈夫迫害的妇女的同情。《太平广记》卷293引《纪闻》载："吴兴郡界首有洞庭山，山中圣姑祠庙在焉。《吴志》曰：姑姓李氏，有道术，能履水行。其夫怒而杀之。自死至今，向七百岁，而颜貌如生，俨然侧卧。远近祈祷者，心至则能到庙，心若不至，风回其船，无得达者。"《纪闻》虽为唐末之书，但从"自死至今，向七百岁"来看，其事源头在三国东吴。民间祭祀圣姑，东晋南朝时亦应如此。民间祭祀圣姑的直接原因，可能是因为她生前学道，死后有"灵验"，是出于一种宗教迷信心理。但另一方面，百姓认为她死后冤魂不散，屡屡显灵，对于这种"灵验"，是把她作为神灵来祭祀，而不是作为一种鬼祟来祓除，这反映出对受夫权所害的妇女的一种同情心理。其次是对受封建宗法家长迫害的妇女的同情。《太平广记》卷29引《搜神记》载，丁姑嫁到谢家后，其婆婆严酷，像对待奴婢一样役使她。丁姑不堪其苦，乃于九月初七日自缢而死。死后为神，借巫祝之口，规定九月七日为妇女的休息日。江南人皆呼此神为丁姑，以九月七日为息日，并祭祀之。江南人祭丁姑，也许同样出于一种宗教心理，但通过此段记述可知，丁姑不堪劳苦，含恨自缢，是封建宗法家长制迫害下的牺牲者。她死后借巫祝之口传言，显然是一种神话，而民间却接受了此种传言，以九月七日为息日，这种习俗表达了民间对包括丁姑在内的妇女为家庭操劳的肯定和同情态度。最后，对家庭中受歧视的妾媵表示同情。如民间祭祀的紫姑，相传她本是人家妾，被大老婆所辱，于正月十五日含愤而死，死后为神。荆州地区每于正月十五日晚，迎紫姑神以卜吉凶。① 中国封建社会长期实行一夫多妻制，媵妾是这个制度的产物，当时妾在封建家庭中的地位极为低贱。最后应当指出，中国封建社会等级森严，而妇女位于社会的底层，从来没有过现代意义的男女平等。但是通过上述事例，确实能看到民间百姓对种种不幸的妇女的同情态度，这是一种值得肯定的社会观。

第三，追求自主的婚姻观。《太平广记》卷295引《八朝穷怪录》记载了这样一个神话故事："宋文帝元嘉三年八月，吴郡赵文昭，字子业，为东宫侍讲，宅在清溪桥北，与吏部尚书王叔卿隔墙南北。尝秋夜，对月临溪，唱乌栖之词，音旨闲怨。忽有一女子，衣青罗之衣，绝美，云：'王尚书小娘子，欲来访君。'文昭问其所以，答曰：'小娘子闻君歌咏，有怨旷之心，著清凉之恨，故来愿荐枕席。'言讫而至，姿容绝世。文昭迷惘恍惚，尽忘他志，乃揖而归，从容密室，命酒陈筵，递相歌送，然后就寝。至晓请去，女解金缨留别，文昭答琉璃盏。后数夜，

---

① 《初学记》卷4，《岁时部下·正月十五日》引《荆楚岁时记》、《异苑》。

文昭思之不已。偶游清溪神庙，忽见所与琉璃盏，在神女之后，及顾其神与画侍女，并是同宿者。"清溪庙之神为女性，前述小姑庙亦在清溪，二者当为同一人。此类传说在魏晋南北朝时还有很多，这些传说实际上反映了社会上妇女要求自择夫婿的观念。魏晋南北朝时，由于儒家男尊女卑的观念在某种程度上受到冲击，少数民族风俗的习染，妇女的社会地位有了一定的改观。东晋葛洪曾生动地描绘了东晋南方妇女的社会生活，说她们离开织机，走出厨房，拜亲访友，周游城邑，游戏佛寺，观赏渔猎，登山临水，出境庆吊，途中有说有笑，有时甚至举杯痛饮，引吭高歌。① 北齐颜之推在描述北齐国都邺城一带妇女的社会地位时说："邺下风俗，专以妇持门户，争讼曲直，造请逢迎，车乘填街衢，绮罗盈府寺，代子求官，为夫诉曲，此乃恒、代之遗风乎。"② 由于妇女较广泛地参与当时的社会生活，并有了学习文化的机会，因而妇女自择夫婿之争常有发生。《晋书·烈女传》载，"周颛母李氏，字络秀，汝南人也。少时在室，颛父浚为安东将军，时尝出猎，遇雨，过止络秀之家。会其父兄不在，络秀闻浚至，与一婢子内宰猪羊，具数十人之馔，其精办而不闻人声，浚怪使觇之，独见一女子甚美，浚因求为妾。其父兄不许，络秀曰：'门户殄瘁，何惜一女！若连姻贵姓，将来庶有大益矣。'父兄许之。"从为客人精办肴馔到劝说父兄一系列举动，都是李氏为争取嫁给周浚而作的努力，体现了她在安排自己终身之事上的个人意志。魏晋南北朝时神女走出庙龛与凡人结缘的神话，也体现了妇女追求自主婚姻的观念。

第四，劝善惩恶的道德观。鬼神崇拜作为一种宗教现象，一种文化现象，所反映的社会文化心态是多方面的，我们还可以透过它看到当时人们的一种劝善惩恶的道德观念。如民间祭祀女神丁姑，还因为她有劝善惩恶的力量。《搜神记》卷5记载了这样一个神话：女神丁姑，一日来到河边欲过河，见有两个男子共乘船捕鱼，乃呼之求渡。两个男子乘机对她进行调戏，说若做他们媳妇就渡她过河。丁姑决定对他们进行惩治。过了一会儿，有一老翁乘船而来，船上满载芦苇。丁姑又求渡，老翁乃扔掉一半芦苇，让出地方渡她。上岸后，丁姑说："吾是鬼神，非人也，自然得过。然宜使民间粗相闻知。翁之厚意，出苇相渡，深有惭感，当有以相谢者。若翁速还去，必有所见，亦当有所得也。"翁还，见两男子已经死于水中。又向前走了几里地，见有鱼千数，跳跃水边，风吹至岸上。翁遂弃苇，载鱼以归。这个神话故事，通过两种人的不同结果，反映了民间劝善惩恶的道德观念。在人们看来，同情弱者，乐于助人，救困扶危就是善行。相反，以强凌弱，

---

① 《抱朴子·外篇·疾谬》。
② 《颜氏家训》卷1，《治家》。这里说江东妇女"略无交游"，恐在衬托北朝风气之异，或南朝末南方妇女地位有所变化。

趁火打劫，幸灾乐祸，就是恶行。人们追求善，希望用一种友善之心建立一种互相扶助的和谐的人际关系。人们憎恨恶，欲让一切行恶之人都遭到恶报。生活在现实世界中的平民百姓，在阶级社会中是弱者，是被欺凌的对象，他们希望有一种力量能抑强扶弱，能惩罚压迫别人的恶势力。当这种力量在现实世界中找不到，而自己还未形成这种力量时，他们的希望只有寄托在神身上。顺便指出，民间的劝善惩恶的道德观，与当时广泛流行的佛教道德观有同也有异。佛教主张以慈悲为怀，以行善为本，这与劝善的观念有共同之处。但佛教过于宽容，主张以善对恶，以善感恶。据《月光菩萨经》载：佛祖于过去世为月光国王。时香醉山中有一个名叫恶眼的婆罗门，欲趁月光天子大开施会之时，要他项上的人头。月光天子当即满足恶眼的要求，引颈受戮。而恶眼进一步提出要求，说："王不自断，令我持刃，非布施行。"于是月光国王乃以首发系于无忧树枝，手执利剑，自断己头。① 佛教的这种最高境界，与民间的惩恶要求又有不同。民间百姓的态度是嫉恶如仇，要求对恶进行直接的惩罚。这种劝善惩恶的道德观，反映了民间对佛教既接受又改造的态度。

第五，万物有灵的自然观。魏晋南北朝人们所祭祀的神中，有很多是自然界中的景物。在当时人看来，自然界中的山、河、溪、湖、井、植物、动物等都有灵有知。人们通过各种祭祀方式将自己的愿望、乞求告诉它们，同它们进行对话和交流。这反映了当时人们对自然的看法，是一种认为万物均有灵知的自然观。这种自然观反映了在当时生产力和科学技术条件下人们的认识水平。这种认识今天看来是低级的、愚昧的、荒谬的。但作为认识过程的一个阶段，它在人类对自然的认识史上并非毫无意义。恩格斯曾指出："科学史就是把这种谬论逐渐消除或是更换为新的、但终归是比较不荒诞的谬论的历史。"② 这就是说，古代自然观是近代自然观的起点和发展的基础。近代科学的发展，无情地否定了万物有灵观念。但由于忽视了自然本身的规律，在有些地方，人们开始受到了自然的惩罚。人们不得不重新认识自己与自然的关系，即不应向自然单纯索取，也要向它贡献，人与自然的关系应是双向交流。

---

① 《月光菩萨经》为宋朝法贤译，但此事早已在魏晋南北朝时流传。《洛阳伽蓝记》载北魏宋云去西域取经，到过如来舍头施人处。
② 《马克思恩格斯选集》第 4 卷，第 485 页。

第九章

节日

第一节 一年中的几个重要节日

中国古代的"节",并不是我们今天"节日"的概念,而是指节气。古时有"四时"、"八节"之称,"四时"指春、夏、秋、冬四季,"八节"则指二十四节气中立春、春分、立夏、夏至、立秋、秋分、立冬、冬至八个节气。在不同的季节和节气中,人们举行不同的仪式,进行各种活动。随着季节不停地、周而复始地变化,这种活动和仪式渐渐地分别固定在一年中的某一日上,形成了比较固定的传统节日。这种节日,在魏晋南北朝时被称为"岁时",就是指一年一度的固定时日。这个时期有下列主要节日:

● 元日

元日为夏历的正月一日,又称为"元正"、"正旦"。因为处于一年的开端,四时的开始,一月的开头,所以又称为"三元"或"三正"。元日在魏晋南北朝时是一个比较重要的节日,每年此时,上从皇室贵族,下至庶民百姓,都要举行各种形式的活动。

朝廷年年元日都要举行朝会。东汉末建安年间,刘劭曾到许昌(今河南许昌东），当时曹操正定都在这里"挟天子以令诸侯"。时值岁末，主管星历的太史预言，元正将发生日食。群臣闻此，纷纷来找尚书令荀彧，主张停止元正朝会。刘劭此时正在荀彧处，便说："古时候的梓慎、裨灶是著名的史官，他们也有预见错的时候。……有的时候灾异自己会消失，有的时候是史官推算有误，所以不应因为天象将有变异而废行朝礼。"荀彧非常赞同，便建议曹操照常举行朝会，日蚀果然也没有发生。① 类似的事情在西晋咸宁三年（277 年）、四年、东晋太兴元年（318 年）、建元元年（343 年）及永和年间（345—356 年）都发生过，所不同的是，这几次都因天象变异而停止了朝会。② 另外，十六国的后赵、南燕，南朝的宋、齐、梁、陈，北朝的北魏、北齐、北周都有元日朝会的记载。这说明，整个魏晋南北朝时期，除个别年份外，朝廷中一直进行着元日朝会的活动。

元日朝会的仪式，在西晋《咸宁注》中描述得很详细。在元日之前，事先为王公卿校在端门外准备好简易座位，并在宫殿前准备好乐队。群臣到齐后，宫廷中火盆齐燃，群臣从云龙门、东中华门进入，来到东阁下坐待。皇帝在一片鼓乐声中出来，百官皆伏拜。鼓乐停后，百官按品位高低依次献礼贺拜，最后是少数民族客人进拜。贺拜毕，皇帝入内稍事休息，然后在一片钟鼓乐声中复出。主管接待宾客的谒者将王公至二千石以上的大官领上殿，依次向皇帝献寿酒。献酒时，献酒者先将寿酒跪授侍中，由侍中将酒跪置御座前。然后献酒者自酌，置己位前。此时谒者跪奏说："臣某等奉觞再拜，上千万岁寿。"侍中答："觞已上。"百官伏称万岁，四厢乐声大起。寿酒献完，皇帝开始进御膳，群臣也就席进食。食毕君臣一起欣赏乐舞，直至宴乐结束。③ 元会时的盛况，在一些文学作品中描绘得更加生动。曹植的《正会诗》说：

初岁元祚，吉日惟良，乃为嘉会，宴此高堂。尊卑列叙，典而有章，衣裳鲜洁，黼黻玄黄。清酤盈爵，中坐腾光，珍膳杂遝，充溢圆方。笙磬既设，筝瑟俱张，悲歌厉响，咀嚼清商。俯视文轩，仰瞻华梁，愿保兹善，千载为常。欢笑尽娱，乐哉未央，家室荣贵，寿若东王。④

晋人傅玄《元日朝会赋》也说：

前三朝之夜中，夜燎晃以舒光。华灯若乎火树，炽百枝之煌煌。六钟隐

---

① 以上见《三国志·魏书》卷 21，《刘劭传》。
② 《宋书》卷 14，《礼志》一。
③ 同上。
④ 《太平御览》卷 29，《时序部·元日》。

其骇奋，鼓吹作乎云中。①

通过这一诗一赋，我们仿佛能看到群臣身着华贵的衣装，进贺元日；仿佛能看到庭中熊熊的燎火和烂若火树的华灯；仿佛能听到那悦耳的钟鼓乐声。

南北朝时，南朝的元日朝会与魏晋时差别不太大，北朝则有其独特之处，其中尤以北齐最为典型。北齐元日除大宴群臣外，有两点异于南朝：第一，北齐元日有中宫朝会。中宫指皇帝的后宫，中宫朝会即嫔妃公主朝拜皇后之仪。第二，北齐元日宣诏慰劳州郡国使臣很有特色。元会之日，各州郡国派使者进京。皇帝派侍中宣诏，一方面向各州郡国长官问候，问询各地的庄稼长势、粮价高低以及民间疾苦；另一方面指示各州郡长官要勤政爱民，判案公正，赋役均平，要谨慎监察长吏的浮华之举，及时纠劾纲纪败坏之人。宣诏毕，给使者纸和笔，让他们各自陈述治理本土所应采取的良策。对那些在对策中丢字落字的人，则让他们起立罚站；若字写得潦草，就罚对策人喝一升墨汁；若对策中文理粗疏，无可取之处，则将对策人赶出宴席。对那些文迹才辞可取者，则在吏部备案，视为流外三品。元日宣诏让使者陈述治理本土之策，这在魏晋时已有，但对使者的处理方法却显示出北齐的特点。

除朝廷在元日举行朝会外，一些地方军政要人也举行元会。东晋时，陶侃曾任荆州刺史。他办事缜密，善于筹划。一次州中造船，他命人将剩下的木屑和竹头全部保管起来，众人全都疑惑不解。后值正月初一，陶侃举行元会，当时雪后初晴，大厅前融雪犹湿，陶侃便命人将木屑拿出来铺在厅前的地上。②

正月初一这天，在民间，百姓也以家族为单位举行类似的活动。据南朝梁宗懔所写的《荆楚岁时记》载，正月一日，人们闻鸡鸣即起身，族中之人无论长幼，全都穿戴上整齐的衣帽，以次拜贺。然后一起饮椒柏酒和桃汤。饮酒的次序都不同往日，是先幼后长。这是因为，元日是新的一年开始，这标志着幼童又向成人迈进一步，所以先酒贺之，而老年人又失掉一岁，所以后喝酒。

元日这天，民间除聚会拜贺外，还举行其他种种活动。

爆竹、燃草。《太平御览》卷29引《荆楚岁时记》载："元日庭前爆竹以辟山臊恶鬼也。"又载："又俗爆竹燃草起于庭燎。"

饮椒柏酒、屠苏酒，食胶牙饧，五辛盘。《荆楚岁时记》载，元日"进椒柏酒，饮桃汤。进屠苏酒，胶牙饧，下五辛盘"。

闭门杜鬼。所谓闭门，并非元日这天家家都把门关起来，而是在门上放一些

---

① 《太平御览》卷29,《时序部·元日》。
② 《晋书》卷88,《陶侃传》。

鬼见了害怕的东西,借此把鬼杜绝于家门之外。《荆楚岁时记》载:元日"帖画鸡户上,悬苇索于其上,插桃符其傍,百鬼畏之"。

㊁ 人日

夏历正月初七为人日。魏晋时人董勋《问礼俗》说:"正月一日为鸡,二日为狗,三日为猪,四日为羊,五日为牛,六日为马,七日为人。"① 南朝梁人宗懔也在《荆楚岁时记》中描述过南方人过人日的情形。《北齐书·魏收传》载,东魏时,魏帝曾向臣下问起人日的来历,魏收曾援引董勋的《问礼俗》进行回答。由此可见,过人日的习俗经历了整个魏晋南北朝时期,遍及北方和南方的广大地区。《荆楚岁时记》载:"正月七日为人日。以七种菜为羹;剪彩为人,或镂金薄为人,以贴屏风,亦戴之头鬓;又造华胜以相遗;登高赋诗。"东晋时,李充于人日登安仁山,并作铭文说:"正月七日,厥日为人,策我良驷,陟彼安仁。"② 在人日登剡西寺时,又留下"命驾升西山,寓目眺原畴"的诗句③。东晋人张望《正月七日登高诗》云:

　　玄云欻夕敛,青阳舒朝悕。
　　熙哉陵冈娱,眺盼肆回目。④

北方也有人日登高的习俗,《北齐书·崔悛传》载,东魏时,魏孝静帝在人日登云龙门,崔悛父子在宴席上赋诗。北朝人阳休之《正月七日登高侍宴诗》云:

　　广殿丽年辉,上林起春色。
　　风生拂雕辇,云回浮绮翼。⑤

由此可见,《荆楚岁时记》所载的人日某些习俗内容,并不限于荆楚地区。

㊂ 正月十五

提到正月十五,人们立即会联想到灯和元宵。然而观灯和吃元宵的习俗,是魏晋南北朝以后的事,在魏晋南北朝时,人们过正月十五,举行的是其他种种

---

① 《太平御览》卷30,《时序部·人日》。
② 《初学记》卷4,《岁时部·人日》引李充《安仁峰铭》。
③ 《初学记》卷4,《岁时部·人日》引李充《正月七日登剡西寺诗》。
④ 《玉烛宝典》第一。
⑤ 《太平御览》卷30,《时序部·人日》。

活动。

第一种活动是祠门祭户。《荆楚岁时记》载："正月十五日，作豆糜，加油膏其上，以祠门户。先以杨枝插门，随杨枝所指，仍以酒脯饮食及豆粥插着而祭之。"

第二种活动为祭蚕神。《续齐谐记》载："吴县张成，夜起，忽见一妇人立于宅上南角，举手招成，成即就之。妇人曰：'此地是君家蚕室，我即是此地之神。明年正月半，宜作白粥泛膏于上祭我也，必当令君蚕桑百倍。'言绝失之。成如言作膏粥，自此后大得蚕。今正月半作白膏粥，自此始也。"

第三种活动为迎紫姑。相传紫姑是人家之妾，为大老婆所嫉妒，经常被驱迫至厕所、猪圈等处干脏活，后于正月十五日激愤而死。此后，人们每逢正月十五日晚，抬着一个假人，至厕所或猪圈边，迎还紫姑。人们对着假人祷告说："你丈夫和你大姑都不在了，请紫姑出来吧！"如果觉得抬着的假人重了，就是紫姑神出来了，便赶快设上酒果，卜问将来蚕桑之事。①

第四种活动是打簇、相偷戏。这项活动流行于北朝，是北魏时的习俗。东魏孝静帝天平四年（537年），朝廷曾下诏禁止打簇、相偷戏。② 但到武定三年（545年），外戚尔朱文畅与任胄、郑仲礼等人密谋，欲趁正月十五日夜打簇时杀掉高欢。《北齐书·尔朱文畅传》这样载道："自魏氏旧俗，以正月十五日夜为打竹簇之戏，有能中者，即时赏帛。任胄令仲礼藏刃于胯中，因高祖临观，谋为窃发，事捷之后，共奉文畅为主。"这里的高祖，即指高欢。打簇、相偷之戏的详细情况，我们已不能知道，但通过上引诸史料，我们可知：第一，此戏为北朝旧俗，流行已久，朝廷对此曾禁止过，但未奏效。第二，从"有能中者，即时赏帛"来看，这是一种具有竞争性的娱乐活动。第三，此种活动很隆重，有高层次的军政要人参加。

第五种活动是做宜男蝉。《荆楚岁时记》载："都人上元夜作宜男蝉，似蛾而大。"宜男是萱草的别名，据周处《风土记》载，孕妇若是佩戴此草，必生男儿。宜男蝉是用萱草做成蝉形，让孕妇佩戴以乞求生子。

第六种活动为打粪堆。《荆楚岁时记》注《如愿》条说："今北人正月十五日夜立于粪扫边，令人执杖打粪堆，云云，以答假痛。意者亦为如愿故事耳。"

（四）正月晦日

正月晦日即正月的最后一天。从正月元日到晦日，人们纷纷来到水边，有的

---

① 《异苑》卷5。
② 《资治通鉴》卷159，《梁纪·大同十一年》胡三省注。

操桨泛舟，有的临水宴乐，有的漂洗衣裙。据说这样做是为了消灾解厄。但到魏晋南北朝后期，这种活动渐渐地集中在晦日这天，而且其消灾解厄的意义也越来越弱，游水赏春反而成为人们活动的主要动机。北魏卢元明《晦日泛舟应诏诗》云：

> 轻灰吹上管，落莫飘下蒂。
> 迟迟春色华，婉婉年光丽。①

北齐魏收《晦日泛舟应诏诗》云：

> 袅袅春枝弱，关关新鸟呼。
> 棹唱忽逶迤，菱歌时顾慕。
> 睿赏芳月色，宴言志日暮。
> 犹豫慰人心，照临康国步。②

从上引两首诗中，我们可以看到北朝时皇帝和臣僚们元月晦日在水中泛舟游玩的情景。诗中所反映的只是华丽的春光及泛舟者的欢娱心情，没有乞求除厄的只言片语。晦日意义的逐渐变化，终于导致了它被中和节取代的结果。贞元五年（789年）正月，唐德宗下诏说："四序嘉辰，历代增置，汉崇上巳，晋纪重阳。或说禊除，虽因旧俗，与众共乐，咸合当时。朕以春方发生，候及仲月，勾萌毕达，天地和同，俾其昭苏，宜助畅茂。自今宜以二月一日为中和节，以代正月晦日，备三令节数，内外官司休假一日。"③ 从此晦日便被中和节所代替。我们知道，一个节日如果有被世人所眷恋不舍的特定内涵，绝不可能被一纸诏书所废弃。晦日的被替代，实质上是其特定的消灾除厄内涵被九九重阳所代替的结果。而这种变化过程，正发生在魏晋南北朝时期。

魏晋南北朝时，还有晦日送穷的习俗。传说有个叫廋约的人，整日以破衣蔽体，稀粥充腹，人们见他可怜，便将新衣服给他。他接过后，或者将其撕破，或者将其烧成一个个破洞，然后再穿。人们都叫他"穷子"。在一年正月晦日，廋约死在陋巷中。后来人们于正月晦日这天，用粥和破衣在巷中祭祀，并称这种活动为"送穷鬼"④。

---

① 《艺文类聚》卷4《岁时部·月晦》。
② 同上。
③ 《旧唐书》卷13，《德宗纪》。
④ 《荆楚岁时记》按语。

五 寒食节

寒食节在冬至后的第105天，或第106天，正值清明前夕。每年此时，人们都要禁火寒食。禁火的习俗，可以上溯到先秦时期。据《周礼·司烜氏》记载：周代司烜氏为掌火之官，每年春季第二个月，他都在国中巡行使国人遵循禁火之令。因为在第三个月，火星将出现在昴宿之南，在此之前禁火，就可以减弱火星的盛气。至两汉以后，这种习俗与介子推的传说相结合，从而使寒食禁火带有浓重的地方特色。介子推是春秋时晋国人，曾和晋公子重耳一起流亡。重耳返国登王位后，介子推不去请赏，而是离开晋文公到绵山隐居。晋文公请他出山，遭到拒绝，便放火烧山，想以此来逼迫介子推出来。但介子推宁死不从，最后被烧死在山中。此山就是今山西介休东南的介山。东汉时，太原郡（治今山西太原市西南）内已有介子推神庙，百姓早已形成禁火寒食一个月的习俗。周举任并州刺史时，曾至介子推庙中说："春中寒食一月，老小不堪，今则三日而已。"① 此后，寒食之俗不但未被限制，反而有所发展。三国时，曹操为此专门下了一道《明罚令》说：

> 闻太原、上党、西河、雁门，冬至后百有五日皆绝火寒食，云为介子推、子胥沉江，吴人未有绝水之事，至子推独为寒食，岂不悖乎！且北方沍寒之地，老少羸弱，将有不堪之患。令到，人不得寒食。若犯者，家长半岁刑，主使百日刑，令长夺一月俸。②

曹操令中提到的太原、上党、西河、雁门为当时的四个郡，太原的治所在今太原市西南，上党的治所在今长治市北，西河的治所在今离石市，雁门的治所在今代县的西南，可见当时的寒食之俗几乎遍及山西全省。

曹操如此严厉的禁令，并没有将并州的寒食之俗取消。经过西晋，至十六国时，寒食之俗依然很盛，以致后赵主石勒再一次下食禁止寒食。但就在禁令下达后的第二年，介山地区就下了一场大如鸡卵的冰雹，积三尺多厚，人畜死伤以万计，树木摧折，庄稼荡然。有人向石勒进言，说这是禁寒食触怒了介山之神的结果，应该恢复寒食，让介山一带的百姓供奉山神。石勒让群臣讨论，群臣都认为应该恢复，结果，并州又恢复了寒食，③ 不仅如此，寒食之俗还扩展到了河北邺城一带。

---

① 《太平御览》卷30，《时序部·寒食》引范晔《后汉书》。
② 《艺文类聚》卷4，《岁时部·寒食》。
③ 《晋书》卷105，《石勒载记》。

十六国以后，北魏时也有过禁寒食之令，但结果仍以恢复寒食而告终。

寒食节三日不得举火。在此期间，人们一般以干粥、醴酪作为食品。干粥又称干饭，把米或大麦炒熟，然后碾碎，可随时食用。醴酪做法，将粳米或大麦煮熬成酪状，放入捣碎的杏仁。晋人孙楚《祭子推文》说："黍饭一盘，醴酪二盂。"① 黍饭即干饭，可以用盘盛；醴酪稀湿，所以盛于盂。

▶六 三月三

提起三月三，人们自然会想到水边祓除和曲水流觞。的确，这个习俗早在先秦时便已形成。但在魏晋南北朝时期，这个节日有两个明显的变化。

第一个变化是此节日时间确定在三月三日。魏晋南北朝以前，这个节日叫"上巳"，意思是在三月中第一个逢巳的日子。自从曹魏以后，人们便把它固定在三日，不管它是否是第一个巳日了。②

第二个是这个节日的内涵发生了变化。魏晋南北朝以前，人们于三月上巳日至水边，主要目的是祓除灾气。《通典·礼典》载："后汉三月上巳，官民皆洁于东流水上，曰洗涤祓除，去宿垢疢，为大洁。"但到魏晋南北朝时，三月三水边祓除灾气的意义便不那么重要了。《续齐谐记》中记载了这样一件事：一次晋武帝向尚书郎挚虞问起三月三的来历，挚虞答说："在东汉章帝时，有个叫徐肇的人，他三月初生了三个女儿，至三日全都死去。村里人深以为怪，纷纷来到河边盥洗，以除灾气。在盥洗时，人们还把酒杯漂浮在水上，借着流水传递酒杯。曲水流觞之意即起于此。"晋武帝听了很不高兴，说："照此说来，三月三曲水流觞便不是什么好事。"另一个叫束皙的人见此情形马上奏道："挚虞年轻，知识不够，请让我述说三月曲水的来源。过去周公营建洛邑时，曾借流水来泛酒，所以古诗有'羽觞随波'之句。后来秦昭王曾在三月三日这天于河边泛酒，忽有一金人持水心剑出来，对秦昭王说：'持此剑可据有西夏之地。'后来秦国称霸，为了感谢神的帮助，便在金人出现处立曲水祠，此俗被两汉相承，而且规模越来越大。"晋武帝很满意束皙的解释，便赐其金50斤，又把挚虞贬为阳城县令。反对三月上巳水边洗涤灾气之说的还有南朝梁人刘昭，他认为汉时一日死三女之说实在虚无荒诞。③上巳曲水流觞为了祓除灾气的说法之所以受到一些人的反对，其原因之一，就是节日意义的变化。魏晋南北朝时，人们曲水流觞，意在娱心悦目，临水作乐，王羲之著名的《兰亭序》充分地反映了这点。文中说：

---

① 《荆楚岁时记》按语。
② 《宋书》卷15，《礼志》二。
③ 《通典》卷55，《礼典》。

永和九年，岁在癸丑。暮春之初，会于会稽山阴之兰亭，修禊事也。群贤毕至，少长咸集。此地有崇山峻岭，茂林修竹，又有清流激湍，映带左右，引以为流觞曲水，列坐其次。虽无丝竹管弦之盛，一觞一咏亦足以畅叙幽情。是日也，天朗气清，惠风和畅，仰观宇宙之大，俯察品类之盛，所以游目骋怀，足以极视听之娱，信可乐也。①

魏晋南北朝玄学盛行，上层社会中许多人受老庄影响，或放情山水，或隐归自然。三月三日，正值春季，百草茂盛，天清气朗，正是游山玩水的好季节。此时若过重强调修禊祓除，势必影响游目骋怀的心绪。

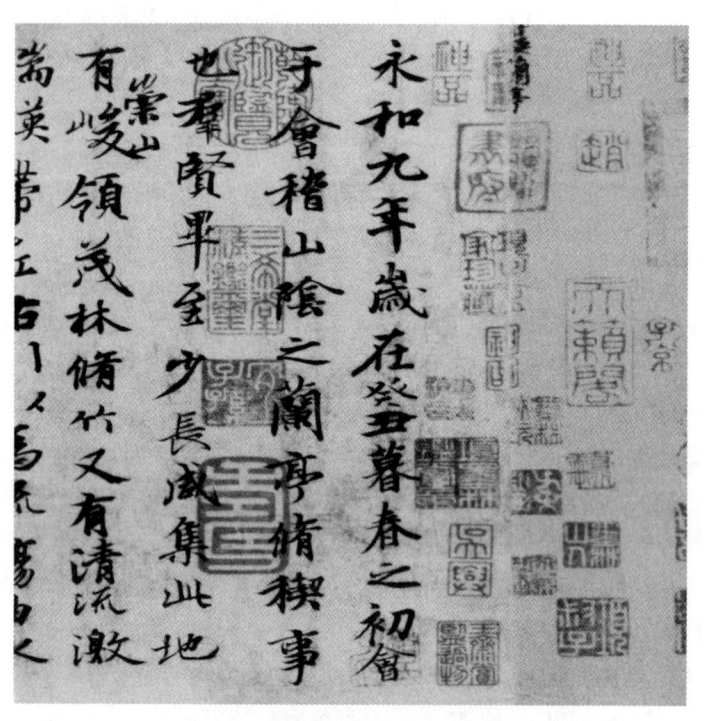

王羲之《兰亭集序》　（东晋）

三月三在魏晋南北朝时期是一个盛大的节日，这主要表现在三个方面。从时间上讲，三国至隋初，将近四百年的时间内，关于三月三的记载延绵不绝。从地域上讲，无论南方或北方，都过此节日。前述王羲之《兰亭序》，是江南地区过三月三的记载。《邺中记》："石虎三月三日临水会，公主妃主名家妇女无不毕出。临水施帐幔，车服粲烂，走马步射，饮宴终日。"这是北方过三月三的记载。《晋

---

① 《艺文类聚》卷4，《岁时部·三月三》。

书·李玄盛传》载："玄盛上巳日宴于曲水，命群僚赋诗，而亲为之序。"这是西北地区过三月三的记载。在遍及大江南北的节日气氛中，最热闹的莫过于洛阳和建康（今南京）了。西晋时，会稽人夏统曾去洛阳为母亲买药，正值三月三日，只见洛阳内："王公以下，莫不方轨连轸，并南浮桥边禊，男则朱服耀路，女则锦绮粲烂。"① 南朝梁简文帝《三日曲水诗序》描述了建康过三月三的情景：

  是节也，上巳属辰，余萌达壤，仓庚应律，女夷司候。尔乃分阶树羽，疏泉泛爵，兰艘沿沂，蕙肴来往。宾仪式序，盛德有容。吹发孙枝，声流嶰谷，舞艳七盘，歌新六变，游云驻彩，仙鹤来仪。都人野老，云集雾会，结轸方衢，飞轩照日。②

从参加节日的人来看，包括了社会的各个阶层。《荆楚岁时记》载："三月三日，士民并出江渚池沼间，为流杯曲水之饮。"前述《三日曲水诗序》中的"都人野老，云集雾会"，都说明了参加节日之人范围的广泛。

七 五月五日

夏历的五月五日又称"端午"。晋周处《风土记》说："仲夏端五。端，初也，谓五月五日也。俗重五日，与夏至同。"③

飞舟竞渡是端午节中的一个传统习俗，这种习俗主要流传在江南地区。这一天，人们划着一种叫飞凫的轻船，分作水军、水马两种，展开竞赛。当地的官员及百姓都站在水边观看。关于这种习俗的来源，有四种说法。一种说法是屈原于五月五日投汨罗江，百姓并舟以救。一种说法是伍子胥自刎后，被吴王沉尸江中，后被奉为神，每年五月五日，百姓划船于江中迎伍君之神。再一种说法是端午竞舟起于越王勾践。还有一种说法是端午竞渡起源于远古传说中的虞舜时期。不论哪种说法，都说明端午竞渡是一项历史悠久的传统习俗。

食粽子的习俗同竞渡习俗一样为人们熟悉，它的起源也有一个和竞渡相同的传说。据《续齐谐记》记载，屈原五月五日投汨罗江死后，楚国人为纪念他，每至此日便用竹筒盛米投入江中祭奠他。至西汉时，有个叫欧回的人在江边遇见一个人，自称三闾大夫，告诉他，百姓每年投入江中之米，都被江中蛟龙所窃。今后再投，可用苦楝子树叶将竹筒塞住，然后再系上五彩丝。蛟龙很怕这两样东西，

---

① 《北堂书钞》卷155《五月五日》注引《风土记》。
② 《太平御览》卷30，《时序部·三月三日》引《夏仲御别传》。
③ 《艺文类聚》卷4，《岁时部·三月三》。

以后就不敢窃取了。魏晋南北朝时期，江南地区的粽子有的用五色丝捆扎，有的上边还有楝树叶，据说是由此而来。魏晋南北朝时期还有一种粽子，用菱白的叶子裹上黏米、粟米、枣，然后煮熟。因其形状有棱角，又称"角黍"，可见与今天我们所吃的粽子形状相似。

五月五日这天，人们还有避瘟禳毒的习俗。人们将采来的艾草做成人形，悬挂在门上，认为这样能够排除毒气的侵袭，或者把菖蒲草泡在酒中，饮菖蒲酒来解毒。前已叙述，古人认为苦楝树叶和五色丝可以吓走蛟龙，所以，人们除去将它们扎在粽子上，还将楝树叶戴在头上，将五色丝系在臂上，称之为"长命缕"，认为这样可以避邪祛病。

㈧ 七月七日

农历七月，时已进入初秋季。秋季天高气爽，所以古人称秋日之景为"朗景"、"澄景"、"清景"。每逢此月的七日，人们在白天和夜晚都举行传统的节日活动。

七月七日白天曝晒衣物和书籍，此俗在魏晋南北朝以前就有。三国时，曹操曾征召司马懿辅佐自己，司马懿推辞有病，行动不便。曹操便派人化装探刺虚实。正值七月七日，司马懿在烈日下晒书，恰巧被曹操的探子发现。曹操闻听大怒，再一次征召司马懿，并下令说，若他再推辞，便将其逮捕。司马懿无法，只得应召。① 《晋书·阮籍传》还记载一件与七月七日有关的事情。阮籍之侄阮咸，与宗人住在一起。他住在道南，而其他宗人住在道北。七月七这天，道北诸阮姓之人大晒衣物，五光十色的锦绣灿烂夺目。阮咸家贫，无衣可晒，他便用竹竿挂起大布围裙晒在院中。再如东晋时，有个叫郝隆的人，七月七这天，他见邻居全都拿出衣物暴晒，便躺在地上，露出肚子，说是晒书。② 把晒肚子叫晒书，这里还有一个有趣的典故。东汉时有个学者叫边韶，字孝先。一日他正躺着休息，被弟子们看到了。众弟子便嘲笑道："边孝先，腹便便。懒读书，但欲眠。"边韶马上说："边为姓，孝为字，腹便便，五经笥。"③ 意思说，别看这大肚子，里面装的都是先圣经典。郝隆晒肚，显然是借用了这个典故。以上所讲诸事，说明魏晋时期，七月七日晒物习俗之盛。

相传七月七日晚是牛郎织女相会的日子。牛郎织女的传说，最迟在汉代就已流传至魏晋南北朝时，这个传说又有所发展。晋傅玄《拟天问》说："七月七日，牵牛织女时会天河。"④ 南朝梁吴均《续齐谐记》载："桂阳成武丁有仙道，

---

① 《太平御览》卷31，《时序部·七月七日》引《晋书》。
② 《太平御览》卷31，《时序部·七月七日》引《世说》。
③ 《后汉书》卷80，《边韶传》。
④ 《太平御览》卷8，《天部·汉》。

常在人间，忽谓其弟子曰：'七月七日织女当渡河，诸仙悉还宫。吾向已被召，不得停，与尔别矣。'弟问曰：'织女何事渡河？去当何还？'答曰：'织女暂诣牵牛，吾复三年当还。'明日失武丁。至今云织女嫁牵牛。"从上述两个记载看，有关牛郎织女的传说，至魏晋南北朝时已经发展成七月七天河相会，织女嫁牵牛的神话故事了。织女和牵牛被人们看作是两颗神星，关于它们的神话不断被人们发展演绎成爱情故事，说明人们对它们倾注的关心和希望。在此二星相聚的良宵，人们进行两种与之有关的活动。一种活动是"乞巧"。《荆楚岁时记》载：七夕之夜，"妇人结彩缕，穿七孔针，或以金、银、鍮石为针，陈瓜果于庭中以乞巧。"另一种活动叫"守夜"。七月七日夜，人们于庭中铺筵设几，撒上香粉，摆上酒果，祈求牵牛、织女二星降福。①

九 九月九日

九月九日又称"重阳"。古人认为"九"为阳数，此日日月都为九，故有此称。重阳在魏晋南北朝时期也是一个比较隆重的节日。此节习俗，既反映历史传统，又体现时代特色，既有官方庆典，又有民间活动。

每逢九月九日，朝廷都要举行重九会宴。三国时，魏文帝《九日与钟繇书》说："岁往月来，忽复九月九日。九为阳数，而日月并应，俗嘉其名，以为宜于长久，故以享宴高会。"② 南朝齐萧子良、王俭、梁简文帝、沈约、任昉、刘苞等人，都写过记录参加九月九日朝廷会宴的诗篇。

登高也是重阳节的重要活动。《襄阳记》记载："望楚山有三名，一名马鞍山，一名灾山。宋元嘉中，武陵王骏为刺史，屡登之，鄙其旧名望郢山，因改为望楚山，后遂龙飞，是孝武。所望之处，时人号为凤岭。高处有三登，即刘弘、山简九日宴赏之所也。"③ 东晋桓温也常于重阳登高。《晋书·桓温附孟嘉传》载，孟嘉任桓温参军。九月九日，桓温在龙山宴饮，僚佐俱至。孟嘉帽被风吹落而不自觉。桓温命人拾起，又令别人作文嘲笑他。《姑熟记》也载："县南十里有九井山，即殷仲文九日从桓公九井赋诗，即此山是也。"④ 南齐永明五年（487年）九月，武帝萧赜下诏："九日出商飙馆登高宴群臣。""辛卯，车驾幸商飙馆。馆，上所立，在孙陵岗，世呼为'九日台'者也。"⑤ 庶民百姓也有重阳登高野宴习俗。《荆楚岁时记》载："九月九日，四民并藉野饮宴。"《临海记》也说："郡北四十

---

① 《太平御览》卷31，《时序部·七月七日》引周处《风土记》。
② 《艺文类聚》卷4，《岁时部·九月九》。
③ 《太平御览》卷32，《时序部·九月九日》。
④ 同上。
⑤ 《南齐书》卷3，《武帝纪》。

里有湖山，形平，正可容数百人坐。民俗极重九日，每菊酒之辰，宴会于此山者，常至三四百人。"①

九月时值季秋，古人称之为"无射"之月，意思是此月阴气正盛，阳气极衰，万物尽灭。在此百花肃杀之季，菊花却傲霜独放，因而受到人们的推崇。九月九日，人们又有采菊相赠之俗。三国时，魏文帝于九月九日赠菊给钟繇，并附信说："是月律中无射，言群木庶草，无有射而生。至于芳菊，纷然独荣，非夫含乾坤之纯和，体芬芳之淑气，孰能如此。故屈平悲冉冉之将老，思食秋菊之落英。辅体延年，莫斯之贵。谨奉一束，以助彭祖之术。"②

✚ 腊日

腊日是中国古老的节日之一。据《风俗通义》记载，夏朝称腊日为清祀，殷商称其为嘉平，周朝则称为大蜡，可见其历史渊源之久远。

腊日在每年的十二月，具体在哪一日则因朝代不同而异。三国魏高堂隆认为，腊日定在哪天，和各个朝代的五行有关，一般都在其所处五行之终为腊日。如水终于辰，居水德的王朝便以十二月的第一个辰日为腊日。火终于戌，居火德的王朝便以十二月的第一个戌日为腊日。木终于未，金终于丑，土终于辰，都按上述方法类推。魏居土德，所以以十二月第一个辰日为腊日。《晋起居注》说："安帝安崇（疑为隆安）四年十二月辛丑，腊祠作乐。"这是因为晋居金德，而金衰于丑，故以丑日为腊。③ 南朝刘宋以水德自居，故以十二月辰日为腊。④ 这种解释，虽以五德终始说为依据，但却反映了腊日不确定的事实。

腊日是一年中的大祭之日，祭祀的对象是先祖和百神。东汉时，韩卓的家奴于腊日窃食祭其先人，被抓住。韩卓很赏识其孝心，当即命人将其释放，并免去其奴隶身份。⑤ 为了祭祀先人，奴仆冒险去偷，主人却因其孝给以宽宥，可见当时人们对腊日祭先人的重视。许慎《说文》载："腊，冬至后壬戌。腊祭百神。"到隋时，杜台卿《玉烛宝典》也说："腊者祭先祖，腊者报百神，同日异祭也。"可见自东汉至隋，腊日祭先祖及百神之俗始终无大变化。

腊日又是家人团聚的日子。《世说新语·德行》载："王朗每以识度推华歆。歆腊日尝集子侄燕饮，王亦学之。"晋时有个隐士名范乔，腊日前夕，同乡之人盗伐其家树木。有人将盗者告诉范乔，范乔装作不知。盗树者闻知大觉惭愧，便向

---

① 《太平御览》卷32，《时序部·九月九日》。
② 《艺文类聚》卷4，《岁时部·九月九》。
③ 《初学记》卷4，《岁时部·腊》。
④ 《通典》卷44，《礼典》四。
⑤ 《太平御览》卷33，《时序部·腊》引袁山松《后汉书》。

范乔承认是自己所为。范乔不但不怪罪，反而安慰他说："你节日伐树取柴，是要与父母团聚欢娱，有什么可惭愧的？"① 可见人们对腊日团聚的重视。

腊日逐除也是一项传统习俗。《吕氏春秋·季冬纪》说："命有司大傩旁磔，出土牛，以送寒气。"东汉高诱注释说："大傩，逐尽阴气之阳导也。今人腊岁前一日，击鼓驱疫，谓之逐除是也。"南朝时，民间的逐除被定在十二月初八。梁宗懔《荆楚岁时记》载："十二月八日为腊日。谚语：'腊鼓鸣，春草生。'村人并击细腰鼓，戴胡公头及作金刚力士以逐疫，沐浴转除罪障。"这是关于腊八节的较早的文献记载。

十一 除夕

除夕是一年之末，又称"岁暮"、"岁除"。除夕正值新年旧岁交替更代之际，人们在此日的岁时习俗有两个主要内容：除旧布新和驱邪避厉。

岁暮送旧迎新，《荆楚岁时记》有着生动的记载："岁暮，家家具肴蔌诣宿岁之位，以迎新年。相聚酣饮。留宿岁饭，至新年十二日，则弃之街衢，以为丢故纳新也。"南朝梁庾肩吾《岁尽应令诗》云：

岁序已云殚，春心不自安。
聊开柏叶酒，试奠五辛盘。
金薄图神燕，朱泥印鬼丸。
梅花应可折，惜为雪中看。②

诗中所提柏叶酒为元日所用之物。《太平御览》卷29引应劭《风俗通》说，元日"悉正衣冠以次拜贺，进椒酒，饮桃汤及柏，故以桃汤柏叶为酒"。神燕为立春所用之物。《荆楚岁时记》载："立春之日，悉剪彩为燕戴之，帖'宜春'二字。"其他如五辛盘、却鬼丸、金薄等，分别为正月元日及人日所用之物。通过庾肩吾此诗，可见人们于岁暮之日准备送旧迎新的种种活动。

在驱邪避厉方面，民间有镇宅之俗，即在十二月暮日，挖掘住宅四角，各埋一块石头。在北朝，朝廷则把腊月举行的大傩仪式放在十二月末。据《魏书·礼志》载：北魏高宗和平三年（462年）十二月，通过岁除大傩之礼来耀兵示武。其仪式是，让步兵在南方布阵，骑兵在北方布阵。步兵分别穿上青赤黄黑四种颜色的衣服，列为四队。步兵阵中有函箱、鱼鳞、四门等10余种阵法，各种兵器周

---

① 《晋书》卷94，《范乔传》。
② 《初学记》卷4，《岁时部·岁除》。

回转易，有飞龙腾蛇之变。布阵毕，南北二军皆鸣鼓角，众人呐喊，骑将六人往南阵步兵挑战，步兵应战，最后南败北胜。这种仪式，既有传统的因素，又与当时形势有关。北魏高宗时，北方已经统一。由于北方的统一，南北对峙也随之加剧，南北之间战争频繁。北朝使用骑兵，南朝则习惯步战。北魏岁除傩仪的骑兵与步兵，则分别象征着北朝与南朝。骑胜步败的安排，则反映着北魏战胜南朝的意愿。北朝的岁除傩仪从此一直延续下来，但随着时间的推移，傩仪的方式也在发生变化。《隋书·礼仪志》对北齐的岁末傩仪是这样记载的：

> 齐制，季冬晦，选乐人子弟十岁以上，十二岁以下为侲子，合二百四十人。一百二十人，赤帻、皂褠衣，执鼗。一百二十人，赤布裤褶，执鞞角。方相氏黄金四目，熊皮蒙首，玄衣朱裳，执戈扬楯。又作穷奇、祖明之类，凡十二兽，皆有毛角。鼓吹令率之，中黄门行之，冗从仆射将之，以逐恶鬼于禁中。其日戌夜三唱，开诸里门，傩者各集，被服器仗以待事。戌夜四唱，开诸城门，二卫皆严。上水一刻，皇帝常服，即御座。王公执事官第一品已下，从六品已上，陪列预观。傩者鼓噪，入殿西门，遍于禁内。分出二上阁，作方相与十二兽舞戏，喧呼周遍，前后鼓噪。出殿南门，分为六道，出于郭外。

这种仪式和东汉时的傩仪已无大区别，只是汉的傩仪在腊节前一日，北齐在冬季晦即岁末，而且北齐傩仪用的童子是 240 人，多东汉的一倍，北齐傩时所用的鞞角，也是东汉所未有。这说明北齐政权的鲜卑统治者即接受了中原汉楚文化，同时也保留了自己的一些传统。

十二 社日

按时序讲，社日并不是一年中的最后一个节日。我们之所以把社日放在最后叙述，是因为它在时间上有其特殊性。一般地说，一年中有两个社日，分别在春秋两季，即所谓春祈秋报。但除春、秋两次外，其他节日也有祭社的记载。《通典·礼典》在记东晋时说："每以仲春仲秋，并令郡国县祠社稷先农，及腊，又各祠社稷于坛。"《隋书·礼仪志》二记载："后齐立太社、帝社、太稷三坛于国右。每仲春仲秋月之元辰及腊，各以一太牢祭焉。"可见祭社活动在魏晋南北朝时，有时是两次，有时是三次。

社日所祭之神，一为社，二为稷。《孝经纬》说："社，土地之主也，土地阔不可尽敬，故封土为社，以报功也。稷，五谷之长也，谷众不可遍祭，故立稷神以祭。"人类因土以安身，靠粮以立命，土地和粮食是人们生存不可须臾离开的东西。正因为如此，社日祭神就成为上至国君下至庶民都进行的活动。《礼记·祭法》说："王为群姓立社，曰太社；王自为立社，曰王社；诸侯为百姓立社，曰国社；诸侯自为立社，曰侯社；大夫以下，成群立社，曰置社。"这里讲的显然是先秦时的情景，魏晋南北朝时与此虽有很大不同，但朝廷百姓皆祭社这点是相同的。

朝廷祭社，有关史籍有很多记载。唐杜佑《通典·社典》记得较为集中，使我们得以窥见魏晋南北朝时朝廷社日的概貌：

> 魏自汉后，但太社有稷，官社无稷，故常二社一稷也。至明帝景初中立帝社，明帝祭社，但称皇帝。
> 晋武帝太康九年诏曰："社实一神，其并社之祀。"
> 东晋元帝建武元年，又依洛京立二社一稷。
> 宋仍晋旧，无所改作。
> 齐武帝永明十一年，何佟之议："其神一，位北向，稷东向。斋官社坛江北南向立，以西为上。诸执事西向立，以南为上。稷名太稷。"
> 梁社稷在太庙西。天监四年，以太常省牲，太常丞牵牲，太祝令赞牲。至大同初，又加官稷，并前为五坛。
> 陈依梁，而帝社以三牲首，余以骨体。荐粢盛为六饭：粳以敦，稻以牟，黄粱以簠，白粱以簠，黍以瑚，粱以琏。
> 后魏天兴二年，置太社、太稷、帝社于宗庙之右，为方坛，四陛。以二月八月，日用戊，皆太牢，色龙配社，周弃配稷，皆有司侍祠。
> 北齐立社、帝社、太稷三坛于国右，每仲春仲秋元辰及腊，各以一太牢祭焉。皇帝亲祠祭，则司农卿省牲进熟，司空亚献，司农终献。
> 后周立社稷于左，帝亲祠，则冢宰亚献，宗伯终献。

魏晋南北朝时期，民间的社祭活动也很活跃。据《三国志·魏书·董卓传》记载，董卓进入洛阳后，曾派他的军队外出。当时正值二月社日，百姓都在社下活动。董卓军便将他们围住，抢走他们的牛车，将男子全部杀死，割下头来作为战利品请功，妇女及财物则归为己有。同书《王修传》也说，王修的母亲在社日这天去世。第二年社日，邻里们正要结社，见王修念其亡母甚哀，便为他停止了社日活动。可见即使在战乱不已的年代，民间也未停止祭社。

祭社要封土筑坛，坛上要种社树。在民间人们似乎更重视社树，有的甚至以树为社。《艺文类聚》卷39引《荆州图记》载："郑县东百步，有县故城。县南里名伍伯村，有白榆连理树，异根合条，高四丈余，土民奉为社。"同书又引张华《朽社赋》序说："高柏桥南大道傍，有古槐树，盖数百年木也。余少居近之，后去。行路遇之，则已朽。意有缅然，辄为之赋，因以言衰盛之理云尔。"百年朽槐被称为"朽社"，则此地以古槐为社之意十分明白。南朝梁宗懔《荆楚岁时记》描述社日民间活动说："社日，四邻并结综，会社，牲醪，为屋于树下，先祭神，然后享其胙。"社日这天，邀集左邻右舍，带上一些祭社用的肉食和米酒，在大树下搭起棚屋，进行祭神活动。祭社之后，一起享用祭品，祥和的节日气氛甚是浓厚。

第二节　节日与人们的文化心态

节日是自然岁时与特定社会文化内容的结合体，它具有浓厚的文化色彩。节日所反映的文化内容是多种多样的，人们可以从中发现一定时期的习俗、饮食、服饰、信仰及崇拜等文化内容，而当时人们的文化心态也是一个重要的内容。魏晋南北朝的节日所反映的人们的文化心态也很丰富，概括起来有以下几个方面：

第一，希望生活幸福、美满。人们的这种愿望，在人日中表现得尤为突出。如果说古人把元日视为万象更新的开始，那么人日就是生活更新的起点。人日有一种活动，为食"七菜羹"。《荆楚岁时记》中说："正月七日为人日，以七种菜为羹。"究竟是哪七种菜，由于史料缺乏，已不可考。《荆楚岁时记》按语说："旧以正旦至七日讳食鸡，故岁首唯食新菜。"《太平御览》卷30引《荆楚岁时记》按语说："北人亦有至人日讳食故岁菜唯食新菜者。"可见这七种菜都是新菜。人们借此表达祈盼生活更新的美好愿望。人日里还有一种活动为剪彩人。《艺文类聚》卷4引《荆楚岁时记》载，正月七日这天，人们"剪彩为人，或镂金箔贴屏风上，忽戴之。像人入新年，形容改新"。同样记载亦见于《太平御览》卷30，"忽戴之"为"亦戴之头鬓"，意思更为明确，即人日这天，人们用彩色的绢或纸剪成人形，或用金箔刻成人形，贴于屏风之上，或戴于头鬓，象征着人入新年，面目一新。人日里人们还有互赠华胜的习俗。古代"华""花"二字相通，华胜即花胜，是古代妇女头饰的一种。正月七日，人们自己制作华胜互相赠送，其喻意和剪彩人戴于头鬓一样，表示人们对新生活的祝愿。《太平御览》卷29又载："北间人于此日向辰至门前呼牛马杂畜令来。乃置粟豆于灰散之宅内，云以招牛马。"《荆楚岁时记》按语将"北间人"记成"荆人"，未知谁是。但无论如何，都表达了人们在新的一年中牛马成群、杂畜满圈的心愿。祈求生活幸福、美满的愿望，在其他节日中亦有表现。如江南地区正月十五祭蚕神，就是祈求蚕桑兴旺。与此俗相关，人们还用膏粥为蚕驱鼠。其具体做法是，将肉盖在粥上，登上屋顶，祷告说："登高糜，挟鼠脑，欲来不来，待我三蚕老。"① 我们知道，在中国古代农业经济中，丝织业是一项重要的生产活动，而桑多蚕旺，就使丝织业有了充足的原料保障，从而也使人们的物质生活得到更高程度的满足。再如正月十五的打粪堆活动，也表达了人们追求幸福生活的愿望。传说有个叫区明的商人，因拜湖神虔诚，路过彭泽湖时，被湖神青洪君请到神府。路上使者告诉他，若青洪君送东西，你只要如愿。及至神府，青洪君果然问区明需要什么。区明什么都不要，只要如愿。青洪君虽然舍不得，但既已答应区明取所需，不得已只得以如愿相赠。原来如愿是青洪君的一个婢女。区明得到如愿后，一切愿望都在如愿的帮助下得到实现，从此成为巨富。有一年正月元日，如愿起床晚了，便遭区明殴打。她不堪忍受，便跑到粪堆边纵身一跃，不见了踪影。区明拿着木棒一边打粪堆，一边呼唤如愿，但如愿始终未出。后来这个故事传到北方，北方的人们每逢正月十五日夜，用木棒打粪堆，希望能使如愿答应。② 可见打粪堆表达了人们生活中事事如愿的希望。再如七月七日人们的"乞巧"活动。《荆楚岁时记》载，七夕之夜，"妇人结彩缕，穿七孔针，或以金、银、鍮石为针，陈瓜果于庭中以乞巧。"七夕乞巧之俗，当时的许多文学作品也有描述。

南朝宋孝武帝《七夕诗》云：

秋风发离愿，明月照双心。
偕歌有遗调，别叹无残音。
开庭镜天路，余光不可临。
沿风披弱缕，迎辉贯玄针。
斯艺成无取，时务聊可寻。③

梁简文帝《七夕穿针诗》云：

怜从帐里出，想见夜窗开。
针欹疑月暗，缕散恨风来。④

---

① 《荆楚岁时记》按语。
② 《太平御览》卷29，《时序部·元日》引《录异记》。
③ 《先秦汉魏晋南北朝诗·宋诗》卷5。
④ 《初学记》卷4，《岁时部·七月七日》。

北朝庾信《七夕赋》云：

兔月先上，羊灯次安，睹斗星之曜景，视织女之阑干。于是秦娥丽妾，赵艳佳人，窈窕名燕，逶迤姓秦，嫌朝妆之半故，怜晚饰之全新。此时并舍房栊，共往庭中，缕条紧而贯矩，针鼻细而穿矩。①

由上引诸文学作品中，可见七夕乞巧是一项普遍的活动。中国封建社会，工针黹为女子一大美德。魏文帝曹丕的美人薛灵芸"妙于针工，虽处于深帷重幄之内，不用灯烛之光，裁制立成。非夜来（即薛美人）所缝制，帝则不服，宫中号曰神针"②。因此，薛美人受到魏文帝宠爱。民间妇女乞巧，当然不是为取宠于帝王，但有一双巧手，不但能给生活带来便利，也会受到人们的爱慕，这对她们来说也是一种幸福。在古代人的家庭观念中，多子也是一种幸福。因为多子保证了家族的传嗣，家丁的兴旺，对劳动人民来说，多子还具有增加劳动人手的意义。正月十五夜做宜男蝉乞儿，也表达了人们的这种愿望。正月十五是正月里继元日、人日之后的又一重大节日。元日和人日，人们的主要活动是避瘟驱邪，而正月十五，人们的活动则以迎神祭神为主。人们于此日夜乞儿，希望自己的孩子在此没有邪气的日子里，在这迎神祭神的宁馨的月圆之夜来到人世。除此以外，人们还在七月七日晚乞儿。七夕有一种活动叫"守夜"，顾名思义，也是晚上进行的活动。晋周处《风土记》载：

七月初七日，其夜洒扫于庭，露施几筵，设酒脯时果，散香粉于筵上，以祈河鼓、织女，言此二星辰当会。守夜者咸怀私愿，咸云见天汉中有奕奕白气，有光耀五色，以此为征应。见者便拜而愿，乞富、乞寿、无子乞子，唯得乞一，不得兼求，三年乃得。

在这段记载中，将富有、长寿、得子并列，可见多子是人们希望生活幸福的内容之一。

第二，希望驱邪禳灾。民间百姓多灾多难，这些灾难不外来自社会和自然两个方面。在科学不发达的古代，人们认为很多灾难都是邪气恶鬼所致，因此采用许多方法驱邪禳灾。这类活动在许多节日里也可看到。如正月元日的爆竹，即将

---

① 《艺文类聚》卷4，《岁时部·七月七》。
② 《拾遗记》卷7。

竹子放到火中燃烧，令其发出叭叭的爆裂声。据说这样做，是为了吓走一种名为"山臊"的恶鬼。传说山中有一种怪物，人形，身长一尺多，只有一只脚，其名为"山臊"，又称为"山獚"。它不怕人，人若触到它，便会染上忽冷忽热之病。这种东西最怕毕毕剥剥的声音，所以人们借燃竹的爆裂声吓退之。① 佩戴"却鬼丸"也有这个意义。元日这天，人们用蜡将雄黄和成药丸，佩在身上，男置左，女置右。传说有个叫刘次卿的人，元日到集市上，见到一个书生，众鬼见他都纷纷逃避。刘次卿感到奇怪，便问此书生以何术避鬼。书生说："我本无术。我出来的时候，师傅曾给我一丸药，让我佩在臂上，以防恶气。"刘次卿将此药丸借来佩戴，果然也很灵验。后来人们都在元日这天佩戴这种药丸，以避邪气。② 正月元日，人们常常把鸡、桃符、蒲苇编的绳索、神荼、郁垒的画像等物放在门上，据说也是为了驱鬼。传说在远古唐尧之时，有一种鸟叫重明，又叫双睛。这种鸟形状似鸡，鸣叫如凤，它能驱逐虎狼猛兽，使妖灾不能在人间为害。这种鸟来去不定，有时一年来几次，有时几年都不来一次。百姓们每年都打扫门户，盼望它来到门前。在它来到的年月里，人们有的用木刻成此鸟的样子，有的用铁铸成此鸟的形状，放在门前，以吓退鬼魅。③ 至魏晋南北朝时，每逢元日，人们有的用木刻成鸡形，有的在纸上画鸡置于门上，也有的杀一只鸡挂在门上。桃木也被古人认为有压服邪气、抑制百鬼的功效，所以魏晋南北朝时人们有的也将桃板或桃符挂在门上。关于门神神荼和郁垒也有一个传说：远古的时候，有两个兄弟，一个叫荼，一个叫郁，他们住在度朔山的桃树下，监察百鬼，发现有随便迷惑人的鬼，就用蒲苇绳将其捆起来喂老虎。④ 所以魏晋南北朝时，人们在元日这天，或将蒲苇绳悬挂在门上，或将神荼郁垒的画像贴在左右两扇门上。五月五日，人们也有驱邪之举。这一天，人们将采来的艾草做成人形，悬挂在门上，认为这样能够排除毒气的侵袭，或者把菖蒲草泡在酒中，饮菖蒲酒来解毒。前已叙述，古人认为苦楝树叶和五色丝可以吓走蛟龙，所以人们除去将它们扎在粽子上，还将楝树叶戴在头上，将五色丝系在臂上，称之为"长命缕"，认为这样可以避邪祛病。驱邪避灾色彩最浓的节日大约要属九月九日了。唐德宗贞元五年（789年）诏书说："四序嘉辰，历代增置，汉崇上巳，晋纪重阳。"讲的是驱邪避灾的意义从晦日移到上巳，又移到重阳的过程。据南朝梁吴均《续齐谐记》载，东汉时，汝南人桓景随从费长房学习方术多年。有一天，费长房对他说："九月九日你家将有灾难降临，你赶快回去，叫家人每人做绛囊盛上茱萸，系在臂上，登高处饮菊花酒，此祸可消。"桓景

---

① 《荆楚岁时记》按语。
② 同上。
③ 《拾遗记》卷1。
④ 《太平御览》卷967，《果部·桃》引《风俗通》。

照此话去做，全家上山。晚上回来时，见家中牲畜全部死亡。从此，重阳登高佩茱萸囊饮菊酒以避邪的习俗，至魏晋南北朝及以后一直被沿袭下来。腊日逐除也具有逐除疫气的意义。《吕氏春秋·季冬纪》说："命有司大傩旁磔，出土牛，以送寒气。"东汉人高诱注释说："大傩，逐尽阴气之阳导也。今人腊岁前一日，击鼓驱疫，谓之逐除是也。"《荆楚岁时记》按语引《宣城记》说："洪矩，吴时作庐陵郡，载土船头。逐除人就矩乞，矩指船头云：'无所载，土耳。'"又引《晋阳秋》说："王平子（即王澄）在荆州，以军围逐除，以斗故也。"又引《小说》说："孙兴公（即孙绰）常着戏头，与逐除人共至桓宣武（即桓温）家，宣武觉其应对不凡，推问乃验也。"南朝时，荆楚一带的村民于腊日"并击细腰鼓，戴胡公头及作金刚力士以逐疫"①。可见腊日逐除活动从三国孙吴至东晋南朝一直存在。

第三，希望身体强健。正月元日，人们饮椒柏酒、屠苏酒的习俗，其用意就为祛病健身。传说天上玉衡星散落为椒，人吃了身轻健走。晋人成公绥曾写《椒花铭》说：

喜哉芳椒，载繁其食。厥味惟珍，蠲除百疾。肇惟岁始，月正元日，永介眉寿，以祈初吉。②

不论从传说还是当时人作品中看，人们元日饮椒酒，都表达了一种健身除病、益寿延年的愿望。柏树果实也被人们视为仙药，传说古代仙人赤松子喜欢吃柏实，结果掉了的牙齿又重新长出。晋人左九嫔写《松柏赋》说："赤松游其下而得道，文宾餐其实而长生。诗人歌其荣蔚，齐南山以永宁。"③ 至于屠苏酒，其祛病的说法，直至唐宋时仍在流传。元日食胶牙饧、五辛盘、鸡子的习俗，也反映了人们祛病健身的愿望。胶牙饧为一种黏糖，人们食此糖，欲借其黏性使牙齿牢固。④ 对于牙齿与健康的关系，人们早已有所认识。西晋初人杨泉在他的《物理论》中就说："夫齿者年也，身之宝也，脏之斧凿，所以调谐五味，以安性气者也。"⑤ 人们元日食胶牙饧以求固齿，当与上述认识有关。五辛盘是指盛有五种辛辣味道蔬菜的菜盘。对于五辛的解释不一，较普遍的解释是葱、姜、蒜、韭菜、萝卜五种蔬菜。人们元日食此，据说它能使五脏之气畅通。古人认为，鸡子可以避瘟，所

---

① 《荆楚岁时记》。
② 《艺文类聚》卷89，《木部·椒》。
③ 《艺文类聚》卷88，《木部·柏》。
④ 《荆楚岁时记》按语："胶牙者，盖以使其牢固不动。"
⑤ 《太平御览》卷368，《人事部·齿》。

以人们在元日晨生吞鸡子一枚，也有的将鸡子、麻子、红豆等一起吃，以求消疾免疫。至南朝梁时，梁武帝信佛，禁断杀生，所以南朝此俗渐改。九月九日赠菊之俗，同样也反映出人们希望身体强健的愿望。《续晋阳秋》记载了这样一件事：东晋时，陶渊明在九月九日这天没有酒喝。他走到宅边东篱之下，采了一大把菊花，坐在园边。过一会儿，有一个穿白衣的人来了，原来是王弘前来送酒。① 陶渊明采菊而坐，可能与王弘事先有约。他持菊而待，或者是以菊泡酒与王弘共饮，或者是以菊回赠王弘，不论哪种可能，重阳赠菊之意都很明白。南北朝时，梁人王筠曾于九月九日这天采菊赠谢举，并写下了《摘园菊赠谢仆射举诗》：

  灵芽挺三脊，神芝曜九明。
  菊花偏可憙，碧叶媚金英。
  重九惟嘉节，抱一应元贞。
  泛酌宜长久，聊荐野人诚。②

人们把菊花作为重阳节相赠的礼物，大概有以下两个原因：一是，菊花有种种美德。三国时魏人钟会曾说："夫菊有五美焉：黄花高悬，准天极也；纯黄不杂，后土色也；早植晚登，君子德也；冒霜吐颖，象劲直也；流中轻体，神仙食也。"③《艺文类聚》卷81引《风俗通》说："南阳郦县有甘谷，谷水甘美。云其山上大有菊，水从山上流下，得其滋液。谷中有三十余家，不复穿井，悉饮此水。上寿百二三十，中百余。下七八十者，名之大夭。菊花轻身益气故也。司空王畅、太尉刘宽、太尉袁隗为南阳太守，闻有此事，令郦县月送水二十斛，用之饮食。诸公多患风眩，皆得瘳。"同书引《荆州记》亦载："郦县菊水，太尉胡广久患风羸，恒汲饮此水，后疾遂瘳，年近百岁，非唯天寿，亦菊延之。此菊甘美，广后收此菊实，播之京师，处处传植。"葛洪《抱朴子·内篇·金丹》说："刘生丹法，用白菊花汁、地楮汁、樗汁和丹蒸汁，三十日，研合服之，一年，得五百岁。老翁服更少不可识，少年服亦不老。"上述诸事中，菊花延寿的奇效显系夸大，500岁的长寿、返老还童的现象，更充满道教神话色彩。不过，菊花作为一种药材具有疗疾的功效确实有科学上的道理。重阳赠菊，表达了赠送者对亲友的关心和彼此间的良好祝愿，对于加强人们之间的联系，融洽人们之间的关系有很大好处。

  第四，爱家恋家之情。家在古代人们的心目中具有重要地位。魏晋南北朝时

---

① 《太平御览》卷32，《时序部·九月九日》。
② 《艺文类聚》卷81，《药香草部·菊》。
③ 《艺文类聚》卷81，《药香草部·菊》引钟会《菊花赋》。

奏乐图（西晋）

期，人们的恋家之情是多方面的。狐死首丘，归葬还乡，是丧葬方面的表现；百口之家，数世同堂，是生活方面的表现。在节日活动中，同样也表现出这种感情。如元日聚族饮酒，七夕乞巧守夜，重阳阖家登高等等，都表现一种以家族或家庭为单位的活动，在这些活动中，人们对家庭的爱恋之情得到了培养和体现。腊日是家人团聚的日子，在此节日中人们对家庭的爱恋之情表现得尤为突出。三国曹魏正元二年（255年）十二月腊，江伟因在国舍不得回陈郡与其父团聚，恰巧其弟有诗寄来，江伟便答诗说：

> 腊节之会，廓焉独处。
> 晨风朝兴，思我慈父。
> 我心怀恋，运首延伫。①

江伟此诗，表达了其思父恋家之情和不能与家人团聚的惆怅。腊日里，为了使家人能团聚，有时连狱中囚犯也放回家去过节。《华阳国志》卷11《后贤志》载：西晋元康初年，王长文试守江源县令。县里捕得一些盗马、盗墓之贼和一些其他罪犯。时值腊日，王长文对这些囚犯说："你们落到今天这步田地，这是我教化不够的过错。在此欢庆腊节之际，我想让你们回家同老小一起共享节日之乐，但要求你们过节后归还。"群吏怕囚犯不能如期而返，争着劝阻王长文，但王长文不听。这些囚犯非常感动，发誓不再为恶，不敢有负王县令。《梁书·处士传》载，何胤"出为建安太守，为政有恩信，民不忍欺。每伏腊放囚还家，依期而返"。以上诸事，说明腊日家庭团聚对人们来说是多么重要，反映了他们的爱家恋家之情。

---

① 《艺文类聚》卷5，《岁时部·腊》引晋江伟《答贺腊诗》。

第十章

娱乐

　　娱乐是人们为满足自己怡情悦心的需要而进行的一种活动，是人类精神生活的一个重要部分。魏晋南北朝时的娱乐活动丰富多彩，其中既有对历史的继承，也有当时的创造。这些形形色色的娱乐活动，大致可归纳为四种类型：竞技活动、角智活动、自娱活动及其他活动。

第一节　竞技活动

　　所谓"竞技"，与今天所说的体育竞技的概念不完全一样。虽然它也有技艺竞赛的意思，但这种竞赛的目的并不在于提高或发展这种技艺，而主要是为了一种心理和情绪上的满足。也就是说，它们乃是一些以娱乐为主要目的的竞技活动，并广泛存在于当时的各个社会阶层。

一 樗蒲

樗蒲作为一种具有一定技艺的活动，最迟在西汉时已经出现。魏晋南北朝时，此项活动流行极盛。

这表现在三个方面：

第一，樗蒲活动活跃于整个魏晋南北朝时期。三国时，游楚好邀游，喜音乐。他曾任过蒲阪县令、汉兴太守等职，每到一处，都进行樗蒲、投壶等活动。① 孙吴诸葛融领兵驻公安时，常会宾客，每次宴会，都让宾客"各言其能，乃合榻促席，量敌选对，或有博弈，或有樗蒲，投壶弓弹，部别类分。于是甘果继进，清酒徐行，融周流观览，终日不倦"②。西晋时，晋武帝曾与其贵嫔胡芳樗蒲，二人争矢，以致晋武帝的手被弄伤。③ 东晋桓温欲伐蜀，很多人都认为不见得成功，惟刘惔认为桓温必胜无疑。有人问为什么，刘惔说："以惔博验之，其不必得，则不为也。"④ 樗蒲被用来作为观察一个人品格的手段，可见东晋此戏之盛。在北方十六国时，后赵石勒的妹夫张越与诸将捕博，石勒还亲临观看。⑤ 前秦时，慕容宝在长安与韩黄、李根等樗蒲，慕容宝端坐整容，表情严肃，说："世云樗蒲有神，岂虚也哉！若富贵可期，频得三卢。"于是连掷三次，皆得卢。⑥ 南朝刘宋时，王弘曾任过侍中、中书监、太保、录尚书事、扬州刺史等要职。他年轻时曾在公城子野家中进行过樗蒲。王弘当权后，有一个人来找他要求得到县长之职，言词颇为急切。当王弘知道他善樗蒲并因此得罪时，便说："你能通过樗蒲得钱，还要吃官禄干什么？"那人答："不知道现在公城子野在什么地方。"一句话揭了王弘的老底，王弘默然无对。⑦ 南齐时，明帝因平定晋安王反叛得胜，举行宴会，慰劳诸军将领。席间樗蒲官赌，武卫将军李安民五掷全都得卢。⑧ 萧梁时，昌义之、曹景宗、韦叡曾设12万钱以樗蒲相赌。曹景宗掷得雉，韦叡掷得卢。卢为最高采数，眼见曹景宗取胜无望。谁知韦叡不贪财，趁别人还未看清，迅速将掷具翻过来一块，使自己所得的卢被破坏掉。⑨ 北魏张僧皓，特别喜欢樗蒲，不论什么人，他都与之

---

① 《三国志·魏书》卷15，《张既传》注引《魏略》。
② 《三国志·吴书》卷52，《诸葛瑾附诸葛融传》。
③ 《晋书》卷31，《胡贵嫔传》。
④ 《晋书》卷75，《刘惔传》。
⑤ 《晋书》卷104，《石勒载记》上。
⑥ 《晋书》卷123，《慕容垂载记》。
⑦ 《宋书》卷42，《王弘传》。
⑧ 《南齐书》卷27，《李安民传》。
⑨ 《梁书》卷12，《韦叡传》。

较量，因此受到世人的讥笑。① 北齐人祖珽，常与陈元康、穆子容、任胄、元士亮等人一起游玩。有一次，他们聚集一起，拿出一百多匹上等绸缎作为赌资，让下人樗蒱相赌，以此为乐。② 西魏时，宇文泰在同州（治今陕西大荔县）与群公宴集，拿出数段绫绢，命诸将樗蒱取之。③

第二，各社会阶层的人都进行樗蒱活动。前述各种樗蒱之事中，晋武帝是西晋之君，石勒是后赵国主，祖珽是北齐重臣，桓温是东晋权贵，韦叡是萧梁名将，游楚在曹魏时为官一方。不但上层社会樗蒱之戏大行，中下层社会也进行此戏。如前述向王弘求取县官之职的那个人，其社会地位不可能很高。《世说新语·任诞》还记载这样一件事：东晋温峤还没做高官时，经常与扬州、淮中一带的商人樗蒱赌博，但不是商人的对手。有一次，温峤与商人们樗蒱，输得很惨，简直无法抽身，于是便在船中大唤其好友庾亮说："快拿钱来赎我。"庾亮赶快将钱送过去，温峤才得以回来。通过这件事可以看出，商人也进行樗蒱活动，且技艺不低，《异苑》卷6也记载说，刘宋元嘉年间，颍川人宋寂役使一个三尺长的独脚鬼。宋寂一次想与邻居樗蒱，但还缺一种名为五木的博具。独脚鬼便取刀砍院中的杨树枝做成五木。想进行樗蒱却连博具都不全，这与上层社会的豪华排场显然不可同日而语。鬼做五木只是一个神话，但却能反映出下层社会也行樗蒱之事实。

第三，樗蒱之戏甚至被少儿所掌握。《太平御览》卷754引《江蓣别传》说："蓣年十一，始学樗蒱。祖母为说往事，有以博弈破业废身者。于是即弃五木，终身不为戏。"江蓣11岁就学此戏，这在当时不是偶然现象。江蓣虽然以后弃五木，终身不樗蒱，但少年樗蒱仍大有人在。南朝刘宋何尚之，"少时颇轻薄，好樗蒱"④。臧质，"少好鹰犬，善蒱博意钱之戏"⑤。司州（治今河南信阳）刺史刘季之，"少年时，宗悫共蒱戏，曾手侮加悫，悫深衔恨"⑥。《世说新语·方正》载："王子敬数岁时，尝看诸门生樗蒱，见有胜负，因曰：'南风不竞。'门生辈轻其小儿，乃曰：'此郎亦管中窥豹，时见一斑。'子敬瞋目曰：'远惭荀奉倩，近愧刘真长。'遂拂衣而去。"年仅数岁便能看懂樗蒱之戏，且能对胜负加以预见和评论，可见王子敬深通此道。

樗蒱如此风靡当时，它怎样玩呢？

关于此戏的内容，东汉马融《樗蒱赋》中说得比较具体：

---

① 《魏书》卷76，《张烈附僧皓传》。
② 《北齐书》卷39，《祖珽传》。
③ 《周书》卷18，《王思政传》。
④ 《宋书》卷66，《何尚之传》。
⑤ 《宋书》卷74，《臧质传》。
⑥ 《宋书》卷79，《竟陵王刘诞传》。

  枰则素旃紫罽，出乎西邻，缘以绘绣，紩以绮文。杯则摇木之干，出自昆山。矢则蓝田之石，卞和所工，含精玉润，不细不洪。马则玄犀象牙，是磋是砻。杯为上将，木为君副，齿为号令，马为翼距，筹为策动，矢法卒数。于是芬菔贵戚，公侯之俦，坐华榱之高殿，临激水之清流，排五木，散九齿，勒良马，取道里。是以战无常胜，时有副逐，临敌攘围，事在将帅。见利电发，纷纶滂沸，精诚一叫，入卢九雉。①

马融此赋描写了樗蒲所用器具、玩法及公侯贵戚樗蒲时的情景。按照马融所写，樗蒲之具应包括枰、杯、木、矢、马五种。为了解其玩法，将五种器具分述如下：

  枰即棋盘。马融赋中只描述了棋盘的质地及外形。根据唐李翱《五木经》、李肇《唐国史补》、宋程大昌《演繁露》等典籍记载，棋盘上还有关、坑、堑等标志，为行棋之障碍。

  杯为投掷五木的容具，从"杯为上将"、"临敌攘围，事在将帅等"句来看，杯对投掷出高采起着重要作用。

  木，又称五木，因其用木制成，数有五块，故有此称。

  马为棋子。玩者用它在棋盘上过关跨堑，即马融所说的"马为翼距"。

  矢也为一种棋子，从"矢法卒数"看，矢代表步兵，用来围车或阻止马前进。

  五种器具中，五木为关键之物，它影响着马与矢的行动。唐李肇《唐国史补》卷下说：

  洛阳令崔师本又好为古之樗蒲，其法三分其子，三百六十，限以二关，人执六马。其骰五枚，分上为黑，下为白。黑者刻二为犊，白者刻二为雉。掷之全黑者为卢，其采十六；二雉三黑为雉，其采十四；二犊三白为犊，其采十；全白为白，其采八；四者贵采也。开为十二，塞为十一，塔为五，秃为四，撅为三，枭为二，六者杂采也。贵采得连掷，得打马，得过关。余采则否。

如果我们把《樗蒲赋》和《唐国史补》对照来看，就可看出，马融赋中的"矢"与李肇文中的"子"相像。李肇文中的"骰"，就是"五木"。"采"与"齿"相关，例如全黑为卢，其采十六，则卢为采名，十六为齿数。"筹"为贵采之总称，得之可以连掷打马，所以说"筹为策动"。杂采虽不能打马，但可调动兵

---

① 《艺文类聚》卷74，《巧艺部·樗蒲》。

卒，即马融所说的"齿为号令"。根据以上比较，我们可大致勾勒出樗蒱的玩法：对峙双方各执马、矢两种棋子，投掷五木，根据所得齿数，或策马过关，或挥卒围截。《晋书·周𫖮传》载：周𫖮死时，王敦正与一个参军樗蒱。参军之马将至博头而被杀，参军借此发挥说："周家奕世令望，而位不至公，及伯仁将登而坠，有似下官此马。"可见王敦与其参军正是这种玩法。这种玩法较为复杂，决出胜负的时间较长，为了赌博的需要，魏晋南北朝时还有一种以掷五木定输赢的简便玩法。《晋书·刘毅传》载：刘毅在东府聚众樗蒱，赌金数百万。别人都掷得黑犊，只差刘毅及刘裕未掷。刘毅一掷，得雉，为仅次于卢的贵采。刘毅大喜，得意地对其他人说："我并非不能得卢，只是不想罢了。"刘裕听了很不高兴，他把五木放在手里揉搓许久，最后终于掷出。只见四子俱黑，惟独一子还在转动。刘裕对着它高声厉喝，直至这颗子定在黑面。结果刘裕掷得五木俱黑的卢采，这是樗蒱最高的贵采。

不论哪种玩法，其关键都在于掷五木的技巧。由于樗蒱活动的广泛流行，也确实产生了技巧不凡的高手，最典型的就是东晋袁耽。袁耽字彦道，以技艺闻名。据《太平御览》卷754引《郭子》载："桓公年少至贫，当樗蒱，失数百斛米。齿既恶，意亦沮，自审不复振，乃请救于袁彦道。桓具以情告，袁欣然无忤，便即俱去。出门云：'我不但拔卿，要为卿破之。我必作快齿，卿但快唤。'既戏，袁形势呼咀慨牡，掷必卢雉。二人齐叫，敌家震惧丧气。俄顷获数百万。"袁耽樗蒱，掷必卢雉，技巧确实高人一筹。由此我们可以看出，樗蒱之戏是一种技巧的比赛。当然，樗蒱也包含有赌博的性质，在上层社会的樗蒱中，赌博的性质尤其明显。

● 弹棋

关于弹棋的起源，南朝宋刘义庆说："弹棋始自魏宫内用妆奁戏。"① 此说有误。弹棋的起源，最晚也可以追溯到西汉。一种说法是，汉武帝喜好蹴鞠之戏，群臣不能谏止，东方朔便以弹棋之戏进献武帝。武帝得此戏之后，便舍蹴鞠而好弹棋了。另一种说法是，汉成帝好蹴鞠，刘向认为蹴鞠会使人体力劳竭，不适宜皇帝至尊之体，便献弹棋之戏。无论哪种说法，弹棋之戏的起源早于曹魏则无疑。不过弹棋之戏又确实与宫廷内妆奁有关。弹棋在汉代为宫禁之中的游戏，至西汉末社会大乱，京城被赤眉军攻占，此戏才由宫内散落民间。东汉章帝时，因统治者好诸技艺，此戏一时大盛。自从东汉冲帝、质帝以后，弹棋之戏又绝。东汉建安年间，曹操执政，宫禁甚严，所有博弈之具一概不许进入宫中。宫人们为娱乐

---

① 《艺说新语》卷下，《巧艺》。

消遣，便以金钗玉梳戏于妆奁之上，其玩法仿效于汉代的弹棋。至魏文帝时，由于曹丕的爱好和提倡，弹棋又盛。①

弹棋在魏晋南北朝时虽不及樗蒱兴盛，但在许多时期也有文献记载。三国献文帝曹丕弹棋技艺高超，别人弹棋用手，他却能用手巾角。还有比魏文帝技艺更高的，能"低头以所冠着葛巾角撇棋"②。十六国后赵时，石闵密谋推翻石遵，派将军苏亥、周成率甲士30人将石遵逮捕，当时石遵正与妇人弹棋。③ 南朝刘宋孔琳之，"解音律，能弹棋，妙善草隶"④。江湛也"喜弹棋鼓琴"⑤。宋文帝的儿子刘休祐任荆州刺史时，手下有个叫苑景达的人，善于弹棋，宋太宗想把他召进宫陪自己玩，刘休祐坚决不肯。太宗大怒，诘责说："汝刚戾如此，岂为下之义！"⑥ 为争棋手而君臣闹翻，可见弹棋在刘宋时也很盛行。南齐时，沈文季也"尤善簺及弹棋"⑦。南朝梁简文帝曾写《弹棋论》。梁元帝未登帝位时，也曾写过《谢东宫赐弹棋局启》。

以上我们叙述了弹棋在魏晋至南朝时的流行概况，通过以上叙述，我们又可发现，弹棋一般在上层社会流行。《太平御览》卷755引《弹棋经后序》说："弹棋者，雅戏也，非同乎五白枭橛之数，不游乎纷竞诋欺之间，淡薄自如。固趋名近利之人多不尚焉。"对这段话，如果理解为因为其雅，故其流行范围有限，这是符合历史实际的，如果认为弹棋竞技性不强则是一种误解。弹棋的竞技性很强。曹丕《典论》说："余于他戏弈之事少所喜，唯弹棋略尽其巧，乃为之赋。昔京师先工有马合乡侯、东方安世、张公子。常恨不得与彼数子者对。"⑧ 可见弹棋是一种对手间的竞技活动。其竞技性我们还可以从它的玩法中看出来。

弹棋怎样玩，由于它失传很久，史无明文记载。不过，魏晋时留下许多关于弹棋的文学作品，我们可以从中发现一些玩法。

魏文帝《弹棋赋》说：

> 局则荆山妙璞，发藻扬晖，丰腹高隆，庳根四颓，平如砥砺，滑若柔荑。棋则玄木北干，素树西枝，洪纤若一，修短无差。象筹列植，一据双螭。滑

---

① 《太平御览》卷755，《工艺部·弹棋》引《弹棋经序》、《弹棋经后序》。
② 《三国志·魏书》卷2，《文帝纪》注引《博物志》。
③ 《晋书》卷107，《石季龙载记》下。
④ 《宋书》卷56，《孔琳之传》。
⑤ 《宋书》卷71，《江湛传》。
⑥ 《宋书》卷72，《文九王列传》。
⑦ 《南齐书》卷44，《沈文季传》。
⑧ 《三国志·魏书》卷2，《文帝纪》注引《典论·自叙》。

石雾散，云布四重，然后直叩先纵，二八次举。①

魏丁廙《弹棋赋》说：

  文石为局，金碧齐精，隆中夷外，缀理肌平，卑高得适，既安且贞。棋则象齿，选乎南藩。……列数二六，取象官军，徽章采列，烂焉可观。于是二物既设，主人延宾，粉石雾散，六师列阵。②

晋夏侯惇《弹棋赋》说：

  局则昆山之宝，华阳之石，或烦蜿龙藻，或分带班驳，或发色玄黄，或皦的鳞白，悉鲁匠之精能，倾工心于雕错，形方隆而应矩，焜煜霞以俟。尔乃延良人，洽坐际，隆局施，轻棋列。徐正控其往来，必有中而告憩。相形投巧，左抚右拨，挥纤指以长邪，因偃掌而发八。陵超逾落，归趣援势，分交物而踏合，乘流密以遥曳。若乃释正弹，循乱扬，滑石周散势纵横，捭拨捶撇应无方。侈若天星之列，闪若流电之光。或擗柏散烂，挥霍便娟；或奋振唐唐，颓水参连。棋单局匮，等分纪残，胜者含和，负者丧颜。③

从上引三赋中，我们可以知道有关弹棋的几种情形。第一，弹棋的棋盘为石头制成，而且磨得非常光滑。棋盘的形制为方方，中间隆起，四外低平。从"象筹列植，一据双螭"这句看，棋盘的两方各有一个蛟龙盘成的圆洞。第二，棋子由硬木或象牙等物做成，共12枚，每方6枚。综合这两点，我们可以对弹棋的玩法作一大概描述：下棋双方站在棋盘两边，将自己的棋子摆好。在棋盘上洒滑石粉，以减轻棋子与棋盘的摩擦，加速棋子的运行。弹棋用手，使自己的棋子通过棋盘中间的隆起部分射入对方的圆洞。弹棋时，一方面根据对方所摆棋势，采用捭、拨、捶、撇等技术，打开对方棋子，为进入对方圆洞扫清道路，另一方面调动自己的棋子，布下阵势，以阻止对方棋子的攻入。凡是被击中的棋子，都暂时不能调动。最后，先将六枚棋子全部弹入对方洞中者为胜。弹棋至高潮时，棋子"侈若天星之列，闪若流电之光。或擗柏散烂，挥霍便娟；或奋振唐唐，颓水参连"。至终局时，"棋单局匮，等分纪残，胜者含和，负者丧颜"，正是双方激烈竞

---

① 《艺文类聚》卷74，《巧艺部·弹棋》。
② 同上。
③ 同上。

争的写照。

(三) 握槊

《魏书·术艺传》说，握槊"盖胡戏，近入中国。云胡王有弟一人遇罪，将杀之，弟从狱中为此戏以上之，意言孤则易死也"。可见握槊之戏是从西域传来。

握槊之戏在魏晋南北朝时仅流行于北方，最早的记载是在北魏孝文帝时。《魏书·术艺传》载："高祖时……赵国李幼序、洛阳丘何奴并工握槊。"宣武帝以后，握槊在北方很流行。北齐宠臣和士开，是西域商胡的后代，精通握槊。武成帝高湛及皇后胡氏也喜欢此戏，和士开经常陪他们玩，因此受到宠爱。韩凤、穆提婆也是北齐两个宠臣。后主高纬时，寿阳被南朝陈将吴明徹攻破，当时韩凤正与穆提婆握槊。消息传来，只说了句"他家物，从他去"，仍然握槊不止。①

关于握槊的玩法，由于史料缺乏，已不能具体知道。但隋唐以后，一些文人认为握槊与一种叫双陆的博戏是一回事，如南宋洪遵所写《谱双叙》就是这样认为。这种看法是有一定问题的。第一，从前引《魏书·术艺传》来看，握槊传入中国是在北魏时期，而据《资治通鉴》胡三省注，双陆是由三国魏曹植所创。第二，在《资治通鉴》卷162胡三省注说："双六，亦博之一名。《续事始》云：陈思王制双六局，置骰子二。"《颜氏家训·杂艺》说："古为大博则六箸，小博则二茕，今无晓者。"可见曹植在创双陆棋时，多受古代博戏的影响。不过隋唐以后的双陆的确与北朝时的握槊有关。北宋人曾临摹一幅《唐双陆仕女图》，从画面看，双陆的棋局像个小桌，双层，高度似今日之茶几。在棋局面四周有护栏。棋子呈棒槌状，比今日国际象棋略高。这使我们想起北魏时尔朱世隆与吏部尚书元世俊握槊的情景。《魏书·尔朱彦伯附尔朱世隆传》载："初，世隆曾与吏部尚书元世俊握槊，忽闻局上欻然有声，一局之子尽皆倒立。"可见握槊的棋子也是一个个立在棋局上的，这种情形与唐代的双陆有其相似之处。因此我们推断，双陆和握槊本不是一回事，在魏晋南北朝时，北方的握槊与南方的双陆结合，发展成为隋唐时期的双陆。此时期双陆的情况及玩法，史书上有较详细的记载，我们从中可以看到魏晋南北朝时握槊的影子。

(四) 藏钩

藏钩，又称藏驱、行驱，是一种老少皆宜的有趣的竞技活动。关于藏钩的起源，有两个说法。一种是说它和汉代的钩弋夫人有关。传说汉武帝外出巡狩，见

---

① 《北齐书》卷50，《恩倖·韩凤传》。

一处有青光弥漫。有人告诉他说此地一定有贵人。汉武帝派人找，果然在一户人家中发现一女子，其美貌堪称绝代。只是此人双手呈握拳状，无论是谁也不能使其舒展开。然而汉武帝刚一触到，此人的双拳就展开了。后来此人受到殊宠，这就是钩弋夫人。后人见钩弋夫人手拳而国色，便多效法她，藏钩之戏便由此而来。晋人周处则有另一种解释。他所作《风土记》中说："进清醇以告腊，竭恭敬于明祀，乃有藏驱。"① 意思是说，腊日这天，人们用清香的美酒祭祀先祖。为了表示对先人的恭敬，在献祭品时，妇人们都要把手上的顶针、戒指等物藏起来，于是便有了藏驱之戏。

关于藏钩的玩法，史籍中有一些记载。周处《风土记》说："义阳腊日饮祭之后，叟妪儿童为藏钩之戏。分为二曹，以较胜负。若人偶即敌对；人奇，即人为游附，或属上曹，或属下曹，名为飞鸟，以齐二曹人数。一钩藏在数手中，曹人当射知所在。一藏为一筹，三筹为一都。"② 藏钩的玩法是将人群分为两部分，一部分人藏，其范围不出众人之手，一部分人猜，这些通过《风土记》都很清楚了。问题是藏法。当一方藏钩时，另一方是将身子背过去，还是将眼睛蒙起来？观晋人庾阐《藏钩赋》，似乎这两种可能都不是。其赋曰：

> 叹近夜之藏钩，复一时之戏望。以道生为元帅，以子仁为佐相。思蒙笼而不启，目炯冷而不畅。多取决于公长，乃不容于大匠。钩运掌而潜流，手乘虚而密放。示微迹于可嫌，露疑似之情状。

猜的一方，"目炯冷而不畅"，显然是在凝视着对方藏钩的动作。钩在藏方众人之手掌中，犹如地下潜流一般运来运去，最后神秘地落入其中一人掌中，而与此同时，其他人则做出一些假象以迷惑对方，这一切都是在猜方众目睽睽之下进行的。因为藏钩之戏多在晚间进行，且藏钩的技巧十分高超，所以猜的一方经常"疑空拳之可取，手含珍而不摘"，被藏方制造的种种假象所迷惑。

藏钩在魏晋南北朝时也有其禁忌。《异苑》卷4载："晋海西公时，有贵人会，因藏驱。欻有一手，间在众臂之中，修骨巨指，毛色粗黑。举座咸惊。寻为桓大司马所诛。旧传藏驱令人生离，斯验深矣。"《荆楚岁时记》也说："俗云此戏（指藏驱）令人生离，有物忌之家庭不修也。"尽管如此，藏钩之戏仍很流行。从前引各种典籍来看，从宫廷到民间，都有这种游戏的记载。这是因为藏钩是一项有趣有益的活动，对于藏方，可以锻炼手的灵巧和动作的敏捷；对于猜方，则锻

---

① 《太平御览》卷33，《时序部·腊》。
② 《艺文类聚》卷74，《巧艺部·藏钩》。

炼了目光和判断力。

五 戏射

这里所说的"射",不是"射覆",而是射箭,前者是一种源于卜筮后变成娱乐的活动,后者则是一种技艺。射最早也没有戏的意思,它是儒家的六艺之一,是古代的一种礼,同时又是一种战争手段。作为礼,它是庄重的;作为战争手段,它又是残酷的。因此,我们提出戏射的概念,以与上述的庄重与残酷相区别。

作为娱乐的戏射,在魏晋南北朝时主要有两种形式,一种是朋射,一种是单射。

朋射是一种团体赛,参加者分作两朋,即两部分。每个参加者轮流去射,按所中箭数记筹,最后加在一起,筹数多的部分为胜。这种活动还有专门的记筹者。三国时,魏舒曾在曹魏后将军钟毓手下任长史。他自幼善射,但在钟毓面前从未显露。钟毓喜欢与手下戏射,而每一次都不让魏舒参加,只是让他站在一边记筹。有一次,因人手不够,钟毓便让魏舒充一个数。轮到魏舒射时,只见他容范闲雅,箭无虚发,莫有与之匹敌者。一时满座皆惊,钟毓也因此感慨万千。① 东晋时,司徒长史庾悦曾至京口(今江苏镇江)。当时刘毅尚处在贫困之时,社会地位也不高。他于庾悦到来之前就已向京口府廨借下东堂,在此与亲故戏射。庾悦到后,也要用东堂。刘毅乞求说:"我是一个困窘而低下的人,组织一次戏射特别不易。您职高位重,用哪个堂室都没问题,希望将东堂让给我们。"由于庾悦不肯,参加戏射之人只得散去。② 在北方,由于一些游牧民族纷纷进入中原,当权者也多为少数民族,因此戏射之风更盛。北朝的一些皇帝常组织并参加戏射活动。太武帝拓跋焘时,南平王拓跋浑善射。一次太武帝组织戏射,有一方连连中的,很快将筹分积满。太武帝命拓跋浑出场,拓跋浑连中三箭。③ 孝文帝元宏时,曾组织一次戏射。一方以孝文帝亲自挂帅,另一方以其弟彭城王元勰为首。当时左卫将军元遥属于元勰一方,右卫将军杨播在孝文帝麾下。元遥出马,一箭中靶,得了满分。孝文帝说:"左卫将军已将分得满,右卫将军不能不解此危。"杨播答道:"仰仗皇恩,希望能与之抗争。"便弯弓而发,正中箭靶,将比分扳平。④

单射以个人为单位,没有分朋隶属关系。西晋时,王恺有一头心爱之牛,名

---

① 《晋书》卷41,《魏舒传》。
② 《晋书》卷85,《刘毅传》。
③ 《魏书》卷16,《道武七王列传·南平王拓跋浑传》。
④ 《魏书》卷58,《杨播传》。

"八百里驳"。王济要求用千万钱与之对射相赌。王恺自恃其能,便让王济先射。王济一箭破的,取胜后,当场命人将牛宰杀,取出牛心,只操刀一割便扬长而去。① 东晋时,安西将军庾翼曾镇武昌(治今湖北鄂州),谢尚多次前去咨谋军事。一次二人对射,庾翼说:"卿若破的,当以鼓吹相赏。"话音刚落,谢尚箭发破的,庾翼也当即实现了诺言。② 十六国时,前赵军攻破晋都洛阳,虏走晋怀帝。前赵主刘聪对他说:"当初你作豫章王时,我和王济曾去拜访你。我们三人曾在皇堂戏射,我得十二筹,你与王济都得九筹。你因此还赠我柘弓、银研,还记得吗?"③ 王济善射,前文已述,刘聪艺高其三筹,亦见北方匈奴人射艺之高。北朝朝廷还进行一些不计筹的单射,其方法很简单,预备一些奖品,凡射中者皆奖。《魏书·世祖纪》载,拓跋焘在长川筑马射台,"帝亲登台观走马,王公诸国君长驰射,中者赐金锦缯絮各有差。"北齐高演时,曾在西园与群臣宴射,参加的文武臣僚有200余人。高演命离宴堂140余步处设置箭靶,规定凡射中者赐予良马及金玉锦彩。有一个人射中靶上的兽头,差一寸多就射中兽鼻。这时,只有一个叫元景安的人还有一矢未发。"帝令景安解之。景安徐整容仪,操弓引满,正中兽鼻。帝嗟赏称善,特赉马两匹,玉帛杂物又加常等。"④

最后,还应一提的是一种具有表演性质的单射。据《太平御览》卷744引《燕书》记载,十六国前燕时,有个叫贾坚的人,射艺极高。他60岁时,前燕主在百步外设一头牛,问贾坚能否射中。贾坚说:"我年轻时,能令箭射不中,现在我年老了,目力皆衰,只能让箭射中了。"大臣慕容恪听罢大笑。贾坚开始射了,第一箭擦着牛的脊背过去,第二箭擦着牛的肚子过去,两箭都擦着牛的皮肤,但都只射下牛毛而未伤牛身。慕容恪问:"能射中牛吗?"贾坚说:"射箭以不中者为贵,中有何难!"一发便中牛身。贾坚"不中为贵"的理论,反映出他对射箭之道领悟之深,惟有此深悟,才使他的射艺至此炉火纯青出神入化的程度。

㈥ 投壶

投壶的历史,可上溯至春秋战国时期,它最早是以一种礼仪制度的形式见诸于史册。《礼记·投壶》记载:

> 投壶之礼,主人奉矢,司射奉中,使人执壶。主人曰:"某有枉矢哨壶,请乐宾。"宾曰:"子有旨酒嘉肴,既受赐矣,又重以乐,敢辞。"主

---

① 《晋书》卷42,《王浑附王济传》。
② 《晋书》卷79,《谢尚传》。
③ 《晋书》卷102,《刘聪载记》。
④ 《北齐书》卷41,《元景安传》。

人曰："枉矢哨壶，不足辞也，敢固从请。"宾曰："其固辞不得，命敢不敬从。"

通过以上记载可以看出，投壶之举，主要是宾主用以反映自己礼仪修养，其中虽有"乐"的成分，但却寓于礼仪之中。

魏晋南北朝时期，投壶活动进一步向娱乐化发展。三国曹魏时，蒲孤县令殷楚"性好游遨音乐"，"所在樗蒱、投壶，欢欣自娱"①。王弼"性和理，乐游宴，解音律，善投壶"②。邯郸淳作《投壶赋》说，投壶"调心术于混冥，适容体于便安，纷纵奇于施舍，显必中以微观。悦与坐之耳目，乐众心而不倦"③。把投壶与游宴欢娱，调心术适容体并提，是投壶活动进一步娱乐化的一个有力说明。

投壶的进一步娱乐化，使此时期这项活动出现两个特点。第一，其流行范围广。三国时投壶的概况前已述。西晋末，王澄任荆州刺史，面对严重的流民起义的威胁，他毫无忧惧之意，只知道日夜纵酒，投壶博戏。南朝也有投壶的记载，后边我们还要述及。北朝时，高澄之子高孝珩、高孝瓘投壶都在壶前加置小屏障，以增加投壶的难度。④ 第二，投壶的技巧也有所发展。颜之推《颜氏家训·杂艺》说："投壶之礼，近世愈精。古者，实以小豆，为其矢之跃也。今则唯欲其骁，益多益喜。"这里所说的"骁"，指的是一种投壶技巧，而这种技巧在魏晋南北朝时，已经比前代有更丰富的内容。先秦时投壶，壶中装有一定数量的小豆，以防止投入壶中的箭跃出。到西汉武帝时，郭舍人改进投壶之戏，将柘木箭改成竹箭，增加箭的弹性，使之跃出还回手中，这就叫"骁"。据说郭舍人能一矢百余返。这件事记载在《西京杂记》卷5中。但仅看这一条材料，会使人发出这样的疑问：竹箭固然比柘棘弹性大，但即使如此，它怎能会像现在的乒乓球从墙上反弹回来那样回到投壶者手中呢？况且壶与人之间是有一定距离的，"骁"这种技术存在吗？宋朝司马光《投壶新格》对"骁"是这样解释的："亦谓之骁，皆俊猛意也。谓投而不中，箭激反跃，捷而得之，复投而中者也。"这样解释就清楚了。接住反弹回来的箭，还要投壶者"捷而得之"，即迅速准确地判断出箭反弹的轨道，敏捷地抓住它。魏晋南北朝时，这种技巧仍有记载，南齐的柳恽就善此技。有一次，齐竟陵王萧子良举行夜宴，柳恽也在场。天快亮时，柳恽投壶骁不绝，弄得萧子良

---

① 《三国志·魏书》卷15，《张既传》注引《魏略》。
② 《三国志·魏书》卷28，《钟会传》注引《何劭王弼传》。
③ 《艺文类聚》卷74，《巧艺部·投壶》。
④ 《颜氏家训》卷7，《杂艺》。

早朝都误了。① 梁、陈时，周瑱、贺徽都能一箭40余骁。② 南北朝时，又出现一种叫"莲花骁"的投壶技巧。这种骁，显然不是接住反弹回来的箭。清人何焯说："骁者，似投入而复跃出，挂于壶之口耳而名。"③ 晋光禄大夫虞潭撰《投壶变》中，记载一种名为"剑骄"的技巧。"剑骄"即"剑骁"，可能就是投入的箭从壶中弹出，挂在壶边的耳上，呈一种挂宝剑的形状。正因为此种技巧难度高，所以其得分也最高。以此类推，所谓"莲花骁"，即令投入壶中的箭反弹出挂在壶耳上，组成莲花形。这种技巧，显然比剑骁难度更大，所以被称作"其尤妙者"。由此看来，投壶中的骁技包含两种形式，而魏晋南北朝莲花骁是一种难度空前的技巧。除此之外，一些其他形式的投壶技巧也出现了。前述虞潭《投壶变》中，把投箭入壶耳使之呈佩剑状称作"带剑"；把投箭入壶使其靠在左右呈狼尾状称作"倚"；把使箭在壶口圆转称作"狼壶"。南北朝时，除上述技巧外，还有"豹尾"、"龙首"等。这两种技巧的详细情况，史籍载无明文。宋人司马光《投壶格》说："龙尾，倚竿而箭尾正向己者。龙首，倚竿而箭首正向己者。"④ 这里的"龙首"、"龙尾"，很可能由南北朝时的"龙首"、"豹尾"而来。还有一些别出心裁的玩法，如《太平御览》卷753引《晋书》说："石崇有妓，善投壶，隔屏风投之。"又引《晋阳秋》说："王胡之善于投壶，言手熟闭目。"众所周知，魏晋南北朝时，儒学受到很大冲击，作为儒家礼仪的一部分，投壶却有很大发展。这种情况，只有当人们主要把它作为一种娱乐活动看待时才会发生。

❼ 击剑

击剑在三国时盛行。曹丕《典论·自叙》说："余又学击剑，阅师多矣，四方之法各异，唯京师为善。桓、灵之间，有虎贲王越善斯术，称于京师。河南史阿言昔与越游，具得其法，余从阿学之精熟。尝与平虏将军刘勋、奋威将军邓展等共饮，宿闻展善有手臂，晓五兵，又称其能空手入白刃。余与论剑良久，谓言将军法非也。余顾尝好之，又得善术。因求与余对。时酒酣耳热，方食芊蔗，便以为杖，下殿数交，三中其臂，左右大笑。展意不平，求更为之。余言吾法急属，唯相中面，故齐臂耳。展言愿复一交。余知其欲突以取交中也，因伪深进，展果寻前。余却脚鄛，正截其颡，坐中惊视。余还坐，笑曰：'昔阳庆使淳于意去其故方，更授以秘术，今余亦愿邓将军捐弃故伎，更受要道也。'"

---

① 《南史》卷38，《柳元景附柳恽传》。
② 《颜氏家训》卷7，《杂艺》。
③ 《颜氏家训》卷7，《杂艺》王利器《集解》。
④ 《颜氏家训》卷7，《杂艺》王利器《集解》。

第二节　角智活动

角智与竞技有同有异。二者都要决出胜负，这是其同。但前者偏重于智力的角逐，后者则偏重于技巧的较量，此又其异。魏晋南北朝时角智的娱乐活动有围棋、象戏、四维、猜谜等。

●围棋

我国的围棋活动历史久远，尧造围棋、丹朱善弈的传说自古流传。在春秋战国时，史籍中已有围棋活动的明确记载。东汉马融《围棋赋》说：

> 略观围棋，法于用兵。三尺之局，为战斗场。陈聚士卒，两敌相当。怯者无功，贪者先亡。先据四道，守角依傍，缘边遮列，往往相望。离离马目，连连雁行。[1]

马融此赋表明，东汉时人们围棋的布局战略已经相当成熟。

魏晋南北朝是中国围棋发展的一个重要时期，较之前代，它有五个突出特点。

第一，围棋活动遍及大江南北。三国时，曹操喜欢下围棋，"冯翊山子道、王九真、郭凯等善围棋，太祖皆与之埒能。"[2] 在孙吴，孙策曾与属下一边弈棋一边商议军国大事。太子孙和曾因围棋成风而让韦曜论围棋之害。[3] 蜀汉后主刘禅延熙七年（244年），魏军前来进攻。后主命费祎率众御敌。光禄大夫来敏前来送行，并要求与费祎下一盘围棋。"于时羽檄交驰，人马擐甲，严驾已讫，祎与敏留意对戏，色无厌倦。"[4] 魏晋之际的名士，也常常相聚饮酒围棋。《晋书·阮籍传》载，阮籍，"母终，正与人围棋，对者求止，籍留与决赌。" 西晋的灭吴大计，也是在

---

[1] 《艺文类聚》卷74《巧艺部·围棋》
[2] 《三国志·魏书》卷1，《武帝纪》注引张华《博物志》。
[3] 《三国志·吴书》卷20，《韦曜传》：韦曜说："夫一木之枰孰与方国之封？枯棋三百孰与万人之将？"可见弈棋指围棋。
[4] 《三国志·蜀书》卷14，《费祎传》。

武帝与臣下围棋时决定的。西晋时裴遐，下棋到了忘我的程度。一次他在平东将军周馥处下围棋，周馥的司马敬酒，裴遐只顾下棋，没有饮酒。司马怒，将裴遐拽倒在地。但裴遐慢慢起来后，回到座位上，颜色不变，复棋如故①。东晋时，祖纳亦好围棋，王隐劝他要珍惜光阴。祖纳说，我这样做是为了忘忧。② 东晋孝武帝太元八年（383年），前秦主苻坚率30余万大军南伐东晋，京师一片恐慌。谢安被任命为征讨大都督，主持御敌大事。其侄谢玄数次问计，谢安寂而不语，只是会集亲朋，与谢玄围棋赌别墅，并赢了棋艺高于自己的谢玄。谢玄破苻坚后，将捷报送至谢府，时谢安正与客下围棋，看过捷报，"便摄放床上，了无喜色，棋如故。"③ 谢安此举，一直被历史引为将帅风度的美谈。南朝刘宋时，徐羡之"颇工弈棋，观戏常若未解，当世倍以此推之"④。吴郡人褚胤，棋艺冠绝当时。其父褚荣期犯大逆之罪，褚胤按律也应从死。大臣何尚之为其求情说："胤弈棋之妙，超古冠今。魏犨犯令，以才获免。父戮子宥，其例甚多，特乞与其微命，使异术不绝。"在何尚之求情无效，褚胤被处死后，时人皆感痛惜。⑤ 何尚之为褚胤乞命，为使奇异棋术不绝；时人痛褚胤之死，惜其术之亡，正表达了当时人对围棋的爱慕之深。南齐高帝萧道成，喜好围棋，其第五子萧晔也工弈棋。萧惠开因善隶书及弈棋，也深得萧道成器重。南朝梁武帝萧衍，史称他"六艺备闲，棋登逸品"⑥。他每从夜达旦，下棋不辍，手下之人常常熬不住，全都困倦而睡。⑦ 南朝萧梁时，朱异治《五经》，涉文史，通杂艺，善弈棋，喜书法。有一次，尚书令沈约与他开玩笑说："卿年少，何乃不廉？"说得朱异摸不着头脑，不知自己如何不清廉。沈约见状大笑，说："天下唯有文义棋书，卿一时将去，可谓不廉也。"⑧ 这虽是句玩笑之语，但"天下唯有文义棋书"，足可反映出围棋在当时人们心目中位置的重要。在北朝，围棋活动也很盛行。元嘉二十七年（450年）北魏拓跋焘率军南征，还派人向南朝宋借棋子等物。拓跋焘下棋很入迷，在他下棋时是不听臣下的奏事的。有一次，尚书令古弼有重要事欲上奏，不巧拓跋焘正和给事中刘树下棋。古弼只得在外面等，他等了好久，还不见棋终局，便闯进去，揪住刘树的头发，将其拉下座位，一边扇着他的耳光，一边说："朝廷不治，实尔之罪。"拓跋焘连忙放下棋说："不听奏事，实在朕躬，树何罪？置之！"便听古弼将事情

---

① 《晋书》卷35，《裴楷附裴遐传》。
② 《晋书》卷62，《祖逖附祖纳传》。
③ 《晋书》卷79，《谢安传》。
④ 《宋书》卷43，《徐羡之传》。
⑤ 《宋书》卷54，《羊玄保传》。
⑥ 《梁书》卷3，《武帝纪》。
⑦ 《梁书》卷32，《陈庆之传》。
⑧ 《梁书》卷38，《朱异传》。

上奏。① 北魏时，中山人甄琛被举为秀才，他进入京师后，整日下棋度日，甚至通宵彻夜地下。他下棋时，让仆人秉烛照明。仆人实在熬不住，不禁打起瞌睡。甄琛便对其大加捶杖。奴仆忍受不了，便说："郎君辞父母，仕官京师。若为读书执烛，奴不敢辞罪，乃以围棋，日夜不息，岂是向京之意？而赐加杖罚，不亦非理！"一番话说得甄琛愧惕交集，从此便专心读书研习。② 北魏魏子建任前军将军，十年未被迁徙，他在洛阳闲暇，常与李韶、李延寔等人下棋。有人劝他，他说："棋于机权廉勇之际，得之深矣。且吾未为时用，博弈可也。"③ 他认为围棋在把握时机、随机应变、观察形势、勇于战斗等方面，对自己有很深的启发。若不是长久下棋，反复琢磨，是不会有此深悟的。

第二，魏晋南北朝时，开始根据棋艺的高低对棋手分级定品。曹魏之时，朝廷在政治上曾实行九品官人法，将流内之官分为九个等级。围棋的品级也出现在此时，很可能受九品官人法的影响。围棋的九品，开始是指棋艺所达到的境界。曹魏时，邯郸淳作《艺经》说：

> 夫围棋之品有九：一曰入神，二曰坐照，三曰具体，四曰通幽，五曰用智，六曰小巧，七曰斗力，八曰若愚，九曰守拙。九品之外今不复云。④

这种分法比较抽象，不能作为划分棋手水平高下的硬标准。所以魏晋之际，虽然出现许多围棋高手，但不见将他们归入品级的记载。如三国孙吴时，严子卿围棋水平最高，但史书只记载说"围棋莫与为辈"⑤。葛洪《抱朴子·内篇·辨问》也只是说："善围棋者，世谓之棋圣。故严子卿、马绥明有棋圣之名也。"东晋时，对棋手的品级评价始见于记载。刘孝标注《世说新语·方正篇》引东晋人范汪《棋品》说："彪与王恬等棋第一品，导第五品。"至南朝刘宋以后，棋手的正式品级记载更多。宋武帝刘裕时，黄门侍郎羊玄保"善弈棋，棋品第三"⑥。宋孝武帝以后，又对棋手进行品评，结果琅邪人王抗为第一品，吴郡人褚思庄、会稽人夏赤松为第二品。⑦ 宋明帝刘彧也好围棋，他曾仿照州邑等行政建制设围棋的品评机构，其中建安王刘休仁为围棋州郡大中正，王谌与太子右率沈勃、尚书水

---

① 《魏书》卷28，《古弼传》。
② 《魏书》卷68，《甄琛传》。
③ 《魏书》卷104，《自序》。
④ 《说郛》（宛委山堂本）卷102，引邯郸淳《棋经》。
⑤ 《三国志·吴书》卷18，《赵达传》注引《吴录》。
⑥ 《宋书》卷54，《羊玄保传》。
⑦ 《南齐书》卷46，《萧惠基传》。

部郎庾珪之、彭城丞王抗四人为小品中正，朝请褚思庄、傅楚之为清定访问。① 众所周知，在九品中正制中，中正是品评士人等第的权威人士，依此而推，围棋的大小中正，也就是品评棋手水平高低的权威人士。在这个机构中，由于王抗、褚思庄等围棋高手的介入，更增加了其品评的权威性。当然这种权威不是绝对的，它在皇帝的权威面前往往掺有水分。《南齐书·良政·虞愿传》载：宋明帝好围棋，"甚拙，去格七八道，物议共欺为第三品。与第一品王抗围棋，依品赌戏。抗每饶借之，曰：'皇帝飞棋，臣抗不能断。'帝终不觉，以为信然，好之愈笃。"可见宋明帝的三品之称是名实不符的。不过这件事也说明围棋的品评即使在皇帝面前也是有一定的原则性的，否则，为什么不把宋明帝捧为第一品，而让这位真龙天子的棋品居于臣子之下呢？对皇帝尚且如此，对别人之严格亦可想而知。南齐时，品评棋等的活动仍在继续，高帝萧道成弈棋第二品，江斅围棋是第五品。萧道成还组织一品棋手王抗和二品棋手褚思庄进行比赛，"自食时至日暮，一局始竟"②。齐武帝萧赜时，又命王抗品评棋手，并让萧惠基主管这项工作。梁朝柳恽喜好弈棋，梁武帝曾让他品定棋谱，"登格者二百七十八人，第其优劣，为《棋品》三卷。恽为第二焉"③。沈约在《棋品序》中说："圣上听朝之余，因日之暇，回景行情，降临小道，以为凝神之性难限，入玄之致不穷。今撰录名氏，随品详书，俾粹理深情，永垂芳于来叶。"④ 可见《棋品》就是优秀棋手的排名册。由于新人的不断出现，棋手的水平发生变化等原因，《棋品》在若干年以后也需要校定。梁武帝大同末年，又将到溉、朱异等著名棋手聚集一起，根据他们所走的棋谱，让陆云公校订《棋品》。将棋手分品定级，这在围棋发展史上是一件大事，它说明古代围棋发展达到了一个新水平。因为只有围棋普遍开展，高手不断涌现，定品排名才有可能。同时，棋手的排名定品，又会促使他们去钻研棋艺，向新的高度攀登，从而推动围棋水平的提高。魏晋南北朝时棋手的九品分法，对后世产生了极大的影响。今天，围棋界采用棋手九段的分法，虽然已与魏晋南北朝的九品分法有不少区别，但受它的影响是显而易见的。

第三，魏晋南北朝时，围棋棋具出现重大变化。所谓棋具的变化，主要指棋盘的变化。曹魏时，邯郸淳所作《艺经》说："棋局纵横各十七道，合二百八十九道。白黑棋子各一百五十枚。"⑤ 晋人蔡洪《围棋赋》说："命班尔之妙手，制朝阳之柔木，取坤家于四方，位将军乎五岳。然后画路表界，立质朱文，曲直有正，

---

① 《南齐书》卷34，《王谌传》。
② 《南齐书》卷46，《萧惠基传》。
③ 《南史》卷38，《柳元景附柳恽传》。
④ 《艺文类聚》卷74，《巧艺部·围棋》。
⑤ 《说郛》（宛委山堂本）卷102。

方而不圆，等途授卒，三百惟群。""三百惟群"即"白黑棋子各一百五十枚"。邯郸淳是北方人，蔡洪是南方人，观二人的作品可以知道，魏晋时期，南北方的围棋盘均为横竖各17条线。十六国以后，北方围棋棋盘开始出现变化。《孙子算经》记载一道以围棋道数为内容的算题："今有棋局方十九道，问用棋几何？答曰：三百六十一。"王仲荦先生认为："《孙子算经》，撰人无考。大概是十六国后期、北魏前期的著作。"① 由此看来，至迟在北魏前期，北方就已出现了横竖各19条线的围棋盘了，与我们今天所用的棋盘毫无二致。19道围棋盘的出现，也是围棋发展史上的重大变化。首先，它比17道棋盘多了72个放子的点，从而使棋路的变化大增，使双方的剿杀更加激烈和多变。其次，棋盘的变化，会引起战略战术的变化。以布局为例，在17道棋盘上，人们往往"先据四道，守角依傍"，而在19道棋盘上，这就不一定是好的布局。《魏书·术艺传》曾记载这样一件事：北魏孝文帝时，有个叫范宁儿的人，善围棋。他曾与李彪一起出使南朝。当时南方正是齐武帝萧赜掌权，他听说范宁儿棋艺高，便派出江南一品棋手王抗与之较量，结果是范宁儿获胜。王抗在宋齐两朝皆棋居一品，江南无敌，却被北方棋手战胜，这可能与北方率先使用19道棋盘有关。

第四，围棋高手层出屡现。三国时，王粲看别人下棋，不料棋盘被别人碰了一下，整盘棋被破坏。王粲凭记忆将这盘棋复原。下棋的人不相信王粲所恢复的棋局，便用一块布将全局盖住，让他用另外的棋再摆出来。王粲摆完后，人们把盖着的棋局打开，发现二者没有一子之误。南朝时，围棋高品名手更是屡见不鲜。除前述高品棋手外，梁朝王瞻，史称他"涉猎书记，于棋射尤善"。梁武帝对其射、棋、酒三术多次称赞。② 庾诜也善纬候书射、棋算机巧，号称"一时之绝"③。北齐河南康舒王高孝瑜，也能将棋盖住，不失一道地将其再摆出来。

第五，童龆弈棋，蔚成风气。魏晋南北朝时，儿童时就开始下棋的事很多。曹操派人抓孔融时，孔融的两个年方8岁的孩子正在下棋。他们见父亲被抓，端坐不起。人问何故，他们说："安有巢毁而卵不破者乎？"④ 南朝刘宋时，吴郡人褚胤年7岁时便入围棋高品。萧梁时，司马申14岁时围棋便下得很好。他曾随父亲到吏部尚书到溉处。到溉围棋下得也很好，常常陪梁武帝通宵达旦地下棋。在到溉处，司马申还遇到了阳子春、朱异等围棋高手，并和他们下棋，受到他们赏识。梁武帝大同末，曾举行一次重定棋品的比赛，吴郡人陆琼也来了。当时他年仅8岁，便能在众人面前重摆覆局，京师称之为神童。

---

① 参考王仲荦：《魏晋南北朝史》上海人民出版社1979年12月出版第十二章，第1017页。
② 《梁书》卷21，《王瞻传》。
③ 《梁书》卷51，《处士·庾诜传》。
④ 《三国志·魏书》卷12，《崔琰传》注引《魏略》。

以上五个特点说明，魏晋南北朝是我国围棋发展史的一个重要时期，它对我国围棋的发展具有承前启后的作用。

二 象戏与四维

据《艺文类聚》卷74记载，象戏为北周武帝宇文邕所造。①《隋书·经籍志》中也收录了宇文邕撰写的《象经》一卷，可惜现已亡佚。有人认为，周武帝所造象戏，为今日流行的象棋的祖型。但据有关象戏的文献记载看，它与象棋似乎没有源流关系。北周王褒《象经序》说：

> 一曰天文，以观其象，天日月星是也。二曰地理，以法其形，地水木金土是也。三曰阴阳，以顺其本，阳数为先本于天，阴数为先本于地是也。四曰时令，以正其序，东方之色青，其余三色，例皆如之是也。五曰算数，以通其变，俯仰则为天地日月星，变通则为水火金木土是也。六曰律吕，以宣其气，在子取未，在牛取田是也。七曰八卦，以定其位，至震取兑，至离取坎是也。八曰忠孝，以惇其教，出则尽忠，入则进孝是也。九曰君臣，以事其礼，不可以贵凌贱，直而为曲，不可以卑畏尊，隐而无犯是也。十曰文武，以成其务，武论七德，文表四教是也。十一曰礼仪，以制其则，居上不骄，为下尽敬，进退有度可法是也。十二曰观德，以考其行，定而后求，义而后取，时然后言，乐然后笑是也。②

王褒此文，概括了象戏的形制及其体现的原则。但无论如何，我们也无法将它与后来的象棋联系起来。关于象棋的起源，还有一种看法，即春秋、战国时象棋已具雏形。其根据是《楚辞·招魂》中的一段："菎蔽象棋，有六簙兮；分曹并进，道相追兮；成枭而牟，呼五白兮。"但通过这段描写，我们认为，此中的象棋，更像古代的博戏，与后来的象棋无关。那么究竟什么是象棋的祖型呢？东晋时一种名为"四维"的棋与后来的象棋有相似之处。东晋人李秀写的《四维赋》说：

> 四维戏者，卫尉挚侯所造也。画纸为局，截木为棋，取象元一，分而为二。准阴阳之位，拟刚柔之策。而变动云为，成乎其中。世有哲人，黄中通理，探赜索隐，开物建始，造四维之妙戏，邈众艺之特奇。尽盈尺之局，乃拟象乎二仪，立太极之正统，班五常之列位。刚柔异而作配，趋舍同而从类。

---

① 《周书》卷5，《武帝纪》亦载：天和四年五月己丑，"帝制《象经》成，集百僚讲说。"
② 《艺文类聚》卷74，《巧艺部·象戏》。

或盘纡诘屈，连延骆驿；或间不容息，舍棋则获。围成未合，骄棋先出，九道并列，专都独毕。①

李秀赋中"取象元一，分而为二"、"九道并列"等描写，与象棋的棋盘极似。同时，李秀称四维为"妙戏"，说它"遐众艺之特奇"，这种趣味性很强的娱乐活动，在南北朝时一定会深受人们喜爱。比较"四维"与"象戏"，我们可以发现二者有许多相似之处，如四维中有两仪，象戏中有天地；四维中有五常，象戏中有五行；四维中有刚柔，象戏中有阴阳等。众所周知，北周建立之初，以继承西周自诩，它恢复《周礼》，按照它建六官制度。北周武帝宇文邕雄才大略，以统一天下为己任，在政治、军事等方面多所创建，即使在娱乐方面，也体现出恢复周礼的特点。他所创制的象戏，包括了天地、五行、四时、律吕、八卦、忠孝、君臣、文武、礼仪等方面，很可能是对四维戏进行吸收、改造的结果。

探明四维与象戏的关系，对于说明象棋的祖型有重要意义。我们认为，北周武帝改制四维固然是个创举，但他却把娱乐活动政治化，使轻松的娱乐变得复杂而沉重。所以，随着隋统一后对北周复古的废止，象戏也渐渐被人冷落。而四维，却以其高于众艺的奇特魅力，被人们发展成为象棋。

我们说周武帝所创象戏不是象棋的祖型，还有一个根据。北宋司马光曾创"七国象戏"，并有"仿象戏而损益之"的明确说明。② 七国象戏的棋盘，南北19道，东西20道，与围棋极似。它的棋子有120颗，包括周一颗，齐楚燕韩赵魏秦各17颗。周子为黄居中，其余七国分别为青、赤、黑、丹、紫、绿、白布在四周。各国的17颗子中有将1颗，偏将1颗，裨将1颗，行人1颗，炮1颗，弓1颗，弩1颗，刀2颗，剑4颗，骑4颗。若7个人玩，1人占一国，若6个人玩，则秦与一国连衡。若5个人玩，则楚与一国合纵。若4个人玩，则齐与一国合纵。若3个人玩，则秦与两国连衡。走棋则按秦楚韩齐魏赵燕的次序，已行之棋不得复还。自己的将被他方所擒或所剩棋子不满10颗为负。这种棋的形制及玩法，和与之同时存在的象棋大不一样。我们知道象棋在北宋时，经过长期的发展演变，其形制、玩法已和现代象棋没有多大区别，如果说象棋源于象戏，那么它为什么会与同样源于象戏的七国象戏会有如此大的不同呢？所以我们认为，四维戏是象棋的发展之源，象戏是七国象戏的祖型。

三 猜谜

东汉时谶纬盛行，社会上常常出现一些谶语。所谓谶语，就是用一种听起来

---

① 《艺文类聚》卷74，《巧艺部·四维》。
② 司马光：《古局象棋图》，《说郛》（宛委山堂本）卷102。

莫名其妙的语言来隐含一个人或一件事的吉凶。魏晋南北朝时，受东汉谶纬的影响，社会上也常常流行一些谶语式的谣谚。《三国志·魏书·董卓传》注引《英雄记》记载，董卓将要被吕布所杀，社会上流传着一首谣谚："千里草，何青青，十日卜，犹不生。"这个谣谚，是把"董卓"两字拆成"千里草"和"十日卜"，即董卓将活不成之意。又有道士在一块布上写个"吕"字献给董卓，但董卓对此都茫然不解。《晋书·慕容熙载记》记载，十六国时，北燕主慕容熙被高云所杀，在此之前，有童谣说："一束藁，两头燃，秃头小儿来灭燕。""藁"去两头，就剩"高"字。高云父高拔，小名秃头，高云是其最小的儿子。这预示着高云将要灭燕。

上述两个隐语，只是带有谶纬色彩的语言，还算不上猜谜活动。但它说明由于汉字的特殊结构，为以字作谜提供了极大的可能性。魏晋南北朝时，作为一种角智活动的以字为谜的形式已经出现。据《世说新语·捷悟篇》记载，杨修曾任曹操的主簿。当时正在为曹操的相国府建造大门，在即将竣工时，曹操前来察看，他什么也没说，只叫人在门上写个"活"字，便走了。杨修看到，忙令人将门拆掉，说："门中有'活'，就是个'阔'字。大王是嫌门太大了。"还有一次，有人送曹操一杯酪，曹操吃了一点，就将其盖上，并在盖上写了个"合"字，传给手下众人看。众人看罢，皆不知其中含义。传到杨修手中，他毫不犹豫地吃了一口，说："大王教我们每人吃一口，这有什么可犹豫的。"原来，把"合"拆掉，就是"人一口"。曹操善于以字为谜，足显其智；杨修善解其意，亦见其敏。终于有一件事使二人的智力分出高下。杨修曾和曹操外出，行至曹娥碑下，见碑后文题上有"黄绢幼妇，外孙齑臼"八个字。曹操问杨修："你懂此文之意吗？"杨修说："我知道。"曹操说："先别说出来，让我再想想。"又行了30里，曹操说："我也想出来了，让我们分别将答案写出。"只见杨修写道：黄绢，为有色之丝，于字为"绝"；幼妇，少女也，于字为"妙"；外孙，女儿之子，于字为"好"；齑臼，捣辛味菜蔬之器，乃"受辛"之意，于字为"辤"。合起来是"绝妙好辞"。曹操所得答案与杨修同，他感慨地说："我的智力与你相差整三十里。"南朝刘宋诗人鲍照曾出过一个字谜："一八五八，飞泉仰流。"谜底是个"井"字。① 因为井字四边共出八个头，即所谓"一八"；井字拆开有四个"十"，五八为四十；井水需垂绳而提上来，即所谓"飞泉仰流"。这种将字形的分合、字意的内容综合在一起的谜语的确有一定难度。在北朝，还有以物为谜底的谜语。北魏咸阳王元禧，在世宗元恪时曾谋反，后因谋泄出逃，当时随其出逃的不过仅仆数人。元禧忧迫不知如何是好，便对身

---

① 《演繁露》卷7，《谜》。

边的一个叫尹龙虎的人说:"我现在愤愤不堪,你给我出个谜语解闷。"尹龙虎便想起一个谜语说:"眠则同眠,起则俱起。贪如豺狼,赃入不已。"元禧猜是眼,尹龙虎说是筷子。① 元禧困窘到走投无路的地步,猜谜竟能解其郁闷,可见其排忧解闷的娱乐功能。

第三节 自娱活动

自娱活动既不同于竞技,又不同于角智,它不是靠与对手的竞争来实现心理的满足,而是在整个活动过程中,自己始终担任活动的主角,通过自己的活动达到娱乐的目的。

●田猎

田猎是上层社会贵族们所喜爱的一项活动。魏晋南北朝时田猎之风很盛。如曹操年少时便好飞鹰走狗,游荡无度,为此,他的叔叔经常在其父面前告状,曹操也为此常遭父亲斥责。为了使叔叔告状不灵,曹操想了一个办法。有一次他见到叔父时,故意装得口歪眼斜,说自己中了风。其父闻此大惊,忙把曹操叫来,却见他口貌如故。其父说:"你叔叔说你中风,怎么好了?"曹操说:"哪里中什么风,只不过叔叔不喜欢我,说我的坏话罢了。"从此曹操的父亲不再信其弟的话,曹操照例飞鹰走狗田猎游荡。东汉末年,朝政昏乱,曹操为避祸,托病归乡,"春夏习读书传,秋冬弋猎,以自娱乐"②。曹操的从弟曹仁,也从小喜好弓马弋猎。孙吴主孙权在田猎时,常骑马射虎。有一次,一只老虎冲到孙权马前,扑在孙权的马鞍上。大臣张昭劝他不要再冒险田猎,但孙权仍舍不得放弃这种活动。为安全起见,孙权又制作射虎车,四周有方形箭孔,有一个人专门驾车,孙权站在中央射猎。有的猛兽冲到车前,孙权还以手击猛兽为乐。③ 南朝刘宋时,王僧达游猎可称典型。他任宣城(治今安徽宣城)太守时,肆意驰骋射猎,有时三五天都不

---

① 《魏书》卷21,《献文六王列传·咸阳王元禧传》上。
② 《三国志·魏书》卷1,《武帝纪》注引《魏书》。
③ 《三国志·吴书》卷7,《张昭传》。

回府，受理郡中词讼之事也在田猎之处。① 梁朝人曹景宗自幼好田猎，经常与少年数十人在野外追逐獐鹿。他技术高超，每当众人骑马逐鹿，鹿马混在一起时，他才发箭射之。大家都怕他射中马足，而结果总是鹿应弦而毙，马却安然无事。②《太平御览》卷907记载，北魏广平王元怀，曾在河北马场打猎，见一头獐鹿入草中，便命人将其围住，准备亲自射之。但搜索许久，不见獐出，惟见一座砖塔。元怀见塔，仁恕之心顿生，便解鹰放犬，不再田猎。从这件事中可以看出，河北马场为王公田猎的专门场所，可见北魏上层社会中田猎之盛。西魏时，宇文泰曾在甘泉宫围猎。由于包围猎物的人不多，野兽纷纷突围而逃。宇文泰大怒，围兽的人更加恐慌。这时围内惟一的一只鹿也突围逃逸。贺若敦跃马逐之。那只鹿奔上山坡，贺若敦弃马步行，在半山腰抓住那只鹿，把它拖下来。宇文泰大喜，围猎诸人也因此免于受责。③ 上述诸事，可见魏晋南北朝上层社会中田猎之一斑。

田猎虽为乐事，但有一定危险。当猛虎扑到孙权马鞍事发生后，大臣张昭就劝他说："作为人君，当驾驭英雄，驱使群贤，怎能和野兽较量呢？万一有个闪失，岂不被天下人所笑？"崔琰劝曹丕不要出猎时，也认为这样做是"猥袭虞旅之贱服，忽驰骛而陵险，志雉兔之小娱，忘社稷之为重"④。崔琰认为射猎对于太子（当时曹丕还未登帝位）是不适宜的，既危及人身，又可使人忘记社稷大事，这自然有其道理。但在打猎者看来，其危险性远远比不上其乐趣。曹丕说："埒有常径，的有常所，虽每发辄中，非至妙也。若夫驰平原，赴斗草，要狡兽，截轻禽，使弓不虚弯，所中必洞，斯则妙矣。"⑤ 梁将曹景宗说："我昔在乡里，骑快马如龙，与年少辈数十骑，拓弓弦作霹雳声，箭如饿鸱叫，于泽中逐獐，数肋射之，渴饮其血，饥食其肉，甜如甘露浆。觉耳后风生，鼻头出火，此乐使人忘死，不知老之将至。"⑥ 田猎有如此乐趣，难怪田猎者乐此而不疲。

二 游览山水

游览山水自古就被认为是一大趣事。孔子北游，有农山之叹；庄子与惠子游，有濠梁之争。至魏晋南北朝时，由于社会、经济、思想等各方面的影响，人们对山水的眷恋似乎更深于前人。

春秋两季，是人们游览山水，欣赏大自然美景的大好时光。人们纷纷出游，

---

① 《宋书》卷75，《王僧达传》。
② 《梁书》卷9，《曹景宗传》。
③ 《北史》卷68，《贺若敦传》。
④ 《三国志·魏书》卷12，《崔琰传》。
⑤ 《三国志·魏书》卷2，《文帝纪》注引《典论·自序》。
⑥ 《梁书》卷9，《曹景宗传》。

在娱心悦目的同时,留下许多出游诗。晋郭璞诗云:"青阳畅和气,谷风穆以温,英苗华林荟,昆虫咸启门。高台临迅流,四坐列王孙,羽盖停云阴,翠郁映玉樽。"① 梁沈约《咏春初诗》说:"扶道觅阳春,相将共携手。草色犹自腓,林中都未有。无事逐梅花,空交信杨柳。且复归去来,含情寄杯酒。"② 三国曹魏陈琳一首写秋游的诗说:"节运时气舒,秋风凉且清。闲居心不娱,驾言从友生。翱翔戏长流,逍遥登高城。东望看畴野,回顾览园庭。嘉木凋绿叶,茅草纤红荣。骋哉日月逝,年命将西倾。建功不及时,钟鼎何所铭。收念还房寝,慷慨咏坟经。庶几及君在,立德垂功名。"③ 上述三首诗,分别写春游及秋游,从沈约诗中可看出,初春草尚未荣,树尚未绿,人们便迫不及待地扶道携手,共觅阳春了。郭璞诗中"高台临迅流"等四句,反映出王孙贵族春日出游的盛况。陈琳的诗,则把诗人欲借秋游娱心,反更加惆怅的心绪描写得细致入微。当然,此时期的游览诗多得不胜枚举,仅举此三首,以见春秋两季游览之一斑。

魏晋之际,玄学兴起,一些名士放荡不羁,不受传统礼法束缚,形成一种魏晋风度,而放情于山水之间又是这种风度的组成部分。竹林七贤之一的阮籍,任性不羁,有时闭户读书,累月不出;又有时登山临水,经日忘归。他游览的方式尤其独特,常率意独驾,不由径路,一直走到不通车的地方,然后痛哭而返。他曾登广武山,面对楚汉相争的古战场,留下"时无英雄,使竖子成名"的名言。又登武牢山,望京邑而叹,留下《豪杰》之诗。西晋名将羊祜,也喜好山水。他曾多次登岘山,置酒言咏,终日不倦。一次他在山上不无感慨地对手下人说:"自有宇宙,便有此山。由来贤达胜士,登此远望,如我与卿者多矣!皆湮灭无闻,使人悲伤。如百岁后有知,魂魄犹登此也。"④

东晋时,一些高门大族中,放情于山水之风犹盛而不衰。名臣谢安,起初寓居于会稽,与名士名僧一起出则渔弋山水,入则言咏属文,朝廷多次征召,他都辞疾不出。后扬州刺史庾冰多次让郡县敦逼,谢安才应召,但月余又归。朝廷有关部门认为,谢安被召,多年不至,应禁锢终身。谢安对此毫不介意,而是栖迟东土,高卧东山,与人游山泛海,直至第二次出山。"东山再起"的典故即由此而来。大书法家王羲之,在辞官之后,与东土人士尽山水之游,又与道士许迈共修服食之术,不远千里,采觅药石。他遍游东中诸郡,走遍此地所有名山,又于沧海之中泛舟,并感叹地说:"我卒当以乐死。"⑤

---

① 《艺文类聚》卷 3,《岁时部·春》。
② 同上。
③ 《艺文类聚》卷 28,《人部·游览》。
④ 《晋书》卷 34,《羊祜传》。
⑤ 《晋书》卷 80,《王羲之传》。

魏晋南北朝社会生活史

莫高窟第285窟窟室内景（西魏）

狩猎图（局部 敦煌莫高窟第249窟 北朝）

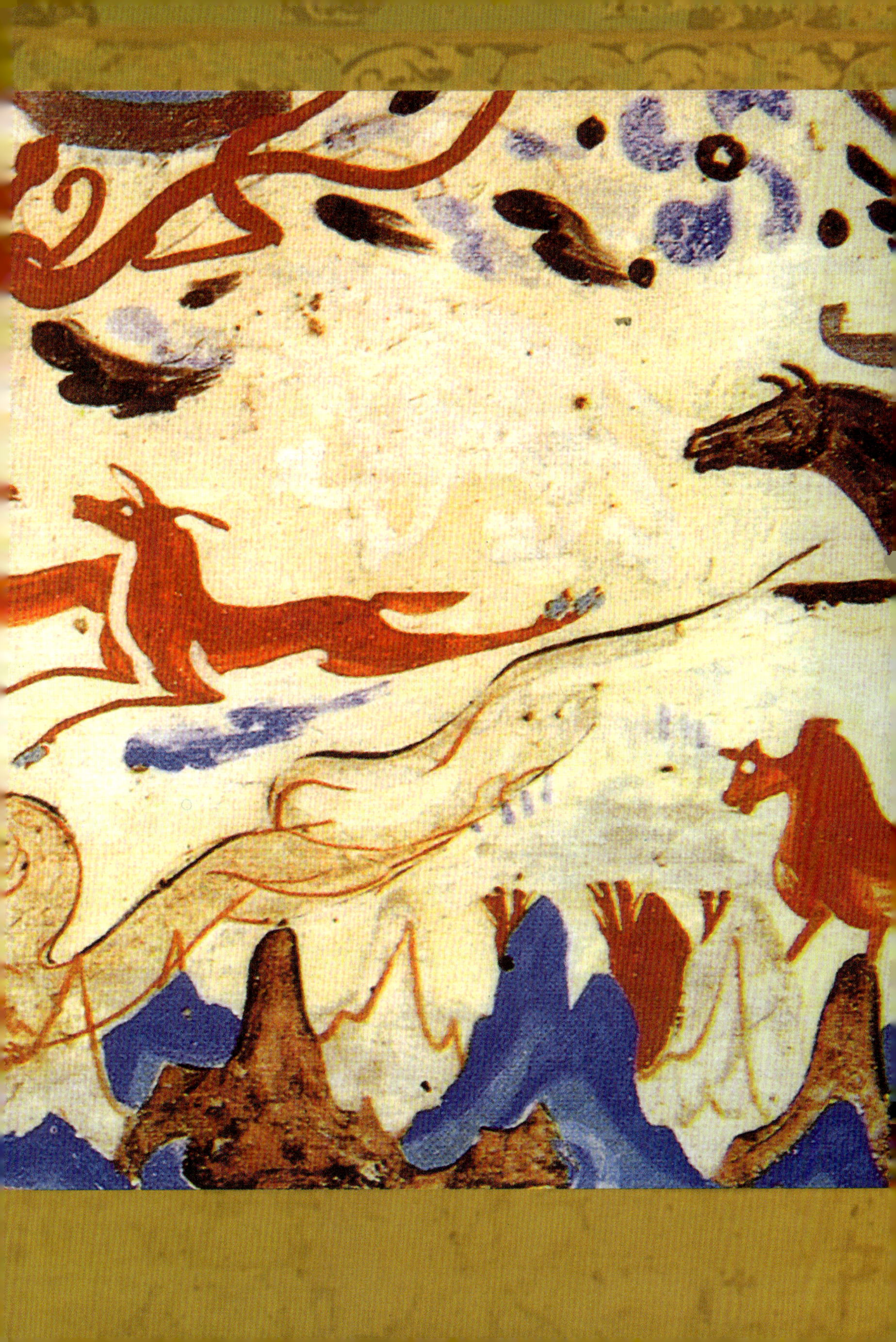

魏晋南北朝社会生活史

云冈第18窟左侍菩萨与弟子群像（北魏）

云冈第5窟主佛及西壁（北魏）

魏晋南北朝社会生活史

魏晋南北朝社会生活史

云冈石窟第20窟释迦像（北魏）

魏晋南北朝社会生活史

右：贴金彩绘佛立像（北齐 山东青州）
左：贴金彩绘菩萨立像（北魏 山东青州兴龙寺遗址出土）

铜佛像（后赵）　　本书彩色插图均选自罗宗真主编《魏晋南北朝文化》（上海学林出版社2000年版）

对山水眷恋最深的，恐怕就是那些隐逸之士，他们为遁人间俗世，甚至终生与山水为伴，如郭文，史载："少爱山水，尚嘉遁。年十三，每游山林，弥旬志反。父母终，服毕，不娶，辞家游名山，历华阴之崖，以观石室之石函。"① 刘驎之也"好游山泽，志存遁逸"②。不为五斗米折腰的陶潜，自称是"少无适俗韵，性本爱丘山"。他把辞官隐居看作是"久在樊笼里，复得返自然"。一首流传千古的《归去来兮》词，将这种重返自然写得至美至妙。词中说："悦亲戚之情话，乐琴书以消忧。农人告余以春及，将有事于西畴。或命巾车，或棹孤舟，既窈窕以寻壑，亦崎岖而经丘。木欣欣以向荣，泉涓涓而始流。"南朝刘宋人宗炳，好山水，爱远游，每次游览山水，都往而忘归。他曾"西陟荆、巫，南登衡岳，因而结宇衡山，欲怀尚平之志"。后来因为得病，不得已而还江陵。他感到自己既老又病，恐难再遍游名山，便将自己所游之处全都画下来，在病榻上"卧以游之"③。

综上所述，可知魏晋南北朝时，游览山水风气之盛。这些人社会地位尽管不同，所抱动机尽管各异，但热爱大自然中的山山水水是共同的。大自然对这种种钟爱也给予了回报，它以自己的秀美，给了他们心灵上的无尽享受。

(三) 音乐欣赏

中国很早就开始注意音乐的作用。《礼记·乐记》说："大乐必易，大礼必简，乐至则无怨，礼至则不争。揖让而治天下者，礼乐之谓也。"《孝经·广要道章》说："移风易俗，莫善于乐。"《论语·述而》说："子在齐，闻《韶》，三月不知肉味，曰：'不图为乐之至于斯也。'"三种儒家经典，说出音乐的三个功能：治天下，移风俗，悦耳怡情。此处所说音乐欣赏，即第三种功能。

魏晋南北朝时期，音乐欣赏有两种形式，一是蓄养家妓，二是自操乐器。

家妓是私人蓄养的供私人欣赏的女乐工。《左传》中有晋侯将女乐工赐给魏绛的记载，可见私人女乐工的出现是很早的。三国时，夏侯惇随从曹操征孙吴，回师后，被留下都督二十六军守居巢（今安徽居巢附近），曹操临行时，曾赐妓乐名倡给他。④ 殷楚性好游邀音乐，为了欣赏音乐，便养蓄歌者、弹琵琶、弹筝和吹箫之人，每到一处，都要带上他们。⑤ 西晋时，石崇有个妓人名叫绿珠，貌美且善吹笛。孙秀听说，便派人向石崇要妓人。石崇出示数十女妓，让来者挑选。来者说："君侯服御丽则丽矣，然本受命指索绿珠，不知孰是？"石崇听说，勃然大怒，说：

---

① 《晋书》卷94，《隐逸·郭文传》。
② 《晋书》卷94，《隐逸·刘驎之传》。
③ 《宋书》卷93，《隐逸·宗炳传》。
④ 《三国志·魏书》卷9，《夏侯惇传》。
⑤ 《三国志·魏书》卷15，《张既传》注引《魏略》。

"绿珠吾所爱，不可得也。"① 石崇养妓之多由此可见。东晋时，有个叫宋祎的女妓，是石崇家妓绿珠的弟子，也善吹笛，具有倾国之色。后落在晋明帝手中。晋明帝病危，群臣请求让宋祎出宫。明帝问群臣："谁欲得之？"众人无言，吏部尚书阮遥集说："希望把她给我。"明帝即将宋祎赐给他。② 东晋名臣谢安爱好声律，即使在丧服期间，也不废妓乐。③ 北魏时，薛真度养女妓数十人。他常常会集宾客，命女妓奏乐，一时丝竹歌舞，不辍于前。后来薛真度死，其庶长子将他的十多名女妓及乐器一齐献给宣武帝。④ 北齐时，卢宗道曾在晋阳置酒宴。席间，中书舍人马士达指着弹箜篌的女妓说："她这双手真是又细又白。"卢宗道当即要把此妓送给他。马士达推辞，卢宗道又要将女妓之手砍下送他。马士达不得已而接受女妓。⑤ 以上数例，可见女妓社会身份之低。她们的主人可以任意处置她们，或赏赐，或送人，甚至能随意屠戮。在主人眼里，她们不过是一些活乐器。她们会弹琴吹箫，能以娴熟的技巧优美的音乐使主人得到耳目之乐，而她们自己是得不到什么欢乐的。

舞女与舞人（摹本　北朝）

蓄养家妓对于主人来说是自娱自乐的一种形式，而女妓自己不能从乐器的演奏中得到欢乐。但如果乐器演奏者不是女妓，换言之，她演奏乐器不是为了给别人听，而是自我欣赏自我陶醉，那意义就不同了。魏晋南北朝时期，女妓的地位的确不高，但很多人并没因此也把弹琴吹箫看作是不光彩的事。上至皇帝，下至

---

① 《晋书》卷33，《石苞附石崇传》。
② 《太平御览》卷568，《乐部·女乐》引《俗说》。
③ 《晋书》卷75，《王湛附王坦之传》。
④ 《魏书》卷61，《薛安都附薛真度传》。
⑤ 《北齐书》卷22，《卢文伟附卢宗道传》。

名士，很多人都懂音律，善弹琴。三国魏臣崔琰，在家时常以琴书自娱。"建安七子"之一的阮瑀，善解音律，能鼓琴。他性高傲，一次曹操大宴宾客，阮瑀对其不礼貌，曹操大怒，将他与伎人放在一起。阮瑀也不介意，反而抚琴高歌。① "竹林七贤"之一的嵇康，善弹琴。传说他尝游于洛西，夜宿华阳亭，引琴而弹。半夜时分，忽有客人至，自称古人。他与嵇康共谈音律，并拿过琴来奏一曲，声调绝伦。客人说此曲名为《广陵散》，遂将曲传授给嵇康，并嘱他不可传人。后嵇康遭人陷害，临刑之时，顾视日影，索琴弹之，说："昔袁孝尼尝从吾学《广陵散》，吾每靳固之。《广陵散》于今绝矣。"② 阮籍善弹琴，阮咸善弹琵琶，在当时都很有名。阮咸之子阮瞻，琴弹得也很好，许多人都闻名前去聆听。阮瞻也很豁达，不问贵贱长幼，有求必应。东晋时，江南士族顾荣平素喜好弹琴，其死后，家人在他的灵庙上特置一把琴。音乐修养较高且又豁达不拘的要属桓伊。桓伊为东晋将领，在淝水之战中立有战功。他又善音乐，史称其技艺"尽一时之妙，为江左第一"。有两件事足见其豁达。有一次，王徽之被召往京师，所乘之船在青溪停泊，恰巧桓伊从岸上过。王徽之从未见过桓伊，只知道他笛子吹得好，当他知道岸上之人为桓伊时，便派人对他说："闻君善吹笛，试为我一奏。"此时桓伊已经显贵，当他听说舟中之人是王徽之，便下车坐在胡床上，连吹三曲。还有一次，桓伊、谢安一起赴晋孝武帝的筵席。席间，孝武帝命桓伊吹笛。桓伊神色从容，当即援笛吹一曲。曲终，桓伊又说："臣弹筝之技虽不及笛，然而可以边弹边唱。请允许我配一个吹笛人。"孝武帝欣赏他的放率，便同意了。桓伊便让自己的奴仆吹笛，自己弹筝唱歌。桓伊此举，意在规劝皇帝勿信谗言。但他肯和奴仆并列吹弹，亦见其放达。南北朝时，自操乐器更是上层社会中许多人借以娱乐的一种形式。南朝刘宋西阳太守谢稚，史载他善吹笙。沈演之之子沈勃善弹琴。何承天能弹筝，武帝刘裕为此还赐其银装筝一面。③ 南齐末年，守卫京城的王珍国、张稷发动兵变，冲入内宫欲杀齐东昏侯萧宝卷。兵变发生时，萧宝卷还在含德殿吹笙作乐。④ 南齐初年，齐主萧道成曾曲宴群臣，在宴会上，褚渊弹琵琶，王僧虔弹琴，沈文季唱歌，张敬儿起舞，王敬则击节。⑤ 上述诸人，均为南齐名臣名将，他们除为朝廷建立文治武功外，还有如此技艺。特别是褚渊，因为琵琶弹得好，还被赏赐一个金镂柄银柱琵琶。⑥ 河东望族柳世隆，在南齐任尚书令，善弹琴，世称"柳

---

① 《三国志·魏书》卷21，《王粲传》注引《文士传》。
② 《晋书》卷49，《嵇康传》。
③ 《宋书》卷64，《何承天传》。
④ 《南齐书》卷7，《东昏侯纪》。
⑤ 《南齐书》卷23，《王俭传》。
⑥ 《南齐书》卷23，《褚渊传》。

公双璠，为士品第一"。他自己也常说自己马矟第一，清谈第二，弹琴第三。① 南朝萧梁时，柳恽也善弹琴，据说他的技艺师承于刘宋朝名师嵇元荣、羊盖。② 在南齐竟陵王萧子良的私人酒会上，柳恽一支琴曲，博得萧子良的盛赞。他不但琴弹得好，音乐理论造诣也颇深，曾著《清调论》，对今声古法见地独特。梁简文帝之子萧大连，史称他"雅有巧思，妙达音乐，兼善丹青"。上述这些人，他们通音律、善演奏乐器，或吹箫，或弹筝，或鼓琴，或弹琵琶。他们有时也为别人演奏，但其意义与家妓奏乐异于天壤。他们的社会地位较高，为别人演奏完全是出于自愿。如果他们不愿意，任何人也无法强求他们。如东晋时戴逵善鼓琴，太宰、武陵王司马晞便派人来请他。戴逵当着来人的面将琴打破，说："我戴逵不是王门的伶人。"司马晞只能干生气，却奈他无何。③ 戴逵子戴颙，不但琴艺继承其父，就连性格也像其父。南朝刘宋时，中书令王绥闻戴颙兄弟琴名，携带宾客前去拜访。当时戴颙正与其兄喝豆粥，王绥说："闻卿善琴，试欲一听。"但戴氏兄弟理也不理，王绥只得怅然而去。④ 南朝刘宋时，大史学家范晔善弹琵琶，能为新声。宋武帝刘裕很想听，但怕被拒绝，便多次将此意暗示给他。但范晔每次都装着听不出来，始终不肯为刘裕演奏。有一次，刘裕举行宴会，喝得正高兴时，便对范晔说："我欲歌，卿可弹。"范晔无奈，只好弹起琵琶，但当刘裕歌唱完之后，范晔的弦声也随之而止。⑤ 在北朝，以音乐自娱之风似乎比南朝更盛。北魏中山王元英，性识聪敏，博闻强记，便弓马，解吹笛，又微晓医术。⑥ 镇远将军高树生，雅好音律，常以丝竹自娱。⑦ 骠骑大将军源怀，"好接宾友，雅善音律，虽在白首，至宴居之暇，常自操丝竹"⑧。河东（治今山西永济）大族柳远，喜放情于琴酒之间，其侄柳谐也善鼓琴，"以新声手势，京师士子翕然从学"⑨。柳谐内兄裴蔼之也好琴书，曾以柳谐为师。北方大儒徐遵明，在蚕舍中苦读六年，在此期间，从未出门院，除了读儒家经典外，时时弹筝吹笛以自娱慰。⑩ 北齐后主高纬大集无愁之曲，自己亲自弹着胡琵琶，边弹边唱，让数百名侍者相和，被人们称为"无愁天子"⑪。赵郡（治今河北赵县）望族李搔，北齐时曾任尚书议曹郎。他少聪敏，有

---

① 《南齐书》卷23，《褚渊传》。
② 《梁书》卷21，《柳恽传》。
③ 《晋书》卷94，《隐逸·戴逵传》。
④ 《宋书》卷93，《隐逸·戴颙传》。
⑤ 《宋书》卷69，《范晔传》。
⑥ 《魏书》卷19，《景穆十二王列传·中山王元英传》下。
⑦ 《魏书》卷32，《高湖附高树生传》。
⑧ 《魏书》卷41，《源贺附源怀传》。
⑨ 《魏书》卷71，《裴叔业附柳远传》。
⑩ 《魏书》卷84，《儒林·徐遵明传》。
⑪ 《北齐书》卷8，《后主纪》。

才艺，音律博弈之事，多所通解。他曾综合多种乐器的特点，制成一种名为"八弦"的乐器。① 荥阳郑述祖曾任北齐兖州（治今山东兖州附近）刺史，他不但能鼓琴，还能作曲。他写的《龙吟十弄》，当时人认为是绝妙之曲。② 范阳人祖珽，为北齐权臣，他善弹琵琶，能为新曲，喜好招集城中年少歌舞，游集于倡家，以为娱乐。③ 外戚尔朱文略也喜好音乐，他能弹琵琶，吹横笛。有一次，北齐世宗高澄令章永兴在马上弹胡琵琶，奏十多个曲目。然后让尔朱文略将曲子写出，尔朱文略竟能写出八个之多。④ 北周武帝宇文邕，灭北齐后曾在云阳宴请北齐旧臣，并亲自弹胡琵琶。⑤

魏晋南北朝时期，无论是蓄养家妓，还是自操丝竹，都是上层社会的达官贵人借以娱乐的一种形式，这说明音乐的娱乐功能在人们的社会生活中越来越突出了。

（四）啸

《说文解字》解释"啸"说："啸，吹声也，从口，肃声。"郑玄说"啸"是"蹙口而出声"。⑥ 综合二者的解释，"啸"就是收缩口型靠吹而发出的声音，和今天的吹口哨差不多。

魏晋南北朝以前的啸，不是纯粹用来抒发感情的，或者说不是主要用于抒发感情的。《楚辞》中有啸的记载："招具该备，永啸呼些。"王逸注说："夫啸阴，呼阳，阳主魂，阴主魄；故必啸呼以感之。"这里的啸呼显然是一种招魂呼魄之举。西汉刘根，弃世学道，道术颇高。郡中张太守以其为妖，欲诛之，便令其招鬼，并言若招鬼不至便诛戮之。刘根乃"借笔砚及奏按，铨铨然作铜铁之声，闻于外。又长啸，啸音非常清亮，闻者莫不肃然，众客震悚。须臾，厅上南壁忽开数丈，见兵甲四五百人，传呼赤衣兵数十人，赍刀剑，将一车，直从坏壁中入来。又坏壁复如故。根敕下车上鬼，其赤衣便乃发车上披，见下有一老翁老姥，大绳反缚囚之，悬头厅前。府君熟视之，乃其亡父母也"⑦。在这个故事里，啸又与道家呼鬼之术有关。魏晋南北朝以前关于啸的记载中，与情绪有关的多为宣泄忧愤。《艺文类聚》卷19引《烈女传》载，鲁漆室邑之女，婚龄已过，尚未嫁人，乃倚

---

① 《北齐书》卷22，《李元忠附李搔传》。
② 《北齐书》卷29，《郑述祖传》。
③ 《北齐书》卷39，《祖珽传》。
④ 《北齐书》卷48，《外戚·尔朱文畅附尔朱文略传》。
⑤ 《北齐书》卷11，《文襄六王列传·广宁王高孝珩传》。
⑥ 《毛诗正义》卷1，《国风·江有汜》郑玄《笺》。
⑦ 《太平广记》卷10，引《神仙传》。

柱而啸。旁人听见，备觉凄惨。邻人之妇问她："何啸之悲也？子欲嫁乎？吾为子求偶。"漆室女答："吾岂为不嫁之故而悲哉！忧吾君老太子少也。"同书又引《吴越春秋》载：吴王阖闾将要伐楚，登台向南风而啸。过一会儿叹道："群臣莫有晓王意者。"伍子胥深知其忧，乃举荐善兵法的孙武。

　　魏晋南北朝关于啸的记载，比以前的各个时期都多，其所表达的情绪，比以往的各个时期都丰富。

　　表示心境恬淡、安逸之啸。诸葛亮在隆中（今湖北襄樊市西）隐居时，每晨夜从容，常抱膝长啸。① 东晋时，谢安曾与孙绰等人在海上荡舟，突然风起浪涌，诸人大惧，惟独谢安吟啸自若。②

阮籍像　（南朝·宋）

　　表示卓尔不群脱俗超凡之啸。《世说新语·简傲》载："晋文王功德盛大，坐席严敬，拟于王者。唯阮籍在坐，箕踞啸歌，酣放自若。"还有一次，阮籍曾登苏门山，遇见隐士孙登。阮籍与之商略终古及栖神导气之术，孙登理也不理。阮籍长啸而退，行至半山腰，忽闻有响若鸾凤，在山谷中回荡，原来是孙登在山顶长啸。③ 阮籍以傲放不羁著名，孙登更是飘逸"仙君"。阮籍商略终古及栖神导气之

---

① 《三国志·蜀书》卷5，《诸葛亮传》注引《魏略》。
② 《晋书》卷79，《谢安传》。
③ 《晋书》卷49，《阮籍传》。

术得不到回音，一声长啸却能招来孙登鸾凤般的啸答，其超凡之态栩然可见。西晋时，羯人石勒年少时曾随乡人去洛阳卖东西，倚在上东门长啸。晋臣王衍见而异之，对手下人说："刚才那个长啸的胡人少年，我听其声观其态，志度不凡，恐此人将来为天下之患。"急令人前去捕之，而石勒已经走远。① 一声长啸竟能招致王衍如此不安，亦见石勒卓荦超群。东晋谢鲲，也以放荡不羁闻名。其邻家高氏女长得非常漂亮，谢鲲前去挑逗她。女怒，投梭折其两齿。时人都嘲笑他说："任达不已，幼舆（谢鲲字）折齿。"谢鲲听了，傲然长啸，说："折齿也不影响我啸歌"②。安东将军周浚之子周𫖮，性狂放，深得王导器重。有一次，王导枕着他的腿，指着他的肚子问："此中何所有也？"周𫖮答："此中空洞无物，然足容卿辈数百人。"他还当着王导傲然啸咏，王导说："卿欲希嵇、阮邪？"周𫖮答："何敢近舍明公，远希嵇、阮。"③ 这一答一啸，活画出周𫖮的傲放之态。江州刺史桓石秀，性放旷，好弋猎。一次他随桓冲出猎，随从人马甚多，很多人都前来观看，桓石秀对他们看也不看，只是啸咏而已。④

表示忧伤之啸。西晋并州（治今山西太原南）刺史刘琨，在晋阳时曾被北方胡人的骑兵包围数重。城中窘迫无计。刘琨登上城楼清啸，围兵听见，全都凄然长叹，刘琨又半夜吹胡笳，使围兵产生思乡之情，天亮时，胡人乃弃围而走。⑤ 刘琨退敌，可能使用"哀乐必胜"之计，但其在城楼清啸，确也反映出城内无计退敌的忧伤。十六国汉主刘渊，西晋时曾作为人质被留在洛阳。刘渊深知自己处境危险，便宴请好友王弥，对他说："王浑、李憙以乡曲见知，每相称达，谗间因之而进，深非吾愿，适足为害。吾本无宦情，惟足下明之。恐死洛阳，永与子别。"说完慷慨歔欷，纵酒长啸，声调亮然，在座者皆为之流涕。⑥ 十六国时，后赵主石勒曾在河南新蔡附近屯兵积粮，修造战船，准备进攻东晋国都建康（今南京市）。东晋大军也在寿春（今安徽寿县）一带集结，准备抗御。这时正值霖雨，历时三个月之久，石勒部众因饥疫而死亡大半。石勒会集众将商议，右长史刁膺劝石勒先暂时投降东晋，待其退兵后再说。石勒听了，愀然长啸。⑦ 这种啸，显然是对刁膺不满，也包含着因手下缺乏远见卓识之人而产生的忧愁。东晋荆州（治今湖北江陵）刺史王廙，曾自寻阳（治今江西九江附近）还都，一路迅风飞帆，朝发暮

---

① 《晋书》卷104，《石勒载记》上。
② 《晋书》卷49，《谢鲲传》。
③ 《晋书》卷69，《周𫖮传》。
④ 同上。
⑤ 《晋书》卷62，《刘琨传》。
⑥ 《晋书》卷101，《刘元海载记》。
⑦ 《晋书》卷104，《石勒载记》上。

至，只见他倚舫楼长啸，神气甚逸。王导见状，说王廙此举是"伤时识事"。而庾亮认为这是他在"舒其逸气"①。到底谁说得对呢？我们根据史实略作分析，荆州刺史原非王廙，而是陶侃。陶侃功绩卓著，深遭王敦嫉妒。王敦将陶侃左迁为广州刺史，派其亲党王廙任荆州刺史。王廙赴任，遭陶侃部将郑攀、苏温、马俊等人的抵制，王敦认为是陶侃所为，被甲持矛，欲杀之。咨议参军梅陶、长史陈颁对王敦说："周访与陶侃是姻亲，如左右手。人断左手，右手能不动吗？"周访是江南极有影响的人物，东晋偏安江左，不能没有他们的支持。王敦听罢，怒气始解，并设宴招待陶侃。陶侃离开王敦后，见到周访，流着泪说："若不是你为外援，我差点遭杀身之祸。"后来，陶侃虽至广州，王廙也赴任荆州，但东晋朝中的大族王氏与陶、周之间的裂痕已见，王廙对此怎能不感忧虑呢？王导是王廙的从兄，对王廙的了解应比庾亮深，他说王廙之啸是"伤时识事"，是有其道理的。可见王廙啸时那飘然逸气后面，隐藏着对陶、周势力的深忧。

表示内心愉悦之啸。东晋王徽之喜欢竹，当时吴中一士大夫家有好竹，王徽之闻听，不请自来，在此竹下讽啸良久。主人洒扫请其坐，王徽之亦不顾及，赏竹尽欢而去。他曾寄居一所空宅之中，至便令种竹。人问为什么，王徽之只是啸咏，指着竹说："何可一日无此君邪？"②《世说新语·任诞》载："刘道真少时，常渔草泽，善歌啸，闻者莫不留连。有一老妪，识其非常人，甚乐其歌啸，乃杀豚进之。道真食豚尽，也不谢。"可见刘道真之歌啸，不同于前列数种。它显然是一种愉悦情绪的外在流露，且有优美的旋律。正因为其欢愉美妙，才产生使闻者流连、老妪进豚的感染力。

综上所述，啸所表达的思想感情的确丰富，人们或悲，或喜，或傲众，或逸世，都可通过啸这种方式来表达。魏晋时期的啸者可谓多，有达生任性的名士，有宁静淡泊的隐者，有为朝廷建立文治武功的将相，有汉化较深的少数民族首领，可见吟啸之风的盛行。有的研究者认为，魏晋时期所以吟啸成风，与当时的历史背景有关。魏晋之际，天下多故，卓尔不群之士由主张达生任性而走向逸世高蹈。在大庭广众之前放声长啸，视旁人若无有，正是他们所欣赏的一种姿态。③除此之外还有一个原因，就是音乐的娱乐功能在人们的社会生活中日益突出。前面已经讲过，音乐欣赏在魏晋南北朝已成为广泛流行的自娱形式，而啸与音乐有着密不可分的联系。西晋成公绥写的《啸赋》将啸与音乐的关系说得十分清楚，兹将其节录如下：

---

① 《晋书》卷76，《王廙传》。
② 同上。
③ 《古代礼制风俗漫谈》，中华书局1986年版。

逸群公子，体奇好异，傲世忘荣，绝弃人事，希高慕古，长想远思，将登箕山以抗节，浮沧海以游志。于是延友生，集同好，精性命之至机，研道德之玄奥，愍流俗之未悟，独超然而先觉。狭世路之厄僻，仰天衢而高蹈，邈跨俗而遗身。乃慷慨而长啸。于是曜灵俄景，流光濛记，逍遥携手，踌躇步趾，发妙声于丹唇，激哀音于皓齿，响抑扬而潜转心，气冲郁而熛起，协黄宫于清角，杂商羽于流徵，飘浮云于泰清，集长风于万里。曲既终而响绝，遗余玩而未已，良自然之至音，非丝竹之所拟。是故声不假器，用不借物，近取诸身，役心御气。动唇有曲，发口成音，触类感物，因歌随吟。大而不洿，细而不沉，清激切于竽笙，优润和于瑟琴。玄妙足以通信悟灵，精微足以穷幽测深。收激楚之哀荒，节北里之奢淫，济洪灾于炎旱，反亢阳于重阴。引唱万变，曲用无方，和乐怡怿，悲伤摧藏。时幽散而将绝，中矫厉而慨慷，徐婉约而优游，纷繁骛而激扬。情既思而能反，心虽哀而伤。总八音之至和，固极乐而无荒。

……

若夫假象金革，拟则陶匏，众声繁奏，若笳若箫，硼砢震隐，訇磕㗾嘈。发徵则隆冬熙烝，骋羽则严霜夏凋，动商则秋霖春降，奏角则谷风鸣条。音均不恒，曲无定制，行而不流，止而不滞。随口吻而发扬，假芳气而远逝。音要妙而流响，声激曜而清厉。信自然之极丽，羌殊尤而绝世，越《韶》《夏》与《咸池》，何徒取异乎《郑》、《卫》！

于时绵驹结舌而丧精，王豹杜口而失色，虞公辍声而止歌，宁子敛手而叹息，钟期弃琴而改听，尼父忘味而不食，百兽率舞而抃足，凤凰来仪而拊翼。乃知长啸之奇妙，此音声之至极。①

在这个长赋中，成公绥描述了啸的发声方法，啸的音色与音质，啸的娱乐功能，啸与音乐的关系。魏晋南北朝时，士人精于音律者颇多，他们不但能演奏乐器，还能作曲。音为心声，心感于物，人们受外物的刺激，不免要用音乐来宣泄内心的喜怒哀乐种种感受。而啸在这方面至少有两个方便之处：第一，它能"因形创声，随事造曲，应物无穷，机发响速"。第二，它能"声不假器，用不借物"，只需"役心御气"，便能收到与演奏乐器同样的娱乐效果。所以啸这种自娱的形式自然会被许多人所采用。

---

① 《晋书》卷92，《文苑·成公绥传》。

五 秋千

传说秋千之戏始于北方少数民族山戎，齐桓公北伐山戎，将此戏传入中国。秋千之戏在社会上流行的情况，南朝梁宗懔所著《荆楚岁时记》中有记载。他说，每年立春之日，人们为"施钩"之戏，又为打毬、秋千之戏。隋人杜公瞻对此注说："春节悬长绳于高木，士女袨服，坐立其上，推引之，名'秋千'……"可见其情景与今日荡秋千无大区别。

第四节　其他娱乐

一 斗草

《荆楚岁时记》载："五月五日，谓之浴兰节。荆楚人并踢西草。又有斗百草之戏。"斗百草，顾名思义，就是双方以各种花草互相对比，看谁采的种类多，谁认识的种类多，谁就赢。所以名为斗草，实际上是关于植物知识的比赛。这种游戏，也与原始的中医药学有关。草药是中医学的重要组成部分，我国很早就有神农尝百草的传说。《夏小正》记载，五月五日这天，人们"蓄采众药，以蠲除毒气"①。《夏小正》为《大戴礼记》的篇名，《隋书·经籍志》中有录。可见五月初五郊外采药习俗由来已久。至魏晋南北朝时，人们于此日仍"竞渡，采杂药"②。在郊外采集草药的过程中，人们互相比赛，看谁采的药种类多，谁认识的植物种类多，斗草之意，自然寓于其中。不过，魏晋南北朝时，斗草作为一种娱乐活动，已有从竞采杂药中游离出来的趋势。南朝梁王筠《五日望采拾诗》（节录）云：

> 长丝表良节，金缕应嘉辰。
> 结芦同楚客，采艾异诗人。
> 折花竞鲜彩，拭露染芳津。

---

① 《荆楚岁时记》。
② 同上。

含娇起斜眄,敛笑动微颦。

献珰依洛浦,怀珮似江滨。①

从王筠的诗中可以看出,一些珰珮丁东的贵妇人也在良辰佳节进行斗草,不过她们斗的不仅限于草,还要"折花竞鲜彩"。"含娇起斜眄,敛笑动微颦",把贵妇人的胜负之态写得惟妙惟肖。

斗草在其兴起之初,无疑是一种有益的活动。它可以使人们增长植物药物方面的知识,在郊外活动的同时,也使身体得到锻炼。不过这种活动也存在着破坏自然生态的可能。当斗草作为一种娱乐活动普遍盛行时,当一些有权有势的人参加这种活动时,这种可能性就变成了现实。宋代的斗草后,出现的"青枝满地花狼藉"的现象,说明它对大自然植物生态起一定的破坏作用。

二 斗鸡

斗鸡之戏由来已久。据《左传》记载,季平子与郈伯比邻而居,两家鸡常斗。季氏将自己的鸡翅上抹上芥子面,郈氏则将自家鸡的爪上镶上金属套。在秦汉典籍中,斗鸡的记载也很多。《列子·黄帝》中记载了一个关于斗鸡的故事:

纪渻子为周宣王养斗鸡。十日而问:"鸡可斗已乎?"曰:"未也。方虚骄而恃气。"十日又问。曰:"未也,犹应影响。"十日又问。曰:"未也,犹疾视而盛气。"十日又问。曰:"几矣。鸡虽有鸣者,已无变矣。望之似木鸡矣。其德全矣。"异鸡无敢应者,反走耳。

《列子》一书现今的集录本,乃魏晋之人托名而作。这说明在魏晋时期,人们对于斗鸡的训练已很讲究了。

魏晋南北朝时,斗鸡之戏相当普遍。在南朝,萧昭业为买一只斗鸡花数千钱②;北朝北齐后主高纬授斗鸡以开府之职③,就是两个典型的例子。此外,这个时期的文人们还写了大量的斗鸡题材的诗歌。④ 三国曹魏刘桢和曹植均有《斗鸡诗》。曹植《斗鸡诗》云:

游目极妙伎,清听厌宫商,

---

① 《艺文类聚》卷4,《岁时部·五月五日》。
② 《南齐书》卷4,《郁林王纪》。
③ 《北齐书》卷8,《后主纪》。
④ 以下引所有《斗鸡诗》、《看斗鸡诗》均引自《艺文类聚》卷91,《鸟部·鸡》。

主人寂无为，众宾进乐方。
长筵坐戏客，斗鸡间观房，
群雄正翕赫，双翅自飞扬。
挥羽激流风，悍目发朱光，
觜落轻毛散，严距往往伤。
长鸣入青云，扇翼独翱翔，
愿蒙狸膏助，常得擅此场。

南朝梁简文帝《斗鸡诗》（节录）云：

玉冠初警敌，芥羽忽猜倚，
十日骄即满，九胜势恒逾，
脱使田饶见，堪能说鲁侯。

陈徐陵《斗鸡诗》云：

季子聊为戏，陈王欲骋才。
花冠已冲力，金爪复惊媒。
斗凤羞衣锦，双鸾耻镜台。
陈仓若有信，为觅宝鸡来。

北周庾信和王褒皆作《斗鸡诗》。王褒《看斗鸡诗》云：

蹙蹀始横行，意气欲相倾，
妒敌金芒起，猜群芥粉生。
入场疑挑战，逐退似追兵，
谁知函谷下，人去独开城。

上引诸斗鸡诗，说明从三国至南北朝，斗鸡之戏延绵不断。精彩激烈的斗鸡场面，引起诗人种种感受。有的从斗鸡中得到新的娱乐享受，有的视斗鸡为同博弈一样有趣的活动，有的因此联想起陈仓宝鸡的神话，有的联想起人间的战场。总之，这种种感受，只有亲观斗鸡才能产生，这一篇篇斗鸡诗，只有目睹斗鸡才能写得如此形象精彩。

三 斗鸭

斗鸭之戏，在西汉时已有记载。魏晋南北朝时，斗鸭之戏主要盛行于南方，北方关于斗鸭的记载则很少。

据《三国志·吴志·吴主传》注引《江表传》记载，魏文帝派人向孙吴要斗鸭、长鸣鸡等物。群臣认为，魏所求为珍玩之物，不合礼仪，不应给。孙权为了联合曹魏对抗蜀汉，便满足了魏使的要求。可见在江南建业（今南京）一带出产作为玩物的斗鸭已闻名于北方。孙权子建昌侯孙虑喜好斗鸭，曾在堂前作斗鸭栏。① 南朝刘宋时，太子舍人王僧达因病休假，到杨列桥观斗鸭，被人看到，举报给有关部门。② 可见至南朝时，南京一带斗鸭之风仍很盛。

对于斗鸭之戏，西晋蔡洪《斗凫赋》有较详细的描写：

> 嘉乾黄之散授，何气化之有灵？产羽虫之丽凫，惟斗鸭之最精。……招爽敌于戏门，交武势于川庭。尔乃振劲羽，竦六翮，抗严趾，望雄敌，忽雷起而电发，赴洪波以奋击。③

从蔡洪之赋中可见，斗鸭之戏一般在水中进行。前述刘宋王僧达观斗鸭的地方杨列桥，亦说明斗鸭之戏是在水中。顺便指出，蔡洪也是南方人，其家吴郡，即今天江浙地区。他在孙吴时入仕，晋时又为州从事，曾任过松滋县（今安徽霍丘东）令。可见其活动范围不出江淮一带。斗鸭之戏竟能激发他写出此赋，亦见此戏在江南地区的盛行。

四 童戏

童戏即儿童所进行的游戏活动。魏晋南北朝时，见于记载的童戏有战阵之戏、骑竹马、斗族、跳绳、摊戏等。

战阵之戏即儿童模仿大人指挥战争、布阵点将的游戏。魏晋南北朝时期战争频繁，军事家凭借战争舞台演出一幕幕有声有色的活剧，这对儿童也是一种潜移默化的熏陶。所以从三国到南北朝，关于儿童战阵之戏的记载俯拾即是。曹魏大将夏侯渊的第三子夏侯称，"自孺子而好聚合儿童，为之渠帅，战必为军旅战阵之事，有违者辄严以鞭捶，众莫敢逆"④。曹魏另一个著名将领贾逵，儿童时戏弄常

---

① 《三国志·吴书》卷13，《陆逊传》。
② 《宋书》卷75，《王僧达传》。
③ 《艺文类聚》卷91，《鸟部·鸭》。
④ 《三国志·魏书》卷9，《夏侯渊传》注引《世语》。

设部伍,其祖父认为他异于众人,说:"汝大必为将率。"乃口授其兵法数万言。①十六国时,李矩是北方与前后赵政权抗衡的首领之一,他在儿童时,与群儿聚戏,便为其率,计划指授,有成人之量。② 十六国后凉主吕光,是略阳(治所在今甘肃天水东)氐人,他10岁时,与诸儿童在邑里游戏,为战阵之法。同伴们全都推他为主帅。由于他用人合理,同伴对其深为叹服。③ 又据《周书·李贤附李远传》载,李远幼有器局,志度不凡,他曾与群儿做战阵游戏,指挥处置,皆合军阵之法。郡守见而异之,招呼他们再玩一回。群儿见郡守,惧而散走。李远持杖大喝,让他们恢复刚才的阵容。在他的指挥下,阵容很快恢复,其雄壮之势,甚至超过了以前。郡守指着李远称道:"此小儿必为将军,非常人也。"同书《宇文测附宇文深传》又载:宇文深年数岁时,便垒石为营伍,折草作旌旗。他所布置的行列,皆有军阵之势。其父宇文永见后非常高兴,说:"汝自然知此,于后必为名将。"

骑竹马是儿童效法成人骑马而创造出来的游戏。最简单的方法是,将一根短竹竿放在胯下,一手握竿的前端,使其后梢拖地,另一只手做扬鞭状,向前奔跑模仿奔马驰骋。这种游戏多为男童所为。《后汉书·郭伋传》就有儿童骑竹马的记载。魏晋时,骑竹马仍是儿童喜爱的游戏。《三国志·魏书·陶谦传》注引《吴书》说,陶谦少以不羁闻名全县。他14岁时,还缀帛为幡,乘竹马而戏,邑中儿童全都在其后跟随。又据《晋书·殷浩传》载,殷浩北伐失败,桓温一向忌妒他,便乘机上疏废其为庶人。他还对别人说:"少时吾与浩共骑竹马,我弃去,浩辄取之,故当出我下也。"儿童的竹马之戏,可以和战阵之戏结合起来,联系前述儿童中战阵之戏的流行,骑竹马之戏在此时恐怕也很盛行。

斗族之戏,亦称斗凿。观其玩法,即从古代击壤而来。三国时邯郸淳作《艺经》说:"击壤,古戏也。"可见击壤之戏在魏晋南北朝以前即已流行。同书记载击壤的玩法说:"壤以木为之,前广后锐,长尺四,阔三寸,其形如履。将戏,先侧一壤于地,遥于三四十步,以手中壤敲之,中者为上。"壤还可以以砖代木。《艺经》还说:"以砖两枚,长七寸,相去三十步,立为标。各以砖一枚,方圆一尺,掷之。主人持筹,随多少。甲先掷破则得乙筹,后破则夺先破者。"西晋周处作《风土记》说:"击壤者以木做之,前广后锐,长可尺三四寸,其形如履。腊节,童少以为戏,分部如掷博也。"从周处文中看来,西晋与三国时击壤之戏无大区别。不过,《风土记》此载透露一个信息,即击壤之戏至西晋时已逐渐成为儿童所爱的活动了。《续搜神记》卷6记载,夏侯综能看见鬼,说他们也乘车骑马,与

---

① 《三国志·魏书》卷15,《贾逵传》。
② 《晋书》卷63,《李矩传》。
③ 《晋书》卷122,《吕光载记》。

人无异。一次，他外出，忽然指着路边的一个小孩对同行者说："这孩子马上要大病了。"话音刚落，孩子果然大病发作，奄奄一息。孩子的母亲赶快向夏侯综请教，夏侯综说："因为你儿子刚才在道中掷砖，一下砸着鬼脚了。鬼很生气，所以如此。你只要用酒饭祭鬼，孩子的病就会好。"孩子的母亲如言去做，果然奏效。这固然是一个神话，但它反映出掷砖击壤之戏在儿童中流行的事实。又据《宋书·五行志》记载：东晋太元中，"小儿以两铁相打于土中，名曰'斗族'"。可见在东晋时，儿童中的击壤之戏，除了木、砖，还用铁块，并出现了新的名称——"斗族"了。

关于跳绳的游戏，《北齐书·后主纪》中有一段有趣的记载："游童戏者好以两手持绳，拂地而却上，跳且唱曰：'高末。'高末之言，盖高氏运祚之末也。"北齐皇帝高姓，"高末"谓齐将亡。这本是作为谶言而记载的事，却给我们留下儿童跳绳之戏的生动资料。

《南史·昭明太子传》载：昭明太子看见"后阁小儿摊戏。后属有狱牒摊者法，士人结流徙，庶人结徒。太子曰：'私钱自戏，不犯公物，此科太重。'"从文中看，摊戏显然是一种赌博之戏。但其戏法如何，文中未记。唐李匡乂《资暇集》卷中说："钱戏有每以四文为一列者，即史传云云所意钱是也，俗谓之摊钱，亦曰摊铺。其钱不使叠映欺惑也。"大约摊戏为一种掷铜钱于地，依其正反面的排列组合而决定胜负的游戏。这本是成人间进行赌博的手段，但南朝儿童亦以此为戏乐。

第十一章 教育与医药

魏晋南北朝时期，儒学独尊的局面被打破，学术思想领域又呈百家争鸣、互相吸收的景象。与此同时，教育也出现了新的格局，官学、私学、家学成为教育的三种主要形式，具有不容忽视的作用。

第一节 官学

官学即中央和地方政府建立的各种学校。建安二十二年（217年），曹操于邺城做泮宫。[1] 泮宫旧指诸侯之学，曹操建学史书用此名称，恐怕与他没有皇帝名义有关。但此时曹操已被封为魏王，早已具备了皇帝的权力和地位，因此曹操此举，实为建立国立学校太学的性质。魏文帝黄初五年（224年）四月曹丕在首都洛阳

---

[1]《三国志·魏书》卷1，《武帝纪》。

正式立太学，制五经课试之法，置《春秋谷梁》博士。史载："太学始开，有弟子数百人。"① 魏明帝太和二年（288年）下诏："遵儒贵学，王教之本也。自顷儒官或非其人，将何以宣明圣道？其高选博士，才任侍中、常侍者。申敕郡国，贡士以经学为先。"② 魏文帝此诏，对于加强太学的师资力量具有重要作用。齐王曹芳、高贵乡公曹髦时，虽然大权旁落，徒有虚号，但他们对太学教育也十分关注。曹髦数次亲临太学，与博士辩论经义，让他们解答问题。可见曹魏诸帝对太学的关心是一贯的。蜀汉也立太学。史载："先主定蜀，承乱历纪，学业颓废，乃鸠合典籍，沙汰众学。"③ 这个记载，说明重整教育是刘备治蜀的内容之一。许慈、尹默等人的后裔皆承其祖业被立为博士，说明蜀汉在立国后也建立了太学。在东吴，孙权在其称帝的第二年，"诏立都讲祭酒，以教学诸子"④，显然都讲祭酒是皇家教师，此类教育的对象也仅限于皇子皇孙，并非真正意义上的太学。但孙权对教育的重视，在史籍中有明文记载。如他为孙登延揽名师，敦促吕蒙熟读经史。正是这种影响，孙吴在景帝永安元年（258年）下诏说："其案古置学官，立五经博士，核取应选，加其宠禄；科见吏之中及将吏子弟有志好者，各令就业。"⑤ 教育相对落后的江东地区，孙吴后期也建立起太学。

西晋司马氏为河南大族，又为儒学世家，所以西晋代魏，在教育制度上仍承袭魏制。晋武帝泰始六年（270年），司马炎亲临辟雍，行乡饮酒之礼，并赐太常博士、学生帛牛酒各有差。泰始八年（272年）有司奏："太学生七千余人，才任四品，听留。"武帝诏："已试经者留之，其余遣还郡国。大臣子弟堪受教者，令入学。"⑥ 这是对太学的一次大规模整顿，同时也说明晋初太学的仍然存在，而且规模较大。西晋统一全国后，在太学之上又立国子学。据《晋书·武帝纪》载，咸宁二年（276年）立国子学。咸宁四年（278年）又明确规定，国子学"定置国子祭酒、博士各一人，助教十五人，以教生徒。博士皆取履行清淳、通明典义者，若散骑常侍、中书侍郎、太子中庶子以上，乃得召试"⑦。关于国子学的性质，南齐领国子助教曹思文说："晋初太学生三千人，既多猥杂，惠帝时欲辨其泾渭，故元康三年始立国子学，官品第五以上得入国学。天子去太学入国学，以行礼也。太子去太学入国学，以齿让也。太学之与国学，斯是晋世殊其士庶，异其贵贱

---

① 《三国志·魏书》卷13，《王朗传附王肃传》注引《魏略》。
② 《三国志·魏书》卷3，《明帝纪》。
③ 《三国志·蜀书》卷12，《许慈传》。
④ 《三国志·吴书》卷2，《吴主传》。
⑤ 《三国志·吴书》卷3，《三嗣主传》。
⑥ 《宋书》卷14，《礼志》一。
⑦ 《晋书》卷24，《职官志》。

耳。"① 曹思文说西晋国子学始立于元康三年有误，但在西晋时期，国子学完成了与太学分离，成为高于太学之上的贵族学校的过程，这是可信的。国子学的出现，显然是适应士族制度形成后的时代产物。东晋偏安江左，外忧内患屡兴不已，门阀士族控制朝廷政局，受此影响，东晋的国家级教育呈两个特点：第一，太学、国子学几经兴废。建武元年（317年），元帝"置史官，立太学"②，大兴二年（319年），又置博士员5人。成帝咸康三年（337年）"正月辛卯，立太学"③。从此记载看，显然是成帝时重立太学，这大约是东晋初内乱太学被毁的缘故。《晋书·礼志》下载："孝武时，以太学在水南悬远，有司议依升平元年，于中堂权立行太学。"升平是晋穆帝的年号，这里面有个问题，晋穆帝为什么把太学暂立于中堂呢？《宋书·礼志》一载，晋成帝咸康三年，国子祭酒袁瑰、太常冯怀上书请立国子学，"由是议立国学，征集生徒，而世尚庄、老，莫肯用心儒训。穆帝永和八年，殷浩西征，以军兴罢遣，由此遂废"。从字面上看，这里废的似乎只是国子学，但我们知道，太学与国子学均系成帝咸康三年重立，国子学"莫肯用心儒训"，太学也不会有多大起色，可能是于永和八年（352年）穆帝以西征军兴为由将太学、国子学一并遣散。至升平元年（357年），由于需要又将太学暂立于中堂，并为以后的孝武帝开了先例。第二，太学、国子学的教育成效极低。如孝武帝太元九年（384年）复立国子学，"品课无章，士君子耻与其列"。国子祭酒殷茂说："自学建弥年，而功无可名。惮业避役，就存者无几，或假托亲疾，真伪难知，声实混乱，莫此之甚。臣闻旧制，国子生皆冠族华胄，比列皇储。而中者混杂兰艾，遂令人情耻之。"④ 造成这种情况，主要由于门阀当政，国学教育贵族化加强，因而无论是太学还是国子学，有资格入学受教育的几乎都是贵族公卿子弟。而在东晋门阀制度下，贵族子弟可平流进取，坐致公卿，他们的仕途与治学无涉，他们视读书为苦役，千方百计逃避学业。孝武帝欲躬亲释奠先圣先师礼于太学，需要国子生、太学生120人，而国子竟无生员一人，只得"国子生权铨大臣子孙六十人，事讫罢"⑤。这样的国学教育成效可想而知。

南朝的国学教育以国子学为主，不过有两点是东晋时期所没有的。一是专科教育，二是贵族垄断的被打破。刘宋武帝登位后，曾作了一些建立国学的准备，但因他去世而未付诸实施。宋文帝元嘉二十年（443年），国子学正式建立，著名

---

① 《南齐书》卷9，《礼志》上。
② 《晋书》卷6，《元帝纪》。
③ 《晋书》卷7，《成帝纪》。
④ 《宋书》卷14，《礼志》一。
⑤ 同上。

学者何承天"以本官领国子博士"①。以后，宋文帝及其子多次亲临国子学释奠先圣、策试诸生、褒赏诸生。为使国学兴盛，只要有学问，即使是寒门出身也能被延请。《宋书·王僧达附苏宝传》载："苏宝者，名宝生，本寒门，有文义之美。元嘉中立国子学，为《毛诗》助教。"此外，宋文帝还在鸡笼山开馆，聚徒教授，置生百余人，会稽朱膺之、颍川庾蔚之以儒学监总诸生，使丹阳尹何尚之立玄学，何承天立史学，谢元立文学。正因为文帝对教育的重视，使教育大兴，史称元嘉兴学为"一代之盛"②。萧齐代宋后，建元四年（482年）正月，高帝萧道成"诏立国学，置学生百五十人。其有位乐人者五十人。生年十五以上，二十以还，取王公以下至三将、著作郎、廷尉正、太子舍人、领护诸府司马谘议经除敕者、诸州别驾治中等、见居官及罢散者子孙。悉取家去都二千里为限"③。但当年三月，萧道成死，九月，"以国哀故，罢国子学"④。齐武帝永明三年（485年）正月，又下诏立学，"创立堂宇，召公卿子弟下及员外郎之胤，凡置生二百人"⑤。以后，武帝多次至国子学讲学、策试，赏赐诸生。齐明帝即位之初，国学因内乱废止，至建武四年（497年）又下诏立学。永泰元年，东昏侯萧室卷即位，"尚书符依永明旧事废学"⑥，直至萧齐被代。南朝梁武帝才学超人，又极重视教育。他即位之初，即筹办国子学，至天监七年（508年），国子学正式建立。国子学之外，梁武帝还立五馆，让深通儒家经典的人分别主持各馆。南朝梁的国学教育向贵族以外的寒人开放的特点更加突出。《隋书·百官志》上记载，梁代"五馆生皆引寒门俊才，不限人数"。天监八年（509年），梁武帝下诏说："其有能通一经、始末无倦者，策实之后，选可量加叙录。虽复牛监羊肆，寒品后门，并随才试吏，勿有遗隔。"⑦ 梁武帝在位的近半个世纪的时间内，萧梁的教育呈一片兴旺景象。梁武帝末期，侯景之乱使社会的经济文化遭受极大破坏，梁元帝建都江陵，忙于剪除异己，巩固帝位，再加上受西魏的威胁，国家教育长期一蹶不振，这种情况直到陈朝建立才有改观。公元557年，陈霸先代梁，是为陈武帝。永定三年（559年），陈武帝"诏依前代置西省博士"⑧。陈文帝天嘉元年（560年），嘉德殿学士沈不害上书请兴学校，陈文帝马上下诏："付外详议，依事施行。"⑨ 陈朝的学官中有太

---

① 《宋书》卷64，《何承天传》。
② 《宋书》卷55，《傅隆传》论。
③ 《南齐书》卷9，《礼志》上。
④ 《南齐书》卷3，《武帝纪》。
⑤ 《南齐书》卷9，《礼志》上。
⑥ 同上。
⑦ 《梁书》卷2，《武帝纪》中。
⑧ 《陈书》卷1，《高祖纪》。
⑨ 《陈书》卷33，《儒林·沈不害传》。

学博士、国子博士，似太学、国子学并立。

在北方，十六国时期，前赵刘曜曾"立太学于长乐宫东，小学于未央西"①。后赵石勒曾于襄国（今河北邢台）立太学。前燕的学校有东庠、小学等名称，学官有国子祭酒、国子博士等。南燕慕容德即位后，"建立学官，简公卿已下子弟及二品士门二百人为太学生"②。南凉秃发利鹿孤曾"以田玄冲、赵诞为博士祭酒，以教胄子"③。成汉李雄时，曾"兴学校，置史官"④。其子李班"谦虚博纳，敬爱儒贤"⑤，李寿时又广太学，这说明成汉政权的国学教育持续了很长一段时间。十六国少数民族建立的政权中，前秦在教育方面成就颇为显著。苻坚以汉人王猛为辅佐，在其即位之初就兴学校，办太学。甘露四年（362年）苻坚"亲临太学，考学生经义优劣，品而第之"⑥。自此以后，他每月都亲临太学。苻坚不但重视太学教育，还重视对军队及后宫的教育，"中外四禁二卫，四军长上将士，皆令修学；课后宫，置典学，立内司，以授掖庭。选阉人及女隶有聪识者，置博士以授经"⑦。苻坚重视教育，和他本人汉化程度很深和汉族上层社会士人的影响分不开。苻坚对教育的重视，把十六国时期北方教育的发展推向一个高潮，封建史家在记载这段历史时说："永嘉之乱，庠序无闻，及坚之僭，颇留心儒学，王猛整齐风俗，政理称举，学校渐兴。"⑧凉州地区在汉文化的保存和传播方面起过十分重要的作用，这个地区的文化教育在十六国时期也处于领先地位。前凉张轨在任凉州刺史时就"征九郡胄子五百人，立学校"⑨。此后，张氏子孙将爱贤重教的传统持续了相当长的一段时间。西凉的建立者李暠，"通涉经史，尤善文义"⑩，他称王后，亦建泮宫，"增高门学生五百人"⑪。

北朝的统治者，多为北方鲜卑少数民族，他们汉化的程度不尽相同，对汉文化的认识也不相同，因此教育的发展水平也不尽相同。大体说来，北魏的教育逐渐发展兴盛，东魏北齐教育水平急剧下降，西魏北周则承袭了北魏注重教育的传统。道武帝初定中原，"虽不暇给，始建都邑，便以经术为先。立太学，置《五

---

① 《晋书》卷103，《刘曜载记》。
② 《晋书》卷127，《慕容德载记》。
③ 《晋书》卷126，《秃发利鹿孤载记》。
④ 《晋书》卷121，《李雄载记》。
⑤ 《晋书》卷121，《李班载记》。
⑥ 《晋书》卷113，《苻坚载记》上。
⑦ 同上。
⑧ 同上。
⑨ 《晋书》卷86，《张轨传》。
⑩ 《晋书》卷87，《凉武昭王李玄盛传》。
⑪ 同上。

经》博士生员千有余人。天兴二年春,增国子太学生员至三千人"①。明元帝时,改国子学为中书学,立教授博士。始光三年(426年),太武帝拓跋焘又在城东另起太学,并征北方名流范阳卢玄、博陵崔绰、赵郡李灵、河间邢颖、勃海高允、广平游雅、太原张伟等人为博士。如果说上述举措是由于北魏统治者初入中原,出于笼络汉族统治阶级的支持以求站稳脚跟的需要,那么魏孝文帝以后的兴学重教,则突出反映了拓跋鲜卑统治者倾慕汉族文化,进一步推进自身汉化程度,以适应民族融化的需要。孝文帝太和中,改中书学为国子学,建明堂辟雍,尊三老五更,迁都洛阳后,又诏:"立国子、太学、四门小学。"②特别值得一提的是北魏的皇宗学,它始建于孝文帝迁都以前,太和十六年(492年)孝文帝曾至皇宗学"亲问博士经义"③,迁都洛阳后,又接受任城王元澄的奏请,复立皇宗学。皇宗学是为皇室子弟专设的学校,这反映了北魏统治者对汉化的自觉要求。魏孝文帝迁洛后,国学教育反而走入低谷。宣武帝延昌元年(512年)诏说:"迁京、嵩县,年将二纪,虎闱阙唱演之音,四门绝讲诵之业,博士端然,虚禄岁祀,贵游之胄,叹同子衿,靖言念之,有兼愧慨。可严敕有司,国子学孟冬使成,太学、四门明年暮春令就。"④对宣武帝此诏,能不能理解为自迁都洛阳后国学始终未建立起来呢?这种理解是有问题的。因为第一,孝文帝迁都至宣武帝延昌元年已有18年之久,在此期间偌大的洛阳城都已建立,国学校舍却未建似乎于理不通。第二,从"虎闱阙唱演之音,四门绝讲诵之业"二句看,显然是国子学(虎闱)、四门学皆已建立,所缺者只是其中的"唱演之音"与"讲诵之业"。第三,刘芳在孝文帝迁洛后任国子祭酒,宣武帝诏书中又说"博士端然,虚禄岁祀",可见教学的师资与管理亦不成问题。既然如此,宣武帝为什么还要严令有司限期使国学开学呢?我们认为其中的根本问题是学生来源问题。北魏迁都洛阳以前,录取学生的规定是:"学生取郡中清望,人行修谨,堪循名教者,先尽高门,次及中第。"⑤但孝明帝神龟年间,"将立国学,诏以三品以上,及五品清官之子以充生选"⑥。这两条规定表明,北魏的国学教育在迁都洛阳后完全贵族化了。之所以会有如此变化,是因为魏孝文帝迁都洛阳后,重定姓族,将门阀世族制度化。孝文帝此举的特点,正如唐长孺先生所说:"它具有明确、具体的官爵标准和明确的四级区分,而这在两晋南朝至多是习惯上的而不是法律上的。以朝廷的权威采取法

---

① 《北史》卷81,《儒林传序》。
② 同上。
③ 《魏书》卷7,《高祖纪》。
④ 《魏书》卷8,《世宗纪》。
⑤ 《魏书》卷48,《高允传》。
⑥ 《北史》卷81,《儒林传序》。

律形式来制定门阀序列,北魏孝文帝定士族是第一次。"① 定士族不靠习惯而靠行政法律手段,这给国学生源带来三方面的影响:第一,以习惯区分士庶是个渐变过程,而靠行政定士族是个剧变过程,某些大族的地位会在法律前后突然发生变化,他们也许昨日还属清流,今日成为寒浊而被排斥于国学门外。第二,某些新贵族地位虽已提高,但其自身的文化素质却不能因此而急剧改变,他们的子弟也不愿进入国学。第三,靠行政手段定门阀序列,其结果只能是定而不定。宣武帝时,孙绍曾上表说:"且法开清浊而清浊不平,申滞理望而卑寒亦免。士庶同悲,兵徒怀怨。中正卖望于下里,主按舞笔于上台,真伪混淆,知而不纠,得者不欣,失者倍怨。使门齐身等而泾渭奄殊,类应同役而苦乐悬异。士人居职,不以为荣;兵士役苦,心不忘乱。"② 有钱有势可为士族,无钱失势降为寒庶,这种稳定性极差的情况,不能不影响进入国学受教育的生徒来源。值得注意的是,宣武帝限期恢复国学的诏书发于延昌元年,而孙绍的上书也在延昌年间,二者的巧合大概也能说明定士族与生源缺的联系。孝明帝神龟中将立国学,"未及简置,仍复停废"③,正光三年(522年),立国子学,学生仅36人,都说明生徒来源的不足。孝明帝以后,由于连年的战争和动乱,所谓国学教育几乎不复存在,这种情况一直持续到北齐、北周时。在北齐,直到高洋天宝元年(550年)才"诏郡国修立黉序,广延髦俊,敦述儒风。其国子学生亦仰依旧铨补,服膺师说,研习《礼经》。往者文襄皇帝所运蔡邕石经五十二枚,即宜移置学馆,依次修立"④。此时虽有国学,但其规模及水平实在可怜,史载:"国学博士,徒有虚名。唯国子一学,生徒数十人耳。"⑤ 与北齐这种情况相比,北周的教育成就十分显著。北周太祖宇文泰,经常亲临太学。他发现李昶年幼有才,便"厚加资给,令入太学"⑥。时宇文泰并未即帝位,说明西魏时太学已建。孝闵帝宇文觉时,乐逊"治太学博士"⑦。武帝宇文邕保定三年(563年)"服衮冕,乘碧辂,陈文物,备礼容,清跸而临太学"⑧。这说明国学在北周不但名实俱备,而且有连续性。太学之外,还建立了麟趾学、露门学,许多南北名士分别任麟趾学学士和露门博士。

魏晋南北朝时期的官学除中央建立的太学、国子学及其他一些专科学校外,还包括地方政府建立的各种学校。

---

① 唐长孺:《论北魏孝文帝定姓族》,见《魏晋南北朝史论拾遗》。
② 《魏书》卷78,《孙绍传》。
③ 《北史》卷81,《儒林传序》。
④ 《北齐书》卷4,《文宣帝序》。
⑤ 《北史》卷81,《儒林传记》。
⑥ 《周书》卷38,《李昶传》。
⑦ 《周书》卷45,《儒林·乐逊传》。
⑧ 《周书》卷45,《儒林传序》。

建安八年（203年），曹操曾令"郡县立教学之官"①，表明曹魏统治者对地方教育的重视。一些地方的行政长官在本地区办起学校，如河东（治今山西夏县西北）太守杜畿，"开学馆，亲自执经教授，郡中化之"②，并任命名儒乐详为文学祭酒，使河东成为曹魏地方教育发达的地区之一。南阳（治今河南南阳）太守杨俊也在本地"宣德教，立学校"③。弘农（治今河南灵宝北）太守令狐邵由于本郡缺乏师资，便派人外出求学，然后返郡执教。文帝时，济阴（治今山东定陶附近）太守郑袤、陈留（治今河南开封东南）太守刘劭、江夏（治今湖北云梦南）太守王基、京兆（治今陕西西安西北）太守颜斐，都在各自的地方办过学校。蜀汉掌管地方教育的学官有劝学从事、典学从事、怀友从事、典学校尉、儒林校尉、师友祭酒等名称，来敏就任过典学校尉，尹默任过劝学从事。谯周曾被蒋琬任为典学从事，"总州之学者"④，为益州教育的发展作出很大贡献。在孙吴，宗室孙瑜、豫章（治今江西南昌附近）太守顾邵等人都曾在地方上立学。

两晋时，一些地方行政官员对本地区的教育也很重视，对教育的发展作出重要贡献。鄱阳（治今江西景德镇西北）内史虞溥在任曾"大修庠序，广招学徒"⑤。乌丸校尉唐彬在其任所"兼修学校，诲诱无倦，仁惠广被"⑥。平原（治今山东平原南）太守李重在郡"修学校、表笃能、拔贤行"⑦。东晋时，东阳（治今浙江金华）太守范汪"在郡大兴学校，甚有惠政"⑧。余杭（今浙江临安东）县令范宁，"在县兴学校，养生徒，洁己修礼，志行之事莫不宗之"⑨。范宁后出补豫章太守，"在郡又大设庠序，遣人往交州采磬石，以供学用，改革旧制，不拘常宪。远近至者千余人，资给众费，一出私禄"⑩。晋成帝咸和（326—334年）年间，征西大将军庾亮迁镇武昌，在武昌开置学官，建立校舍，让博学识义通涉文学经论者任儒林祭酒，令参佐大将子弟及庾氏子弟入学。又批准了临川（治今江西抚州附近）、临贺（治今广西贺县南）二郡的建学要求。庾亮办学，重视教学质量，规定："若非束修之流，礼教所不及，而欲阶缘免役者，不得为生。"⑪从而杜绝了滥竽充数的学生，保证了生源的质量。

---

① 《三国志·魏书》卷24，《高柔传》。
② 《三国志·魏书》卷16，《杜畿传》及注引《魏略》。
③ 《三国志·魏书》卷23，《杨俊传》。
④ 《三国志·蜀书》卷12，《谯周传》。
⑤ 《晋书》卷82，《虞溥传》。
⑥ 《晋书》卷42，《唐彬传》。
⑦ 《晋书》卷46，《李重传》。
⑧ 《晋书》卷75，《范汪传》。
⑨ 《晋书》卷75，《范汪附范宁传》。
⑩ 同上。
⑪ 《宋书》卷14，《礼志》一。

南朝的地方学校情况史籍记载不多。刘宋时丹阳尹何尚之立宅南郭外,置玄学,聚生徒。东海徐秀、庐江何昙、黄回、颍川荀子华、太原孙宗昌、王延秀、鲁郡孔惠宣,并慕道来游,谓之南学。① 齐、梁、陈各朝,见于记载的地方学校的学官有儒林参军、文学祭酒、劝学从事等名称,可见地方学校的存在,但详细情况已不得而知。

北魏献文帝天安(466年)时,李䜣上书说:"臣愚欲仰先典,于州郡治所,各立学官,使士望之流,冠冕之胄,就而受业,庶必有成。"② 献文帝对此请很赞同,并诏高允议定学制。高允上书:"请制大郡立博士二人,助教四人,学生一百人;次郡立博士二人,助教二人,学生八十人;中郡立博士一人,助教二人,学生六十人;下郡立博士一人,助教一人,学生四十人。"③ 献文帝当年即"初立乡学,郡置博士二人、助教二人、学生六十人"④。许多地方官对本地区的教育也很重视,如荆州(治今河南鲁山)刺史贾儁在郡"表置学官,选聪悟者以教之"⑤。西兖州(治今山东单县西北)刺史高祐"以郡国虽有太学,县党宜有黉序,乃县立讲学,党立小学"⑥。赵郡太守崔孝暐在郡历战乱之后,"招抚遗散,先恩后威,一周之后流民大至。兴立学校,亲加劝笃,百姓赖之"⑦。东魏北齐教育水平低落,国学既无成效,地方更无建树。北周的教育水平高于北齐,但就其地方教育讲,也比不上北魏时期。

第二节　私学

每个时代随着政治、经济、文化的发展,人们必然产生渴望受教育的要求。魏晋南北朝长期战乱分裂,官学时断时续,就整体而言处于衰落时期,从而给私

---

① 《宋书》卷66,《何尚之传》。
② 《魏书》卷46,《李䜣传》。
③ 《魏书》卷48,《高允传》。
④ 《魏书》卷6,《显祖纪》。
⑤ 《魏书》卷33,《贾彝附贾儁传》。
⑥ 《魏书》卷57,《高祐传》。
⑦ 《魏书》卷57,《崔挺附崔孝暐传》。

学的发展和兴盛以有利条件。这个时期私学的发展和兴盛有以下特点：

第一，私学的老师学问渊博，水平很高。许多私学的教师都是当代的著名学者。如三国曹魏的学者隗禧，既明经学又善天文。他曾说："欲知幽微莫若《易》，人伦之纪莫若《礼》，多识山川草木之名莫若《诗》，《左氏》直相斫书耳，不足精意也。"① 这种对经书的独到见解，反映了他对儒家经典的研究之深。他在80岁告老还乡后，在家乡开学授徒，"就之学者甚多"②。西晋时刘兆，安贫乐道，潜心著述，数十年不出门庭，朝廷三征五辟皆不就位。整理《春秋》，训注《周易》，"凡所赞述百余万言"③。因其博学洽闻，温笃善诱，"从受业者数千人"④。东晋时范宣，博综众书，尤喜《三礼》。当别人问他"何以太儒"时，他回答说："汉兴，贵经术，至于石渠之论，实以儒为弊。正始以来，世尚《老》《庄》。逮晋之初，竞以裸裎为高。仆诚太儒，然'丘不与易'。"⑤ 在这里，范宣以孔子的一句话，表示自己不追随世风的治学态度。但他虽然承认自己"太儒"，并引为自豪，却也不排斥《老》《庄》，当有客人问"人生与忧俱生"这句话的出处时，范宣随口便说出于《庄子·至乐篇》，可见范宣学识之渊博。这样一位学识渊博的学者，不应官府的屡次征召，在家以讲诵为业，"谯国戴逵等皆闻风宗仰，自远而至，讽诵之声，有若齐、鲁"⑥。南齐学者刘瓛，"少笃学，博通《五经》"。自刘宋至萧齐，他多次辞去官府的征召，始终收徒讲学。⑦ 北朝大儒徐遵明，17岁时便寻师求学，先后师从于王聪、张吾贵、孙买德等人，终成一代大学者。史载他"教授门徒，每临讲坐，先持经执疏，然后敷讲。学徒至今，浸以成俗。遵明讲学于外，二十余年，海内莫不宗仰"⑧。这样一批学识渊博的学者，他们的治学精神、教授方法、教学形式，对社会上以继承学术文化为目的的求学者无疑具有很大的吸引力。这一点我们从王裒送门生从役之事中可以看出。《晋书·王裒传》载，王裒的门生被县衙征为劳役，请求王裒为其至县令处讲情。王裒说："卿学不足以庇身，吾德薄不足以荫卿，属之何益！且吾不执笔已四十年矣。"乃步担干饭，儿负盐豉草屩，送服役门生至县衙，"门徒随从者千余人"。从这件事中可知，私学的学生在社会上无特权可言，他们也要应征服役。但即使如此，王裒的门徒竟达千余人，可见他们是慕其学识而从之的。

---

① 《三国志·魏书》卷13，《王肃传》注引《魏略》。
② 同上。
③ 《晋书》卷91，《儒林·刘兆传》。
④ 同上。
⑤ 《晋书》卷91，《儒林·范宣传》。
⑥ 同上。
⑦ 《南齐书》卷39，《刘瓛传》。
⑧ 《北史》卷81，《儒林·徐遵明传》。

第二，私学的覆盖面广。与官学相比，魏晋南北朝时期的私学在教学内容、生徒来源、涉及的地域等方面都显出覆盖面广的特点。

儒学仍是魏晋南北朝时期私学教育的主要内容。前述许多私学教师，都在儒学方面造诣很深，有的被称为当世"儒宗"。儒学之外，私学的教学还包括其他的内容。如西晋时，杨轲"少好《易》"，史称他"学业精微，养徒数百"，"教授不绝"①。南朝的伏曼容，善《老》、《易》，聚徒教授以自业，"生徒常数十百人"②。南朝沈麟士隐居吴差山，讲经教授，从学之士上百人。沈麟士非常看重陆机的文学作品《连珠》，"每为诸生讲之"③。南朝臧荣绪，"纯笃好学，括东、西晋为一书，纪录志传百一十卷。隐居京口教授"④。十六国时僧人竺僧朗于昆仑山立精舍，"内外屋宇数十余区，闻风而造者百有余人。朗孜孜训诱，劳不告倦"⑤。南朝刘宋徐湛之，史称其"伎乐之妙，冠绝一时。门生千余人，皆三吴富人之子，姿质端妍，衣服鲜丽"⑥。南朝陈将吴明彻也曾向汝南周弘正学习天文知识。⑦ 北魏殷绍在给文成帝的表文中叙述了自己学习《九章算术》的过程，文中说："臣以姚氏之世，行学伊川，时遇游遁大儒成公兴，从求《九章》要术。兴字广明，自云胶东人也。山居隐迹，希在人间。兴时将臣南到阳翟九崖岩沙门释昙影间。兴即北还，臣独留住，依止影所，求请《九章》。影复将臣向长广东山见道人法穆。法穆时共影为臣开述《九章》数家杂要，披释章次意况大旨。"⑧ 北魏时，清河人崔彧，"少尝诣青州，逢隐逸沙门，教以《素问》九卷及《甲乙》，遂善医术"。他成名医后，又"广教门生，令多救疗。其弟子清河赵约、勃海郝文法之徒咸亦有名"⑨。可见崔彧不仅学艺于私学，又以私学形式传授医术医德。综上所述，魏晋南北朝私学的教学内容，包括了儒学、道学、佛学、文学、音乐、天文、数学、医学等。这不但对官学作了重要补充，而且又为祖国文化的传播与继承作出不容忽视的贡献。

私学在招收生徒方面，不像官学那样严格地限制出身门第，而是继承了古代"有教无类"的优秀传统，招收范围极其广泛。私学的生徒有贵族子弟，如南齐刘

---

① 《晋书》卷94，《隐逸·杨轲传》。
② 《梁书》卷48，《儒林·伏曼容传》。
③ 《南史》卷76，《隐逸·沈麟士、臧荣绪传》。
④ 同上。
⑤ 《高僧传》卷5，《竺僧朗传》。
⑥ 《宋书》卷71，《徐湛之传》。
⑦ 《陈书》卷9，《吴明彻传》。
⑧ 《魏书》卷91，《术艺·殷绍传》。
⑨ 《魏书》卷91，《术艺·崔彧传》。

璛"儒学冠于当时,京师士子贵游莫不下席受业"①。贵族富家子弟师从私学,其学习态度也比官学中的贵族子弟刻苦。如北魏时,渤海人刁冲,"虽家世贵达,乃从师于外,自同诸生。于时学制,诸生悉日直监厨,冲虽有仆隶,不令代己,身自炊爨。每师受之际,发情精专,不舍昼夜,殆忘寒暑"②。私学学生除贵族子弟外,还有许多寒门庶族。《三国志·魏书·邴原传》注引《原别传》载:"原十一而丧父,家贫,早孤。邻有书舍,原过其旁而泣。师问曰:'童子何悲?'原曰:'孤者易伤,贫者易感。夫书者,必皆具有父兄者,一则羡其不孤,二则羡其得学,心中恻然而为涕零也。'师亦哀原之言而为之泣曰:'欲书可耳!'答曰:'无钱资。'师曰:'童子苟有志,我徒相教,不求资也。'于是遂就书。"邴原家贫,应属寒庶,但私学教师感其有志,免资收录,反映了这位私学先生传学育人的远大眼光。这种有教无类的教育思想,在魏晋南北朝时有体现。如司马筠、沈峻、张彫武、刘献之、刘兰等人都是家世贫寒而经私学而成就学业的。

私学的覆盖面广,还表现在地域上。三国时期,北方的黄河流域私学发达,西南的益州,南方的荆、扬地区都有私学的记载。十六国时西北的凉州地区私学也很发达。综观魏晋南北朝时期,北至辽宁,南至交州,东至齐、鲁、江、浙,西至河西凉州,都有私人教学活动。私学所至,不仅是大都会、州郡县,而且伸向人迹罕至的林壑幽谷。如西晋霍原,18岁曾至太学学礼,后归乡里,"山居积年,门徒百数"③。敦煌(治今甘肃敦煌西)人郭瑀,精通经义,雅辩谈论,曾"隐于临松薤谷,凿石窟而居,服柏实以轻身,作《春秋墨说》、《孝经错纬》,弟子著录千余人"④。南朝刘宋沈麟士"无所营求,以笃学为务",他不愿为官,"隐居余不吴差山,讲经教授,从学士数十百人,各营屋宇,依止其侧,时为之语曰:'吴差山中有贤士,开门教授居成市'"⑤。私学教师学问渊博,治学严谨,讲究方法,这些招致了门徒影从,他们走到哪里,就把学校办到哪里,因此私学在覆盖面上比官学具有明显的优势。

第三,私学在魏晋南北朝时期始终具有一定的规模。三国时,北方经济、政治发展程度较高,亦为文化中心所在,因此私学规模明显大于南方。如建安初年,"长安有宿儒栾文博者,门徒数千"⑥。曹魏正始中,乐详"以年老罢归于舍,本

---

① 《南齐书》卷39,《刘璛传》。
② 《魏书》卷84,《儒林·刁冲传》。
③ 《晋书》卷94,《隐逸·霍原、郭瑀传》。
④ 同上。
⑤ 《南史》卷76,《隐逸·沈麟士传》。
⑥ 《三国志·魏书》卷11,《管宁传》注引《魏略》。

国宗族归之，门徒数千人"①。吴蜀两国虽不及曹魏，却也有一定规模。孙吴唐固，"修身积学，称为儒者，著《国语》、《公羊》、《谷梁》注，讲授常数十人"②。虞翻被流徙交州（治今广东广州），"虽处罪放，而讲学不倦，门徒常数百人"③。西晋十六国时，私学规模更有扩大之势。济南（治今山东历城东）人刘兆，"博学洽闻，温笃善诱，从受业者数千人"④。庐江（治今安徽舒城）人杜夷，"年四十余，始还乡里，闭门教授，生徒千人"⑤。敦煌人郭瑀，隐居深山，也有弟子千余人。酒泉（治今甘肃酒泉）人祈嘉，任张重华儒林祭酒，同时又从事私学，史载："在朝卿士，郡县守令彭和正等受业独拜床下者二千余人。"⑥ 敦煌人宋纤，隐居于酒泉南山，"明究经纬，弟子受业三千余人"⑦。南北朝时，北方的私学仍保持着西晋的规模。如张吾贵从郦诠学《礼》，牛天祐学《易》之后，便"别构户牖，世人竞归之"。他"曾在夏学，聚徒千数"⑧。李铉"教授乡里。生徒恒数百人，燕赵间能言经者，多出其门"⑨。包恺讲《汉书》，"聚徒教授者数千人"⑩。房晖远"恒以教授为务，远方负笈而从者，动以千计"⑪。南朝私学的规模虽不如北朝，但数百生徒的规模并不少见。如前述隐居吴差山的沈麟士的生徒有数百人。刘宋中散大夫伏曼容于家"施高坐于听事，有宾客，辄升高坐为讲说，生徒常数十百人"⑫。崔灵恩虽在官学任职，却仍然"聚徒讲授，听者常数百人"⑬。沈德威任陈国子助教，"每自学还私室讲授，道俗受业数百人"⑭。

上述私学的三个特点，构成了魏晋南北朝时私学兴盛的局面。私学教师学识渊博，讲究教法，不计荣利，以传经育人为己任，吸引了许多有志学术的门徒，其覆盖面比官学更加广泛。同时私学教学内容广泛，在许多领域里填补了官学教育留下的空白。从整个时期的教育全局看，私学在教育中的重要地位是不容忽视的。

---

① 《三国志·魏书》卷16，《杜畿传》注引《魏略》。
② 《三国志·吴书》卷8，《阚泽传》。
③ 《三国志·吴书》卷12，《虞翻传》。
④ 《晋书》卷91，《儒林·刘兆、杜夷传》。
⑤ 同上。
⑥ 《晋书》卷94，《隐逸·祈嘉、宋纤传》。
⑦ 同上。
⑧ 《北史》卷81，《儒林·张吾贵、李铉传》上。
⑨ 同上。
⑩ 《北史》卷82，《儒林·包恺、房晖远传》下。
⑪ 同上。
⑫ 《南史》卷71，《儒林·伏曼容、崔灵恩、沈德威传》。
⑬ 同上。
⑭ 同上。

第三节 家学

家学也是私学，但与前述意义的私学相比，在生徒对象、单位教学规模、教学内容等方面二者都具有许多不同。前者的学生是自己的后代，后者的学生是社会上的莘莘学子；前者以家庭为基本教学单位，因而单位教学规模不会很大，后者则无此限制，生徒可以数十成百，甚至逾千。

两晋南北朝士家大族兴起，在政治、经济等方面有特殊的地位。这种特殊的地位，又使他们的门第教育形成了自己的特点。

第一，门第教育以儒学为宗。琅邪王氏王褒曾著《幼训》说："吾始乎幼学，及于知命，既崇周、孔之教，兼循老、释之谈，江左以来，斯业不坠，汝能修之，吾之志也。"① 一个"崇"字，说明儒学在王褒家世教育中的核心地位。琅邪王准之，其曾祖王彪之，"博闻多识，练悉朝仪，自是家世相传，并谙江左旧事，缄之青箱，世人谓之'王氏青箱学'"②。继承家学的王准之，撰成《仪注》，至梁时仍被遵用，可见王氏青箱学的儒学内容。北魏大姓范阳卢氏，"其文武功烈，殆无足纪，而见重于时，声高冠带，盖德业儒素有过人者"③。这说明家传儒学对于士家大族在社会上名重声高具有重要意义。

第二，门第教育习染玄风。魏晋之时，玄学兴起，对士家大族影响颇深。所谓"遵儒者之教，履道家之言"④，正说明魏晋时以儒教为宗的门第教育逐渐习染玄风。南朝何尚之家族的教育比较典型。何尚之之父何叔度，其母早卒，奉姨若所生。"姨亡，朔望必往致哀，并设祭奠，食并珍新，躬自临视。若朔望应有公事，则先遣送祭，皆手自料简，流涕对之。"⑤ 这种行为显然体现出儒家"孝"的精神。何尚之之子何偃在明帝泰始二年（466年）祭祀遇雨时议论说："郑玄注《礼记》，引《易》说三王之郊，一用夏正。《周礼》，凡国大事，多用正岁。《左

---

① 《梁书》卷41，《王规附王褒传》。
② 《宋书》卷60，《王准之传》。
③ 《魏书》卷47，《卢玄传》。
④ 《三国志·魏书》卷27，《王昶传》。
⑤ 《南史》卷30，《何尚之传》。

传》又启蛰而郊。则郑之此说，诚有据矣。"① 可见何氏是精通儒学的。但何尚之却在宅中置玄学，"东海徐秀、庐江何昙、黄回、颖川荀子华、太原孙宗昌、王延秀、鲁郡孔惠宣，并慕道来游，谓之南学"②。何偃也"素好谈玄，注《庄子·逍遥篇》传于时"③。可见南北朝时士家大族门第教育习染玄风之一斑。

第三，门第教育注重高雅之内容。士家大族是社会中的贵姓，他们不但经济政治地位特殊，在门第教育中也传授高雅的知识与技能。善长诗文在魏晋南北朝时被时流所重，所以文学教育亦为门第教育所重视。以陈郡谢弘微一族为例，谢弘微常与继叔父谢混、族兄弟谢灵运、谢瞻、谢晦、谢曜等"以文义赏会，常共宴处，居在乌衣巷，故谓之乌衣之游"④。谢弘微子谢庄，七岁便能属文。袁淑之文为一时之冠，曾作赋欲给谢庄看。当他见到谢庄赋后，说："江东无我，卿当独秀；我若无卿，亦一时之杰。"便未将己赋拿出。⑤ 谢庄之子谢朏，十岁能写文章，被王景文称为"神童"⑥。谢朏之侄谢览，梁天监中"受敕与侍中王暕为诗答赠"，其文甚工，被梁武帝誉为国之英华。⑦ 谢览弟谢举"年十四，尝赠沈约诗，为约所赏"⑧。谢氏之门，文学大家屡出，当与其门第中文学教育有关。书法亦被视为一种高雅技能，也是门第教育的重要内容。琅邪王氏为书法世家，著名的书法大家王羲之、王献之均为琅邪王氏一族。在北朝，清河崔氏、范阳卢氏也极重书法。崔玄伯"尤善草隶行押之书，为世摹楷。玄伯祖悦与范阳卢谌，并以博艺著名。谌法钟繇，悦法卫瓘，而具习索靖之草，皆尽其妙。谌传子偃，偃传子邈；悦传子潜，潜传玄伯。世不替业，故魏初重崔卢之书"⑨。崔玄伯子崔浩书法也很著名。另一个儿子崔简，"少以善书知名"⑩。可见崔氏书法家学渊源之远。魏晋南北朝时围棋盛行，士族中行此雅戏者大有人在。谢安在淝水之战前夕，会集亲朋与侄子谢玄围棋相赌，说明士族门第教育中围棋也是培养个人才趣的手段。音乐也是门第教育的内容之一，东晋南朝戴逵、戴颙父子的琴术就是家世传承的。文学、书法、棋艺、琴术这些高雅的知识和技艺，虽不为士族高门所垄断，但确为其门第教育的部分内容，通过这些可以显示自己的清高和风雅。

---

① 《南史》卷30，《何尚之传》。
② 《宋书》卷16，《礼志》三。
③ 《宋书》卷66，《何尚之传》。
④ 《南史》卷20，《谢弘微传及附传》。
⑤ 同上。
⑥ 同上。
⑦ 同上。
⑧ 同上。
⑨ 《魏书》卷24，《崔玄伯传》。
⑩ 同上。

第四，门第教育重视家世门风。魏晋南北朝谱学发达。谱学即士族的族谱与家谱，它是家世的记录，是家世教育的教材。作为高门，不可不谙谱学，如会稽孔奂，"详练百氏，凡所甄拔，衣冠搢绅，莫不悦伏"①。魏晋南北朝时期的谱牒大致可分三类：一类是综合性的家谱，如《百家谱》、《百家集谱》、《百家谱集钞》等。再一类是专门性的族谱，如《京兆韦氏谱》、《谢氏谱》、《杨氏血脉谱》等。第三类是地方性的谱牒，如《益州谱》、《冀州姓族谱》、《洪州诸姓谱》、《扬州谱钞》等。门风教育也是士族所重视的内容，王羲之与谢万书中曾说："虽植德无殊邈，犹欲教养子孙以敦厚退让。"②《梁书·王志传》载：王志父王僧虔以来，"门风多宽恕，志尤惇厚。所历职，不以罪咎劾人。门下客尝盗脱志车■卖之，志知而不问，待之如初。宾客游其门者，专覆其过而称其善。兄弟子侄皆笃实谦和，时人号马蕃诸王为长者。"王微也说："且持盈畏满，自是家门旧风"③。士族门阀以淳厚谦让标榜自家门风，一方面表明自己思想文化素质很高，以便在社会上受到崇敬；另一方面也为了使家族和睦、兴旺永昌。

第四节　教育的社会作用

教育是人类社会生活不可缺少的重要内容，社会的文明程度越高，教育对社会发展的推动作用就越显著。魏晋南北朝时期，官学、私学、家学三位一体，互相补充，形成了这个时期教育的新格局。这种格局对继承前代的传统文化，发展当代的思想与学术以及培养人才等都发挥了重要作用。魏晋南北朝时期教育的作用主要体现于三个方面：

第一，它是儒家文化承传的重要手段。魏晋南北朝时期，历朝统治者都十分重视儒学教育。三国时，曹魏明帝曾说："尊儒贵学，王教之本也。"④齐王曹芳正始年间（240—248年）还专门派人用古、篆、隶三种字体刻了48枚石经碑，立

---

① 《陈书》卷21，《孔奂传》。
② 《晋书》卷80，《王羲之传》。
③ 《宋书》卷62，《王微传》。
④ 《三国志·魏书》卷3，《明帝纪》。

于太学。① 在蜀汉，太学博士许勋，继承其父许慈的学业，用《易》、《尚书》、《三礼》、《毛诗》、《论语》等儒家经典在太学讲学。② 孙吴统治的江东地区，教育相对落后，但孙权对儒家经典却非常熟悉，并常敦促太子及将领们学习。西晋司马氏为儒学世家，晋武帝整顿太学，兴办国子学，对太学生和教授国子学的博士一条最基本的要求就是通经明典。所谓经典，即儒家的经书和典籍。两晋时，儒学受到很大冲击，史书上说："有晋始自中朝，迄于江左，莫不崇饰华竞，祖述虚玄，摈阙里之典经，习正始之余论，指礼法为流俗，目纵诞以清高。"③ 在这种情况下，东晋统治者仍力图在玄学的狂风巨澜中保持儒学的正统地位。晋元帝大兴二年（319年），皇太子到太学讲经，行释奠礼④，以示对儒学的尊崇。南平人车胤，自幼勤学儒家经典，博学多通。晋孝武帝曾讲《孝经》，让谢安侍坐，陆纳侍讲，卞眈执读，谢石、袁宏执经，车胤与王混擿句，可见车胤经学造诣很深。后来，孝武帝又扩大太学规模，并让车胤领国子博士。⑤ 这些反映了东晋统治者为弘扬儒学所作的努力。十六国前赵刘曜，建国后，"立太学于长乐宫东，小学于未央宫西，简百姓年二十五已下十三已上，神志可教者千五百人，选朝贤宿儒明经笃学以教之"⑥。后赵主石勒，"亲临大小学，考诸学生经义，尤高者赏帛有差"⑦。前燕主慕容皝，"赐其大臣子弟为官学生者号高门生，立东庠于旧宫，以行乡射之礼，每日临观，考试优劣"，"其经通优异者，擢充近侍"⑧。前秦苻坚，尊崇儒学。他常亲临太学，考学生经义。史称："自永嘉之乱，庠序无闻，及坚之僭，颇留心儒学，王猛整齐风俗，政理称举，学校渐兴。"⑨ 后秦姚兴时，大办学校，广招儒生，给往来求学的儒者提供便利。在南朝国子学中任博士或助教的教师中，有很多是精通儒学的人。刘宋时，"儒史百家，莫不该览"的何承天领国子博士。⑩ 南齐时，"发言吐论，造次必于儒教"的王俭领国子祭酒，主张"若不大弘儒风，则无所立学"的陆澄，任国子博士。⑪ 南梁时，精通《三礼》的贺瑒被任命主持学馆，13岁就博通经传的明山宾，被送入首批博士，精解《丧服》、《孝经》、《论语》的严植之，被请入学馆中讲学，"博通《五经》，尤长《三礼》"的

---

① 《水经注》卷16，《榖水注》。
② 《三国志·蜀书》卷12，《许慈传》。
③ 《晋书》卷91，《儒林传序》。
④ 《文献通考》卷43，《学校考》。
⑤ 《晋书》卷83，《车胤传》。
⑥ 《晋书》卷103，《刘曜载记》。
⑦ 《晋书》卷105，《石勒载记》下。
⑧ 《晋书》卷109，《慕容皝载记》。
⑨ 《晋书》卷113，《苻坚载记》上。
⑩ 《宋书》卷64，《何承天传》。
⑪ 《南齐书》卷22，《王俭传》；卷39，《陆澄传》。

沈峻，兼任国子助教。① 在北朝，北魏办学，以经术为先。太武帝拓跋焘曾下令：王公以下至于卿士的子弟，都必须到太学去读书。② 孝文帝还建立了皇宗学，并亲自向博士请教经义。③ 北齐文宣帝天宝七年（556年），文宣帝将朝臣中有文学修养的人和礼学官召集在一起，"令他们以经义相质，亲自临听"④。西魏宇文泰曾于中央置学，让属官们"旦理公务，晚就讲习，先《六经》，后子史"⑤。整个魏晋南北朝时期，各个政权的国学虽然时间各有长短，水平各有高低，且时兴时废，但儒学作为封建统治经验的总结，与现实政治密切相关，所以在国学中始终占有主导地位。

《世说新语》 （南朝·宋 刘义庆撰）

私学也把儒学作为教育的主要内容之一。建安年间（196—220年），"天下分崩，人怀苟且，纲纪既衰，儒道尤甚"，一些儒学大家为使学问不绝，自觉地担当起授经传道的大任。被称为儒宗的隗禧在避乱荆州期间，"不以荒扰，担负经书，每以采稆余日，则诵习之"。最后达到不复执文，开口便说齐、韩、鲁、毛四家诗传之义的程度。他80多岁时，以老处家，"就之学者甚多"⑥。西晋时，济南东平人刘兆，安贫乐道，潜心著述，长期钻研《春秋》、《周礼》、《周易》，所著之书，长达百余万言。他既博学洽闻，又温笃善诱，"从受业者数千人"⑦。像这样的学

---

① 《梁书》卷27，《明山宾传》；《南史》卷71，《严植之传》。
② 《魏书》卷4，《世祖纪》下。
③ 《魏书》卷7，《高祖纪》。
④ 《北齐书》卷4，《文宣帝纪》。
⑤ 《周书》卷35，《薛慎传》。
⑥ 《三国志·魏书》卷13，《王肃传》注引《魏略》。
⑦ 《晋书》卷91，《儒林·刘兆传》。

者，这样的私学，在魏晋南北朝各个时期都存在，本章第二节中已有详述，此不重说。

魏晋南北朝士家大族遍布南北，大族重门第家世，所以家学十分发达，而儒学也是家学教育的内容之一。门第教育以儒学为宗，这在上一节已经谈到，这里再列举一些儒学世家以进一步证实这个特点。南朝人伏曼容，自幼好学，多技艺，他一生所著书籍有《周易》、《毛诗》、《丧服集解》、《老子》、《庄子》、《论语义》等，其中大部分为儒家经典。其子伏暅，幼传父业，梁武帝时兼《五经》博士，与吏部尚书徐勉、中书侍郎周捨总知五礼事，以后又被征为国子博士。伏暅子伏挺，幼敏悟，七岁通《孝经》、《论语》。梁武帝天监初年，"居宅在潮沟，于宅讲《论语》，听者倾朝"①。司马筠，自幼孤贫好学，长大后"博通经术，尤明《三礼》"。其子司马寿，"传父业，明《三礼》"②。贺玚是晋司空贺循的玄孙，其家"世以儒术显"。其祖贺道力"善《三礼》，有盛名"，其父贺损"亦传家业"。贺玚"于《礼》尤精"，在梁武帝时曾被荐举修宾礼，武帝听他讲说礼义，大异之，"诏朝朔望，预华林讲"。贺玚子贺革，"年二十，始辍耒就父受业"，后来也通《三礼》，"遍治《孝经》、《论语》、《毛诗》、《左传》"，先后任太学博士、国子博士。贺玚的侄子贺琛，"幼孤，伯父玚授其经业"，后来也"尤精《三礼》"③。可见贺氏家传儒学之深厚。

官学、私学、家学都把儒学作为自己的教育内容，这就使儒学在朝廷、在地方、在民间、在家族都有了赖以生存、传授、发展的依托。正因为这样，儒学在魏晋南北朝时虽受冲击，但未灭绝，而是调整了自己，牢固地自立于百家争鸣的文化之林。

第二，它为思想与学术的百家争鸣提供了前提。各种学术、各派思想同生共存是百家争鸣的前提，一家独尊是不会会形成百家争鸣的局面的。魏晋南北朝时期，无论官学、私学，还是家学，儒学都不是惟一的教学内容。官学中，儒学具有绝对的统治地位，但总的看，官学处于衰落期，私学及家学十分兴盛活跃，所以儒学并不具有压倒的优势。即使在官学中，儒学地位很高，但从南朝刘宋以后，玄学佛学开始在官学中占有一席之地。刘宋元嘉十五年（438年），宋文帝"使丹阳尹何尚之立玄学，太子率更令何承天立史学，司徒参军谢元立文学"，再加上儒学，"凡四学并建"④。南朝梁武帝崇信佛教，"制《涅槃》、《大品》、《净名》、《三慧》诸经义记，复数百卷。听览余闲，即于重云殿及同泰寺讲说，名僧硕学、

---

① 《南史》卷71，《儒林·伏曼容传》。
② 《南史》卷71，《儒林·司马筠传》。
③ 《南史》卷62，《贺玚传》。
④ 《宋书》卷93，《隐逸·雷次宗传》。

四部听众，常万余人"①。在宫中讲佛学，听讲者既有名僧还有硕学，可见这种佛学讲授方式，实际上也具有国学的性质。

私学及家学的教育内容要比官学广泛得多，除儒学之外，还包括了道学、佛学、文学、音乐、天文、数学、医学、书法、棋艺等等。这一点在上一节已经详述。私学及家学由于师资水平高、教育覆盖面广、始终具有一定规模、持续性强于国学等特点，因此在整个教育结构中占有重要地位。这种地位又使私学及家学所包含的各门类的教育内容与儒学共生共存，从而造成学术与思想百家争鸣的前提。

魏晋南北朝时期，各种思想、学派之间的争鸣比比皆是。曹魏末，嵇康在《难张辽叔自然好学论》中说："今若以明堂为丙舍，以讽诵为鬼语，以六经为芜秽，以仁义为臭腐，睹文籍则目瞧，修揖让则变伛，袭章服则转筋，谈礼典则齿龋，于是兼而弃之，万万物为更始。则吾子虽好学不倦，犹将缺焉；则向之不学，未必为长夜，六经未必为太阳也。"② 这种大胆抨击儒家仁义、六经、揖让、礼典的言论，若在儒学独尊的社会里是不可想象的。向秀《难嵇叔夜养生论》说："富与贵，是人之所欲也。但当求之以道义，在上以不骄无患，持满以损俭不溢。若此，何为其伤德邪！"③ 向秀主张以道义求富贵，以不骄损俭来养德，所据仍属儒家学说。南朝萧齐时，有道士假托张融之名写的《三破论》，说佛教入国破国，入家破家，入身破身。其中指责佛教破家，说佛教僧徒"遗弃二亲，孝道顿绝"，"服属永弃，悖化犯顺"，"五逆不孝，不复过此"。在指责佛教破身时说，僧徒"一有毁伤之疾，二有髡头之苦，三有不孝之逆，四有绝种之罪，五有亡体从诫"④。可见《三破论》对佛教的指责，多以儒家纲常理论为依据。北周甄鸾在《笑道论启》中说："昔行父之为人也，见有礼于其君者，敬之如孝子之养父母；见无礼于其君者，恶之如鹰鹯之逐鸟雀。宣尼云：'君子之事上也，进思尽忠，退思补过，将顺其美，匡救其恶，故上下能相亲也。'"⑤ 甄鸾对道教的抨击，也运用儒家的理论。这说明儒学虽受冲击，但仍作为一家学派立于学林。不仅儒道、儒佛之间互相争鸣，玄学与佛学之间也常常机锋相接。西域僧人康僧渊，在东晋时遇到殷浩。"浩始问佛经深远之理，却辩俗书性情之义，自昼至曛，浩不能屈。"⑥《世说新语·文学篇》记载："僧意在瓦官寺中，王苟子来与共语，便使其

---

① 《梁书》卷3，《武帝纪》下。
② 《全三国文》卷50。
③ 《全晋文》卷72。
④ 《弘明集》卷8，《灭惑论》。
⑤ 《广弘明集》卷9，《辩惑篇》第二之五《笑道论》。
⑥ 《高僧传》卷4，《义解·康僧渊传》。

唱理。意谓王曰：'圣人有情不？'王曰：'无。'重问曰：'圣人如柱耶？'王曰：'如筹算，虽无情，运之者有情。'僧意曰：'谁运圣人耶？'苟子不得答而去。"僧意与王苟子（即王修）的争论，还未涉及各自理论本身，仅仅是看问题的方法，已见玄佛之间的不同。各学派之间的争鸣如此，一个学派内部的争鸣也是如此。南朝陈时，张讥任国子助教。当时周弘正在国学讲《周易》，周弘正的第四弟周弘直也在座。张讥就《周易》与主讲周弘正争论起来。周弘正不能说服张讥，周弘直危坐厉声，帮助其兄申理。张讥便正色对周弘直说："今日义集，辩正名理，虽知兄弟急难，四公不得有助。"周弘直说："仆助君师，何为不可？"一时满堂大笑。① 北朝孙惠蔚孙子孙灵晖，"得惠蔚手录章疏，研精寻问，更求师友，《三礼》、《三传》，皆通宗旨。然始就鲍季详、熊安生质问疑滞，其所发明，熊、鲍无以异也。"② 上党人李业兴，从徐遵明受业于赵、魏之间。当时有个叫鲜于灵馥的人也聚徒讲学。徐遵明这时声誉还不高，李业兴便假装到鲜于灵馥处受学。鲜于灵馥嘲笑说："李生久逐羌博士，何所得也？"李业兴默默地听着，一言不发。在鲜于灵馥讲《左传》时，李业兴当众问了他几个问题，鲜于灵馥却一个也答不来。③ 学派与学派的争鸣，说明各学派的成熟；学派内部的争鸣，也是这个学派发展的表现。各学派的成熟和发展，与这个时期的教育分不开。

第三，它为这个时期的人才辈出提供了土壤。魏晋南北朝时期，官学、私学、家学三种教育形式，为社会培育了大批人才，其中包括政治家、思想家、文学家、艺术家、科学家、医学家、教育家等。

士族门阀特别重视家学，其门第家风主要靠家学造就的政治方面的人才来维系，因而在士族家学兴盛的情况下，出现了一些著名的政治家和军事家，如东晋时的王导、谢安，北魏前期的崔浩等皆是。他们是靠家学培养出来的。如北魏时，赵郡人李曾，"少治《郑氏礼》、《左氏春秋》，以教授为业"④。李曾子李祥，"学传家业，乡党宗之。世祖诏州郡举贤良，祥应贡，对策合旨，除中书博士"⑤。李祥之子李安世，自幼聪颖。北魏兴安二年（453年），文成帝召见侍郎、博士之子，准备从这些人中选一些突出者入中书学⑥学习。当时李安世年仅11岁，也在被召入之列。文成帝见他幼小，特向他提些问题。李安世回答甚有条理，当即被选为中书学生。魏孝文帝时，李安世针对当时人民困饥流散、豪右占夺土地的情

---

① 《陈书》卷33，《儒林·张讥传》。
② 《北史》卷81，《儒林·孙灵晖传》。
③ 《北史》卷81，《儒林·李业兴传》。
④ 《魏书》卷53，《李孝伯传》。
⑤ 《魏书》卷53，《李孝伯附李祥传》。
⑥ 中书学即国子学前身。详见本章第一节。

况，提出"宜更均量，审其径术，令分艺有准，力业相称"的建议，开了均田法之先声。① 李安世得家学之传，又受中书学之业，是家学与国学共同培养出来的政治家。

东晋葛洪，出身低级士族，其祖父葛系，"学无不涉，究测精微"。其父葛悌，"方册所载，罔不穷览"②。葛洪自幼丧父，不及从其父亲受家学传授，但其"少好学，家贫，躬自伐薪以贸纸笔，夜辄写书诵习，遂以儒学知名"③。这种好学的品质，不能说与家庭教育无关。后来他为"寻书问义，不远数千里崎岖冒涉，期于必得，遂究览典籍，尤好神仙导养之法"④。葛洪的从祖葛玄，号葛仙公，以其炼丹秘术授弟子郑隐，葛洪又从郑隐处学得其法。以后葛洪又以南海太守鲍玄为师，学习逆占将来的内学。史称葛洪"兼综练医术，凡所著撰，皆精覈是非，而才章富赡"⑤。可见葛洪成长与家学和私学关系密切，他写的《抱朴子》，集中反应了他的政治及道教思想。葛洪是受家学影响并私学教育培养的亦儒亦道的思想家。南朝著名思想家范缜，未及弱冠之年，便师从沛国人刘瓛。刘瓛对他的好学及聪颖很欣赏，亲自为他行冠礼。范缜"在瓛门下积年，恒芒屩布衣，徒行于路。瓛门下多车马贵游，缜在其间，聊无耻愧。及长，博通经术，尤精《三礼》"⑥。范缜是私学培养出来的思想家，他不信神鬼，曾著《神灭论》，倡无神思想，在当时引起很大震动，对后世也产生很大影响。

魏晋南北朝也是我国文学发展史上的重要时期，产生了许多著名的文学家。在这些文学家和诗人中，有许多是同属一个家族。如曹操不仅是政治家、军事家，而且是大诗人。其子曹丕，"年八岁，能属文。有逸才，遂博贯古今经传诸子百家之书"⑦。曹丕的学业，显然是受曹操影响。曹操的另一个儿子曹植，十几岁时便能诵读《诗》、《论》以及词赋，又善写文章。曹操曾把曹植的文章拿来看，不相信是他所作，便问他是否请人代写。曹植说："言出为论，下笔成章，愿当面试，奈何倩人？"⑧ 当时铜雀台刚建好，曹操让诸子登台作赋，以检查他们的才华。可见曹丕、曹植等人的文才，都与其父曹操的影响督促有关。东晋谢安，常与儿女们一起讲论诗文。有一天下雪，谢安正和儿女们在一起，他见雪越下越大，便指着雪问："白雪纷纷何所似？"其侄谢朗说："撒盐空中差可拟。"其侄女说："未

---

① 《魏书》卷53，《李孝伯附李安世传》。
② 《抱朴子·外篇》卷15，《自叙》。
③ 《晋书》卷72，《葛洪传》。
④ 同上。
⑤ 同上。
⑥ 《南史》卷57，《范云附范缜传》。
⑦ 《三国志·魏书》卷2，《文帝纪》。
⑧ 《三国志·魏书》卷19，《陈思王曹植传》。倩，请。

若柳絮因风起。"① 由此可见谢氏家族家学教育的情况。谢氏家族文学俊秀辈出，谢道韫是著名才女，谢灵运、谢朏、谢朓、谢瞻、谢世基、谢晦、谢惠连、谢庄、谢举等，都是当时有名的诗人，有的在文学史上占有重要地位。这种情况，当与谢氏家学的影响传承有关。北朝大文学家庾信，出身于文学世家。其祖庾易，"宋终齐季，早擅英声"。父庾肩吾，"文宗学府，智囊义窟，鸿名重誉，独步江南。"其家世"或昭或穆，七世举秀才；且珪且璋，五代有文集"②。庾信的文学成就，不能说与其家学无关。

魏晋南北朝士家大族不但注重文学，还世传一些高雅艺术，其中书法艺术尤为突出。这个时期，形成许多书法世家，王氏、卫氏尤为书法世家的佼佼者。王导之书，模仿三国时的钟繇，晋室南迁江左，王导随之过江，并随身携带钟繇手书《宣示表》，以为法帖，后练就一笔漂亮的行书、草书。与王导同辈的书法家有王敦、王廙等。王导的下一代书法家有王恬、王洽、王劭、王荟、王羲之等。第三代人中，王珣、王廞、王凝之、王操之、王涣之、王玄之、王献之等都在书法方面有所成就。王羲之、王献之父子书法造诣最高。王氏一族，几代驰骋东晋书坛，当与其深厚家学有关。三国曹魏时，卫觊从邯郸淳学习书法，篆书、草书、隶书等字体都不逊于其师。卫觊之子卫瓘，草书、篆书都很擅长，特别是他创造的柳叶篆体，字形细长，笔势遒劲，别具风格。卫瓘之子卫恒，写字时特让笔中墨汁不足，使墨迹中因墨枯而留空白，加之字形似飞翔之势，号曰飞白，风格甚是独特。卫氏三代均出书法家，也当与其家学教育有关。

南朝人祖冲之是著名的科学家，他在数学、天文历法等方面都取得举世瞩目的成就。祖冲之子祖暅之，"少传家业，究极精微，亦有巧思"③。祖暅之子祖皓，也"少传家业，善算历"④。祖冲之三代从事科学研究，足见其家学渊源之深厚。家学为培养科学家作出了不可磨灭的贡献。

中国的医学最讲究父子相传，世代行医。先秦时就有"医不三世，不服其药"的说法。⑤ 因为行医是关系到人的生死的大事，所以人们对有丰富医疗经验的祖传世医更为信任是可以理解的。东海徐氏的家传医学最为典型。北朝名医徐之才，先祖徐熙，好黄老，懂医术，为海内名医。徐熙子徐秋夫，继承其父继续行医。徐秋夫之子徐道度，于其父业甚精。他有脚疾，行走不便，宋文帝令人将其抬入

---

① 《世说新语》卷上，《言语篇》。
② 宇文通：《庾信集序》，《全后周文》卷4。
③ 《南史》卷72，《文学·祖冲之附祖皓传》。
④ 同上。
⑤ 《礼记·曲礼下》。

宫中,"为诸皇子疗疾,无不绝验"①。徐道度之子徐文伯,医术甚高,宋孝武帝路太后有病,众医生一筹莫展。徐文伯诊后说:"此石博小肠耳。"便做成水剂消食汤,路太后服用后病很快就好了。徐文伯的弟弟徐謇,医术也很高明,北魏献文帝时被掳入北魏。献文帝"欲验其能,置病人于幕中,使謇隔而脉之,深得病形,兼知色候"②。徐文伯的儿子徐雄,"亦传家业,尤工诊察"③。徐之才是徐雄的儿子,北魏孝昌二年(526年)来到洛阳,因"药石多效,又窥涉经史,发言辩捷,朝贤竞相要引,为之延誉"④。徐之才一族六世出了九个医生⑤,足见家学对医学的影响。

魏晋南北朝官学、私学、家学共存互补的格局,有利于这个时期教育的发展。在各种教育实践中,涌现出不少教育专家。如北朝大儒徐遵明,"教授门徒,每临讲座,先持经执疏,然后敷讲,学徒之至,浸以成俗"⑥。徐遵明不但在教授方法上有所贡献,还培养出了像李业兴、李铉、乐逊等著名儒者。如果说徐遵明是私学教育家,颜之推就是家学教育家。他写的著名的著作《颜氏家训》,集中地反映了他一系列教育思想,成为千古流传的古代教育学名作。

教育是人类社会不可或缺的重要的精神活动,它使一个民族的文化一代一代地传下去,它促成了一个时代思想和学术的发展,它为社会培养出各类人才。没有教育,便没有社会的健康发展,魏晋南北朝时期教育的社会作用也证明了这点。

第五节　医学的社会实践

魏晋南北朝是我国医学发展史上的重要阶段,在这个时期,由于教育的发展,使得秦汉时期的医学理论得到长足发展。同时各种战争、瘟疫、流行病,给医学

---

① 《南史》卷32,《张邵附徐文伯传》。
② 《北史》卷90,《艺术·徐謇传》。
③ 《南史》卷32,《张邵附徐文伯传》。
④ 《北史》卷90,《艺术·徐謇传》。
⑤ 徐文伯的另一个弟弟徐嗣伯也是医生,见《南史》卷32,《张邵附徐嗣伯传》。
⑥ 《北史》卷81,《儒林·徐遵明传》。

家们提供了更多的临床机会。在婚姻一章中，我们曾指出过魏晋南北朝时期人们的平均寿命一般不高，所以，封建统治者在追求长生过程中，除了信奉道教方术外，也比较注重医疗保健，这就使这个时期的医务制度也比以前更加完善。长足发展的医学理论、不断丰富的临床经验、比较完善的医务制度，构成了魏晋南北朝时期医学的三个特点，反映了此时期医学方面取得的斐然成就。

魏晋南北朝时期，出现了许多为中国医学理论发展作出重要贡献的医学家。东汉时，张仲景曾撰《伤寒杂病论》，至魏晋时，名医王叔和又对此书进行了加工和整理。他将这部书分为《伤寒论》和《金匮要略》两部，将传染病的辨证施治与一般杂病的脉因诊治分而述之，并结合当时的实际情况增加了一些新的内容，从而使这部医学著作对当时医疗实践起到了更好的指导作用，受到当时医家的推崇。① 王叔和不但在整理前人的医学著作方面作出重要贡献，而且还亲自撰写了《脉经》、《脉诀》、《脉赋》等著作和文章。特别是他所撰写的《脉经》，将人体脉搏跳动的各种细微差别加以区分，概括总结为24种脉象，并论述了各种脉象与所反映的病症之间的关系。《脉经》是我国现存最早的脉学专著，它奠定了中医诊断学的理论基础。魏晋时期，还有一位著名的医学家皇甫谧，他在多年的医学研究、医疗实践的基础上，写了许多医学著作，其中影响最大的是《黄帝针灸甲乙经》。在这部书中，皇甫谧系统地总结了前代的针灸学成就，论述了人体的生理、病理、腧穴总数、部位、取穴、针法、适应症、禁忌症等，并纠正了前人记述穴位的错误之处，从而将祖国中医针灸学提高到一个新水平。至两晋南北朝时期，又出现了许多医药学、方剂学方面的著作。两晋时期，葛洪曾撰《金匮药方》100卷，此书又称《玉函方》。在编写《玉函方》之后，他见到一些称为备急之方的书，既不能"穷诸病状"，又"兼多珍贵之药"②，起不到备急之用，便又在《玉函方》的基础上，又编成《肘后备急方》。此书简明扼要，仅三卷，且书中所载，"率多易得之药，其不获已须买之者，亦皆贱价草石"③，成为名副其实的"备急方"。南朝人陶弘景，在医学方面也有很多著述，其中最有代表性的是《本草经集注》。在这部书中，他对《神农本草经》所录的365味药进行了整理和校订，并在此基础上，又将药物品种增到730味。在药物分类上，这部书把730种药分成玉石、草木、虫鱼、禽兽、果菜、米食、有名无用等七大类。这种分类方法比《神农本草经》按上、中、下三品分类的方法更加科学。此外，这部书中还在药物产地、采集时间、形态鉴别、炮制加工、贮存方法及临床应用等方面补充了许多新内容。《隋书·经籍志》

---

① 晋人皇甫谧说："近代太医令王叔和，撰次仲景，选论甚精。"见其著作《黄帝针灸甲乙经序》。
② 《全晋文》卷116，引葛洪《肘后备急方序》。
③ 同上。

中收录了医书 256 部，4510 卷，其中医药方剂书占了二分之一以上，其中绝大部分是魏晋南北朝时人所作。这也反映出魏晋南北朝时期医学发展的水平。

紅色藥丸分析報告

（南京藥學院）

1. 丸重：
   9.393；0.315；0.275（克）
2. 定性分析：
   將上述三顆藥丸研細後進行下述試驗：
   ① 取約0.1克，高溫灼燒，得黑色銀鏡樣升華物，是爲硫化汞的特性反應。
   ② 將升華物用王水溶解後蒸干至無氯氣產生，用適量水溶解，以氯化亞錫試之，先得白色絲光狀沉淀，繼轉爲深灰色，此爲二價汞的特性反應，用擦亮的鋼絲浸入此溶液中，立顯灰黑色，用濾紙擦拭，即變亮，示有二價汞存在。
3. 定量分析：
   用溴及硝酸溶解本樣品後，測硫及汞的含量分別爲：13.0%；60.9%。
   從化學分析結果看，丸劑原藥主要成分爲硫化汞（其它成分尚待進一步分析研究）。
   從成分的定性定量來看，是丹砂珠砂的成分和含量。從色澤、對空氣的穩定性等來看，也符合硫化汞的理化性質。

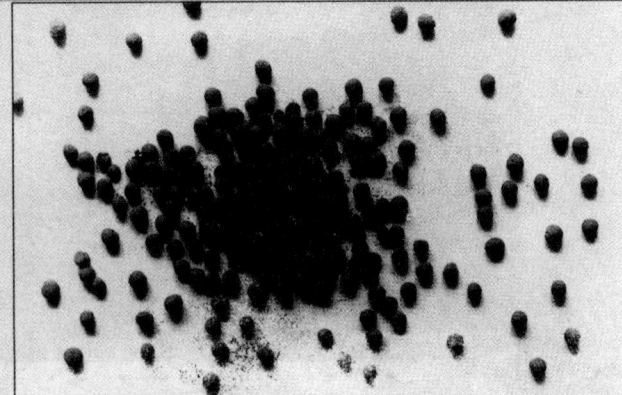

东晋王丹虎墓　出土丹丸及化学分析报告（南京药学院）

医学理论的发展，必然给医疗临床实践以有力的指导。魏晋南北朝时期，中医的内科外科治疗都出现许多名医，他们在医疗实践中许多成功的事例，被人们广为称誉。

东汉三国时，华佗是有名的医生。有两个人，一个叫兒寻，一个叫李延，两个人都是头痛身热的病症，他们让华佗诊治。华佗认为二人症状虽同，病因却异，因而用不同的药，让兒寻下泄，让李延发汗，结果二人全都病愈。① 南朝萧齐时，褚澄任吴郡太守。他擅长医术，有一次，萧道成的儿子得了病，便召褚澄前来诊治。褚澄手到病除。② 南朝刘宋时，徐道度擅长医术，他有脚疾，行路不便，"宋

---

① 《三国志·魏书》卷29，《方技·华佗传》。
② 《南齐书》卷23，《褚渊附褚澄传》。

文帝令乘小舆入殿，为诸皇子疗疾，无不绝验"①，被宋文帝称为"天下五绝"之一。② 徐道度子徐文伯，承其父医业，医术甚高。宋孝武帝路太后有病，一般医生都不知道得的是什么病。徐文伯看过后，说："此石博小肠耳。"便配一水剂消石汤，路太后喝下祛病就好了。③ 所谓石博小肠，即今天所说肠结石。徐文伯不仅能诊断出其病，并能配制化石之药，可见其内科医术的高明。北魏时，徐謇的医术也很有名。他是徐文伯的弟弟，后被掳入北方。北魏献文帝听说他的医术，欲加以验证，便把一个病人放在帐中，让徐謇隔帐诊断。徐謇用脉诊之法，"深得病形，兼知色侯"④。清河（治今河北清河）东武城人崔彧，少年时曾随僧人学医，"教以《素问》九卷及《甲乙》，遂善医术。中山王英子略曾病，王显等不能疗。彧针之，抽针即愈"⑤。王显亦为北魏名医，他医不好的病却被崔彧用针扎好，可见其医术的高明。

魏晋南北朝时中医不仅能医治各种内科疾病，还被用于妇产科。《南史·张邵附徐文伯传》记载：有一次，宋后废帝出游，半路碰见一个孕妇。后废帝也懂医道，他为孕妇诊断，说她怀的是女孩。徐文伯诊后说："腹有两子，一男一女，男左边，青黑，形小于女。"后废帝荒淫且残酷，想让人立刻将孕妇剖开验证。徐文伯说："如果用刀斧劈开，恐怕将有变异，请让我用针为其催产。"胎儿应针而落，果然与徐文伯所说一模一样。徐文伯为救孕妇，不得已用针使其早产。这件事又表明中医用针为孕妇助产，这对于医治难产是有帮助的。《魏书·术艺·王显传》也记载：文昭皇后初怀宣武帝时，常感到心里不舒服。文明太后令徐謇、王显为皇后诊脉。徐謇认为是微风侵入内脏，应用汤药加针剂进行治疗。王显说："案三部脉非有心疾，将是怀孕生男之象。"事实证明王显这次诊断正确。可见王显妇产科的临床经验比名医徐謇丰富。

魏晋南北朝时期的医学成就最突出的要属中医外科医术。⑥ 由于医药学的发展，麻沸散的出现，以及对人体生理结构认识的提高，推动了中医外科医术的发达，使这个时期出现了许多惊人的外科医术病例，这些病例包括：

大型胸腹部手术两例。据《三国志·魏书·华佗传》注引《华佗别传》记载，有一个病人上腹切痛，十余日鬓眉脱落。经华佗诊断，认为是脾脏腐坏，便

---

① 《南史》卷32，《张邵附徐道度传》。宋文帝云："天下有五绝，而皆出钱塘。"谓杜道鞠弹棋、范悦诗，褚欣远模书，褚胤围棋，徐道度疗疾。
② 同上。
③ 《南史》卷32，《张邵附徐文伯传》。
④ 《魏书》卷91，《术艺·徐謇传、崔彧传》。
⑤ 同上。
⑥ 关于魏晋南北朝时期的中医外科，朱大渭《魏晋南北朝的中医外科医术》一文有详尽论述，见《文史哲》1990年第4期。本节外科部分主要依据此文。

让病人饮药麻醉，将其腹部剖开，发现病人的脾果半腐坏。华佗将其腐坏部分切除后，"以膏傅疮"，饮之以药，一百日病愈。同书《华佗传》又载：有一士大夫得病，华佗诊后对他说："君病深，当破腹取，但不能根治，十年后病复法，将不能治。与其破腹痛苦，不如注意调养，也能活十余年。"士大夫难以忍受疾病折磨，坚决要求动手术。经华佗剖腹治疗，病人好转，但十年后果然旧病复发而死。

上肢大手术三例。三国蜀将关羽曾为流矢射中，左臂受伤。后来伤口虽好，但每遇阴雨天，常觉骨痛。医生诊断说是由于"矢镞有毒，毒入于骨"所致，"当破臂作创，刮骨去毒，然后此患乃除耳。"关羽伸臂让医生动手术，血流盈盘器，"而羽割炙引酒，言笑自若"①。西晋初年，卢钦的儿子卢浮手上长毒疮，医生认为毒疮难治，必须"截手"以全性命。经截肢手术后，卢浮果然安然无恙。② 北魏末年，长孙道生的曾孙长孙子彦，年少时"坠马折臂，肘上骨起寸余"。医生"开肉锯骨，流血数升。子彦言戏自若，时以为逾于关羽"③。

眼科大手术一例。据《晋书·景帝纪》载："初，帝（即景帝）目有瘤疾，使医割之。"当平文钦之乱时，文钦之子文鸯勇冠三军，率骁骑突阵，"军中惊扰"。司马师惊急，"所病目突出"。他惧军心不安，用被蒙眼，痛甚，齿咬被破。司马师早年割去眼瘤，而视力不损，还能带兵打仗，可见这种极为精细复杂的手术在当时是成功的。

其他外科手术四例。据《晋书·魏咏之传》载：东晋魏咏之"生而兔缺"，即俗称豁嘴。他18岁时，听说荆州（治今湖北江陵）有医生能治此病，便去就医。医生告诉他："可割而补之，但须百日进粥，不得语笑。"经医生进行割肉补缺的手术后，魏咏之又经过了"闭口不语，唯食薄粥"的一百天，终于被治好。这例外科手术，不仅医术很高，而且表明在1600多年前，我国已经有了整形外科。又据《晋书·温峤传》载：东晋温峤先有齿疾，请医生拔之，因中风而死。所谓中风，可能是消毒不严，形成细菌感染所致，也可能是病人未遵医嘱所造成的事故，不得而知。这个病例表明，当时已能进行较复杂的拔牙外科手术。刘宋末年，陈显达讨桂阳王刘休范，"矢中左眼，拔箭而镞不出"。一位姓潘的女医，"善禁，乃禁显达目中镞出之。"④"禁"指巫术禁呪，带有迷信色彩。其实可能是以手术取出眼中的箭头。北齐有人患脚跟肿痛，诸医皆不能治。徐之才为他解剖肿处，治疗后病愈。⑤

---

① 《三国志·蜀书》卷36，《关羽传》。
② 《晋书》卷44，《卢钦附子浮传》。
③ 《魏书》卷25，《长孙道生附曾孙子彦传》。
④ 《南齐书》卷26，《陈显达传》。
⑤ 《北史》卷90，《徐謇附徐之才传》。

各种疮症四例。公元328年，刘曜在洛阳大败，"被创十余，通中者三"。胸腹部有三处被刺穿，其伤势之重可以想见。石勒令金疮医李永给予治疗，很快便好转。① 宋武帝刘裕早年手上生疮，多年不愈。有一沙门医生给予黄色药面一包，并说："此疮难治，非此药不能疗也。"刘裕用药面敷疮即愈。以后"征伐屡被伤，通中者数矣"，用此药治疗，"无不立愈"②。南齐有一老妇患疔疮，周身疼痛，皮肤上有黩黑无数。名医徐嗣伯给她服药后，老妇"痛势愈甚，跳投床者无数。须臾所黩处皆拔出钉，长寸许。以膏涂诸疮口，三日而复"③。北齐杨愔"背肿痛甚"，名医马嗣明特制药面和醋敷之，迅即愈。据称，马嗣明每以此药"治肿无不愈"④。

治毒蛇、狂犬类咬伤三例。东汉末年，彭城夫人夜上厕所，被蝎子咬螫伤手，"呻吟无赖"。华佗以温汤浸泡其手，"数易汤，常令暖，其旦即愈"⑤。这是最早记载用热水浸泡散毒治毒虫咬伤的方法。大概汤中还加有消毒药，所以一夜即治愈。北齐末年，一女子被毒蛇咬伤，先手臂肿痛，"渐及半身，肢节俱肿，痛不可忍，呻吟尽夜不绝"。马嗣明医生为其处方，前后服汤剂十服，散剂一服，此女子半身肿消，手臂康复。⑥ 南朝刘宋时，张牧被疯狗咬伤，医生说："宜食蛤蟆脍（即癞蛤蟆肉），牧甚难之。"其兄张畅含笑先尝，牧"因此乃食，疮亦即愈"⑦。癞蛤蟆本属五毒动物之一，但其肉无毒，中医用以治疗狂犬咬伤，或许有其他克毒中药在内。

上述十多例中医外科病例，除拔牙一人死亡原因存疑外，其余全部成功，其中有些外科手术即使用今天的标准看，也是难度较大的。这说明魏晋南北朝时期外科医术的发达。

医疗的主要作用是治病救人，改善人们体质，使人身体健康。而这种作用的发挥，是通过社会一定的医务制度实现的。魏晋南北朝时期，基本形成了皇族、贵族、平民三级医务制度，使得医疗的上述作用在社会各阶层中均有不同程度的体现。

两汉时期，皇室的医政主要由太医令管理。三国曹魏、孙吴都有太医令。西晋时太医令隶属宗正，东晋时改属门下省。宋、齐、梁、陈、北魏、北齐都置此官。太医令下有太医丞，药丞等。南北朝时，北魏置侍御师专门负责给皇帝及皇后看病。此外，还

---

① 《晋书》卷103，《刘曜载记》。
② 《宋书》卷27，《符瑞志》上。
③ 《南史》卷32，《张邵附徐嗣伯传》。
④ 《北史》卷90，《艺术·马嗣明传》。
⑤ 《太平御览》卷742，《疾病部》引《魏略》。
⑥ 《北史》卷90，《艺术·马嗣明传》。
⑦ 《宋书》卷59，《张畅传》。按同书卷46《张邵附张畅传》，牧作枚。

置尚药典御之官,总管皇家药物。北齐设尚药局,由尚药典御、尚药丞负责,总管皇家御药。下设侍御师、尚药监等官。西魏设太医司,隶属天官府。北周沿袭西魏。太医司由太医下大夫负责,掌医药之政令,多在禁中供职,负责诊治皇帝、皇后及大臣们的病患。太医下大夫下有小医下大夫、小医上士、医正上士、疡医上士、主药下士等官。这些医官全都由精通医道的名医担任。中央皇族医务系统的扩大,说明统治者对医药需求的扩大,也说明最高统治者医疗条件的优越。

《脉经》 (西晋 王叔和撰)

贵族阶层的医疗条件也相当优越,他们一般都有自己的庄园,各种药物自给自足。他们又有自己的随身保健医生,随时可以医治各种疾病。谢灵运《山居赋》中,多次出现与贵族医疗有关的记述。如,"《本草》所载,山泽不一。雷、桐是别,和、缓是悉。参核六根,五华九实。二冬并称而殊性,三建异形而同出。水香送秋而擢蕣,林兰近雪而扬猗。卷栢万代而不殒,茯苓千岁而方知。映红葩于绿蒂,茂素蕤于紫枝。既住年而增灵,亦驱妖而斥疵"①。这里所说的参核、六根、五花、九实、二冬、三建、水香、林兰、卷栢、茯苓,都是谢灵运庄园中产的药材。《山居赋》又载:"春秋有待,朝夕须资。既耕以饭,亦桑贸衣。艺菜富肴,采药救颓。自外何事,顺性靡违。"② 这说明庄园主人吃饭、穿衣、医药都能自给

---

① 《宋书》卷 67,《谢灵运传》。
② 同上。

自足。《山居赋》中还记载了采药的情景:"寻名山之奇药,越灵波而憩辕。采石上之地黄,摘竹下之天门。撫曾岭之细辛,拔幽涧之溪荪。访钟乳于洞穴,讯丹阳于红泉。"① 士族高门有如此丰富的药物资源,的确使一般庶民百姓望尘莫及。士家大族们不仅占有丰富的药物资源,而且把一批医术高明的医生聚集在自己身边,真是医药不愁。最典型的例子是殷仲堪。陈郡殷氏是当时大族,殷仲堪任晋陵(治今江苏镇江)太守时,因其父多年生病,他便"躬学医术,究其精妙"②。他不但通医术,还在府中聚集了一批医术高超的医生。他任荆州(治今湖北江陵)刺史时,魏咏之的兔缺之病,就是他帐下的医生治好的。可见殷仲堪出任地方官有私人医生跟随。

庶民百姓的医疗条件与皇族、贵族不同。庶民的概念,包括贵族以外的寒门地主。这部分人的医疗条件也很不错,他们有病,可以光顾私人开设的医院。《晋书·孝友·颜含传》载:颜含之兄颜畿,"咸宁中得疾,就医自疗,遂死于医家。"同书《卫瓘传》又载:贾后派人将卫瓘逮捕杀害,卫瓘的两个孙子卫璪、卫玠,"时在医家得免"。这里的"医家",当指私人开设的医院。卫瓘为大族,且在西晋政权中任要职,应属贵族。贵族有时也去"医家"就医,可见能去医家治病也算不错的医疗条件了。《魏书·术艺·李修传》载,李修的父亲李亮,少学医术,以后又从沙门僧坦学医,"针灸授药,莫不有效。徐、兖之间,多所救恤,四方疾苦,不远千里,竟往从之。亮大为厅事以舍病人,停车舆于下,时有死者,则就而棺殓,亲往吊视"。李亮行医,以救恤为任,前来就医者也不是士族高门。但他们也不是身无分文的赤贫者,他们起码要能支付得起廉价的医药费和食宿费用,否则,李亮作为一个普通医者,是无法担负得起这么多人的费用的。至于更下层的平民百姓,他们的医疗条件大抵有以下三个:一个是按照《肘后备急方》之类的简便药方或是民间偏方,利用贱价草石和易得之药治病。千百年来,《肘后备急方》不断地被增补、流传,说明这类方剂书深受大众欢迎。第二是一些富于爱心和同情心的医生和仁者。三国时华佗所诊治的病人很多,其中有社会地位不高的平民和妇女。《梁书·儒林·严植之传》载:严植之"少尝山行,见一患者,植之问其姓名,不能答,载与俱归,为营医药,六日而死。植之为棺殓殡之,卒不知何许人也"。但是像华佗、严植之这样的人毕竟不多,而且即使他们终生行善,所救之人依然有限。这对广大贫苦患者连杯水车薪都谈不上,简直是滴水车薪。第三是朝廷的救济。在一些大灾发生过后,封建朝廷也采取一些救济措施。宋文帝元嘉四年(427年)五月,京师疾疫,朝廷"遣使存问,给医药;死者若无家属,

---

① 《宋书》卷67,《谢灵运传》。
② 《晋书》卷84,《殷仲堪传》。

赐以棺器"①。元嘉二十四年（447年）六月，京邑疫疠，朝廷"使郡县及营署部司，普加履行，给以医药"②。孝武帝大明元年（457年）四月，京邑疾邑，"遣使按行，赐给医药。"③ 大明四年（460年）四月，孝武帝下诏："都邑节气未调，疫疠犹众，言念民瘼，情有矜伤。可遣使存问，并给医药；其死亡者，随宜恤赡。"④ 北魏皇兴四年（470年）三月，献文帝下诏说："朕思百姓病苦，民多非命，明发不寐，疚心疾首。是以广集良医，远采石药，欲以救护兆民。可宣告天下，民有病者，所在官司遣医就家诊视，所须药物，任医量给之。"⑤ 延昌三年（514年）四月，宣武帝下诏："肆州地震陷裂，死伤甚多，言念毁没，有酸怀抱。亡者不可复追，生病之徒宜加疗救。可遣太医、折伤医，并给所需之药，就治之。"⑥ 朝廷救济对缺医少药的灾民固然是件好事，但是第一，救济的次数毕竟不多；第二，救济的地区毕竟有限，所以并不能使百姓的医疗条件有多大的改善。从总的看，魏晋南北朝的医务制度，使皇族和贵族享有这个时期发达的医学成果，具有优越的医疗条件；寒门庶族地主次之；最痛苦的仍是广大的平民百姓。所以说，它仍是贵族地主的医疗制度。

---

① 《宋书》卷5，《文帝纪》。
② 同上。
③ 《宋书》卷6，《孝武帝纪》。
④ 同上。
⑤ 《魏书》卷6，《显祖纪》。
⑥ 《魏书》卷8，《世宗纪》。

第十二章

少数民族（匈奴、氐、羌、鲜卑）的社会生活

魏晋南北朝时期，匈奴、羯、氐、羌、鲜卑（即所谓"五胡"）等少数民族相继入主中原。近四百年间，中国境内汉族与各少数民族的关系，经历了由激烈冲突到逐渐融合的复杂过程。各个少数民族将本民族的服饰饮食、语言习俗带入内地，对于隋唐统一国家多民族文化体系的形成，产生了极其重要的影响。与此同时，进入中原的各个少数民族，长期接触先进的汉族文化，相继走上封建化的道路，并最终与汉民族融合，成为中华民族大家庭中的一员。本章分述各少数民族入主中原前后社会生活的基本情况，意在从一个特定的角度观察魏晋南北朝的历史面貌。

第一节 服饰

● 匈奴（附羯）

《史记·匈奴列传》载战国时赵武灵王推行"胡服骑射"，王国维先生《胡服

考》一文谓胡服之入中国肇始于此。而沈从文先生《中国古代服饰研究》又据文物资料推测，所谓"胡服"实际上是三代时中原服式辗转流入胡域者。不过无论如何，赵武灵王所改胡服，为当时匈奴流行的服式，应该是没有问题的。

王国维先生谓胡服为上褶下绔之式，① 即上身类似于袍，其长度大者至膝，小者较膝为短；下身类似于套裤，为左右两条裤筒。《释名》："绔，跨也，两股各跨别也。"《说文》"绔"字段注："今所谓套绔也。左右各一，分衣两胫。"王说不为无据。

但是，蒙古诺颜山第6号匈奴墓葬出土的一件刺绣上，绣着一个骑白马的人，看上去显然穿的是裤子；该墓葬还出土了一条棕色毛织品制成的裤子，与骑白马者的裤子样式相同。蒙古学者策·道尔吉苏荣在《北匈奴》（蒙古乌兰巴托科学委员会1961年版）一书中介绍了上述情况，他认为6号墓葬出土的裤子式样与现代蒙古人穿的并无区别，只是裤腿稍瘦。可知汉代匈奴人所穿裤子中，又有连裆的。陕西长安县客省庄匈奴墓葬出土一透雕铜饰，为两人摔交游戏的场面。有的学者认为，图中两个匈奴人穿的就是合裆的裤子，他们进而提出胡服的"绔"均为合裆，汉服的"绔"才是类似于套裤的开裆裤。② 这种说法，似乎还有待于文献及出土材料进一步的证实。

《急就篇》颜师古注称褶为左衽，然而近年出土文件中又有右衽的胡人形象；颜注复谓褶为宽袖，近年出土文物中亦见大袖衣衫的胡人形象，吕思勉先生《两晋南北朝史》论及此事，谓胡人之褶本为左衽、窄袖，传入汉地后始易为右衽、宽袖，其说可以信从。

《汉书·匈奴传》载其"自君王以下皆食畜肉，衣其皮革，被旃裘"。又载汉文帝时，匈奴单于好"汉缯絮食物"，中行说为劝阻单于，"其得汉絮缯，以驰草棘中，衣绔皆裂弊，以视不如旃裘坚善也。"《淮南子》卷13《泛论训》"绻领"条高诱注曰："皮衣屈而纨之，如今胡家韦裘反褶以为领也。"证明两汉时匈奴仍以绔褶为服，而其用于缝制绔褶的材料是旃裘或韦，即野兽的皮毛。

《汉书》、《后汉书》均有匈奴人致歉时脱帽的记载，可见两汉时期匈奴人有戴帽的习惯。据蒙古学者策·道尔吉苏荣《北匈奴》一书介绍：蒙古诺颜山匈奴墓葬出土了三顶匈奴人的帽子，两顶见于第6号墓葬，其中一顶的帽顶用薄毡制成，其外边是毛织品，里边是深蓝色的丝织品。帽子的前檐满覆貂皮，后沿外边是红色的毛织品，里边也是深蓝色的丝织品。帽子两边有护耳，用貂皮贴边，里外都是杏红色的缎子。帽顶有扣绊，护耳有绿色绸带。

---

① 说详王国维：《胡服考》。
② 见吕一飞：《胡族习俗与隋唐风韵》。

另一顶形状类似于现在蒙古人戴的尖顶帽。帽子是将两块红色的缎子缝在一起，帽顶也是用薄毡制成，里面絮有棉花一类东西，帽里是丝织品，上有扣绊和飘带。

第三顶见于第 12 号墓葬，为杏红色缎子所做，帽顶为椭圆形，帽檐有黑色缎子贴边，与现在蒙古人戴的便帽颇为相近。这三顶帽子尤其是尖顶的一种，应该就是汉代匈奴人帽子的一般式样。

山东沂南汉墓出土石刻中，可见几名高鼻深目的胡族骑兵形象，他们各戴尖顶毡帽，身穿齐膝短衣，一手持剑，一手挽盾。他们所戴毡帽，大约与上述诺颜山匈奴墓葬出土的薄毡尖顶帽实物相似。另据史籍所载：魏晋迄于隋唐，受胡风影响的尖顶毡帽即所谓"浑脱帽"，流行于中原地区。此事由出土材料亦可得到印证。我们推测，魏晋时期入塞的匈奴人，依然采取这种帽子的式样，大概是不会错的。

匈奴人经常使用腰带，腰带又以带钩及带扣括结。《汉书·匈奴传》颜师古注曰："犀毗，胡带之钩也；亦曰鲜卑，亦谓师比，总一物也，语有轻重耳。"① 带钩、带扣的实物，在汉、晋匈奴墓葬中均有出土。

匈奴人又有穿靴的习惯，《广韵》八戈引《释名》曰："鞾本胡服，赵武灵王所服。"② 诺颜山 6 号墓葬出土物品中，有一双缎制的长统靴，与现在蒙古人穿的靴子式样别无二致。③ 此靴大约为帐内所用，匈奴人在野外行走、骑马时穿的靴子，应该是皮制的。

又《太平御览》卷 698 引《邺中记》谓"石虎皇后出，女骑千人，皆着五彩织成靴"。其样式不详，可能与上述诺颜山 6 号墓所出长统靴类似，为匈奴传统服饰。④

二 氐、羌

据史籍记载，氐人的织品汉代即已传至内地。《说文·糸部》："絣，氐人殊缕也"⑤；"緫，氐人缢也"⑥。《后汉书·南蛮西南夷传》谓汉武帝元鼎六年（111 年），立白马氐所居之广汉西部为武都郡，"土地险阻，有麻田，出名马、牛、羊、漆、蜜。"由氐人"有麻田"的情节，可知他们的织品中应包括麻布。

---

① 关于带钩、带扣的区别，孙机：《先秦、汉、晋腰带用金银带扣》（载《文物》1994 年 1 期）一文有详尽解释，可参看。
② 《太平御览》卷 698 引文同。王国维：《胡服考》一文怀疑"赵武灵王所服"一句，为《广韵》、《御览》错置于此。
③ 长统靴旁又有一双缎面的毡鞋，可能是套鞋。
④ 汉魏之际，靴已传入中原，汉人亦服之。如《御览》卷 698 载魏武与杨修书，述其所赠之物，即有"织成靴一量"。
⑤ 《说文·糸部》："缕，线也。"
⑥ 《说文·糸部》："緫，西胡粗布也。"

《三国志·乌丸鲜卑东夷传》注引鱼豢《魏略》，谓氐人"衣服尚青绛，俗能织布"，云云。三国时，氐人以善于织布而闻名，可知他们的纺织技术有了长足的进步。《魏略》又说氐人"或号青氐，或号白氐，或号蚺氐，此盖虫之类而处中国，人即其服色而名之也"。如果鱼氏的推测不误，则所谓"衣服尚青绛"之氐，可能就是"青氐"；① 而"白氐"之属，恐怕未必是"衣服尚青绛"的。②

《魏略》谓氐族之"妇人嫁时着衽露，其缘饰之制有似羌，衽露有似中国袍"。衽露样式不详，扬雄《方言》云："褛谓之衽。"《说文·衣部》云："褛，衽也。"马长寿先生怀疑谓褛与露音同，衽露似为同义复词。③《公羊传》哀公十四年："反袂拭面，涕沾袍。"何休曰："袍，衣前襟也。"马长寿先生怀疑衽露指衣襟，大概是据此立说。然而，《急就篇》二"袍襦表里曲领群"，颜师古注曰："长衣曰袍，下至足跗。"则鱼豢所谓"有似中国袍"的衽露，也可能指一种"下至足跗"的长衣。

《南史·夷貊传》谓氐人"种桑麻，出绅绢布漆蜡椒等"。种桑是用于养蚕，进而缫丝制作绅绢；种麻则可能是为了制作麻布。《后汉书·南蛮西南夷传》记氐人"有麻田"，《南史·夷貊传》复谓氐人"种桑麻"，其中的变化在于氐人学会了种桑、养蚕、制作绢帛。而从汉代的"绨"、"纰"，到南北朝时的"绢布"，氐人的纺织工艺正是不断发展、一脉相承的。

羌人服装有所谓"括领"，见于《淮南子·齐俗篇》，其制不详。另由上引《魏略》氐族妇女出嫁时所穿衽露"缘饰之制有似羌"一语，可知羌人的衣服是多有缘饰的。

《魏略》复谓氐族妇女"皆编发"。"编发"即结发为辫。而据《后汉书·西羌传》，早期的羌人是披发的。④《梁书·西北诸戎传》称：吐谷浑统治之下的河南王国，"女子披发为辫"。马长寿先生据此推测：羌人从披发改为辫发，可能就在鲜卑吐谷浑统治诸羌的时期。⑤

（三）鲜卑

《三国志·乌丸鲜卑东夷传》注引王沈《魏书》载鲜卑山一带，"又有貂、

---

① 马长寿：《氐与羌》第一章"绪论"即推测：青氐或由衣服尚青而得名。
② 马长寿：《氐与羌》"绪论"又推测：白氐可能由白马氐而来。
③ 说详《氐与羌》"绪论"。
④ 《后汉书》卷87，《西羌传》所载"羌无弋爰剑"故事，谓春秋战国时期，羌人以"被发覆面"为俗。马长寿先生则谓披发实为拖发，即披发于身后，或垂于肩，或垂于背，而不需覆面。参见《氐与羌》第三章，"羌族"。
⑤ 说详《氐与羌》第三章，"羌族"。

貂、貈、𧴛子，皮毛柔蠕，故天下以为名裘"。貂、貈、𧴛子皮毛既为"天下名裘"，鲜卑人亦取之以为衣服原料，应是不言而喻的。

据《魏书》卷一《序纪》载：晋武帝咸宁三年（277年），鲜卑东部拓跋大酋长力微之子沙漠汗，在滞留晋地十余年后返回拓跋部，诸部大人迎之于阴馆（今山西省代县西北），乃相谓曰："太子风彩被服，同于南夏……若继国统，变易旧俗，吾等必不得志。"可见其时鲜卑拓跋部服饰与汉人尚有明显差异，而且鲜卑上层人物对于汉族服饰，普遍采取了排斥的态度。《序纪》复谓代王什翼犍时"国中少缯帛"，当时拓跋部制作衣服的材料，可能主要还是野兽的皮毛。

《资治通鉴》卷125元嘉二十七年（450年）七月，载北魏太武帝拓跋焘欲还阴山以避宋师，言于群臣曰："国人本着羊皮绔，何用绵帛。"① 唐长孺先生认为：此时拓跋焘决不会作退入阴山的打算，上述敌国的传闻之辞未必可信。② 不过，由此事可知，当时的拓跋鲜卑人，仍然习惯于羊皮绔一类胡服③，而不愿选择绵帛所制的汉服。④

《魏书·胡叟传》谓叟于北凉灭后随沮渠牧犍归魏，"每至贵胜之门，恒乘一牛，弊韦绔褶而已"。叟于高允馆中见中书侍郎赵郡李璨，"璨被服华靡，叟贫老衣褐，璨颇忽之"。叟遂谓之曰："老子今若相许，脱体上绔褶衣帽，君欲作何计也。""韦绔褶"就是皮制的绔褶。魏太武帝拓跋焘谓"国人本着羊皮绔"，"羊皮绔"当然也是"韦绔"的一种。胡叟遭人耻笑，并不是由于他身着"韦绔褶"，而是由于他穿的绔褶过于破旧。由孝文帝太和中禁用绔褶为朝服一事推测：此前数十年间⑤，绔褶乃拓跋鲜卑包括其贵族在社交乃至官方场合常穿的服装，但那些地位显赫的人物，所穿绔褶用料大约颇为讲究，有的也许已改用取自中原的丝织品。⑥ 另据胡叟"脱体上绔褶衣帽"一句，鲜卑人穿用绔褶时，似乎又经常戴帽，这显然是一种适应于北方寒冷气候的装束。

鲜卑人的服装也使用腰带，《魏书·杨播附弟杨椿传》载杨椿曰："国家初，丈夫好彩色。吾虽不记上谷翁（椿曾祖珍，魏道武帝时拜上谷太守）时事，然记

---

① 胡三省曰："国人，谓同自北荒来之种人也。"指的是拓跋鲜卑部众。
② 说见唐长孺：《拓跋国家的建立及其封建化》（载《魏晋南北朝史论丛》）。
③ 道武帝所言"羊皮绔"，大概又是同"褶"相搭配的。因为在有关北魏前期历史的文献记载中，"绔"、"褶"常常是连称的。
④ 道武帝所言"羊皮绔"，大概又是同"褶"相搭配的。因为在有关北魏前期历史的文献记载中，"绔"、"褶"常常是连称的。
⑤ 《胡叟传》系其事迹于文成帝时，孝文帝诏禁以绔褶为朝服在太和十五年，其间相隔已有三四十年了。
⑥ 前引《邺中记》石虎皇后侍从所服"熟锦绔褶"，就是丝织品制作的绔褶。

清河翁（椿祖真，曾任清河太守）时服饰，恒见翁着布衣韦带",云云。所谓"韦带"，即皮制的腰带。杨真时"韦带"在鲜卑贵族之中，似乎已不流行。不过，这显然是拓跋鲜卑的一种传统服饰。鲜卑人的腰带上又配有带钩、带扣，这由鲜卑墓葬的出土物品，也可以得到证明。

据《魏书·礼志一》载：早在北魏道武帝建国之初，即"诏有司定行次，正服色"。就是按照汉族儒家的标准，确定北魏官员的朝服。然而，该志又载天兴六年（403年），道武帝"诏有司制冠服，随品秩各有差，时事未暇，多失古礼"。所谓"多失古礼"，指与中原古制相去甚远。可见道武帝时期的"正服色"、"制冠服"，远远未达到彻底改胡服为汉服的目标。

《魏书·礼志》叙服饰改革事又曰："世祖经营四方，未能留意，仍世以武力为事，取于便习而已。"所谓"取于便习"，实际上就是保留拓跋鲜卑的传统服饰。"至高祖太和中，始考旧典，以制冠服，百僚六宫，各有差次。"孝文帝在其汉化改革中，"革衣服之制"取得明显成效。拓跋鲜卑世代相袭的服装样式，大约从此发生显著变化。

《南齐书·魏虏传》载孝文帝太和十五年（491年）诏曰："冬季朝贺，典无成文，以绔褶事非礼敬之谓，若置寒朝服，徒成烦浊，自今罢小岁贺，岁初一贺。"① 又《通鉴》卷137齐武帝永明九年（491年）十一月："魏旧制，群臣冬季朝贺，服绔褶行事，谓之小岁；丙戌，诏罢之。"由此可知，孝文帝亲政以前，北魏冬季朝贺，官员例以绔褶为服。

另据《魏书·高祖纪下》：太和十年（486年）正月，孝文帝始服衮冕飨万国；同年四月，始置五等公服。然而，五年之后小岁贺时，百官仍无朝服。王国维先生《胡服考》推断：这大概是由于北魏本以绔褶为朝服，相沿已旧，难于立即改变。我们由此而知，太和十五年以前拓跋鲜卑服装的基本式样，依旧还是所谓"绔褶"。王国维先生提出：褶为大、小袖子的衫或袄；绔为大、小口膝部加缚的裤。② 沈从文先生进而以河北邓县彩绘画像砖墓门壁画、景县封氏墓陶俑等出土材料，与文献资料相互印证，也得出类似的结论。③

太和十九年（495年），孝文帝南伐还于洛阳，见城中妇女衣服或有为"夹领小袖"者，遂责怪在京的官员禁胡服不力。④ 二十三年（499年），孝文帝自邺城

---

① 王国维谓"事"字上疑脱一行字，见《胡服考》。
② 参见王国维：《胡服考》。
③ 载于沈从文：《中国古代服饰研究》。
④ 《魏书》卷21，《咸阳王禧传》。

返洛,"见车上妇人冠帽而着小襦袄者"①,又责问"尚书何为不察"②?孝文帝所见"夹领小袖"、"冠帽而着小襦袄",《通鉴》卷 142 齐东昏侯永元元年(499年)条胡三省认为乃"代北妇人之服",显然都是孝文帝改革胡服之前鲜卑人的传统装束。③

孝文帝变易胡服颇见成果,史家对此论述颇多。值得注意的是,《北史·王肃传》云:"太和十七年,肃自建业来奔……自晋氏丧乱,礼乐崩亡,孝文虽厘革制度,变更风俗,其间朴略,未能淳也。肃明练旧事,虚心受委,朝仪国典,咸自肃出。"又《南齐书·魏虏传》载太和末,王肃为孝文帝"制官司百品,皆如中国。"又《通鉴》卷 139 齐武帝永明十一年(493 年)十月条:"时魏主(即孝文帝)方议兴礼乐,变华风,威仪文物多自肃定。"

陈寅恪先生指出:王肃将南朝前期发展之文物制度转输于北朝,遂"开太和时代之新文化"④。《王肃传》谓太和十七年王肃入魏之前,"孝文虽厘革制度,变更风俗,其间朴略,未能淳也"。究其原因,大概是由于当时孝文帝难以直接获得南方汉族王朝文物制度发展最新情况的资料。⑤太和前期的汉化改革,事实上并不彻底。尽管文明太后、孝文帝可以吸收残存的魏晋制度,但是包括服饰在内的社会生活的各个方面,必然也保留了许多拓跋鲜卑的传统风俗。至于"多自肃定"的"威仪文物",自然也就有服饰方面的内容。

《魏书·礼志》又说:由于孝文帝"早世升遐",其服制改革"犹未周洽"。我们据此推测,孝文帝在位乃至其身后的一段时期,胡服并未禁绝,而是形成一种以汉服为主、汉服胡服混用的局面。东魏、北齐时期,骤然出现胡化逆流,鲜卑服饰亦盛行一时,除去其最高统治者,如高欢"累世北边,故习其俗"之外,鲜卑旧俗在北朝社会,特别是在并未迁洛的六镇军民中尚未绝迹,一有条件便易于复辟,也不能不说是相当重要的原因。

鲜卑拓跋氏长期"辫发",即将头发编成辫子,垂于脑后。汉人因此鄙称其为"索虏",⑥不须赘述。这种习俗在北魏孝文帝汉化改革之中遭到禁止,但一些顽固的鲜卑贵族拒绝汉化。如据《南齐书·魏虏传》载:孝文帝迁都洛阳之后,太

---

① 《魏书》卷 19,《任城王云附子澄传》。《通鉴》卷 142 齐东昏侯永元元年(499 年)胡注谓"袄"即"夹衣"。

② 事见《魏书》卷 19,《任城王云附子澄传》。

③ 胡服多为小袖,如《梁书》卷 54,《西北诸戎传》谓建立河南王国的吐谷浑人,即"着小袖袍"。

④ 说详陈寅恪:《隋唐制度渊源略论稿》二,"礼仪"。

⑤ 亦参考上引陈寅恪书。

⑥ 《通鉴》卷 69,魏文帝黄初二年(221 年)四月条臣光曰:南北朝各有国史,互相排黜,"南谓北为索虏",云云。胡注:"索虏者,以北人辫发,谓之索头也。"

子元询"意不乐",孝文帝制衣冠与之,"询窃毁之,解发为编服左衽"。元询是当时反对汉化的代表人物,其"解发"而为"编服","编服"即指辫发,此为拓跋鲜卑旧俗无疑。这种习俗至北齐高氏鼓吹胡化时,又再度兴起。如《北齐书·琅邪王俨传》载北齐后主曾"拔俨带刀环乱筑辫头",可知后主同母弟高俨就是辫发的。

另据史载,北朝还流行顶部大体为方形、后侧"垂裙"的"突骑帽"①,可能鲜卑人早期在"辫发"的同时,又冠以垂裙方帽。

鲜卑人又有袒裸之俗。《北史·魏孝文帝纪》:太和十六年(492年)正月,"甲子,诏罢袒裸。"这大概是拓跋鲜卑长期流传的一种习俗。而此俗相沿既久,即使是鲜卑皇室贵族,时或亦不免故态复萌。如《北齐书·王昕传》即谓魏孝武帝经常"袒露与近臣戏狎"。

第二节　饮食

一 匈奴

《史记·匈奴传》:"匈奴之俗,人食畜肉,饮其汁。"又上引《汉书·匈奴传》谓其"自君王以下皆食畜肉"。可知两汉时期匈奴人主要是以野兽、牲畜之肉为食的,同时也饮其乳汁。

曹魏分南匈奴为五部,五部所居之地在"晋阳汾涧之滨"(今汾河中部流域)。这批匈奴人中有些受居住环境的制约,及邻近汉人的影响,开始从事农耕生活,后部陈元达躬耕以为生计,即明显的例证。② 在五部匈奴的饮食中,农产品可以肯定已占据重要位置。

不过,大部分匈奴人尚难于迅速放弃他们传统的游牧生活。那些新入塞的部落更是如此,《晋书》记载西晋时不断有塞外匈奴"归化",而他们往往带了大批

---

① 《通鉴》卷69,魏文帝黄初二年(221年)四月条臣光曰:南北朝各有国史,互相排黜,"南谓北为索房",云云。胡注:"索房者,以北人辫发,谓之索头也。"

② 见《晋书》卷102,《刘聪载记附陈元达传》。万绳楠:《魏晋南北朝史论稿》据此认为,并州匈奴人的经济生活,已由以畜牧为主改为以农业为主。

的牛、羊等牲畜。① 由此看来，牛、羊一类牲畜之肉，仍是入塞匈奴人的基本食物。

《魏书·太祖纪》及同书《铁弗刘虎传》：北魏道武帝登国六年（391年），攻灭匈奴刘卫辰（虎孙）部，获"名马三十余万匹，牛羊四百余万头"。据此可知刘卫辰部仍过着游牧生活，而牲畜的肉、乳，自然也还是他们的主要食物。

二 氐、羌

前引《后汉书·南蛮西南夷传》谓汉代武都氐"出名马、牛、羊、漆、蜜"。可见畜牧业在其经济生活中，占据重要地位。氐人无疑会以他们放牧的牲畜为食。另据《三国志·乌丸鲜卑东夷传》注引《魏略·西戎传》：氐人"善田种"，又"畜养豕牛马驴骡"。魏晋时期氐人的经济生活，看来是以"田种"为主，"畜养"为辅。《南史·夷貊传》复谓氐人苻、姜、梁诸氏所居，"地植九谷……种桑麻，出绢布漆蜡椒"。尽管我们尚不完全清楚"九谷"的名称，但可以肯定：汉魏以降氐人"田种"的种类颇多，而所谓"九谷"，无疑应包括氐人的基本食物。畜牧业在氐人的生产活动中始终占据重要位置，直到晋宋之际仇池公杨盛上书，仍说氐人"养猪羊，牧牛马"②。他们豢养的牲畜之中，牛、马、驴、骡可能被用于耕作和运输，也可能被食用；而猪、羊除了食用之外，应该说当时是没有其他用途的。

氐人所产之椒，有的学者认为是佐食之用③，史籍所载以椒为食者，如《楚辞》屈原《离骚》："巫咸将夕降兮，怀椒糈而要之。"注引孟康："椒糈，以椒香米也。"另据《初学记》卷4"椒觞"条引《四民月令》曰："正月之朔，是谓正日，……子妇曾孙，各上椒酒于家长，称觞举寿。"可见其作用并不限于佐食。至于汉世以椒为香料，和泥以涂皇后所居宫室之壁，遂有"椒房"美称，已为人所习知，更是与佐食无关了。

《三国志·曹爽传》：曹操正始五年（244年），曹爽西至长安，"大发卒六七万人，从骆谷入。是时，关中及氐羌转输不能供，牛马骡驴多死，民夷号泣道路"。我们推测，氐人所运军粮，主要是由他们自己生产的。早在曹魏太和五年（231年），"蜀出卤城，是时陇右无谷，议欲关中大运"。魏雍州刺史郭

---

① 如据《晋书》卷97，《北狄传匈奴传》：太康八年，匈奴都督大豆得一育鞠率其种落降晋，有"牛二万二千头，羊十万五千口"。
② 载《南齐书》卷57，《魏房传》。
③ 如黄烈《中国古代民族史研究》即持此说。

淮，"以威恩抚循羌胡，家使出谷，平其输调，军食用足"①。就提供了一条很好的旁证。曹魏政权征调氐人的粮食，以应付对蜀战争之需要，其时氐人粮食收获，似已超出自给自足的水平。氐人生产的粮食，一般情况下应该是他们自己食用。

羌人自战国时起，开始进入农耕和畜牧并重的生活。② 两汉时羌人在河湟地区开垦了大批农田，③ 东汉时汉军进攻羌人所居大、小榆谷，一次即"收麦数万斛"④，可见羌人种植的农作物数量颇丰，而这些农作物显然是他们的主要食品。

不过，畜牧业在羌人经济生活中始终占据重要地位，东汉对羌人的战争，每每掠夺大批马、牛、羊，屡见于《后汉书·西羌传》，就是明显的证据。因此，羌人长期喜好肉食。《太平御览》卷 475 引《东观汉记》云："羌胡见客，炙肉未熟，人人长跪前割之，血流指间，进之于（窦）固，固辄为哈，不秽贱之。"马长寿先生推测，《东观汉记》所言羌胡炙肉之法，可能即是《释名》所释之"貊炙"⑤。《晋书·五行志》："泰始之后，中国相尚用胡床貊盘，及为羌煮貊炙，贵人富室，必畜其器，吉享嘉会，皆以为先。"晋代流行于中原之地的所谓"羌煮"之法，可能源于《齐民要术》卷 8 所载"羌煮"之法。⑥

三国时期，羌人的农业经济有了长足的发展。上引同书《曹爽传》，正始五年（244 年）氐羌转输以供魏军伐蜀，可知羌人的粮食产量也不低。另据《三国志·邓艾传》，邓艾谓蜀军可以兵出南安、陇西，"因食羌谷"。《华阳国志》卷 7《刘后主志》复谓蜀将姜维请求种麦沓中。又知魏晋时南安、陇西、沓中的羌人，普遍种植谷、麦。

总而言之，羌人及氐人的农业收成，在蜀、魏关陇之争中已具有重要的意义。

《魏书》及《北史·吐谷浑传》皆载：吐谷浑自西晋末年统治西北地区羌民，"好射猎，以肉酪为粮，亦知种田，有大麦、粟、豆"。马长寿先生认为：以吐谷浑的国情言之，鲜卑以射猎为业，而羌人则致力于农耕畜牧，上述大麦、粟、豆

---

① 《三国志》卷 26，《郭淮传》。
② 《后汉书》卷 87，《西羌传》。
③ 如《汉书》卷 69，《赵充国传》充国上书即云："计度临羌（今青海湟源东南）东至浩（今青海乐都东），羌虏故田及公田，民所未垦，可二千顷以上。"此处"羌虏故田"，应指昔日羌民所辟农田。
④ 《后汉书》卷 87，《西羌传》，永元五年（93 年）事。
⑤ 参考马长寿《氐与羌》第三章，"羌族"。《释名》"貊炙"条："全体炙之，各以刀割，出于胡貊之为也。"
⑥ 参见吕一飞：《胡族习俗与隋唐风韵》。

之类，应该就是羌人所种。① 由此可知，直到北朝时期，一部分羌人的食品仍然是以牲畜、野兽的肉和奶为主，以粮食作物为辅。

羌人有饮酒的习惯，而且喜欢豪饮。《后汉书·西羌传》载东汉章帝章和元年（87年），护羌校尉张纡大会羌豪，"施毒酒中，羌饮醉"，纡乘机杀羌豪八百余人。王子年《拾遗记》载西晋武帝时，有一位98岁羌叟，嗜酒如命，人称"渴羌"，又是魏晋时羌人纵酒的生动例子。

三 鲜卑

《三国志·乌丸鲜卑东夷传》注引王沈《魏书》谓鲜卑习俗"与乌丸同"。又谓乌丸"日弋猎禽兽，食肉饮酪"。不难想见，鲜卑的饮食是与其畜牧、狩猎生活紧密相连的，他们的主要食物，乃是其所牧或所猎牲畜、野兽之肉、乳。《三国志·乌丸鲜卑东夷传》载曹魏黄初三年（222年）鲜卑大人轲比能等"驱牛马七万余口"与魏人交市，鲜卑部落放养的牲畜，想必数量甚大。这些牲畜当然也是鲜卑人的食物。

王沈《魏书》载鲜卑所居之地，野兽"异于中国者，野马、原羊、端牛"。野马、原羊、端牛可能都属于鲜卑猎食的范围。另外，王沈《魏书》谓汉末"鲜卑众日多，由畜射猎，不足给食"，曾迫使"善捕鱼"的汙人，为其"捕鱼以助粮"。魏晋时鲜卑人是否捕鱼助粮，则不得而知。

王沈《魏书》又载，乌丸"俗识鸟兽孕乳，时以四节，耕种常用布谷鸣为候。地宜青穄、东墙，东墙似蓬草，食如葵子，至十月熟"。同一时期的鲜卑人大概也耕种青穄、东墙一类作物。《资治通鉴》卷108晋孝武帝太元二十年（395年）七月称："燕军至五原，降魏别部三万余家，收穄田百余万斛。"东晋后期拓跋鲜卑在五原一带大量种植的所谓穄，有的学者认为是小米一类的谷物②，不过，魏晋时代鲜卑诸部大多仍以游牧为基本生活方式，加上他们早年种植的青穄、东墙等作物产量低下，显然还不能成为主要的食物。

王沈《魏书》谓乌丸"能作白酒，而不知作麹蘖，米常仰中国"。鲜卑当然也会酿造白酒，但他们可能也像乌丸人一样，尚未掌握制作酒曲的技术。由于乌丸、鲜卑居于低温、干旱的东北边陲，稻谷难以生长；同时由于乌丸、鲜卑的农业生产水平也还相当低下，所以他们仍需从中原地区获得制作酒曲的大米。

---

① 详见马长寿：《氐与羌》第三章，《羌族》。
② 如唐长孺：《拓跋国家的建立及其封建化》。这应该就是王沈《魏书》当中提到的"青穄"，鲜卑人可能从汉魏时期即已开始耕种青穄，这种传统一直延续到东晋后期。

魏晋时期，鲜卑东、中、西三部逐渐向中原迁徙，并陆续开始定居的农业生活。鲜卑人的饮食，也随之发生变化。如据《晋书·慕容廆载记》：中部慕容氏于西晋元康四年（294年）移居大棘城（今辽宁义县西北），遂"教以农桑"。永宁元年（301年），"燕垂大水，廆开仓振给，幽方获济"。可见慕容部每年收获、储藏大量的农产品，而这些农产品似已成为慕容鲜卑的重要食物。永嘉乱后，慕容皝建国于辽东，"流亡士庶襁负归之"。慕容鲜卑在汉族流民影响下，进一步接受中原的农业生产方式，慕容皝称稼穑为立国之本①，就是一个明显的例证。

拓跋部开始定居的农业生活较晚。②《魏书·序纪》代王拓跋什翼犍建国三十九年（376年，东晋太元元年），代人为前秦军所败，"避于阴山之北"，此前依附拓跋的"高车杂种尽叛，四面寇钞，不得畜牧"。代国为前秦所灭，什翼犍答秦主符坚之问曰："漠北人能捕六畜，善驰走，逐水草而已。"③可见直到东晋后期，鲜卑拓跋部仍然过着游牧的生活。他们此时的食物可能还是以肉、奶为主的。

《晋书·符坚载记上》谓符坚散代人部落于汉鄣边故地"……课之治业营生，……优复三年无税租。"由符秦减免税租的情节推测，这批拓跋鲜卑已进入农业（或以农业为主的）生活，而什翼犍之孙拓跋珪等入秦的鲜卑首豪，对于中原地区的农业生产，必然也会有更深切的体会。

据《魏书·太祖纪》载登国元年（386年）拓跋珪复国，至定襄之盛乐，"息众课农"。有些学者认为，这是拓跋部变游牧经济为农业经济的最早的措施。④

又《魏书·官氏志》列举太祖时拓跋氏亲近的部落，以及乌丸等被征服的部落，称"凡此四方诸部，岁时朝贡。登国初，太祖散诸部落，始同为编民"。拓跋此举意在解散拓跋本部以及被征服的"四方诸部"的部落组织，使其部落之众与部落大人脱离隶属关系，成为从事定居的农、牧业生活的国家编户。史家已多有

---

① 《晋书》卷109，《慕容皝载记》。
② 《通鉴》卷77西帝景元二年胡注谓拓跋族的推寅（即拓跋邻），就是檀石槐所分三部中的西部大人推演。史学界一般赞同此说，如王仲荦《魏晋南北朝史》。也有学者提出异议，认为拓跋与檀石槐西部大人推寅无关，见黄烈《中国古代民族史研究》。
③ 载于《晋书》卷113，《符坚载记上》。《魏书·序纪》谓什翼犍病死，未载其为秦军所获之事，与《晋书》不同，疑是《魏书》作者魏收有意为魏主讳。周一良先生《魏收之史学》（载于《魏晋南北朝史论集》）谓《晋书》载记多本于崔鸿《十六国春秋》；又其《魏晋南北朝史札记》"崔浩国史之狱"条谓载记及所本之《十六国春秋》之记述更为可信。
④ 如高敏《魏晋南北朝社会经济史探讨》即持这样的观点。高敏另据《太祖纪》所载长孙嵩等"将故民南依（刘）库仁"之例，谓拓跋珪所息之众应指拓跋部"故民"。他推测"课农"是以拓跋部民去耕种属于部落所有的土地，因而可能是采取屯田的形式。

论述。

《魏书·太祖纪》及《北史·魏秦王翰附子卫王仪传》皆载登国九年（394年），道武帝命元仪屯田于河北五原（今内蒙古包头市西北），至棝阳塞（今内蒙古包头市东），"分农稼大得人心"。高敏提出：元仪于五原一代的屯田，实为太祖登国元年于盛乐"息众课农"的继续与发展。元仪所推行的屯田，属于民屯的性质。① 《魏书·太祖纪》又载次年（登国十年，395年）七月，"慕容垂遣其子宝来寇五原，造舟收谷"。后燕派军队抢夺的目标，大约就是元仪屯田收获的谷物，可见屯田的效果甚佳。

《北史·魏太祖道武帝纪》：天兴元年（398年）正月，拓跋珪"诏给内徙新户耕牛，计口授田。"另据《北史》卷80《外戚贺讷传》又载道武帝"平中原"之后，"离散部落，分土定居，不听迁徙，其君长大人皆同编户"②。鲜卑人的不断迁移，出于其放牧生活寻觅水草的需要，无须赘言。拓跋珪屡次下令定居，可知拓跋鲜卑生产、生活方式的改变，并非易事。

唐长孺先生指出："离散部落"可能不是一时之事，但大规模的执行必在破燕之后。离散的部落"分土定居，不听迁徙"，事实上从事畜牧业的人民不可能此时突然一律变成定居的农民，因而在较小范围内的移动应该是允许的；不过这只是在指定的范围内移动，这样就把人民束缚在一定的土地上面。③ 道武帝限定拓跋诸部的"分土定居"，与其对被征服的"内徙新户"的"计口授田"，也许尚有差异。但是我们估计拓跋珪"分土定居"的做法，大致也是由国家按照一定的生产或生活单位，向鲜卑人分配土地，促使他们向定居的农业生活转化。而随着农业逐渐取代畜牧业，成为鲜卑人主要的生产方式；随着农业技术和农作物产量的提高，农产品势必也会取代畜牧产品（主要是肉类）成为鲜卑人重要的，甚至是基本的食物。

不过，鲜卑人仍喜欢肉及奶类食品。《洛阳伽蓝记》卷3"城南"：太元十八年（494年）王肃入魏，初"不食羊肉及酪浆"。经数年之后，"肃与高祖殿会，食羊肉酪粥甚多，高祖怪之"，云云。此例说明"羊肉"、"酪浆"④为拓跋鲜卑传统食品，直到孝文帝迁都洛阳之后，依旧被鲜卑人视为朝廷宴会中不可缺少的美味佳肴。王肃久居江南，对于这类食品一时难于接受，是很正常的。但是，他为了尽快跻身鲜卑上流社会，在饮食习惯上亦努力向鲜卑人靠拢。不过由"高帝怪之"的情节，可知当时北魏政权之下的汉人，尤其是高门大族，尚未能普遍适应"羊肉"、"酪浆"一类鲜卑人喜欢的食品。

---

① 说详高敏：《魏晋南北朝社会经济史探讨》。
② 《魏书》卷83上，《外戚贺讷传》同，该传已亡，后人以《北史》补。
③ 参见前引唐长孺：《拓跋国家的建立及其封建化》。
④ 《太平御览》卷937引无"浆"字。

第三节 语言文字

一 匈奴（附羯）

两汉时匈奴大致处在有语言而无文字的阶段，《汉书·匈奴传》谓汉人中行说"教单于左右疏记，以计识其人众畜牧"，学习汉文的只有匈奴单于身边的少数几个人。不过，由于南匈奴入塞后逐渐向南迁徙，与汉人的交往日益增多，接受汉文化的匈奴部众势必也愈加普遍。

到魏晋政府分南匈奴为五部，五部匈奴大批改用汉姓，标志着汉语已通行于匈奴各部。[①] 至于五部的上层人物，更是具备了较深的汉文化造诣，如据《晋书》有关《载记》：刘渊"习《毛诗》、《京氏易》、《马氏尚书》，尤好《春秋左氏传》、《孙吴兵法》，略皆诵之，《史》、《汉》、诸子，无不综览"；刘宣（渊从祖）"好《毛诗》、《左氏传》"，又喜读《汉书》；刘和（渊子）"习《毛诗》、《左氏春秋》、《郑氏易》"；刘聪（渊子）"究通经史，兼综百家之言，《孙吴兵法》靡不诵之，工草隶，善属文，著述怀诗百余篇、赋颂五十余篇"[②]；刘曜（渊族子）广览群书，尤好兵家，"略皆暗诵"，"善属文，工草隶"[③]。

十六国时期，羯人仍保留着本族的语言。《晋书·艺术·佛图澄传》载前赵主刘曜攻洛阳，后赵主石勒问于名僧佛图澄，澄答曰："相轮铃音云：'秀支替戾冈，仆谷劬秃当。'此羯语也。秀之，军也。替戾冈，出也。仆谷，刘曜胡位也。劬秃当，捉也。此言军出捉得曜也。"澄之所言虽系附会之辞，然而他为羯人石勒引述的"羯语"，正是石勒所熟悉的本族的语言，应该是毫无问题的。

同书《石勒载记上》谓勒"祖耶奕于、父周曷朱，一名乞翼加，并为部落小率"。"曷朱性凶粗，不为群胡所附，每使勒代己督摄，部胡爱信之。"羯人在魏晋时长期保留了其部落组织，而部落中"部率"与"部胡"之间，以及"群胡"之

[①] 黄烈：《中国古代民族史研究》。

[②] 据《晋书》卷102，《刘聪载记》：刘聪曾造访晋豫章王司马炽（即晋怀帝），豫章闻聪"善为辞赋"，命其作之，聪作《盛德颂》，豫章"称善者久之"。亦可证聪之文学素养颇高。

[③] 另据《晋书》卷95，《艺术·卜珝传》"匈奴后部人"卜珝"少好读《易》"，郭璞见之，亦自叹弗如，可知其易学造诣颇高。

间，大概都是讲"羯语"的，至少我们可以确信，"羯语"此时并没有消亡。

不过，魏晋时期羯人与汉人杂居，同汉人贸易①，又受汉人役使，可以想见，他们已经普遍掌握了汉语，否则是难于同汉人交流的。

二 氐羌

《三国志·乌丸鲜卑东夷传》注引《魏略·西戎传》记氐人事云："其俗语不与中国同，及羌杂胡同。"② 史家对这一段文字的解释分歧颇大，或以为"及"字乃"与"字之误，指氐人的语言仅与汉人不同，而与羌杂胡相同；或以为前一"同"字系衍文，指氐人的语言与汉人及羌杂胡，皆不相同。然而不论怎样，氐人有自己的语言是可以肯定的。不过《魏略》又说氐人"多知中国语，由与中国错居故也"。中国指汉人，中国语指汉语。氐人与汉人交往，一般使用汉语，回到自己部落，则讲本民族的语言。③

氐人在与汉人长期杂居，受到先进的汉文化的影响，最明显的一个迹象就是他们"多知中国语"。魏晋时氐人已普遍使用与汉人相同的单姓，如史籍中常见的苻（前秦主苻坚一族）、姜、杨、梁、窦、吕（后凉主吕光一族）、强、樊、单、苟等，极有可能就是他们接触了"中国语"之后，在文化上发生的重大变化。《晋书·苻洪载记》："父怀归，部落小帅。"氐人怀归之子苻洪改用汉姓，苻洪成为酋豪的时期，正是其氐族部落汉化的关键时期，这个部落"多知中国语"，即广泛接受汉文化影响，大约就是从苻洪一辈开始的。鲜卑拓跋诸部南北朝以后始改汉姓，相形之下，氐人的汉化程度无疑要高得多了。

十六国时期，氐人曾被大批强制徙往内地，如上引《晋书·石勒载记》："巴帅及诸羌、羯降者十余万落，徙之司州诸县。""季龙（石虎）克上邽……进攻集木且羌于河西，克之，俘获数万，秦陇悉平。……徙氐羌十五万落于司、冀州。"内迁的氐人直接地受到汉文化的熏陶，是不言而喻的。在语言方面，熟悉、掌握汉语的氐人势必会大量增加。氐族的上层人物，一般则已具有较高的汉文化造诣，如苻坚"博学多才艺"；苻融（坚弟）"下笔成章，至于谈玄论道，虽道安（即释道安，东晋十六国时名僧，通内、外之学）无以出之。耳闻则诵，过目不忘，时人拟之王粲。尝著《浮图赋》，壮丽清赡，世咸珍之"；苻丕（坚庶长子）"博综经史"；苻朗（坚从兄子）"耽玩经籍，手不释卷，每谈虚语玄，不觉日之

---

① 据《晋书》卷104，《石勒载记上》：勒西晋时曾"随邑人行贩洛阳"。
② 《通典》引作"其俗语不与中国及羌杂胡同"。
③ 《三国志》卷30，《乌丸鲜卑东夷传》注引《魏略·西戎传》谓氐人"自还种落间，则自氐语"。

将西"①。

《后汉书·西羌传》载东汉建武九年（33年），司徒掾班彪上言："今凉州部皆有降羌，羌胡被发左衽，而与汉人杂处，习俗既异，言语不通，数为小吏黠人所见侵夺，穷恚无聊，故致反叛。"说明两汉之际入塞的羌人，仍使用本民族的语言。他们虽与汉人杂居，彼此却由于语言、习俗等的阻碍，难于融洽相处。

东汉中后期，由于政府对羌人政策失误，造成羌汉之间的剧烈冲突。东汉对羌人耗资巨大、旷日持久的战争，虽使"羌患"暂告弭平，但羌人大规模徙居塞内的局面却已无从改变。西晋江统在其著名的《徙戎论》中指出："关中之人百万余口，率其多少，戎狄居半"，江氏所谓"戎狄"，主要指的是氐人与羌人，这一点是毫无疑问的。

入塞羌人在与汉人的频繁接触中，受到先进的汉文化的影响，羌汉之间习俗、语言的差异日益缩小。汉末董卓进入羌人聚居之地，与羌族酋豪密切交往，已不存在"言语不通"的隔阂②，就是一个明显的例证。

十六国时与氐人一同被迁入中原地区的羌人，数量亦颇为可观，这由上文引述的《晋书·石勒载记》等资料，可以得到证实。另如同书《姚弋仲载记》谓"永嘉之乱，东徙榆眉，戎夏襁负随之者数万"。羌人内徙之后，自然有更多的机会接触汉族的语言、习俗，即使他们后来再度返回关陇，也不可能逆转汉化的趋势。汉魏时期，羌人的汉化水平低于氐人；不过到了两晋之际，羌人特别是其上层人物，往往已具有较高的汉文化造诣。如姚襄（弋仲子）"好学博通，雅善谈论"③；姚兴（襄弟苌子）则每于听政之暇，与耆儒姜龛等人"讲论道艺，错综名理"④，显示出他们在儒学乃至玄学方面的素养。

不过，羌族的语言十六国时并未消亡。后秦姚氏大将多有以"都"为名者，"都"字又可与"王"字互见。⑤ 周一良先生推测"都"为羌语，其意为"王"，当是美称，故羌将多取以为名。说见《魏晋南北朝史札记》"羌人以都为名"条。

三 鲜卑

王沈《魏书》记乌丸"无文字"，而鲜卑言语"与乌丸同"。可见鲜卑早期使用一种与乌丸相同的语言，但没有文字，《三国志·乌丸鲜卑东夷传》谓轲比能

---

① 见于《晋书》符坚等载记。
② 见《后汉书》卷72、《三国志》卷5，董卓本传。
③ 《晋书》卷116，《姚弋仲载记》。
④ 《晋书》卷117，《姚兴载记上》。
⑤ 如诸史中姚兴将"姚成王"，或作"姚成都"。

时,"部落近塞,自袁绍据河北,中国人多亡叛归之,教作兵器铠①,颇学文字"。此时鲜卑所学文字,应该就是亡归其地的汉人所熟悉的汉字,这是史籍所载鲜卑运用文字的开端。

不过,《鲜卑传》又载曹魏黄初五年(224年),轲比能与魏辅国将军鲜于辅书,谓"夷狄不识文字"云云,曹魏与鲜卑交往一般仍需译者。② 可知当时鲜卑人尚未普遍掌握汉字。

十六国时,鲜卑的汉化倾向更为显著,其最高统治者多具有较高的儒学素养,如据《晋书》载记,前燕慕容皝(廆子)"尚经学","雅好文籍,勤于讲授";慕容翰(皝庶长子)亦"爱儒学";慕容儁(皝子)"博观图书";后燕慕容德"博观群书"。他们都十分注重贵族子弟的儒学教育,如慕容皝"赐其大臣子弟为官学生者号高门生,立东庠于旧宫,以行乡射之礼,每月临观,考试优劣"。慕容儁"立小学于显贤里以教胄子。"至于一般鲜卑部众,尽管未必能够达到上层人物那样高的汉文化水平,但汉字在慕容鲜卑中业已得到普及,应是毋庸置疑的。

北魏孝文帝改革的另一项重要内容,是将朝廷用语由鲜卑语改为汉语。《魏书》卷21《咸阳王禧传》录孝文帝之语:"今欲断诸北语,一从正音。年三十以上,习性已久,容或不可卒革;三十以下,见在朝廷之人,语音不听仍旧。若有故为,当降爵黜官。如此渐习,风化可新。若仍旧俗,恐数世之后,伊洛之下复成被发之人。"又同书《太祖纪》载其太和十九年(495年)六月己亥诏书:"不得以北俗之语言于朝廷,若有违者,免所居官。"

孝文帝所谓"北语"、"北俗之语",应该是指鲜卑部落中使用的传统语言③;"正音"则是指中原地区通行的汉语。孝文帝迁都洛阳之后于朝中禁断"北俗之语",意在消除鲜卑族与汉族在文化方面的主要隔阂,以适应鲜卑入主中原的需要,这一点已经很清楚了。而由上引孝文帝之言又可以想见:拓跋鲜卑在平城,长期使用的是本民族的语言,即所谓"北俗之语";不过到孝文帝南下前夕,鲜卑部众尤其是30岁以下的青年中,熟悉乃至掌握汉语的人大约为数不少。否则孝文

---

① 魏晋时期的鲜卑墓葬中,发现有铁制兵器,如辽宁北票仓粮窖前燕建国前后鲜卑墓,即有铁矛出土。

② 《三国志》卷30,《乌丸鲜卑东夷传》:太和二年,(田)豫遣译夏舍诣比能女婿郁筑鞬部,舍为鞬所杀。

③ 《魏书》卷2,《太祖道武帝纪》卷95、《慕容宝传》卷26,《长孙肥传》记慕容普邻、慕容贺驎事,核《晋书》卷124,《慕容宝载记》,慕容普邻即是慕容详,慕容贺驎则为慕容麟。周一良:《魏晋南北朝史札记》"慕容氏人名"条谓普邻、贺驎当皆是鲜卑语译音,《魏书》卷73,《奚康生传》"父普邻,不仕而卒",应与慕容详之鲜卑名为一字。"普邻"、"贺驎"一类鲜卑语,大约属于孝文帝所谓"北语"、"北俗之语"。

帝入洛之初严令朝官迅速改用汉语，即所谓"正音"，是根本行不通的。①

由此我们可以推测，至少在孝文帝迁都之前的数十年里，拓跋鲜卑社会中已形成鲜卑语与汉语并存、混用的局面。甚至还有另外的可能，即孝文帝提及的"北俗之语"，已融入许多汉语成分，所以拓跋鲜卑才能够在短时间内，完成改革语言的艰巨任务。

孝文帝既然禁止使用鲜卑的语言，当然也要将鲜卑人根据本民族语言所造的姓名，改为符合汉语特点并且适应汉人习惯的姓名。太和中，孝文帝把北魏皇族九姓及所统一百一十八氏，全部加以改造。如改拓跋氏为元氏，拔拔氏为长孙氏，达奚氏为奚氏，乙旃氏为叔孙氏，丘穆陵氏为穆氏，步六孤氏为陆氏，贺赖氏为贺氏，独孤氏为刘氏，贺楼氏为楼氏，勿忸于氏为于氏，乌丸氏为桓氏，素和氏为和氏，步大汗氏为韩氏，纥豆陵氏为窦氏，乌洛兰氏为兰氏，等等。

由此可知，拓跋鲜卑迁洛之前姓氏皆为重复。《通鉴》卷140齐明帝建武三年（496年）载孝文帝改姓之诏，述拓跋姓氏之源："北人谓土为拓，后为跋。魏之先出于黄帝，以土德王，故为拓跋氏。"其言黄帝之后、以土德王，虽然是附会之辞，但"北人谓土为拓、后为跋"，又提示我们，鲜卑复姓在其民族语言中大多有特定的含义，"北人"之语即代北时期拓跋鲜卑的语言（《魏书·高祖纪》太和十九年六月己亥诏禁用的所谓"北俗之语"），显然又是一种多缀语。

这里应该指出：孝文帝的改革尽管十分严厉，但鲜卑人的传统习俗，尤其是他们长期使用的本族语言，却不能立即消亡。事实上，孝文帝太和十九年禁断"北语"之令，对于30岁以上的鲜卑人，限制就不严格。我们认为：即使在孝文帝死后，鲜卑人以及受鲜卑影响较深的汉人，在一些场合至少在鲜卑人之间的非官方场合，仍然使用着鲜卑语。

《北齐书·高昂传》云："鲜卑共轻中华朝士，唯惮服于昂。高祖（即高欢）每申令三军，常鲜卑语；昂若在列，则为华语。"② 又同书卷2《神武帝纪下》载玉壁战后高欢"使斛律金《敕勒歌》"，欢"自和之，哀感流涕"。《乐府诗集·杂歌谣辞》引《乐府广题》谓《敕勒歌》："本鲜卑语，易为齐言，故其句长短不齐。"高欢、斛律金当时大约也是用鲜卑语唱和的。③ 高欢掌权后频繁使用鲜卑语，可知东魏、北齐之交鲜卑语在社会上，尤其是在鲜卑军队中颇为流行。而此前鲜卑语显然远未绝迹，否则高欢要迅速恢复使用鲜卑语，恐怕是无法实现的。

---

① 万绳楠《魏晋南北朝文化史》认为汉语当时在"五胡"中已经通行，大体是正确的。
② 《通鉴》卷157，梁武帝大同三年（537年）九月文略同，惟"申令三军"作"号令将士"，"华语"作"华言"。
③ 万绳楠即持此说，见其《魏晋南北朝史论稿》。

第四节　宗教

㊀ 匈奴

据《后汉书·南匈奴传》云："匈奴俗，岁有三龙祠，常以正月、五月、九月戊日祭天神。"可知匈奴人在塞外时，祭祀的只是他们本族的神灵和祖先。《南匈奴传》又载："南单于既内附，兼祠汉帝。"入塞的匈奴"兼祠汉帝"，表明他们是奉中原汉族王朝为正统的。

匈奴部落中长期活跃着一批以占卜为业的巫觋。如《晋书·刘元海载记》：曹魏嘉平中，匈奴左部帅刘豹（故左贤王，即刘渊父）妻呼延氏至龙门祈子，见到一条头生双角的大鱼，"巫觋皆异之"，以为嘉祥。可见魏晋时男女巫师在匈奴生活里，仍然扮演了传达神灵意志的重要角色。

上引《晋书·艺术·佛图澄传》谓羯主石虎拒绝禁佛时，自云"出自边戎"，"飨祀应从本俗"。此处所言羯人之"本俗"，亦当包括他们传统的祭祀诸神及祭祀仪式。可惜其内容已不见记载。

㊁ 氐羌

《晋书·姚兴载记》称后秦主姚兴曾下书禁百姓"淫祀"，这所谓"淫祀"之中，大约包含了羌族民间传统的祭祀内容。

㊂ 鲜卑

《三国志·乌桓鲜卑传》注引王沈《魏书》谓乌丸"敬鬼神，祠天地日月星辰山川，及先大人有健名者亦同祠以牛羊，祠毕皆烧之"。鲜卑之俗既同于乌丸，可知其早年也是祭祀"天地日月星辰山川"诸神及祖先的。这种习俗持续到北魏太和初年，《魏书·高祖纪》记太和四年（480年）二月癸巳诏云："今东作方兴，庶类萌动，品物资生，膏雨不降，岁一不登，百姓饥乏，朕甚惧焉。其敕天下，祀山川群神及能兴云雨者，修饰祠堂，荐以牲璧。"诏书所谓"山川群神"，与王沈所言汉魏之际乌丸、鲜卑所祠山川之神，应该是有密切关联的。

在鲜卑人的原始崇拜中，天神居于特殊的尊贵地位。《魏书·礼志》："太祖初，有两彗星见，刘后使占者占之，曰：祈之则当扫荡天下。后从之，故立其祀。又立□□神十二，岁一祭……又立王神四，岁二祭……又置献明以上所立天神四十所，岁二祭。"献明即拓跋什翼犍之子，拓跋珪之父。此例表明，拓跋部早年祭祀的天神多为其大人随事而立，而且是与汉族崇拜的天神截然不同的一些胡天神。

另据《晋书·艺术·佛图澄传》，石虎著作郎王度称佛为"外国之神"，建议石虎禁之。虎下书则曰："朕出自边戎，忝君诸夏，至于飨祀，应从本俗。佛是戎神，所应兼奉。"可知魏晋时胡人在观念上已有戎神（胡神）、汉神之别，后赵主石虎虽已君临诸夏，仍以"边戎"自视，祭祀则又以兼奉其"本俗"之戎神为得，五胡入主中原之前尊崇胡神的态度，于此略见一斑。鲜卑拓跋部在这一方面，当然也是不会例外的。

自拓跋珪定都平城之后，鲜卑拓跋部汉化的步伐明显加速，表现于祭祀方面，如《魏书·礼志》载道武帝天兴元年称帝，"祀天之礼用周典，以夏四月亲祀于西郊"。二年，"冬至祭上帝于圆丘，夏至祭地于方泽"。不过，据上引《魏书·礼志》道武帝、刘后屡立新神及恢复先帝"所立天神四十所"之事，可知道武帝时祭祀的天神，实际上是胡汉混杂（类似于上引羯主石虎祭祀兼事戎、汉之例）；至于其所标榜取法"周典"的"祭天之礼"，更是往往与汉地通行的仪式迥然而异。《南齐书·魏虏传》记平城"西有祠天坛，立四十九木人，长丈许，白帻，练裙，马尾被，立坛上。常以四月四日杀牛马祭祀，盛陈卤簿，边坛奔驰奏伎为乐"。《魏书·礼志》又载道武帝天赐中西郊祭天之仪，由"女巫升坛摇鼓"，皇族子弟七人，"西向以酒洒天神主"诸事。即为明显的证据。

直到孝文帝太和十八年（494年），"罢西郊祭天"，才开始转而崇拜汉族的天神，并改用中原王朝的祭祀仪式。① 不过，北魏明帝时皇太后胡氏宣布"废诸淫祀，而胡天神不在其例"②。说明孝文帝以后，拓跋部仍长期保留了"胡天神"的尊崇地位。在鲜卑人的宗教活动中，祭祀汉天神与"胡天神"，大约是并行不悖的。

《魏书·高祖纪》云：太和十五年（491年）"自正月不雨，至于（四月）癸酉，有司奏祈百神"。八月丁巳，"仍省杂祀"。另据同书《礼志》记同月戊午诏曰："先恒有水火之神四十余名，及城北星神，……悉可罢之。"孝文帝八月戊午诏书涉及的"水火之神四十余名"，与此前有司所谓"百神"有无关系，尚不清楚。但有司以"不雨"而祈神，所祈诸神之中当有山川水火之神无疑。是年八月

---

① 见《魏书》高祖纪及礼志。王仲荦《魏晋南北朝史》谓孝文帝首先采用圆丘祭天、方泽祭地等汉族祭祀仪式，而我们根据前引《魏书》卷108《礼志》已知，此事实际上始于道武帝拓跋珪。不过，孝文帝太和中再度宣布圆丘、方泽诸仪一事，证明此举在道武帝之后并未得到巩固。

② 载于《北史》卷13，《后妃传上》。

以"杂祀"之名减省的四十余神,其中部分甚至全部皆在"百神"之中,也是不无可能的,所罢者应即拓跋鲜卑传统祭祀诸神。①

美国波士顿美术馆藏北魏正光三年（523年）冯邕妻元氏墓志,刻有18种带翼的兽头人身神像,并注其名为"拓远"、"拓神"、"长舌"、"掣电"、"霹电"、"迥光"等。近来已有学者提出,这些正是孝文帝禁罢的鲜卑早期所祭诸神的一部分。② 应该说是很有意义的看法。

孝文帝以前,鲜卑人重要的政治、文化事务,大多可见巫觋的参与。如前引《魏书·礼志》所述道武帝西郊祭天之仪,"女巫升坛,摇鼓",女巫在拓跋鲜卑最为重要的祭祀活动中,无疑是扮演着关键的角色;另如该志所述道武帝初年,刘后因彗星出现而"使占者占之",又依占者占卜之言立祀,这类专司卜筮之事的"占者",可信亦多为巫觋。太和年间,巫觋们"假称神鬼,妄说吉凶",在社会上造成极大的混乱,引起孝文帝的重视,遂于太和九年（485年）初下令,对于巫觋的活动,给予十分严厉的限制。③

第五节　婚葬

一 匈奴（附羯）

匈奴人实行氏族外婚制,即只能在本氏族之外选择配偶。这种传统一直延续到魏晋时期。据《晋书·刘聪载记》：聪皇后呼延氏（呼延为匈奴大姓）死,聪欲纳其太保刘殷之女,遭到其弟刘乂的反对。聪访之于太傅刘景等人,景等皆曰："臣常闻太保自云周刘康公之后,与圣氏本源即殊,纳之为允。"聪又问大鸿胪李弘,弘答曰："太保胤自有周,与圣源有别,陛下正以姓同为恨耳。"刘聪"以同姓为恨",正是受到氏族外婚传统的制约;群臣强调二刘"本源"有别,真实与否姑且不论,其意在寻找氏族外婚的证据,则是显而易见的。由此事可知：同族禁

---

① 《魏书》卷181,《礼志一》谓太祖天兴二年（399年）亲祀上帝,"其余从食者合一千余神"。又引高祖太和十五年八月戊午诏书又云："国家自先朝以来,飨祀诸神,凡有一千二百余处。今欲减省群祀,务从简约。"所谓"国家自先朝以来"飨祀之神,是指拓跋部先世长期供奉的众多神灵。
② 详见姜伯勤：《敦煌艺术与礼乐文明》,载《中国国际汉学会议论文集》。
③ 见《魏书》卷7,《高祖纪上》太和九年（485年）正月戊寅诏书。

止婚姻，乃是魏晋时匈奴社会中通行的法则。

《史记·匈奴列传》记匈奴人婚俗："父死，妻其后母；兄弟死，皆娶其妻妻之。"五部匈奴人依然保留了这一旧习。如刘渊死后，第四子刘聪杀其兄和自立为帝。聪初尊渊妻单氏（即其后母）为皇太后，后以"太后单氏姿色绝丽"，遂娶以为妻。① 就是一个有力的证据。有些学者认为：匈奴人子妻后母、弟妻嫠嫂的习俗，是氏族外婚制的产物，体现了氏族制的残余。② 应该说是有一定道理的。

羯人亦有类似的习俗。《晋书·石勒载记》谓勒于太兴二年（319年）称赵王，"又下书禁国人不听报嫂及在丧婚娶，其烧葬令如本俗。""报嫂"之义，即上引《史记·匈奴列传》所谓"兄弟死，皆娶其妻妻之"。由上引石勒所颁禁令可知，"报嫂"也是羯人传统的婚俗。另外，后赵建国以前，羯人社会对于男女服丧期间的婚娶，显然也没有什么特殊的限制。

据前引太兴二年（319年）石勒有关"国人"葬俗之令又知，羯人以往实行的是"烧葬"，也就是火葬。

㊁ 氏 羌

《后汉书·西羌传》："其俗氏族无定，或以父名母姓为种号。十二世后，相与婚姻。父没则妻后母，兄亡则纳嫠嫂，故国无鳏寡，种类繁炽。"由此看来，羌人的婚制，十分接近于上文论及的匈奴人的氏族外婚制，因为即使是同一氏族内的成员，十二世之后，血缘关系也已非常疏远。而父没妻后母、兄亡纳寡嫂的习俗，也是同氏族外婚制密切相关的。另据《魏书·吐谷浑传》："父兄死，妻后母及嫂等。"可知直到南北朝时期，吐谷浑统治下的羌人仍沿袭"父没则妻后母，兄亡则纳嫠嫂"的传统。

《西羌传》谓羌人"氏族无定，或以父名母姓为种号"，同传述烧当羌事迹较详，其中东汉时期的滇良一支：滇良子滇吾，滇吾子东吾、迷吾、号吾，东吾子东号，迷吾子迷唐，东号子麻奴、犀苦，世系最为清楚。滇良至东号四代，父子姓名皆有一字相同。但相同的一字并不限于父姓，亦有取自父名者，大概是一代用父姓，下一代则用父名，交替使用，世代相连。③

《西羌传》又记迷唐祖母卑缺，其人应即滇吾之妻，东吾、迷吾、号吾之母，而东吾兄弟三人的姓名（当即三人所率三部之种号），似与其母卑缺姓名无关，而仅与其父滇吾姓名相连。到了麻奴、犀苦一辈，与其父东号的姓名已无关系，似

---

① 《晋书》卷102，《刘聪载记》。
② 如王仲翰先生主编的《中国民族史》即持这种看法。
③ 《后汉书》卷87，《西羌传》另载"先零别种"滇零，滇零子零昌，亦为羌人父子姓名相连之例。

乎改变了父子姓名相连的传统。

《后汉书集解》引惠栋记郭义恭《广记》云："羌与北狄同，其人鲁钝，饶妻妾，多子姓，一人子十，或至百人。嫁女得高赀者，聘至百犊。女披大华毡，以为盛饰。一狗皮值数十匹。"马长寿先生推测郭义恭为晋人①，《广记》大约反映了晋时羌人的婚俗。羌人一夫多妻相当普遍，因此一夫所生子女往往甚众。娶妻要向女方家族送聘礼，男方聘礼（主要是牲畜）的多寡，标志其家族的富裕程度。

又据《魏书·吐谷浑传》云："至于婚，贫不能备财者，辄盗女去。"可知南北朝时期，吐谷浑统治下的羌人仍有男子娶妻送聘礼的习惯。正因为如此，那些"贫不能备财"的男子，才不得不"辄盗女去"。

《后汉书·邓训传》述羌戎之俗又云："父母死，耻悲泣，皆骑马歌呼。"邓训之死，羌胡闻讯，"莫不吼号，或以刀自割，又刺杀其犬马牛羊"。

《后汉书·南蛮西南夷传》"冉夷"："其山有六夷七羌九氐，各有部落。……死则烧其尸。"可知一些地区的氐、羌部落，又有火葬之俗。

三 鲜卑

《三国志·乌丸鲜卑东夷传》载黄初五年（224年）鲜卑大人轲比能与魏辅国将军鲜于辅书曰："我夷狄虽不知礼义"，云云。此处所谓"礼义"，指的是中原地区以儒家名教为背景的社会习俗。由上引轲比能之言可知，汉魏之际鲜卑人与汉人的风俗习惯，仍然存在显著的差别。

《后汉书·乌桓鲜卑传》述鲜卑人婚俗："婚姻先髡头，以季春月大会于饶乐水上，饮燕毕，然后配合。"可知鲜卑男女是在每年三月的部落大会上自由结合，婚前的大会是一次盛大的酒宴。这种习惯一直延续到魏晋时期，如《三国志·乌丸鲜卑东夷传》注引《魏书》谓鲜卑"常以季春大会，作乐水上，嫁女娶妇，髡头饮宴"。可以为证。

《后汉书·乌桓鲜卑传》及王沈《魏书》皆谓鲜卑习俗与乌桓（丸）同，王沈《魏书》又谓乌丸"贵少贱老，其性悍骜，怒则杀父兄，而终不害其母，以母有族类，父兄以己为类，无复报者故也"。由"母有族类，父兄以己为类"可知，婚姻双方（实际上不限于已有子女的夫妻）属于不同的氏族。在乌丸及与之同俗的鲜卑社会中，显然都是实行氏族外婚制。

《魏书》复谓乌丸"嫁娶皆先私通，略将女去，或半岁百日，然后遣媒人送马牛羊以为聘娶之礼。婿随妻归，见妻家无尊卑，旦起皆拜，而不自拜其父母。为妻家仆役二年，妻家乃厚遣送女，居处财物，一出妻家"。"父子男女，相对蹲踞，悉髡头以为轻

---

① 见马长寿：《氐与羌》第三章"羌族"。

便。妇人至嫁时乃养发，分为髻，著句决，饰以金碧，犹中国有冠步摇也。"

鲜卑在这方面的做法，大约也与乌丸十分接近，即同样给与未婚男女一定的性自由。青年男女发生了性的关系之后，男方便以"抢婚"的形式将女方从其家中"掠走"，两人经过三个至六个月的共同生活，再正式由媒人出面送聘礼定亲。男子要到女家完婚，所以每年三月的部落大会，应该是由女方的部落主持，甚至就是在女方的部落举行的。

婚后的最初两年，丈夫要在妻子家中服役，这显然是母系氏族社会的遗风。但是，丈夫服役期满后，妻子仍要随丈夫返回其部落，而且女方的部落还必须提供一份丰厚的财物，作为嫁妆。有的学者认为：女方部落的物质补偿，较之男方两年期的服役，意义更大。① 事实上，母系氏族此时业已解体，男子服役于女家，仅仅是保留了往日社会的旧俗而已。

鲜卑拓跋部在什翼犍统治时颁布法律，对于古老的氏族公社中遗留下来的男女之间的自由关系加以禁止。《魏书·刑罚志》载建国二年（338年）令"男女不以礼交皆死"。所谓"男女不以礼交"，可能就包括"嫁娶皆先私通"乃至男子婚前"略将女去"一类传统习惯。违禁的男女将被处以死刑，可见什翼犍消灭男女关系之中的各种旧俗，措施相当严厉。唐长孺先生认为：此举意在确定"父系血统的不可争辩性"，保障父家长制的财产继承制。②

除拓跋部外，鲜卑人不论男女，平时都剃去一部分头发。结婚之前，男子要专门剃发，女子则蓄发为髻，并且佩戴句决及一些金碧头饰。

另据王沈《魏书》，乌丸"父兄死，妻后母执嫂；若无执嫂者，则己子以亲之次妻伯叔焉，死则归其故夫"。鲜卑诸部当亦有此俗。又参照上文所述匈奴婚俗，可知这是匈奴、羌、乌丸、鲜卑等民族共有的习俗。而"妻后母、报寡嫂"一类习俗的流行，又表明一夫多妻的现象，汉魏时期普遍存在于北方及西北、西南各少数民族社会之中。

十六国南北朝时期，鲜卑人长期保留着"妻后母、报寡嫂"的旧俗，而且子死父亦可妻子妇。如史籍所述代王拓跋什翼犍与魏道武帝拓跋世系不明，或云珪为什翼犍子，或云为孙。据周一良先生考证：拓跋珪实为什翼犍之孙，拓跋寔之子。寔死之后，什翼犍即妻寔妻（珪生母）贺氏，珪遂被视为什翼犍之子。而名为秦王翰之子的觚，实为什翼犍与贺氏所生，珪之同母弟。北魏建国前夕，拓跋鲜卑对于翁媳婚配这类事情，显然并不以为怪。至崔浩国史之狱后，史家始讳言

---

① 见黄烈：《中国古代民族史研究》。
② 载于唐长孺：《拓跋国家的建立及其封建化》。

之。① 大约正是在太武帝时期，人们的观念发生了重大变化，已难于接受父妻子妇一类旧的婚俗。

又《魏书·清河王绍传》："绍母即献明皇后妹也，美而丽。初太祖如贺兰部，见而悦之，告献明后，请纳焉，后曰：'不可，此过美不善，且已有夫。'太祖密令人杀其夫而纳之，生绍。"献明皇后即北魏太祖拓跋珪之母，献明皇后妹即珪之姨母。周一良先生指出：观献明皇后劝阻之词，初不以亲戚行辈关系为理由，知鲜卑不以为怪。② 据《魏书·太祖纪》，拓跋珪避刘显之难而至贺兰部，在其建国的前一年，当东晋太元十年（385年）。此例说明，十六国时期，拓跋鲜卑的婚姻是不计行辈的。然而献明皇后反对拓跋珪娶其妹，特别提到其妹"已有夫"，认为是婚姻的障碍，可见这时禁止妇女重婚。所以，拓跋珪只有在"密令人杀其夫"后，才可以"纳之"。鲜卑允许一夫多妻而不许一妻多夫，当然是男子主宰家族的父家长制的产物。

北魏孝文帝太和七年（483年），下诏禁止同姓结婚。③ 可知此前鲜卑拓跋部虽然已实行氏族外婚制，但是他们对于同姓之间的联姻，限制却不甚严格。

《魏书·太宗明元帝纪》："登国七年生于云中宫，太祖晚有子，闻而大悦。"登国七年（392年）魏太祖拓跋珪不过23岁，竟言"晚有子"，可知拓跋鲜卑一般生子甚早。据周一良先生统计，北魏诸帝明元帝嗣18岁生长子太武帝焘，太武帝21岁生长子晃，晃13岁生长子文成帝浚，文成帝15岁生长子献文帝弘，献文帝14岁生长子孝文帝宏，孝文帝17岁生次子宣武帝恪，宣武帝17岁生次子孝明帝诩。纵观整个魏晋南北朝时期，北魏皇室结婚及生育都是最早的。又《北史·西魏文帝纪》大统十二年（546年）："诏女年不满十三以上，勿得以嫁。"足证拓跋鲜卑长期有早婚、早育的习俗。④

《魏书》载乌丸葬俗又曰："敛尸有棺，始死则哭，葬则歌舞相送。肥养犬，以采绳婴牵，并取亡者所乘马、衣物、生时服饰，皆烧以送之。特属累犬，使护死者神灵归乎赤山。……至葬日，夜聚亲旧员坐，牵犬马历位，或歌哭者，掷肉与之，使二人口颂咒文，使死者魂神径至，历险阻，勿令横鬼遮护，达其赤山，然后杀犬马衣物烧之。"鲜卑应该也有类似的习俗，其与乌丸的区别可能在于祈望死者神灵所归之地不同，鲜卑选择的也许就是其发源地鲜卑山。

另据上引《魏书》"敛尸有棺"之语，可知乌丸、鲜卑皆实行土葬。近年来东北等地发现的鲜卑墓葬，数量亦颇多。

---

① 参考周一良：《魏晋南北朝史札记》"崔浩国史之狱"条。
② 详见《魏晋南北朝史札记》"婚姻不计行辈"条。
③ 《魏书》卷7上，《高祖纪上》，太和七年十二月丑诏书。
④ 《魏晋南北朝史札记》"晚有子"条。

魏孝文帝迁都洛阳之后，在北芒山为自己营造长陵（在今洛阳老城西北官庄村东），并且以此为中心，分成若干区域，作为内迁鲜卑人的集体墓地，① 禁止他们归葬代北。杨宽先生认为，北魏将北芒墓地作为内迁鲜卑各族集体安葬之所，乃是沿袭鲜卑原来族葬的遗风。②

十六国时的鲜卑墓葬中多见头龛或壁龛，内置陶器、牛骨等，如安阳孝民屯前燕墓等。辽宁省朝阳市龙城区拉皋乡菠榛沟村发现的前燕奉车都尉墓葬，据发现者称：墓顶前端封石上有陶罐2件，该墓可能也有头龛。如果没有头龛，陶罐又确实置于墓顶前端，则可能是鲜卑人的一种特殊葬俗。③

另外，吉林榆树老河深、河南安阳孝民屯、辽宁北票房身及仓粮窖等处鲜卑墓葬出土的陶器，往往又有人为损坏的痕迹，可能反映鲜卑人一种"毁器"的习俗。④

第六节　风俗

● 匈奴（附羯）

匈奴人崇尚武力，其酋豪皆长于骑射，如刘渊"猿臂善射，膂力过人"；刘聪"十五习击刺，猿臂善射，弯弓三百斤，膂力骁捷，冠绝一时"；刘曜"雄武过人，铁厚一寸，射而洞之，于时号为神射"⑤。

羯人亦多以武勇著称，如石勒"壮健有胆力，雄武好骑射"；石虎（即石季龙，勒从子）"捷便弓马，勇冠当时"。

匈奴人好作摔交游戏，陕西省长安县客省庄140号墓曾出土两件匈奴透雕铜饰，其花纹为两个高鼻、长发的男人扭在一起，作摔跤状。⑥

《后汉书·南匈奴传》谓匈奴"走马及骆驼为乐"，匈奴人喜好此类竞逐项

---

① 参考宿白：《北魏洛阳城和北芒陵墓》，载《文物》1978年第7期。
② 参考《中国古代陵寝制度史研究》上编，《中国皇帝陵的起源与变迁》。
③ 参考田立坤：《朝阳前燕奉车都尉墓》，载《文物》1994年第11期。
④ 参考张英：《我国东北古代民族"毁器"习俗》，载《古民俗研究》。
⑤ 见于《晋书》刘元海诸人载记。
⑥ 见中国科学院考古研究所：《沣西发掘报告》，文物出版社1963年3月出版。

目，大约与其游牧生活有关。魏晋时期，赛马、赛骆驼娱乐，可能依然是匈奴人聚会时的重要活动。

五部匈奴有"妨父改姓"之俗。《晋书·刘聪载记附陈元达传》："本姓高，以生月妨父，故改云陈。"另据《风俗通义》卷2《正失》："今俗间多有禁忌：生三子者，五月生者，以为妨害父母。"不过，陈元达是否生于五月，所谓"生月妨父"是否即《风俗通义》所记民间之禁忌，以及此事究竟是汉俗还是胡俗，均不清楚。

㈢氐、羌

前引《后汉书·西羌传》谓东汉初年入塞羌人与汉人"习俗既异，言语不通"。可知当时羌汉之间在风俗习惯等方面的差别，还是颇为显著的。

袁宏《后汉纪》谓西羌"男子兵死有名，且以为吉；病终谓之劣，又以为不详"。《后汉书·邓训传》则云："羌胡俗耻病死，每病临困，辄以刃自刺。训闻有困疾者，辄拘持缚束，不与兵刃，使医药疗之，愈者非一，小大莫不感悦。"羌人遇病"以刃自刺"的旧俗，此后是否改变，尚不清楚。然而我们至少知道，自东汉章帝时起，入塞的羌人在邓训等汉族官吏影响下，已经接触了医药治病的方法。

羌人长年生活在寒冷的西北地区，因而大多"堪耐寒苦"。甚至"妇人产子，亦不避风雪"①。

史籍记载氐人崇尚武力，如其酋豪苻洪"骁武善骑射"；苻健（洪子）"勇果便弓马"；苻雄（健弟）"便弓马"；苻生（健子）"力举千钧，雄勇好杀，手格猛兽，走及奔马，出刺骑射，冠绝一时"。

《南齐书·氐羌传》："氐于上平地立宫室、果园、仓库，无贵贱皆为板屋土墙。"氐人较早开始进入农耕生活，"板屋土墙"的建筑方式，正是与他们长期定居的农业生活相适应的。

《后汉书》记羌人所居为"庐落"②，胡三省说："庐，穹庐。落，居也。"③周一良先生《魏晋南北朝史札记》"乌丸三百余家"条，引《新唐书·王承乾传》"五人建一落，张毡舍"之语，又谓一落指一毡帐。羌人所居"庐落"之"落"，似亦可指帐。

---

① 《后汉书》卷87，《西羌传》。袁宏《后汉纪》作"妇人产乳，丈夫被创，不避霜雪"。
② 《后汉书》卷16，《邓训传》；卷87，《西羌传》。
③ 《后汉书》卷28，《冯衍传》谓衍以计说鲍永曰："庐落丘墟，田畴芜秽。""庐落"又可以指院落，与羌人所居穹庐无关。

《魏书·宕昌羌传》又谓诸羌之一的宕昌种："俗皆土著,居有屋宇,① 其屋织氂牛尾及羖羊毛覆之。"可知羌人居住屋宇的也相当普遍,其屋宇一般是以织氂牛尾及羖羊毛覆顶。《南史·夷貊传》谓河南王国"有屋宇,杂以百子帐,即穹庐也"②。说明南北朝时期,有吐谷浑统治的河南王国,是穹庐、屋宇两种居住方式并存的。居住穹庐的,可能主要是从事游牧生活的吐谷浑人,如《魏书·吐谷浑传》即谓吐谷浑"虽有城郭而不居,恒处穹庐,随水草畜牧",云云。居住屋宇的大概主要是羌人,而这显然又与他们入塞之后长期定居的农业生活不无关系。

三 鲜卑

王沈《魏书》复谓三国时乌丸人"有病,知以艾灸,或烧石自熨,烧地卧上,或随痛病处,以刀决脉出血,及祝天地山川之神,无针药"。这大概也是鲜卑人对付疾病的办法。

王沈《魏书》谓乌丸"随水草放牧,居无常处,以穹庐为宅"。鲜卑的情形亦与之近似,北魏天兴元年(398年)拓跋珪称皇帝(即道武帝),定都平城(今山西省大同市),"犹逐水草,无城郭";到明元帝拓跋嗣继位,"始土著居处"。③可见北魏初年的拓跋鲜卑,仍然过着"随水草放牧,居无常处"的生活,他们在"土著居处"之前,大约也是"以穹庐为宅"的。著名的《敕勒歌》谓"天似穹庐,笼盖四野",又勾画出北方少数民族普遍居住的"穹庐",若今日之帐篷"笼盖"于地上的形状。

鲜卑人又有所谓"打簇戏"、"相偷戏"。据《御览》卷695引《北齐书》:"魏氏旧俗,以正月十五日夜为打簇戏,能中者即时赏帛。"④又《魏书·孝静帝纪》:"(天平)四年春正月,禁十五日相偷戏。""打簇"、"相偷"为拓跋鲜卑传统游戏,且均在正月十五日举行,《通鉴》卷159梁大同十一年(545年)"打簇戏"条胡注引《魏书》,径作"孝静天平四年春正月,禁打簇相偷戏",乃视二者为一事。不过,由"能中者即时赏帛"的做法,可知"打簇"是一种有奖的比赛,与"相偷"以偷窃为娱者,似乎又有所区别。

据《魏书·高祖纪》及同书《乐志》:北魏太和十一年(487年)正月丁亥,

---

① 《周书》卷49,《异域传上》作"栋宇"。
② 《南齐书》卷57,《魏虏传》载北魏孝文帝西郊祠天,宴息于百子帐下:"以绳相交络,纽木枝枨,覆以青缯,形制平圆,下容百人坐,谓之'伞',一云'百子帐'也。"羌人所居"百人帐"大约与之相似。
③ 《南齐书·魏虏传》。
④ 《北史》卷48,《尔朱荣传附文畅传》文略同。

文明太后"诏定乐章，非雅者除之"①。北魏王朝的最高统治者试图采用汉族王朝传统的"雅曲正声"，作为官方乐曲，以渲染他们在中原的正统地位。然而，此举在北魏推行多年，似乎并不十分成功。② 而文明太后明令所要清除的乐章中的"非雅者"，主要应指拓跋鲜卑的民族音乐。上文引述《北齐书·神武帝纪》，记高欢与人同唱"本鲜卑语"的《敕勒歌》，《敕勒歌》当然是不在"雅乐"之列的，但在文明太后"诏定乐章"，宣布"非雅者除之"的数十年后，《敕勒歌》依然能传唱不衰，可见这类慷慨悲凉的塞上之歌，曲调颇为动人，在中原地区也具有强盛的生命力。

---

① 《魏书》卷109，《乐志》谓"世祖破赫连昌，获古雅乐，及平凉州，得其伶人、器服，并择而存之"。又载永熙二年长孙稚、祖莹表云："太武皇帝破平统万，得古雅乐一部，正声歌五十曲，工伎相传，间有施用。"可知所谓"雅乐"，又包括中原古乐流传至河西，与西域音乐相互融合，北朝时再度传入中原者。此事亦见于《隋书》卷14，《音乐志》中。

② 参见《魏书》卷109，《乐志》永平三年（510年）刘芳上奏之语。

后 记

《中国古代社会生活史书系》是中国社会科学院重点科研项目之一,《魏晋南北朝社会生活史》是其中的一卷,已于1998年出版,此次再版为本书的修订版。由我撰写的第一章绪论;刘驰撰写的第二、三、四、五章物质文化生活;梁满仓撰写的第六、七、八、九、十、十一章精神文化生活;陈勇撰写的第十二章各少数民族的物质和精神文化生活。本来开始时历史所领导指定由我做主编,但实际上我只对全部书稿做了文字上的加工和体例上的统一,删去了重复部分,对个别资料和观点略加修订,没有作较大的修改。同时这部书稿主要是三位年轻同志写成的,我写的字数很少,所以不采取主编制。

从书稿的质量来说,它搜集和整理了当前有关社会生活的文献资料和考古资料,揭示和论述了这个时期社会生活的面貌和特征。我们在写作过程中深深地感到,这个时期社会生活的内容实在太丰富,其中有许多重要问题都有待进一步深入研究。我以为这部专著的真正价值在于,它对魏晋南北朝社会生活这个新的学术园地,做了全面拓荒和奠基性的工作,而园中奇花异葩的栽培还有待来者。

汉族和各少数民族社会生活牵涉面较广,很多内容又非常具体而复杂,其中关于资料的解释,以及对各类生活现象细节的描述,都遇到了不少的难点。有些重要内容,没有图片单靠文字要讲清楚,是颇费心思的。细心的读者可从书稿中窥见，三位年轻同志在写作时是严肃认真并付出了艰巨劳动的。他们广泛搜集资料，论述精审，学风严谨，因而在学术上做出了一定贡献。

中国古代社会生活史的研究近年来颇受史学界重视，因而中国社会科学出版社决定在《中国古代社会生活史书系》10卷出齐之际，将已出版的各断代社会生活史按新版重印。乘此再版之机，我们对本卷资料、论述、重要见解以及文字错漏等方面做了些许修订和正误。同时增加了数十幅彩色图和一些黑白图，这些图片均采自罗宗真主编的《魏晋南北朝文化》（上海学林出版社2000年版），在此深表谢意。

由于我们的史学功力有限，对社会生活史又缺乏系统深入的研究，加之可汲取的前人研究成果极少，因而修订后书中一定还存在着不少疏漏和错误，敬请批评指正。

朱大渭
2004年12月20日于北京芳古园